2 月 27 日，副市长、市局党委书记、局长龚道安出席年轻干部座谈会

（政治部提供）

2 月 11 日，市局党委副书记、副局长陈臻出席全市公安局处长会议

（政治部提供）

11月20日，市局党委委员、上海公安学院党委书记、常务副院长韩勇出席国际警察教育学术研讨会

（政治部提供）

2月13日，市局党委委员、副局长俞烈到交警总队调研

（政治部提供）

6 月 26 日，市局党委委员、副局长陆民研究部署市委第十一届委员会第四次全体会议安保工作

（政治部提供）

8 月 3 日，市局党委委员、副局长陆东到监管总队慰问检查

（监管总队提供）

6 月 20 日，市局党委委员、政治部主任周海健组织召开一线综合执法智能终端应用软件研发推进会

（政治部提供）

11 月 3 日，市局党委委员、副局长蔡田主持召开进博会安保专项研判会

（政治部提供）

11 月 19 日，市局党委委员、市纪委监委驻市公安局纪检监察组组长徐叶枫主持召开全市公安系统纪委书记会议

（政治部提供）

12 月 7 日，市局党委委员、副局长戴新福出席市局岁末年初打击整治工作部署会

（政治部提供）

7 月 19 日，市局党委委员、副局长陈超到基层调研智慧公安工作

（静安分局提供）

12 月 8 日，市局党委委员、指挥部主任吕耀东指导交通大巡查

（政治部提供）

上海公安年鉴

2019

《上海公安年鉴》编辑部　编

中国人民公安大学出版社

·北　京·

图书在版编目（CIP）数据

上海公安年鉴．2019/《上海公安年鉴》编辑部编．—北京：中国人民公安大学出版社，2019.10
ISBN 978-7-5653-3802-1

Ⅰ.①上…　Ⅱ.①上…　Ⅲ.①公安工作—上海—2019—年鉴　Ⅳ.①D631-54

中国版本图书馆 CIP 数据核字（2019）第 222712 号

上海公安年鉴·2019

《上海公安年鉴》编辑部　编

出版发行：中国人民公安大学出版社
地　　址：北京市西城区木樨地南里
邮政编码：100038
经　　销：新华书店
印　　刷：北京通天印刷有限责任公司

版　　次：2019 年 10 月第 1 版
印　　次：2019 年 10 月第 1 次
印　　张：33.5
开　　本：880 毫米×1230 毫米　1/16
字　　数：650 千字

书　　号：ISBN 978-7-5653-3802-1
定　　价：95.00 元

网　　址：www.cppsup.com.cn　www.porclub.com.cn
电子邮箱：zbs@cppsup.com　zbs@cppsu.edu.cn

营销中心电话：010-83903254
读者服务部电话（门市）：010-83903257
警官读者俱乐部电话（网购、邮购）：010-83903253
综合分社电话：010-83901870

编辑出版说明

《上海公安年鉴》是全面反映上海公安保卫工作概貌的资料工具书。《上海公安年鉴·2019》是上海市公安局建局以来的第32本年鉴，由上海市公安局年鉴编纂委员会主持编纂，市公安局各部门、各公安分局，以及各公安处（局）和有关群众团体等单位供稿，《上海公安年鉴》编辑部编纂，中国人民公安大学出版社出版发行。

本年鉴记述2018年上海公安机关、各有关公安处（局）的工作和队伍建设情况，以及有关群众团体的工作情况；收录2018年颁布的涉及公安工作的一些主要法律、法规和政策性文件。

本年鉴采用栏目、分目、条目三级结构或栏目、条目两级结构。本年鉴共34个栏目、72个分目、860个条目。

本年鉴为精炼文字，在各栏目第一次出现党和国家领导人或党政领导人时，用其职务全称，之后出现时不再写职务全称，只写姓名；对一些文中频繁出现的，诸如大型活动、专项行动、主题活动等名称，在文中第一次出现时用全称，之后出现时一般用简称（详见附表“简称、全称对照表”）。

本年鉴编辑工作实行主编负责制下的栏目编辑责任制。徐志林负责“特载”“概述”“专记”“辅助决策指挥”“专项整治行动”“刑事犯罪侦查”“经济犯罪侦查”“治安管理”“公安处（局）”栏目；王根根负责“上海市公安系统机构名称及负责人名单（部分）”“机构调整”“人口管理”“特警”“出入境、边防管理”“道路交通管理”“消防管理”“警务航空”“监所管理”“科技工作”“法制建设”“宣传文化”“队伍管理”“教育培训”“立功创模”“警务保障”“纪检监察”“群众团体”“逝世人物”“法律、法规、政策性文件”栏目；姜萍负责“安全保卫”栏目及“浦东分局”“黄浦分局”“徐汇分局”“长宁分局”“静安分局”“普陀分局”“虹口分局”“杨浦分局”分目；殷明负责“闵行分局”“宝山分局”“嘉定分局”“松江分局”“金山分局”“青浦分局”“奉贤分局”“崇明分局”分目及“大事记”“索引”。

本年鉴仅向公安、司法机关和企业、科研、教育等单位的保卫部门发行。

本年鉴在编辑工作中，承蒙上海市公安局各部门和各公安分局、各公安处(局)、各群众团体等单位撰稿或提供资料，并协助核阅，谨致谢忱。

《上海公安年鉴》编辑部

2019 年 8 月

附：简称、全称对照表

简　称	全　称
进博会	中国国际进口博览会
“两抢”	抢夺、抢劫
八类案件	故意杀人、故意伤害致人重伤或死亡、强奸、抢劫、贩卖毒品、放火、爆炸、投毒
“严扫净保”专项行动	“严打击、扫顽疾、净环境、保平安”专项行动

《上海公安年鉴·2019》编纂人员

上海市公安局公安年鉴编纂委员会

主　任： 龚道安

副主任： 陈　臻　周海健　吕耀东

委　员：（以姓氏笔画为序）

丁雄锋　丁斐平　卫　岚　马雪波　王　琦
王德强　韦恺人　包晓军　邢铁军　邢培毅
朱慧芬　刘俊祥　安申良　李　颖　李伟民
杨　杰　杨泽强　吴　捷　何　明　谷继明
张　昇　张　清　陈志康　周德辉　郑文斌
姜　坚　祝新军　夏卫东　徐　立　徐乃刚
徐长华　唐丽娜　唐益波　黄　辉　曹声伟
彭卫东　彭优民　韩　勇　潘子罕　戴　民
戴新福　糜忠良

《上海公安年鉴》编辑部

主　　编： 陈　臻

常务副主编： 吕耀东

副 主 编： 袁志航　董　斌　高　锋　张　毅

编　　辑： 季绿萍　殷　明　徐志林　王根根　姜　萍

组（撰）稿：（以姓氏笔画为序）

丁卫东　丁晓丹　丁晓艳　马怡斐　马淳杰
王　骏　王　婕　王于楠　王长恩　王轶虹
王晓彬　车永新　方越琛　尹　达　尹　玮
石晋杰　叶　晟　叶建荣　吕　刚　吕文正
朱　翔　庄莉强　刘　骏　刘　斌　刘江萍

齐美胜	江　敏	许俊杰	孙建伟	严仁斌
李　杰	李文辰	李刘江	李诗杨	杨　帆
杨　杰	吴　艺	何大宝	沈　璐	沈文捷
沈明翰	宋海军	宋晨旭	张　玮	张　晶
张秀梅	张凯开	张佳莹	张俊杰	张润生
张晨勇	邱辛逸	陆敏韡	陈　骋	陈　翔
陈斌伟	陈谱良	郁小玲	罗凤美	金柏石
周丽蓉	周妮娜	周　媛	郑　琴	宗　城
房　杰	胡国进	钟　灵	洪道铖	姚铁盟
袁东东	聂青云	夏　炯	顾　天	徐丽霞
徐俊俊	殷晓洁	奚龙珍	高　荣	高　波
高杨帆	陶友恒	黄忠才	黄菲菲	曹　洪
曹雪芬	戚　翔	龚仪云	龚彬彬	盛国辉
章　坚	章　璐	蒋　玲	韩世悦	韩季萍
窦　庆	蔡明伟	蔡娴婧	管靖刚	樊卫华
樊健生				

目　录

特 载

中央政法工作会议在京召开

2019年1月15日至16日，中央政法工作会议在北京召开。中共中央总书记、国家主席、中央军委主席习近平出席会议并发表重要讲话。他强调，要坚持以新时代中国特色社会主义思想为指导，坚持党对政法工作的绝对领导，坚持以人民为中心的发展思想，加快推进社会治理现代化，加快推进政法领域全面深化改革，加快推进政法队伍革命化、正规化、专业化、职业化建设，忠诚履职尽责，勇于担当作为，锐意改革创新，履行好维护国家政治安全、确保社会大局稳定、促进社会公平正义、保障人民安居乐业的职责任务，不断谱写政法事业发展新篇章。

中共中央政治局常委、中央书记处书记王沪宁，中共中央政治局常委、国务院副总理韩正出席会议。

习近平在讲话中强调，党的十八大以来，党中央把政法工作摆到更加重要的位置来抓，作出一系列重大决策，实施一系列重大举措，维护了政治安全、社会安定、人民安宁，促进了经济社会持续健康发展。这是党中央坚强领导的结果，是全党全国各族人民共同奋斗的结果，凝聚着全国政法战线和广大政法干警的智慧和汗水。习近平代表党中央向全国广大政法干警表示诚挚的慰问。

习近平指出，要贯彻好党的群众路线，坚持社会治理为了人民，善于把党的优良传统和新技术新手段结合起来，创新组织群众、发动群众的机制，创新为民谋利、为民办事、为民解忧的机制，让群众的聪明才智成为社会治理创新的不竭源泉。要加大关系群众切身利益的重点领域执法司法力度，让天更蓝、水更清、空气更清新、食品更安全、交通更顺畅、社会更和谐有序。

习近平强调，要善于把党的领导和我国社会主义制度优势转化为社会治理效能，完善党委领导、政府负责、社会协同、公众参与、法治保障的社会治理体制，打造共建共治共享的社会治理格局。要创新完善平安建设工作协调机制，统筹好政法系统和相关部门的资源力量，形成问题联治、工作联动、平安联创的良好局面。各地区各部门主要负责同志要落实好平安建设领导责任制，履行好维护一方稳定、守护一方平安的政治责任。要深入推进社区治理创新，构建富有活力和效率的新型基层社会治理体系。

习近平指出，要大力弘扬社会主义核心价值观，加强思想教育、道德教化，改进见义勇为英雄模范评选表彰工作，让全社会充满正气、正义。要坚持依法办事，让遵法守纪者扬眉吐气，让违法失德者寸步难行。要完善基层群众自治机制，调动城乡群众、企事业单位、社会组织自主自治的积极性，打造人人有责、人人尽责的社会治理共同体。要健全社会心理服务体系和疏导机制、危机干预机制，塑造自尊自信、理性平和、亲善友爱的社会心态。要加快推进立体化、信息化社会治安防控体系建设。

习近平强调，黑恶势力是社会毒瘤，严重破坏经济社会秩序，侵蚀党的执政根基。要咬定三年为期目标不放松，分阶段、分领域地完善策略方法、调整主攻方向，保持强大攻势。要紧盯涉黑涉恶重大案件、黑恶势力经济基础、背后“关系网”“保护伞”不放，在打防并举、标本兼治上下真功夫、细功夫，确保取得实效、长效。

习近平指出，政法系统要在更高起点上，推动改革取得新的突破性进展，加快构建优化协同高效的政法机构职能体系。要优化政法机关职权配置，构建各尽其职、配合有力、制约有效的工作体系。要推进政法机关内设机构改革，优化职能配置、机构设置、人员编制，让运行更加顺畅高效。要全面落实司法责任制，让司法人员集中精力尽好责、办好案，提高司法质量、效率、公信力。要聚焦人民群众反映强烈的突出问题，抓紧完善权力运行监督和制约机制，坚决防止执法不严、司法不公甚至执法犯法、司法腐败。要深化诉讼制度改革，推进案件繁简分流、轻重分离、快慢分道，推动大数据、人工智能等科技创新成果同司法工作深度融合。

习近平强调，政法机关承担着大量公共服务职能，要努力提供普惠均等、便捷高效、智能精准的公共服务。要持续开展“减证便民”行动，加快推进跨域立案诉讼服务改革，推动诉讼事项跨区域远程办理、跨层级联动办理，解决好异地诉讼难等问题。要深化公共法律服务体系建设，加快整合律师、公证、司法鉴定、仲裁、司法所、人民调解等法律服务资源，尽快建成覆盖全业务、全时空的法律服务网络。要加快构建海外安全保护体系，保障我国在海外的机构、人员合法权益。

习近平指出，要旗帜鲜明把政治建设放在首位，努力打造一支党中央放心、人民群众满意的高素质政法队伍。要抓好科学理论武装，教育引导广大民警学深悟透新时代中国特色社会主义思想，增强“四个意识”、坚定“四个自信”、做到“两个维护”，矢志不渝做中国特色社会主义事业的建设者、捍卫者。政法机关要敢于刀刃向内、刮骨疗毒，坚决清除害群之马。

习近平强调，政法系统要把专业化建设摆到更加重要的位置来抓。专业化建设要突出实战、实用、实效导向，全面提升政法干警的法律政策运用能力、防控风险能力、群众工作能力、科技应用能力、舆论引导能力。政法队伍是和平年代奉献最多、牺牲最大的队伍。对这支特殊的队伍，要给予特殊的关爱，做到政治上激励、工作上鼓劲、待遇上保障、人文上关怀，千方百计帮助解决各种实际困难，让民警安身、安心、安业。

习近平指出，要加强政法领导班子和干部队伍建设，加强政法机关基层党组织建设。各级党组织和领导干部要支持政法单位开展工作，支持司法机关依法独立公正行使职权。各级党委政法委要把工作着力点放在把握政治方向、协调各方职能、统筹政法工作、建设政法队伍、督促依法履职、创造公正司法环境上，健全完善政治督察、综治督导、执法监督、纪律作风督查巡查等制度机制。

中共中央政治局委员、中央政法委书记郭声琨在总结讲话中指出，习近平总书记的重要讲话，为新时代政法事业发展擘画了宏伟蓝图，提供了根本遵循。要坚持以习近平新时代中国特色社会主义思想为指导，把学习贯彻习近平总书记重要讲话精神作为首要政治任务，增强“四个意识”、坚定“四个自信”、做到“两个维护”，着力维护国家政治安全、确保社会大局稳定、促进社会公平正义、保障人民安居乐业，以优异成绩迎接新中国成立70周年。

部分中共中央政治局委员，全国人大常委会、国务院有关领导同志，最高人民法院院长，最高人民检察院检察长出席会议。

中央政法委委员，中央政法委、中央政法各单位，各省区市和计划单列市、新疆生产建设兵团，中央和国家机关有关部门、有关国有大型企业和高校、军队有关单位负责同志等参加会议。会议以电视电话会议形式召开，各省区市和新疆生产建设兵团设分会场。（摘自2019年1月17日《人民公安报》）

全面深化司法体制改革推进会在粤召开

2018年7月24日，全面深化司法体制改革推进会在深圳召开，中共中央政治局委员、中央政法委书记郭声琨出席并讲话。他强调，要坚持以习近平新时代中国特色社会主义思想为指引，增强“四个意识”，坚持党的绝对领导、坚持以人民为中心，积极探索组织科学化、运行高效化、履职专业化、保障现代化，加快构建中国特色社会主义司法制度体系，推动政法事业实现新飞跃、依法治国取得新进步。

郭声琨指出，习近平总书记对司法体制改革作出了一系列重要指示，提出了一系列新理念新思想新战略，标志着我们党对司法体制改革规律性认识实现了新飞跃，为全面深化司法体制改革提供了根本遵循。我们要深入学习贯彻，自觉用以武装头脑、指导实践，引领司法体制改革开辟新境界。

郭声琨强调，要准确把握新时代、新阶段、新任务，科学谋划、统筹推进司法体制改革，加快构建总揽全局、协调各方的党领导政法工作体系，系统完备、科学合理的司法机构职能体系，权责统一、规范有序的司法权运行体系，多元精细、公正高效的诉讼制度体系，联动融合、实战实用的维护安全稳定工作机制体系，普惠均等、便民利民的司法公共服务体系，约束有力、激励有效的职业制度体系，为维护社会稳定、促进公平正义、服务人民群众提供完备体制机制保障。

中共中央政治局委员、广东省委书记李希出席会议并致辞。他指出，习近平总书记高度重视司法体制改革工作，多次发表重要讲话、作出重要指示，为我们推进司法体制改革提供了科学指南和根本遵循。广东作为全国首批司法体制改革试点省，严格遵循中央顶层设计，蹄疾步稳推进各项改革任务落实，取得了明显成效。在新起点上全面深化司法体制改革，是广东靠改革开放开创工作新局面的题中应有之义，是广东实现“四个走在全国前列”、当好“两个重要窗口”的有力保障。我们将坚持以习近平新时代中国特色社会主义思想为指导，深入贯彻落实习近平总书记参加十三届全国人大一次会议广东代表团审议时重要讲话精神，按照这次会议的部署要求，推动广东省司法体制改革不断向纵深发展，为开创广东工作新局面提供有力法治保障。

赵克志、周强、张军、陈一新、陈文清、傅政华、宋丹、王宁出席会议。（摘自2018年7月25日《人民公安报》）

全国公安厅局长会议在京召开

2019年1月17日，全国公安厅局长会议在京召开，国务委员、公安部党委书记、部长赵克志出席并讲话。他强调，全国公安机关要坚持以习近平新时代中国特色社会主义思想为指导，全面贯彻党的十九大和十九届二中、三中全会精神，深入贯彻习近平总书记在中央政法工作会议上的重要讲话精神，按照中央政法工作会议部署，牢牢把握对党忠诚、服务人民、执法公正、纪律严明的总要求，毫不动摇地坚持和加强党对公安工作的绝对领导、全面领导，增强“四个意识”、坚定“四个自信”、做到“两个维护”，全面落实总体国家安全观和以人民为中心的发展思想，坚持稳中求进工作总基调，以开展“践行新使命、忠诚保大庆”主题实践活动为载体，以做好新中国成立70周年大庆安保维稳工作为主线，以防范化解各类重大风险为基点，忠实履行维护国家政治安全和社会稳定的职责使命，着力锻造绝对忠诚于以习近平同志为核心的党中央、党和人民满意的高素质过硬公安队伍，以优异成绩庆祝新中国成立70周年。

赵克志指出，习近平总书记在中央政法工作会议上的重要讲话，站在新时代党和国家事业发展全局和战略高度，全面总结党的十八大以来政法工作取得的成绩、积累的经验，深刻分析了新时代政法工作所处的历史方位，科学回答了一系列方向性、全局性、战略性重大问题，是引领新时代政法工作创新发展的纲领性文献，是指引我们做好新时代公安工作的强大思想武器。我们要认真学习领会、深入贯彻落实，切实履行好党和人民赋予公安机关的新时代使命任务。

赵克志充分肯定了2018年公安工作取得的成绩。他指出，刚刚过去的2018年，全国公安机关在以习近平同志为核心的党中央坚强领导下，忠实践行对党忠诚、服务人民、执法公正、纪律严明的总要求，坚决捍卫了国家政治安全，巩固发展了我国反恐怖斗争整体向好态势，有效防范化解了各类风险挑战，始终保持了社会治安大局持续平稳，公安改革在重点领域和关键环节上取得重大突破性进展，公安队伍纪律作风发生重大转变，圆满完成了党和人民交给的各项任务。一年来的工作启示我们，必须坚持旗帜鲜明讲政治，必须坚持一以贯之防风险，必须坚持人民公安为人民，必须坚持改革创新促发展，必须坚持严管厚爱聚警心，不断深化对新时代公安工作规律性认识，并继续坚持和发扬光大。

赵克志在深入分析了今年公安工作面临的形势后指出，为新中国成立70周年创造安全稳定的政治社会环境，是党和人民交给我们的重大政治任务。形势越是严峻复杂、任务越是艰巨繁重，我们越是要坚决听从习近平总书记指挥、听从党中央号令，越是要保持战略定力、坚定必胜信念。我国发展仍处于重要战略机遇期，做好维护国家政治安全和社会稳定工作具有坚实的政治基础、经济基础、社会基础、群众基础。要坚持辩证思维、审时度势，坚持底线思维、未雨绸缪，坚持勇于担当、敢于斗争，坚持稳中求进、行稳致远，不断开创新时代公安工作新局面。要集全警之智、举全警之力，从严从实从细抓好维护国家政治安全和社会稳定各项措施的落实，坚决打赢新中国成立70周年大庆安保维稳这场硬仗。

赵克志要求，要以防范抵御“颜色革命”为重点，坚决打好政治安全保卫仗。牢牢绷紧政治安全这根弦，始终坚持把防范政治风险置于首位，敢于斗争、善于斗争，严密防范、坚决打击境内外敌对势力各种渗透颠覆破坏活动，不断深化反恐怖反分裂斗争，坚决捍卫以政权安全、制度安全为核心的国家政治安全，坚决捍卫中国共产党领导和我国社会主义制度。要以严防各类矛盾交织叠加为基点，坚决打好风险化解攻坚仗。要准确把握政策法律界限，扎实做好各项维稳工作。坚持和发展新时代“枫桥经验”，积极依靠党委和政府，充分发动和依靠群众，完善基层社会治理机制，扎实做好基层社会治理工作，注重抓早抓小抓苗头，努力把各类矛盾化解在当地、消除在萌芽状态，从源头上预防个人极端暴力和群体性事件的发生。深入开展“枫桥式优秀公安派出所”创建活动，进一步加强和改进新时代公安基层基础工作。

赵克志要求，要以深化扫黑除恶专项斗争为龙头，坚决打好严打犯罪主动仗。紧紧抓住人民群众反映强烈的突出治安问题，严厉打击黑恶势力、涉枪涉爆等严重刑事犯罪，严厉打击电信网络诈骗、非法集资、网络传销、侵犯公民个人信息、“套路贷”等突出违法犯罪，严厉打击“盗抢骗”等侵财犯罪、“食药环”犯罪和新型毒品犯罪，全力保障人民群众生命财产安全，努力推动更高水平平安中国建设。要以查隐患防事故保安全为着力点，坚决打好公共安全治理仗。严格落实对枪支弹药、危爆物品、管制器具、散装汽油等的安全监管责任和制度，会同有关部门严格落实寄递物流行业“三个100%”制度，积极探索对新业态新技术新领域的安全管理新举措，狠抓关键信息基础设施安全防护，深入开展道路交通秩序和安全隐患集中整治行动，全面加强铁路、港航、民航安全防范管理，最大限度防止发生重特大公共安全事故。要以做好重大活动安保工作为牵引，加快完善立体化、信息化社会治安防控体系，全面落实重要目标和人员密集场所的安全防范措施，强化区域警务协作联动，坚决打好社会防控整体仗。

赵克志强调，要深入实施改革强警和公安大数据战略，着力彰显新机构新体制新编成在新中国成立70周年大庆安保维稳工作中的新效能。要按照“党委领导、部级抓总、省厅主责、市县主战”的思路，根据“做精机关、做专警种、做强基层、做实基础”的原则，全面推进各级公安机关机构改革，优化职能配置、机构设置、力量编成，推动重心下移、警力下沉、保障下倾，积极稳妥推进行业公安管理体制改革，为构建符合新时代要求、体现实战化特点的现代警务体制奠定坚实基础。要以抓好两个职务序列改革为重点，深入推进人民警察管理制度改革，深化招录培养机制和职业保障制度改革、警务辅助人员管理制度改革，着力激发公安队伍的生机和活力。要聚焦智慧公安建设目标，坚持融合共享、突出实战急用、推进深度应用，深入推进公安大数据建设应用，努力在提升公安工作整体效能和核心战斗力上实现新突破。要紧扣法治公安建设目标，深入推进执法权力运行机制改革，更加注重运用法治思维和法治方式维护稳定、化解矛盾、破解难题，着力提升公安机关执法公信力。要依法严厉打击暴力袭警等违法犯罪活动，旗帜鲜明地支持民警依法履行职责，鼓励民警积极担当作为，坚决维护民警的执法权威和正当权益。要进一步加大公安“放管服”改革力度，从移民和出入境管理、治安和户籍管理、道路交通管理等方面持续发力，不断研究推出更多服务措施，积极服务国家重大战略，着力优化营商环境，不断拓展便民利民渠道，努力提供普惠均等、便捷高效、智能精准的公共服务，让人民群众有更多、更直接、更实在的获得感。

赵克志强调，要始终坚持全面从严治党治警，努力以公安队伍的新担当新作为新形象迎接新中国成立70周年。要把政治建设放在首位，毫不动摇地坚持和加强党对公安工作的绝对领导、全面领导，增强“四个意识”、坚定“四个自信”、做到“两个维护”，不断增强忠诚核心、拥戴核心、维护核心、捍卫核心的思想自觉、政治自觉和行动自觉，始终在思想上政治上行动上与以习近平同志为核心的党中央保持高度一致，坚决听从党中央的命令和指挥，不折不扣地把党中央关于公安工作的路线方针政策和重大决策部署贯彻落实到位。要狠抓思想引领，坚持不懈用习近平新时代中国特色社会主义思想武装头脑，紧紧围绕“不忘初心、牢记使命”主题教育，在全警深入组织开展“践行新使命、忠诚保大庆”主题实践活动，在着力凝聚奋进力量上展现新气象。要狠抓能力建设，加强领导干部实践锻炼，强化全警实战教育训练，树立激励担当作为导向，在忠实履行职责使命上展现新作为。以全面提升法律政策运用能力、防控风险能力、群众工作能力、科技应用能力、舆论引导能力为重点，力争在五年内把全警轮训一遍。要狠抓正风肃纪，坚持从严执纪与强化问责相结合、作风养成与集中整治相结合、严格管理与关心厚爱相结合，着力锻造一支对党忠诚、服务人民、执法公正、纪律严明的公安铁军。要在严格管理、严格要求的同时，下大力气抓好为基层减负松绑和爱警暖警各项政策措施的落实，注重科学用警，合理安排勤务，强化后勤保障，使广大民警始终保持旺盛斗志和持久战斗力。

公安部党委副书记、常务副部长王小洪主持上午全体会议并作会议总结，部党委委员、中央纪委国家监委驻公安部纪检监察组组长邓卫平主持下午全体会议，部党委委员杜航伟、孟庆丰、许甘露、刘跃进、孙力军、刘钊、林锐、聂福如出席会议。中央组织部、中央编办、财政部、人力资源和社会保障部、审计署有关负责同志出席会议。

各省、自治区、直辖市和新疆生产建设兵团公安厅局主要负责同志，各省会市和计划单列市公安局主要负责同志，公安部部属各单位主要负责同志参加会议。北京、河北、山东、广东、四川、新疆6个省级公安机关负责同志作了交流发言。会议采取电视电话会议形式开至县级公安机关，省市县三级公安机关领导班子成员，所属各部门主要负责同志在各地分会场参加会议。（摘自2019年1月18日《人民公安报》）

全国公安厅局长座谈会暨全面深化公安改革推进会在粤召开

2018年7月25日，全国公安厅局长座谈会暨全面深化公安改革推进会在广东深圳召开，国务委员、公安部党委书记、部长赵克志出席并讲话。他强调，要坚持以习近平新时代中国特色社会主义思想为指导，深入学习贯彻党的十九大和十九届二中、三中全会精神，不断增强“四个意识”、坚定“四个自信”，深入贯彻落实党中央重大决策部署，按照全面深化司法体制改革推进会要求，在继续抓好党中央关于全面深化公安改革“1+3”意见方案落实的基础上，以更大的智慧和勇气深化改革，着力解决影响和制约公安事业发展的体制性障碍、结构性矛盾、深层次问题，努力构建符合新时代要求、适应国家治理体系和治理能力现代化的现代警务管理体制，切实担负起为新时代中国特色社会主义保驾护航的重大职责使命。

赵克志指出，今年以来，全国公安机关在以习近平同志为核心的党中央坚强领导下，坚持把学习贯彻习近平新时代中国特色社会主义思想和党的十九大精神作为首要政治任务，认真学习贯彻习近平总书记关于公安工作的系列重要指示精神，始终坚持坚定正确的政治方向，坚决贯彻落实党中央全面深化改革决策部署，始终把全面深化公安改革置于重中之重的位置，坚持改革引领，强化创新驱动，周密组织、稳妥推进公安现役部队改革、国家移民管理体制改革等各项公安改革，在一些重点领域和关键环节取得重大进展，推动各项公安改革取得显著成效。面对严峻复杂的形势和艰巨繁重的任务，全国公安机关和广大公安民警以对党对人民高度负责的政治责任感，全面贯彻总体国家安全观，全面深化反颠覆反渗透反分裂反邪教斗争，深入开展扫黑除恶专项斗争和反恐怖斗争，持续深化各类专项打击整治行动，忠实践行对党忠诚、服务人民、执法公正、纪律严明的总要求，用执着和坚守、辛勤和汗水，顽强拼搏、扎实工作，战胜了一个又一个挑战，打赢了一场又一场硬仗，有力提升了公安机关履职能力和水平，有效维护了国家安全和社会大局稳定。

赵克志强调，公安改革已进入深水区。要按照党中央关于深化党和国家机构改革的决策部署，聚焦重点难点问题，切实打好攻坚战，扎扎实实把全面深化公安改革推向深入。要坚持以推进两个职务序列改革为牵引，全面深化人民警察管理制度改革，进一步深化招录培养机制、职业保障制度和警务辅助人员管理制度改革，逐步构建具有鲜明公安特色和职业特点的人民警察管理制度体系，推动公安队伍正规化、专业化、职业化建设迈上新台阶。要坚决如期完成公安现役部队改革任务，抓紧研究制定相关政策，积极会同有关部门制定工作方案，建立健全相关协调机制，确保改革蹄疾步稳、有序推进、顺利实施。要坚持以解决“脖子以上”问题为突破口，着力推进部省两级公安机关机构改革，努力构建运行顺畅、充满活力、警令畅通的公安工作体系。要大力推进公安大数据智能化建设，坚决打破部门警种壁垒，推进数据融合共享，加强高端集成应用，助推警务流程再造，从源头上解决制约警务整体效能的体制性障碍和“瓶颈”性问题，切实提升公安机关核心战斗力和公安工作智能化水平。

赵克志要求，要坚持以严格规范公正文明执法为生命线，坚持不懈推进执法规范化建设，全面深化执法权力运行机制改革。要注重理念先导，牢固树立以人民为中心的执法理念，正确处理活力与秩序的关系，坚持以法为据、以理服人、以情感人，使当事人既感受到法律的权威和尊严，又感受到公安机关的关爱和温暖。要健全完善制度，紧紧围绕构建刑事诉讼新格局，全面贯彻证据裁判原则，探索建立主办侦查员制度，推动应用刑事案件智能辅助办案系统，围绕执法实践中遇到的新情况新问题，完善执法标准、执法细则和实战指引，确保案件办理能够符合审判要求、经受住法律检验。要强化责任监督，充分利用科技信息化手段，加强执法办案场所精细化、集成化、智能化建设，探索跨部门涉案财物管理平台和场所建设，强化对各个执法环节的跟踪监督和执法审核，严格落实执法责任。对因执法不作为、乱作为、粗暴执法、过度执法等问题造成严重后果的，要严肃倒查问责。要探索建立民警依法履职免责制度，坚决维护公安民警执法权益，维护法律尊严和权威。

赵克志要求，要坚持以满足人民日益增长的美好生活需要为目标，积极适应人民群众新期待，全面深化公安“放管服”改革，转职能、提效能，转方式、改作风，努力使管理服务的质量水平来一个大提升。要着力推动审批服务便民化，聚焦国家重大发展战略，着眼人民群众新期盼，推行“马上办、网上办、就近办、一次办”，进一步深化移民和出入境管理、道路交通管理等改革，着力增强人民群众获得感。要着力推动农业转移人口市民化，立足服务新型城镇化建设，深入推进户籍制度改革，深化户口清理整顿专项行动，推进《户口登记条例》修订工作。要着力推动监管方式科学化，正确处理简政放权和加强监管的关系，坚持能够降的收费一定要降下来、该放的权力一定要放到位，把更多的精力用于创新和加强事中事后监管，切实做到该管的事项一定要管精准。

赵克志强调，要坚定不移推进公安机关党的政治建设，旗帜鲜明讲政治，毫不动摇地坚持和加强党对公安工作的绝对领导、全面领导，毫不动摇地坚持“公安姓党”的根本政治属性，毫不动摇地坚持政治建警基本方针，坚决做到“一个带头、三个表率”，着力建设新时代绝对忠诚于以习近平同志为核心的党中央、党和人民满意的模范机关，切实为新时代公安改革发展提供根本保证。要牢牢把握政治建设的首要任务，坚定自觉地维护习近平总书记的核心地位、维护党中央权威和集中统一领导。要始终把维护政治安全、政权安全置于首要位置，旗帜鲜明、立场坚定，敢于斗争、善于斗争，坚决捍卫以政权安全、制度安全为核心的国家政治安全。要牢牢把握政治建设的理论基础，在深入学习贯彻习近平新时代中国特色社会主义思想上作表率，采取多种形式学思践悟，不断提高思想理论水平和辨别是非能力，着力打牢高举旗帜、听党指挥、忠诚使命的思想根基。要牢牢把握政治建设的重大原则，在始终同党中央保持高度一致上作表率，坚持把政治纪律和政治规矩放在前面，坚决防止“七个有之”，切实做到“五个必须”，坚决做到党中央提倡的坚决响应、党中央决定的坚决执行、党中央禁止的坚决不做。要牢牢把握政治建设的实践要求，在坚决贯彻落实党中央各项决策部署上作表率，把功夫用在察实情、出实招、办实事、求实效上，把维护安全稳定的各项任务落下去，让惠及百姓的各项工作实起来，确保党中央的决策部署在公安机关得到不折不扣的贯彻落实。要高度重视公安改革期间的思想政治工作，做到改革推进到哪一步，思想政治工作就跟进到哪一步，确保思想不乱、工作不断、队伍不散、干劲不减，确保改革顺利实施。

中央组织部副部长、国家公务员局局长傅兴国出席会议并讲话。公安部党委副书记、常务副部长王小洪主持会议，部党委委员邓卫平、杜航伟、孟庆丰、许甘露、刘跃进、孙力军、林锐出席会议。中央组织部、中央政法委、财政部、人力资源和社会保障部有关部门负责同志，各省、自治区、直辖市和新疆生产建设兵团公安厅局长，各省会市和计划单列市公安局局长，公安部部属各单位主要负责同志参加会议。北京、上海、浙江、山东、广东等地公安机关负责同志在会上发言。

会议采取电视电话会议形式开至县级公安机关。公安部机关正处级以上领导干部和部在京直属单位领导班子成员在公安部机关分会场参加会议。省市县三级有关部门负责同志和公安局领导班子成员，所属各部门、警种主要负责同志在各分会场参加会议。（摘自2018年7月26日《人民公安报》）

上海市政法工作会议召开

2019年2月13日，上海市政法工作会议召开。中共中央政治局委员、上海市委书记李强出席会议并讲话，他指出，要深入学习贯彻习近平总书记在中央政法工作会议上的重要讲话精神，积极营造安全的政治环境、稳定的社会环境、公正的法治环境、优质的服务环境，进一步增强人民群众获得感、幸福感、安全感，为上海改革发展和社会和谐稳定提供坚强保障。

会议传达了中央政法工作会议精神，总结2018年全市政法工作情况，部署2019年政法工作。

李强指出，过去一年，全市政法系统围绕中心、服务大局、履职尽责，出色完成首届中国国际进口博览会安全保障工作，群众安全感持续提升，司法质效不断提高，各方面工作迈上新台阶。

李强指出，习近平总书记在中央政法工作会议上的重要讲话，是做好新时代政法工作的根本遵循和行动指南。要深刻领会精髓要义，把政法工作放到全局工作中思考、谋划、把握，牢记使命、冲锋在前，全力以赴打好防范化解重大风险攻坚战，更好服务中心任务和发展大局。

李强强调，保一方稳定、守一方平安是政法机关的重要职责。要依法严打严防，以扫黑除恶专项斗争为契机，着力解决群众反映强烈的突出问题。要坚持群防群治，坚持发展新时代“枫桥经验”，力争把矛盾化解在基层。要强化党建引领，持续用力推进基层社会治理创新，夯实安全稳定的社会基础。

李强指出，公正的法治环境是重要的软实力和核心竞争力。要增强定力，坚持事实是什么就是什么、法律规定该怎么办就怎么办，让人民群众在每一个司法案件中感受到公平正义。要用“可预期”来“稳预期”，严格执法、公正司法，对各种所有制经济一视同仁、平等保护，让各类企业在上海专心创业、专注发展。要通过深化改革，优化体制机制，加强资源整合，不断提高执法司法能力，提升司法质量、效率和公信力。

李强指出，政法机关要增强主动服务意识，努力营造优质的服务环境。要倾力服务国家战略，紧紧围绕三项新的重大任务和进博会，以制度精准供给和服务有效落实提供有力支撑。要尽心服务企业发展，深化执法司法领域“放管服”改革，持续优化营商环境。要更好地服务市民群众，通过“一网通办”等平台，让群众办事更加便利。

李强强调，要始终坚持党对政法工作的绝对领导，把党的领导落实到政法工作各方面和全过程。旗帜鲜明地加强政治建设，在从严管理上下更大力气，打造一支过硬政法队伍。要给予政法干警更多关心关爱，千方百计帮助解决各种实际困难。

市委常委、市委政法委书记陈寅作全市政法工作报告。市领导翁祖亮、诸葛宇杰、沙海林、龚道安、徐逸波，市高级法院院长刘晓云，市检察院检察长张本才出席会议。（摘自2019年2月14日《解放日报》）

上海市智慧公安暨智能安防建设第二次工作会议召开

2019年1月7日，上海市智慧公安暨智能安防建设第二次工作会议召开。市委常委、市委政法委书记陈寅，副市长、市智慧公安建设领导小组组长龚道安出席会议。陈寅指出，在市委和市政府的坚强领导下，各地区、各部门、各单位对标各自职责任务，齐心协力推进智慧公安和智能安防建设，走好了关键“第一步”，创造了行之有效的工作经验，即勇于破冰开路、当好新时代智能化建设的先行者，聚焦实战应用、提升平安上海建设的能力水平，推动流程再造、成为社会治理创新的排头兵，上海公众安全感、满意度指数创历史新高。下一步，要认真总结经验，不断推动智慧公安和智能安防建设迈上新台阶；要坚持改革创新，切实增强推进智慧公安和智能安防建设的使命感责任感；要确保优质高效，加快推进各项重点任务建设；要全面落实责任，努力营造良好的支持和保障环境。

龚道安总结了智慧公安第一步建设成效，分析了前期推进中存在的主要问题，部署了2019年重点任务：一是进一步深化城市大脑建设，按照市级、区级、街镇级三级架构，做强公安大脑，做实区级节点，做精街镇级节点，为社会治理各领域工作提供强有力的支撑；二是进一步丰富“神经元”建设，坚持全域覆盖，坚持对标建设，坚持应用导向，形成无所不在的感知网络；三是进一步加强重点项目建设，抓好首批重点项目深化完善，抓紧启动第二批29个重点项目建设；四是进一步创新社会治理模式，推动平台融合，优化工作机制，做强处置力量，推动全民安防、协同治理、精准警务和便民服务模式深度融合、协调运行；五是探索建设以“淘安网”为主体的社会化安全服务平台，扶持产业发展，支持市场推广，提供基础保障，解决公共服务力量周延不足、力所不及的问题，为群众提供碎片化、个性化、定制化的安全产品和服务。

市委副秘书长、市政府副秘书长、市委政法委副书记、市智慧公安建设领导小组副组长赵奇主持会议。市智慧公安建设领导小组成员单位负责人，市有关委、办、局领导，各区智慧公安建设领导小组组长、区委政法委书记、分管副区长，有关单位和企业负责人，市局党委委员，副巡视员，各分局、市局各部门主要负责同志参加会议。（摘自会议相关讲话和报告材料）

全市进博会安全保卫工作总结大会举行

2018年11月13日，全市进博会安全保卫工作总结大会举行。中共中央政治局委员、上海市委书记李强出席会议并作重要讲话，充分肯定了各参战单位的辛勤付出和进博会安保工作的经验做法，就深入学习贯彻习近平总书记在进博会上的主旨演讲和视察上海工作时的重要讲话精神，做好当前和今后一个时期城市安全保障工作提出了明确要求。市委副书记、市长应勇为进博会安保工作先进民警代表颁发奖章和证书。公安部党委委员、副部长孙力军宣读公安部对上海公安机关的嘉奖令。市委常委、市委政法委书记陈寅主持会议。东部战区政治工作部副主任王良福，市委常委、浦东新区区委书记翁祖亮，市委常委、市委秘书长诸葛宇杰出席会议。副市长、市局党委书记、局长龚道安代表市安全保障组作了交流发言。武警上海市总队司令员李伟、市信访办分别代表军队保卫组、信访维稳组作了交流发言。市委副秘书长、市政府秘书长汤志平，市委副秘书长、市政府副秘书长、市委政法委副书记赵奇，市委副秘书长、市委研究室主任康旭平，浦东、长宁、闵行、嘉定、松江、青浦区主要领导，相关委办局主要负责同志，各区政法委书记及相关部门负责人参加会议。

在随后召开的全市公安机关进博会安全保卫工作总结大会上，孙力军传达了国务委员、公安部党委书记、部长赵克志的重要批示精神，代表公安部党委充分肯定了上海公安机关在进博会安保工作中取得的突出成绩，要求上海公安机关认真学习贯彻赵克志部长重要批示精神，全面总结进博会安保工作经验，为维护社会大局稳定、服务上海城市发展作出新贡献。龚道安传达了李强、应勇同志重要指示批示精神，对全市公安机关进博会安保工作进行了全面总结，并就贯彻落实上级领导指示批示精神提出要求。市委副秘书长、市政府副秘书长、市委政法委副书记赵奇主持会议。会上，为先进集体代表和先进个人颁发了奖牌和证书。青浦分局，市局治安、交警总队及先进个人代表分别作了交流发言。

公安部治安管理局局长李京生，市局党委委员，各分局、市局各部门、各公安（处）局主要负责同志全程参加会议。全市公安民警在各分会场、收视点收听收看全市公安机关进博会安全保卫工作总结大会。（摘自会议相关讲话和报告材料）

全市公安局处长会议召开

2019年1月6日，全市公安局处长会议召开。市委常委、市委政法委书记陈寅，副市长、市局党委书记、局长龚道安出席会议。陈寅同志指出，全市公安机关以首届进博会安保为主线，依托智慧公安赋能，为改革发展大局提供了一流保障，发挥了平安建设中流砥柱作用，当好了社会治理创新排头兵，过硬队伍建设取得了长足进步，实现了公众安全感和公安工作满意度“双提升”，为上海这座城市更有序、更安全、更干净作出了突出贡献。2019年，全市公安机关要深入学习贯彻习近平总书记考察上海重要讲话精神，认真贯彻落实李强、赵克志、应勇同志重要批示指示精神，以智慧公安建设为牵引，推动上海公安工作全面提档升级，以优异成绩迎接新中国成立70周年大庆。一要努力在服务保障上海发展大局上实现新作为。对标党委、政府要求，找准工作结合点和着力点，积极当好参谋助手，有效强化预警预防，推出更多服务举措，在上海改革发展大局中发挥更大作用。二要努力在提升核心战斗力上取得新突破。优化工作机制，完善警务模式，做到打击更有力、管控更精准、处置更高效，更好地满足现实斗争需要，不断增强人民群众安全感和满意度。三要努力在推动社会治理创新上创造新业绩。发挥排头兵先行者作用，依托智慧公安建设，在推进平安建设上下功夫，在破解社会治理难题上做工作，在科技应用上求实效，整体提升城市管理和社会治理能力。四要努力在建设过硬队伍上展示新气象。牢牢把握习近平总书记提出的“四句话、十六个字”总要求，坚持党对公安工作的绝对领导，坚持管好“关键少数”，坚持激励约束并重，着力打造忠诚干净担当的公安队伍，以过硬队伍创造过硬业绩。

龚道安指出，要认真贯彻市委、市政府和公安部部署要求，牢牢把握2019年上海公安工作总体思路和主要任务，围绕工作理念、工作格局、工作重心、警务运作、队伍管理等方面，努力实现“五个转变”：一要实现工作理念从以管理为中心向以服务为中心转变。秉持客户至上理念，以服务对象需求为追求，破除管理者思维定式，勇于自我革命，提供更优服务，把方便让给群众，把麻烦留给自己，做到有求必应、无事不扰。二要实现工作格局从单打独斗向共建共治转变。坚持和发展新时代“枫桥经验”，做好新时代群众工作，推动落实居民自治、市场服务、基层综合执法“三支力量”，做到依责响应、通力协作，打造社会治理命运共同体。三要实现工作重心从应急处置向风险管控转变。聚焦预知预警预防，精准管控各类要素，最大限度降发案降事故，整改隐患于初始，化解风险于无形，努力追求上海无贼、上海无祸的更高境界。四要实现警务运作从粗放低效向集约高效转变。强化属地主战，强化警种管建管援，强化数据支撑，推动形成指向明确、行动精准、注重效益的情报主导型、科技密集型警务模式。五要实现队伍管理从以事为本向以警为本转变。坚持把民警作为发展主体、服务对象，更加注重以使命情怀引领人、以发展需求培育人、以严管厚爱激励人、以公平公正取信人，让每一位民警“快乐工作、幸福生活”。

市局党委副书记、副局长陈臻代表市局党委全面总结了2018年工作，分析了面临的形势和工作中存在的短板，从忠实履行职责使命、持续推进智慧公安、全面深化公安改革、做实做强基层基础、着力融入社会治理、严管厚爱公安队伍六个方面部署了2019年主要工作。市委副秘书长、市政府副秘书长、市委政法委副书记赵奇传达上级领导重要批示并主持会议。市局党委委员，副巡视员，各分局、市局各部门、各公安（处）局主要负责同志参加会议。上海边检总站、民航华东管理局公安局、公安部三所、公安部警用装备采购中心主要领导应邀参加会议。会议以电视电话会议形式开至基层单位全体民警。

2018年7月4日，全市公安局处长会议召开。市委常委、市委政法委书记陈寅，副市长、市局党委书记、局长龚道安出席会议。陈寅指出，2018年上半年，上海公安机关深入推进“四大建设”，忠诚履行“四大任务”，服务保障“四大环境”，为上海经济社会发展作出了突出贡献。陈寅就做好下半年上海公安工作提出四点要求：一是要以进博会安保为牵引，全力维护社会大局稳定。坚持以面保点、以点促面，扎实推进进博会安保筹备工作，全力维护政治安全，强化社会面整体防控，奋力实现“六个坚决防止”“三个确保”的安保维稳工作目标，确保进博会成功举办，推动更高质量和更高水平的平安上海建设。二是要聚焦智慧公安建设，推动上海社会治理能力现代化。结合进博会安保维稳工作加大推进力度，坚持边建设、边应用、边完善，正确处理建设与应用、当前与长远、内部与外部的关系，确保智慧公安建设顺利实现第一阶段战略目标。三是要深化公安改革，以实际行动迎接改革开放40周年。积极融入政法改革大局，全力服务保障长三角一体化、“放管服”改革等重大发展战略，全面深化司法体制综合配套改革，稳妥推进公安机关体制机制改革，确保高标准完成各项改革任务。四是要推进过硬队伍建设，为履行好职责使命提供坚强保障。牢牢把握习近平总书记提出的“四句话、十六个字”总要求，不断强化忠诚核心、拥戴核心、维护核心、捍卫核心的思想自觉、政治自觉和行动自觉，大力加强干部队伍建设，深入推进执法规范化建设，坚持从严治警和从优待警相结合，努力打造一支忠诚干净担当、党和人民满意的高素质过硬公安队伍。

龚道安指出，要认真贯彻落实市委和市政府、公安部部署要求，聚焦十一届市委四次全会提出的“面向全球、面向未来，提升上海城市能级和核心竞争力”这个主题，围绕进博会安保这根主线，扎实做好下半年各项公安工作。针对智慧公安建设中的十个热点问题，龚道安逐一分析问题表现和原因症结，并提出明确要求：一是要推动全局上下形成合力。各级领导干部要在做学习研究表率、调动民警积极性、结合实际抓落地上下功夫，形成上下同心、合力攻坚的良好氛围。二是要加快推进社会面智能安防建设。充分调动政府、企业、群众三大主体积极性，确保按时保质完成建设任务。三是要厘清智慧公安的逻辑架构。明确以“一中心、一平台”为核心的三级架构建设定位和具体任务，打破警种壁垒、部门壁垒、层级壁垒。四是要健全数据治理体系。按照“多维采集、有效汇聚、规范清洗、分级存储、科学管理、全域应用”的要求，明确技术标准，完善制度设计，形成工作闭环。五是要全力突破技术“瓶颈”。聚焦应用需求、把准关键“瓶颈”，在加强技术挖潜、深化技术集成、丰富场景应用上下功夫，力争早日攻克技术难关。六是要加快推进系统模型实战化应用。坚持应用导向、实战引领，加强模型研发、倡导基层首创、推进全警应用，推动智慧公安建设成果更快更好转化为现实战斗力。七是要推动全民安防、协同治理和精准警务模式有效衔接。建好社会化服务平台、政府部门联勤联动平台、智慧公安平台“三个平台”，落实社会力量、政府相关部门和公安民警“三支队伍”，做好风险隐患分类分流处置工作，增强人民群众的获得感。八是要稳妥推进现代警务流程再造。准确把握派出所警务模式，合理设置责任区，统筹勤务安排，强化后台专业支撑，推动警务工作提质增效。九是要强力推进政务服务“一网通办”。精简办事流程材料，推进数据互认共享，加强派出所综合窗口建设，努力使群众“足不出户能办事、跑路最多只一次”。十是要着力打造智慧政工模式。围绕职业规划、教育培训、智慧考核、爱警惠警四大维度，丰富智慧政工功能模块建设，助推队伍管理手段升级。

市委副秘书长、市政府副秘书长、市委政法委副书记赵奇主持会议。市局党委副书记、副局长陈臻代表市局党委总结了上半年上海公安工作，分析了当前工作和队伍管理中的短板，从全面强化整体防控和专项管控、打造形成智慧安保模式、有力打响上海公安品牌、强化过硬队伍建设四个方面对 2018 年下半年上海公安工作作了安排部署。市局党委委员、驻局纪检组组长，市局副巡视员，各分局、市局各部门、各公安（处）局主要负责同志参加会议。上海边检总站、民航华东管理局公安局、公安部三所、海警总队（筹备组）主要领导应邀参加会议。会议以电视电话会议形式开至基层科所队长一级。（摘自会议相关讲话和报告材料）

市局举办领导干部专题研讨班

2019 年 1 月 20–21 日，市局举办领导干部专题研讨班。副市长、市局党委书记、局长龚道安出席研讨班，就学习贯彻中央政法工作会议、全国公安厅局长会议精神提出明确要求，并以“置身新时代，应有新作为”为题与大家交流。龚道安指出，面对新的历史方位和使命任务，要更加自觉地把公安工作置于新时代中国特色社会主义事业大局中来思考、来研究、来谋划。上海公安工作的时代坐标可以从三个视角来把握：一是服务于国家战略和上海大局。坚持以习近平新时代中国特色社会主义思想和总书记对上海工作的重要指示为指导，以推动高质量发展和创造高品质生活为目标，把工作理念从以管理为中心转到以服务为中心上来，在服务保障改革发展大局中有新作为。二是立足于推动社会治理创新。坚持以人民为中心的发展思想，把工作重心从应急处置转到风险管控上来，推动形成共建共治的工作格局，打造更有序、更安全、更干净的“平安上海”，不断满足群众在法治、公平、正义、安全等方面日益增长的需求。三是着眼于上海公安长远发展。科学把握新时代公安改革规律特点，主动适应科技革命大趋势，善于运用现代科技成果破解难题，实现警务运作从粗放低效向集约高效转变，队伍管理从以事为本向以警为本转变，把新时代上海公安工作提升到新境界。龚道安要求，全市各级公安机关要把学习贯彻习近平总书记重要讲话精神作为当前和今后一个时期的首要政治任务来抓，充分认识习近平总书记重要讲话精神的重大意义，迅速掀起学习贯彻热潮，全力服务保障国家战略和上海大局，聚焦推进新时代公安工作“四大职责任务”，切实提升队伍能力素质和精神状态，以实际行动贯彻落实习近平总书记重要讲话精神，奋力开创上海公安事业发展新局面。各级领导干部要履行关键责任，做出关键作为，发挥关键作用，以强烈的家国情怀、担当意识和进取精神，进一步提振精神状态；把握大局大势，坚持科学决策，狠抓贯彻执行，进一步提升能力素质；把握改革方向，凝聚改革共识，掌握改革方法，进一步深化改革创新；发挥带头示范作用，营造团队良好氛围，贯彻民主集中制，进一步强化团结共事；抓好思想政治工作、公正选人用人和警营文化培育，打造一流公安队伍，用富于创造的实绩、伟绩、善绩，向党和人民交出一份无愧于新时代的精彩答卷。龚道安强调，领导干部最需要增强三种能力，一是增强驾驭局势的能力，二是增强科学决策的能力，三是增强贯彻执行的能力。

市局党委副书记、副局长陈臻主持开班式。市局党委委员，市局巡视员、副巡视员，各分局、市局各部门行政领导班子成员参加研讨班。（摘自会议相关讲话和报告材料）

市局举办派出所所长专题研讨班

2019 年 1 月 13-14 日，市局举办派出所所长专题研讨班。副市长、市局党委书记、局长龚道安出席研讨班，以“破解难题、固本强基——打造新时代派出所综合性战斗实体”为题作了辅导报告。龚道安指出，派出所是整个公安工作的基石，地位重要、作用特殊。所谓地位重要，是因为派出所是公安机关践行以人民为中心的发展思想、全心全意为人民服务宗旨的最基层载体，是公安机关开展群众工作的最基本阵地，服务群众的第一窗口、综合窗口、最大窗口、最重要窗口。从这个意义上讲，派出所的形象代表着公安机关的形象，派出所的形象好了，公安机关的整体形象就好了；派出所的能力反映了公安机关的能力，派出所的能力强了，公安机关的整体战斗力就强了。所谓作用特殊，是因为派出所是保一方平安的综合性战斗实体，麻雀虽小、五脏俱全，它承担的任务几乎囊括了公安机关的全部职责，即“打防管建教”，每一项都主要靠它去做。因此，公安机关履职情况，主要是所有派出所履职的集合反映，公安机关要更好、更充分、更全面履职，每个派出所的工作都必须做好。针对派出所所长忧心和制约公安工作发展的十个瓶颈问题，龚道安逐一解疑释惑，提出解决办法。一要明确功能定位，形成工作闭环，加快综合指挥室建设步伐；二要建立完善三级分流机制，推动整合居民自治、市场服务、基层综合执法“三支力量”，强化承接处置支撑，推进非警务信息分流处置；三要有效去除重复、夸大、虚假警情，确保110数据客观真实，发挥其评估社会治安、交通状况的重要参考价值；四要全力降压发案，坚持以打促防，破解执法难题，为派出所执法办案减压；五要理性看待公安审批服务业务下放，提高线上办理比例，提升派出所“综合窗口”运作效能；六要认真总结试点经验，坚定改革信心决心，抓紧推进交通警务流程再造分局全域试点；七要敢于迎难而上，加快模型研发，有力推动社区、楼宇智能安防建设；八要坚持摸清底数，强化日常管理，丰富智能化手段应用，堵住“网约房”管理漏洞；九要坚持领导干部以身作则、率先垂范，坚持识人善用、平等待人，坚持爱兵如子、敢抓善管，消除队伍中存在的职业倦怠；十要坚持多措并举，落实好赋权、减负、松绑、开源等措施，加强对派出所综合支撑保障。

市局党委副书记、副局长陈臻主持开班式。市局党委委员，副巡视员，各分局、市局各部门主要负责同志，全市各派出所所长，市局治安总队各处（室）负责同志参加会议。

（摘自会议相关讲话和报告材料）

2018 年大事记

1 月

1 日　上海公安机关完成元旦迎新活动安保工作，各项大型活动安全顺利举行

1 日　上海公安机关集中开展元旦消防夜查行动

1-2 日　越南公安部代表团访沪　市政府党组成员、市局党委书记、局长龚道安会见了越南公安部副部长裴文南率领的代表团。

3 日　市委常委、市委政法委书记陈寅，龚道安对上海南站等全市重点反恐目标工作措施落实情况开展督导检查　市局党委委员、副局长陆东参加检查。

6-7 日　市公安局举办派出所所长学习贯彻党的十九大精神专题研讨班　陈寅出席，市委副秘书长、市政府副秘书长、市委政法委副书记赵奇主持，市局党委副书记、副局长陈臻参加。

10 日　上海公安机关组织开展 110 主题宣传活动　全市公安机关组织开展了设点集中宣传、警营开放、媒体集中采访、110 警情上门回访等宣传活动。

11 日　市公安局派驻上海市国家税务局、上海市地方税务局联络机制办公室揭牌仪式举行　龚道安宣布联络办成立，并和市国税局、地税局局长马正文共同为联络办揭牌。

15 日　陈寅到杨浦分局四平路派出所实地调研派出所窗口建设、执法办案、服务群众和刑事案件智能辅助办案系统使用运行情况　召开部分派出所座谈会，听取关于公安执法、管理、服务工作所面临困难和问题的意见建议。

16 日　公安部上海市政府推进上海科技创新中心建设合作机制 2017 年度会议召开　市委常委、常务副市长周波，公安部党委委员、部长助理王俭出席会议。龚道安、公安部出入境管理局局长曲云海分别通报有关情况。

17 日　市公安局党委大调研小组召开领导小组办公室首次工作例会　市局党委副书记、副局长、市局党委大调研领导小组组长陈臻出席并发言。

市局党委委员、政治部主任周海健参加会议。

17日　浙江省政府消防工作考察团访沪　周海健及市局党委委员、副局长俞烈陪同到徐汇、虹口两区调研，并与考察团座谈交流。

18日　山西省委常委、省委政法委书记商黎光率代表团到市局调研智慧公安建设　陈寅、龚道安、陈臻、市综治办副主任陈奇忠陪同。

18日　上海公安机关警务微信启动仪式暨首批应用演示会召开　龚道安出席并讲话，陈臻主持。腾讯公司犯罪研究中心主任、安全管理部总经理朱劲松出席。

18日　市公安局与铁道警察学院合作共建框架协议签约会议召开　龚道安出席并讲话，陈臻主持。铁道警察学院党委书记陈东升、铁道警察学院副院长吕萍、俞烈、周海健、上海铁路公安局领导参加会议。

18日　铁道警察学院党委书记陈东升一行到市局第二指挥室、上海公安学院调研　周海健陪同。

19日　智慧公安综合服务平台成立　陈臻主持并讲话。

20日　市局召开党委扩大会议　龚道安主持并讲话。研究《上海公安现代警务流程再造方案》《上海公安队伍管理手段升级——“智慧政工”项目建设方案》。赵奇列席会议。

21-29日　市公安局完成在上海世博中心和中共上海市委党校举行的上海市第十五届人民代表大会第一次会议、中国人民政治协商会议上海市第十三届委员会第一次会议安保工作

23日　普陀分局迅速侦破持刀抢劫案　5时20分、5时40分，普陀分局连续接报普陀区映像戴斯酒店、温斯顿酒店前台工作人员被抢。经工作，当日9时45分，普陀分局在铜川路辉宏洗浴中心抓获犯罪嫌疑人张木里文（男，30岁，云南省元阳县人，2008年因抢劫罪被判处有期徒刑10年）。经讯问，张交代了持刀威胁酒店前台工作人员索要营业款，未果后持刀划伤工作人员手部的犯罪事实。

24-26日　市公安局完成全市雨雪冰冻灾害性天气应对处置工作

29日　市局召开党委会议　副市长、市局党委书记、局长龚道安主持并讲话，传达学习中央政法工作会议、全国公安厅局长会议和市“两会”精神。

30日　中央特科纪念馆筹建工作领导小组第一次工作会议召开　陈臻出席，周海健主持会议并通报相关工作。

31日　市公安局举行上海公安离退休干部新春团拜会　龚道安出席并致辞。市局党委委员、上海公安学院党委书记、常务副院长韩勇通报2017年上海公安工作情况。

2 月

1 日　市公安局和青浦区政府签署智慧公安建设战略合作框架协议　龚道安，赵奇，青浦区委书记赵慧琴、区长夏科家，陈臻，市局党委委员、副局长陆民，青浦区委政法委书记赵明参加。

1-2 日　市公安局完成英国首相特雷莎・梅访沪安全警卫任务

2 日　全市 2018 年度整治非法客运工作动员部署电视电话会议召开　龚道安出席并讲话。

2 日　上海公安机关快速调查处置“2・2”交通肇事案　8 时 57 分，一辆“福田”牌 7 座小型普通客车自黄浦区新昌路左转至南京西路时车内起火，后冲上人行道，造成面包车驾驶员及 17 名行人受伤。经处置，当日 10 时 26 分，现场交通与周边秩序恢复正常。经查，起火原因系陈旭辉（男，41 岁，江西省南昌市人）驾驶途中吸烟，丢弃烟蒂引燃车内汽油（车上有 7 个盛装过汽油的矿泉水塑料瓶，其中 3 个仍装满汽油），后惊慌失措致车辆失控冲上人行道。

3 日　市局召开 2017 年度市局党委领导班子民主生活会　龚道安主持，市委督导组、公安部人事训练局、市委组织部、市委政法委、市委办公厅、市纪委机关有关领导出席。

4-12 日　市局党委委员、副局长蔡田率团访问墨西哥、古巴

4-13 日　龚道安、陈臻、俞烈、陆民、陆东、周海健、蔡田、驻局纪检组组长徐叶枫分别看望慰问市局老领导王鉴、朱达人、毛瑞康、贾兴元、王征明、张春友、张声华、吴延安、黄菊良、胡顺康、郭永华、姚志荣和二级英模陈瑜，以及一级英模叶志三、烈士陈卫国、因公牺牲民警蔡康林家属等

6 日　全国公安机关视频会议召开　在上海分会场，龚道安出席并部署春节和全国“两会”期间安保维稳工作。

7 日　中共中央政治局委员、市委书记李强到市公安局调研城市安全工作　陈寅，市委常委、市委秘书长诸葛宇杰，副市长时光辉，龚道安，赵奇，市委副秘书长、市委研究室主任康旭平参加调研。

8 日　警医共建签约暨上海公安民警就医协助机制启动仪式举行　龚道安出席并讲话。市卫计委副主任闻大翔、市申康中心主任陈建平、周海健出席会议。

11 日　全市公安局处长会议召开　陈寅、龚道安出席并讲话，赵奇出席。

11 日　2018 年上海公安机关党风廉政建设会议召开　龚道安出席并讲话。

13 日　公安部 2018 年央视春晚安保工作视频调度会召开　在上海分会场，陆民出席并汇报全市 2018 年春节安保工作情况。

14 日　市公安局完成上海市各界人士春节团拜

会安保工作

15日　李强赴市公安局特警总队检查城市安全保障工作并观摩特警装备和训练，慰问特警队员　陈寅、诸葛宇杰、龚道安、赵奇参加活动。

15-22日　市公安局完成2018年春节安保维稳工作

23日　全国公安机关扫黑除恶专项斗争推进会暨深化严打暴恐活动专项行动部署会召开　在上海分会场，龚道安出席并讲话。

23日　全国公安大数据工作领导小组办公室副主任、公安部科技信息化局副局长魏平岩带队的公安部调研组访沪　陈臻与调研组座谈交流。

27日　市公安局与上海边检总站研究边境口岸“防渗透、防回流、防污染”工作机制建设　龚道安与上海边检总站党委书记、总站长徐乃刚一行座谈交流。陈臻，陆东，上海边检总站党委委员、副总站长李国官参加。

27日　上海公安机关推广应用“刑事案件智能辅助办案系统”动员部署会召开　龚道安出席并讲话，陈臻主持会议，陆东部署工作。

28日　全国“两会”安保工作视频会议召开　在上海分会场，龚道安出席并讲话。陆民参加会议。

3月

1日　2018年第一期“数据警察”业务培训班开班　韩勇出席并讲话。

2-20日　市公安局完成全国“两会”安保维稳工作

2日　市公安局研究智慧公安建设推进工作专题会议召开　周波、副市长吴清、龚道安出席。陈臻参加。

5日　市公安局召开党委会议　龚道安主持，传达学习《中共公安部委员会关于认真做好〈中共中央关于修改宪法部分内容的建议〉宣传教育工作的通知》精神。

6日　市纪委副书记、市监察委副主任戴骅一行到市公安局调研　龚道安与戴骅进行座谈交流。陈臻，市纪委常委、市监察委委员王永伟，市纪委常委陶泓，徐叶枫参加座谈。

7日　上海市智慧公安建设推进会暨领导小组第一次会议召开　陈寅、龚道安出席并讲话。市智慧公安建设领导小组副组长赵奇主持会议。

7日　上海市境外人员管理工作领导小组工作会议召开　副市长、市境外人员管理工作领导小组组长龚道安出席并讲话。赵奇主持会议。

7 日　上海公安机关举行纪念“三八”国际妇女节 108 周年活动　龚道安出席并讲话。市妇联主席徐枫、周海健出席活动。

11 日　龚道安到市公安局驻京工作处调研并慰问在京参加全国“两会”安保维稳工作的全体民警

13 日　2018 年上海市消防工作会议召开　龚道安出席并讲话。

13 日　2018 年上海市道路交通安全工作会议召开　龚道安出席并讲话。

14 日　市公安局与公安部第三研究所签署战略合作协议　龚道安出席并讲话。公安部三所党委书记朱任飞、陈臻、公安部三所副所长李建瓴参加会议。

15 日　中国共产党上海市公安局机关代表大会召开　龚道安出席并讲话。大会选举产生新一届市局机关党委书记、副书记、专职副书记、委员，选举产生市局机关纪委书记、副书记、委员。市级机关工委副书记杨莉出席会议。陈臻作工作报告。

15 日　市委组织部副部长、市公务员局局长陈皓一行到市局调研　龚道安与陈皓就年轻干部培养工作进行座谈交流。陈臻、周海健参加。

16 日　第八届百联杯“十佳”优秀社区民警评选大会召开　龚道安出席并讲话。

20 日　市反恐怖工作领导小组全体成员会议召开　市委常委、市委政法委书记、市反恐怖工作领导小组组长陈寅、龚道安出席并讲话。

21 日　浦东分局摧毁一制售假冒名酒犯罪团伙　先后在浦东新区、青浦区、奉贤区捣毁制作假酒窝点 12 处，抓获犯罪嫌疑人李兴宝（男，45 岁，安徽省芜湖市人）等 21 人，缴获假冒茅台等各类高档名酒 1.5 万余瓶（市值人民币 2500 余万元），各类名酒标签、包装盒等 1 万余套及灌装制假工具 5 套。

22 日　市公安局召开党委扩大会议　龚道安主持，传达学习十三届全国人大一次会议和全国政协十三届一次会议精神。

23-24 日　越南河内市公安局代表团访沪　龚道安、陈臻会见了越南河内市公安局局长团维疆率领的代表团。

24 日　市公安局完成喀麦隆总统保罗·比亚访沪安全警卫任务

28 日　上海公安机关侦破公安部督办“1·4”盗、改、销、骗高档手机系列案　市局刑侦总队牵头静安分局分别捣毁了以张健（男，29 岁，上海市浦东新区人）和池方笋（男，30 岁，浙江省温州市人）为首的两个盗、改、销、骗高档手机犯罪团伙，抓获团伙成员 13 人，缴获 iPhone 手机 72 部和改码机、作案用电脑、标签打印机等涉案物品。

4 月

1-3 日 市公安局完成纳米比亚总统根哥布访沪安全警卫任务

1-5 日 上海公安学院派团访问卡塔尔 参加由世界警察院校协会主办、卡塔尔警察学院承办的第七次世界警察院校协会年会，并与卡塔尔警察学院签署《中华人民共和国上海公安学院与卡塔尔警察学院培训与合作意向书》。

2 日 市局召开党委扩大会议 龚道安主持，传达学习贯彻市政府常务会议审议《上海智慧公安建设五年规划（2018—2022）》有关精神以及部署清明小长假安保工作。

2 日 市局党委召开 2018 年上海公安巡察工作动员部署会 龚道安出席并讲话，陈臻主持会议。周海健宣读市局党委关于成立巡察组并授权开展巡察工作的通知。徐叶枫对 2018 年巡察工作进行部署。

3 日 上海公安英烈清明祭扫活动在龙华烈士陵园举行 龚道安、陈臻、周海健参加活动，并慰问有关烈士家属。

5-7 日 市公安局完成清明节期间安保维稳工作

8 日、12 日 上海市人民政府（沪府任〔2018〕73 号）决定：免去曹忠平的上海市公安局副局长职务。

中共上海市委组织部（沪委组〔2018〕干字 263 号）批复：同意免去曹忠平同志的中共上海市公安局委员会委员职务。

8 日 轨道公交总队快速侦破一起编造虚假恐怖信息案 8 日 15 时 49 分，一男子致电市民热线 12345，称其 2 月 26 日在轨交 2 号线虹桥火车站处被工作人员殴打，要求赔偿，否则在虹桥火车站实施爆炸。经查，当天 20 时 45 分，轨道公交总队抓获犯罪嫌疑人吴维杨（男，64 岁，上海市黄浦区人）。经讯问，吴交代了为泄愤拨打 12345 扬言实施过激行为的犯罪事实。

10-12 日 市公安局完成新加坡总理李显龙访沪安全警卫任务

11-14 日 市公安局完成 2018 年医药系列展安保工作

12 日 共青团上海市公安局第十三次代表大会召开 龚道安出席并讲话。团市委书记王宇、陈臻、周海健出席会议。

13-15 日 市公安局完成 2018F1 中国大奖赛安保工作

16 日 市委副书记尹弘到出入境管理局调研人才服务工作 陈臻陪同。

16-21 日 市公安局完成全国第五届大学生艺术展演活动安保工作

17 日 上海公安机关“决战进口博览会 200 天”安全保卫工作动员部署电视电话会议召开

龚道安出席并讲话。武警上海市总队司令员朱宏出席。赵奇主持会议。陈臻作动员部署。

19-21 日　市公安局完成第六届中国（上海）国际技术进出口交易会安保工作

20 日　内蒙古自治区公安厅考察团访沪　陈臻与内蒙古自治区公安厅党委副书记、常务副厅长、警察协会会长王来明座谈交流，并签署《内蒙古自治区警察协会与上海市警察协会共建友好警察协会框架协议书》。

23-26 日　龚道安赴香港、澳门访问　就推进智慧城市、智慧公安建设，提升城市治理精细化、智能化、现代化水平，与香港、澳门警方开展交流。

24 日　中共上海市委（沪委〔2018〕481 号）决定：免去戴新福同志的中共上海市公安局经济犯罪侦查总队委员会书记职务。

25 日　市委常委、市纪委书记、上海市监察委员会主任廖国勋一行分别到嘉定区看守所、市第三看守所调研留置专区建设工作　陆东、徐叶枫陪同。

25 日　陈寅到市公安局调研指导政法队伍建设工作　陈臻作工作汇报。市委政法委副巡视员、政治部主任虞培林参加座谈。

25-29 日　上海公安学院、市局指挥部指挥中心派代表团访问俄罗斯　赴俄罗斯内务部圣彼得堡大学参加主题为“现代教育的评估和分析以及教育过程的有效性”国际研讨会。

28 日　龚道安与腾讯公司董事会主席兼首席执行官马化腾一行座谈交流　陈臻、蔡田参加会议。

28 日　市局举行 2018 年上海公安机关纪念“五四”表彰大会　龚道安会见团市委书记王宇。陈臻出席大会。周海健致辞。

29 日至 5 月 1 日　市公安局完成“五一”劳动节假期安保维稳工作

29 日至 5 月 5 日　匈牙利国家警察总局代表团访沪　陈臻、韩勇会见匈牙利国家警察总局副高级专员哈尔莫希率领的代表团。

5 月

2-3 日　匈牙利警察代表团访沪　陈臻、韩勇与代表团座谈交流。

2 日　市局召开为外籍人才颁发永居证活动及《关于推动落实〈上海出入境聚英计划（2017—2021）〉有关出入境政策的实施办法》会签会议　龚道安出席，并与“双自”区管委会、“双创”示范基地单位负责同志座谈交流。蔡田参加会议。

3 日　市公安局工会第二次代表大会召开　陈臻出席，周海健代表市局工会第一届委员会作工作报告。会后，召开了市局工会第二届委员会第一次全体会议，选举产生了市局工会主席、副主席。

4日　中央纪委领导赴市第三看守所调研　陈臻、陆东陪同。

8日　市公安局完成“5·8”世界红十字日主题宣传活动安保工作

9日　市公安局召开党委扩大会议　龚道安主持，传达学习贯彻习近平总书记近期系列重要讲话批示精神。

9日　市局召开专题会议，传达学习公安部党委《关于做好深化党和国家机构改革期间公安队伍管理和宣传引导工作的通知》精神　龚道安主持并讲话。

9日　新疆维吾尔自治区公安厅代表团访沪　陈臻、陆东与代表团座谈交流。

9日　新加坡警察部队代表团访沪　韩勇与新加坡警察部队交通局副局长李志超一行就双方学术交流、合作培训等工作进行座谈交流。

10日　市公安局举行人民警察光荣退休仪式　龚道安出席并讲话。周海健出席。

10日　市公安局完成首届中国自主品牌博览会开幕式、巡馆活动暨中国品牌发展国际论坛安全保卫工作

12日　市公安局完成2018年国际田联钻石联赛（上海站）安保工作

14-17日　澳门警察总局和澳门纪律部队代表团访沪　龚道安、陈臻、蔡田会见了代表团，并举行了沪澳警务合作第十六次工作会谈。澳门警察总局局长马耀权、中联办驻澳门警联部部长于成平参加会议。

15日　公安部一局、二十六局政委桑麟榆、政治处主任姜博一行来沪看望慰问基层单位、英烈家属和因公负伤民警代表　陈臻会见慰问组一行。周海健参加慰问活动。

15日　阿根廷布宜诺斯艾利斯警务代表团访沪　陈臻会见。

16-18日　市公安局完成特立尼达和多巴哥总理基思·罗利访沪安全警卫任务

18日　上海公安机关召开“一网通办”暨改善窗口服务推进会　龚道安出席并讲话。赵奇主持会议，陈臻、周海健分别部署工作。

19日　公安部召开全国公安机关深入学习贯彻习近平总书记“5·19”重要讲话精神电视电话会议　在上海分会场，龚道安出席，并部署贯彻落实工作。

19日　新一届市局机关党委第一次会议召开　陈臻主持。周海健通报了市级机关工委《关于新一届中国共产党上海市公安局机关委员会和机关纪律委员会组成人员的批复》。

19日　市公安局完成2018上海科技节启动仪式安全警卫工作

21日　青浦分局破获系列入别墅区盗窃案　21日18时许，青浦分局在闵行区海浪花浴场内抓获犯罪嫌疑人陶党权（男，42岁，广西壮族自治区平乐县人）。经讯问，陶交代了2018年

3 月至 4 月间，单独窜至松江、闵行、青浦等区高档别墅区实施入室盗窃的犯罪事实。

23 日　龚道安与市民族和宗教事务委员会主任花蓓一行座谈交流　陆东、蔡田参加。

24 日　上海市人民政府（沪府任〔2018〕106 号）决定：任命戴新福为上海市公安局副局长，免去其上海市公安局经济犯罪侦查总队总队长职务。任命陈超为上海市公安局副局长，免去其上海市公安局副巡视员职务。

中共上海市委组织部（沪委组〔2018〕干字 384 号）批复：同意任命戴新福同志为中共上海市公安局委员会委员职务。同意任命陈超同志为中共上海市公安局委员会委员职务。

24 日　公安部、交通运输部网约车安全管理联合调研组访沪　龚道安会见。

25 日　全国反恐怖工作电视电话会议召开　在上海分会场，陈寅、龚道安出席。朱宏，赵奇，市委政法委副书记、市综治办主任李余涛参加。

26 日　沪苏浙皖政法系统召开推进更高质量平安长三角法治长三角建设座谈会　陈寅、龚道安出席。

27 日　长三角区域警务一体化暨中国国际进口博览会环沪安保圈工作会议在沪召开　公安部党委委员、副部长侍俊，龚道安，江苏省副省长、省公安厅党委书记、厅长刘旸，浙江省副省长、省公安厅党委书记、厅长王双全，安徽省副省长、省公安厅党委书记、厅长李建中出席会议并讲话。公安部治安管理局局长李京生出席，赵奇主持会议。四地公安机关共同签署了《长三角区域警务一体化框架协议》和《沪苏浙皖三省一市公安机关中国国际进口博览会安保警务合作协议》。

27 日　侍俊调研上海智慧公安建设应用工作　龚道安陪同。李京生、曹忠平、陈臻参加调研。

27-29 日　阿根廷安全部代表团访沪　陆民会见了阿根廷安全部国务秘书福里格率领的代表团。

29 日　全国禁毒工作电视电话会议召开　在上海分会场。陈寅、龚道安出席。市禁毒委副主任，市局党委副书记、副局长陈臻，蔡田参加会议。

31 日　上海公安机关监管民警轮训援疆出征仪式举行　陈臻出席。陆东出席并作动员。周海健主持仪式并授旗。

6 月

1 日　全国公安机关视频调度会召开　在上海分会场，龚道安出席并讲话。李余涛、陈臻、陆民参加。

1 日　市公安局完成长三角地区主要领导座谈会安保工作

5 日　重庆市公安局代表团访沪　副局长陈超

与重庆市公安局副局长姚昌序一行座谈交流。

7-9日　市公安局完成2018年高考安保维稳工作

8日　陈寅、龚道安到市保安服务总公司调研全市保安服务管理工作　赵奇、陆民、市综治办副主任陈奇忠参加调研。

13-14日　上海公安机关组织开展非法液化石油气等危化品（气体）集中清查行动

14-15日　侍俊先后到金山分局刑侦支队、奉贤分局江海派出所、普陀分局长寿派出所、市政府大数据中心调研考察　陈臻、陈超陪同。

14日　金山分局侦破一起特大网络赌博案　抓获戴国萍（男，56岁，上海市杨浦区人）等犯罪嫌疑人8人，捣毁一个以民间借贷公司作为掩护的特大网络“赌球”犯罪团伙。经查，该犯罪团伙自2017年以来作为境外赌博网站代理，发展下线招揽赌客至其成立的民间借贷公司内进行网络赌博，案值4亿余元。

16-17日　市公安局完成2018年中考安保工作

19-28日　俞烈率团访问瑞典、丹麦、荷兰

22日　内蒙古自治区公安厅代表团访沪　龚道安与代表团一行就智慧公安建设工作进行座谈交流。陈臻、陈超参加。

22-23日　市公安局完成巴布亚新几内亚总理彼得·奥尼尔访沪安全警卫任务

22-24日　市公安局完成法国总理爱德华·菲利普访沪安全警卫任务

25日　市人大常委会主任殷一璀率部分市人大常委会组成人员和市人大代表赴徐汇区调研城市公共安全及风险防范情况　龚道安陪同。市人大常委会副主任沙海林、肖贵玉、陈臻、周海健参加调研。

27日　市公安局完成中共上海市第十一届委员会第四次全体会议安保工作

28日　市局召开传达学习中共上海市第十一届委员会第四次全体会议和上海市庆祝中国共产党成立97周年座谈会精神会议　龚道安主持并讲话。

28日　公安部宣传局领导和河北、浙江、福建、江西、贵州、陕西等地公安机关政治部主任，公安机关党的十九大代表，公安院校专家学者，相关革命圣地公安机关负责同志一行30余人集体瞻仰中共一大会址　周海健陪同。

29日　市公安局纪念建党97周年座谈会召开　龚道安出席并讲话。陈臻、周海健、徐叶枫参加会议。

7 月

2 日　公安部召开全国公安机关深化“放管服”改革电视电话会议　在上海分会场。陈臻出席，就进一步深化公安“放管服”改革，以及切实做好安全稳定工作作出安排部署。

4 日　全市公安局处长会议召开　陈寅、龚道安出席，并分别作重要讲话。

4 日　市局召开上海智慧公安建设现场推进会　龚道安出席。

4 日　上海公安机关组织开展街面突出治安问题整治和集中设卡临检行动

7-10 日　国务院省级政府消防工作考核组一行到徐汇区、黄浦区督导检查　俞烈陪同并座谈交流。

10 日　俄罗斯内务部英烈子女代表团一行访沪　周海健会见。

10-13 日　陆民率团访问澳门

16 日　全国维护稳定工作视频会议召开　在上海公安分会场，龚道安出席。

17-19 日　意大利国家警察副司令丹杰罗率领的意大利国家警察代表团访沪　陈臻会见。

17-29 日　中意警务联合巡逻中国段同时在北京、上海、杭州、西安展开　陈臻与意大利国家警察副司令丹杰罗出席中意警务联巡（上海站）启动仪式。

18 日　市政协召开十三届四次常委会议　市政协主席董云虎出席会议并讲话。龚道安围绕“提升风险防控能力，维护社会和谐稳定”议题通报有关情况并讲话。

21-22 日　上海公安机关做好第 10 号台风“安比”防御应对工作

24-26 日　市公安局完成刚果（布）总理穆安巴访沪安全警卫任务

25 日　宝山分局摧毁一虚开增值税发票犯罪团伙　抓获犯罪嫌疑人王仙灵（男，46 岁，浙江省临海市人）等 5 人，捣毁两个开票窝点，现场查获用于作案的开票机、税控盘以及大量空白增值税专用发票。经查，2018 年以来，王等人在上海市注册成立 100 余家空壳公司，向税务机关申领增值税专用发票后，大肆对外虚开增值税专用发票，涉案金额达 60 余亿元。

27 日　市公安局召开“冲刺 100 天，决胜进博会”安全保卫工作誓师大会　龚道安出席并讲话，陈臻主持会议并领誓。

27-28 日　上海公安机关组织开展第二次集中清查整治行动

31 日　应勇赴市公安局调研智慧公安建设工作　周波，龚道安，市政府秘书长、市政府办公厅主任汤志平，市政府副秘书长、市发改委主任马春雷参加调研。

8月

1日 市公安局首席科学家聘任会议暨智慧公安科技讲座召开 龚道安出席。

2日 金山分局会同经侦总队摧毁一组织、领导传销活动犯罪团伙 在广东深圳、湖北武汉公安机关协助下，开展集中收网行动，抓获犯罪嫌疑人涂国勇（男，35岁，山东省威海市人）等23人。经讯问，涂等人交代了以销售Land权证、赠送乳胶产品为幌子，在金山区学府路1800弄92号开设“DT乳胶馆”门店，采取传销模式持续发展会员的犯罪事实，涉及30个省市共计15万余人，案值人民币8.9亿余元。

7日 全市消防安全大排查大整治活动动员部署视频会议召开 龚道安出席并讲话，赵奇主持，俞烈参加。

11-12日 上海公安机关在全市范围内组织开展“严打击、扫顽疾、净环境、保平安”全市集中打击整治行动

13日 市公安局党委中心组邀请上海市政协副主席、民建中央副主席、原上海世博局副局长周汉民作《从世博会到进博会》专题辅导报告 陈臻主持报告会。

14日 陈寅、龚道安到市公安局调研进博会安保社会面防控和创新社会治理及维护金融和社会稳定等工作 赵奇、陈臻、陆民、周海健、戴新福、陈超参加。

15日 公安部副部长孟庆丰在沪主持召开金融领域涉众型经济犯罪风险处置调研座谈会 公安部经侦局局长高峰、陈臻、戴新福参加。

15日 上海公安博物馆与上海科技馆警社合作共建签约仪式举行 陈臻出席并讲话。周海健出席。

21日 市局召开上海公安机关推进公安发展“十三五”规划构建现代警务保障体系暨进博会安保警务保障工作部署会 陈臻出席，并提出具体要求。

22日 全市“克隆出租车”销毁仪式暨2018年整治非法客运工作中途推进会议召开 龚道安出席并讲话。俞烈参加。

26日 普陀分局9小时侦破一起冒充警察抢劫案 25日20时许，金某根在普陀区靖边路299弄一水果店门口，被3名自称民警的男子铐上手铐欲强行带离，金大声呼救并请求围观群众拨打110报警，3名男子即驾车逃离现场。26日5时30分，抓获犯罪嫌疑人杨淋力（男，29岁，浙江省台州市人）等3人。经讯问，杨等人交代了因经济窘迫，携带网上购买的GPS定位器、手铐等作案工具，冒充警察对浙江临海籍人员实施抢劫的犯罪事实。

27日 2018年沪港双向警务交流培训班开班仪式举行 韩勇出席。

28日 龚道安与市交通委主任谢峰一行座谈交

流，研究城市道路交通安全与进博会交通保障工作　陈臻、俞烈、陈超参加会议。

28日　泰国移民总局代表团访沪　陈臻、蔡田与泰国移民总局局长一行座谈交流。

28-29日　上海公安机关在全市范围组织开展“严打击、扫顽疾、净环境、保平安”第二次全市集中打击整治行动

30日　市公安局完成市委十一届五次全会安保工作

31日　全国政协委员、中华海外联谊会常务理事、香港太平绅士邓日燊为名誉总团长，香港保安局副局长区志光为副总团长的香港纪律部队文化交流团主要成员访沪　龚道安会见。陈臻、韩勇、中联办驻香港警联部副部长邓兆锋、周海健、蔡田参加。

31日至9月2日　市公安局完成塞拉利昂总统比奥访沪安全警卫任务

9月

3日　公安部视频调度会召开　在上海分会场，龚道安出席，并就做好2018年中非合作论坛北京峰会期间本市安保维稳工作提出具体要求。徐叶枫参加会议。

4-5日　市公安局完成布基纳法索总统卡博雷访沪安全警卫任务

4-6日　陈臻率团赴澳门参加智慧警务签约仪式

5日　中共中央政治局委员、中央书记处书记、中央政法委书记郭声琨到国家会展中心调研首届中国国际进口博览会安保工作　陈寅，市委常委、市委秘书长诸葛宇杰，龚道安陪同。中央政法委委员、秘书长陈一新，中央政法委副秘书长雷东生，孟庆丰，陈臻，陈超参加。

6日　郭声琨到市公安局调研智慧公安建设应用情况　龚道安、陈一新、雷东生、孟庆丰参加。

6日　郭声琨主持召开中央政法委来沪调研座谈会　听取全市政法重点工作情况和打击经济犯罪情况汇报。陈寅、龚道安参加。

6日　上海公安机关“冲刺60天，决胜进博会”安全保卫工作再动员再部署会议召开　龚道安出席并讲话，陈臻主持会议。

7日　长三角区域中国国际进口博览会安保警务合作推进会议召开　公安部三局副巡视员魏峥、陈臻、江苏省公安厅副厅长程建东、浙江省公安厅副厅长金伯中、安徽省公安厅副厅长孟向阳出席并讲话。陆民主持会议。

7-8日　市公安局完成佛得角总理席尔瓦访沪安全警卫任务

7-9日　市公安局完成刚果（布）总统萨苏访沪安全警卫任务

9-10日　市公安局完成中非共和国总统图瓦德拉访沪安全警卫任务

12日　江苏省委常委、省委政法委书记王立科一行访沪　龚道安与王立科一行座谈交流，研究对接进博会安保联勤指挥、入沪通道卡口查控等事宜。陈臻、俞烈、陆民参加。

12-13日　上海公安机关在全市范围组织开展“严打击、扫顽疾、净环境、保平安”2018年第三次全市集中打击整治行动

13日　上海公安机关援疆警队出征大会召开　龚道安出席并讲话。陈臻向上海公安援疆警队授旗，周海健主持并宣读成立上海公安援疆警队临时党支部决定。

15日　上海公安机关完成全民国防教育日防空警报试鸣期间社会面巡逻防控和道路交通组织保障工作

15日　上海公安机关完成2018年上海旅游节开幕式大巡游安保卫工作

17-19日　上海公安机关完成2018上海世界人工智能大会安全保卫工作

18日　云南省公安厅领导一行代表团访沪　陈超与代表团座谈交流。

19-23日　上海公安机关完成第二十届中国国际工业博览会安全保卫工作

22日　应勇现场观摩指导进博会首次城市保障综合演练　周波，副市长吴清，龚道安，市政府秘书长、办公厅主任汤志平，市政府副秘书长、市发改委主任马春雷，赵奇出席。陈臻、陆民参加。

22-24日　上海公安机关完成中秋节假期安保维稳工作

28日　中共中央政治局委员、上海市委书记李强调研智慧公安建设工作　陈寅，诸葛宇杰，龚道安，市委副秘书长、市委研究室主任康旭平，市政府办公厅副主任、市大数据中心主任朱宗尧参加调研。

28-29日　上海公安机关在全市范围组织开展“严打击、扫顽疾、净环境、保平安”第四次全市集中打击整治行动

30日　中共上海市委组织部（沪委组〔2018〕干字596号）批复：同意任命吕耀东同志为中共上海市公安局委员会委员职务，同意任命徐叶枫同志为中共上海市公安局委员会委员职务。

30日　应勇先后到外滩、市局外滩现场安保指挥所检查节日城市运行安全保障工作，并慰问一线执勤民警、武警、消防官兵　陈寅、龚道安陪同。汤志平、市政府副秘书长黄融、赵奇，陈臻参加。

30日至10月7日　上海公安机关完成国庆节假期安保维稳工作

10月

1日　金山分局摧毁一特大跨境销售精神类管制药品犯罪团伙　9月12日至10月1日间，分别在陕西、河南、福建、北京、云南等地先后抓获犯罪嫌疑人赛雪朝（男，29岁，云南省文山壮族苗族自治州人）、王知强（男，28岁，云南省曲靖市人）等13人，捣毁一个在全国范围内销售精神类管制药品、假药的犯罪团伙，捣毁非法销售网站2家、微店10家，现场缴获列入兴奋剂名录且具有严重成瘾性的利他林、莫达菲尼等精神类管制药品3万余粒和其他印度产未经国家批准进口的药品（性药等）4万余粒，涉案总金额达2000余万元。

6日　应勇在国家会展中心观摩指导进口博览会城市保障综合演练　周波、副市长时光辉、吴清、龚道安参加活动。

9日　公安部副部长、首届中国国际进口博览会执委会副主任、安保协调指导组组长孙力军先后赴进博会证件管理中心实地检查办证服务大厅运行管理工作，赴国家会展中心视察指导太赫兹智能安检设备实战运作工作，赴青浦分局国家会展中心治安派出所检查指导安保筹备工作　公安部相关业务局、国家安全部情报中心、应急管理部消防局、中央军委联合参谋部作战局领导、陆民、陈超参加。

10日　东部战区刘粤军司令员、何平政治委员一行至国家会展中心实地考察进博会安保工作　龚道安陪同。陆民参加会议。

11日　上海市人民政府（沪府任〔2018〕168号）决定：任命吕耀东为上海市公安局指挥部主任。

11日　2018年度市反恐怖综合演练暨进博会安保反恐应急队伍授旗活动在上海国际赛车场举行　陈寅、龚道安出席。市反恐怖工作领导小组副组长李伟、赵奇、李余涛参加活动。

11-12日　上海公安机关在全市范围组织开展“严打击、扫顽疾、净环境、保平安”第五次全市集中打击整治行动

12-13日　俄罗斯联邦内务部代表团访沪　陆民会见了俄罗斯联邦内务部副部长舒利卡率领的代表团。

15日　国务委员、公安部党委书记、部长赵克志到上海国际会议中心考察首届中国国际进口博览会有关活动场地　李强陪同，诸葛宇杰、龚道安、陈臻参加。

16日　中共上海市委（沪委〔2018〕839号）决定：徐叶枫同志任市纪委监委驻市公安局纪检监察组组长（试用期满正式任职）。

16日　赵克志赴国家会展中心视察指导现场安保警卫筹备工作和上海智慧公安建设项目在安保工作中的应用情况，出席公安部在国家会展中心现场安保联合指挥部召开的进博会安保工作战前动员视频会，并作重要讲话　应勇，公安部党委副书记、常务副部长王小洪，孙力军，公安部党委委员、部长助理聂福如，龚道安陪同。王小洪主持战前动员视频会。

17–19 日　市公安局完成挪威国王哈拉尔五世访沪安全警卫任务

23–24 日　举行全国公安系统一级英模张欣同志遗体告别仪式　周海健出席，并慰问其家属。

23–24 日　组织开展“严打击、扫顽疾、净环境、保平安”第六次全市集中打击整治行动

25 日　召开军地对接工作专题会议　龚道安，武警上海市总队司令员李伟、政委黄德华出席。陈臻参加。

25 日　全市扫黑除恶专项斗争推进会召开　陈寅、龚道安出席，陈臻参加会议。

26 日　驻港警联部副部长邓兆峰、香港消防处助理处长罗绍衡率代表团访沪　陈臻与代表团座谈交流。

29 日　上海公安机关完成第三十次上海市市长国际企业家咨询会议安全保卫工作

30 日　应勇赴国家会展中心检查进口博览会筹备工作，实地踏勘停车场、主会场等设施以及安检流程、入场和散场路线等情况，随后主持召开现场办公会，协调解决进博会城市服务保障相关问题　吴清、龚道安、陈臻参加。

30 日　公安部反恐怖局在沪召开进博会安保反恐工作部署会　陆东出席。

30–31 日　组织开展“严打击、扫顽疾、净环境、保平安”第七次全市集中打击整治行动

31 日　孙力军到闵行分局非访人员分流点、长宁区龙之梦商圈检查指导进博会安保社会面管控工作　陆民陪同。

31 日　2018 年上海市“119”消防宣传月启动暨消防宣传轮首航仪式举行　俞烈主持。

11 月

1 日　郭声琨、赵克志考察首届中国国际进口博览会有关筹备工作　李强陪同。陈寅、诸葛宇杰、龚道安、陈臻、陆民参加。

1 日　进博会安保工作战前动员视频会召开　郭声琨出席。赵克志主持会议并讲话。应勇代表上海市委、市政府发言。中央政法委副秘书长白少康、孙力军、国家安全部副部长王裕文、商务部副部长王炳南、东部战区副司令员孙和荣、武警部队副司令员秦天、陈寅、龚道安参加会议。

2–3 日　上海市公安局组织开展“严打击、扫顽疾、净环境、保平安”第八次全市集中打击整治行动

2–9 日　市公安局完成埃及总理马德布里、肯尼亚总统肯雅塔、老挝总理通伦·西苏里、立陶宛总统达利娅·格里包斯凯特、多米尼加总统达尼洛·梅迪纳·桑切斯、越南总理阮春福、巴基斯坦总理伊姆兰、马耳他总理约瑟

夫·穆斯卡特、格鲁吉亚总理马穆卡·巴赫塔泽、捷克总统米洛什·泽曼、萨尔瓦多总统桑切斯、匈牙利总理欧尔班、克罗地亚总理普连科维奇、俄罗斯总理梅德韦杰夫、古巴国务委员会主席卡内尔、巴拿马总统胡安·卡洛斯·巴雷拉访沪出席进博会相关活动安全警卫任务

3 日　赵克志、王小洪、孙力军赴外滩区域实地检查进博会安保工作　陈寅、龚道安陪同。陈臻参加。

3 日　进博会实战阶段值守工作动员部署会召开　孙力军主持。龚道安、陈臻、陆民参加会议。

4 日　赵克志在市公安局现场安保指挥部召开全国视频调度会　王小洪、孙力军、陈寅、陈臻、陆民参加。

4 日　市公安局完成首届中国国际进口博览会欢迎晚宴安保工作

5 日　上海公安机关完成首届中国国际进口博览会开幕式、虹桥国际经贸论坛、虹桥国际财经媒体、智库论坛、中外领导人共同巡馆等活动安全保卫工作

5 日　市公安局完成首届中国国际进口博览会开幕式暨巡馆活动安保工作

7 日　应勇赴上海体育场中超联赛现场检查指导安保工作　陈寅、陈群、龚道安、市政府副秘书长宗明陪同。韩勇参加。

11-20 日　陆民率团访问美国、葡萄牙、荷兰

13 日　全市进博会安全保卫工作总结大会在国家会展中心虹馆举行　李强出席会议并作重要讲话。应勇为进博会安保工作先进民警代表颁发奖章和证书。孙力军宣读公安部对上海公安机关的嘉奖令。陈寅主持会议。东部战区政治工作部副主任王良福、翁祖亮、诸葛宇杰出席会议。龚道安代表市安全保障组作了交流发言。李伟、汤志平、赵奇、康旭平参加会议。

14 日　越南胡志明市公安局代表团访沪　徐叶枫会见。

14-24 日　上海公安机关完成进博会延展活动安全保卫工作

18 日　上海公安机关完成 2018 上海国际马拉松赛安保工作

19 日　公安部装财局在沪召开华东片区警务保障工作座谈会　陈臻出席并致辞。

20 日　上海公安机关完成北横通道主线盾构下穿轨道交通 11 号线期间应急处置准备工作

20-22 日　上海国际警察教育学术研讨会在上海公安学院举行　龚道安出席开幕式并致辞，韩勇、周海健、陈超、吕耀东参加。来自 16 个国家和地区的 40 多名境外代表出席。

21-22 日　国家移民局代表团访沪　陈臻、蔡田与代表团座谈交流。蔡田陪同代表团到出入境管理局调研。

21 日　河北省公安厅代表团访沪　陈臻、陈超与代表团座谈交流。

21日 浙江省公安厅代表团访沪 陈超与代表团座谈交流。吕耀东陪同代表团一行到青浦分局徐泾派出所调研智慧公安建设工作。

23日 市公安局完成上海城市保障总结表彰大会安保工作

27日 深圳市公安局政治部关心下一代工作骨干考察团一行访沪 周海健接待，并与考察团座谈交流。

27-28日 上海公安机关完成全国城市基层党建工作理论研讨会安全保卫工作

28日至12月7日 徐叶枫率团访问俄罗斯、越南、老挝

29日 陈寅到普陀分局调研指导工作 蔡田陪同。

30日 公安现役部队转改工作视频部署会议召开 在上海分会场，陈寅出席。陈臻、周海健、蔡田、吕耀东参加。

30日 香港廉政公署副专员及驻港警联部领导访沪 陈臻、蔡田与代表座谈交流

12月

4日 市公安局、市高级人民法院第四次公法联席会议召开 陆东出席并讲话。

10日 上海市人民政府（沪府任〔2018〕231号）决定：任命陆民为上海市公安局巡视员，免去其上海市公安局副局长职务。

10日 上海公安机关完成第五届“全国大众冰雪季”启动仪式安保工作

12日 意大利总领事一行访问市公安局 吕耀东接待。

13日 陈寅到宝山、静安分局调研 陈臻、陈超、吕耀东陪同。

14日 浦东分局会同经侦总队破获一特大制售假冒注册商标商品案 在广东、福建公安机关协助下，在广东惠州、深圳、东莞及福建莆田两省四地抓获以杨思敏（女，35岁，福建省莆田市人）为首的制假及以黎雪姿（女，26岁，广东省茂名市人）为首的售假家族团伙共36人，缴获完整的制假、包装生产线2条，假冒“戴森”牌吹风机600余台，以及零配件若干。经讯问，杨、黎等人分别交代了自2018年5月以来，利用互联网电商平台销售假冒“戴森”注册商标商品牟利的犯罪事实。

17-19日 澳门保安司代表团访沪 陈臻、陆民、周海健、蔡田、戴新福、陈超会见了代表团。

19日 陈寅到警卫局、边防总队调研 陈臻、周海健陪同。

19日 湖南省公安厅代表团访沪 陈臻与代表团座谈交流。戴新福陪同到经侦总队调研信息

化工作。

21-30 日　戴新福率团访问菲律宾、越南、泰国

23 日　上海公安机关完成 2018 年冬至祭扫活动安保工作

24 日　市公安局完成上海市庆祝改革开放 40 周年大会安保工作

24-25 日　组织开展“严打击、扫顽疾、净环境、保平安”第九次全市集中打击整治行动

25 日　公安部公安现役部队官兵集体退出现役命令宣布大会召开　在上海分会场，龚道安出席。

26 日　全市元旦春节平安工作视频会议召开　陈寅、龚道安出席，并部署社会面防控、安全稳定、烟花爆竹安全管控等工作。陈臻、陆民、吕耀东参加会议。

28 日　上海公安机关完成中国共产党上海市第十一届委员会第六次全体会议安全保卫工作

29 日　全国扫黑除恶专项斗争领导小组视频会议召开　在上海分会场，龚道安出席。陈臻参加会议。

30 日　应勇先后到外滩地区、外滩风景区综合管理和应急指挥室检查迎新年安保工作　龚道安陪同。汤志平、赵奇、黄浦区委书记杲云、陈臻参加。

31 日　陈寅、龚道安在市公安局第二指挥室召开视频调度会议，就进一步做好跨年夜安保工作提出明确要求

31 日　龚道安先后赴浦东新区第一八佰伴商厦、黄浦区豫园、徐汇区龙华寺，实地检查元旦期间安保维稳措施落实情况，并慰问一线执勤民警和消防救援指战员　赵奇、俞烈、陈臻、陆民、吕耀东参加检查。

概 述

2018年，上海公安机关坚持以习近平新时代中国特色社会主义思想为指导，在市委、市政府和公安部的领导下，紧紧围绕不断提升人民群众获得感、幸福感、安全感的总目标，牢牢把握对党忠诚、服务人民、执法公正、纪律严明的总要求，聚焦城市最有序、最安全、最干净的总愿景，以进博会安保工作为主线，以智慧公安建设为引擎，着力锻造最忠诚的公安队伍、铸造最牢固的为民宗旨、营造最公正的法治环境、打造最安全的国际都市，完成了各项公安保卫任务，确保了上海社会大局稳定和城市公共安全，进博会安保取得了党中央满意、各国嘉宾满意、人民群众满意的最佳效果。据第三方上海零点市场调查有限公司调查，2018年，全市公众安全感、公安工作满意度综合评测指数分别为84.91和85.45，比上年分别增加0.33和1.09，创历史新高。

一、忠诚履职、全力而为，维护社会大局持续稳定。准确把握社会稳定形势的新变化新特点，充分发挥公安职能作用，坚持打防管控一体推进，有效维护了政治安全和社会稳定。

加大突出违法犯罪打击力度。深入开展“严扫净保”专项行动，狠抓如实立案，强化破案打击。全年，全市违法犯罪案件接报数比上年减少20.8%，报警类110数比上年减少18.2%；刑事案件破案数比上年增加8%，连续第4年保持命案全破，破历年命案积案16起；“两抢”案件破案率98.7%，创历史新高；有重大社会影响的案件即发即破；“盗抢骗”案件破案数比上年增加8.4%。深入推进扫黑除恶专项斗争，侦破涉黑案件3起、恶势力案件67起，摧毁涉恶团伙944个，抓获犯罪嫌疑人4260人，挽回群众损失4.5亿元，全市涉黑涉恶警情数比上年减少28.1%。电信网络诈骗犯罪破案数、抓获犯罪嫌疑人数比上年分别增加30%和157.2%，及时劝阻潜在被害人15.7万余人次，避免经济损失37.7亿余元。侦破经济犯罪案件3454起，抓获犯罪嫌疑人7021人；围绕网络借贷、证券市场、私募基金等重点领域，侦破“善林”“联璧”“阜兴”等一批重大涉众型经济犯罪案件，维护了上海金融繁荣区、金融安全区地位。查处涉黄涉赌刑事案件4770余起，关停娱乐场所5700余家。侦破毒品案件2912起，缴获毒品224.7千克，查处吸毒人员1.7万余人次。

提升社会面防控强度。组织9次全市集中打击整治行动，形成强大震慑。严密管控危险物品，收缴枪支2965支、弹药15万余发、黑汽（柴）油254.4吨、非法液化气钢瓶3209个、易制爆等危化品60余吨。推动寄递物流企业落实“实名收寄、过机安检、驻企安监”新“三个 100%”，实现禁寄物品“零漏报”。指导督促党政机关、金融机构、水电油气城市“生命线”等重点单位落实内保工作，督促整改问题隐患 5500 余处。加强高校、沿海地区、化工区、自贸区和域外农场治安防控，确保区域内社会治安稳定。

二、更高境界、更高水平，夺取首届进博会安保工作全胜。全市公安机关强化主场主责主力意识，树立“安全、有序、宽松、尊严、高效”新安保理念，依靠智慧公安赋能和全体参战人员奋战，打造了“圈层防护、人物干净、宽松高效、有序安全”新安保模式，一批首创性智能化项目精彩亮相，做到了大事没出、小事也没出，实现了保安全与保民生、保秩序、保便捷高度统一。

突出整体谋划。成立安保领导小组及“一室、一部、十二组”，昼夜运转、有力有序。制定市级、局级层面 2 个总体方案、18 个分方案，明确 152 项重点任务，按备战、临战、实战三个勤务阶段梯次趋紧实施。实战阶段建立现场安保指挥部，统一组织指挥和应急处置协调，实现了指挥扁平、集约高效。针对 6 大方面 12 个重点领域的突出风险，组织开展 3 轮综合性风险评估，归口情报搜集，每日会商研判，做到核查处置“不过夜”。

实现圈层防护。牢牢守住边，建成涵盖陆路、水路、铁路、航路等 123 个进沪通道的市域卡口监测系统，落实智能化查控措施，最大限度把不干净的人、车（船）、物拒于国门、沪门之外。牢牢稳住面，持续加强全市社会面防控，实战阶段全市报警类 110 较常态减少 45.9%，道路交通事故数、火灾数比上年分别减少 31.5%和 69.9%。牢牢保住点，围绕国展中心设置四道安保防线，依托智能安防系统，迅速侦破展馆内发生的案件。

实现人物干净。研发智能无人机管控系统，实现无人机等“低慢小”目标“零黑飞”。

实现宽松高效。依托“一标六实”警用地理信息系统，就近推送警情，点对点指挥调度，以精准用警取代人海战术，做到有事即处、氛围轻松。确保 621 批次警卫活动绝对安全、自然随和。布设智能安检系统，单人安检通过时间不到 3 秒钟，每小时查验人数达 1500 人，首创“全覆盖、非接触、不停留、有尊严”人物一体新安检模式，既确保了人物干净，又增强了安检对象的感受度。

实现有序安全。应用“144 小时过境免签”电子申请系统，提前获取信息，无感甄别标记，人均通关时间缩短 20 分钟。综合采取圈层控制、远端分流、错时引导等措施，布设智能信号灯系统和行人过街提示系统，实时感知路况、动态分配路权、智能诱导交通，区域道路通行效率提高 10%，交通参与者文明出行意识明显提升。应用大客流监测预警系统，实时掌握国展中心和周边轨交站点客流态势，针对性组织削峰平谷措施，确保现场秩序井然。

三、创新引领、追求卓越，做优重大发展战略服务保障。对标上海建设卓越全球城市的发展定位，找准公安工作的着力点、切入点、结合点，精准发力、持续用力，全力服务保障国家战略和上海改革发展大局。

服务上海自贸试验区和科创中心建设。扎实推进“上海出入境聚英计划”，持续推动 3 批 25 项支持上海科创中心建设的出入境政策措施落地，为“双自”区域、“双创”示范基地量身定制操作规程，累计办理各类出入境证件 100 余万证（次），吸引外籍高层次人才申请永久居留 1284 人、家属申请 759 人。依托部市合作机制，建成并启用全国首个移民事务服务中心，为外籍人才提供语言培训、就业指导、法律咨询等一站式融入服务。

服务长三角更高质量一体化发展。坚持“开放、融合、共赢”理念，牵头苏浙皖公安机关成立长三角区域警务一体化领导小组，扎实推进12个一体化项目。推动智慧公安建设一体化，共享首批20类86亿条公安业务数据；推动重点人员管控一体化，预警管控跨省活动重点人员100余人；推动省际卡口查控一体化，7个道口检查站试行“一点两检”“两点两检”一体化查控模式；推动公安“放管服”改革一体化，首批10项公安政务服务实现长三角全域通办。

全面推进政务服务“一网通办”。打造“一口受理、联动审批、快捷收付、一网通办”的便民服务模式，实现了“足不出户能办事、跑路最多只一次”。71项公安审批事项和16项服务事项全部接入市政府“一网通办”总门户，接入事项总数在政府各部门中排名第一。下大力气精简办事材料，直接取消材料171份，通过数据共享免交材料610份，134份非关键材料实行容缺受理。大力推动电子证照库建设，完成上海市居民身份证、驾驶证等5类共3300万份电子证照的制证和归集工作。以窗口服务“不找警种、不分区域、一次办成、全市通办”为目标，稳妥有序推进派出所综合窗口试点建设。在公安政务服务中率先引入支付宝、微信等第三方支付方式。

四、蹄疾步稳、有力推进，走好智慧公安建设关键第一步。按照五年规划和“三步走”战略，聚精会神推进智慧公安建设，“一中心、一平台，多系统、多模型，泛感知、泛应用”逻辑架构基本实现，一批具有基础性、功能性、示范性的智能安防设施建成投用，前端“神经元”感知、后端“公安大脑”认知、终端智能推送一线处置的工作闭环初步形成，支撑警务活动和社会治理创新。

打造聪慧灵敏的公安大脑。建成上海智慧公安数据中心和综合服务平台，配备服务器5000台，具备30PB数据存储容量和5PB数据实时计算能力，汇聚有效数据21PB，部署应用系统184个、应用模型407个，开通数据接口1300个，毫秒级输出大数据大计算能力，构建了驱动警务工作和服务社会治理的“神经中枢”。建立数据治理体系，制定实施公共安全数据管理规定，采用匿名化、去标识化等方式对数据脱敏，落实“红名单”保护措施，满足不同用户数据使用需求，保障公民隐私不受侵犯。

构建感知泛在的“神经元”系统。大力推进卡口、街面、网络、社区、楼宇五大领域智能安防建设，出台2个地方标准、3个指导意见，引入社会化、市场化运作机制，在全市布设各类“神经元”55万个。建成全覆盖、智能化市域卡口监测系统，查控效率提升4倍以上，查获在逃人员203人、违禁品1.34万件、非法运输危险物品177.7吨。建成街面智能视频监控设备3.5万套，街面侵财类案件发案数减少50%以上、破案率增加25%以上。升级网络安全态势感知系统，实时监测能力扩展至1.9万个重要信息系统网站和1160G带宽，及时发现应对网络攻击2亿次，综合处置效率提升1倍以上。会同政法综治部门大力推进居民小区智能安防系统建设，分基础版（包括出入口“微卡口”、公共区域智能视频监控、楼洞智能门禁和水电气消费数据）和加强版（加装烟感、温感、电弧、地磁、消防栓、窨井盖监测等设备）两类推广建设，全市启动建设小区6745个，已建成的2702个小区全部实现“零发案”，并解决了高空抛物、无序停车、人员群租等一批社会治理“老大难”问题。布设智能消防感知系统，3500余栋高层建筑实现“零火灾”。

创新精准高效的智能应用。研发应用风险洞察系统，查缴枪支和配件3500件。完成231个执法办案场所智能化改造，构建办案区域精准监管和智能审讯模式。推进智慧监所建设，经常性工作费时平均缩短67%，突发情况处置时间缩短至6秒。为全警配发手持式智能警务终端，集成微信“小程序”“公众号”等轻应用106个，实现警务应用移动化、实时化、便捷化。数据警察投入实战，应用“警务中台”系统，为一线民警精准快速提供人车核验等定制服务，警情处置时间平均缩短35%。

推动社会治理的协调发展。以感知泛在、研判多维、指挥扁平、处置高效为目标，构建精准警务模式，将民警划分为一线综合执法、后台专业执法两大类，分别负责警情就近处置和梯次递进支援，首批试点的3个分局实现了违法犯罪案件接报数、破案数“一降一升”。按照自防自救、互帮互救、公助公救、梯次递进的思路，构建全民安防模式，建成微信警务室5496个，汇聚27万名可依靠力量、34万名热心群众，消除风险隐患5.6万余起；在大中小学和幼儿园常态化推行“公共安全教育开学第一课”。在政府部门间推动建立职责明晰、分工负责、数据共享、联勤联动的工作格局，构建协同治理模式，分类分流不同渠道获取的风险隐患信息，由各部门依责响应、高效履职；与12345市民服务热线、12348司法热线对接非警务信息分流处置，已实现分流的挪车类警情日均处警数从3200余起减少至700余起。

五、严格管理、精细管理，确保城市安全运行。始终绷紧安全这根弦，全力查隐患、强措施、防风险、补短板，切实保障城市安全有序运行。

加强道路交通管理。持续深入推进交通违法行为大整治，不断向行人和非机动车交通违法行为整治延伸，全市道路交通事故数、亡人数、伤人数比上年分别减少10.7%、5.2%、6.5%。探索推行外卖快递行业“一人一车一证一码”、共享单车数字化标识管理等措施。会同有关部门清退网约车“马甲车”1.3万余辆，封禁问题账号4.3万个。围绕北横通道建设、架空线入地、轨交站点建设等重大市政工程，配套交通组织2900余项，成功治理一批拥堵结点，道路通行能力显著提升。增设夜间道路停车场49处、泊位1363个，有效缓解市民群众停车难问题。

加强消防安全管理。深入推进大排查大整治专项行动，督促整改火灾隐患203.9万余处，全市火灾起数、死亡人数、直接经济损失比上年分别减少11.6%、15.4%、29.3%。主动将消防安全融入“无违建”居村（街镇）创建、“美丽家园”建设、城市更新“留改拆”等重点工作，完成183处重大、区域性火灾隐患整改销案，全市8008家重点单位实现“零火灾”创建目标。深化烟花爆竹安全管控，狠抓源头管控、依法严管、宣传发动等关键环节，连续第三年实现禁放区域“零燃放”。

加强重大活动安保和人群聚集安全管理。坚持以“防拥挤踩踏、防火灾事故、防暴恐活动”为重点，严密各项安保措施，严格督促活动主办方落实安全管理主体责任，充分运用智能安防设施提升安全系数，确保世界人工智能大会、上海国际马拉松赛等1153项3227场大型活动安全万无一失。围绕元旦、春节、国庆等重要节点，聚焦外滩、豫园、南京路、小陆家嘴、国际旅游度假区等重点区域，强化大客流预警监测，因情采取管控措施，确保全市人员聚集场所绝对安全。

加强重点区域部位安全管理。加强轨道交通安全防范，综合采取智能安检、分道安检等方式，检查乘客箱包10.7亿包（次），查获危险品、违禁品3.4万余件；深化“四长联动”“车站最小作战单元”等机制，开展应急处置演练3100余次，稳妥处置因设施故障引发乘客滞留积聚的突发事件33起。严密机场、长途客运站、火车站、码头等安全防范措施，严格落实机场航站楼出入口反恐防爆安检、铁路进站安检、长途客运双向安检，提升过滤能力。组织开展危险货物水路运输安全管控专题调研，深化成果运用，织密水域安全防控网络。

六、政治建警、严管厚爱，激发公安队伍活力。对标综合素质一流、幸福指数一流、国际形象一流，推进队伍正规化专业化职业化建设，队伍素质和形象进一步提升，为履行好使命任务提供坚强保证。

强化思想政治建设。深入学习习近平新时代中国特色社会主义思想，精心组织开展“不忘初心、牢记使命，学习贯彻党的十九大精神”学习实践活动，引导广大民警增强“四个意识”，坚定“四个自信”，坚决做到“两个维护”。认真开展大调研，市局党委成员率先垂范，各部门领导踊跃参与，深入企事业单位、基层一线走访调研，积极问需问计，主动排忧解难，共开展调研8741次，收集问题2448个，解决问题2253个，解决率92%，相关经验在市委推进会上交流推广。加强进博会安保战时思想政治工作，落实战时队伍管理“十项措施”“十项纪律”，开展“强责任、勇担当、严守纪、展形象”主题活动，确保队伍以高昂的士气、严明的纪律投入实战。在警务微信系统中开设“同事吧”，共发帖8657条、跟帖回复20.4万条，成为民警建言献策之地、吐槽找茬之地、交流寻友之地。

营造干事创业氛围。坚持新时代好干部标准，探索实名推荐干部制度，对提拔干部开展家庭和社区访谈，加强进博会安保战时干部履职情况考察，选拔任用一批“想干事、能干事、干成事、不出事”的优秀干部。建立容错纠错、澄清保护机制，及时为被诬告、错告、恶意投诉的民警“正名”。依法查处暴力抗法等侵害民警执法权益案件728起929人，及时慰问遭受不法侵害民警759人，维护民警执法权威。

深化队伍管理改革。按照中央和市委、市政府、公安部统一部署，有序推进现役部队、港航公安体制改革。全面推开执法勤务、警务技术2个职务序列改革。开展现代警务流程再造试点，制定出台“建设意见”“实施意见”“专业执法部门职能整合试点方案”，明确试点工作责任状、时间表和路线图，稳妥有序推进相关警种职能调整。为核心战斗力部门和郊区分局充实警力编制800人，为全局79个派出所增设领导职数。打造智慧政工管理服务系统，实现55个政工业务模块全流程上网和政工数据全标签化管理。深化辅警队伍规范化管理，新增勤务辅警额度7887人、文职辅警额度875人。

加强公安教育训练。组织全局一线民警现场执法执勤专项培训，通过发布执法指引、编制情景式微课程、开展VR仿真训练、组建教官服务队上门送教等方式，提升民警执法技能。全年，完成综合执法民警岗前培训5170人，培养数据警察业务强手能手500余人，在特警系统建立全局新招录民警集中见习“第二学院”，有效服务、支撑实战。

展示良好队伍形象。坚持“网、报、台、微、端”同步发力，精心组织策划，挖掘感人事例，讲好警察故事。在中央和全市主流媒体刊发新闻报道1万余篇次，其中中央媒体1100余篇次；打造公安新媒体矩阵，在微博、微信、“今日头条”、“抖音”短视频等平台发布推文等7000余篇，点击量1.8亿次，市局官方微博“@警民直通车上海”蝉联“全国十大公安微博”“上海十大政务微博”。健全完善“三同步”机制和新闻发言人制度，妥善处置“2·2”南京西路交通肇事案、“6·28”浦北路持刀杀人案等舆情670起。

落实爱警惠警措施。坚持“团队即家庭、同志皆手足”理念，全力办好暖警心、聚警力实事，提升民警的归属感、获得感。针对警种特点开展个性化体检，与各大医院建立民警大病就医协助机制，协调解决民警及其家属就医1500余人次。开展远途通勤民警跨区交流，首批交流民警228人。做强做实金盾基金会，优化落实人民警察抚恤优待办法。组织公安英模和因公负伤、记功民警1600余人短期休整。办好民警子女暑托班、中高考辅导班等实事项目。加大表彰激励力度，立功嘉奖总数比上年增加30%，基层单位和民警比例达到85%以上。加强警营文化建设，开展“尽孝敬之道、固忠诚之魂”重阳感恩主题活动，举行半程马拉松赛等文体活动。

深化纪律作风建设。全面推进从严治党、从严治警，巩固完善“四责协同”机制，营造风清气正的政治生态。加强审计监督和结果运用，筑牢廉政防线。突出政治巡察基本定位，对11家单位开展专项巡察。坚持无禁区、全覆盖、零容忍，查处民警违法违纪。做好12345市民服务热线办理工作，加强过程监督和效能监察，绩效考核排名全市第一。加强保密安全管理，连续第6年被市国家保密局评为优秀单位，保密技防系统建设得到公安部保密委充分肯定。

做好警务保障工作。全面推进警务保障“240工程”建设，着力构建现代警务保障体系。公安经费保障水平得到提高，中央转移支付资金到位率和执行率连续第八年实现“双100%”，预、决算和绩效管理工作在全市考核中被评为“A级”。高标准落实装备、车辆、餐饮等警勤保障措施，为一线实战提供坚强后盾。

专　　记

进博会安保工作

在中央和市委、市政府、公安部的领导下，在市城市保障领导小组和安保协调指导组的指导协调下，上海市公安局秉持“安全、有序、宽松、尊严、高效”的安保理念，实施“圈层防护、人物干净、宽松高效、有序安全”的智慧安保模式，全警动员、全力以赴，以最高标准、最严要求、最强措施、最佳效果，从严从实从细落实各项安全保卫措施，完成进博会安保任务。其间，全市社会面总体稳定，治安秩序良好，城市运行安全有序。公安部于11月11日，对为圆满完成进博会安保任务作出突出贡献的上海公安机关全体参战单位和公安民警予以通令嘉奖。

一、确保实战指挥高效有力。建立现场安保指挥中心实战指挥平台，在国家会展中心（以下简称国展中心）及周边下设9个前沿指挥所，各警卫现场设立警卫指挥所。市局领导按照分工，各司其职。安保协调指导组各职能组、市城市保障领导小组安全保障组各成员单位，充分发挥职能作用，组织做好安保有关工作。市局每日召开视频调度会，点评小结当日安保工作情况，连夜调整优化措施，不断提升安保工作效果。

二、严密警卫安保措施。在上级警卫部门指导下，以确保国家领导人和外国领导人绝对安全为核心，严密落实“一点一方案、一活动一方案、一线一方案”。在重大活动期间，按照一级加强警卫规格，实施封闭管理等安保措施。在确保绝对安全和万无一失的同时，严格执行中央八项规定，优化改进警卫安保形式，做到宽严适度、自然随和、安全有序，最大限度减少对正常生产生活秩序的影响。

三、精细做好展会安保工作。从10月23日起，对国展中心实施全封闭管理，对进入封控区域人员、车辆、物资一律严格安全检查。在国展中心及四道圈层部署1.2万余名安保力量，层层加强安全防护。在国展中心人员预检口、车辆预检口、车辆验证口，加强证件预检查验。现场开启验证、安检通道和太赫兹智能安检、常规安检设备，并设立远端安检点，由安保人员随车护送、错峰进场，最大限度缓解入场高峰时段的现场安检压力。在国展中心外围设置9平方公里控制区，实施车辆凭证通行管制措施。开辟71路公交专用车道，供展会持证大巴快速通行。上海交警全员上岗，强化指挥疏导，确保全市社会面及国展中心周边道路交通平稳有序，警卫对象和参展客商车队的安全顺利抵离。针对专业观众日首日，因地铁2号线出站客流和短驳班线车客流叠加，造成西厅出入口客流短时积压的情况，连夜会同市交通委研究部署应对措施，优化完善应急预案，有序引导客流。在散场高峰时段，引导观众通过多种交通方式错峰离场。

四、强化社会面管控。启动市级层面每日情报会商研判机制，与有关部门畅通信息交流渠道。自11月4日起，全市社会面防控、市道口查控实施最高等级勤务，每日投入安保力量8万余人，确保社会面安全稳定。在国展中心周边及轨交2号线全线部署安保力量，确保全市不发生群体性非法聚集事件。建立列控、管控、责任体系，会同综治、司法、卫计等部门加强帮教、管控、治疗等工作。深入推进打击整治枪爆违法犯罪专项行动，检查危险物品从业单位3.3万家（次），发现整改安全隐患8500余处，处罚违法违规企业1700余家（次）。提请市政府发布3个通告，加强乘坐公共交通工具安全检查，对“低慢小”航空器、部分危险物品采取临时管制措施。

五、坚持外圈保内圈、内圈保核心。筑牢环沪安保圈。建成123个陆路、水路、铁路、航路市域卡口系统，形成智能感知、核查、预警、处置闭环操作的卡口查控新模式，人车物查控效率提升4倍以上。10月29日起各通道卡口实施一级勤务。稳住全市社会面。最大程度增强社会面巡逻防控强度，优化“1、3、5分钟到场处置”点位，持续开展“严扫净保”专项行动。在全市居民小区推广建设智能安防系统，1124个小区实现零发案。在3500余栋高层建筑建成智能消防感知系统，实现零火灾。确保国展中心安全。围绕国展中心及周边5公里范围，设置核心、警戒、控制和疏导四道安保圈层，制定下发各圈层安保工作标准和指导意见，针对性梯次增强防护强度。以国展中心周边5公里为域，应用现场风险洞察系统，实现对各道安保圈内人员、物品、房屋、点域、道路五类风险的洞察、发现和管控。

六、突出重点要素，强化智慧引领。管住可疑人。应用市域卡口监测、社区智能安防、现场风险洞察、智能图像识别、智能验证、智能安检等智慧公安项目，智能感知、精准发现、远端控制、外围拦截。管住危险物。研发智能危化品管理系统，实现对重点区域危化品的动态监管、查验跟踪、实时预警。在公安部支持下，完成智能无人机管控系统建设，构建无人机等“低慢小”航空器监测反制网，及时发现反制黑飞无人机，确保安保核心区及周边空域绝对“干净”。管住关键网。建成网络安全态势感知系统，实时监测防护重要信息系统网站、进博会核心业务系统、支撑保障系统以及LED大屏。

七、贯彻以人为本，优化安保形式。创新安检模式。研发智能安检系统，在国展中心部署智能安检设备和集成光场技术、人脸比对技术、太赫兹人体安检、违禁物品自动报警等手段，首创“全覆盖、非接触、不停留、有尊严”的人物一体化安检新模式。加上常规安检设备，安检通行能力达每小时10万人次，提升了安检效率和被安检人员感受度。部署智能验证、“人证合一”查验系统，制作发放六类人员证件62万余张、三类车辆证件7915张，通过人像识别和证件内置芯片核验信息，做到前端制证简化宽松、后台验证精准识别，对人员证件、车辆证件，实现基本信息、入场目的与准达区域的关联匹配。实施远端安检。在内宾团组、交易团团部、媒体记者住地，设立远端安检点，为集中出行接驳大巴、持证人员实施安检后，由安保人员随车护送，经指定通道口直接进入国展中心封闭区域，既最大限度缓解现场安检压力，又避免影响道路交通。提供便民服务。专门为国展中心周边小区居民和单位发放6100余张管控区通行证，并制定个性化交通出行方案。发布临时交通管制等管控通告的同时，通过媒体和网络等多种渠道，主动释法、宣传引导，并将相关交通管制信息纳入高德、百度等导航软件。与边检等部门畅通数据共享渠道，在出入境证照核验办理、144小时过境免签等环节，提供入境便利和热情服务。

八、聚焦重点难点，系统部署应对。全力确保交通组织有序。提请市政府发布调整进博会期间公众休息日安排的通知，形成11月4日至6日三天小长假，有效缓解道路通行压力。按照开幕日保障精准、专业日组织有序、公众日影响可控的总体要求，将国展中心周边划分为交通疏导区、控制区、警戒区三个圈层，对应实施不同的交通管理措施。依托智能交通管理系统，综合运用智能视频、智能信号灯、车联网、卡口、线圈等多维数据分析，做到实时感知路况、动态分配路权、智能诱导交通参与者，区域道路通行效率提高了10%以上。国内首创行人过街预警提示系统，在国展中心、外滩周边13个路口率先应用，自动检测行人闯红灯违法行为，自动实时提示警告。全力确保客流疏导有序。应用上海警务大客流监测技术系统，采用精准高效算法，实时动态提供客流预警，为人流现场调度、快速响应、管制措施调配提供决策依据。加强展会配套活动先期风险评估、安全审核，对热门场馆活动加强人流疏导控制。全力确保有事妥处。制定进博会安保总体应急处置预案，在国展中心及四道安保圈层、国际会议中心、中外警卫对象住地和社会面部署应急力量。结合进博会前国展中心举办大型展会活动，开展实战演练，完善方案预案，做好应急处突充分准备。

智慧公安“第一步”战略目标基本实现

2018年，上海公安机关深入贯彻落实市委领导有关重要指示、批示精神，有力有序推进智慧公安建设，阶段性建设成效明显，智慧公安“第一步”战略目标基本实现。

一、助力进博会安保方面。年内，上海公安机关全力推进智慧公安建设与应用，助力进博会安保工作，实现“三大创新”“四大突破”“三大变化”，切实兑现了“智慧安保”新模式。“三大创新”即创新形成圈层防护式安保、全天候数据服务、宽松高效的群众体验，“四大突破”即有力突破现场安保组织形式、警务核心数据应用范围、关注人员管控模式和后台科技保障方式，“三大变化”即“刷脸”警务、微信警务、可视警务等变化，有效实现风险隐患疏导区全过滤、核心区零干扰，为举办一届安全精彩、宽松有序的进博会提供了强大支撑。

二、基础环境建设方面。智慧公安数据中心完成大规模数量的服务器搭建，已具备精准数据存储以及专业结构化数据、视频数据的实时计算能力。智慧公安综合服务平台承载应用系统、实战模型、接口多个，智搜系统已在全局推广应用，完成布控中心、消息中心、标签中心、算法中心研发，即将为实战需要提供多方位服务。手持式智能警务终端已配发至2.1万名民警。警务微信在全局推广应用，已加载微信公众号46个、应用系统45个，正在开发应用32个，其作为警务活动出入口的作用日渐显现。智能语音识别系统在接处警、办案讯问、会议记录等方面推广应用，“警务语音助手+”已实现部分语音问答。智能图像识别系统累计应用1200万次，成为一线应用频率最高的工具之一。

三、社会面智能安防建设方面。建成智能安防社区625个、在建小区1311个、即将启动建设小区2798个，为2019年上半年完成全市封闭式小区“基础版”建设奠定了较好基础。建成智能安防楼宇23个、在建140个，同时在3500余栋高层建筑布设智能消防感知系统。市域卡口监测系统已覆盖121个进出沪通道，人车物查控效率提升4倍以上，累计比中在逃人员161人、查获一定数量的仿真枪、管制刀具及非法运输危险品、气体钢瓶。网络安全态势感知系统已形成实时监测能力，综合处置效率提升1倍以上。

四、重点业务应用方面。“全科医生”综合执法智能应用系统已在全市16家分局的30个试点派出所推广应用，已累计处警和处理交通违法1.2万余起，采集实有单位7000余家。“智能指挥辅助应用系统”（警务中台）初步实现图像信息整合、结构化信息提示、勤务路线指引等基础功能，并在青浦分局110处警工作中测试应用。现场、涉枪涉爆、涉恐风险、经济等洞察系统初步完成第一阶段建设任务，全面提升预警预测预防预控能力。治安层面管控系统已完成模块初步建设，实现相关人员和数据态势分析，预警分析，个体、群体分析和涉赌人员、场所发现等功能。国展中心周边路口的智能交通信号灯建设在推进中，行人过街提示系统（景观路口）已在诸光路/徐民东路、南京东路/中山东一路完成安装并投入使用。智能安检系统利用机器学习实现对44种常见危险品、违禁品自动识别预警（预警准确率91%），对管制金属刀具、枪械实现100%自动报警。智能无人机管控系统初步完成系统基础功能。“一标六实”警用地理信息系统完成本年度建设任务。

现代警务流程再造建设试点工作

2018年，上海市公安局围绕“决策精确、监管精细、处置精准、服务精致”的社会治理能力现代化目标，为推动实现“变经验治理为数字治理、变应急处置为风险管控、变条块分割为条块结合、变单打独斗为共建共治”的传统社会治理转型，按照智慧公安建设整体框架，以实现公安工作信息化、智能化、现代化为牵引，以“一大支撑、七大模式”为主要内容，通过警务活动科技含量提升、现代警务流程再造和队伍管理手段升级三位一体迭代推进，不断推动警务模式的优化升级、警种机构的优化重组和警力资源的优化配置，力求基本建立起与新时代要求相适应的现代警务管理体制和警务运行机制。

一、广泛听取意见，深入发动思想。为使上海公安现代警务流程再造这项重大改革举措贴合公安实际、符合基层意愿，市局在调研、筹备、试点等阶段，先后召开全局各层面座谈会百余场，广泛听取、吸收各类意见建议。在此基础上，随着试点工作的逐步深入，先后编发试点筹备阶段走访调研报告、试点启动阶段蹲点调研报告等；借助上海公安政务微信，广泛发布《“现代警务流程再造”解读》，同时编发现代警务流程再造简报、专刊等23期；组织市局相关单位、试点分局赴香港考察，借鉴成功经验、形成工作报告，被公安部改革办全文转发；在公安学院、各分局、市局各部门对所长、处长班，交通、治安等专业班，以及专题培训班等授课并组织座谈、讨论40余次，涉及干部学员超过3000人次，在全局范围内营造出热烈、积极的学习讨论氛围，打牢改革思想根基。

二、研究制定方案，完善顶层设计。结合公安部全面深化公安改革的有关决策部署，经过3个月的充分调研论证，以坚持“属地主战、递进执法、梯次支援”为原则，以“职责明晰、执法规范、减负增效”为目标，以构建加强勤务“市局管总、警种管建管援、分局管战”和常态勤务“分局管总、警种管建管援、派出所管战”的两级警务组织指挥和保障体系为主要内容，于年初制定下发“上海公安现代警务流程再造建设意见”；并于上海公安半年度会议上配套印发“上海公安现代警务流程再造实施意见”“上海公安现代警务流程再造专业执法部门职能整合试点方案”等文件，进一步明确了试点工作的责任状、时间表和路线图。过程中，工作组发布督办单、任务单8期，组织开展全局性、区域性督导检查13次，确保了改革工作有序有力。按既定节点步骤，全市各分局均已选择有区域代表性的派出所开展一线综合执法试点，其中徐汇、闵行、金山作为市局三家试点分局，在全局范围内推进试点。

三、重塑指挥流程，实现研判多维。在“城市大脑”全量数据汇聚、毫秒计算响应、智能模型研发的强大支撑下，科学划分警情类别，定义描述事由，进一步界定了紧急与非紧急警情，明确了相应到场时限和处置规范。同时，围绕指挥决策、警情处置、情报核查、治安管理、社区警务、交通管理等各类警务实战需求，进一步拓展接入各类感知数据源，通过可视化、智能化、实时化智慧系统和“一标六实”警用地理信息系统，开展数据模型开发和定制化服务应用，为一线执法执勤民警全过程实时提供信息研判、战术提示等支援保障。宝山分局打造“宝山大数据实战应用室”，开发66个应用模型，实现了一线综合执法民警前端采集、派出所综合指挥室初步分析、大数据实战应用室模型研判的警情实战处置闭环，推动公安管理从应急处置到风险管控的现代化社会治理模式转变。

四、完善勤务模式，开展综合执法。各试点派出所在市局规定的勤务模式基础上，结合地区实际情况，通过合理划分警务责任区，细化社区、街面、楼宇等六大勤务模式，实现对责任区“人、物、房、点、路、网”六要素的全覆盖、动态化管理，并统筹实现了基层警力在时间、空间上的最优布局。同时，进一步打破警种壁垒，将原交警、巡警以及社区警、治安警下放、融入责任区，执行《中华人民共和国人民警察法》第二章第6条所赋予的14项法律职责中涉及的各类一线常见基础性执法任务，进一步淡化警种意识，增强全警意识，全力打好“阵地战”。在此基础上，通过警种“管建管援”建设，完善配套工作机制等，着力探索专业警种对一线公安战斗实体的梯次支援。全年，全市各分局已下放224名交警，融入36个试点派出所，会同原社区、治安、巡逻民警开展一线综合执法。

五、构建全民安防，推动协同治理。围绕“提高城市科学化、精细化、智能化、法制化管理水平”的加强和创新社会治理总思路、总目标，积极打造自防自救、互帮互救、公助公救、梯次递进的全民安防模式，职责明晰、分工负责、数据共享、联勤联动的协同治理模式，以及感知泛在、研判多维、指挥扁平、处置高效的精准警务模式，并形成有效衔接。目前，已探索形成了浦东新区城运中心统一分流，黄浦半淞园派出所综合指挥、街道网格、综治工作平台“三位一体”分流，闵行区“区—街镇—社区”三级城市网格中心分流，嘉定区街镇“大联勤”、村居“小联勤”承接响应等工作模式。

六、积极打造样板，发挥示范效应。坚持典型开路、以点带面，选取浦东高东、杨园及黄浦半淞园，徐汇田林新村、杨浦控江路、闵行古美路、宝山顾村、金山张堰8家派出所，在智慧公安整体框架下，将警务活动科技含量提升、现代警务流程再造与队伍管理手段升级一体化推进。尤其是全面落实“智能安防建设、智能指挥调度、智能视频巡控、智能交通管理、智能便民服务、智能窗口办事、智能移动警务、智能办案场所、智能绩效考核”九大项目的集成建设应用，率先将样板派出所打造成智慧公安多功能、多系统集成应用的综合战斗实体，为全市面上加速推进现代警务流程再造提供学习、赶超的样板和标杆。

上海市公安系统机构名称及负责人名单（部分）

上海市公安系统机构名称（部分）

全 称	简 称
上海市公安局指挥部（研究室）	指挥部（研究室）
上海市公安局政治部	政治部
上海市公安局警务保障部	警保部
中共上海市纪律检查委员会、上海市监察委员会派驻上海市公安局纪检监察组（审计室、警务督察总队）	驻局纪检监察组（审计室、督察总队）
上海市应急联动中心	联动中心
上海市公安局经济犯罪侦查总队	经侦总队
上海市公安局治安总队（上海市公安局食品药品环境犯罪侦查总队）	治安总队
上海市公安局刑事侦查总队	刑侦总队
上海市公安局出入境管理局（上海市出入境管理局）	出入境管理局
上海市公安局交通警察总队	交警总队
上海市公安局特警总队	特警总队
上海市公安局法制总队	法制总队
上海市公安局监所管理总队	监管总队
上海市公安局科技处（上海市公安局信息中心）	科技处
上海市公安局文化保卫分局	文保分局

续表

全 称	简 称
上海市公安局水上公安局	水上公安局
上海市公安局城市轨道和公交总队（上海市公安局城市轨道和公交分局）	轨道公交总队
上海市公安局上海化学工业区分局	化工区分局
上海市公安局国际机场分局	机场分局
上海市公安局警务航空队	警务航空队
上海市公安局人口管理办公室	人口办
上海市公安局农场分局	农场分局
上海市公安局自由贸易试验区分局	自贸区分局
上海公安学院	公安学院
上海市保安服务总公司	保安总公司
上海市公安局勤务保障中心	保障中心
上海市公安局浦东分局	浦东分局
上海市公安局黄浦分局	黄浦分局
上海市公安局徐汇分局	徐汇分局
上海市公安局长宁分局	长宁分局
上海市公安局静安分局	静安分局
上海市公安局普陀分局	普陀分局
上海市公安局虹口分局	虹口分局
上海市公安局杨浦分局	杨浦分局
上海市公安局闵行分局	闵行分局
上海市公安局宝山分局	宝山分局
上海市公安局嘉定分局	嘉定分局
上海市公安局松江分局	松江分局
上海市公安局金山分局	金山分局
上海市公安局青浦分局	青浦分局
上海市公安局奉贤分局	奉贤分局
上海市公安局崇明分局	崇明分局

注：研究室、审计室、警务督察总队为挂靠单位。

（顾天）

上海有关公安处（局）名称

全　称	简　称
上海出入境边防检查总站	边检总站
上海港公安局	上海港公安局
长江航运公安局上海分局	长航分局
上海市公安局铁路公安处	铁路公安处
上海市公安局走私犯罪侦查局	走私侦查局

（顾天）

2018年市、区公安机关负责人名录（部分）

中共上海市公安局委员会书记：龚道安

副书记：陈　臻

委　员：韩　勇　俞　烈(12月免)　陆　民　陆　东　曹忠平(4月免)　周海健　蔡　田　徐叶枫(9月任)　戴新福(5月任)　陈　超(5月任)　吕耀东(9月任)

市纪委监委驻市公安局纪检监察组组长：徐叶枫

上海市公安局局长：龚道安

副局长：陈　臻　俞　烈（11月免）　陆　民(12月免)　陆　东　曹忠平（4月免）　蔡　田　戴新福（5月任）　陈　超（5月任）

正局长级干部：江宪法（3月退休）　朱伟明（3月退休）

巡视员：陆　民（12月任）

副巡视员：陈　超（5月免）　朱慧芬　袁志航　柳　立（1月免）　郑　勇

指挥部主任：吕耀东（10月任）

政治部主任：周海健

警保部主任：张　异

研究室主任：夏德才（4月免）　蒋旭峰（8月任）

审计室主任：钱洪乔

警务督察总队总队长：劳冠浩

联动中心主任：陈昌俊

经侦总队总队长：戴新福（5月免）

政委：胡斌勇

治安总队总队长：戴　民（12月退休，2019年1月免）；夏卫东（12月任党委书记，2019年1月任总队长）

政委：杨烈毅
刑侦总队总队长：杨泽强（12 月退休，2019 年 1 月免）；石毅君（12 月任党委书记，2019 年 1 月任总队长）
政委：邹　伟
出入境管理局局长：丁斐平
政委：张　君
交警总队总队长：邢培毅
政委：曹光毅
特警总队总队长：吴　捷
政委：郭公声
法制总队总队长：范宏飞
监管总队总队长：王　琦
政委：丁雄锋（1 月免）
陈英武（1 月任）
科技处处长：陈　超（5 月免）
安申良（7 月任）
文保分局局长：何　明
政委：刘忆雷
水上公安局局长：虞谷民
政委：宋国荣
轨道公交总队总队长：曹声伟
政委：陈鸣强
化工区分局局长：丁雄锋（1 月任）
政委：刘海明（9 月免）
王珏皓（9 月任）
机场分局局长：蔡　田（5 月免）
刘俊祥（5 月任）
政委：刘俊祥（4 月免）
警务航空队队长：彭优民
政委：陈　琪
人口办主任：朱慧芬
政委：王　锋
农场分局局长：周德辉（11 月免，退休）
政委：范立华（7 月任）
自贸区分局局长：李　颖
政委：李明乾
上海公安学院院长：龚道安
党委书记：韩　勇
常务副院长：韩　勇
保安总公司总经理：王旭明（4 月免）
韦恺人（4 月任）
勤务保障中心主任：唐益波
浦东分局局长：徐长华
政委：王　凯（4 月任）
党委副书记、副局长：王　凯（4 月免）
黄浦分局局长：杨　杰
政委：林　立
党委副书记、副局长：张　骏
徐汇分局局长：吕耀东（10 月免）
卫　岚（10 月任）
政委：包国国
党委副书记、副局长：张　警（8 月免）
陈　琦（8 月任）
长宁分局局长：祝新军
政委：张玉学
党委副书记、副局长：蔡志勇
静安分局局长：潘子罕
政委：汤　岚
党委副书记、副局长：石毅君（12 月免）
普陀分局局长：姜　坚
政委：包晓军（11 月免）
党委副书记、副局长：陈　琦（8 月免）
张　警（8 月任）
虹口分局局长：张　清
政委：黄　卫
党委副书记、副局长：张益群
杨浦分局局长：陈志康
政委：张韶春

党委副书记、副局长：陈计明

闵行分局局长：郑文斌

政委：竺嘉政

党委副书记、副局长：张　雄

宝山分局局长：黄　辉

政委：鞠　焰

党委副书记、副局长：黄　伟

嘉定分局局长：夏卫东（12月免党委书记）

政委：郃根祖

党委副书记、副局长：朱海为

松江分局局长：邢铁军

政委：王　奇

党委副书记、副局长：钱国庆

金山分局局长：马雪波

政委：韦恺人（4月免）

夏德才（4月任）

党委副书记、副局长：王世华

青浦分局局长：王德强

政委：杨　俊

奉贤分局局长：唐丽娜

政委：程　零

党委副书记、副局长：瞿　炜

崇明分局局长：谷继明

政委：秦新新

（曹雪芬、聂青云）

机构调整

【概况】 2018年，上海公安机关以习近平新时代中国特色社会主义思想和党的十九大精神为指导，认真贯彻落实中央政法工作会议、全国公安厅局长会议等一系列重要会议精神，不断加强重点领域机构编制调整，为完成进博会安保等各项公安工作提供了坚实的保障。（顾天）

【调整市局门户网站运维管理职能】 1月11日，经市局党委会研究同意，市局门户网站（“上海公安”）运维管理工作职能由指挥部划转法制总队，指挥部信访处政府网站科相应更名为市民热线管理科。（顾天）

【长宁区看守所、拘留所独立运作】 1月12日，经市局政治部研究同意，长宁区看守所与拘留所分别独立运作，不再实行“两块牌子，一套班子”模式。（顾天）

【文职工作管理机构更名】 1月16日，根据市编委关于同意上海市公安局政治部文职工作管理办公室更名的批复，政治部文职工作管理办公室更名为警务辅助人员管理处。同时，经市局党委会研究同意，在警务辅助人员管理处增设四科，在各分局政治处增设警务辅助人员管理科，机构级别均为正科级。（顾天）

【宝山分局23个派出所组建执法办案队】 2月12日，经市局政治部研究同意，宝山分局友谊路派出所、通河新村派出所、吴淞派出所、海滨新村派出所、泗塘新村派出所、淞南派出所、高境派出所、大华新村派出所、杨行派出所、大场派出所、祁连派出所、庙行派出所、双城派出所、顾村派出所、刘行派出所、罗店派出所、罗南派出所、罗泾派出所、月浦派出所、盛桥派出所、宝杨派出所、月新派出所、潘广路派出所23个派出所建立执法办案队，对外称宝山分局××（地名）责任区刑侦队，不作为一级机构。同时，撤销刑侦支队八队、九队、十队、十一队、十二队。（顾天）

【调整浦东分局内设机构设置】 4月21日，根据市编委关于同意上海市公安局浦东分局内设机构设置的批复，并经市局党委会研究同意，浦东分局指挥处、政治处、警务保障处、经济犯罪侦查支队、治安支队（食品药品环境犯罪侦查支队）、刑事侦查支队、交通警察支队机构级别调整为正处级；出入境办公室、网络安全保卫支队机构级别调整为副处级；科技科更名为科技处，机构级别调整为副处级。（顾天）

【明确上海公安学院内设机构】 4月23日，根据市编委关于同意调整上海公安学院机构编制的批复，明确学院设7个内设机构，分别为办公室、政治处（审计室）、教务处、学院管理处、警务保障处、科研管理处、国际合作交流处，规格相当于正处级；设13个教学科研机构，规格相当于正处级，设4个教辅机构，规格相当于副处级。学院纪检机构按照有关规定设置。（顾夭）

【网安总队增设法制科】 4月23日，经市局党委会研究同意，网安总队增设法制科，机构级别为正科级。（顾夭）

【部分分局派出所更名】 5月18日，根据市编委关于同意上海市公安局宝山分局吴淞码头治安派出所更名的批复，宝山分局吴淞码头治安派出所更名为滨江治安派出所，机构级别仍为副处级。同日，根据市编委关于同意上海市公安局虹口分局提篮桥派出所更名的批复，虹口分局提篮桥派出所更名为北外滩派出所，机构级别仍为副处级。（顾夭）

【进一步规范派出所设置】 6月2日，经市局党委会研究决定，撤销不运作派出所23个，具体是：浦东分局施湾派出所、坦直派出所、三墩派出所、三灶派出所、新港派出所、海滨治安派出所、南汇水上治安派出所，黄浦分局制造局治安派出所，嘉定分局曹王派出所、朱家桥派出所，松江分局华阳派出所、李塔汇派出所、张泽派出所，金山分局海涯派出所、钱圩派出所，青浦分局大盈派出所、工业园区治安派出所、小蒸派出所、西岑派出所、淀山湖风景区治安派出所、东方绿舟治安派出所，机场分局虹桥国际机场场区治安派出所、市内航站楼治安派出所。（顾夭）

【机场分局部分机构升格】 6月2日，经市局党委会研究同意，机场分局交警支队综合科的机构级别由副科级调整为正科级。（顾夭）

【农场分局增设2个派出所】 6月2日，为顺利推进上海市白茅岭、军天湖农场司法公安局移交接收工作，经市局党委会研究决定，在农场分局增设白茅岭农场派出所、军天湖农场派出所，机构级别均为正科级。（顾夭）

【市局收容教育所增挂牌子】 7月17日，根据市编办关于同意上海市公安局收容教育所增挂牌子的批复，监管总队下设的市局收容教育所增挂“上海市第二拘留所”牌子。（顾夭）

【调整交警支队宣传机构设置】 8月2日，经市局党委会研究同意，交警总队指挥处下设的交通安全宣传科调整设置至政治处，并更名为警察公共关系科，机构级别仍为正科级。（顾夭）

【调整化工区分局内设机构设置】 8月28日，经市局党委会研究同意，撤销原化工区分局下设的一科、二科，设立综合业务科（增挂刑侦大队、经侦大队、治安大队、交警大队牌子），机构级别为正科级；增设目华路治安派出所，机构级别为正科级。（顾夭）

【交警总队车管所增设一个分所】 11月26日，经市局党委研究同意，在交警总队车管所增设四分所，机构级别为正科级，并对原3个分所进行调整。调整后，4个分所分别为：一分所（三林）、二分所（莘庄）、三分所（康桥）、四分所（高境）。（顾夭）

辅助决策指挥

概　况

2018年，市局指挥部以习近平新时代中国特色社会主义思想为指引，在市局党委的坚强领导下，始终瞄准“世界一流”公安指挥工作的目标，坚持最高标准、最强措施、最严要求、最佳状态，充分发挥指挥、参谋、协调、服务的职能作用，完成了全年各项工作任务。市公安局连续六年被市国家保密局评为年度保密工作优秀单位；12345市民服务热线公安专线绩效考核总分连续五年蝉联执法管理类承办单位第一名；市局信访办被市委、市政府信访办授予2018年度人民建议征集工作先进单位。

一、辅助党委决策，苦干实干、尽心尽力

紧扣中心工作。全力辅助市局党委谋划推进全年中心工作、阶段性重点工作以及重大专项工作，起草、核改各类文件材料5000余份，协调落实各类事务3200余项。组成5个调研专班，赴基层单位调研座谈90余场次、上门走访领导干部50余人次，为市局党委决策提供了第一手资料，形成《依托智慧公安建设，推进城市治理能力现代化》等一批调研成果。

紧扣重要任务。组建实体化运作专班牵头开展全局大调研工作，完善市局层面大调研问题上报、流转、反馈的闭环流程，指导督促相关单位排查发现问题2448个、解决2253个，解决率92.0%。编发大调研简报70余期，编报调研报告10余份，市局在市委大调研工作成效评估中名列前茅。

紧扣落地见效。细化完善“全面督、及时督、持续督”工作机制，加强跟踪督查、实地督查，滚动反馈督查进展情况，相关督查督办经验做法得到公安部办公厅的肯定和推广。全年共登记、梳理龚道安批示指示2360件，立督1758件、办结1707件，办结率97.1%；完成上级督查部门和市局党委交办督查事项100余件，向全局任务单位累计下达督查事项700余次。

二、助力进博会安保工作，大处着眼、细处着手

严密组织指挥和方案预案体系。牵头搭建市局进博会安保工作组织架构，理顺指挥关系，制定综合性、指导性方案预案40余份。研究制定现场安保指挥中心社会面态势展示方案和100余个重要安保现场视频调阅预案，协助各级领导开展实景指挥。

坚持稳面、保点、守边的安保思路。以“严扫净保”等专项行动为牵引，梯次升级勤务等级、收紧防控强度，综合考虑点线面安保任务需求，统筹部署落实公安、武警、联动单位等安保力量，做到重点突出、精准布防。牵头制定“一点一方案、一线一方案、一场一方案”以及18条不同场景下的应急处置指引，督促落实核心区域安保措施，确保绝对安全。制定实施长三角区域警务一体化框架协议，组建实体化运作办公室，推动5大类、31项安保任务需求一一落地。

启动超常规运作模式。启动应急值守战时模式，重要节点叠加50%值守力量，做到现场安保指挥中心与市局指挥中心24小时同步运作。启动战时每日情报会商研判机制，获取内幕性、预警性、行动性情报信息4000余条，1100余条情报线索做到核查处置“不过夜”。组织30余名精干力量进驻国家会展中心，全程跟进应急指挥、密码保障、会务安排、接待服务、档案归集等工作。市局主要负责同志在指挥部进博会安保工作总结上批示给予充分肯定，国家进博会安保情报信息组、市通信管理局等单位来函致谢指挥部。

三、推动指挥流程再造，起步稳妥、成效明显

指挥智能化水平得以有力提升。在智慧公安建设总体框架下，加强警务指挥流程再造的顶层设计，先后研究制定上海公安机关警务指挥流程再造指导意见（试行）和“专科”梯次支援处置试行预案（征求意见稿）。市局指挥大厅升级改造、110“双活中心”等重点项目按计划快速推进，新版110接处警系统正式启用，依托“一标六实”警用地理信息系统，深度关联图像识别、大客流监测预警等智能应用，警情就近推送、预案自动触发等实战功能逐步完善，有效提升警情的响应速度和处置效率。

非警务类警情分流取得突破性进展。制定实施警情分类、分流、分级指导意见，加强与相关政府热线沟通协调，推进建立信息双向转接机制。与12345市民服务热线、12348司法热线就分流类别、对接方式、推进步骤等达成共识，实现了挪车、群租房管理等40余项非警务类警情分流，110呼入量首次出现较为明显的减少，占比较大的挪车类警情日均处警已由3200余起降至700余起。

四、统筹社会面防控，保持力度、注重节奏

强化重大事件预警预防。完善情报信息归口管理、综合会商研判、质量核查通报等制度，共接获各类情报信息1.7万余份，下发情报线索核查单2695期，得到市领导批示19次。

加大面上打击整治力度。着力推进“严扫净保”、扫黑除恶等专项行动，协助市局领导先后筹备召开3次全市范围专题推进会，组织开展9次全市性集中打击整治行动，全力推进落实降压警情、面上打防管控工作措施，全市报警类110下发数、违法犯罪案件接报数比上年减少13.0%、11.9%。全力推进涉众型案件境外追逃工作，协助办案单位从20个国家和地区缉捕、劝返境外在逃人员73人，劝返潜逃美国22年之久的浦某某，刷新全国抓获境外逃犯出逃年限最久的纪录。

提升指挥处置能力。畅通即时信息报送渠道，编报要情摘报900余期、动态短信2400余条。启动高等级勤务49次，差异化部署勤务时间和任务要求，确保各类重大活动、重大节日、敏感节点平稳度过。有序有力做好5次台风防御应对工作。牵头协调，完成2018世界人工智能大会、第20届中国国际工业博览会等1153项3227场大型活动安保任务。指挥相关单位稳妥处置了“2·2”南京西路交通肇事案等重大突发案（事）件。

加强信访维稳工作。受理信访总量5.9万余件，比上年增加7.4%；接待集体访229批、733人次。开展4批信访维稳专项工作，办理上级交办件537起，推动182起重点信访案件停访息诉。创新工作方式方法，聘请24名律师参与信访工作，推动222起信访件化解或导入法律途径。

五、做好服务保障工作，更加精细、力求高效

做好文电会服务保障。严格收文、办文环节把关，加强材料归口管理和文件分类报送，克服会议规格高、安排密、变化快等因素，全力做好会务保障，始终保持工作的准确性和时效性。收文1.6万余件，印制公文材料1.2万余件，拟办会议1678件，办理各类会议（活动）249次。

做好保密、密码安全保障。收发电报及各类文电信息1.9万余份，提供随行保障14次、26天，均实现“零差错”“零失误”。加强保密安全管理，在市委保密办7月的专项检查中获得优秀评价，全面完成保密技防系统建设，公安部保密委在工作通报中给予肯定。

做好国际执法合作和接待服务保障。处理相关国家驻沪总领馆照会65份。完成45个外宾团组、520余人次，110个国内公务团组、1400余人次来沪接待保障工作。审核办理37批、250人次因公出访团组。举行中意警务联合巡逻（上海站）。会同上海公安学院、上海政法学院承办12期外警培训项目。

做好12345市民服务热线公安专线办理和政务信息公开。完善热线来电数据研判机制，强化工单审核把关，工单受理总量32万余件，位居全市128家承办单位之首，工单办结率99.9%。推进行政审批、行政处罚、财政资金等政务信息公开，针对性开展公文公开率专项检查。

做好公安档案管理服务。共接收市局有关单位档案入库6万余卷，完成177家派出所合格档案室复审抽查工作。挂接已完成数字化档案651.5万余页，单套制电子文件归档工作取得新进展。全力推进《上海市志·公安司法分志·公安卷（1978—2010）》总纂阶段各项工作，形成清样稿报送市局领导审阅。完成2018版《上海公安年鉴》编纂工作。

综合调研

【辅助市局党委筹划和推进全局重点工作】 按照市局以首届进博会安保工作为主线的工作思路，市局研究室履行职能，协助筹备全市公安机关进博会安保总结大会、长三角区域警务一体化暨中国国际进口博览会环沪安保圈工作会议、市智慧公安建设推进会暨领导小组第一次会议、全市公安局处长会议等重要会议；协助市局党委高标准、高质量完成首届进博会备战临战实战阶段各项重大安保任务；全力助推智慧公安建设、扫黑除恶专项斗争、上海公安机关“一网通办”等重点工作；研究制定“上海公安工作任务书”“上海公安机关关于全力服务保障上海‘四大品牌’建设的实施方案”“关于开展‘不忘初心、牢记使命，勇当新时代排头兵、先行者’大调研的实施方案”，确保工作有序推进。（石晋杰、齐美胜）

【开展全局性重大课题调查研究工作】 围绕智慧公安建设、加强和创新社会治理、维护超大城市公共安全等重大课题调研任务，配合完成市委主要领导牵头年度重大课题调研报告起草工作，协助市局主要领导完成年度重大课题和中央政法委重大课题任务，形成“依托智慧公安建设，推进城市治理能力现代化”“新时代有效防范管控各种政治安全风险的调研报告”等调研成果，配合完成市委政法委、市法学会牵头的2项课题调研报告撰写任务。围绕推进智慧公安建设、“一网通办”和公安窗口服务等重点工作中存在的热点难点问题，开展派出所工作专项调研，收集基层110非警务警情分流、“全科医生”试点等意见建议，形成的综合调研报告被纳入市局党委会专题研究议程，并下发至全局各单位供各级领导参阅。推动基层调研成果转化，编发18期《领导参阅》。起草并下发2018年上海公安机关重点调研课题，指导全局调研部门开展务实调研，编辑出版《上海公安系统优秀调研文集》并印发至市局各单位供参阅学习。推动完善基层调研工作制度，根据有关制度规定，完成第六届36名特约研究员的聘任、21个基层调研联系点的建设和52个基层调研信息员的选任等工作。（石晋杰、齐美胜）

【组织开展2018年度“优秀调研成果”评选活动】 市局研究室组织开展2018年度上海公安系统“优秀调研成果”评选活动，经评审组两轮投票和综合评定，从151篇参选文章中，评选出一等奖5篇、二等奖10篇、三等奖15篇，并将获奖文章汇编成《2018年度上海公安系统优秀调研文集》。

一等奖（5篇）

政治部：《智慧公安框架下民警职业生涯规划与管理初探》

嘉定分局：《现代警务流程再造视野下完善地区分局警力叠加机制的思考和实践》

港航公安局：《本市危险货物水路运输安全管控工作调研报告》

驻局纪检监察组：《关于进一步加强本市公安纪监审督队伍专业化建设的调研报告》

上海公安学院：《智慧公安条件下警务活动绩效评估研究》

二等奖（10篇）

政治部：《关于上海公安派出所“综合窗口”建设的调研报告》

特警总队：《关于加强街面武装巡逻力量建设的调研报告》

普陀分局：《增强金融风险防范，净化区域发展环境》

上海公安学院：《大数据应用的法治保障》

闵行分局：《平安指数发布机制的探索研究》

政治部：《关于深化警务辅助人员改革的调研报告》

金山分局：《以智慧公安为引擎，全力推动现代警务流程再造试点工作的实践与思考》

静安分局：《以公安视角浅析无人机应用与监管措施》

浦东分局：《派出所户籍窗口运行现状及

发展思考》

法制总队：《个人信息权益保护视野下的公共安全数据采集问题研究》

三等奖（15 篇）

交警总队：《关于缓解上海中心城区停车难问题的调研报告》

静安分局：《基于“警 E 学”模型下公安移动教育的创新与实践》

上海公安学院：《关于“警务流程再造”的思考》

驻局纪检监察组：《国家监察体制改革视角下推进公安派驻监督全覆盖的若干思考》

黄浦分局：《区块链技术在智慧公安数据应用中的构想》

轨道公交总队：《轨道交通安全隐患专项调研报告》

上海公安学院：《“数据警察”人才培养的探索与实践》

黄浦分局：《在社会治理语境下开展智慧公安建设的实践与思考》

法制总队：《以审判为中心的诉讼制度改革背景下公安机关侦查工作的应对思考》

黄浦分局：《浅析当前打击防范侵犯公民个人信息犯罪实践与思考》

长宁分局：《浅谈如何运用众筹模式持续推进商品房小区智能安防建设》

经侦总队：《浅析动态复杂网络条件下经济犯罪打防工作》

刑侦总队：《上海市境外黑社会组织入境发展渗透活动情况调研报告》

出入境管理局：《出入境人才签证机制在对标服务国家发展战略中的作用研究》

奉贤分局：《关于当前农村智能安防建设的实践与思考》

（石晋杰、齐美胜）

优秀文章选介

【政治部：《智慧公安框架下民警职业生涯规划与管理初探》】 中央持续深化公安队伍分类管理改革，明确人民警察执法勤务、警务技术、综合管理三大类宏观职业发展路径。这为进一步加强警察职业生涯规划提供了新的空间。目前，上海公安机关深入推进智慧公安建设，作为其重要组成部分的智慧政工项目，将民警职业生涯规划纳入考虑范围，激发民警对美好职业发展的更高追求。建立符合人民警察职业特点和队伍智能化管理需要的职业生涯规划体系，按照人岗适配、能职匹配的原则，结合不同岗位对素质能力的实际要求，对民警成长路径进行规划和指导，使其职业规划更为清晰、发展目标更加明确、发展需求更易满足。（石晋杰、齐美胜）

【嘉定分局：《现代警务流程再造视野下完善地区分局警力叠加机制的思考和实践》】 近年来，公安部就构建“符合新时代要求、适应国家治理体系和治理能力现代化的现代警务管理体制”作出全面部署。市局制定出台“上海现代警务流程再造实施意见”，将重点推进警务模式优化升级、警种机构优化重组和警力资源优化配置，为地区分局因地制宜探索警务改革指明了方向。面对长期以来“人口多、警情多、隐患多、道口多、警力少”等实际情况，嘉定分局自2016年以来推行“警力叠加、责任共担”这一警务管理新机制，取得阶段性成效。结合前期探索实践，从全面深化公安改革和现代警务流程再造的角度，就“警力叠加”机制的背景意义和深化完善的发展路径作了有益探讨。（石晋杰、齐美胜）

【港航公安局：《本市危险货物水路运输安全管控工作调研报告》】 为实现上海建设“最安全的国际都市”“国际航运中心”“生态之城”的要求，切实把维护水上公共安全放在首位，坚决防止发生水上群死群伤事故和重大水体污染事故，港航公安局对本市危险货物水路运输安全管控工作开展专题调研。通过调研，厘清了本市危险货物水路运输的基本情况和特点、安全管控工作中存在的问题，并提出对策建议。（石晋杰、齐美胜）

【驻局纪检监察组：《关于进一步加强本市公安纪监审督队伍专业化建设的调研报告》】 围绕进一步加强本市公安纪监审督队伍专业化建设，为基层一线提供更有力的监督保障等问题，课题组召开系列座谈会，听取3个市局党委巡察组组长和10个分局、2个市局部门政委，以及16个分局纪检监察（审计）、督察部门和部分基层一线单位意见，并通过资料分析、比较研究，问卷调查、深入访谈等多种形式开展调研，力求“明现状、明政策、明警意、明问题、明方向、明利弊”，为市局深化监督流程再造、推动全面从严治警不断深入提供决策参考。（石晋杰、齐美胜）

【上海公安学院：《智慧公安条件下警务活动绩效评估研究》】 智慧公安建设是一场新的警务革命。为更好地适应智慧公安建设背景下警务活动模式变化所催生的组织变革，上海公安机关需要采用更科学高效的手段来提升管理效能，为公安工作高效运行、可持续发展提供更坚实的人力资源保障。绩效管理是广泛应用科学有效的管理手段，绩效评估是绩效管理的核心环节。开展警务活动绩效评估，是实现警务活动全面绩效管理的基础，也是开展现代警务流程再造和队伍管理手段升级的有力抓手，对提升上海公安战斗力具有重要的现实意义。（石晋杰、齐美胜）

情报工作

【“110信箱”工作概述】 2018年，上海公安机关“110信箱”工作坚持以“服务公安实战、回应群众呼声”为导向，进一步整合举报资源，完善运作机制，强化线索核处，在服务专项打击整治行动、维护社会治安稳定等方面发挥了应有作用。

一、强化组织管理，加大推进力度。市局领导多次批示要求各级公安机关彻查群众举报线索。各级公安机关采取专题部署、考核评估、多部门联合督办等有效措施，确保工作推进扎实有力。市局主管部门结合全局中心工作，以会代训对各单位专管员开展2次集中培训，提升了整体工作水平。部分分局通过组织跟班实训、制定执法指引等措施，着力提高民警执法能力水平，提高线索核查质量。

二、完善工作机制，狠抓线索核处。市局主管部门整合和拓展方便群众举报的各种渠道，构建网上网下一体化的举报网络。各级公安机关在部分超市、社区服务中心、派出所、轨道公交站点设立了一批“110信箱”专用信笺领取点，方便群众取用。优化“警民直通车”微信公众号和“阳光警务平台”网站上的“110信箱”界面设置，为有举报需求的群众提供便捷渠道。按照举报线索“核查见底、处置到位”原则，进一步优化线索核查处置工作机制，加大信息研判、线索串并、复查复核力度，加强手段运用和跟踪盯办，着力提升线索核查处置成效。年内，“110信箱”收到举报13967件，生成线索5484条。经核查，破获各类案件1419起，其中刑事案件408起、治安案件1011起；抓获涉案人员6573人次，其中逮捕190人次、刑事拘留816人次、行政拘留1708人次；查缴赌博机（芯片）814台（块），收缴赌资人民币185万余元，取缔无证游戏机房、棋牌室367家（次），责令停业整顿相关场所242家（次）。

三、深入宣传发动，塑造品牌形象。市局主管部门设计制作一批宣传礼品，组织各级公安机关在开展宣传活动时向市民发放。各单位结合全国“110宣传日”，集中开展宣传活动。浦东分局借助“安全讲坛”“平安申城”微信群等，宣传“110信箱”作用和使用方法，提高群众知晓率。长宁分局等单位结合防范工作需要，在电影院向市民宣传“110信箱”举报渠道。普陀分局在大型商圈、社区开展“110信箱”宣传活动，设置展板、海报20余块（张），发放宣传资料和礼品1000余份，取得良好效果。嘉定分局利用“早高峰”在人流密集区域发放“110信箱”宣传品，发动广大市民参与群防群治。各级公安机关按照“谁核查、谁答复”要求，加强线索核查反馈，通过邮箱、电话等多种方式，将核查结果和工作措施及时回复举报人，做到“封封有答复、件件有回应”。对符合奖励条件的举报线索，市局主管部门主动询问举报人领取奖金的意愿，在安全保密的前提下，通过银行转账、电话充值等形式，发放举报奖励，调动群众参与社会治安治理工作积极性。年内，奖励群众112人次，发放奖金总额7.2万余元。（宋海军）

指挥中心

【完成进博会等安保维稳工作】 在市局进博会安保工作组织架构筹备阶段，市局指挥中心承担市局安保办的工作职责，并会同市局安保办制定市局安保工作总体方案、市局安保办工作方案等文件12份。制定下发规范性文件和100余个重要安保现场视频调阅预案，协助各级领导开展实景指挥，并充分发挥各指挥席和现场、前沿安保指挥所优势，联动处置各类突发事件。针对重大敏感节点，制定任务单，启动高等级勤务49次，差异化部署勤务时间和任务要求，完善重要安保现场视频预案工作机制，为市局领导视频检查和视频调度提供保障。按照市局大型活动安全管理职能调整工作部署安排和具体要求，会同市局治安总队做好过渡期大型活动安全管理工作，确保首届中国自主品牌日系列活动、2018上海书展、2018上海旅游节、2018世界人工智能大会、第20届中国国际工业博览会、上海国际马拉松赛等1153项3227场大型活动的安全有序。（刘斌）

【围绕市局中心工作攻坚克难】 在智慧公安建设总体框架下，加强警务指挥流程再造的顶层设计，研究制定警务指挥流程再造指导意见、“专科”梯次支援处置试行预案。市局指挥大厅升级改造、110“双活中心”等重点项目按计划推进，新版110接处警系统正式启用，依托“一标六实”警用地理信息系统，深度关联图像识别、大客流监测预警等智能应用，警情就近推送、预案自动触发等实战功能逐步完善，提升警情的响应速度和处置效率。（刘斌）

【提升指挥大厅值守和应急处置工作水平】 落实指挥大厅每日晨会制度、执行110重大警情跟踪督促措施，并配套落实“三同步”措施，指挥相关单位稳妥处置了“2·2”南京西路交通肇事案、“6·23”救援在浙上海游客、“6·28”浦北路持刀杀人案、“8·1”浦东宣桥地区群体性事件等重大突发案（事）件。畅通即时信息报送渠道，编报要情摘报900余期、动态短信2400余条。依托应急联动工作平台，加强与应急联动单位的工作衔接，做好5次台风防御应对工作。以模拟警情、紧急拉动为科目，组织开展勤务检查，检验各单位应急处置力量，牵头开展勤务检查和拉动式演练286次。（刘斌）

【提升110接处警工作效能】 研究制定警情分类、分流、分级工作指导意见，探索形成与精准指挥模式相匹配的三分工作机制。加强与12345市民服务热线、市司法局等政府部门沟通协调，推进建立110非警务信息对接分流机制，实现了挪车、纠纷、物业管理等非警务信息分流。全年，110呼入量比上年减少10%，其中占比较大的挪车类警情处警量减少77%，日均处警由3200余起降至700余起。（刘斌）

合作交流

【协调推进境外追逃行动】 年内，根据公安部统一部署，市局国际合作部门加大对境外在逃人员劝返及遣返工作力度，会同市局实战部门开展公安部“猎狐2018”、境外追逃“上海行动”等专项行动。全年，向柬埔寨、美国、加拿大、荷兰、比利时、葡萄牙、波兰、罗马尼亚、泰国、越南、马来西亚、老挝、菲律宾、印度尼西亚、塞内加尔、苏里南、巴西、阿根廷、新西兰、中国香港派遣赴境外办案团组32批117人次，从22个国家和地区缉捕、劝返境外在逃人员78人（含“天网行动”中抓获的在逃境外犯罪嫌疑人5人），综合绩效在公安部“猎狐2018”专项行动中名列前茅。（叶晟）

【举办上海国际警察教育学术研讨会】 11月20–22日，上海国际警察教育学术研讨会在上海公安学院举行，来自16个国家和地区的40多名境外代表出席会议。副市长、市局党委书记、局长龚道安出席开幕式并致辞。市局党委委员、上海公安学院党委书记、常务副院长韩勇，市局党委委员、政治部主任周海健，市局党委委员、副局长陈超，市局党委委员、指挥部主任吕耀东参加。（叶晟）

【举行沪澳警务合作第十六次工作会谈】 5月14–17日，沪澳警务合作第十六次工作会谈在上海举行。龚道安，澳门警察总局局长马耀权，驻澳门警联部部长于成平，市局党委副书记、副局长陈臻，市局党委委员、副局长蔡田，市局有关部门负责人员参加。（叶晟）

【与港澳台警方互访交流】 年内，市局安排29批次82人次团组出访港澳台（其中香港9批次43人次；澳门2批次5人次，同时出访香港、澳门2批次16人次；台湾16批次18人次）；接待11批次315人次的港澳台团组来沪访问（其中香港6批次237人次；澳门3批次53人次；台湾2批次27人次）。（叶晟）

【与港澳台警方执法合作】 年内，市局向香港、澳门、台湾警方发出协查、协作等函件121份（其中香港61份、澳门52份、台湾8份），收到港澳台警方发来的协查、协作等函件141份（其中香港74份、澳门53份、台湾14份）。通报港澳居民在沪被执行强制措施26人次（香港居民25人次、澳门居民1人次）；收到澳门警方通报上海居民在澳违法及被侵害人员461人次；收到香港通报上海签发港澳通行证人员在港被采取强制措施1人次、上海居民在港非正常死亡1人次；通报台湾居民非正常死亡18人次、在沪被执行强制措施49人次。（叶晟）

【中意联合巡逻】 7月17–29日，在公安部国际合作局组织下，中意警务联合巡逻中国段同时在北京、上海、杭州、西安展开。7月17日，陈臻与意大利国家警察副司令丹杰罗出席中意警务联巡（上海站）启动仪式。巡逻期间，中意双方各2名警员在陆家嘴、外滩、豫园、新天地、静安寺等地标，田子坊、古北黄金城道等游客和外籍人员较为集中的区域，轨道交通人民广场站、徐家汇站和浦东国际机场航站楼区域等大客流集中的重点区域，联合执行巡逻任务。（叶晟）

【外警培训】 年内，根据公安部统一部署，市局指挥部国合处会同上海公安学院承办“巴西高级警官研修班”“沙特调查总局反恐研修班”“匈牙利执法能力建设研修班”“墨西哥警务能力建设研修班”“白俄罗斯反恐培训班”“联合国维和警察防暴队指挥官培训班”和“联合国维和警察防暴队绩效评估政策研修班”，培训外警123人。协助中国—上海合作组织国际司法交流合作培训基地承办“塔吉克斯坦内务二州一市内务局领导研修班”“中国与上合组织成员国反恐研修班”“格鲁吉亚内务部高级干部研修班”“阿富汗安全保障涉外研修班”等6期外警培训项目，培训外国执法官员144人。（叶晟）

【校际合作】 应世界警察院校协会邀请，4月1-5日，上海公安学院一行2人赴卡塔尔多哈参加由世界警察院校协会主办、卡塔尔警察学院承办的第七次世界警察院校协会年会，并与卡塔尔警察学院签署《中华人民共和国上海公安学院与卡塔尔警察学院培训与合作意向书》。应俄罗斯内务部邀请，4月25-29日，上海公安学院、市局指挥部指挥中心一行3人赴俄罗斯内务部圣彼得堡大学参加主题为“现代教育的评估和分析以及教育过程的有效性”国际研讨会。(叶晟)

【蔡田赴墨西哥、古巴访问】 2月4-12日，蔡田率团赴墨西哥、古巴访问，就有组织犯罪及移民、边境管理等课题开展交流，对两国警方开展警务培训进行回访，并就如何通过加强警务国际合作推动中国在海外的公民和企业的权益保护问题开展调研。(叶晟)

【龚道安赴香港、澳门访问】 4月23-26日，龚道安率团赴香港、澳门访问，就推进智慧城市、智慧公安建设，提升城市治理精细化、智能化、现代化水平，与香港、澳门警方开展交流。(叶晟)

【俞烈赴瑞典、丹麦、荷兰访问】 6月19-28日，市局党委委员、副局长俞烈率团赴瑞典、丹麦、荷兰交流，调研城市道路交通安全法律法规保障、行人及非机动车管理、交通执法宣传、智能交通管理、水域治安和安全管理、水上公共安全突发事件应急处置、现代警务保障机制和智能装备建设等。(叶晟)

【陆民赴澳门参加活动】 7月10-13日，市局党委委员、副局长陆民随团赴澳门参加澳门司法警察局活动并进行工作交流。(叶晟)

【陈臻赴澳门参加签约仪式】 9月4-6日，陈臻率团赴澳门参加智慧警务签约仪式，参加双方合作协议签署活动并开展相关业务洽谈。陆民陪同参加。(叶晟)

【陆民赴美国、葡萄牙、荷兰访问】 11月11-20日，陆民率团赴美国、葡萄牙、荷兰访问，与纽约市警察局开展机制性警务交流，并就大型活动安保、智能警务建设、现代警务管理体制和警务运作机制建设与三国警方开展交流和调研。(叶晟)

【徐叶枫赴俄罗斯、越南、老挝访问】 11月28日至12月7日，市局党委委员、市纪委监委驻市局纪检监察组组长徐叶枫率团赴俄罗斯、越南、老挝访问，与三国警方就内部纪律规章体系及惩戒机制开展交流，考察经验做法，推动机制性警务交流。(叶晟)

【戴新福赴菲律宾、越南、泰国访问】 12月21-30日，市局党委委员、副局长戴新福率团赴菲律宾、越南、泰国访问，就打击跨国违法犯罪、保护“一带一路”建设安全等问题开展交流，并对追逃追赃、海外权益保护、外警培训回访和友城地方国际警务合作等课题开展调研。(叶晟)

【越南公安部副部长裴文南访沪】 应公安部邀请，越南公安部副部长裴文南率团一行6人访华，1月1-2日访沪。龚道安、陈臻会见代表团。(叶晟)

【越南河内市公安局局长团维疆访沪】 应北

京市公安局邀请，越南河内市公安局局长团维疆少将率团一行7人访华，3月23-24日访沪。龚道安、陈臻会见代表团。（叶晟）

【匈牙利国家警察总局副高级专员哈尔莫希访沪】 应公安部邀请，匈牙利国家警察总局副高级专员哈尔莫希少将率团一行5人于4月29日至5月5日访沪。陈臻、韩勇会见代表团。（叶晟）

【澳门警察总局和澳门纪律部队代表团访沪】 应市局邀请，澳门警察总局局长马耀权率澳门警察总局和澳门纪律部队代表团一行26人于5月14-17日访沪，并出席"沪澳警务合作第十六次工作会谈"。龚道安、陈臻、蔡田会见代表团。（叶晟）

【阿根廷安全部国务秘书福里格访沪】 应公安部邀请，阿根廷安全部国务秘书福里格率团一行2人访华，5月27-29日访沪。陆民会见代表团。（叶晟）

【意大利国家警察副司令丹杰罗访沪】 应公安部邀请，意大利国家警察副司令丹杰罗率团一行8人访华，7月17-19日访沪并出席中意警务联巡（上海站）启动仪式。陈臻会见代表团。（叶晟）

【俄罗斯联邦内务部副部长舒利卡访沪】 应公安部邀请，俄罗斯联邦内务部副部长舒利卡率团一行5人访华，10月12-13日访沪。陆民会见代表团。（叶晟）

【澳门保安司代表团访沪】 应市局邀请，澳门保安司司长黄少泽率澳门保安司代表团一行18人于12月17-19日访沪。龚道安、陈臻、陆民、周海健、蔡田、戴新福、陈超会见代表团。（叶晟）

【出访和接待数据】 市局指挥部国合处严格执行有关规定，加强统筹管理，做好出访和接待工作。组织、派遣各类因公出国（境）团组89批311人次，比上年增加2.30%和0.32%，团组分别访问了美国、加拿大、墨西哥、古巴、巴西、阿根廷、秘鲁、苏里南、英国、法国、德国、比利时、荷兰、葡萄牙、挪威、丹麦、瑞典、奥地利、匈牙利、波兰、塞尔维亚、俄罗斯、塞内加尔、澳大利亚、新西兰、韩国、日本、泰国、新加坡、越南、菲律宾、老挝、马来西亚、印度尼西亚、卡塔尔、柬埔寨、中国香港、中国澳门38个国家和地区。年内，接待来自德国、俄罗斯、法国、荷兰、意大利、加拿大、美国、阿根廷、以色列、匈牙利、日本、泰国、土耳其、伊朗、印度、越南、中国香港、中国澳门、中国台湾等19个国家和地区来访团组48批575人次，比上年减少8.33%和增加20.52%。接待公安部及全国各省、自治区、直辖市公安厅（局）团组110批1400人次，比上年增加48.65%和77.44%。（叶晟）

【2018 年外宾团组（部长级）访沪一览表】

序号	访沪日期	团组名称	团长	职务	团组人数	接待领导	主要活动
1	1月1-2日	越南公安部	裴文南	副部长（副部级）	6	龚道安 陈臻	参观中共一大会址、徐家汇商圈
2	3月23-24日	越南河内市公安局	团维疆	局长（副部级）	7	龚道安 陈臻	参观东方明珠电视塔、南京路步行街、豫园，游览黄浦江
3	4月29日-5月5日	匈牙利国家警察总局	哈尔莫希	副高级专员（副部级）	5	陈臻 韩勇	考察黄浦分局、上海公安学院，参观东方明珠电视塔、南京路步行街、豫园
4	5月27-29日	阿根廷安全部	福里格	国务秘书（副部级）	2	陆民	考察浦东分局世博公安处，参观豫园、中华艺术宫
5	7月17-19日	意大利国家警察局	丹杰罗	副司令（副部级）	8	陈臻	出席中意警务联巡（上海站）启动仪式，参观东方明珠电视塔、田子坊、豫园，游览黄浦江
6	10月12-13日	俄罗斯内务部	舒利卡	副部长（副部级）	5	陆民	参观上海中心大厦、豫园，游览黄浦江

（叶晟）

【2018 年港澳台团组访沪一览表】

序号	访沪日期	团组名称	团长	职务	团组人数	接待领导	主要活动
1	1月19日	台湾刑事侦防协会	辜仲立	荣誉理事长	5	龚道安 陈臻	拜会市局主要领导
2	5月14-17日	澳门警察总局和澳门纪律部队	马耀权	局长	26	龚道安 陈臻 蔡田	参加沪澳警务合作第十六次工作会谈，考察市局智慧公安综合服务平台、市局指挥中心、上海市反电诈中心、市局智慧公安建设示范点

续表

序号	访沪日期	团组名称	团长	职务	团组人数	接待领导	主要活动
3	8月30日–9月1日	香港纪律部队文化交流团	邓日燊 区志光	全国政协委员、香港太平绅士，香港保安局副局长	120	龚道安 陈臻 周海健 蔡田	参访特警总队、浦东分局度假区公安处、中国商飞集团
4	10月9–13日	澳门保安司	禤健林	澳门警察总局情报分析中心副警务总长	9	韦恺人	参访上海市保安服务总公司、长宁分局
5	11月19–21日	香港警务处	林晓彤	助理处长	10	蔡田	出席上海国际警察学术教育研讨会开幕式，参访交警总队、特警总队
6	11月21–23日	香港警务处网安及科罪调查科	陈东	总警司	3	魏荣敏	参访网安总队、公安部第三研究所
7	11月29日–12月1日	香港廉政公署	丘树春	副专员	2	陈臻 蔡田	出席香港廉政公署国情研习班开班典礼
8	12月9–11日	台湾中华警政研究学会	林德华	理事长	20	陈臻 蔡田	参访上海公安学院
9	12月16–18日	澳门保安司	黄少泽	司长	18	龚道安 陈臻 陆民 周海健 蔡田 戴新福 陈超	参访浦东城市运行管理中心、进博会安保指挥中心、市局智慧公安综合服务平台

（叶晟）

信访工作

【受理群众来信来访】 2018年，全市公安机关受理信访总量66212件（批），比上年增加8.5%。其中，来信来电50266件，比上年增加12.9%；来访15946批，比上年减少

3.3%。在66212件（批）信访件中，意见建议类的3979件（批），占6.01%；申诉类的5443件（批），占8.22%；要求解决问题类的48116件（批），占72.67%；揭发控告类的642件（批），占0.97%；咨询类的622件（批），占0.94%；表扬类的285件（批），占0.43%；举报违法犯罪活动线索类的743件（批），占1.12%；举报民警违纪类的185件（批），占0.28%；其他的6197件（批），占9.36%。（高荣）

【推进重点信访案件攻坚化解活动】 组织开展香港居民涉内地涉法涉诉信访案件积案化解活动、“四重”信访矛盾化解攻坚战、集中排查化解涉法涉诉信访积案专项工作，上级部门交办的57起重点信访案件均在规定时间内按要求审结完毕。全年，办结上级机关交办和领导批示信访件824件。（李杰）

【落实领导开门接访制度】 年内，市局领导接待信访群众50批54人。其中，龚道安接待信访群众13批13人，陈臻接待信访群众6批8人。（李杰）

【完善律师参与公安信访工作机制】 全年，市局签约6家律师事务所、聘请24名律师，黄浦、徐汇、长宁等13家分局与律师事务所签订信访服务协议，通过信访接待、案件评查、矛盾化解等方式，全面参与全市公安信访工作。市局聘请律师参与信访接待300余次，为400余批次信访群众提供法律服务，推动200余起信访案件化解并停访息诉。（尹达）

【信访工作获市委市政府表彰】 市局指挥部信访处获评2018年度上海市人民建议征集工作先进单位。“12345”市民服务热线公安专线工作青年突击队获评“2018年度上海市青年突击队”荣誉称号。（尹达、沈明翰）

【做好12345市民服务热线工作】 全年，12345市民服务热线公安专线处理“上海公安热线”网上咨询求助61444件，办理12345市民服务热线转办工单318720件，比上年增加5.7%，位居全市承办单位的第一名，办结率100%。审核“不纳入满意度”测评件210607件，比上年增加102.8%；提升市民满意度，市民满意率93.16%，比上年增加2.6%；绩效考核综合总分94.44分，比上年增加0.83分，连续五年蝉联全市执法管理部门第一位。（沈明翰）

【推进政府信息公开工作】 全年，办理群众政府信息公开申请2682件，答复公开671件，主动公开政府信息137924条，其中规范性文件5条。建立“双公示”信息公开互通机制，提高行政处罚信息公开质量和公开率。主动公开行政许可信息37121条、行政处罚信息63672条。完成市政府在浦东、徐汇、普陀、虹口、金山5家分局户籍管理领域公开事项标准化目录试点工作。（丁卫东）

档案管理

【开展档案安全自查自纠】 根据公安部办公厅、上海市档案局有关深入汲取巴西国家博物馆重大火灾案例教训，迅速组织开展档案安全自查自纠的指示精神，市局档案处围绕档案库房、档案数字化加工场所和档案查阅利用场所等重点部位，组织全市公安档案管理部门对档案安全工作再次进行全面自查，及时发现并现场整改问题、隐患58处。(姚铁盟)

【开放上海公安专业档案网上利用功能】 按照市局指挥部开展智慧公安建设的部署，市局档案处依托“上海市公安局档案综合管理服务系统”，自7月1日起开放专业档案网上利用功能。民警可通过数字证书登录系统，分层分类应用专业档案，直接在网上查询档案存放地址，全天候浏览已挂接专业档案中的法律文书，就近打印、复制系统内已经挂接的专业档案相关内容。(姚铁盟)

【完成进博会安保工作档案资料收集归档】 市局档案处明确进博会安保工作各类档案资料收集范围、整理要求，实现形成档案与开展工作同步进行，从源头上确保档案材料齐全完整。其间，归档涉及进博会安保工作的文书档案295件、实物档案35件、照片档案815张。(姚铁盟)

【启动上海公安机关纸质档案数字化加工工作】 市局档案处会同相关部门完成了全市公安机关17个标准化档案数字化加工点建设工作，并积极做好“上海市公安局档案数字化校验管理系统”运行维护和系统优化工作，全面启动全市公安机关纸质档案数字化工作。(姚铁盟)

【做好有关公安机关体制管理改革中的档案处置工作】 根据中央部署和市局要求，市局档案处指导港航公安机关管理体制改革中将要撤销的上海海事公安局、上海港公安局档案移交工作，并按计划完成各类别档案整理和信息著录工作。(姚铁盟)

【开展2018年度上海公安派出所合格档案室复审工作】 各分局复审了177家派出所档案室，市局档案处牵头对其中34家档案室（含10家市局示范点）进行抽查。申报复审的派出所档案室均通过验收达标（见附表）。(姚铁盟)

附表：

2018年度上海公安派出所合格档案室一览表

序号	单位名称	通过复审派出所	市局抽查
1	浦东分局（33家）	罗山新村、梅园、潍坊、洋泾、塘桥、花木、南码头路、周家渡、上钢、金杨、世纪广场、沪东、川沙、蔡路、黄楼、孙桥、六里、康桥、航头、周东、周浦、横沔、张江高校、新场、宣桥、祝桥、东海、惠南镇、黄路、彭镇、大团、张江、北蔡	罗山新村（示范点）、潍坊、横沔、北蔡、黄路
2	黄浦分局（7家）	南京东路、瑞金二路、老西门、小东门、五里桥、半淞园、淮海中路	南京东路（示范点）、半淞园
3	徐汇分局（8家）	湖南路、枫林路、凌云、斜土路、漕河泾、虹梅、华泾、南站	湖南路（示范点）、华泾
4	长宁分局（6家）	周家桥、北新泾、天山路、江苏路、新虹桥、临空经济园区	周家桥
5	静安分局（8家）	石门二路、静安寺、临汾路、三泉路、彭浦镇、共和新路、天目西路、南京西路	南京西路（示范点）、静安寺
6	普陀分局（9家）	长寿、宜川、白玉、长风、曹杨、石泉、真光、万里、白丽	真光
7	虹口分局（4家）	凉城、曲阳路、四川北路、广中路	凉城（示范点）、四川北路
8	杨浦分局（7家）	五角场、大桥、殷行、控江、四平、长白、环岛	殷行
9	闵行分局（14家）	七宝、新镇、航华、马桥、田园新村、金都、吴泾、颛桥、塘湾、华坪、碧江、龙柏、水上、虹桥	虹桥（示范点）、田园新村、金都
10	宝山分局（12家）	友谊、宝杨、高境、盛桥、吴淞、罗南、罗泾、淞南、杨行、大华、宝钢、滨江（原吴淞码头）	罗南、罗泾
11	嘉定分局（11家）	马陆、叶城、嘉城、江桥、唐行、外冈、新成、真新、娄塘、方泰、戬浜	戬浜（示范点）、娄塘
12	松江分局（11家）	佘山、荣乐东路、新浜、泖港、大学城、水上、洞泾、佘山度假区、方松、叶榭、城中路（新建）	城中、洞泾
13	金山分局（10家）	蒙山、朱泾、新农、亭林、廊下、枫泾、松隐、象州、干巷、边防	蒙山（示范点）、枫泾
14	青浦分局（10家）	夏阳、练塘、金泽、朱家角、香花桥、商榻、沈巷、盈浦、水上、蒸淀	夏阳（示范点）、盈浦

续表

序号	单位名称	通过复审派出所	市局抽查
15	奉贤分局（15家）	洪庙、柘林、西渡、青村、邬桥、五四、奉城、金汇、海湾、海港、齐贤、四团、塘外、头桥、光明	柘林、海湾
16	崇明分局（10家）	城桥、长江、堡镇、陈家镇、横沙、向化、港沿、新河、建设、新村	城桥（示范点）、新河
17	农场分局（2家）	黄山农场、练江农场	黄山农场、练江农场

（姚铁盟）

专项整治行动

上海公安机关开展专项整治行动一览表

时 间	名 称	组织单位
1月1日至12月31日	“严扫净保”专项行动	市局“专项办”
3月17日至12月底	“净网2018”专项行动	相关单位
3月22日至6月底	液化石油气等危化品（气体）专项整治行动	治安总队
3月30日至12月底	“禁毒2018两打两控”专项行动工作	缉毒处
4月2日至12月底	防范制毒犯罪专项清查整治行动	缉毒处
5月3日至12月底	打击非法集资犯罪专项行动	经侦总队
5月7日至11月5日	“决战中国国际进口博览会”安全保卫工作行动	市局安保办
7月27日至12月底	打击文物犯罪专项行动	刑侦总队
9月26日至12月底	网络扫毒百日行动	缉毒处
10月25日至12月底	2018年空气质量改善专项攻坚行动	交警总队
10月20日至2019年1月20日	深化打击食品药品农资环境犯罪专项行动	治安总队
10月27日至2019年2月底	矛盾纠纷大排查大化解专项行动	治安总队
11月5日至12月31日	境外追逃上海行动	指挥部

刑事犯罪侦查

【概况】 2018年，上海公安刑侦部门贯彻执行公安部、市局工作部署，狠抓打击主业，持续开展专项打击行动，依托智慧公安建设，运用科技战、数据战、合成战，提升破案打击能力，完成进博会安保任务，有力维护社会治安稳定。全年，立刑事案件24.2万余起，比上年增加19.4%。侦破年内各类刑事案件5.1万余起，破案率21.3%，比上年减少1.6%；侦破年内八类案件1978起，破案率65.5%，比上年增加4.9%；抓获犯罪嫌疑人68345人，比上年增加9.3%。(车永新)

【探索建立打击电信网络诈骗犯罪新机制】 在市反诈中心信息化三期建设的基础上，依托互联网企业和科技公司技术能力和数据资源，围绕优化升级内部系统、提升防范预警能力、增强研判打击能力三个方面，建设完善了诈骗预警、网银干扰、智能追呼等9个系统，提升市反诈中心信息流转效率和预警防阻、研判打击效能。全年，封停、封堵涉案手机号码和有害网址1800余个，冻结涉案资金2.7亿元。建立全市公安机关“1+8+16”电信网络新型违法犯罪研判打击工作新机制，对跨境、跨省市电信网络诈骗实施“集中研判、指令侦查”，对藏匿在全市商务楼宇内公司化运作诈骗团伙实施“滚动排查、层报打击”，与有关部门和单位建立的对电信网络诈骗黑灰产业链条实施“协作联动，严查快处”等，侦破“2017·9·7”“2018·5·20”等一批特大跨境系列电信诈骗案件。(车永新)

【组织开展打黑除恶专项斗争】 根据中央政法委、公安部和市局组织开展扫黑除恶专项斗争的部署要求和市局党委提出的“实事求是、扎扎实实、露头就打、打深打透、不枉不纵、除恶务尽”的总要求，严格落实打黑除恶工作机制，深入摸排、主动发现涉黑涉恶线索1100余条，侦破黑社会性质组织犯罪案件3起，“套路贷”等恶势力集团专案53起，捣毁涉恶犯罪团伙880余个，抓获犯罪嫌疑人3550余人，挽回群众经济损失4.5亿余元，组织侦破公安部交办的“6·3”专案等一批重大案件。主动打击“套路贷”等关系到民生的新型犯罪。协调检法机关形成打击共识，会签下发关于本市办理“套路贷”刑事案件的工作意见。年内，打击该类违法犯罪嫌疑人员1000余人，挽回群众经济损失7.5亿元。公安部推广“上海经验”，打击“套路贷”做法纳入两高两部关于办理黑恶势力犯罪案件若干问题的指导意见。(车永新)

【命案破案率继续保持 100%】 年内，全市刑侦部门在快侦快破现行命案、破案率连续第四年保持 100%的基础上，加强对历年未破积案的滚动梳理，制定上海公安机关侦办命案积案工作规定，克服留存证据少、比对条件差、嫌疑人抗审心理顽固等难点，先后侦破原闸北区“1994·5·11”故意杀人案、徐汇区“2004·12·2”抢劫杀人案、青浦县“1990·6·4”故意杀人案等疑难命案积案 16 起，抓获犯罪嫌疑人 17 人（潜逃 10 年以上的有 12 人）。综合利用技术手段积极查找未知名尸体身源，全市 515 名失踪人员信息录入“全国失踪人员信息系统”，入库率 100%。采集 1998 份失踪人员家属血样，比中 46 具未知名尸体，侦破 2 起故意杀人案件、1 起绑架案件。（车永新）

侦破“2·14”纵火案 （车永新提供）

【“两抢”案件破案率 98.7%】 年内，稳步推进“严扫净保”“三打击一整治”专项行动，制定上海市公安局打防“两抢”犯罪工作机制实施方案，提出侦办“两抢”案件“四个一律”工作要求。“两抢”案件立案 225 起，比上年减少 44.5%；破案率 98.7%，比上年增加 12.5%。自 6 月提出“抢案必破”要求以来，全市“两抢”案件即发即破，侦破率始终保持 100%，并攻坚侦破 2017 年以来的未破积案 24 起。通过数据建模等技术手段，提升入室盗窃案件串并研判质量，实施精确打击、规模打击，实现了“控发案、多破案、办好案”的总目标。全市“盗抢骗”案件破案总数比上年增加 10%，报警数比上年减少 15.6%，起诉人数较前 3 年平均水平增加 5%。（车永新）

【打击毒品违法犯罪】 根据公安部和市禁毒办部署，推进“禁毒 2018 两打两控”专项行动。强化大要案攻坚，侦破部目标案件 21 起。进博会安保期间，对毒品违法犯罪追根溯源，侦破部目标“2018－574”特大网络制贩毒新型毒品案件并捣毁制毒窝点。持续加大堵源截流力度，主动加强与公路道口管理、铁路、民航、邮政等部门、相关省市缉毒部门的协作联动和信息共享，严防大宗毒品出入全市。开展“清查”“护城”等专项行动，突出对制毒以及走私、贩运新精神活性物质等犯罪活动的排查和打击。全年，查获有吸毒行为人员 1.6 万余人次，移送起诉毒品案

件2700余起，缴获各类毒品270余千克，脱失吸毒人员基本“清零”。（车永新）

缴获的毒品　（车永新提供）

【推进易制毒化学品管理审批制度改革】　根据市政府、市局深入推进行政审批制度改革工作要求和《易制毒化学品管理条例》的规定，除第一类易制毒化学品之外的审批权限“应放尽放”至公安分局办理。易制毒化学品管理审批、备案事项全部纳入市局“马上办、网上办、就近办、一次办”审批服务事项目录。建立易制毒化学品行政审批和服务事项清单，编制事项目录，修订完善群众办事指南并及时对外公开。推进“一网通办”，初步实现公安内部系统与全市网上政府大厅的数据对接，实现网上受理和进度、结果查询等部分功能。建立电子证照和信息材料查询应用库，依托市局网上政务平台和全市电子证照库，实现不同部门审批办证依据的共享互认。推行“综合窗口”服务，明确派出所“综合窗口”关于易制毒化学品管理的受理事项、流程和要求。推广预约办理、自助设备办理等服务。拓展便民利民举措，推行证照办结后快递送达，提升群众办事获得感。（车永新）

【完成市政府重点实事项目】　在市局统筹协调下，市政府重点实事项目“智能安检系统”研发落地，进博会期间在国展中心主场馆核心区域布设改善成型设备28套，机场、火车站、轨交等部位布设5套，实现“非接触、不停留”高效安检，得到市委、市政府、公安部领导肯定，中央等权威媒体予以广泛报道。（车永新）

【推进现代警务流程再造】　按照市局现代警务流程再造部署，市局刑侦总队成立专班，制定刑侦总队关于贯彻落实“上海公安现代警务流程再造”建设的细化实施方案，依托市局两级刑侦“三合一”作战室和“多侦合成”实战机制建设，梳理明确刑侦“专科”权责12类56项、派出所“全科”刑侦类执法任务13项，制定刑侦“专科”梯次支援处置预案，在试点分局推广“全科搭配专科”递进执法模式。（车永新）

【加强刑事技术专业手段建设】　严格执行“一长四必”现场勘查制度，通过集中培训、轮岗实训、远程教育等多种举措，实现现场勘查工作“提质增量”，全市刑案现场勘查率100%，痕迹物证作用率增加至25%以上。11家公安分局建成DNA实验室，8家建成毒化实验室，4家建成电子物证实验室，闵行分局电子物证实验室获公安部电子物证检验鉴定资质。年内，利用DNA技术比中犯罪嫌疑人5600余人，比中案件5600余起；利用指纹技术比中犯罪嫌疑人3300余人，比中案件2800余起。会同中科院有机所研制新精神活性物质标准品100种，向国家毒品实验室等全国31个地区50家重点实验室发放，填补国内领域空白。进博会期间，抽调全市刑事技术专业警力98人，设立全天候食品安全快检中心，确保重要活动、住点食品安全。抽调全市警犬技术力量搜爆安检，确保重点区域安全。(车永新)

【打造智慧追逃新模式】 以信息化建设为切入点，运用互联网大数据等技术，整合警社资源，完善智慧追逃新模式。全年，抓获各类网上在逃人员6783人，比上年增加9.72%。其中，抓获外省市网上在逃人员4118人（“漂白”身份的命案在逃人员30人)，比上年增加11.21%；抓获历年网上在逃人员1346人，比上年增加8.03%。其间，根据市局总体部署，牵头分局追逃部门，采取分组包干、责任到人的工作模式，配合经侦部门抓捕境内“P2P案件”重点在逃人员17人、境外重点在逃人员2人。9月5日，会同普陀分局在海南省陵水县抓获潜逃24年的命案网上在逃人员辅某某(男，62岁，上海市普陀区人)。10月11日，会同徐汇分局在北京市西城区抓获潜逃23年的命案网上在逃人员张某（男，53岁，四川省阆中市人)。(车永新)

【打击拐卖妇女儿童犯罪】 年内，全市各级公安机关执行“儿童失踪快速查找机制”和“一长三包责任制”，立拐卖案件141起，销案118起，破案6起，抓获犯罪嫌疑人15人，解救被拐儿童8人、妇女6人，查证全国“打拐”专项行动督查线索75条。10月，根据公安部统一部署，组织开展2018年中、越、缅、老、柬、泰六国联合打击拐卖人口行动，解救柬埔寨、缅甸籍妇女5人。11月，侦破国际刑警组织通报对象BIDDICKSHANNON在沪涉嫌收买儿童案，抓获犯罪嫌疑人3人，解救儿童1人。开展来历不明儿童排摸、DNA采集（比对)，排查来历不明儿童359人，为郑小龙等5个家庭实现团聚梦。会同市、区反拐联席会议成员单位，在“三八”妇女节、“六一”儿童节期间，组织开展“关爱妇女、关爱儿童、反拐防拐”系列主题宣传活动。(车永新)

【开展2018年度刑侦优秀调研论文评选活动】 年内，上海刑侦优秀调研论文评选活动收到参选文章31篇，评选出2018年度刑侦优秀理论调研论文10篇。(车永新)

【评选2018年度“刑警803破案奖”】 年内，2018年度“刑警803破案奖”评选活动收到参评案件58起，评出2018年度“刑警803破案奖”金、银、铜奖各10个。

金奖（10个)

侦破“2017·9·7”特大电信网络诈骗案(刑侦总队)

侦破“10·28”全国一级造价工程师职业资格考试组织考试作弊案（徐汇分局)

侦破“10·18”系列故意杀人案（浦东分局)

侦破唐志明黑社会性质组织案（奉贤分

局）

侦破“6·3”特大网络盗窃案（徐汇分局）

侦破“10·26”新西兰籍人员收买儿童案（刑侦总队）

侦破公安部督办“1·4”盗改销骗高档手机系列案（静安分局）

侦破“3·6”公证员提供虚假证明文件案（刑侦总队）

侦破“7·21”故意杀人案（水上分局）

侦破郭国银网络恶势力团伙案（普陀分局）

银奖（10个）

侦破董道磊、汤浩“套路贷”案（嘉定分局）

侦破“2018·4·3”诈骗案（虹口分局）

侦破公安部督办“8·2”特大电信网络诈骗案（黄浦分局）

侦破闫庆超黑社会性质组织案（松江分局）

侦破部目标“2018-574”毒品案（金山分局、市局缉毒处）

侦破“6·1”非法销售汽油案（闵行分局）

侦破“5·20”跨境电信网络诈骗案（金山分局）

侦破刘行“8·15”系列撬盗保险箱案（宝山分局）

侦破“1990·6·14”故意杀人案（青浦分局）

侦破系列入农宅盗窃案（宝山分局）

铜奖（10个）

侦破“3·6”特大电信诈骗案（松江分局）

侦破部目标“2018-580”毒品案（普陀分局）

侦破部目标“2018-315”毒品案（杨浦分局）

侦破“7·29”特大入室盗窃案（长宁分局）

侦破北蔡“4·25”故意杀人案（刑侦总队）

侦破“5·7”故意杀人案（虹口分局）

侦破徐泾“2005·10·29”抢劫杀人案（青浦分局）

侦破“5·6”盗窃案（黄浦分局）

侦破“3·26”绑架案（浦东分局）

侦破李强、赵强、郭建明恶势力团伙案（虹口分局）

（车永新）

【侦破“2017·9·7”特大电信网络诈骗案】

2017年9月7日，上海一公司报案称，公司被电信网络诈骗9081万元。接报后，市局刑侦总队会同市局相关单位和徐汇分局成立“9·7”专案组，围绕涉案人员流、资金流、信息流等全面开展侦查工作，并赴葡萄牙开展跨国执法合作和侦查协请。2018年2月11日，专案组一举摧毁以林某某（台湾籍）为首的诈骗犯罪集团，抓获话务、洗钱、取款、开户等作案全环节犯罪嫌疑人31人，查冻涉案及关联资金7000余万元，查扣涉案银行卡、电脑、手机等作案工具。该案的侦破工作在2018年度“刑警803破案奖”评比中被评为“金奖”。（车永新）

【侦破“10·26”新西兰籍人员收买儿童案】

10月26日，市局刑侦总队发现名为

BIDDICK SHANNON 的新西兰籍男子在 2013 年 6 月因猥亵前科被澳大利亚司法机关判处有期徒刑 3 年 6 个月，2017 年 1 月 31 日自北京入境，当年 8 月来沪，就职于本市一家英语早教培训机构，与名为 JAKE BIDDICK 的中国男童暂住于浦东新区。与其同住的男童，已取得中国、新西兰双重国籍，但其“医学出生证明”内容系伪造。经查，排除二人父子关系，男童为 BIDDICK SHANNON 以 12 万元人民币向其父亲刘某某购得。11 月 14、15 日，专案组抓获犯罪嫌疑人刘某某以及伪造“医学出生证明”的吴某某。该案的侦破工作在 2018 年度“刑警 803 破案奖”评比中被评为“金奖”。（车永新）

经济犯罪侦查

【概况】 2018 年，上海公安经侦部门以智慧公安建设为总引擎，全力投入进博会安保，严打突出经济犯罪，全面升级经侦队伍建设，保障上海经济金融持续繁荣、安全、稳定。年内，全市立经济犯罪案件比上年减少 11.3%，打击犯罪嫌疑人比上年增加 15.9%，追赃挽损比上年增加近 4 倍，呈现“一降两升”的良好趋势，打击质量大幅提升，大调研和执法规范化成效均列市局部门第一。获中央领导批示表扬 8 次，市委、市政府、公安部领导批示表扬 17 次，公安部经侦局贺电 10 份。

全年，市局走私犯罪侦查局立案办理各类走私违法犯罪案件 3509 起，比上年增加 17.4%。其中，立刑事案件 163 起，案值 15.2 亿元，涉税 3.6 亿元，抓获犯罪嫌疑人 378 人；立行政案件 3346 起，案值 76.3 亿元，涉税 1.1 亿元，移送审查起诉案件 135 起、297 人，法院判决 91 起。(韩季萍、孙建伟)

【打击涉众型经济犯罪】 全市公安经侦部门围绕进博会安保主线，按照“四个严防、三个确保、两个维护”的工作目标和“减存量、控增量、消爆量”的工作策略，稳妥查处包括“善林”“唐小僧”“联壁”“阜兴”等重大案件在内的金融领域涉众型经济犯罪案件 700 余起，抓获犯罪嫌疑人 2000 余人，追缴各类资产 100 余亿元；建立“上海经侦非法集资案件投资人信息登记平台”，累计为 2.6 万余名投资人提供网上登记报案服务，依托集中预约机制和第三方律师引入机制释法说理，有效化解焦虑情绪，实现进博会期间不发生一起投资理财平台爆盘、舆情炒作和涉稳事件的既定目标。(韩季萍)

【完成专案任务】 破获多起中央和市委交办的案件，法院判决没收个人财产 100 余亿元、追缴违法所得 700 余亿元；抽调精干警力组成专案组配合相关金融机构开展接管托管工作，深挖涉腐线索 50 余条，挽回国家经济损失 500 余亿元，追回海外资产 100 余亿元。(韩季萍)

【打击网络传销专项行动】 根据公安部部署，组织全市经侦部门开展打击网络传销犯罪专项行动，通过提炼网络传销类案模型，立案查处“开元盛世”“DT 集团”等网络传销案件 117 起，共计涉案金额 28 余亿元，成功收网“云联惠”等公安部交办的重特大案件。(韩季萍)

【打击虚开骗税专项行动】 建成市局经侦总队驻税联络机制办公室和分局经侦税侦工作室，根据公安部打击虚开骗税两年专项行动部

署，破获冒充全市数百家民营小微企业骗领发票对外暴力虚开案以及多起超百亿元的涉税大案。（韩季萍）

【开展“猎狐2018”专项行动】 坚持数据追逃，强化“四定一包”“一人一档”等缉捕机制，完善“出国手续绿色通道”，针对非法集资案境外在逃人员重点攻坚，从21个国家和地区缉捕、劝返经济犯罪嫌疑人78人。（韩季萍）

【打击制假售假犯罪】 依托研发的“全球鹰”售假洞察模型，破获一起涉及47个国家800余个城市、涉案金额近10亿元的跨境销售假冒注册商标商品案；围绕食、药、环安全，引领全市开展打击假药犯罪“云鹊”三波次行动，抓获犯罪嫌疑人46人，涉案总价值2.53余亿元。（韩季萍）

【打击职务犯罪】 依托资金穿透，打击涉嫌公司职务犯罪嫌疑人495人，破获涉案金额20余亿元的某企业负责人涉嫌滥用职权案，某金融租赁公司高管商业贿赂、职务侵占、合同诈骗复合型犯罪案，某企业高管签订履行合同失职被骗案等一批跨部门和内外勾结的窝案、串案。（韩季萍）

【打击证券犯罪】 围绕维护证券市场秩序，积极构建证券犯罪类案模型，证券犯罪线索主动发现率突破90%。破获“科斗公司”敲诈勒索拟上市公司案、某上市公司勾结私募、配资公司操纵证券市场案、唐某虚假报撤单操纵证券市场案、涉案金额100余亿元的“创怿嘉公司”诈骗案、全国首例通过“沪港通”实施跨境证券犯罪案和全国首例扰乱IPO发审秩序案等一批重点案件。（韩季萍）

【建设“经济风险洞察系统”】 初步完成“经济风险洞察系统”主体架构建设，打通与市局“一中心、一平台”连接通道；建成新金融涉众子系统，进博会安保期间，启动战时每日研判机制，从全市投资理财企业中及时发现、稳妥管控风险网贷平台26家；打造“经侦数据警察研判工作台”，为提升案件办理的智能化水平和经侦核心战斗力打牢基础。（韩季萍）

【推进联勤中心建设】 揭牌成立上海市公安局经济犯罪侦查总队情报导侦联勤中心，打造

情报导侦联勤中心揭牌仪式 （韩季萍提供）

总队情报支队、领域支队和分局经侦支队三级联勤体系。(韩季萍)

【开展实战比武】 先行先试建设经侦“数据警察”队伍，300余名经侦民警通过资格考核，建成银行卡、知识产权等13个领域研判精英队伍；在“论剑2018大比武”等八个领域全国总决赛中，知识产权、证券两个领域列全国第一，反洗钱、金融、涉众、商贸四个领域获全国三等奖。(韩季萍)

【执法规范化建设提档升级】 围绕市局警务流程再造，制定一线综合执法民警（“全科医生”）承担的经侦类一线常见基础性执法任务及具体执法规范要求。通过公检法联席会议，明确疑难复杂案件的定性、犯罪证据规格和刑事打击范围。扎实推进“206”系统推广应用，督促全市经侦部门做好案件、证据录入及标注工作。(韩季萍)

【化解信访矛盾】 通过集中预约接访群众95批次，针对疑难信访案件引入第三方律师释法说理。开展智慧接访项目建设，制定总体框架和工作流程，推进项目落地。(韩季萍)

【开展大调研】 根据市局党委大调研工作部署，深入基层一线，走访行政机关和企事业单位。狠抓重点调研课题推进，围绕金融领域涉众型经济犯罪形势、涉案财物管理等实战问题形成一批高质量调研报告和一批新机制，多次获市委、市政府领导批示肯定。(韩季萍)

【打造经侦品牌形象】 涌现出“2018感动上海十大年度人物”林植、“上海市巾帼建功标兵”张宇兰、“上海市五一劳动奖章”获得者纪钢、“全国青年岗位能手”赵佳元等一批先进典型。组织开展上海公安系统“百佳标兵”经侦条线推选活动暨“经侦卫士”评选活动，全市10名选手获评“经侦卫士”荣誉称号，10名选手获评“经侦标兵”荣誉称号。(韩季萍)

【开展宣传防范教育】 围绕知识产权、涉税、支付安全、证券等领域，对28起重特大案件开展宣传报道，通过制作播放《智慧经侦》《财经午间道》《经侦帮女郎》等专题防范宣传节目，切实增强投资人的风险防范意识；结合“4·26”“5·15”等宣传节点，开展“进社区、进校区、进厂区、进商区”防范宣传，“网、报、台、微、端”全方位拓展宣传渠道，形成传统媒体持续发声、社会宣传营造氛围、新媒体放大辐射圈的局面。(韩季萍)

【评选2018年度经济犯罪案件侦查破案精品案例】 全市公安经侦部门共报送参评案例66个，从中遴选出市局组14个案例、分局组25个案例入围终评案例，以“现场汇报”和“网上投票”形式对入围案例进行评审，评选出精品案例市局组金奖3个、银奖3个、铜奖4个，分局组金、银、铜奖各6个。(韩季萍)

【评选上海公安经侦系统年度优秀调研文章】 在2018年度上海公安经侦部门优秀调研文章评选活动中，市局经侦总队收到参评文章109篇，评选出优秀调研文章一等奖4篇、二等奖6篇、三等奖10篇。(韩季萍)

【推进智慧缉私建设】 市局走私犯罪侦查局按照海关总署缉私局工作部署，制定智慧缉私推进方案。完成第二缉私战区情报中心建设，大幅提升公安网权限数量和级别，建立价格瞒骗、旅客违法人员、海运舱单发货人、侦控邮件等数据资料库，并具有获取上海港部分船舶、集装箱以及运输车辆的信息查询功能。通过情报研判，实施二战区联合行动7次，案值4.78亿元；移交的线索中，立刑事案件38起，比上年增加43%。完成办案中心、指挥中心的硬件改造，实现上下指挥体系的互联互通与执法规范化管理。修改完善执法办案场所使用管理办法，防控执法风险，排除执法隐患，全年安全规范使用执法办案场所379人次。案管中心“缉私动态监控子系统”开发上线并覆盖全部缉私执法活动，实现预警实时手机短信提示、线上案件审查等应用。完成2013年至今所有案件的证据材料采集录入工作并通过总署验收，导入案件11323起，采集录入证据185.67万份，采集完成率100%。(孙建伟)

【完善第二缉私战区作战模式】 市局走私犯罪侦查局针对跨关区走私团伙实施联合专项行动，牵头指挥13个成员单位开展联合专项行动3次，立案18起，涉税金额4.4亿元。在“长江六号”打击海上成品油走私专项行动中，抓获犯罪嫌疑人68人；查证涉嫌走私成品油3.66万吨，案值10.71亿元，涉及税款4.18亿元。在“长江七号”打击低报价格走私废钢出口专项行动中，捣毁犯罪团伙2个，抓获犯罪嫌疑人7人；查证废钢铁2.85万吨，案值4225万元，偷逃税款1244万元。(孙建伟)

【探索缉私办案模式改革】 市局走私犯罪侦查局持续推进“一警双权、一案到底”办案模式改革，提高“两简”案件执法质量。在13个关、处抽查该类案件180起，占全关“两简”案件总数的20%。重点检查线索接收与受理立案、案件调查、法律适用和审理执行四方面工作的开展情况，并现场解答疑问、反馈问题。受理立案中，刑事办案部门办理行政案件11起、行政办案部门办理刑事案件3起。(孙建伟)

【提升关警协作整体效能】 市局走私犯罪侦查局针对重大案件线索和专项行动，在线索甄别、查缉行动、立案取证等方面全程开展关警共同经营、共同侦办、共同扩线，先后查获走私进口汽配系列案件、走私香港杂货案、加贸渠道走私保税油案等41起。通过建立与关区相关部门的快速反应和共同参与机制，化解固体废物定性难、鉴定难等问题。关区各部门移交缉私案件线索3176起，列全国海关第二位。(孙建伟)

【完善反走私综合治理机制】 市局走私犯罪侦查局推动市打私办实体化运作，召开反走私综合治理领导小组会议，牵头召集跨部门协调会议。针对长江口水域绕关走私高发态势，联合海警、边防等单位实施高压打击，立案长江口水域非设关地走私犯罪案件42起，抓获犯罪嫌疑人250人，扣押涉嫌走私船只55艘、走私成品油和白糖3.17万吨。在缉枪缉毒方面形成了情报互换、联合研判、共同侦办模式。年内，移交涉及枪支弹药的违法线索30余起，联合侦办毒品类案件14起。(孙建伟)

【拓展国际合作维度】 市局走私犯罪侦查局加强与境外信息共享合作，发挥案件经营协作效应。获取旅检渠道走私奢侈品类案件线索12起，比上年增加6倍，立刑事案件3起、行政案件3起，案值合计1500万元，涉嫌偷逃税款500万元；向欧盟海关通报信息30余条，向世界海关组织亚太情报中心提供信息20余条，其中澳大利亚海关根据线索查获走私香烟9500条。通过“上海—悉尼港试点合作机制”项目，发现全国多个关区存在行业性低报价格走私红酒嫌疑，及时通报相关单位予以风险布控。先后组织承办及参与国际交流会晤12次，接待境外代表团成员400余人次。参与承办世界海关“大地女神”第四期国际联合行动动员会和总结会、第15届中国海关与港澳海关及各国驻华联络官执法研讨会、“湄龙行动”筹备会等。(孙建伟)

【清理积案】 市局走私犯罪侦查局制定分类处置方案，针对快件邮递渠道走私毒品案件实施科学并案、符合结案条件的走私刑事案件加快流程处置和撤销案件严格把控程序，清理刑事积案122起，占刑事积案总数的78.7%。通过现场检查、每周通报等方式，强化积案清理工作的督办力度，清理走私行政违法积案38起，占行政违法案件总数的95.12%。(孙建伟)

【电子取证实验室获国家实验室认可】 市局走私犯罪侦查局电子取证实验室成为全国海关第三家通过双认证认可的司法鉴定中心。全年，对416件电子数据检材开展检验鉴定，出具检验鉴定报告212份，比上年增加2.4倍；对海关监管现场查获的289把疑似管制刀具完成认定工作，出具36份管制刀具认定书；为“长江6号”“蓝天2018”等专项打击行动做好电子证据分析研判工作，锁定关键性证据。(孙建伟)

【打击洋垃圾走私】 市局走私犯罪侦查局参与海关总署打击洋垃圾走私“蓝天2018”专项行动5轮，立案侦办涉及洋垃圾走私刑事案件12起，对34名犯罪嫌疑人采取强制措施，查扣涉案洋垃圾923吨；立案查办行政案件222起，查获涉案固体废物1.17万吨；退运出境59批次固体废物，涉及固体废物3363吨。通过情报分析、深挖扩线，将30余个来自英国的固体废物集装箱拦截在国门之外。(孙建伟)

“蓝天2018”专项行动 (孙建伟提供)

【打击濒危物种走私】 市局走私犯罪侦查局持续开展打击濒危物种走私“百日会战”专项行动。通过建模分析，筛查入境旅客身份、航班、路线等关键要素，提高布控指令质量，提升一线查缉效能。全年，立案侦办走私珍贵动物及其制品犯罪案件15起，其中5起被海关总署缉私局挂牌督办。共计查获象牙制品20.1

千克、犀牛角16.38千克、穿山甲鳞片84.67千克、海马干8386个，并首次在上海关区查获走私CITES公约保护物种石首鱼鱼胶473个。(孙建伟)

【打击农产品走私】 市局走私犯罪侦查局立案侦办农产品走私犯罪案件14起。针对白糖走私由西南边境向北漂移的趋势，联合海警部门加大对海上偷运白糖等农产品的监管和打击力度，切断海陆渠道农产品走私通道，首次查获海上偷运走私白糖案件6起，查获走私白糖3220吨，案值2200万元，涉嫌偷逃税款1100万元。(孙建伟)

【打击重点涉税商品走私】 市局走私犯罪侦查局连续针对汽配、手表、观赏鱼、烟弹等行业以及跨境电商领域走私组织专项行动集中打击。全年，立重点涉税商品走私犯罪案件95起，案值约4.91亿元，涉嫌偷逃税款1.26亿元。强化对利用转关运输通道走私的跨关区联动查缉，开展打击集装箱伪报夹藏日韩化妆品、日用品走私专项行动，立案侦办刑事案件5起，查获一个将“先入区、后申报”的保税货物运出上海外高桥自由贸易区的走私犯罪团伙，现场查扣涉案集装箱34个，案值3.15亿元，涉嫌偷逃税款8300余万元。针对长江口绕关走私高发态势，开展高压严打，立案侦办长江口走私成品油犯罪案件36起，查证涉案成品油2.84万吨。打击虚假贸易骗退税违法行为，办理影响出口退税案件82起，涉及多退税款1228.89万元；移交市公安局涉嫌骗取出口退税线索3起，涉及骗税金额6100余万元，获中央四部委联合表彰。(孙建伟)

【打击涉枪涉毒走私】 市局走私犯罪侦查局继续开展“融冰”缉毒专项行动和打击毒品走私“湄龙行动”。根据上海口岸毒品走私特点，重点加强对新精神活性物质的管控和查缉，立案侦查毒品走私案件20起，缴获阿普唑仑、呋喃芬太尼等毒品5.2千克。联合市公安局破获一个在国内制造二类精神药品阿普唑仑、伪报品名走私出口至北美地区的犯罪团伙。开展“国门勇士2018”缉枪专项行动，与邮政、公安等相关部门加强执法合作，围绕寄自美国、中国台湾、中国香港等地的邮递、快件开展情报搜集和研判，立刑事案件2起，查获子弹16发、枪支散件20件。(孙建伟)

【侦破滥用职权、职务侵占、挪用资金、非国家工作人员受贿特大复合型案】 6月，市局经侦总队侦破一起国有企业、公司人员滥用职权、职务侵占、挪用资金、非国家工作人员受贿特大复合型犯罪案件。经查，犯罪嫌疑人闫某强滥用职权，造成国有资产损失16亿余元；侵占公司资金2.3亿余元，挪用公司资金4900万元，收受贿赂500余万元。全力开展追赃挽损工作，冻结涉案资金1200余万元、涉案房产200余套，查扣名牌箱包、名牌手表、金银首饰百余件，合计追赃金额8.4亿余元。该案的侦破工作在2018年度上海经侦系统“经济犯罪案件侦查破案精品案例”评选中被评为市局组金奖。(韩季萍)

【侦破诈骗、出具证明文件重大失实案】 2017年6月至2018年2月，市局经侦总队侦破张某龙等人涉嫌诈骗和出具证明文件重大失实案，抓获犯罪嫌疑人60余人，追缴涉案资产33.9亿元。经查，犯罪嫌疑人张某龙自2015年12月起，勾结推荐商颜某忠等人、评估商王某芳等人，在未经国家主管部门批准的情况下，通过创怿嘉公司设立国际艺术品产权交易所，对艺术品资产包进行份额化交易，利用虚假评估、虚构价值、自买自卖、控制价格和交易量等手段，吸引2.9万余名投资人参与，骗取投资资金。该案的侦破工作在2018年度上海经侦系统“经济犯罪案件侦查破案精品案例”评选中被评为市局组金奖。(韩季萍)

【侦破职务侵占、合同诈骗、商业贿赂复合型案】 2017年9月至2018年10月，市局经侦总队在前期破获的一起特大商业贿赂案的基础上，深挖犯罪，破获案值高达3.67亿元的金融租赁领域系列职务侵占、合同诈骗、商业贿赂案，抓获犯罪嫌疑人9人，追缴赃款1.4亿余元。经查，犯罪嫌疑人姜某辉在担任太平金租公司上海业务部客户经理、副总经理期间，利用负责融资租赁业务职务便利，侵占公司资金9960万元；勾结其他犯罪嫌疑人骗取用款方2.28亿元。案件起诉后，侦查员循线深挖扩案，又破获犯罪嫌疑人朱某彦、芦某利用负责融资租赁业务的职务便利，分别收受贿赂600万元、528万元等2起特大非国家工作人员受贿案。该案的侦破工作在2018年度上海经侦系统“经济犯罪案件侦查破案精品案例”评选中被评为市局组金奖。(韩季萍)

治安管理

【概况】 2018年，上海公安治安部门贯彻公安部、市局决策部署，围绕不断增强人民群众获得感、幸福感、安全感总目标，牢牢把握对党忠诚、服务人民、执法公正、纪律严明总要求，聚焦城市“最有序、最安全、最干净”，以推进智慧公安建设为引擎，以深化公安改革和警务流程再造为动力，以进博会安保工作为主线，一手抓治安防控和打击整治，一手抓社会治理、行政管理服务水平，为推进上海“五个中心”建设营造安全稳定的社会环境、公平正义的法治环境和优质高效的营商环境。（曹洪）

【推进智慧公安建设】 推进“社会面智能安防”重点项目建设。全市8005个封闭式住宅小区中，已建成智能安防社区2864个（其中，“基础版”2555个、“加强版”309个）、在建1863个、已落实资金即将建设1105个；2856个开放式住宅小区中，已建成智能安防社区324个、在建815个、已落实资金即将建设236个。全市住宅小区布设各类前端感知设备26.4万余个。3486栋商务办公楼宇中，已完成智能安防建设198栋、在建464栋，累计布设各类前端感知设备6万余个。推进“智能危化品管理系统”重点项目建设。市局治安总队在初步搭建智能危化品管理系统架构的基础上，全面推广应用易制爆危险化学品流向管理信息系统、剧毒化学品管理系统2个子系统。年内，易制爆危险化学品流向管理信息系统录入3436家从业单位、18572名从业人员信息；剧毒化学品管理系统录入565家本市从业单位、384家外省市关联企业、3362名从业人员信息。推进“智能无人机管控系统”重点项目建设。完成民用管控、重点防控、警务应用等功能配置和警务微信轻应用功能研发上线，实现系统、应用、数据上云及“一标六实”警用地理信息应用系统相关数据共享。全年，智能无人机管控系统累计导入注册无人机信息5078架，确保重大安保期间低空空域干净。推进“微信警务室”建设应用。组织指导全市派出所全面推广“微信警务室”，助力深化群防群治守护网建设。年内，全市33万余人关注“守护申城”微信公众号，27万余人通过实名认证进驻微信警务室；微信警务室累计感知问题11万余件（其中警务类问题4万余件、非警务类问题6万余件），派发红包4万余份。（曹洪）

【开展“放管服”改革】 市局治安总队以“互联网+政务服务”为抓手，全面梳理治安部门涉及的26项行政审批事项，通过逐项编制办事指南、业务手册以实行动态管理，并及时跟进调整、完善，从提升网办深度、下放审批权限、精简审批材料等方面，全面落实“放管服”改革措施。其中，23项审批事项实现“最多跑一次”，申请材料件数平均精减29%，法律规定有审批期限的材料平均缩短41%。(曹洪)

【打击民生领域犯罪】 市局治安总队贯彻落实市局有关进博会安保部署，结合智慧公安建设和市委、市政府关于创建国家食品安全示范城市、着力推进环境治理等重点工作，切实推进“严扫净保”、打假“利剑”、打击污染环境犯罪“清水蓝天”等系列专项行动，侦破一批重大、典型案件。全年，侦办危害食品药品安全刑事案件295起，抓获犯罪嫌疑人573人；侦办污染环境刑事案件31起，抓获犯罪嫌疑人80人；侦办制售伪劣产品刑事案件177起，抓获犯罪嫌疑人362人。侦破公安部督办案件32起，发起公安部集群战役8次。(曹洪)

【打击涉黄涉赌违法犯罪】 市局治安总队组织开展打击黄赌“断链”、涉黄涉赌违法犯罪整治战役、夏季治安攻势等专项行动，深化涉黄涉赌活动“无现场打击”模式，重点打组织、打团伙、打幕后“保护伞”，突出问题场所清查整治，净化社会治安环境。全年，侦办涉黄涉赌类刑事案件5565起，抓获违法犯罪嫌疑人27009人。(曹洪)

【加强治安巡逻防控】 市局治安总队明确启动巡逻防控勤务等级的情形及时间节点，整合治安、特警、机场及武警、铁路等部门力量，打造“任务统一部署、力量统管统用、勤务统筹规划、处置统一指挥、考核统筹实施”的勤务体系。以突出事前预警、事中处置为工作导向，推动派出所综合指挥室建设，通过“视频巡逻”和“实兵巡逻”相结合的勤务模式，实现社会治安防控的“可视化”。全市建设联网监控探头11万余个，315个派出所建成图像监控室，配备专（兼）职监控值守人员3600余人。全年，巡逻民警接处警123万余起，抓获违法犯罪嫌疑人1.7万余人，收缴（仿真）枪支、管制刀具等违禁物品8件、毒品1.2千克；查扣被盗抢车辆4300余辆。(曹洪)

督导、检查巡逻民警 （曹洪提供）

【推进缉枪治爆专项行动】　市局治安总队会同刑侦部门严厉打击涉枪涉爆违法犯罪，组织各级治安部门全面加强社会面清查收缴，并对危险物品从业单位不间断开展以“查违规、查隐患、查制度”为重点的安全大检查。全年，查处刑事案件216起，对432人采取刑事强制措施；查处非法经营、储存液化石油气黑窝点233处，处罚涉案人员135人，查扣非法液化石油气钢瓶3209只；检查枪支弹药、剧毒化学品、放射性同位素、易制爆危险化学品、民用爆炸物品等危险物品从业单位39973家（次），发现整改安全隐患5935处，行政处罚违法违规企业1783家（次）。（曹洪）

【检查指导重点要害单位内部安全保卫工作】全市治安部门常态化对党政机关以及水电油气等城市“生命线工程”单位的内部安全保卫制度、责任、措施落实情况及应急预案制定、演练情况开展指导检查，消除风险隐患，提升安全防范水平。全年，开展内保行政执法检查38416次，发现并整改治安隐患3284处。（曹洪）

【做专武装应急处突网】　市局治安总队发挥“三张网”作用，优化“1、3、5分钟到场处置”机制，强化武装执勤力量对人员密集场所、党政机关等区域巡逻驻守，构建“环青护城河”，实现突发案（事）件的快速稳妥处置。在推进建设市域卡口监测系统的基础上，对全市62个等外（无名）道口逐一制定查控方案，落实查控措施，查获嫌疑人员21人，查缴违禁物品9件。（曹洪）

【做实群防群治守护网】　市局治安总队以扩大社会参与度为目标，以健全完善组织发动、业务管理、表彰奖励等机制为抓手，大力整合政府性、市场性、社会性群防群治队伍，着力打造与专业防控力量有机结合的“横向到边、纵向到底、常态长效、灵敏管用”群防群治网络。全市共有社区平安志愿者30万余人、治安信息员5.5万余人。（曹洪）

【深化社区警务改革】　全市治安部门在警力无增长的基础上，不断将警力向基层一线倾斜，全面配齐配强社区民警队伍，实现“一居一警”“一村一警”。全市有社区民警5532人，比改革前增加了23.95%。推进社区警务室达标建设，制定不得将社区民警挪作他用、不得安排日间值班、每周不少于5个半天开展社区工作等刚性要求。推动落实党员社区民警兼任居（村）委党组织副书记、非党员社区民警兼任居（村）委综治工作站副站长，并整合社会力量，形成“多位一体”的社区自治管理模式。全市党员社区民警3474人，兼任率达98.16%。年内，开展8次“十佳”优秀社区民警评选活动。（曹洪）

【深化治安系统大调研】　市局治安总队有序开展“治安系统不忘初心、牢记使命，勇当新时代排头兵、先行者”大调研活动，通过座谈会、走访、蹲点调研、联合调研等方式开展调研，“发现问题在一线、解决问题在一线”，确保大调研取得实效。完成社会面智能安防建设、性格极度偏执人员管控等调研课题10余项。（曹洪）

【强化治安防范宣传】　市局治安总队围绕入民宅盗窃、电信网络诈骗等多发性侵财犯罪的发案特点、作案手法，依托移动电视、广播电台、平面媒体、微信公众号、滑稽戏等平台，广泛开展安全防范宣传。会同市反电信网络诈骗中心，组织派出所民警开展联动劝阻3100余次，见面劝阻率达48.5%，电信网络诈骗既遂数比上年减少3.5%，防阻金额比上年增加8.8%。以举办“十佳”优秀社区民警评选活动为载体，总结、提炼、推广一批社区民警典型工作经验和做法，宣传警察事迹、讲好警察故事，发挥典型引领带动效应。（曹洪）

防范电信网络诈骗宣传　（曹洪提供）

【创新保安服务市场监管】　2016年起，全市实行保安服务企业设立申请积分制审批制度，确保审批公平公正。完善保安服务公司等级评定办法，实行动态调整，培育一批优质专业保安服务公司。已累计对149家公司发放等级证书。在全国率先建立保卫人员职业准入制度，开展保卫职业培训和“安保管理”学历教育，通过等级认证的保卫管理员达5.5万余人，通过资格认证的保安员达4.19万余人。推广上海保安服务社会信息采集管理终端应用，实现对从业单位的动态监管。开发具备信息核查等功能的“保安监管”手机APP，提高专管民警工作效率。（曹洪）

【加强队伍建设】　市局治安总队以营造“快乐工作、幸福生活”警营氛围为目标，以铸牢忠诚警魂为根本，以提升素质能力为重点，以塑造队伍形象为目标，以培育优良警风为保障，努力打造“三观正、素养高、见闻博、专业精、技能强”的过硬治安队伍。坚持“从严治警”力度不减、节奏不变、尺度不松，在抓常、抓细、抓长上下功夫，让民警时刻牢记“深入不陷入、沟通不勾结、和谐不妥协”的底线和红线，做到“常在河边走，就是不湿鞋”。（曹洪）

【评选2018年度“上海治安系统精品案例”】

全市治安部门根据公安部、市局关于打击黄赌“断链”、食药打假“利剑”等专项行动部署要求，严厉打击涉黄涉赌、危害食品药品安全、污染环境等违法犯罪活动，成功侦破一批重大、典型案件，取得显著成效。经网上投票、公开评议、专家组评审等程序，评选出2018年度治安系统精品案例。

治安行动部门十佳精品案例

侦破“1·19”开设赌场案（治安总队）

侦破“5·17”代理境外赌博网站开设赌场案（浦东分局）

侦破“9·4”利用“派趣棋牌”APP开设赌场案（徐汇分局）

侦破“3·26”介绍、容留卖淫案（长宁分局）

侦破“10·12”系列组织卖淫案（普陀分局）

侦破“6·7”介绍卖淫案（杨浦分局）

侦破“9·12”开设赌场案（闵行分局）

侦破“5·21”组织网络淫秽表演案（宝山分局）

侦破“5·5”组织卖淫案（嘉定分局）

侦破“6·14”网络赌球案（金山分局）

食药环侦部门十佳精品案例

侦破“4·24”特大网络制售假冒品牌化妆品案（治安总队）

侦破“10·19”特大网络制售有毒、有害降糖类保健食品案（浦东分局）

侦破“5·21”销售未经批准进口美容针剂案（徐汇分局）

侦破“7·12”侵犯著作权案（长宁分局）

侦破“12·2”保健食品诈骗案（普陀分局）

侦破“3·27”制售伪劣烟草案（杨浦分局）

侦破“7·1”特大跨省制售注水牛肉案（宝山分局）

侦破“4·3”销售假冒品牌桶装饮用水案（嘉定分局）

侦破“7·24”特大跨境销售精神管制药品案（金山分局）

侦破“10·30”特大网络制售有毒、有害减肥类保健食品案（松江分局）

（曹洪）

【评选2018年度派出所社保工作典型案（事）例】 市局治安总队根据全市公安派出所在警辅联动、优化勤务运作，以及社区保安队在协助公安机关开展社会治安防控工作中的积极作用，经初选和投票评选，评选出2018年度派出所社保工作精品、优秀案（事）例各30个。

精品案（事）例（30个）

协破“3·9”非法经营案（浦东新区祝桥镇祝桥社保队）

协破“1·9”盗窃案（黄浦区瑞金二路街道社保队）

协破“1·7”盗窃案（长宁区天山路街道社保队）

协破“3·1”盗窃案（静安区江宁路街道社保队）

协破“1·18”抢夺案（普陀区长风新村街道长风社保队）

协破“1·21”寻衅滋事案（杨浦区五角场街道社保队）

协破“3·29”盗窃案（闵行区莘庄镇莘光社保队）

协破“2·13”故意杀人案（宝山区友谊路街道友谊社保队）

协破“5·15”诈骗案（嘉定区南翔镇社保队）

协破“5·20”故意杀人案（松江工业区荣乐东路社保队）

协破“5·4”盗窃案（金山区枫泾镇兴塔社保队）

协破“1·1”盗窃案（金山区亭林镇亭林社保队）

协破“4·28”盗窃案（青浦区赵巷镇社保队）

协破“5·5”盗窃案（青浦区香花桥街道社保队）

协破“4·4”盗窃案（奉贤区奉浦街道奉浦社保队）

协破“11·25”抢劫案（浦东新区康桥镇横沔社保队）

协破“7·20”危害公共安全案（浦东新区东明路街道社保队）

协破“9·26”盗窃案（黄浦区淮海中路街道社保队）

协破“8·8”盗窃案（静安区南京西路街道社保队）

协破“9·21”诈骗案（虹口区广中路街道社保队）

协破“12·8”盗窃案（杨浦区五角场镇街道社保队）

协破“10·16”盗窃案（闵行区梅陇镇梅陇社保队）

协破“11·6”抢劫案（宝山区大场镇大场社保队）

协破“10·6”非法经营案（嘉定区真新新村街道社保队）

协破“9·30”寻衅滋事案（嘉定区江桥镇社保队）

协破“8·25”故意伤害案（松江区佘山镇社保队）

协破“11·4”盗窃案（金山区亭林镇松隐社保队）

协破“8·5”盗窃案（青浦区香花桥街道社保队）

协破“7·18”盗窃案（奉贤区奉城镇塘外社保队）

协破“12·13”盗窃案（崇明分局港西镇社保队）

优秀案（事）例（30个）

协破“3·8”盗窃案（浦东新区高桥镇社保队）

协破“1·7”盗窃案（黄浦区打浦桥街道社保队）

协破“4·11”盗窃案（徐汇区枫林路街道社保队）

协破“5·12”盗窃案（静安区曹家渡街道社保队）

协破“5·23”盗窃案（普陀区桃浦镇桃浦社保队）

协破“5·9”盗窃案（虹口区曲阳路街道社保队）

协破“5·7”盗窃案（虹口区嘉兴路街道社保队）

协破“3·26”盗窃案（杨浦区平凉路街道社保队）

协破“1·31”盗窃案（闵行区马桥镇马桥社保队）

协破“3·9”盗窃案（宝山区张庙街道泗塘社保队）

协破“2·3”盗窃案（嘉定区真新新村街道社保队）

协破“1·3”抢劫案（松江区九亭镇社保队）

协破“3·30”抢夺案（青浦区盈浦街道社保队）

协破“3·28”非法捕捞水产品案（崇明区港西镇社保队）

协破“1·25”盗窃案（崇明区长兴镇社保队）

协破“10·20”盗窃案（徐汇区龙华街道社保队）

协破“11·16”抢夺案（徐汇区凌云路街

道社保队）

协抓“6·20”网上追逃人员（长宁区天山路街道社保队）

协破“10·26”盗窃案（静安区江宁路街道社保队）

协破“11·20”盗窃案（普陀区甘泉路街道社保队）

协破“7·11”盗窃案（普陀区真如镇真如社保队）

协破“8·26”盗窃案（虹口区曲阳路街道社保队）

协破“9·8”盗窃案（虹口区广中路街道社保队）

协破“5·31”寻衅滋事案（杨浦区控江路街道社保队）

协破“2·15”盗窃案（宝山区庙行镇社保队）

协破“7·22”盗窃案（嘉定区真新新村街道社保队）

协破“6·8”盗窃案（金山区亭林镇亭林社保队）

协破“6·8”盗窃案（金山区山阳镇社保队）

协破“8·29”盗窃案（青浦区夏阳街道社保队）

协破“11·24”盗窃案（奉贤区南桥镇江海社保队）

（曹洪）

【评选2018年度治安系统优秀调研文章】 市局治安总队会同上海公安学院、上海市警察协会等单位的有关专家，综合考虑文章的选题、创新、理论、对策、文字等要素，经评审，评选出优秀调研文章。

金奖（5篇）

《依法行政管理：内涵、历史变迁及其对治安管理工作的要求》，作者：治安总队季增令、周文军、林庆伟

《上海快递业安检工作的实践与探索》，作者：治安总队陶焱升、王义鹏

《治安管理处罚中非法证据排除规则构建研究》，作者：治安总队高长永

《关于如何发挥全科民警在社区治理中的能动作用》，作者：浦东分局梁建中

《以奉贤区社会面智能安防试点工作为视角，探索与实践上海郊区农村社会面智能安防建设》，作者：奉贤分局沈文军、许杰、魏亮

银奖（10篇）

《关于对上海市打击非法经营药品类犯罪工作的思考和建议》，作者：治安总队周诗峥、彭泊远

《澳大利亚昆士兰警务机制亮点及对智慧公安建设的启示》，作者：治安总队陈旻

《关于对非警务类警情分流处置的思考与建议》，作者：黄浦分局嵇敏

《关于公安机关加强精神病人管控的路径浅析——以长宁公安分局为例》，作者：长宁分局王众、谈筱俊

《探究公安机关现场处置群体性上访事件的对策》，作者：虹口分局万纯琪

《社区智慧安防建设的实践与思考》，作者：普陀分局课题组

《智慧公安背景下再造智慧公安派出所遇到的困境及初想》，作者：松江分局毛丛群

《关于健全完善禁赌扫黄常态机制的若干思考》，作者：松江分局陆浩强、张雯彬

《对社会面智能安防建设工作的探索和实践》，作者：金山分局徐敏

《关于进一步加强矛盾纠纷前端处置的实践与思考》，作者：奉贤分局胡永超、魏亮

铜奖（10篇）

《关于赴德国、奥地利学习调研安全技术防范建设的报告》，作者：治安总队课题组

《以“智慧公安”建设为依托，探索基层派出所进一步提升社区治理效能的思考与建议》，作者：浦东分局秦影凤、陈嘉润

《关于寄递行业安全管理若干问题的调研报告》，作者：徐汇分局姚逸频、董婧

《对虹口区民宿治安管理的调查及思考》，作者：虹口分局徐峻

《关于如何处置涉众型经济犯罪受损群体集聚的思考》，作者：静安分局李旻彦、毛雪莲

《杨浦区民用枪支管理工作的调查报告》，作者：杨浦分局张建中、王晓敏

《关于探索新形势下深化推进闵行社区警务改革的几点思考》，作者：闵行分局褚文浩

《上海市郊犬类管理存在的问题及对策建议——以松江区洞泾镇为例》，作者：松江分局刘菲

《试论微信在公安工作中的“微”作用》，作者：奉贤分局胡永超、沈莲萍

《新形势下夯实社区警务工作的对策》，作者：崇明分局课题组

（曹洪）

【侦破“1·19”开设百家乐赌场案】 6月27日凌晨，市局治安总队会同市局有关部门及普陀、杨浦分局，在浙江、山东等地警方协助下，采取“无现场打击”模式，彻底摧毁一个以浙江籍人员为主在沪开设现场“百家乐”赌场的犯罪团伙，并成功追溯了该团伙过往在沪开设赌场的犯罪行为。抓获涉案人员34人（其中刑事拘留20人、取保候审14人），上网追逃3人。专案组获市局集体二等功。（曹洪）

【侦破“4·24”特大网络制售假冒品牌化妆品案】 7月3日，市局治安总队会同市局有关部门及杨浦、黄浦、虹口、青浦、奉贤等分局成立联合专案组，在阿里巴巴公司平台治理部特战队和广东、浙江、安徽、重庆等地警方的协助下，全环节侦破一起特大跨省制售假冒欧莱雅集团“科颜氏”系列品牌化妆品案。捣毁位于广东的制假工厂及仓储窝点各2处，并同步捣毁仓储、销售窝点8处，抓获犯罪嫌疑人许某某（男，38岁，广东省湛江市人）等25人，现场缴获30余类假冒“科颜氏”等品牌化妆品2.26万余瓶（货值人民币537万元）、假冒商标标识36万余张、用于制假的罐（瓶）体1万余只及制假设备若干，涉案总金额6000余万元。案件侦破后，公安部三局发贺电予以表彰，市局主要领导批示肯定，欧莱雅（中国）有限公司赠送锦旗。（曹洪）

【上海公安机关查处治安案件走势图】

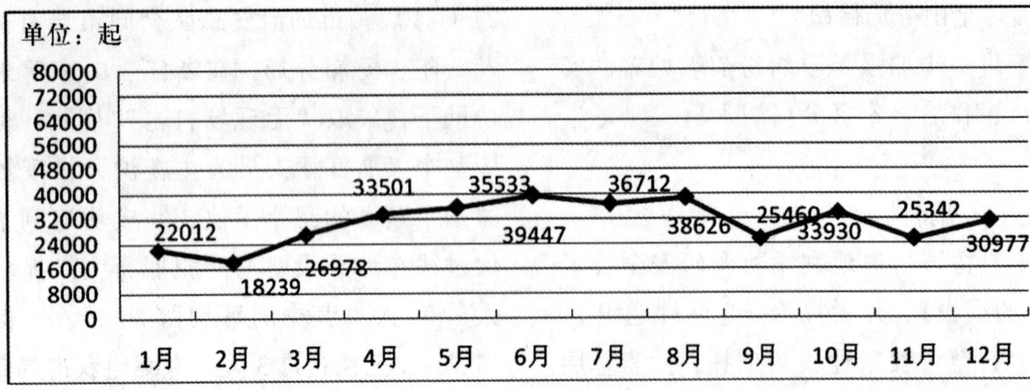

【上海公安机关查处治安案件统计表】

类别＼数据		查处治安案件（起）
合计		366713
扰乱公共秩序	小　计	11141
	扰乱单位秩序	938
	扰乱公共场所秩序	5936
	扰乱公共交通工具秩序	282
	妨碍交通工具正常行驶	34
	扰乱大型群众性活动秩序	2
	虚构事实扰乱公共秩序	123
	投放虚假危险物质	7
	寻衅滋事	3197
	组织、教唆、胁迫、诱骗他人从事邪教、会道门活动	83
	利用邪教、会道门、迷信活动或冒用宗教、气功名义危害社会	77
	非法侵入、破坏计算机信息系统	56
	其他	406
妨害公共安全	小　计	845
	违反危险物质管理规定	317
	非法携带枪支、弹药及管制刀具	134
	盗窃、损毁公共设施	140
	危害铁路安全	1
	违法举办大型群众性活动	0
	其　他	253

续表

类别	数据	查处治安案件（起）
侵犯人身、财产权利	小　计	279866
	强迫他人劳动	9
	非法限制人身自由	128
	非法搜查他人身体	29
	胁迫、诱骗、利用他人乞讨或以滋扰他人方式乞讨	21
	侮辱、诽谤、诬告陷害他人	328
	发送信息干扰他人正常生活	898
	偷窥、偷拍、窃听、散布他人隐私	835
	殴打他人	59593
	故意伤害他人	1821
	虐　待	24
	遗　弃	9
	强迫交易	41
	盗　窃	84903
	诈　骗	52674
	哄　抢	0
	抢　夺	23
	敲诈勒索	474
	故意损毁财物	25443
	其　他	52613
妨害社会管理秩序	小　计	74861
	阻碍执行职务	1253
	招摇撞骗	13
	违反公文、证章管理	240
	伪造、变造、倒卖有价票证、凭证	45
	违反社团管理	4
	擅自经营需公安机关许可的行业	207
	煽动、策划非法集会、游行、示威	28
	违反旅馆业管理	327
	违反房屋出租管理	75
	收购赃物、有赃物嫌疑的物品	16
	伪造、隐匿、毁灭证据或提供虚假证言	10
	谎报案情	583

续表

类别 \ 数据		查处治安案件（起）
	窝藏、转移、代销赃物	24
	违反监管规定	21
	违反国边境管理	31
	故意损坏文物、名胜古迹	20
	卖淫嫖娼	8024
	拉客招嫖	717
	引诱、容留、介绍他人卖淫	218
	制作、运输、复制、出售、出租淫秽物品	33
	传播淫秽信息	19
	组织播放淫秽音像或组织、进行淫秽表演	11
	参与聚众淫乱	0
	为从事淫秽活动提供条件	94
	赌博或为赌博提供条件	26772
	毒品违法活动	15288
	为吸毒、赌博、卖淫、嫖娼违法犯罪人员通风报信	38
	其　他	20750

（严仁斌）

【上海公安机关各单位查处治安案件统计表】

单位 \ 数据 \ 项目	查处案件（起）	查处违法人员（人）
合计	366748	49996
浦东	83989	12433
黄浦	11740	902
徐汇	16850	1185
长宁	8949	1741
静安	18850	1550
普陀	31230	3550
虹口	15170	1982
杨浦	22240	2649
闵行	23268	2952

续表

单位 \ 数据 \ 项目	查处案件（起）	查处违法人员（人）
宝山	36857	3370
嘉定	24446	4471
松江	22257	4861
金山	9285	474
青浦	14239	1918
奉贤	17770	1930
崇明	5260	1359
水上	60	11
文保	78	44
机场	1577	1507
化工	5	0
自由贸易试验区	190	0
农场	8	2
城市轨道公交	2430	1105

（严仁斌）

【上海公安机关各项治安管理数据表】

类　别	主要数据
旅馆业管理	全市有旅馆业单位7731家，其中，星级宾馆223家、中小旅馆6990家、留宿浴场452家、酒店式公寓66家。全年在宾、旅馆中发生刑事案件21起，查处治安案件591起，查处违法犯罪嫌疑人1277人。
印章刻制业管理	全市有印章刻制业592家。
废旧行业管理	全市有旧货业单位2076家（其中生产性废旧金属收购单位553家）。
影视、音像出版管理	全市查处扫黄打非类案件608起，其中，淫秽色情案件456起，涉假记者、假媒体案件0起，侵权盗版案件4起，查处涉案人员716人（刑事案件人数）。
公共场所管理	全市共有公共场所14941家，其中，歌舞娱乐场所975家、游戏（艺）机房（厅）434家、棋牌室1315家、游乐场63家、网吧1093家、咖啡室656家、酒吧455家、茶室761家、沐浴场所1131家、美容按摩场所5014家、足浴3044家。查处违法单位1458家，其中停业整顿601家（次）、责令整改1家、警告111家（次）、罚款61家（次）、取缔无证经营684家，从中查处治安案件2170起。
枪支管理	全年共收缴各类枪支3810支、子弹303937发、仿真枪2254支、管制刀具33439把、弩39把。

续表

类　别	主要数据
剧毒化学品、放射性同位素管理	全市有生产、销售、使用剧毒化学品单位565家，使用放射性同位素单位277家。
犬类管理	全市核发犬类《养犬登记证》174426张（内环内6855张、内环外除农村地区54235张、农村地区113336张）。年内共捕捉无证、流浪犬36663条。
大型活动保卫	全年共举办大型活动2886场次，其中市级审批229场次，区级审批2657场次。
查寻迷途失踪人员	受理登记报失、查询、招领迷途失踪人员3498次，查实找回1854人，占受理总数的53%。

（金柏石）

人口管理

【概况】 2018年，市局人口办按照公安部、市委、市政府和市局党委的部署要求，在市局主要领导、分管局领导的指导、帮助下，围绕进博会安保工作重点，推动新时期公安人口基础建设，实施各类“放管服”高效便民举措，推动人口管理队伍效能最大化，不断提升人口管理工作水平，完成各项既定工作任务。（方越琛）

【全力投入进博会安保增援】 根据市局进博会安保增援工作任务安排，市局人口办积极组织增援民警投入安保增援第一线，具体负责机场T1航站楼到达口安检监督和突发事件处置工作。增援民警克服现场人流量大、工作任务繁重的困难，坚持做到值守安检点逢人必检、逢包必查，确保万无一失，全力护航进博会。（方越琛）

【开展“一标三实”基础信息采集工作】 年内，市局人口办提请市局印发《关于组织开展“一标三实”基础信息集中采集工作的实施方案》，在全市面上集中开展“一标三实”基础信息采集，重点推进实有单位及从业人员的采集，会同市局治安总队在“上海市公安局警务信息综合应用平台”中建立“实有单位”信息采集模块，优化录入流程。全年，全市共登记门弄牌257.1万余个，实有人口2483.5万余人，实有房屋1341.9万余间，实有单位78.3万余家，并积极开展日常信息维护，确保全市标准地址和实有房屋登记准确率100%，实有人口、实有单位登记准确率95%以上。（方越琛）

【推进“一标六实”警用地理信息系统建设工作】 市局人口办会同市局治安总队、科技处、警保部、指挥中心等共同推进“一标六实”警用地理信息应用系统建设工作。其间，由办领导多次带队走访各分局、地区派出所及相关社区开展实地调研，督导相关工作，并就工作中遇到的问题研究应对措施，已完成“一标六实”建设的第一年目标，开发建设了一套适合警务应用的二、三维展示平台，构建大量警务图层，实现公安专用图层与互联网图层的叠加。全年，全市各区获取约5540.26平方公里区域的地理信息数据，占全市面积的84.44%（下同），其中通过航拍获取了4075.67平方公里，占比62.12%；完成约4460.2平方公里区域的建筑物外立面三维建模和实有房屋、单位数据上图，占比67.98%；完成约2854.4平方公里区域的建筑物分层分户处理和实有人口数据上图，占比43.5%，约2698.1平方公里区域的各类感知数据对接上图，占比41.12%。(方越琛)

【研发上海公安综合执法智能应用系统】　市局人口办配合市局科技处，推进上海公安综合执法智能应用系统的研发应用。开发综合执法智能应用系统“人口管理”模块，涵盖“房屋核查”“人员核查”“数据统计”“工作统计”等功能，并于8月1日起由浦东、徐汇、杨浦、闵行、金山分局的9个派出所投入试用。针对金山、杨浦分局在试用中出现的问题，抓紧对相关系统进行优化完善，落实解决措施。(方越琛)

【修订《上海市常住户口管理规定》】　市局人口办着眼于群众“急难愁盼”问题，着力推进户籍管理规范化建设，牵头修订《上海市常住户口管理规定》，进一步放宽市内户口迁移条件，杜绝了二手房交易中户口的“老赖”现象，解决了集体户、社区公共户口人员无户口簿等问题，并先后制定两期配套实施意见，确保全市层面政策执行的一致性。同时，配套调整户口审批及办理流程，将“准予迁入证明”“迁沪落户确认单”开具权限从分局下放至派出所；将变更民族、上海市居民落户社区公共户、非直系亲属间市内户口迁移、人才类落户社区公共户等项目由审批事项调整为当场办理。目前，除个别特殊事项，大部分户口事项已由分局、派出所审批或办理，占全市户口办理总量的97%。(方越琛)

【完善综合执法智能应用系统应用模块】　市局人口办配合市局科技处开发综合执法智能应用系统“人口管理”模块，涵盖“房屋核查”“人员核查”“数据统计”“工作统计”等功能，并于8月1日起由浦东、徐汇、杨浦、闵行、金山分局的9个派出所投入试用。针对金山、杨浦分局在试用中出现的问题，抓紧对相关系统进行优化完善，落实解决措施。(方越琛)

【创新居民身份证和居住证办理便民举措】
10月起，市局人口办通过短信通知的方式，针对上海市户籍人员居民身份证有效期满前3个月，且已登记个人联系方式的，以短信通知的方式提醒换领。目前，已通知居民身份证即将到期的上海市户籍人员1.2万余人。同时，继

“随军落户网上办理”系统启动仪式　(方越琛提供)

续用好社会资源，进一步扩大居民身份证照片采集点覆盖面，将居民身份证人像信息社会采集点增设至140余家，确保群众能就近采集居民身份证人像信息。在居住证方面，陆续推出全市通办、邮政专递、签注提醒等便民举措，群众可在全市任一街（镇）社区事务受理服务中心办理居住证事项，并可根据需要选择“邮政专递”服务。12月起，推出对居住证逾期60天内的持证人进行补签注意提醒，确保持证人相关权益得到保障。（方越琛）

【推出微信公众号办理户籍和居住证事项】 市局人口办依托人口管理微信公众号，将13大项79小项户政业务及居住证、居住登记业务纳入微信公众号办理范畴，并通过拓展微信公众号功能，不断挖掘便民利民新举措，确保群众办事高效、便捷。目前，人口管理微信公众号已公开62类户口事项办理证明材料样张，确保告知单内容通俗易懂；开通了“相关人员认证”模块，实现户口事项办理相关人员掌上确认办理意见，减少群众跑腿次数。全年，人口管理微信公众号预受理户口事项办理申请2727份，审批同意967份。（方越琛）

【发挥人口管理企业微信号平台沟通作用】 市局人口办在开展大调研工作中，以人口管理企业微信号为平台，全面掌握、畅通窗口民警反映问题的渠道，解决窗口民警各类意见建议。由各业务部门和各分局人口办线上线下做好回应，第一时间化解难题。针对窗口民警提出的意见和建议，积极回应民警的问题和建议，从而提高窗口民警的工作积极性。市局人口办通过信访、热线办理情况，及时掌握全市窗口工作遇到的难点、堵点问题，定期召开专题会议，分析研究问题根源，指导分局及派出所落实整改举措。（方越琛）

【优化基层服务窗口工作流程】 市局人口办为缓解窗口民警工作量大、窗口排队较长的工作状态，组织专班多次赴基层实地调研，专门印发《关于落实为派出所窗口开展居民身份证服务管理工作减负六项措施的通知》，取消手工填报《居民身份证管理工作月报表》和打印《常住人口、居民身份证申领登记表》《办理临

赴青浦区徐泾镇调研人口管理工作　（方越琛提供）

时居民身份证申请单》，改为系统自动生成报表和电子档案，简化了身份证办理工作流程；同时，在全市办证量较大的派出所先后设置了120余台居民身份证自助办理机，实现从受理到发证的全流程自助办证。截至年底，自助受理机已受理5万余次办证申请，有力缓解了窗口排队情况，并有效减轻了窗口民警的工作量。（方越琛）

【推进港澳台居民居住证申领发放工作】 市局人口办为贯彻落实《港澳台居民居住证申领发放办法》，指导分局人口办确定34个受理点，实行专人、专窗方式运作，优化取号、叫号系统，稳妥做好受理工作。同时，推出港澳台居民居住证邮政直投业务，设计专用信封，实现“跑路最多只一次”。（方越琛）

【举办“人口标兵”评选活动】 市局人口办通过举办“人口标兵”评选活动，鼓励窗口民警争先创优，在全条线形成典型引领的规模效应。通过微信公众号、广播电视等媒体推广和宣传“人口标兵”的优秀事迹、工作经验，促进窗口工作经验做法的交流，形成“有先进可比、有目标可学”的良好工作氛围，进一步激发窗口民警的工作动力和人口条线民警的队伍活力。（方越琛）

【加强队伍建设】 市局人口办党委在开展民警队伍思想政治教育中，坚持细致规划、组织部署、不断丰富学习教育活动形式，先后开展观看《辉煌中国》《强军》《不忘初心、继续前进》等电视专题片；到中共一大会址重温入党誓词、回顾建党历史；赴华为上海研发中心、河马科技有限公司调研大数据、人工智能和虚拟现实等相关工作。坚持“用身边先进典型，引领教育身边人”，组织优秀户籍窗口民警结合自身工作实际，撰写户籍窗口民警故事，并在公安杂志上发表。（方越琛）

【全市户籍人口551.95万户，1462.38万人】 截至2018年11月底，全市户籍人口达551.95万户，1462.38万人。其中，城镇人口1274.30万人，乡村人口188.08万人。主要有以下特征：

一、户籍人口总量平稳上升。2017年12月1日至2018年11月30日，全市户籍人口总量增加7.25万人，年递增率为0.50%。户籍人口总量排在全市前三位的区分别是浦东新区（302.94万人）、闵行区（113.49万人）、杨浦区（107.35万人）。户籍人口递增率排在全市前三位的区分别是嘉定区（2.43%）、闵行区（2.26%）、松江区（1.86%）。

二、户籍人口机械增长数同比上升。2017年12月1日至2018年11月30日，全市外省市迁入13.75万人，迁往外省市3.92万人。全市户籍人口机械增长数为9.83万人，比上年同期增加2.15万人。其中，经人力资源和社会保障部门审批入沪的有5.7万人，比上年同期增加51.19%；经教委大中专招生及毕业分配入沪的有4.51万人，比上年同期增加1.35%；经公安部门审批入沪的有3.2万人，比上年同期减少1.23%；经民政部门审批入沪的有0.35万人，比上年同期减少12.5%。

三、全市出生人口继续下降，死亡人口略有减少，人口自然变动负增长。2017年12月1日至2018年11月30日，全市登记出生人口9.84万人，比上年同期减少1.93人，出生率为6.73‰，比上年同期减少1.36个千分点；死亡12.57万人，比上年同期减少0.06万人，死亡率为8.6‰，比上年同期减少0.09个千分点。报告期内，全市人口自然增长数减少2.73万人，自然增长率为-1.87‰，比上年同期减少1.28个千分点。人口自然变动呈负增长。

四、户籍人口老龄化趋势明显。2018年11月底，全市户籍人口中60岁及以上的有502.03万人，占总人口的34.33%，比2017年年底增加1.23个百分点。2018年11月底，户籍人口中60岁及以上人口比重排在前三位的区分别是虹口区（39.71%）、黄浦区（39.14%）和普陀区（38.56%）。在全市范围内，中心城区户籍人口老龄化程度更为明显，户籍人口中60岁及以上人口比重均值达到37.60%；近郊区户籍人口中60岁及以上人口比重相对较低，均值为31.87%，比中心城区低5.73个百分点；远郊崇明区，由于大量青壮年人口到市区就业等原因，加剧了老龄化的趋势，户籍人口中60岁及以上人口比重均值达到36.29%，接近中心城区。

全市户籍人口老龄化趋势明显。死亡人口自2015年首次突破12万人后，已连续4年围绕12.5万人小幅波动，未见明显增长趋势。

五、全市范围内人口迁移变动量较去年同期略有增加。2017年12月1日至2018年11月30日，全市范围内人口迁移变动量为116.84万人次，较去年同期（2016年12月至2017年11月）小幅增加1.74万人次，迁移变动量稳定。

六、全市城镇人口小幅增加。2018年11月底，全市城镇人口为1274.30万人，城镇化率为87.14%，比上年同期增加0.1个百分点。黄浦、徐汇、长宁、静安、普陀、虹口、杨浦七区无乡村人口。全市城镇化率排在后三位的区分别是崇明区（40.36%）、奉贤区（42.15%）、金山区（50.18%）。

注：

1. 本文中的上年同期，时点为2017年11月，时段为2016年12月至2017年11月。

2. 本文部分数据合计数或相对数由于单位取舍不同产生的计算误差均未作机械调整。（楼哲）

特 警

【概况】 2018 年，市局特警总队以进博会安保为主线，紧围绕现代警务流程再造、智慧公安建设等重点任务，坚持政治建警与科技强警相结合，培养忠诚警魂，建设尖刀警队，全力抓好各项工作的推进落实，为确保城市公共安全和社会稳定发挥了积极作用。全年共投入警力 12000 余人次，圆满完成各类大型活动安保以及突发事件处置、集中备勤等任务。(陈骋)

【严密社会面防控】 市局特警总队严格按照市局等级勤务要求，落实特警叠加武装巡逻、反恐应急处突前置驻勤等社会面防控措施，并在重要节点安保任务期间开展摩托车武装巡逻，进一步强化防范等级，增强见警率、威慑力。全年，全市特警执行一级和一级加强勤务 50 天、二级勤务 38 天。共出动武装巡逻车 24025 辆（次）、警力 46617 人(次)，接处警 12217 起，抓获违法犯罪嫌疑人 164 人。(陈骋)

【加强特警专业训练】 市局特警总队围绕"突出重点、补齐短板"的施训原则，开展全市特警实战技能练兵比武、能级考核。全年，组织全市特警 1687 余人次开展了 10 个科目的能级考核。积极组织开展"迎进博、保平安"2018 年上海公安特警实战技能练兵比武活动，全市 274 名特警骨干队员分别参加了"88"式

进行水面船只突入训练　　(陈骋提供)

狙击步枪精度射击、突击攻坚、折返后“92”式手枪利用掩体快速射击、长短枪互换应用射击和综合越障5个科目的比武，进一步提升全市特警训练质量，强化特警队伍实战处置能力。(陈骋)

【启动全局新警岗前培训和集中见习工作】　市局特警总队按照“体制不动、机制先行”的原则，顺利启动全局新警岗前培训和集中见习工作。年内，完成2批次新警的集中见习培训任务。坚持战训结合、以战促练，在循序渐进地开展岗前业务培训和体技能训练的同时，组织新警参加各类安保实战勤务，在重要节点增援黄浦、浦东分局开展核心现场人流疏导管控等工作，参与完成进博会安保场馆、住地安检搜爆及警戒封控等任务，有效提升了新警的实战意识、警务技能和纪律作风养成。(陈骋)

【完善特警轮训轮值机制】　年内，市局特警总队先后开设特警专业培训班12期，培训分局16个特警支队和机场特警支队、轨交巡特警支队民警720余人次；会同上海公安学院、上海交通大学潜水培训中心、中国红十字会上海分会等单位先后举办特种驾驶、攀岩、救生、潜水等专业技能以及初级急救培训，进一步完善了特警专业培训体系，全面提升队员综合素质。(陈骋)

【深化境内外警务交流机制】　市局特警总队进一步密切与境内外特警队之间的警务交流，先后选派多名教官代表市局3次赴疆开展反暴恐技战术培训。荷兰、伊朗、塔吉克斯坦、巴西、沙特、匈牙利、德国、墨西哥等国内政、警务部门和中国香港五大纪律部队文化交流团、中国香港警务处代表团，以及湖南、广州、泰安、乌鲁木齐等省市治安、特警部门先后来总队考察。受上海边检总站、上海港公安局、长江航运公安局上海分局及贵州省贵阳市特（巡）警支队、安徽省铜陵市人民警察学校等单位委托，集中组织培训民警400余人(次)。(陈骋)

新警岗前训练　(陈骋提供)

【落实基础保障设施】　市局特警总队按照实战实训需要，逐步推进营区各项基础保障设施建设，完成对哈密路营区障碍跑道风雨顶棚、水面空中训练大棚、大操场人工草皮翻建等训练配套设施的改建工程，为日常训练创造了良好的硬件环境。为满足北艾路基地新警集中见

习培训的需求，对基地新警住宿用房及浴室、食堂进行修缮改建工作，有效提升了训练和备勤保障能力。(陈骋)

【加强队伍建设】 市局特警总队开展上海公安特警宣传片拍摄制作。总队民警卜子贻参与拍摄的《欢乐中国人——90后特警夫妻》节目在中央电视台播出后受到各界好评。5月16日，作为成功登顶珠穆朗玛峰的中国警察第一人，总队战训支队教官刘昊引起了各大媒体的广泛关注。举办“六一”亲子活动和重阳节感恩父母等警营开放日活动，邀请民警家属及子女走进警营参观交流，加大对双警家庭、困难民警家庭的关爱力度。由总队30名特警队员和崇明分局民警共同组成的“中国前卫”“上海前卫”两支队伍在2018年中国龙舟公开赛（上海·普陀站）暨第十五届上海苏州河城市龙舟国际邀请赛中分别取得多项佳绩，受到市局通令嘉奖。(陈骋)

出入境、边防管理

出入境管理

【概况】 2018年，上海公安出入境管理部门坚持以习近平新时代中国特色社会主义思想为指导，牢牢把握“对党忠诚、服务人民、执法公正、纪律严明”的总要求，以“把守国门的铁军、便民服务的标杆、城市形象的名片”为引领，深化智慧出入境建设，不断推进“放管服”改革，进一步提高维护国家安全、出入境秩序和促进对外开放的能力，确保实现上海涉外领域“更有序、更安全、更干净”。查处各类出入境案（事）件12996起。签发各类出入境证件（含签注）5894697证次，比上年同期增加3.35%。其中，中国公民因私出国证件1186413证次（含首次出国证次），比上年同期减少5.7%；内地居民往来港澳地区通行证（含签注）3405980次，比上年同期增加12.7%；大陆居民往来台湾地区通行证（含签注）872276证次，比上年同期减少1.81%；台湾居民各类证件23738证次，比上年同期减少6.73%；外国人各类出入境证件（含签证、居留许可）406290证次（其中外国人永久居留身份证1856证次），比上年同期减少20.25%。临时来沪境外人员累计达6795159人次，比上年同期增加7.14%。在沪常住外国人172076人，比上年同期增加1.94%。在沪外国和港、澳、台机构66947家，比上年同期增加8.61%。(郑琴)

【完成进博会安保工作】 市局出入境管理局秉持“安全、有序、宽松、尊严、高效”的工作理念，按照“守住边、稳住面、保住点”的总体思路，成立出入境安保工作领导小组，制定安保工作方案，开展实战演练，通过周密部署、落实措施，有序推进进博会出入境安保工作。其间，市局出入境管理局共出动安保及应急处突警力1500余人次，稳妥处置多起突发、敏感涉外案（事）件，实现了进博会安保“六个坚决防止”“三个确保”的目标及出入境安保“六个零”的高线目标。(郑琴)

【深化智慧出入境建设】 9月1日，市局出入境管理局在全市出入境窗口实现微信、支付宝、云闪付、移动扫码等支付功能。市民在“市民云”APP上通过身份认证，即可在线查询本人持护照、往来港澳通行证、往来台湾通

行证的出入境记录，为群众提供更为便捷的服务体验。（郑琴）

举办专题讲座 （郑琴提供）

【国家移民管理局成立】 4月2日，国家移民管理局、中华人民共和国出入境管理局挂牌。市局出入境管理局以国家移民管理局成立为契机，立足新时代、把握新要求、找准新定位，创造性地做好移民和出入境管理各项工作，着力建设党和人民满意的一流的移民和出入境管理队伍。（郑琴）

【实施上海出入境“聚英计划”（2017—2021）】 1月6日，公安部在沪召开上海市政府推进上海科技创新中心建设合作机制2017年度会议，支持上海科创中心建设，2批22项出入境政策全部落地。为吸引更多海外高层次人才集聚上海，上海公安出入境管理部门依托公安部、上海市政府合作机制，秉持问题导向、需求导向，在外籍高峰人才引进、申请永久居留程序以及高峰人才团队成员共享出入境新政等方面开展先行先试，制定细则，进一步实施《上海出入境聚英计划（2017—2021）》，推进人才高峰工程建设，确保“聚英计划”尽快落地见效，为上海科创中心建设提供有力支撑。（郑琴）

【民革上海市委会在出入境管理局召开专项民主监督反馈会议】 9月19日，民革中央副主席、上海市委主席、上海市人大常委会副主席高小玫一行到市局出入境管理局召开贯彻落实上海建设具有全球影响力的科技创新中心有关人才政策情况专项民主监督反馈会。民革上海市委对市公安局贯彻落实上海建设具有全球影响力的科技创新中心有关人才政策专项民主监督情况进行反馈，并提出工作建议。市局出入境管理局将继续做好有关人才政策的落实推进，并与民革市委会做好专项民主监督工作对接。（郑琴）

【推进“放管服”改革工作】 市局出入境管理局根据国家移民管理局部署及市局“放管服”要求，5月1日起，实行办理护照等出入境证件“只跑一次”的工作制度；6月1日，下放中国公民出入境证件审批权。9月1日起，内地居民可在上海公安出入境管理机构申请异地换（补）发普通护照、往来港澳通行证、往来台湾通行证；申请异地往来港澳台团队旅游签注；内地居民在户籍地申办普通护照、往来港澳通行证、往来台湾通行证的签发时限均缩短至7个工作日；公安出入境管理机构为外籍人员丢失护照急需补办签证出境等应急需要提供即时受理审批便利等。9月10日，市局出入境管理局启动派出所“综合窗口”试点工作，并在浦东高东、徐汇田林、杨浦控江路、闵行古美、宝山顾村、金山张堰6家基层派出所先行先试。（郑琴）

荣获市级表彰

（郑琴提供）

【举行外籍人才颁证及会签仪式】 5月2日，市局出入境管理部门为外籍人才颁发居留证件及《关于推动落实〈上海出入境聚英计划（2017—2021）〉有关出入境政策的实施办法》会签仪式，为包括诺贝尔奖得主赫尔曼在内的多名外籍人才颁发外国人永久居留身份证等证件，并与“双自”区管委会、“双创”示范基地等单位就贯彻落实市人才工作大会精神、更加优质高效地做好公安机关服务保障人才工作开展交流。（郑琴）

【召开“厚植人才优势，擦亮服务品牌”政策调研会】 4月2日，市局出入境管理局召开“厚植人才优势，擦亮服务品牌”出入境人才政策调研座谈会。会上，市局出入境管理局与市张江高新区管委会、上海自贸区管委会、上海交通大学等单位围绕人才工作进行交流，中央电视台、上海电视台等13家媒体进行了采访。（郑琴）

【调研外国移民管理体制】 4月8日，市局出入境管理局按照国家移民管理局的指示精神，为配合体制改革工作，开展移民及出入境管理机制相关课题的政策调研，组建专班，集中力量启动对美、加、英、德、日、韩、新、澳等十国（地区）移民政策走向和管理制度的比较研究工作，并就下一步我国移民及出入境管理政策提出建议和看法。（郑琴）

【成立自贸区进博会常年展示交易平台境外人员服务站】 9月14日，自贸区进博会常年展示交易平台境外人员服务站成立。服务站采取“1站+9点”的建站模式，为自贸区保税区域内“中国国际进口博览会‘6天+365天’常年展示交易平台”企业提供便捷高效的出入境服务。（郑琴）

【召开《外国人永久居留管理条例》立法调研

座谈会】　为加快《外国人永久居留管理条例》立法进程，11月22日，国家移民管理局与司法部一局组建调研组来沪召开永久居留管理条例立法座谈会，就外国人永久居留管理立法、支持重点区域建设和政策复制推广工作开展专题调研。"双自"管委会、"双创"基地，相关委办局及沪上部分行业重点单位代表、专家就提高永久居留身份证含金量、简化申办流程等方面提出了意见和建议。上海社科院、华东政法大学等院校的学者对草案进行专家论证，提出修订、完善意见。（郑琴）

【开展"新时代上海公安十大出入境民警标兵"推选活动】　11月30日，市局出入境管理局举行"新时代上海公安十大出入境民警标兵"推选活动决赛。初赛选手通过演讲、访谈、小品等多种形式，展现了出入境条线民警风采。决赛时，经评委提问、选手事迹及宣传、现场打分等形式，10名选手被评为"新时代上海公安十大出入境民警标兵"。（郑琴）

【开展改革开放40周年出入境法律政策宣传活动】　12月18日，市局出入境管理局在中欧国际工商学院举办"改革开放40周年出入境法律政策宣介活动"，宣传出入境法律政策，展示改革开放以来上海公安出入境管理工作的历程和成就。活动包括服务企业法律政策宣介、出入境改革发展与展望对话两个专场。中欧国际工商学院院长、市侨联、部分市人大代表、政协委员、市政府相关委办局、"双自"区管委会、"双创"示范基地有关部门领导，科研院所、高校单位相关领导以及外籍专家、外国商会代表等160余人参加了活动。（郑琴）

【获"上海市五一劳动奖状"等荣誉】　市局出入境管理局被市总工会、市人力资源和社会保障局授予"上海市五一劳动奖状"。中国公民出国（境）证件管理处、口岸签证处被上海市纪委驻市公安局纪检组授予"上海公安系统廉政文化示范点创建单位"的荣誉称号，并授予基层廉政文化示范点牌匾。"上海公安出入境管理官方微信"荣获"2018年上海政务新媒体最佳服务奖"。（郑琴）

【2018年来沪外国人人数表】

总数5365754人次

亚洲2625871人次

阿富汗	1881	约旦	3636	韩国	641736
巴林	631	科威特	1021	斯里兰卡	11534
孟加拉国	13841	老挝	3904	叙利亚	2544
不丹	137	黎巴嫩	3591	泰国	103366
文莱	1474	马来西亚	199293	土耳其	22507
缅甸	7774	马尔代夫	499	阿联酋	2864

柬埔寨	6566	蒙古	8442	也门	2698
塞浦路斯	1227	尼泊尔	5617	越南	70372
朝鲜	1896	阿曼	939	东帝汶	108
印度	161254	巴基斯坦	21834	哈萨克斯坦	6038
印度尼西亚	106661	巴勒斯坦	638	吉尔吉斯斯坦	1248
伊朗	30295	菲律宾	61507	塔吉克斯坦	1512
伊拉克	1955	卡塔尔	713	土库曼斯坦	1208
以色列	28977	沙特阿拉伯	5310	乌兹别克斯坦	4866
日本	885829	新加坡	185928		

欧洲 1288243 人次

比利时	25550	直布罗陀	1	阿塞拜疆	2364
丹麦	24827	匈牙利	7749	白俄罗斯	5040
英国	188876	冰岛	865	摩尔多瓦	874
德国	257651	列支敦士登	155	俄罗斯联邦	95181
法国	176600	马耳他	730	乌克兰	16635
爱尔兰	13752	摩纳哥	40	斯洛文尼亚	2919
意大利	97872	挪威	14142	克罗地亚	3435
卢森堡	1134	波兰	28220	捷克	9831
荷兰	63753	罗马尼亚	6953	斯洛伐克	4423
希腊	8467	圣马力诺	105	马其顿共和国	583
葡萄牙	10873	瑞典	43061	波斯尼亚-黑塞哥维那	0
西班牙	71935	瑞士	31696	梵蒂冈城国	2
阿尔巴尼亚	865	爱沙尼亚	2010	法罗群岛	0
安道尔	84	拉脱维亚	1983	塞尔维亚	3126
奥地利	29319	立陶宛	3447	黑山	487
保加利亚	4487	格鲁吉亚	1186		
芬兰	23623	亚美尼亚	1332		

大洋洲 236003 人次

澳大利亚	197859	新西兰	36009	萨摩亚	136
库克群岛	0	诺福克岛	0	基里巴斯	46
斐济	694	巴布亚新几内亚	511	图瓦卢	1
盖比群岛	0	社会群岛	0	密克罗尼西亚联邦	77
马克萨斯群岛	0	所罗门群岛	57	马绍尔群岛共和国	32

瑙鲁	16	汤加	290	帕劳共和国	5
新喀里多尼亚	1	土阿莫土群岛	0	法属波利尼西亚	1
瓦努阿图	268	土布艾群岛	0	瓦利斯和浮图纳	0

非洲 236003 人次

阿尔及利亚	4088	几内亚	518	塞舌尔	309
安哥拉	601	几内亚（比绍）	414	塞拉利昂	593
贝宁	508	科特迪瓦	847	索马里	232
博茨瓦纳	522	肯尼亚	3534	南非	19882
布隆迪	399	利比里亚	239	西撒哈拉	7
喀麦隆	1539	利比亚	412	苏丹	2292
加那利群岛	0	马达加斯加	751	坦桑尼亚	2246
佛得角	196	马拉维	456	多哥	420
中非共和国	182	马里	397	突尼斯	1806
塞卜泰（休达）	0	毛里塔尼亚	254	乌干达	1294
乍得	215	毛里求斯	3788	布基纳法索	273
科摩罗	250	摩洛哥	5434	民主刚果	790
刚果	932	莫桑比克	653	赞比亚	1138
吉布提	364	纳米比亚	540	津巴布韦	2102
埃及	11605	尼日尔	408	莱索托	250
赤道几内亚	487	尼日利亚	3024	梅利利亚	0
埃塞俄比亚	9349	留尼汪	2	斯威士兰	64
加蓬	297	卢旺达	498	厄立特里亚	131
冈比亚	574	圣多美普林西比	53	马约特岛	0
加纳	2681	塞内加尔	920	南苏丹共和国	597

美洲 1117507 人次

加拿大	190144	古巴	1678	秘鲁	6711
美国	771610	库腊索岛	0	波多黎各	7
格陵兰	21	多米尼加共和国	299	萨巴	0
百慕大群岛	17	厄瓜多尔	5101	圣卢西亚	39
安提瓜和巴布达	283	法属圭亚那	162	圣马丁岛	0
阿根廷	13927	格林纳达	409	圣文森特和格林纳丁斯	32
阿鲁巴岛	1523	瓜德罗普岛	0	萨尔瓦多	611
巴哈马	293	危地马拉	1319	苏里南	300

巴巴多斯	177	圭亚那	171	特立尼达和多巴哥	653
伯利兹	168	海地	744	特克斯和凯科斯群岛	9
玻利维亚	1985	洪都拉斯	739	乌拉圭	2408
博内尔	0	牙买加	0	委内瑞拉	3104
巴西	35594	马提尼克岛	46867	英属维尔京群岛	0
开曼群岛	11	墨西哥	0	圣其茨—尼维斯	0
智利	11491	蒙特赛拉特	195	圣皮埃尔和密克隆	1
哥伦比亚	13365	尼加拉瓜	2648	荷属安地列斯群岛	0
多米尼克	193	巴拿马	445		
哥斯达黎加	2053	巴拉圭	1678		

其他 5773 人次

（郑琴）

边防检查

【概况】 2018 年，上海边检总站以习近平新时代中国特色社会主义思想为指引，牢牢把握“对党忠诚、服务人民、执法公正、纪律严明”总要求，增强“四个意识”，坚定“四个自信”，坚决做到“两个维护”，自觉将上海边检工作置于党和国家发展大局、上海地方经济建设发展大局，以新发展理念为指引、以改革创新为动力、以国家移民管理体制改革为契机，着力解决边检工作发展中面临的不平衡不充分问题，为维护国家出入境口岸安全稳定，服务上海社会经济发展做出新贡献。全年，检查出入境人员 4627 万人次，比上年增加 5.8%。检查出入境交通运输工具 27.7 万架（艘、列）次，比上年增加 3.4%。共查获、审理非法出入境人员 270 人次，比上年减少 10.0%。接收、处理遣返人员 1655 人次，比上年减少 66.1%。处理其他违法违规人员 11762 人次，比上年增加 12.0%。（刘江萍）

【深化国家移民管理体制改革】 4 月 2 日，国家移民管理局挂牌成立。上海边检总站作为驻守上海口岸的国家第一代移民管理机关，持续深化移民管理领域改革创新，确保新形势新体制下切实维护口岸通关秩序和队伍稳定。坚持严守口岸管控工作底线，确保口岸安全稳定。坚持深化“放管服”改革，积极创新社会管理。并积极推动信息科技与边检工作深度融合，一批具有基础性、功能性、示范性的信息化智能设备建成投用，推动总站各项工作提质增效，努力打造展示中国风范、中国形象的靓丽“国门名片”。（刘江萍）

【完成进博会等重大活动边检及安保任务】 上海边检总站坚持“最高标准、最强措施、最严要求”，把做好进博会安保和通关服务保障工作作为全年各项工作的主线，加强组织领导、精心部署实施，在安保实战阶段，对所有在港船舶实施24小时全天候梯口监护，对上下轮人员携带的行李物品实行全覆盖查验。在浦东、虹桥两大机场口岸设立边检专用通道，组建礼遇检查专班为参会的300余批重要代表团、2200余人次重要来宾提供礼遇检查。其中包括与会的各国元首、政府首脑代表团30余批、1000余人次。全年，完成全国两会、“一带一路”高峰论坛、中非高峰论坛及首届中国国际进口博览会等重大活动边检及安保任务，确保上海口岸安全、便利和顺畅。(刘江萍)

【推进边检服务管理创新】 年内，上海口岸的边检自助通道数量达到183条，其中浦东机场口岸自助通道使用率稳定在35%~40%、虹桥机场口岸稳定在45%~50%，出入境旅客1501.7万人次。全年，利用自助通道“10秒快速通关”的占出境旅客总数的35.3%。全面落实中国公民出入境通关排队等候时间不超过30分钟的承诺等一系列服务举措，推出旅客出入境记录凭证自助打印等服务，启用上海口岸外国人144小时过境免签预申报平台，自主设计贴纸式24小时过境免签和紧急类临时入境许可标签。进一步扩大登轮许可网上申办适用人员范围，“上海单一窗口边检许可服务平台”注册开户单位达960余家，海港边检业务受理和行政审批效率进一步提升。积极推进“互联网+边检服务”新模式，“上海边检”微信公众号和手机客户端APP先后上线，发布各类主题订阅号95期150篇。与“12345”市民热线线上对接，为社会各界更好地了解边检政策规定、办理相关手续提供更为便捷的途径。(刘江萍)

【加强长三角边检机关区域警务合作】 上海边检总站主动融入长三角区域一体化发展国家战略，深化完善长三角边检机关警务协作机制。10月16日，长三角边检机关首届中国国际进口博览会安保合作联席会议在上海边检总站召开。会上，沪苏浙皖四地边检机关签署了《长三角边检机关首届中国国际进口博览会安保合作协议》，建立跨区域安保警务合作。11月1日、10日，上海边检总站先后两次牵头召开长三角边检机关首届中国国际进口博览会安保实战阶段视频会议，通报协调进口博览会安保实战工作，总结进博会安保工作成绩和经验。(刘江萍)

长三角边检机关联席会议 (刘江萍提供)

【深化边检警务国际合作】 年内，上海边检总站组团赴土耳其移民机关开启“破冰之旅”，参团赴德国开展业务交流，在口岸反恐、证件研究、勤务组织、人员培训等方面与两国的移民和边检部门进行了广泛而深入的交流。先后与阿联酋、澳大利亚、荷兰、埃及等8个国家和地区的驻沪总领馆官员举行会晤，接待来自德国、韩国、匈牙利、印尼等9个国家的代表团。(刘江萍)

【加强智慧边检建设】 上海边检总站根据《上海边检总站信息化建设实施纲要（2018—2020年）》工作部署，建成集公文收发、公车使用、计划报送、信息动态、请销假、出国境、党建、督察、信息查询等功能为一体的办公自动化平台。深入推进“放管服”改革，整合上海边检微信公众号及上海边检门户网站，实现政策宣传、业务办理、便民服务等对外服务功能。建设边检数据中心，抽取、汇总、整合、存储各类应用数据，服务助力警务实战。建设集指挥调度、视频会议、有无线通信融合、勤务辅助决策功能为一体的总站及机场站指挥中心系统，全面提升指挥中心“精准化、智能化、专业化”水平。大力提升视频监控辅助管控水平，全面开展外国人面相和指纹采集，率先对所有出入境人员实施生物特征比对查控，增强口岸查堵查控安全管控能力。(刘江萍)

【开展调查研究】 年初，选拔聘任30名第四届特约研究员，率先部署开展“新时代边检工作”专题理论调研活动，形成开题报告104篇。围绕2018年移民和出入境管理工作重点调研题目，由97名调研骨干通过机关联合基层等创新方式，成立29个调研小组，先后组织召开调研工作推进会和学习研讨会，立足国家移民管理体制改革全局，切实加强对深化国家移民管理体制改革重大理论和实践问题的研究，深入研究移民和出入境管理领域“管全局、管长远、管基础”的重点难点问题。遴选出38篇优秀论文形成论文集，共有72项成果转化列入2019年工作计划，为指导和推动新时代各项工作提供了丰富的理论依据和智力支持。(刘江萍)

【狠抓党建引领工作】 上海边检总站坚持政治建警，严格落实党的组织生活制度，强化党建引领，夯实党建基础。年内，总站主要领导率领部分领导干部瞻仰中共一大、二大会址和嘉兴南湖红船，重温入党誓词，感悟“红船精神”。组织正处级领导干部、立功表彰的民警代表100余人前往延安、井冈山，接受革命传统教育。加强总站两级党委班子的自身建设，开展党委理论学习中心组集体学习133次，编撰《政治理论学习材料》5期321篇。在全总站范围内组织开展正本清源主题教育，策划制作纪念建党97周年主题党日活动巡礼等特色报道40余篇，其中10余篇被公安部宣传局“警苑心语”“上海机关党建微平台”等转发。先后开展进博会安保、全国两会安保等专项表彰，对表现突出的36个集体和255名个人进行即时奖励。总站4个党支部、15名党员受到国家移民管理局党组、上海市市级机关工委“两优一先”表彰；部分集体和个人获上海市五一劳动奖状，多个集体获上海市“工人先锋号”“青年文明号”等荣誉称号。(刘江萍)

【加强教育培训】 上海边检总站以培养忠诚干净担当的高素质专业化干部为目标，制订总站培训三年规划，优化教育培训工作。年内，组织81名基层党支部（副）书记分两期开展党支部书记专项培训班，进一步增强党支部战斗堡垒作用。明确总站培训中心的职责定位，建立业务文件查询系统，整理收录2000年以来各类非涉密业务文件，大力培养“复合型”“专家型”人才，探索开展“全能型”检查员培训，举办重点地区人员后台核查及大数据应用、防暴处突、实弹射击等专项培训班15期，共355人参训；组织各边检站开展证件鉴别技能、人像比对、执法办案等岗位练兵数百期。举办总站首期调研培训班，开展资产管理系统升级培训，外请专家讲授3期“廉政讲坛”。与上海政法学院、上海外国语大学展开合作，开展专业英语培训，并分7期举办阿拉伯语、法语等小语种培训班。对228名民警开展“司晋督”培训。多次组织开展各类专题辅导讲座，并组织360人次民警参加12期“上海市公务员双休日专题讲座”。(刘江萍)

【推行文职辅警改革】 上海边检总站把文职辅警改革作为总站改革创新的重要环节，紧密结合新的勤务方案，进一步创新、完善队伍管理、后勤保障等工作，努力探索文职人员管理新机制、新模式。3月、8月，分两批招聘文职人员并分期在上海政法学院“中国—上海合作组织国际司法交流合作培训基地”开展为期一个月的岗前培训。召开专题会议部署研究培训工作，制订“带队领导抓管理+专业教员抓业务+武警教官抓训练”的培训新模式，有针对性地完善培训计划及课程设置，确保培训的安全性和实效性。在上海机场边检站实行文职人员改革，成立协勤一队、二队，将原来的分散使用改为集中使用。此外，对文职人员薪酬制度进行改革，建立岗位等级评定机制和新的考核机制，使文职人员的管理和分配更加合理。(刘江萍)

【创新监督执纪模式】 上海边检总站严格落实党委主体责任、纪委监督责任、党委书记第一责任、班子成员“一岗双责”合力运行的“四责协同”机制，科学运用监督执纪“四种形态”，探索建立督察改革“1+6”制度体系，督察频率提高50%以上，现场、夜间、网上督察次数和时间较改革前分别增长34%、124%、10%。先后开展廉政谈话547人次、提醒谈话10人次、诫勉谈话12人次，制定66条具体防控措施，对高风险岗位工作人员进行全方位监督管理。通过举办“廉政讲坛”，观看警示教育片，开展“指尖上的廉洁教育”，参观廉政教育基地，编发《违纪违法典型案例警示录》等方式，持续深入开展廉政文化教育，在队伍中营造出风清气正的良好氛围。(刘江萍)

文职辅警一线执勤 (刘江萍提供)

【加大爱警惠警力度】 上海边检总站紧贴民警实际需求，通过多种举措及时“励警志、解警忧、暖警心”，扎实做好爱警惠警工作。在元旦春节、夏季高温和进博会安保工作关键节点，总站党委班子成员带头走访慰问全体基层一线民警职工、退休干部和困难党员。做好民警体检、体锻、疗休养等工作，有效缓解民警压力。为符合条件的未婚民警和经济困难的已婚民警提供公寓型宿舍和成套型解困房，并通过购买社会化服务的方式提供专业的物业管理服务，实现了“住有所居”。举办警营开放日、青年读书会、羽毛球赛、六一主题亲子活动等，丰富民警业余文化生活。组织开展迎新春团拜会、井冈山革命传统教育、重阳节活动等，不断提升退休干部的幸福感和获得感。（刘江萍）

上海市公安边防总队

【概况】 2018 年，上海市公安边防总队（以下简称上海边防总队）坚持稳中求进的工作总基调，锐意进取、全力以赴，狠抓改革部署落实，狠抓全面从严治警，狠抓辖区社会治安稳定，完成改革划转任务和各项安全保卫工作，公安边防工作和队伍建设保持持续向上的良好态势。（王于楠）

【顺利完成改革划转】 上海边防总队认真贯彻党中央、中央军委和公安部党委决策指示，第一时间成立总队改革工作领导小组。围绕改革大局，狠抓队伍思想稳定，开展基层思想政治工作调研，部署开展改革专题教育和宣讲，广泛开展谈心交心活动，确保广大官兵拥护、支持、投身改革。始终坚持铁腕肃纪，制定《总队改革期间从严执行“六大纪律”，刚性落实“六个必须”的意见》。狠抓改革举措落实，成立工作专班，研究制定具体措施，按照方案规定的任务，明确时间表、路线图、责任人，逐级压实责任，确保划转工作高效推进。完成总队干部职级和警衔套改、士兵招录招聘为人民警察和事业编制工勤人员、士兵退伍工作，完成全体人员换装

拥护改革划转签名墙 （王于楠提供）

工作。（王于楠）

【完成进博会安保任务】　上海边防总队牢牢把握“六个坚决防止”“三个确保”的工作目标，强化责任担当，落实刚性措施，全警参战，全力以赴。加强与浙江、江苏边防以及上海各涉水单位的情报信息共享、治安热点联合整治、重点区域联合巡查合作。在3个水路卡口和1个陆路外道口设置检查站，实现工作无缝对接。组织开展“净岛”行动，在九段沙及大金山岛开展驻岛值守。其间，累计出动警力13552人次、车辆5666台次，开展巡逻4046次，检查人员30522人次、船舶4621艘次、车辆11279辆次，查处各类案件62起，化解矛盾纠纷167起，抓获网上在逃人员1人，发现并遣送“涉恐不稳定人员”1人。边防管控联合工作专班立集体二等功。（王于楠）

进博会边防安保　（王于楠提供）

【开展各类专项行动】　上海边防总队部署“固边5号”专项行动，开展“集中整治无证驾驶机动船舶”专项行动。深化平安边防建设，深入开展破案攻坚专项行动，加大对严重影响群众安全感的侵财类案件的侦破查处力度，“两类案件”（轻微刑事案件、治安案件）侦破查处率进一步提升。全年，边防辖区接处警比上年减少31.7%，刑事案件、治安案件发案率分别比上年减少7.8%、31.55%，破案率分别比上年增加12.33%、19.51%。严厉打击成品油等走私活动。全年，查获各类涉私案件47起，涉案油品30584.08吨、白糖5400余吨，抓获涉案人员411人，涉案金额2.4亿元。（王于楠）

【加强执法正规化建设】　上海边防总队根据市局执法办案场所办案区智能化改造要求，全面摸排边防派出所执法场所现状，制定推进方案，推动边防派出所执法场所改造纳入所属分局规划，确保按时间节点完成升级改造工作。成立立法工作专班，召开法律专家咨询委员会，对《上海市沿海边防治安管理条例》（草案）进行专题研讨，进一步完善草案内容，推动立法进程。（王于楠）

【推进基础建设】　上海边防总队扎实推进智慧公安建设，根据市局总体部署，成立总队专项工作组，深入一线开展勘查，制定总队智慧公安工作方案。先后投入300余万元，加强边防卡口智能安防系统建设，为3个重点水域卡口装配13套高清视频监控。融入智慧公安建设统一规划，开展智能视频监控、光电雷达系统、预警报警系统等建设。扎实推进现代警务流程再造，全面梳理一线综合执法民警和专业执法民警执法任务清单，推动边防派出所试点工作。强化执法监督管理，开展执法突出问题排查整改和涉案财物清理整治活动，制定推进方案，推动边防派出所执法场所改造纳入所属分局规划。(王于楠)

【深化服务保障】 上海边防总队不断深化惠警服务举措，协调市局人口办和市、区两级双拥部门，为35名官兵家属办理随军随调，解决8名官兵子女入学问题。组织“军功章的荣耀”官兵家属“看边防”活动和立功受奖人员疗养共计4批次185人次，安排100余名优秀官兵及家属参加地方各类疗休养。全年，对18名困难官兵进行走访慰问，帮助16名官兵家属争取长宁区各类补助金共计48万元。加快推进重大工程项目，完成通南路经济适用房交付和产权证办理工作。积极争取经费支持、优化经费投向投量，全年争取地方财政保障经费6198.4万元、专项奖励经费200万元、绩效考核专项经费1576.3万元，先后投入1730.4万元用于基层基础建设。(王于楠)

【加强队伍建设】 上海边防总队坚持把学习贯彻党的十九大精神和习近平新时代中国特色社会主义思想作为首要政治任务，按照“全员一遍”的要求，举办各类专题学习班6期。扎实开展学习宣传贯彻党的十九大精神配套活动。深化“党建带团建”工作，部署“橄榄绿下团旗红”系列活动。深入开展全警实战实训，持续推进岗位技能练兵及实战化训练，组织开展机关日常军事训练工作，完成基层实战化轮训。强化教育促廉，部署“知敬畏、存戒惧、守底线”活动，开展中央八项规定、中央军委“禁酒令”等铁规禁令教育和《总队预防职务违纪违法十五条措施》学习。深化仪式教育，结合“八一”建军节等时间节点，举行授予晋升武警警衔和颁发国防服役纪念章仪式，邀请官兵家属观礼，提升官兵的归属感和自豪感。结合老兵退伍等时间节点，制作纪念相册、纪念光盘，发放《边防大事记》和《边防画册》，为官兵留下美好的军旅记忆。(王于楠)

道路交通管理

【概述】 2018年，上海公安交警部门坚持进博会安保“守卫者”、智慧公安“先行者”、大整治“领航者”、公安形象“展示者”定位，顺利完成全年各项工作任务，打造重大活动交通安保的“上海模式”，展示感知泛在的智慧交通“上海样板”，固化安全、有序、干净、安静的大整治“上海品牌”，塑造“对党忠诚、服务人民、执法公正、纪律严明”的公安交警上海名片。

交通大整治向全区域、全维度延伸。年内，查处各类道路交通违法行为2100万余起，机动车“三乱一逆”、非机动车乱骑行、行人乱穿马路等交通违法行为得到有效遏制，交通类110警情比上年减少7.2%。

事故防控向事前源头清剿、事中路面管控、事后深度调查全方位延伸。全年，发生适用一般程序处理道路交通事故610起，造成588人死亡、191人受伤，比上年分别减少6.3%、5.2%、6.8%。一次死亡2人以上（含）的道路交通事故起数、死亡人数比上年分别减少17.2%、14.8%，未发生一次死亡5人以上的道路交通事故。

完成“60秒间隔入场”等交通保障任务861批次，保障里程超2万公里。智慧公安按时保质完成“市域卡口监测系统”“智能交通信号灯管理系统”等项目建设。排堵保畅效能全面提升。精细实施施工配套交通组织，保障了2900余项占路施工工程开工状态下道路交通的持续平稳、可控。有效整改道路交通拥堵结点40余处。

全年，交警队伍战时发动、督导、保障等机制和措施不断丰富和完善，队伍正规化、专业化、职业化水平稳步提升，警民、警媒关系良性发展。（李诗杨）

【落实进博会期间圈层交通管控工作】 市局交警总队超前对国家会展中心、重点宾馆、酒店和虹桥、浦东机场等警卫任务常用活动点、可能驻地开展了先期摸排，反复梳理常规警卫线路、途经线路，优化部署警卫线路、备用线路和应急线路，精准加强车队出发、引导、行进、应急、到达等全流程管控，并严格按照礼宾顺序和“60秒间隔”完成了开幕式、欢迎晚宴的集中出行保障，各项道路管制和疏导分流措施精准到位、科学高效。并将全市交通从空间上划分为警戒区、控制区、疏导区三个圈层，按照逐步从严的管控策略，展会期间在不同圈层实施不同的交通组织措施。在场馆内，完善交通组织和交通标志标线设置，优化场馆内部停车疏导分流、上下客点位设置等。在警戒区，不间断加强车辆出入引导、轮候、待行。在控制区，采取禁鸣、禁货、禁摩、禁非等交通管制措施，实行凭证通行、人员错时进场、停车源头控制等措施。在疏导区，将全市进出场馆交通分为四个车流方向，分别实施不同的分流引导措施。在G50沪渝高速、S26沪常高速按照“限行货车、远端分流、控制总量、保障基本”原则，同步开辟四条应急保障线路，确保车辆快速出入。通过一系列圈层管理的组合拳，有效确保了全市交通的平稳、有序、畅通。(李诗杨)

【完成国家会展中心园区入场交通管理工作】 市局交警总队围绕“精准、有序、可控”的保障要求，科学实施进博会交通组织总体方案和“一日一方案”，分门别类确定每一类参展车辆入场路线图、时间表，并通过驻车值守、开道引导、入场分流轮候等措施全面加强参展交通总体把控。展会期间，共完成内宾团、交易团、媒体团、组织观众等共计262批次重点对象的交通保障工作。针对远端安检大巴、预约大巴这一展会道路交通最大出行群体，专门制定针对性措施。进博会期间，全市地面道路、城市快速路高峰时段机动车平均车速提升30%，顺利实现“开幕日保障精准、专业日组织有序、公众日影响可控”目标。(李诗杨)

【推进智慧公安建设】 市局交警总队围绕智慧公安建设总体要求，按照“精致版”要求在国家会展中心周边26平方公里区域全面铺开系统建设，研究新增信号配时干线协调、绿波带设置、行人过街密度检测、夜间信号小周期、路口排队溢出等功能，并累计在国家会展中心周边区域新建高清复合视频检测器242个、雷达排队长度检测器170套、信号灯故障检测器53套，接入现有视频设备80路、地感线圈342组，采集38亿条数据，实现重点区域路权、路况、交通参与者的动态感知调控，合理均衡区域交通流量。在国家会展中心周边7个路口和外滩等重点区域6个路口试点安装“行人过街提示系统”，实现了“行人自动检测”“人像实时比对”“全景视频监控”“声光效果提示”四大革新功能，大幅提升路口行人过街安全保障，形成良好的预警提示效果和社会舆论反响。系统自建成以来，实时下发配时方案350余次，日均主动推送快处各类交通事件10余起，区域通行效率提升10%，并在会展中心构筑了行人过街示范圈和30分钟信号设备抢修处置圈。(李诗杨)

【推进环沪“滤网”建设】 市局交警总队顺利完成29处陆路通道、14处水路通道、2处航路通道、16处铁路通道、62处等外通道卡口建设，实现重点人员、车辆、船舶秒级自动分析甄别、实时监测报警，道口安全查控模式逐步由“盲检”到“精检”，监测手段由“由车到人”到“人车联核”。同时，依托沪苏浙皖三省一市长三角区域警务一体化协作机制，与江苏、浙江公安机关建立总队、支队、大队等多层级的协调对接机制，共同深化“一点两检”工作模式，完善道口检查站“一站一方案”，明确了各卡口查控分工、警力布置等系列标准。“市域卡口监测系统”自建成以来，共辅助抓获在逃人员202人、吸毒贩毒人员24人、涉邪教人员1人，拦截移交患有精神障碍、涉稳关注等重点人员73人，查获非法运输甲烷、甲醚等危险化学品177.7吨、非法无证运输气体钢瓶171只、仿真枪73支、管制刀具391件、毒品125.9克、非法出版物及音像制品19件。(李诗杨)

【加强交通安全宣传】 市局交警总队持续深入推进文明交通行动，组织“文明交通宣传团”，深入全市机关、企业、学校、社区、工地等场所开展“迎世博，文明行”文明交通宣传活动4200余场（次）。联合市委宣传部，市文明办、交通委、教委等单位在“3月25日交通大整治二周年”“5月25日上海市‘无违法、无事故’交通安全宣传日”“122全国交通安全日”等重要时间节点，组织开展全市性大型道路交通安全主题宣传活动15场，发放各类宣传资料、宣传品23.6万余份。利用强生出租车后窗广告屏、邮政网点游走字幕、71路中运量公交车沿线站台显示屏，滚动播放宣传标语21万余次，并联合上海公民警校在分众传媒电梯、楼宇广告屏投放公益宣传片13.4万余次。完成上海市公共安全教育实训基地建设，内设交通安全体验馆，专供学生体验安全出行等多个项目，并专门配备专职教师及教材予以支撑。自运行以来，接待学生2.5万余人次。整合主流媒体和“双微”等公安自媒体平台资源，围绕进博会交通宣传引导、智慧公安建设、道路交通“百日安全行动”、节假日出行“两公布一提示”等工作，在各类新闻媒体上刊发（播）各类报道2500余篇（件）、在“第4焦点上海交警微发布”官方微信平台推送交通图文信息1000余篇，阅读量超过620万余次，“用‘智慧’激活城市交通脉搏”“上海：整治机动车噪声扰民·超80分贝车辆禁行”等一批优秀新闻报道在全国范围产生良好影响。利用“12123手机短信平台”在节假日、恶劣天气等重要时段，向全市驾驶人及道路运输企业负责人、安全干部、驾驶人等重点人群和其他交通参与者发送交通安全提示短信1025.6万余条。（李诗杨）

“快递哥”担任交通安全志愿者　　（李诗杨提供）

【提升非现场管理效能】 市局交警总队下发《上海市道路交通安全违法行为监测记录系统技术规范（试行）》，全面统一全市“电子警察”执法标准和录入规则，持续加强工作效能监管。积极探索执法创新应用，试点应用“声呐抓拍机动车噪音污染”“不系安全带”“驾车打手机”“隧道不开灯”“右转不让直行”等新型“电子警察”开展执法管理；在黄浦、徐汇、静安等区试点建设“行人、非机动车电子警察系统”，实现行人闯红灯及非机动车逆行、闯红灯、闯禁令等交通违法行为的即时抓拍、即时告知，全年共执法3.2万余起；在全市35处重要路口布设多功能集成“电子警察”，实现一套设备同时抓拍机动车闯红灯、不礼让行人、路口滞留、违法变道、左转弯不让直行等多项违法的创新。年内，多功能集成“电子警察”累计执法17万余起。(李诗杨)

【固化机动车违法治理成效】 全市公安交警部门坚持对机动车“三乱一逆”等突出交通违法行为进行严查严处，将大型货车肇事肇祸、机动车乱鸣号、机动车噪音扰民、“僵尸车”顽症治理等社会热点问题纳入执法重点，先后组织开展大型货运车辆交通安全防范治理、道路交通“百日安全行动”、机动车噪声污染全市集中整治等专项行动。依托“视频+实兵”“队所联勤、队社联动”等工作机制，会同街、镇等单位开展“僵尸车”滚动治理。联合出台《关于进一步加强机动车噪声污染治理工作的通告》，自12月1日起限制发动机噪音“超标”机动车行驶范围。年内，查获禁鸣区域机动车乱鸣号16.2万余起，清理、拖移“僵尸车”3100余辆。(李诗杨)

【加强交管难点顽症治理】 全市公安交警部门紧盯网约车、共享单车、外卖递送等社会热点问题，形成外卖骑手“一人一车一证一码”、人员记分管理等7项交通安全管理制度，试点开展共享单车数字化执法管理。年内，查获非机动车乱骑行交通违法行为305万余起，暂扣、先予扣留外卖、快递非机动车2500余辆，并通报相关企业落实叠加处罚措施；配合市交通委开展全市“网约车”集中联动执法行动3次，查处“网约车”非法客运违法行为200余起；派出联合检查组至“滴滴出行”上海分公司开展进驻式检查4次，督促清退“马甲车”1.3万余辆，封禁涉嫌背景审查不合格、证照验证不通过问题账号4.3万余个。(李诗杨)

【延伸执法整治触角】 全市公安交警部门持续推动大整治向非机动车、行人管理延伸，不间断开展全市统一整治行动，对非机动车各类突出交通违法行为开展重点整治，探索实行教育与处罚相结合的行人交通违法累进式执法管理模式（首次教育、二次警告、三次及以上处罚）。年内，查获非机动车各类交通违法行为435.9万余起，教育处罚239.6余万人次。在试点开展外卖、快递行业“一人一车一证一码”、人员记分管理等7项交通安全管理制度的基础上，多次集中约谈全市主流外卖、快递企业，并向有关部门提出建立外卖行业协会等工作设想，以合力打造全市统一管理模式。(李诗杨)

【推进“448+5”处样板路段（区域）创建工作】 市局交警总队依托社会治理创新稳步推进“问题预检、靶向治疗、自身免疫”三步创建计划，组织市民巡访团，对创建样板路段（区域）开展测评，于每月25日向社会发布文明测评排名情况，充分发挥以点带面、辐射带动作用。年内，在样板道路查获道路交通违法行为54万余起。(李诗杨)

【探究社会共治共管新模式】 市局交警总队以开展“不忘初心、牢记使命，勇当新时代排头兵、先行者”大调研活动为契机，广泛走访基层一线、运输企业、市民群众听取意见建议。年内，开展调研活动1172次，调研企(事)业单位、社会组织、社区居民等753家。会同交通、路政、安监、绿化和市容管理部门，就道路交通事故深度调查开展联合调研，通过以打促防、以查促管，强力推动重点运输

企业源头监管，消弭道路安全风险，纵深推进交通安全防范和隐患治理工作。（李诗杨）

【稳步推进现代警务流程再造】 市局交警总队初步完善交警警务流程再造的顶层设计，形成详尽的“全科医生”交通管理职责清单、执法任务、执法规范要求以及总队、支队两级“专科医生”职责划分清单，并根据22项下放派出所一线综合执法民警管理职责，细化具体内容、标准、类型和梯次支援流程图。持续跟踪试点进展，针对已梳理的“全科医生”5大类、29项交通管理基础性执法任务和“专科医生”8大类、39项专业性执法任务，会同公安学院加强专业师资队伍培养和课程建设，组织分局交警支队优化专（兼）职教官队伍和课程开发，并逐步建立专业岗位能力认证体系，确保受训民警明晰职能变化和支援体系，掌握专项勤务的执法规范和技能。试点一线交警智能考核评估办法，最大限度实现对一线交警执法活动的数字化考评。（李诗杨）

【发挥总队执法表率作用】 市局交警总队坚持严管“样板”标准，组织总队高架支队将所有执勤岗位全部作为整治卡点，并专门组建机动警组，实现核心区域内警力叠加。其间，紧盯货运车闯禁区违法行为，落实“对穿巡逻”“定点固守”等措施，推进“货运车违法上高架实时预警系统”建设。年内，总队高架支队查获各类交通违法行为为18.9万余起，比上年增加41%。坚持执法“尖刀”定位，组织总队机动支队针对“套牌”等执法难点，持续组织开展集中攻坚。年内，查处“套牌”机动车73辆，查处各类交通违法行为2万余起。将总队民警全部列为执法参战力量，常态化组织推进行车记录仪查处违法、PDA常态执法等工作。年内，总队机关民警查处各类交通违法行为4.7万余起。（李诗杨）

【加强事故源头防控】 市局交警总队围绕进博会、岁末年初等重要节点，相继组织开展“大型货运车辆交通安全防范治理工作专项行动”“百日安全行动”等系列行动，组织全市交警从源头治理、执法管理、宣传引导、责任追究等关键环节同步发力，以打促防、以查促防，确保专项行动贯穿全年、无缝衔接。年内，查获大型货车各类违法行为59.5万余起，易致祸违法行为36.5万余起，并集中开展上门督导检查2329家次，开具隐患整改通知书754份，集中向政府相关职能部门通报大型货车交通违法、交通事故以及道路安全隐患96批（次），整改完成率达100%。（李诗杨）

【夯实道路交通安全工作联席会议办公室工作效能】 市局交警总队以市、区两级道路交通安全工作联席会议办公室名义分别挂牌督办8条市级、4条区级交通事故多发道路，会同相关部门协力落实治理措施。年内，8条市级挂牌道路发生道路交通事故1712起，造成9人死亡、275人受伤，比上年分别减少31%、80%、78.6%；4条区级挂牌道路发生道路交通事故576起，造成2人死亡、76人受伤，比上年分别减少26%、80%、17%。（李诗杨）

【深化责任倒查追究】 市局交警总队下发《道路交通事故深度调查实施办法（试行）》《道路交通事故深度调查专家管理办法（试行）》，组织全市交警联合属地交通、安监等部门，对一次死亡2人（含）以上的以及涉及公路客车、旅游客车、危险化学品运输车、校车、重型自卸货车（渣土车）、重型特殊结构货车（搅拌车）、公交车等大型车辆，造成人员死亡且承担事故主要以上责任的道路交通事故开展深度调查，分析其中存在的问题，严格依法对存在安全隐患的企业、个人进行追责，倒逼整改，督促企业落实交通安全主体责任。年内，办理深度调查案件115起，刑事立案14起，对17人采取刑事强制措施。年内，对未履行交通安全管理义务的专业运输单位作出行政处罚决定122家，开展诫勉谈话599家，责令停业整顿88家，其中1家运输单位已被吊销道路货物运输许可证。(李诗杨)

【完善城市道路交通组织管理】 市局交警总队精细化实施拥堵结点治理，因地制宜落实潮汐可变车道、标志标线小改小革措施，重新设计、优化40余条主干路、850余个路口信号控制方案，开展行人过街相位信号优化试点，有效减少交通流冲突点，提高车辆通行效率。按照“保障通行、确保安全、及时恢复”原则，科学实施占路施工监管工作，将占路施工对道路交通的影响降到最低。年内，完成沪青平公路、北翟路等99公里道路架空线入地、合杆整治工作。开展单向交通系统建设，不断细化、完善单行道实施方案，完成28条道路的单向通行建设，切实提升道路通行能力，有效均衡路网流量。(李诗杨)

【打造扁平化交通指挥体系】 市局交警总队依托现场安保指挥部交通安保组、市局指挥中心交通指挥台、交警大楼研判中心等前沿指挥机构，共同构建“三位一体”的综合指挥调度体系，稳妥、高效指挥调度交通警卫、应急处突、巡逻管控等工作。年内，市、区两级交通指挥台监控重大警情5.4万余起，对重要交通拥堵结点视频巡逻1.3万余轮次。围绕春节、清明及“五一”、“十一”等重要节假日，积极对接江苏方面协调做好限行货车出行路线规划及宣传诱导，减少道路交通源头出行。从严落实常发性拥堵道路疏导的“一路一方案”以及大型旅游景点、重点商圈“一点一方案”，确保小长假出城、返程大车流的持续平稳。(李诗杨)

【优化道路停车设置】 市局交警总队从“因路、因段、因车、因事”四个维度出发，完成三批道路停车场调整工作，新增道路停车场49处、泊位1363个，并在“五一”、中秋、国庆等时期设置临时道路停车场115处、泊位1.9万余个。聚焦出租车驾驶人“三难问题”（停车难、就餐难、如厕难），在全市3000余处公交车站增设出租车专用上下客点，多部门联合下发《出租车上下客点设置标准》，以道路通行实际情况为考量，进一步规范全市出租车上下客点的设施设置。协调推动将路外公共停车场（库）资源向出租车驾驶人限时免费开放。对全市2000余处公共厕所位置信息及周边道路状况进行全面摸排梳理，以“泊位设置不影响正常交通、公共资源应面向不特定车辆提供服务”为原则，在其中7处试点设置如厕专用临时道路停车泊位，专门设置“如厕专用限时长停车位标志”、漆划“免费停车位标线”。(李诗杨)

【推进交通执法规范化建设】 市局交警总队制定《关于在全市交警系统中开展规范执法“情景式”培训的实施意见》，开展5轮次集中培训，培训小教员330余人。细致分析研究涉警舆情、典型案例，形成8类常见交通违法行为的现场处置规程和4类典型妨碍公务行为应对流程，为一线执勤民警规范执法提供指引和培训教材。针对进博会不同阶段的培训重点和任务，编制7类“模块化”培训内容，按照每周一训的频次开展6期专项培训，培训民警300余人次。组织开展陆路通道查控实战和高速公路入沪“逢疑必查”车辆拦截检查、布控车辆人员拦截处置、车辆冲卡及其他突发紧急情况现场处置应对3项“实战化”专项演练200余次，参训民警、辅警、特保队员达2000余人次。（李诗杨）

【提升市民群众获得感、满意度】 市局交警总队依托“公安交通管理综合应用”、“12389”举报平台、“12345”市民服务热线等平台，定期梳理反映民警执法不规范等突出问题，并针对典型问题及时分析，每季度进行通报；定期对全市交警系统对外服务窗口开展明察暗访，即时通报问题，进一步提升市民群众对交警对外服务窗口的满意度。持续推进“12345”市民服务热线承办质量，不断查摆问题、完善工作机制。年内，承办“12345”市民服务热线单6.3万件。其中，“不满意”类工单比去年减少92.2%，市民满意度始终处于较高水平。（李诗杨）

【开展战时表彰激励工作】 市局交警总队制定上海交警系统进博会安保战时思想政治工作方案，明确工作目标和4大阶段23方面共43项具体措施。进博会期间，以每日一刊的频率连续编发战时队伍简报8期。同时，确立记功嘉奖、通报表彰、即时表扬等战时表彰机制，分2批表彰安保工作中涌现出的总队成绩突出集体5个、个人110名，即时表扬集体和民警优秀事迹35件，报送、刊发即时表扬22件。（李诗杨）

【推进争创新时代“马天民”式交警标兵活动】 全市交警系统持续推进争创新时代“马天民”式交警标兵活动，推选一批符合时代特征、代表交警特色的新时代“马天民”式交警标兵12名。依托中央、市级主流媒体开展“候选民警执法为民”事迹新闻宣传20余批次，相关推文浏览点击量超36万次，并同步邀请牛犇、佟瑞欣、陈龙等社会知名艺术家共同参与，扩大活动声势，获得良好社会反响。（李诗杨）

争做“马天民”式交警 （李诗杨提供）

【抓好队伍思想建设】 市局交警总队制定2018年交警总队党委中心组理论学习意见，下发《总队党委中心组学习专报》5期，先后邀请市局党的十九大精神宣讲报告团成员作专题辅导讲座，并组织总队全体民警开展“不忘初心·忠诚使命”主题读书观影活动。每月开展专题学习讨论，累计组织学习重要政策法规、主流媒体评论员文章130余篇，讨论观看电视专题片30余部。每月下发廉政教育学习材料，并组织全体民警观看《警钟长鸣》系列警示教育片及“廉政大讲堂”。（李诗杨）

【探索爱警惠警新举措】 市局交警总队通过“感恩父母、爱满警营”重阳感恩、“邀父母进警营、送父母关爱”“致敬老前辈”等活动，持续送温暖、送关怀，不断提高队伍凝聚力。先后开展“奋战进博、关爱随行”“冲刺进博、守护健康”等3次主题义诊活动，邀请50余名来自市级各大医院的主治级医师专家为总队和各支队民警、文职及家属提供便捷的健康咨询，累计服务各类人员800余人次，切实减少民警的后顾之忧。（李诗杨）

【“4·29”公交车肇事致1人死亡】 4月29日14时51分，沈克强驾驶沪D-857××大型普通客车沿殷高西路由西向东行驶至殷高西路进河曲路西侧约200米时，遇行人正在通过人行横道未停车让行，车辆撞击由北向南正在人行横道线内过街的郝某并致其受伤，经抢救无效于次日死亡。（李诗杨）

【“6·13”危化品车肇事致1人死亡】 6月13日13时52分，刘红雨驾驶沪BK-21××重型罐式货车（危化品运输）沿中春路由北向南行驶至元江路路口右转弯时，未按规定让行，车辆撞击欲直行通过路口的电动自行车，造成骑行者郑某当场死亡。（李诗杨）

【“7·20”渣土车肇事致1人死亡、1人受伤】 7月20日17时45分，彭东旭驾驶沪DF-11××重型自卸货车沿成山路由西向东行驶至华春路路口右转弯时，未按规定让行，车辆撞击欲直行通过路口的电动自行车，造成骑行者张某妹死亡、乘坐人马某杰受伤。（李诗杨）

【“12·22”无证醉酒驾车肇事致2人死亡】 12月22日22时25分，张庆良无证醉酒驾驶牌号为沪C9UQ××小型普通客车沿青浦区崧华路由南向北行驶至北青公路南约260米处，撞击李平法驾驶的无牌号电动自行车，造成小型普通客车驾驶人张庆良及电动自行车驾驶人李平法当场死亡。（李诗杨）

消防管理

【概述】 2018年，全市消防部门以进博会消防安保为牵引，聚焦风险防控，锐意改革创新，奋力攻坚克难，深入推进消防体制改革、社会消防治理、公共基础保障、救援能力提升、队伍稳定发展等工作，在国务院消防工作考核中连续5年获评先进。全年，全市共发生火灾3855起，比上年减少8.4%；造成44人死亡，比上年减少18.5%；42人受伤，比上年减少14%；直接财产损失5951.4万元，比上年减少23.8%，未发生重大及以上火灾事故。全市公共消防站新增至149个，经费总量比上年增加33%，新配发各类消防车117辆、器材装备20余万（件）套，消防水源完好率达98%以上。完成进博会、旅游节和春节、国庆等重大活动、节日消防安保任务，处置各类灭火和应急救援任务72269起，抢救疏散被困人员11649人，保护财产价值约7.86亿元。（陶友恒）

【连续三年从严管控烟花爆竹】 上海各级公安机关和消防部门按照“目标不变、标准不变、措施不变、效果更好”的烟花爆竹安全管控总要求，抓好源头管控、宣传发动、打击查处等关键环节，划定661条禁放道路、145处禁放区域、5014处禁放场所，仅在外环线以外地区维持设立9个销售点，减少烟花爆竹投放总量的10%，查处取缔无证经营销售点20余处，登记审查购买烟花爆竹人员6554人，查处烟花爆竹违法犯罪案件148起，刑事、行政拘留64人，罚款48.27万元。设置85个长期回收点、287个临时回收点，鼓励引导市民群众主动上交烟花爆竹900箱。制作《不放不放2》《真情无需烟火点燃》《2018，警民携手零燃放》等烟花爆竹禁放公益视频短片。在元旦春节期间重要时段，4.8万余名公安民警、消防官兵与40万平安志愿者混合编组，开展法规宣传、巡查看护和劝阻引导，实现元旦春节期间全市禁放区域“零燃放”，外环线以外区域燃放量明显减少；全市因烟花爆竹引发火灾数为零、烟花爆竹致伤数为零；外环线以内烟花爆竹垃圾数为零，外环线以外清除烟花爆竹垃圾比上年减少43.54%。（陶友恒）

【完成进博会消防安保任务】 上海消防总队坚持以面保点、点面结合、整体防控，采取全员上岗、层圈防护、等级勤务、前置驻防、网格巡查、实名看护等强化措施，有序推进进博会消防安保各项工作。进博会期间，针对活动场次多、规模大、规格高、标准高、要求严等特点，实施每日“早例会、午研判、晚调度”

机制，超常运行“5+2”“白+黑”“拉网式排查、清单化督办、实名制落责”管控措施，协调全国防灭火专家组现场指导、360名业务骨干抵沪增援，确保了全部涉会任务点周边500米、重要警卫线路沿线200米“不冒烟、不起火”，187平方公里疏导区连续11天“零火灾”，社会面消防警情比上年大幅减少，且无人员伤亡和有影响的火灾事故。(陶友恒)

【创新社会消防治理】 上海消防总队立项《高层民用建筑消防安全管理要求》，报审、制定《建筑消防设施检测评定技术规程》《重点单位消防安全管理要求》《大型物流建筑消防设计规程》《修（造）船舶企业明火作业消防安全管理规定》等地方标准，完成市科技创新项目“大型物流仓储建筑消防安全关键技术研究及应用示范”验收工作。推进消防行政审批“放管服”改革，缩减建设工程和装饰装修工程消防审核环节，推行施工图审查机构消防设计统一审查，缩短审批时限；发布新版《办事指南》，按照“应简尽简”原则明确申报材料清单及申报表填写等要求，优化窗口受理模式，实行“容缺受理”和“承诺告知”，确保百姓办事“最多跑一次”。审批27家消防技术服务机构正式资质、235位注册消防工程师注册，完成52家机构临时资质证书及从业人员信息变更审核。(陶友恒)

【完成市政府实事项目】 市区两级政府连续第8年将消防安全纳入市区政府实事项目，累计为100栋高层公房或售后公房、80个老旧小区实施消防设施增配或改造，更新修复老旧、损坏消防设施设备2317处，更换老旧电气线路11.8万米，增配消防应急照明1.8万个、疏散指示标志1.9万个、灭火器5.1万个，增设室内外消火栓2343个，安装简易喷淋3.4万个，增配带有无线通信功能的独立式感烟火灾探测报警器1.2万个、其他报警装置1.1万个；在全市10288个居民小区开展消防逃生疏散演练，参与群众达102.2万人。(陶友恒)

【推进消防专项和火灾隐患综合治理】 上海公安机关和消防部门按照市委主要领导指示精神，组织开展全市消防安全大排查大整治行动，聚焦“三合一”场所、农村自建出租房、老旧小区、宾馆民宿、餐饮娱乐等单位和敏感场所，集中开展8次“严扫净保”整治行动，挂牌销案183处市区两级重大火灾隐患单位和集中区域，排查单位场所38.1万家，督改火灾隐患71.1万处，关停单位3012家，清退3.5万余人。指导驻沪部队、港口、铁路、航空、客运、金融等特殊行业系统开展消防安全自查自纠，实施中小学校、幼儿园、养老院、医院、文物单位消防标准化管理，在全市8008家消防重点单位开展“零火灾”创建活动，对全市1125家火灾高危单位开展火灾风险评估。联合住建、安监、商务、文化、旅游等部门，推进高层建筑、电气火灾、电动自行车、大型商业综合体、文博建筑等领域消防综合治理专项行动，累计检查单位14.4万家次，督改火灾隐患20.3万处。(陶友恒)

【加强消防安全保障】 年内，建成五洲、大团、江浦、颛桥、马桥、前滩、北外滩（原名提篮桥）、恒丰、三林9个消防站，续建中新泾、嘉定城北、戬浜、徐行、芦八、书院6个消防站，推进28个“十三五”规划消防站前期审批。继续推进综合训练基地扩建和4个区域分训练基地（原称战勤保障站+支队训练基地）立项建设。落实消防员高危津贴、重大安保专项奖励等经费，争取提高指战员伙食保障标准至34元/人/天以上。调增一线政府专职消防员保障标准至18.2万元/人/年。(陶友恒)

【提升消防救援综合实力】 上海消防总队对标应急救援“主力军、国家队”标准，推进水域、空勤2支国家级机动专业救援队和特勤支队特战中队组建，持续深化高层、地铁、化工、船舶、大跨度建筑、排爆、防化7支攻坚专业队和151个攻坚班组建设，加快构建“一专多能、专常兼备、梯次合理”力量体系。开展冬、夏季练兵，以整建制中队为单位开展技能、体能抽考，灭火救援职业技能鉴定通过率95.3%，熟悉演练、预案制作率达100%，在全国冬训考核中排名第一。组织21次应急救援综合演练，吸纳地方专家分类组建灭火救援专家组，定期组织开展专题授课、战例研讨和课题攻关；按标培育134家专职消防队、13866家微型消防站，督促落实24小时值班值守措施，并统一纳入全市联勤联调体系。(陶友恒)

开展消防无人机训练 (陶友恒提供)

【开展消防宣传教育培训】 上海消防总队贯彻落实国务院办公厅印发的《消防安全责任制实施办法》，分批组织6000余名市、区两级党政机关领导干部、行业部门和大型国有企业负责人开展集中培训。组织开展“119消防宣传月”活动，举办消防月启动暨消防宣传渡轮首航仪式。实施“全民消防我行动”大型公益计划，全面开放全市22个消防科普体验馆及151个消防队站，接待参观群众50万余人次；组织全市312所大中学校14.7万名新生开展消防安全培训。协调全市各大主流媒体每周2次集中报道消防安全整治工作，全年累计刊发稿件1200余篇。组织开展各类消防宣传活动400余次，发放告知单、倡议书等宣传资料1800万份，张贴宣传海报290万张。(陶友恒)

【推进智慧消防建设】 上海消防总队以进博会安保为契机，依托智慧城市、智慧公安建设框架，导入数字化灭火救援预案数据，安装联网消防设施感知点位10.4万个，同步接入9万余路视频监控资源。打造虹口区白玉兰广场超高层公共建筑消防智能感知样板，在全市39栋200米以上超高层建筑和3500幢高层建筑实施消防安全联网监控；在全市2424个居民小区推广智慧安防社区建设，实时感知视频探头、楼洞门禁、地磁感应等各类信息，动态发现处置火灾隐患；城市火灾自动报警信息系统联网6382家单位，建立监测

点位683万余个，发现处置火警1518起。（陶友恒）

【加强队伍建设】　上海消防总队紧跟改革转制关键节点，认真学习贯彻习近平总书记“对党忠诚、纪律严明、赴汤蹈火、竭诚为民”重要训词精神，深入开展“不忘初心、牢记使命”主题教育和改革集中教育整训、“牢记总书记训词、建设过硬队伍”专题教育活动，举办上海消防救援队伍迎旗宣誓仪式，激励广大消防指战员以最佳状态投入改革实践。持续开展思想教育和组织引领，严格转制过渡期队伍纪律作风建设，先后召开党风廉政建设、队伍建设形势分析、警示教育大会，全面实施纪委书记派驻制。深入开展专项整治，首次对6个支队级单位开展巡察，对23个支队级单位全覆盖审计，“零容忍”查处案件16起、提醒谈话221人次。全面深化“温暖警营”创建，两级党委投入近1亿元，为基层办好331项实事，组织12批次900余名指战员和家属疗休养，为137名指战员办好家属随军，支持帮助170余名指战员评残。年内，有3个集体、7名个人受到省部级以上表彰，1人获第四届“十大杰出消防卫士”提名奖，21个集体、346名指战员立功受奖，“板凳哥”“划船哥”“蓝朋友”等正面形象得到社会点赞。（陶友恒）

消防救援部队授旗仪式　（陶友恒提供）

【处置“2·2”车辆事故】　2月2日，黄浦区南京西路207号星巴克门口一辆面包车失控撞向人行道。市应急联动中心接警后，调派北京、车站2个消防中队的4辆消防车、38名消防指战员前往处置，从事故车辆内部及车头下方救出5名受伤人员送医救治，并从车内转移出6个液化气钢瓶。（陶友恒）

【处置“11·7”槽罐车泄漏事故】　11月7日，奉贤区S2新四平公路往市区方向2公里处一辆满载23吨液化天然气的槽罐车发生泄漏事故。市应急联动中心接警后，调派洪庙、惠南、金桥3个消防中队5辆消防车、36名消防指战员前往处置，历时28个小时终于排除险情并避免了二次灾害。（陶友恒）

【处置“9·10”工人昏迷事故】　9月10日，浦东新区康南路上海科技大学附属学院在建教学楼工地污水井内工人作业时昏迷被困。市应急联动中心接警后，调派张江、金桥、申江3个

消防中队3辆消防车、29名消防指战员前往处置，及时救出4名伤员并送医救治。（陶友恒）

【处置“12·29”闵行区新龙路在建工地塌方事故】 12月29日，闵行区新龙路七宝万科商务区在建工地发生塌方事故。市应急联动中心接警后，调派七宝、九亭、新虹、新泾4个消防中队8辆消防车、69名消防指战员前往处置，历时5个小时连续作业，搜救出3名被困人员。（陶友恒）

【2018年全市万人火灾发生率】

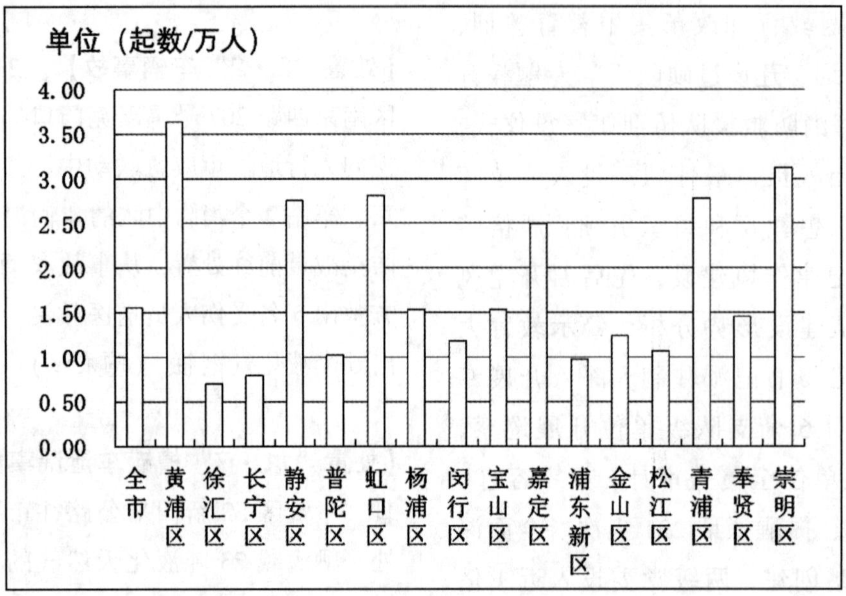

（戴维）

【2018年全市火灾人均损失】

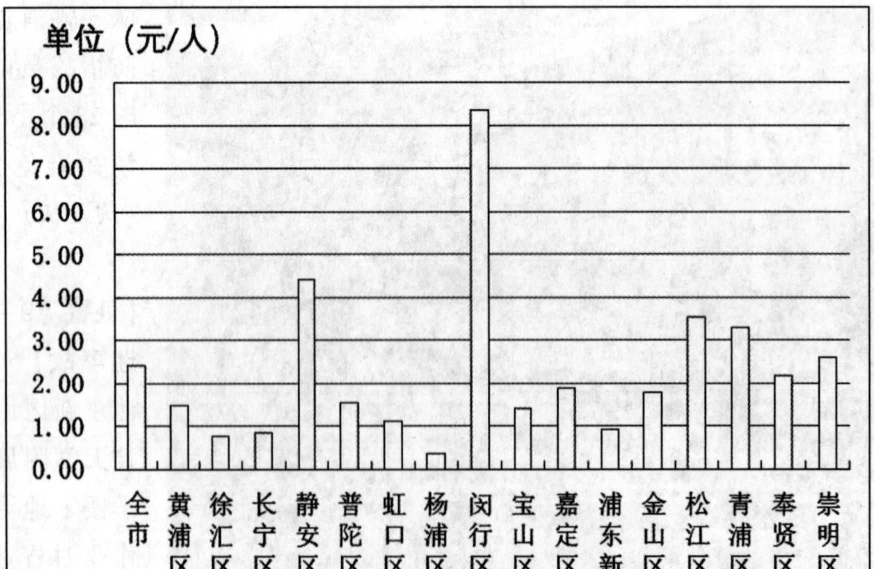

（戴维）

【2018 年次均火灾损失】

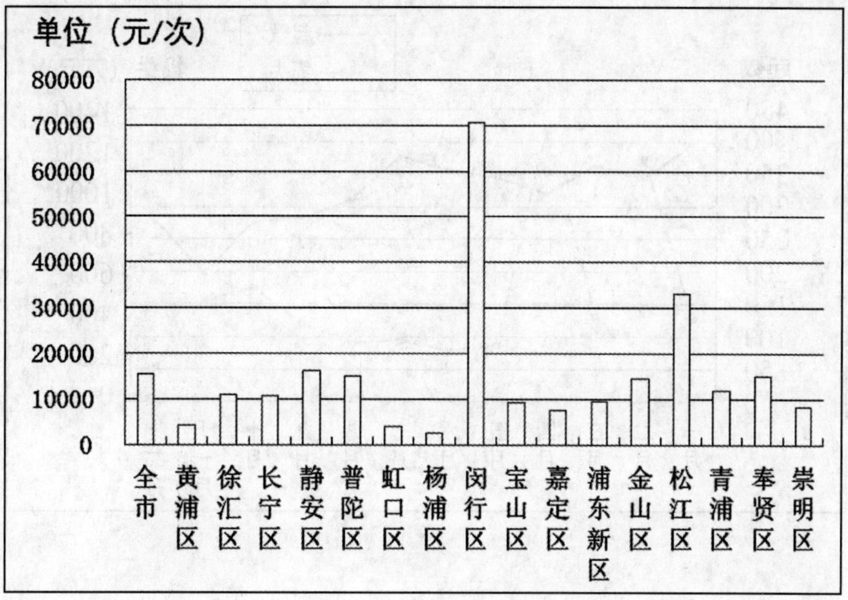

（戴维）

【2018 年每月火灾伤亡人数】

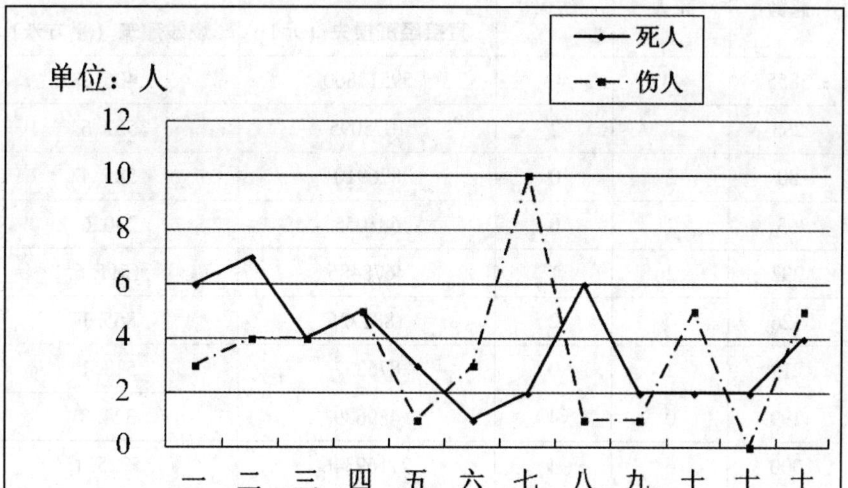

（戴维）

【2018 年每月火灾起数及损失】

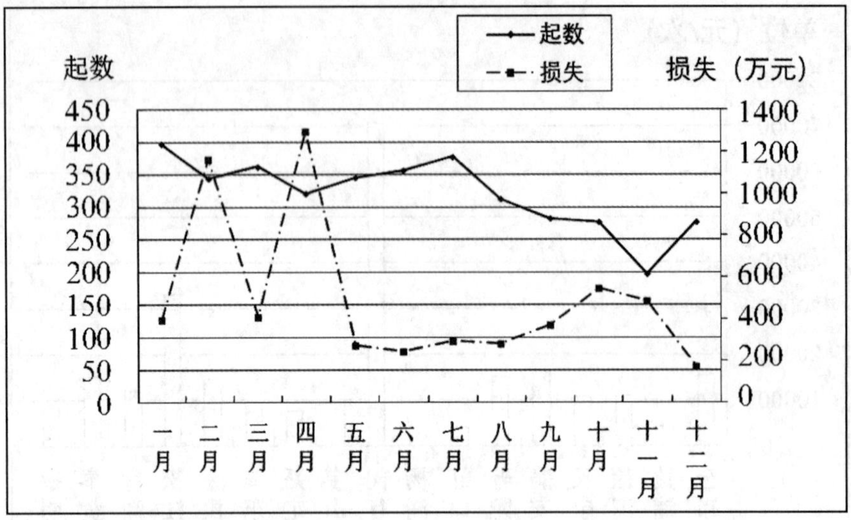

（戴维）

【2018 年地区火灾四项数值】

	火灾概况					
	起数	死人	伤人	损失		
				直接经济损失（元）	烧毁建筑（平方米）	受灾户数
小计	3855	44	42	59513860	40612	166
黄浦区	263	1	2	1075095	557. 6	0
徐汇区	80	2	0	876910	585. 4	1
长宁区	63	2	0	681055	230. 6	0
静安区	292	2	1	4678486	1511. 6	13
普陀区	126	0	2	1881726	865. 1	2
虹口区	219	2	0	876337	513. 1	15
杨浦区	199	0	4	489689	324. 8	3
闵行区	300	6	4	21169346	5725. 1	18
宝山区	319	7	1	2903519	1639. 1	0
嘉定区	423	4	4	3206788	5433. 3	23
浦东新区	548	12	17	5210788	4902. 1	32
金山区	107	0	0	1542604	3413. 8	18
松江区	203	2	3	6729922	3781. 1	14
青浦区	337	1	1	4003784	2632. 3	6
奉贤区	160	3	2	2405288	4485	21

续表

	火灾概况					
	起数	死人	伤人	损失		
				直接经济损失（元）	烧毁建筑（平方米）	受灾户数
崇明区	212	0	1	1772293	3935	0
轨道支队	1	0	0	130	2	0
化工区	1	0	0	500	50	0
水上支队	2	0	0	9600	25	0

（戴维）

【“8·2”宝山区通南路爱玛电动车门面商铺较大火灾】 8月2日，宝山区通南路某电动自行车门面商铺发生火灾，过火面积约50平方米，造成5人死亡，直接财产损失约38万元。经调查，起火原因系电动自行车车用锂电池故障起火，引燃周边可燃物并扩大成灾。（戴维）

安全保卫

警卫工作

【概况】 2018年，市局警卫局以习近平新时代中国特色社会主义思想为指引，以“四句话、十六字”“四个必须”总要求为统领，牢固树立“四个意识”，坚持“四个自信”，以进博会等重大警卫任务为重中之重，积极应对暴恐现实威胁等风险挑战，严密警卫措施，强化应急处突，改进警卫形式，防控风险隐患；全体官兵面对繁重艰巨的警卫任务和公安警卫部队改革，不忘初心、忠诚履职，实现任务、队伍双安全的工作目标。全年，完成警卫任务512批，累计执行住地警卫勤务2425天、现场警卫勤务8187场、路线警卫勤务4822起，确保市委等市级领导机关和警卫对象在沪住地安全。(陈斌伟)

【完成207批党和国家领导人在沪期间安全警卫任务】 市局警卫局执行来沪中共中央政治局常委级重大首长警卫任务17批次；中共中央政治局委员、书记处书记、全国人大常委会副委员长、国务院副总理、国务委员、全国政协副主席、最高人民法院院长、最高人民检察院检察长、在职军委委员和其他警卫对象警卫任务190批次，累计在沪1623天，执行现场警卫勤务2319场次、路线警卫勤务1849起。会同各公安执勤单位，确保中央领导在沪安全。(陈斌伟)

【完成143批重要外宾在沪期间安全警卫任务】

市局警卫局警卫来沪访问的外国国家元首和政府首脑级外宾有：捷克、立陶宛、萨尔瓦多、多米尼加、巴拿马、喀麦隆、纳米比亚、塞拉利昂、布基纳法索、刚果（布）、中非共和国、肯尼亚总统，英国首相，俄罗斯、法国、匈牙利、马耳他、克罗地亚、特立尼达和多巴哥、巴布亚新几内亚、新加坡、越南、巴基斯坦、老挝、格鲁吉亚、刚果（布）、佛得角、埃及总理，挪威国王，古巴国务委员会主席等重要外宾30批、1481人。警卫外国副总统、副总理、议会正（副）议长、重要政府部长及国际组织等其他重要外宾共113批次。市局警卫局会同有关单位采取严密警卫措施，累计执行住地警卫勤务396天、现场警卫勤务

2468场、路线警卫勤务1381起，确保重要外宾在沪期间安全。（陈斌伟）

【完成141场次重要会议和重大活动警卫任务】　年内，完成进博会，2018世界人工智能大会，第六届中国（上海）国际技术进出口交易会活动，中国自主品牌博览会暨中国品牌发展国际论坛，新开发银行第三届理事会年会，中国共产党上海市第十一届委员会第四、五、六次全体会议，上海市第十五届人民代表大会第一次会议，中国人民政治协商会议上海市第十三届委员会第一次会议，陆家嘴论坛，浦江创新论坛，第三十次上海市市长国际企业家咨询会，长三角地区主要领导座谈会，春节、国庆等节日期间重大活动等141场次。（陈斌伟）

【完成进博会要人警卫工作】　11月5日至10日，首届进博会在上海举行，172个国家、地区和国际组织参会，3600多家企业参展，境内外采购商超40万人，国家会展中心客流总量达97.6万人次。国家主席习近平等中央领导同志、52位外方政要（含16位国家元首、政府首脑，1位王室成员），以及香港、澳门地区特首等先后出席欢迎宴会、进博会开幕式、共同巡馆、虹桥国际经贸论坛等活动。其间，习近平主席在住地分别会见肯尼亚、越南、老挝、捷克、立陶宛、俄罗斯、匈牙利7国领导人，外事活动结束后，先后考察陆家嘴金融城党建服务中心、虹口区市民驿站嘉兴路街道第一分站、浦东新区城市运营综合管理中心、张江科学城展示厅，召开座谈会，听取上海市委、市政府工作汇报，接见驻沪部队副师职以上领导干部和团级单位主官。市局警卫局切实落实属地警卫工作主责，充分发挥警卫职能部门主力军作用，坚持“安全第一”的原则，完成2018年我国四大主场外交活动警卫工作，受到各级领导肯定。（陈斌伟）

【完成上海市“两会”安全警卫任务】　1月22日至29日、1月21日至27日，上海市第十五届人民代表大会第一次会议、中国人民政治协商会议上海市第十三届委员会第一次会议分别在上海世博会中心和中共上海市委党校举行。殷一璀、陈寅、诸葛宇杰、钟燕群、龚道安等市领导先后赴警卫指挥所和执勤现场。市局警卫局多次召开动员会进行部署，与警卫组各成员单位成立由主要领导挂帅的专班，明确责任、细化任务，扎实推进各项筹备工作。严密警戒区和会场核心区警卫措施，加强证件查验和各类安全检查，做好会场周边治安管理和社会面维稳，落实应急处突准备，保证会议安全顺利举行。（陈斌伟）

【完成2018世界人工智能大会安全警卫工作】　9月17日至19日，2018世界人工智能大会在西岸艺术中心举办。参加大会的有关部委办局领导、各国代表、国际机构负责人和专家学者等各界人士约1200人。中共中央政治局委员、国务院副总理刘鹤出席开幕式并讲话。中共中央政治局委员、上海市委书记李强，上海市委副书记、市长应勇出席开幕式。市局警卫局会同交警总队、消防总队、徐汇分局等执勤单位，消除各类风险隐患，切实加强社会面防控和核心警卫措施，以主会场为重点，严密落实各项安全措施，确保会议活动安全顺利。（陈斌伟）

【完成中国自主品牌博览会等开幕式安全警卫工作】　5月10日，首届中国自主品牌博览会暨中国品牌发展国际论坛开幕式在上海展览中心举行。中共中央政治局委员，国务院副总理胡春华作主旨发言。李强及各省区市和相关部委办领导、嘉宾约930人出席本次活动。市局警卫局依托活动整体安保工作基础，落实安全防范措施。优化部署、规范执法、严肃纪律，切实改进警卫形式，确保本次重大活动警卫工作的顺利完成，并为进博会起到实战练兵作用。（陈斌伟）

【推进公安警卫部队转改工作】 根据中央军委、公安部统一部署，公安警卫部队全面启动转改工作。市局警卫局深入贯彻公安部现役部队转改工作部署会议精神，多次召开党委会就推进公安警卫部队转改工作、加强部队教育管理、严密组织警卫任务进行部署。转改期间，按照“任务不变、思想不乱、工作不断、纪律不散”的要求，切实加强思想政治工作和队伍教育管理，进一步统一全局官兵思想、凝聚改革共识，坚决落实中央、公安部有关转改决策决议，有序推动各项改革任务的落实，确保公安警卫部队改革任务顺利完成。12月25日，公安部召开会议，宣布公安现役部队官兵集体退出现役。（陈斌伟）

【完成英国首相特蕾莎·梅访沪安全警卫任务】 2月1日至2日，英国首相特雷莎·梅访问上海，随同来访的有首相配偶、国际贸易大臣等政府官员、企业家及媒体记者约150人。其间，下榻瑞金洲际酒店，参观豫园并在挹秀楼接受采访，在船厂1862艺术中心出席商贸论坛，在上海浦发银行总行会见企业家和女性高管。应勇会见代表团一行。此次为特雷莎·梅就任英国首相后首次访华，对新形势下中英关系发展具有十分重要的意义。上海是其访华的最后一站，活动紧凑，受关注程度较高。市局警卫局牵头警卫工作，会同各任务公安机关和武警总队组建专班，按分工分片把关，整体作战。各单位在实战中切实落实各项关键性警卫措施，加强情报信息、社会面防控和应急准备，全体执勤人员严守工作纪律、外事纪律，服从服务国家外交政治大局，确保外宾在沪期间的绝对安全和活动顺利。（陈斌伟）

【2018年部分重要会议、重大活动一览表】

名称	地点	日期	人数
上海市重点工程实事立功竞赛表彰大会	上海展览中心	1月17日	500
上海市政协十三届一次会议	市委党校、上海世博中心	1月21-27日	1000
上海市第十五届人大一次会议	上海世博中心	1月22-29日	1200
上海市信访工作暨2016—2017年度先进表彰会议	上海展览中心	2月9日	1000
上海市老干部迎春茶话会	上海展览中心	2月12日	500
上海市各界人士春节团拜会	上海展览中心	2月14日	1200
决战中国国际进口博览会200天全市动员大会	上海展览中心	4月17日	500
第六届中国（上海）国际技术进出口交易会活动	上海世博展览馆	4月19日	500
中国自主品牌博览会暨中国品牌发展国际论坛	上海展览中心	5月10日	1000

续表

名称	地点	日期	人数
新开发银行第三届理事会年会	浦东香格里拉大酒店	5月27-29日	600
长三角地区主要领导座谈会	东郊宾馆	6月1日	500
2018陆家嘴金融论坛	浦东香格里拉大酒店	6月14-15日	1000
中共上海市委十一届四次全会	上海世博中心	6月26-27日	500
市第十五届人大常委会第五次会议（扩大）	上海世博中心	7月25日	1800
“冲刺100天，决胜进博会”誓师动员大会	上海展览中心	7月27日	1300
进博会标志、吉祥物揭幕仪式	国家会展中心（上海）	7月27日	50
上海市庆祝中国人民解放军建军91周年军民座谈会	上海展览中心	7月30日	200
中共上海市委十一届五次全会	上海世博中心	8月30日	150
2018世界人工智能大会	西岸艺术中心	9月17-19日	2100
烈士纪念日市党政军领导和各界群众代表向人民英雄敬献花篮仪式	龙华烈士陵园	9月30日	600
上海市庆祝中华人民共和国成立69周年招待会	上海展览中心	9月30日	1000
第三十次上海市市长国际企业家咨询会	上海世博中心、浦东香格里拉大酒店	10月27-28日	1500
2018浦江创新论坛	东郊宾馆	10月29-31日	1000
首届中国国际进口博览会欢迎晚宴	国际会议中心	11月4日	450
首届中国国际进口博览会开幕式暨巡馆活动	国家会展中心（上海）	11月5日	2500
首届中国国际进口博览会虹桥国际经贸论坛平行论坛、虹桥国际财经媒体和智库论坛	国家会展中心（上海）	11月5日	4000
首届中国国际进口博览会城市安全保卫工作总结大会	国家会展中心（上海）	11月13日	3000
上海城市保障总结表彰大会	国家会展中心（上海）	11月23日	1500
首届长三角国际文化产业博览会	上海展览中心	11月29日	1000
上海市庆祝改革开放40周年大会	上海世博中心	12月24日	1800
中共上海市委十一届六次全会	上海世博中心	12月28日	500

（陈斌伟）

网络安全保卫

【概况】 2018年，上海公安网安部门以习近平新时代中国特色社会主义思想为指引，以深化公安网安改革为动力，严密防范、及时应对网上各类风险隐患，完成进博会等重大网上安保工作，为维护上海城市网络信息安全、网络环境和谐做出积极贡献。全年，侦破刑事犯罪案件6122起，比上年增加18.2%；抓获违法犯罪嫌疑人8458人，比上年增加32.7%；发现网络安全隐患6885个、网络攻击51122万次、网络安全事件5194起；检查网站、互联网接入服务单位和基础运营商、公共上网场所9.6万余家，处罚6200余家次，停机（业）整顿3000余家次，清理违法信息148万条，违法信息有效处置率100%。（宋晨旭）

【开展"净网2018"专项行动】 市局网安总队按照"追源头、摧平台、断链条"总体要求，组织开展全市范围内的"净网2018"专项行动。行动中，全市网安部门侦破、协破刑事犯罪案件6122起，抓获违法犯罪嫌疑人8458人。其中，侦破黑客、网络侵犯公民个人信息等网络违法犯罪案件2327起，抓获犯罪嫌疑人2455人；配合相关部门破获重特大刑事案件85起，抓获犯罪嫌疑人110人；侦破盗抢案件1262起，抓获违法犯罪嫌疑人1438人。组织全市重点互联网企业召开"净网2018"专项行动部署会，组织全市1400家重点交互式网站签订安全承诺书，全年清理违法有害信息148万条，清理违法违规主播3.56万名，下架违法违规应用1848个。（宋晨旭）

【开展网络安全执法大检查】 市局网安总队结合进博会安保中心工作，针对事关国计民生、城市运行安全重要信息系统，开展执法检查1120余场次，检查单位2.1万余家，发布网络与信息安全情况通报340余份，约谈单位800余家，开具整改通知书810余份，行政处

网络执法检查 （宋晨旭提供）

罚100余家次，及时整改安全隐患3万余个，有效处置安全事件29起。(宋晨旭)

【推进网安现代警务流程再造】 市局网安总队对照市局现代警务流程再造整体建设方案，就网安部门在网吧管理、非经营性公共上网服务场所排查等一线综合执法任务进行探索，完成一线综合执法民警任务清单和执法任务流程图，全面梳理网安自身业务工作，制定“上海公安网安现代警务流程再造试点方案”“上海公安现代警务流程再造网安部门指导意见”，进一步明确与相关警种及市区两级网安部门职责边界。(宋晨旭)

【推进“放管服”改革】 市局网安总队聚焦与互联网企业密切相关的涉网主体网络安全备案问题，通过广泛征求企业对网络安全备案的意见建议，结合网络社会治理工作现状，利用现代科技，提升网络社会治理智能化水平，建设“上海市互联网安全综合服务网”，力求“让数据多跑路，让群众少跑腿”。企业只需要通过互联网提交基础信息，省去提交纸质材料、当面审核等环节。网站自2月份试运行至今，涉网主体网络安全备案办理周期已从30日缩减至24小时。通过微信双因素认证方式，向联网单位进行消息推送和交互功能，运用“以网管网”的互联网管理理念，提升网安部门管理指挥调度效能，相关工作情况录入市局深改办改革专刊。(宋晨旭)

【开展全市网安部门大调研】 市局网安总队围绕维护网络信息安全、网络信息系统安全管理、涉网主体管理、涉网犯罪打击、网络数据管理五大职能，深入开展调研。年内，开展各类调研活动200余次，梳理上报周报、月报50余期，工作简报及经验性材料22篇，对外宣传10次。在大调研工作推进过程中，总队听取互联网企业、基层网安民警以及其他警种部门的意见和建议。为及时掌握互联网新兴行业现状及存在的问题，网安总队通过“两谈两访”（逐一约谈、集中座谈，实地走访、及时回访）形式，对信息科技、电子商务、网络新媒体等不同领域的互联网企业进行调研，尤其对民宿短租、闪送、网约车等当前互联网新业态、新问题开展重点调研，增强调研的针对性、有效性。(宋晨旭)

【加强网站等级保护体系建设】 全年，市局网安总队共摸排全市党政机关网站1500余个、事业单位网站800余个、国有企业网站700余个，新增受理等级保护备案信息系统5051个，指导测评机构开展等级测评工作1283余次，出动警力8000余人次，开展网络安全等级保护检查600余次。截至年底，累计完成全市1万余个信息系统的等级保护备案工作，信息系统安全防护水平得到有力提升。(宋晨旭)

【深化网络安全态势感知系统建设】 市局网安总队深入开展网络安全态势感知系统建设，实现对全市1.9万个重点目标、1160G带宽的实时监测。全年，发现网络安全隐患6885个、网络攻击51122万次、网络安全事件5194起。(宋晨旭)

【落实涉网主体管理】 市局网安总队按照“依法管网、技术管网、借力管网”的工作思路，结合进博会安保工作，推进“上海互联网安全综合服务网”建设，加大违法信息清理力度，持续开展IDC、云平台、移动互联网应用基础管理等工作。全年，检查网站、互联网接入服务单位和基础运营商、公共上网场所总计9.6万余家次，处罚6200余家次，停机（业）整顿3000余家次，清理违法信息148万条，违法信息有效处置率100%。以全市IDC、CDN、云服务平台、重点网站、移动平台等为重点，组织1500余家互联网企业签订安全责任书，夯实涉网主体管理责任。（宋晨旭）

网络巡查监控 （宋晨旭提供）

【侦破“3·12”魏旭伟网络水军团伙案】 1月，市局网安总队接市委网信办报案，称有人假冒“上海市互联网违法和不良信息举报中心”“上海市网信办”等党政机关名义，向属地网站发邮件要求撤稿删帖。网安总队高度重视，通过2个多月的侦查，掌握该团伙组织架构及作案手法。3月22日，总队会同相关单位赴湖北武汉、浙江台州、广东广州等地，抓获团伙头目魏旭伟等犯罪嫌疑人4人。（宋晨旭）

【侦破部督“8·28”特大暗网黑客攻击窃取信息案】 8月28日，市××集团旗下酒店5亿条数据在暗网出售，全国各大媒体相继转载相关报道。接报后，市局网安总队会同长宁分局及市局有关单位成立专案组开展调查，快速侦破新中国成立以来以暗网窃取数据量最大、涉及公民个人信息最多的“8·28”特大暗网黑客攻击窃取信息案，抓获刘某等3名犯罪嫌疑人，捣毁该职业化黑客犯罪团伙。（宋晨旭）

【侦破部督“2·1”连尚被DDOS攻击案】 2月1日，上海××网络科技有限公司（国内知名“Wi-Fi万能钥匙”运营商）到市局网安总队报案，称2017年1月16日，公司12台服务器遭到持续24小时DDOS攻击，导致公司Wi-Fi万能钥匙软件广告收费系统无法正常运行，造成重大经济损失和大量客户数据损失。接报后，网安总队即立案开展侦查，成功抓获犯罪嫌疑人陈某。经审讯，犯罪嫌疑人陈某交代通过非法手段控制“肉鸡”，将流量卖给境外攻击小组“阿布”。（宋晨旭）

文化系统安全保卫

【概况】 2018年，市局文保分局以进博会安保维稳工作为主线，按照“做宽面上指导、做专隐蔽战线、做强执法管理、做实校区警务、做精指挥研判”的总体思路，从严从细狠抓推进落实，确保上海高校文化领域持续安全稳定。全年破获刑事案件326起、抓获犯罪嫌疑人88人，其中盗窃案破案率继续高于全市平均水平，电信网络诈骗案破案实现“零”的突破；完成各类警卫安保任务91批99次；未发生影响社会稳定的重大治安灾害事故和重大刑事案件。(何大宝)

【完成重大警卫安保任务】 市局文保分局贯彻落实“警卫工作无小事，确保各项任务万无一失”的工作思路，完善预案、周密部署、加强协调，全年出动警力642人次，完成进博会欢迎晚宴、俄罗斯总理参访上海电视台、上海国际艺术节、上海市运动会等重大警卫安保活动91批99次。(何大宝)

【开展“严扫净保”专项行动】 市局文保分局结合工作实际，贯穿全年开展“严扫净保”专项行动，侦破“10·28”现行抢劫案、冒充“大麦网”客服系列电信网络诈骗案、上海财经大学原聘用人员虚构报销凭证诈骗案等案件326起；处置上海对外经贸大学和上海商学院“两校合并”引发家长闹访等不稳定因素、群体性事件隐患20余起；完成15所高校官方网站在内的67个高校文化单位网站的公安备案工作；安全检查高校重点部位（场所）450余处，整改安全隐患210余处。(何大宝)

开展宾旅馆安检 (何大宝提供)

【探索智能安防校园建设】 市局文保分局协调市教委探索开展“智能安防校园”建设，推动智慧公安建设向高校领域延伸，建成上海理工大学“学生安全预警数据分析平台”，获得市局主要领导重视和肯定，并联合市教委在全市高校逐步推广；在复旦大学、上海交通大学、华东师范大学等高校开发应用“实验室安全智能管理”“校园智能交通管理”“外卖人员管理”等系统平台，持续提升校园安全治理的智能化、精细化水平。(何大宝)

【推进执法规范化建设】 市局文保分局推进“刑事案件两统一”“如实受立案”工作和执法规范化建设，制定文保分局民警执法瑕疵追责实施细则，完善执法责任追究制度。全年，组织“执法办案场所智能化设施应用”“常见执法场景处置流程”“涉案财物管理模块”“办理行政案件程序规定”等培训、考试活动11次，开展执法检查、专项检查9次，制发20份《执法问题提示单》和11份《执法瑕疵单》，涉及执法部门民警12人。（何大宝）

在高校开展法治宣传讲 （何大宝提供）

【强化基层基础工作】 市局文保分局贯彻落实市局现代警务流程再造建设的部署要求，坚持“体制不动、机制先行”“‘全科医生’、‘专科医生’建设协同推进”，结合“条块结合”“公密结合”特点，细化明确业务部门和高校派出所的职责分工，建立健全“校区民警工作规范”“一线综合执法民警实战训练实施方案”“规范执法专项培训方案”等工作机制，推动文保警务工作模式转型升级、警力资源优化配置和工作效能综合提升，初步构建了文保“校区警务”和“科所联动、立体掌控”工作体系。（何大宝）

【推动大调研工作取得实效】 市局文保分局围绕完善公安文保体制机制、维护意识形态领域政治安全、守护平安校园等8个方面挂牌立项，赴30余家单位调研走访80余次，聚焦新的突出问题、普遍性的复杂问题、综合性的长远问题，对意识形态领域维稳、安全防范宣传等24个课题立项调研。全年形成工作简报14篇、调研报告10篇。其中，2份调研报告获得市局主要领导批示肯定，19份调研成果被市局大调研办摘编录用。（何大宝）

【持续推广“那个谢蜀黍”微信品牌】 市局文保分局持续推广“那个谢蜀黍”微信法制宣传品牌，助力“平安高校”建设。动员各高校学生志愿者组成“谢蜀黍团队”，“那个谢蜀黍”微信线上粉丝数增至3万余人；借助新闻媒体力量，逐步扩大微信品牌影响力，全年被上海电视台、上海广播电台等多家主流媒体新闻报道宣传12次；全年“那个谢蜀黍”组织宣传讲座80场，发放宣传资料7万余份，受众5万余人，接受师生求助350余次，阻止诈骗80余次，避免直接经济损失30余万元。（何大宝）

【加强队伍建设】 市局文保分局聚焦政治建

警，将主题教育、忠诚教育、特色教育、战时教育贯穿全年，依托领域资源优势，组织开展中心组学习、文保讲坛、青年沙龙等学习活动200余次。创新开展执法规范化“情景式”考核和“在线送教”服务，组织培训300余次，提升队伍专业能力。专题开展青年民警思想状况网络问卷调查，配套制定实施关于加强青年民警教育培养工作的意见，加强青年民警教育培养力度。强化典型选树，1名民警被授予“上海公安系统百佳标兵”称号，6个集体、83名民警立功受奖。严格管理队伍，创新建立基层党支部书记“党性体检”评估机制，严格“3+X”联合督导机制，细化“两个责任”追究规定和规范养成台账，连续9年实现党风廉政建设优秀和队伍无违法违纪。打造文保品牌，联合市教委、上海滑稽剧团推出“校园安全滑稽戏”，组建大学生平安志愿者行动总队，深入全市高校开展各类法制宣讲260余场，受众师生达12万余人次。（何大宝）

水上安全保卫

【概况】 2018年，市局水上公安局以习近平新时代中国特色社会主义思想为指导，围绕为进博会顺利召开创造安全、稳定水域社会环境的目标，扎实推进智慧公安建设、“不忘初心、牢记使命，勇当新时代排头兵、先行者”大调研、警务流程再造等各项重点工作，不断提升水域安全管理和治安防控力度，严厉打击涉水违法犯罪活动，确保辖区水域平安。

年内，侦破刑事案件61起，刑事拘留38人，逮捕18人，移送起诉42人；查处治安案件45起，行政拘留50人。破获1起发生在苏州河水域的杀人抛尸案。（江敏）

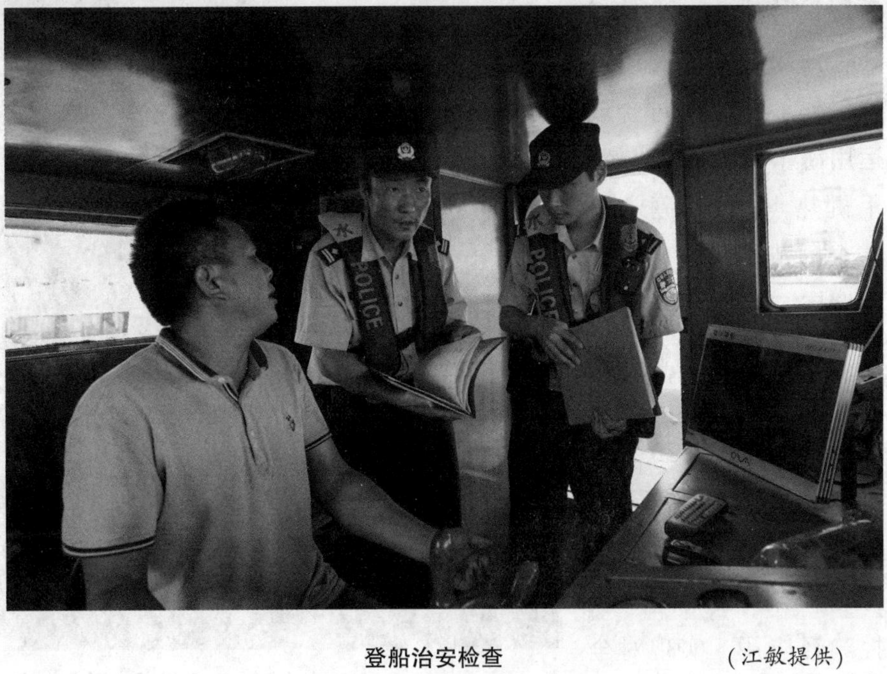

登船治安检查 （江敏提供）

【完成进博会水上安保工作】 市局水上公安局按照市局总体部署要求，研究制定进博会水上安保总体工作方案和入沪水路通道查控、客货运码头安全管控、警力部署、要人警卫等行动方案，协调浙江、江苏有关公安机关在入沪交界水域设置省际水路检查站，与长航公安局上海分局、上海海事局、边防总队等单位协作配合，在进博会期间统一指挥上海内河、近海、长江上海段水域管控和水路通道查控工作。(江敏)

【开展水上大调研活动】 市局水上公安局围绕重点中心工作下基层、找问题、研对策、抓落实，全面调查走访，着力破解难题，深入开展水上大调研活动，形成调研报告 37 篇，解决一批制约水上公安改革发展和长期困扰基层一线的难点问题。其中“上海市危险货物水路运输安全管控调研”和“关于加强上海市国际邮轮安全保障工作的调研报告”分别得到市委、市政府和市局领导批示肯定，为进一步厘清工作职责，加强部门协作，不断提升水域公共安全管控效能打下扎实基础。(江敏)

【推进水上智慧公安建设】 市局水上公安局根据上海智慧公安建设顶层设计方案，立足把守上海市内河水路门户的工作职责，通过合成运用海事 AIS、热成像、手机热点采集等技术，在全国范围内首创市域水路卡口监测系统，指导嘉定、青浦、金山分局开展建设。结合实战应用情况，编制 30 余种场景下的卡口查控预案，依托上海公安政务微信开发“水上—卡口查控”轻应用，实现对全市各市域水路卡口同步多元布控。(江敏)

【完成各类水域安保警卫工作】 市局水上公安局做好党政领导、国外重要贵宾来沪涉水警卫工作，完成 2018 世界技能组织执行局上海系列会议、2018 上海国际半程马拉松赛、“精彩上海 · 乐游浦江”黄浦江游览“五一”特别活动、2018“上海之春”国际音乐节管乐艺术节浦江大巡游、上海城市定向赛、2018 苏州河龙舟赛、2018 中国航海日、2018 环法自行车中国赛、2018 上海国际马拉松赛等涉水大型活动安保以及俄罗斯军舰来沪访问警卫工作。全年完成重要活动安保任务 33 起、警卫工作 44 起。(江敏)

【加强水上抢险救助】 市局水上公安局针对黄浦江核心水域两岸 45 公里全线贯通等新情况，通过完善应急处置预案，优化水域巡逻机制，及时调整外滩核心水域和滨江涉水景

救助落水群众 (江敏提供)

观、亲水平台等重点巡逻区域公安艇驻点勤务布局，切实提高抢险救助能力。全年，成功救援落水群众52人，比上年增加23.8%；打捞处置尸体96具，比上年增加14.3%。(江敏)

【完成水上春运安保任务】　市局水上公安局牵头上海港公安局、长航公安局上海分局、水上消防支队等单位，落实各项安保工作措施，完成2018年水上春运安保任务。其间，出动警力1724人、警车752辆；启动执法站150个，设置临时执勤点216个，安全护送旅客45.2万余人，安全护送航班5701航次，市轮渡航线运送旅客322.8万余人，累计航班6.59万余航次。开展交通整治行动147次，核查人员3089人、车辆2968辆，当场处罚交通违法行为97起、罚款5330元，查处“准驾不符”案件3起、治安拘留3人。(江敏)

【处置各类涉外案（事）件】　市局水上公安局密切关注以上海为母港的国际邮轮运营情况，第一时间掌握相关信息，加强与市政府相关部门、邮轮公司和船代公司沟通协调，妥善处置邮轮旅游领域各类矛盾纠纷27起，游客、船员非正常死亡等各类涉外案（事）件8起。(江敏)

【加强水上消防安全管理】　市局水上公安局严格落实消防监督管理职责，以轮渡、游览船、餐饮场所、外来务工人员集中居住的宿舍、工棚等人员密集场所为重点，紧盯辖区内电气设施老化船舶、“三合一”场所、大跨度厂房、仓储仓库、彩钢板建筑等严重威胁公共安全、极易造成群死群伤火灾事故的重点区域，排查、整改一批消防安全隐患。全年检查内保（租赁）单位、场所1938家，船舶4663艘，查处消防案件181起（含简易程序），罚款23.5万余元。(江敏)

【外国军舰访沪情况表】

单位：人

国籍	时间	舰型	来访人数
俄罗斯	1月1-4日	“潘捷列耶夫海军上将”号反潜舰 “鲍里斯·布托马”号远洋油轮	463

【2018年度上海水上浮尸情况表】

单位：人

类别（数据/项目）		无名户	家庭纠纷	恋爱纠纷	职业问题	因病厌世	醉酒	失足落水	海损事故	精神病	他杀	弃婴	其他	小计	占总数的比例（%）	比上年增减（±%）
死亡	男	7				3			2	2	2		58	74	77.1	21.3
	女	2				9		1	1	1			8	22	22.9	-4.3

续表

类别	数据 项目	无名尸	家庭纠纷	恋爱纠纷	职业问题	因病厌世	醉酒	失足落水	海损事故	精神病	他杀	弃婴	其他	小计	占总数的比例（%）	比上年增减（±%）
年龄	婴儿															
	18岁以下					1							3	4	4.2	33.3
	19~35岁	3						1		2			27	33	34.4	-5.7
	36~55岁	3				3			3	1	1		17	28	29.2	3.7
	56岁以上	3				8					1		19	31	32.3	63.2
职业	干部										1			1	1.0	100
	职工					2		1					31	34	35.4	78.9
	学生					1							8	9	9.4	50.0
	待业、无业										1		3	4	4.2	-80.0
	船员、农民工								3				5	8	8.3	-42.9
	退休					8							17	25	26.0	733.3
	其他	9				1				3			2	15	15.6	-31.8
户籍	上海市					9				3	1		30	43	45.0	59.3
	外省、市					3		1	3		1		33	41	42.7	13.9
	不明	9											3	12	12.5	-42.9
合计		9				12		1	3	3	2		66	96	100	14.3

轨道公交安全保卫

【概况】 2018年，市局轨道公交总队以进博会安保工作为主线，以平安轨交智慧建设和现代警务流程再造为改革驱动，聚焦公共安全“零事故”、队伍建设“零违纪”的总体目标，完成进博会安保任务，筑牢轨交安防基础，净化辖区治安环境，推进过硬队伍建设，夯实轨道公交公共安全防控体系。全年，轨道交通安全运送乘客36.8亿人，日均1008万人，比上年增加5.9%。查缴危险品、违禁品3.5万余件；侦破案件1355起，抓获扒窃等各类犯罪

嫌疑人1323人；查处“四乱”“五类车”违法行为1万余起，治安警情比上年减少43%。（黄菲菲）

【加强进博会轨道公交安全保卫】 市局轨道公交总队围绕进博会安保部署要求，按照“守住边、稳住面、保住点”的安保层级，制定实施44项安保方案、37项应急预案及15项安保措施，部署“全时段、全覆盖、全见警、全责任”战时勤务模式，加大特警巡逻、携犬巡检、机关巡线、志愿者守护及临检等叠加巡检力量投放，每日抽调专项警力开展重点线路“驻点盘查+动态巡控”，提请公安部统筹各地入沪长途客运源头管控，加强全市长途客运查控，对接江苏昆山警方同步加强轨道11号线昆山段入沪通道管控工作，严密守住轨道、长途入沪关口。对进博会场馆周边与路网重点枢纽车站，制定警力配置、应急处突“一点一预案”、徐泾东站“免安检”及社会观众日客流组织疏导方案，联合属地分局落实核心区公交管控方案，确保核心区域轨道公交安全。（黄菲菲）

【强化刑事打击与治安整治】 市局轨道公交总队以市局“严扫净保”专项行动为牵引，按照“周周有行动”要求，加强轨道公交区域多发性侵财类案件的反扒打击力度，重点强化职业型、地域型团伙窝点的溯源严打，持续强化轨道区域“四乱”、车站出入口“五类车”等治安顽症区域的常态治理和集中整治，保持轨道公交区域治安管控力度。全年，抓获犯罪嫌疑人1323人，侦破案件1355起，逮捕起诉953人，捣毁团伙81个，摧毁非法运输、销售“黑汽柴油”窝点3个，查处“四乱”“五类车”违法行为1万余起。（黄菲菲）

【深化轨道交通安防机制改革】 市局轨道公交总队以大调研为牵引，按照“研问题、补短板、建机制、保安全”的原则，分步分层开展进站安检、最小作战单元等课题调研，形成《轨道交通安全隐患专项调研报告》，制定“轨道交通车站分道安检工作规范”“轨道交通重点车站多警联动响应机制试点方案”等6项制度性成果。以年内各项重点任务为驱动，深化分道安检、警企错时安检督导、“警、保、企”多方多维联动及多警叠加巡检等机制应用，不断提升辖区安检率与治安管控力。全年，安检箱包11.2亿个，推动面上安检率提升至63%；盘查1283万人，查获网上在逃人员262人。（黄菲菲）

可疑物品检查　（黄菲菲提供）

【开展轨道交通安全隐患查改】 市局轨道公交总队会同市安委会、市交通委、申通集团围绕公共安全、运营安全和消防安全，开展轨道交通行业安全督查百日行动，督促企业对列车司机等重点岗位以及委外人员开展吸毒筛查和背景审查。按照总队党委、职能部门、派出所分片包干原则，对车站、基地、商铺等部位，从公安督查、企业自查两个层级持续开展内保、消防、大客流等常见隐患排查整改工作，深化“联合检查+通报督改”机制，督促企业及时整改问题隐患，严格落实客流管控、内部安防及消防管理措施，切实稳控轨道区域公共安全。全年，查改各类安全隐患2.4万余处，通报企业限期整改重大隐患260余处。(黄菲菲)

站内商铺消防检查 (黄菲菲提供)

【强化公交长途安全防范】 市局轨道公交总队加强同市交通委协作对接，强化公交车厢“三防”措施落实，指导企业开展视频监控、灭火及逃生等物防、技防设备隐患自查自纠，切实落实各类安防设施设备定期检修、维保更换。加强可疑情况查问、“一程一检”、起讫站车辆安全管控以及“跳线巡检”等人防措施，保障公交客运公共安全，全年发现督促整改各类安全隐患31处。指导全市长途客运企业严格落实实名制管理建设，督促规范开展长途“始发、到达”双向安检措施，牵头各属地分局落实重大安保期间警力增配、人证核查及“进京”“入沪”重点班线实名验票登车等源头管控措施，全年共查获危险品、违禁品1.4万余件。(黄菲菲)

【夯实轨道应急处置机制建设】 市局轨道公交总队着眼轨道交通客流发展与应急疏散工作新形势、新要求，制定“轨道交通区域大客流突发事件指挥条线工作规范”“轨道公交总队站区民警‘上班即上岗’规定”，优化全路网车站应急处置“一站一预案”及140余座车站客流疏导“小预案”“小卡片”，深化“四长联动”（警长、站长、镇长、所长）、最小作战单元及轨道微型消防站机制建设，制定突发事件应急处置演练计划，会同申通集团调研完成手机“扫码进站”闸机改造、1万余张车厢紧急对讲集成标识张贴、1700余张应急疏散标志上翻等民心工程，推动轨道交通公共安全管理提档升级。全年，参与市级层面大型综合性联动演练3次，组织开展最小作战单元演练3300余次，处置各类突发事件35起。(黄菲菲)

【推动智慧轨交平安建设项目落地】 市局轨

道公交总队对标“人要纯洁、物要干净、客流平稳、设施完好”总体要求，全力推进平安轨交智慧建设，会同申通集团签发《“智慧轨交”平安建设三年规划》，明确网络围栏、人像识别系统等 8 项重点建设项目和 4 项配套保障项目，选取 18 座车站 62 个安检点试点应用新型智能 X 光安检机，在 15 座车站安装人像识别系统，在全路网布设完成 Wi-Fi 网络围栏，完成以徐泾东站、诸光路站及 17 号线“两点一线”为核心的平安轨交样板车站建设，同步研发平安轨交综合作战系统。（黄菲菲）

【探索轨交警务流程转型升级】 市局轨道公交总队围绕指挥流程再造、递进执法、总队派出所及内设机构职能优化 3 个重点课题开展专项调研，形成“关于警务机制优化与流程再造的调研报告”“轨道公交总队现代警务流程再造实施意见”及“总队警务指挥流程再造试点方案”等成果。明确总队派出所“一线综合”与职能部门“后台专业”优化再造途径，梳理 259 项执法任务清单，研究试行车站 ABC 分类管理，依托平安轨交综合作战平台及警务终端，向“两点一线”样板站民警推送警情预案、指导布控核查，推动实现“时间驱动”的传统警务向“任务驱动”的精准警务转型升级。（黄菲菲）

【加强队伍建设】 市局轨道公交总队坚持用习近平新时代中国特色社会主义思想武装头脑，引领工作，全面深化轨交公安队伍正规化、专业化建设。围绕进博会安保任务，启动“决战进口博览会 200 天”战时思想政治工作，开展实战阶段“强责任、勇担当、严守纪、展形象”主题活动，成立进博会安保临时党支部、团支部和“进博先锋岗”，实现队伍“零违纪”目标。开发制作进博会安保专项课程 54 门，开展教育培训 101 次，全力提升队伍战斗力。加强民警队伍关心关爱，组织开展年度系列“十佳”、“尽孝敬之道、固忠诚之魂”重阳节活动暨“五爱”主题系列活动，落实走访慰问、保健关爱、送奖上门等爱警惠警措施。加强社会宣传教育与舆情核查处置工作，全年发布外宣报道、微博微信 968 篇。（黄菲菲）

【2018 年新开线路一览表】

线路	车站
浦江线（6 座车站）	沈杜公路站、三鲁公路站、闵瑞路站、浦航路站、东城一路站、汇臻路站
5 号线南延伸（8 座车站）	江川路站、西渡站、肖塘站、奉浦站、环东路站、望园路站、金海路站、奉贤新城站
13 号线三期（12 座车站）	长清路站、成山路站、东明路站、华鹏路站、下南路站、北蔡站、陈春路站、莲溪路站、华夏中路站、中科路站、学林路站、张江路站

注：2018 年 12 月 30 日，轨道交通浦江线、5 号线南延伸、13 号线三期共 26 座车站正式投入运营。

（黄菲菲）

上海化工区安全保卫

【概况】 2018年，市局化工区分局牢牢把握“对党忠诚、服务人民、执法公正、纪律严明”总要求，按照“万无一失”工作标准，围绕“两个零”（公共安全零事故、队伍稳定零违纪）底线目标，以进博会安保工作为主线，以智慧公安建设和警务流程再造为抓手，以创新有为的责任感、时不我待的紧迫感，实现“六个坚决防止”“三个确保”的具体目标，为进博会安保圆满完成和化工区稳定发展创造良好环境。全年，接处警310起，比上年增加8%。立刑事案件7起，比上年增加133.3%；破案1起，与上年持平。受理治安案件11起、办结8起，均与上年持平。全年未发生重特大交通事故；依法处理各类交通事故250起，比上年增加16.3%；纠处交通违法行为200起，比上年减少17.7%。发生火灾4起，比去年减少20%；受伤3人。未发生危险化学品被盗、丢失等问题。（王长恩）

【完成进博会安保任务】 进博会安保备战阶段，抓获网上在逃人员2人、行政拘留3人、逮捕5人，全面净化化工区治安环境；实战阶段，接处警比上年减少39%、110警情比上年减少40%，未发生重大案件和事故，实现市局“110警情减少40%”的目标，获得市局、化工区管委会的充分肯定。（王长恩）

【推进智慧公安建设】 市局化工区公安分局主动对标市局智慧公安和化工区智慧园区要求，研究制定化工区分局智慧公安项目建设总体方案，明确“全封闭、全覆盖、全要素、全感知”目标。根据有关技术标准，对接市局“综合服务平台”和化工区“政务平台”，打通数据传输“最后一公里”。聚焦封闭式管理闭环未“闭”、危化品管理精度不“精”两个问题，科学设计“近海近空、人车定位、智慧交通、智慧内保、一标六实、雪亮工程”六大项目。组织召开81次专题会议推进项目，所有项目均采取轻资产运作，以分期购买服务方式建设。其中，“人车定位”已完成招标并开展建设，“近海近空”“智慧交通”“智慧内保”均已进入采购准备阶段；“一标六实”“雪亮工程”（分平台）已完成评审，计划于2019年6月底前完成并投入使用。（王长恩）

【推动现代警务流程再造】 市局化工区公安分局综合考量园区公安工作特点、分局队伍实际等因素，淡化警种意识、打破警种界限，在总人数不变的情况下，设置一个派出所作为综合性作战实体：将侦查破案、治安打击、交通管理等职责任务合并到派出所，配置由一线综合执法民警组成的最小作战单元，负责以“块”为单位开展综合执法，实现对区域内“人、物、房、点、路、网”六大要素的全覆盖管理，以及所有警务需求的先期处置和应急反应，打破现有“一人一岗一分工”的职责细分结构；一线综合执法民警无法完成处置的警情，根据逐级响应办法，申请市局专业执法民警支援解决。根据化工区危化物品、危化装置、危险来源众多的管理要求，设置一个特色科室，作为专业性作战实体，将内保监管、防火监督的职责合并到特色科室，加强对园区企事业单位内保、消防工作的专业性指导。叠加一个综合职能科室，将政工、纪检、警保、科技等职责合并到综合办，负责对接联系市局机关条线和化工区管委会内设处室的日常工作，进一步增强综合协调能力，形成权责适当、纵横联通、程序合法、梯次布局的组织模式。（王长恩）

【开展隐患排查整治】 市局化工区公安分局对园区80家企业开展基础数据摸排，组织安全隐患整治、物防技防督导等专项行动，梳理形成“检查清单、问题清单、整改清单”，全年累计检查548家单位，开具整改通知书39份，整改84处内保隐患，对剩余24处落实临时防范措施。针对管廊下、装置前、消防通道内停车隐患，制定《化工区车辆临时停车点、电瓶车充电设置安全通知》，上门督导19家企业开展禁停标线施划工作。紧盯施工工地、检维修现场、仓储管理等重点部位，发现并整改火灾隐患或违法行为1043处，比2017年减少18%。（王长恩）

严密盘查各进出卡口车辆　（王长恩提供）

【做好赛科“5·12”事故后续处置工作】 赛科“5·12”事故发生后，市局化工区公安分局民警、消防指战员第一时间赶赴现场处置，成立工作专班，主动对接、配合开展家属稳控疏导、死者身份鉴定、网络舆情管控等工作，确保赛科“5·12”事故妥善、平稳处置，获得化工区管委会肯定，多部门致函联名感谢。（王长恩）

【调整内设机构设置】 8月29日，市局下发《关于调整化工区分局内设机构设置的批复》（沪公政编字［2018］57号），同意对化工区分局内设机构进行调整：撤销原分局下设的一科、二科，设立综合业务科（增挂刑侦大队、经侦大队、治安大队、交警大队牌子），机构级别为正科级，领导职数按1正1副配备；设立目华路治安派出所，机构级别为正科级，领导职数按2正1副配备。（王长恩）

【开展道路交通违法行为整治】 全年，市局化工区分局处罚机动车超员超载、违反禁止标线、违法停车等突出道路交通违法行为554起，尤其加大危化品车辆黄线违停的打击力度，处罚危化品车辆235辆次，成效显著。年内，园区内排队进入厂区危化品车辆违法停车现象基本消除。根据协作机制，会同管委会安监处、消防、质监、交通委、第三方监管等部门开展危化品运输车辆联合检查25次，发现安全隐患115处。对现场查处隐患车辆采取暂扣封闭式通行证、移交相关职能部门叠加处罚措施，召集相关业主单位和承运商通报隐患问题，责令限期整改。牵头成立隐患班车联合整治小组，会同管委会安监处、金山、奉贤交通执法部门，对年限长、安全性能差、日常管理混乱，非法营运、超员载客、超速行驶等违法行为突出的隐患班车开展集中整治。其间，处罚交通违法行为12起，配合交通委查处无从业资格证驾驶营运车辆等违法行为2起，对涉嫌无营运证从事包车业务的2辆客运车辆予以查扣。(王长恩)

【加强应急救援建设】　市局化工区分局结合消防安全大排查大整治和电动车综合治理行动，推进44家重点单位“零火灾”创建，常态化督导“四个能力”建设、“八个一”活动开展，确保重点单位365天“不冒烟、不起火、无火灾”。完成52家化工企业、97个工艺处置小组、51个工艺处置专家队伍建设，完成《化工区工艺处置汇编》，明确各救援岗位职责。针对化工事故中冷却防爆、关阀堵漏、收集洗消等关键环节，优化战斗编组；开展危化品储罐泄漏等大型综合演练6次，处置“5·12”赛科苯罐闪爆事故、“5·23”湘奉公司火灾等事故。(王长恩)

进博会安保夜查　　(王长恩提供)

航空安全保卫

【概况】　2018年，市局机场分局按照“更安全、更有序、更干净”的年度工作目标和“六个坚决防止”“三个确保”的进博会安保工作要求，严密落实各项公安保卫措施，有序推进现代警务流程再造和大调研活动，扎实推进队伍正规化建设、智慧公安建设，完成进博会等安保任务，确保上海机场地区治安安定和空防安全。全年，侦破刑事案件102起，抓获网上在逃人员61人，治安拘留440人，检查整改空防安全隐患54处，查处交通违法行为12.28万起；接报各类110警情15012起，查处违反空防类管理规定案（事）件1720起，处置道路交通事故2290起、火灾事故3起。“平安民航”建设考核获华东地区第一名。（李文辰）

【完成重大活动安保】 市局机场分局严格按照“守住边、稳住面、保住点”的总体思路，及早启动、精心组织、严密部署，严格落实要人警卫、反恐空防、治安防控等安保措施，积极投入进博会、“两会”以及2018亚洲商务航展等安保工作，会同机场职能部门，实地调研浦东、虹桥两场专机位备选场地，完成国家领导人以及出席全国“两会”人大代表、政协委员抵、离沪等一系列安保任务。（李文辰）

【推进智慧公安建设】 市局机场分局围绕机场公安工作特点、优势和需求，依托智慧机场总体设计，在浦东、虹桥两场航站楼13个旅客到达出口试点建设监测系统，通过人脸识别采集与抵沪航班旅客信息比对，与铁路、陆路、水路卡口监测系统形成市域卡口闭环，增强查控全面性和有效性。项目专班获市局集体二等功。完成机场105路老旧模拟道路监控设备的高清数字化更新，在进博会安保核心现场及沿线道路新增234路高清视频监控。建成机场治安安全管理服务信息系统，利用行业资源优势，收集完善各类基础信息。系统管理端和企业端用户达1963个，采集录入驻场单位信息1800余家、企业员工11万余人，开展内保检查700余次。在浦东机场不同区域，开展动态“人脸识别”试用，重点解决在成像逆光、“阴阳脸”等复杂环境情况下的捕获率和比中率，积极协调机场职能部门，推动在两场建设75个通道及81个人像识别设备、15个正常通道及11个货运专用通道车牌识别设备，实时比对进入控制区人员、车辆信息，提升机场控制区安全管理效能。（李文辰）

【提升社会综合治理水平】 市局机场分局牵头成立由机场集团、机场分局、海关、边检、工商等单位组成的空港社区综治内保专业委员会，制定“上海空港社区综治内保专业委员会章程（试行）”，明确“上海空港社区综治内保专业委员会考核办法（试行）”，设立公共部分、治安管理、反恐防范、空防管理、消防管理、交通管理、科信应用7大类37项考核项目，科学分组分类、实施精准考核，持续提升空港社区在反恐空防、公共安全、内部安全、群防群治等方面的安全管理水平。制定上海机场地区“治安防范‘三联’工作机制实施方案”“社会治安群防群治工作奖励办法”，会同机场、航空、物业、保安等驻楼单位，在浦东、虹桥两场推行治安防范“三联”（联勤、联动、联防）工作机制，推进“自助自救、互助互救、公助公救”全民安防模式。年内，共开设微信公众号4个、关注总人数6056人，建立微信工作群23个、群内成员815名，抓获犯罪嫌疑人8人，消除各类社会隐患80处，即时奖励60人。（李文辰）

【探索现代警务流程再造】 市局机场分局根据“一网通办”要求，修订上海机场控制区通行证管理办法，采取网上审核流转申请材料、研发微信公众号考试平台、自主选择窗口领证地点、开启紧急办证“绿色通道”等措施，让“信息多跑路，群众少跑腿”。制定航空货运安全分级管理实施意见，建立空防处、派出所齐抓共管，“全科搭配专科医生”的货运安全二级管理模式。为精简优化、科学配置警力，将浦东、虹桥两场候机楼13个“1分钟到场处置”执勤点位优化调整为9个，修订完善武装巡逻工作方案；调整优化浦东机场两个派出所管辖区域，根据警务流程再造要求，将机坪道路交通管理职能由交警调整至派出所。探索建立以警务责任区为基本单位的一线综合执法民警（“全科医生”）勤务模式，梳理汇总治安警务活动和执法依据，为满足“处置高效”的精准警务需求打下基础。（李文辰）

【加强空防安全管理】 市局机场分局坚持严格管理、严格审批、严肃追责，对标民航局“空防安全隐患治理工作方案”“空防安全监管事项清单表”以及“六严”“平安货运”等专项工作要求，进一步严密控制区封闭式管理、控制区通行证管理、客货运安检、航空器区域监护等工作。年内，共查处各类违章1720起，记分1030人次、涉及单位77家，开展空防安全隐患排查专项整治检查696次，制发监督检查意见书33份，开具联系单46份，发现整改空防安全隐患54处。（李文辰）

【加强反恐防范措施】 市局机场分局依托机场地区反恐怖工作联席会议制度平台，以《反恐怖主义法》为抓手，以航站楼出入口为屏障，加强武装巡逻，完善应急响应机制，严密落实重点人、重点目标、重点区域、重点场所的反恐安全防范措施。牵头召开2018年度机场地区反恐怖工作联席会议，开展反恐联合督导检查42次，检查重点要害部位54处，开具书面整改通知28份。督促强化浦东、虹桥两场航站楼出入口反恐安全检查，年内查获各类违禁物品4169件。（李文辰）

【开展治安顽疾整治】 市局机场分局聚焦拉客扰序、“名借实骗”、拎包扒窃等治安顽疾与违法犯罪，持续深化“严扫净保”专项行动，组织开展10次全局性集中打击整治行动，每周开展针对性强、切口小的整治行动，先后侦破“1·4”特大机上盗窃案、“10·13”特大虚假网络信息系列诈骗案等大案要案，捕获公安部督办的一级目标克隆出租车。持续保持对“名借实骗”以及“黄牛”“黑车”非法拉客行为的严打高压态势，严密落实枪支管理、巡逻管控、实有人口管理、法

机场长途客运站安检 （李文辰提供）

制宜传教育等措施，打击处理非法拉客“黄牛”1360人、行政拘留315人。(李文辰)

【加强队伍建设】 市局机场分局做实做细进博会安保战时思想政治工作，深化“改革先锋、岗位建功”“进博先锋行动”等主题活动，启动战时表彰奖励，持续振奋精神，激发斗志。开展“不忘初心、牢记使命，贯彻落实党的十九大精神”学习实践活动，推进“两学一做”学习教育常态化、制度化。组织全局18名党支部书记赴延安开展专题培训，打造呈现机场公安特色文化的“荣誉墙、局史墙、文化墙”，成立退休党支部，举行民警荣誉退休仪式。修订上海机场公安表彰奖励管理规定，开展标兵民警、业务能手等评选活动。全年策划对外正面宣传主题12个，官方微博发布博文400余条、官方微信推送内容23条，“如何申办临时乘机证明”视频博文获得市局优秀新媒体案例。举办“尽孝敬之道、固忠诚之魂”活动，开展“八一”建军系列主题活动，举办第二届“空港卫士”杯足球赛等各项文体活动，营造“快乐工作、幸福生活”的良好氛围。(李文辰)

【侦破“1·4”特大机上盗窃案】 1月4日，市局机场分局接到旅客报案称：当日其乘坐NX102航班从澳门飞抵浦东机场，下机后发现随身携带的1000美元、3000欧元、3.6万港币，以及一块罗杰杜彼牌手表（价值约86万港币）被盗。接报后，机场分局刑侦支队即立案侦查，于1月8日22时许在浦东机场将犯罪嫌疑人崔景林（男，45岁，黑龙江省双鸭山市人）抓获，并于1月9日中午在浦东机场T2航站楼出发层一公共厕所的天花板内查获犯罪嫌疑人藏匿的全部赃物。(李文辰)

练兵比武　　(李文辰提供)

域外农场安全保卫

【概况】 2018年，市局农场分局坚持“守土有责、守土负责、守土尽责”，持续开展平安农场建设，积极投身智慧公安建设，稳步推进皖南农场司法体制改革和农场公安管理模式升级，不断加强过硬队伍建设，完成各项工作任务，继续为上海域外农场的社会经济发展和人民群众安居乐业创造安全稳定的社会环境。全年，辖区接报警情373起，比2017年减少10.98%，连续3年保持减少趋势，公安队伍继续保持“零违纪”，职工群众安全感、满意度保持高位。（龚仪云）

【持续推进“平安农场”建设】 年内，市局农场分局全面落实“以人管房、以房管人”各项措施，实现入户盗窃案件“零发案”和居民小区“零事故”。强化农场危险化学品安全管理，落实寄递业“两个100%”登记检查制度。持续开展缉枪治爆，排查发现并收缴手榴弹2枚、各类子弹350余发。开展农场交通违法行为大整治，查处违法行为742起，消除安全隐患128处。（龚仪云）

【提升农场公安警务科技含量】 市局农场分局积极投入上海智慧公安建设，按照“一次规划、分步实施，逐步完善”的原则，紧密结合域外农场实际，加快感知神经元建设，切实发挥实战应用效果。年内，落实农场智能消防站建设、电瓶车智能管理站点建设，为辖区孤寡独居老人配发智能报警手环。在市局智慧公安办的指导下，开展警情深度分析和民警入户走访分析两个数据模型的建设。（龚仪云）

农忙期间安全检查 （龚仪云提供）

【净化农场社会治安环境】 市局农场分局结合农场治安特点，深入开展“扫黑除恶”“严扫净保”专项行动。针对域外农场发生的各类违法犯罪，特别是涉农类违法犯罪，分局始终坚持“零容忍”。年内，快侦快破强奸未成年少女案1起，破获涉农侵财类案件1起并深挖3起余案。在白茅岭、军天湖农场移交接收过程中，重点强化社会治安整治，迅速捣毁卖淫嫖娼窝点1处、赌博窝点1处，查处违法人员9人。(龚仪云)

夜查整治 (龚仪云提供)

【推动皖南农场司法体制改革】 4月，市政府全面启动上海市白茅岭农场、军天湖农场（均位于安徽省宣城市境内）的统一移交工作。市局农场分局按照5月31日市公安局党委会关于做好2个农场原司法公安局接收工作的具体要求，通过细致谋划方案、及早启动推进，全面落实“人、财、物”的接收及“搭建班子、制度运转、技能培训”等工作，顺利完成接收工作。8月9日，市局农场分局白茅岭农场派出所、军天湖农场派出所正式挂牌成立。(龚仪云)

【探索农场公安精准警务模式】 市局农场分局坚持“属地主战、递进执法、梯次支援”的原则，按照“分局管总、警种管建管援，派出所管战”的要求，探索域外农场警务流程再造，重点形成由“感知、研判、指挥、处置”四大环节构成的工作闭环，完成农场警务责任区和有效管控面积的测算，完善农场派出所警务运作模式和专业警种支援模式，建立域外农场交通执法管理模式，创建域外农场数字化风险评估体系（即平安指数），初步实现各类现有平安要素的全量化测算、动态评估和趋势研判。(龚仪云)

【深化农场公安区域警务合作】 市局农场分局积极贯彻落实长三角区域警务一体化会议精神，切实加强与江苏大丰、安徽歙县、安徽黄山等公安机关的沟通协调和紧密协作，提升区域社会治理水平。12月5日，会同兄弟单位召开苏皖环沪农场公安机关区域警务合作第十二次联席会议，并签订“苏皖环沪公安机关区域警务一体化发展框架协议”、派出所结对子工作协议。在皖南农场司法体制改革工作中，主动与安徽宣城、广德和郎溪公安机关进行工作对接，进一步扩大区域警务合作范围。(龚仪云)

【联合抗击“非洲猪瘟”疫情】 “非洲猪瘟”疫情在上海市军天湖农场周边区域爆发期间，市局农场分局组织军天湖农场派出所会同安徽宣城当地政府、防疫部门和农场落实疫区治安管控，建立封锁区，组织开展生猪集中扑杀，并协助做好受损养殖户补偿工作，遏制疫

情蔓延流入域外农场和上海。(龚仪云)

【加强队伍建设】 市局农场分局不断加强队伍思想引领，坚持从严管理队伍，继续保持建局以来队伍“零违法违纪”。在皖南农场司法体制改革中，实际管理警力数增长33.8%（司法干警)，分局重点加强司法干警思想引领，确保过渡期内思想不乱。在分局海丰所和练江所分别创建廉政文化示范点。进一步健全分局教育训练工作体系，组建首批兼职教官队伍。争取市总工会、市局政治部、市局刑侦总队和光明集团的支持，落实因工负伤民警的帮困救助和司法援助。完成2018年度5名域外基层民警回沪交流工作。(龚仪云)

自贸区安全保卫

【概况】 2018年，市局自贸区分局全面贯彻落实党的十九大精神，以习近平新时代中国特色社会主义思想为指导，牢牢把握对党忠诚、服务人民、执法公正、纪律严明的总要求，围绕建设“最高标准、最好水平的自由贸易园区”和不断提升园区企业群众获得感、幸福感和安全感的总目标，主动适应严峻复杂经济形势和自贸区建设发展新要求，依托智慧公安建设总引擎，以进博会安保工作为主线，做好警务机制创新、社会面打防、金融风险防控、服务企业主体、警务流程再造、队伍管理手段升级等工作，保障区域社会和谐稳定，服务保税区经济建设大局。全年，报警类、偷盗类、侵犯人身权利类、交通事故类警情比上年分别减少21.6%、39%、11.1%、3.4%；破获全国自贸区首起进口商品逃避商检案、自贸区首起侵犯商业秘密案等大要案件10余起；开展大调研280余次，编发简报30篇，市委政法委录用1篇，编写的三个案例入选《上海公安机关全面深化改革工作实例汇编》；深化“放管服”改革，推进“一网通办”，外国人服务单一窗口3.0版正式上线，在保税区域进博会常年展示交易平台新增设境外人员服务站（点)；建立警企微信群37个、群成员1100余人。全年，立集体二等功1次、个人二等功1次、个人三等功6次，多个集体和个人被授予市级机关优秀党务工作者、市局先进基层党组织、优秀共产党员、优秀党务工作者、浦东新区五一劳动奖章、浦东新区工人先锋号、新时代上海公安十大出入境民警标兵等称号；12345市民热线投诉类举报及12389督察平台市民来信比上年分别减少11%和57%。(徐俊俊)

【推进智慧公安建设】 市局自贸区分局结合关区公安工作实际，扎实推进智能化、科技化、信息化建设，实现警务机制的创新和再造，第一批重点项目初步建成落地并启动第二批重点项目建设。全年，创建“智能卡口全覆盖全封闭式管理系统”，推动区域类金融企业风险排查信息系统建设，创建“关警联动信息管理系统”，联建“智慧园区”监控管理信息系统，创建园区人流密度探测系统和应用分析模型，推动“五微”管理体系建设（微卡口、微信群、微中心、微消防、微平台）等重点项目。(徐俊俊)

【完成进博会安保工作】 对标公安部“六个坚决防止”、市局“三个确保”要求，市局自贸区分局自我加压设定九个全管控目标，全力做好进博会驻点守护、安全警卫、综合防控工作。实战阶段报警类警情比上年减少50%，完成市委领导调研、境外政要参访、进博会常年展示平台交流等专项警卫工作6档，全程零失误。实现重大群体性案（事）件、重大恶性刑事案件、“黄赌毒”违法犯罪、重大交通事故、园区火灾事故、危化品管控事故“六个零发生”。(徐俊俊)

大型活动安保 (徐俊俊提供)

【强化金融犯罪防控】 市局自贸区分局运用“人流、物流、资金流、信息流”技战法，严厉打击非吸、涉税、逃汇、侵犯知识产权、经济诈骗及职务类经济犯罪，深化“互联网线上+实地经营线下”与“公安内网+政务外网”相融合的类金融风险前端预警防控机制，建设专业辅警队伍，强化落地基础排查，依托大数据预警分析。全年，主动向金融机构、行业协会、银行、企业等经济主体发布预警信息和风险防控建议300余条，消除管理漏洞或监管盲点100余处。对涉众涉稳涉企涉外案（事）件全面滚动排查，落实一事一方案。排查新增注册类金融企业720余家、历年存量类金融企业4190家，发现经营异常企业1382家；对589家类金融企业线下实地排查，对29家有涉众涉稳风险的企业开展现场管控、驱离处置。(徐俊俊)

【探索建立非警务类警情前端分流机制】 年内，市局自贸区分局争取新区城运中心、保税区管理局城运分中心支持，研制实施意见，明确非警务类警情分类标准清单、分类流转机制、警情处置机制、结果反馈机制、处置培训机制等。其中，挪车类非警务警情前端分流试点运行。(徐俊俊)

【维护区域安全稳定】 市局自贸区分局做强反恐应急处突实战小分队，深化多方联动处突增援机制，完善处置力量、应急联动、应急保障等反恐处突预案，组织实战培训演练3次；严守出入境证件安全管控，启动相关调查核查132人，通报反恐、安全等部门开展核查3起，采取拒签或缩短签证申请9人；固化反恐基础排查机制，大力开展“防回流、防渗透、防污染”专项工作，查处“三非”等违反出入境管理案件22起、25人，排查拒发、缩短签证和居留许

可申请9人。（徐俊俊）

夜间整治行动　（徐俊俊提供）

【推行全警参与一线综合执法工作模式】　市局自贸区分局结合“全科医生、专科医生”建设，为缓解一线综合执法岗位警力不足，打破警种、部门界限，以日常值班备勤为切入点，实行全警巡控值班制度；出台6项制度规范，形成“专科支援全科”模式，分局综合业务部门民警按指挥中心统一调度，参与社会面巡控和110接处警等任务。（徐俊俊）

【提升警务服务能级】　市局自贸区分局推进出入境“放管服”改革，顺利承接落地中国人审批权限下放、“只跑一次”、5项出入境管理新政等制度改革；升级打造外国人服务“单一窗口”3.0版，建立对接人才需求“四个聚焦”工作机制。受理外籍人才永久居留申请36证次，受理审批外国人长期居留、签证1595证次，其中高层次人才46人；在交通违法处理大厅增设交通违法自助处理机，提供更便捷、更高效的升级服务；拓展窗口服务功能，车驾管一门式服务大厅已涵盖5大类42项业务，是分局层面服务种类最全、服务权限最高和首家承担12分考、驾驶证换证、落地第三方支付的服务窗口；建立境外人员服务站（点），配套“6+365”进博会常年展示交易平台落户保税区域，为相关涉外企业、境外人员提供政策宣传和办理服务。（徐俊俊）

【强化干部队伍管理】　市局自贸区分局建立定期谈心制度，及时了解掌握中层干部思想动态；完成年度14名处级、18名科级干部的廉政档案建档工作，督促领导干部正确履行职责；开展领导干部履职考评及进博会安保期间年轻干部履职考察工作，通过实地走访、网上无记名测评，客观真实掌握分局干部队伍整体状况；完成领导干部选拔任用、处科级后备干部调整及警探长聘用等工作，累计提拔使用实职领导干部5名，调整后备干部14名，聘用警探长21名，选派1名年轻干部至周浦派出所挂职锻炼。（徐俊俊）

【侦破自贸区首起侵犯商业秘密案】　2017年7月，市局自贸区分局接到某公司报案：怀疑公司商业秘密被侵犯。分局即会同市局经侦总队成立联合专案组。经查，李华平（男，39岁，云南省富源县人）、周学俊（男，37岁，湖北省广水市人）系维德路特公司前工程师主管和机械工程师，2 人离职后利用在公司工作期间掌握的“真空辅助式油枪”生产技术用于生产经营，2016 年 4 月至 2018 年 2 月，通过丹纽博公司共计销售加油枪 1900 余把，非法获利 92 万余元，给维德路特公司造成 110 余万元经济损失。2018 年 4 月 25 日，联合专案组在苏州警方配合下，抓获犯罪嫌疑人李华平、周学俊 2 人，当场捣毁从事生产侵权加油枪等产品的窝点，查获用于生产和销售的加油枪成品 60 把、枪体铸件 1367 件及大量设计图纸。（徐俊俊）

【侦破自贸区首例进口商品逃避商检案】 10 月 19 日，市局自贸区分局成功破获首例进口商品逃避商检案，摧毁一“从美国港口进口饲料原料、谎报上海口岸申报入境商品用途骗取通关文件、逃避海关商检饲料原料检验、清关后销售给国内牧场非法获利”的犯罪团伙，抓获徐云（女，40 岁，上海市静安区人）、桑林华（男，39 岁，浙江省湖州市人）、汪志国（男，38 岁，湖北省武汉市人）、刘宏远（男，39 岁，福建省厦门市人）、郭伟鸿（男，25 岁，福建省厦门市人）犯罪嫌疑人 5 人；查扣非法进口植物饲料 501 吨。经查，该犯罪团伙在上海口岸组织进口此类商品逃避商检 5 次、涉案商品重量合计 968 吨，已销售 467 吨，非法获利 20 余万元人民币。（徐俊俊）

保安服务

【概况】 2018 年，市保安服务总公司围绕现代保安企业建设，推进科技强企，不断拓展业务、培育人才，全力投入进博会安保工作，积极参与智慧公安建设，推动企业新一轮发展，做强做优做大国有保安公司。2018 年，获上海市保安服务行业协会颁发的“2017 年度最具综合实力保安服务企业奖”，被上海市合同信用促进会授予“2016—2017 年度上海市守合同重信用企业”和“2016—2017 年度合同信用等级 AAA 级”证书。全年，完成营业总额 32.72 亿元，完成利润总额 1.9 亿元。其中，总公司管理范畴内的原 7 家公司实现主营业务收入 21.21 亿元，完成预算的 127.51%，比上年增长 29.27%，利润为 1.41 亿元，完成预算的 145.89%，比上年增长 38.24%，上缴国家税金 1.06 亿元；与总公司有投资关系的 7+2 家公司实现主营业务收入 11.51 亿元，利润为 4998 万元。

年内，上海市保安服务总公司启动改制工作，由全民所有制企业改制为有限责任公司。公司业务在原有人力防范、智能安防、交通设施、联网报警、保安培训、武装押运六大板块上增加无人机保障服务。各业务板块积极对接智慧公安建设，切实担负起在市局智慧公安项目建设中总承包、总设计、总应用、总运维、总输出的服务主导作用，深挖业务潜力，全力助推科技强企战略，实现智能化转型升级。积极探索业务输出，推动总公司“走出去”发展模式，与澳门保安司签署战略合作协议。全年公司派驻客户单位 395 家，派驻保安员 7046 人；签订综合工程项目合同 100 个，完成工程营业额 3.77 亿元，电子警察监控系统收集交通违法信息766.86万条，器材销售完成营业额3553.83万元；区域联网报警系统入网用户总数达4.93万户；投入押运车865辆，承接金融网点9394个，承接上门收款客户6576家，守护金库41个，出租保管箱3364只，全年日均寄存库箱525只，承接ATM清机280台，承接上门收款和现金清分网点143个，押运车行驶里程3135万余公里；交通设施业务完成营业额1.16亿元，完成利润899万元；开办各类培训班271期，培训学员1.47万余人。(沈璐)

【做好进博会安保工作】 市保安服务总公司认真贯彻“任务标准化、目标项目化、项目责任化”的工作要求，制定进博会安保工作实施方案，成立进博会项目组，在国展中心设立协调、材料、工程、技术、核查等各类专项小组，同时成立信息协调小组。完成入场安检、人员安检、查验证件、核生化安检，定点值守、定点巡逻及货运车辆、物流配送的远端安检和重点部位的防卫等工作，共计提供人力防范服务196天，出动保安队员5000余人，完成19个“智能安防”建设项目的点位规划、图纸设计、设备采购、现场施工、设备检验等工作；完成重点位置的无人机飞行、反制、设备租赁、雷达信号站部署等工作，提供无人机保障30天，出动无人机反制人员200余人；实战期间，编发安保工作动态日报、“智慧安防”项目保障日报、无人机反制保障任务日报、无人机反制工作情况半日报等报告；完成展区内现金押运任务，确保进博会期间安全，无责任事故发生。(沈璐)

【拓展人防业务】 市保安服务总公司将传统人力防护与科技结合，谋划发展新思路，以响应国家“一带一路”战略为路径，建立加盟商制度，打造上海保安品牌，提供品质最优的保安服务。开展“三梳三化”（梳理岗位职责、梳理工作流程、梳理应急预案；标准化、制度化、规范化）管理工作，厘清保安队伍工作脉络，形成工作体制。(沈璐)

【推进安防业务】 市保安服务总公司依托大数据、云计算、人工智能等新兴技术，全面推进安防业务。会同市局交警总队，完成“上海市道路交通安全违法行为检测记录系统技术规范”及“视频审核录入规范”编制工作，完善各项违法类型录入标准。全年共承接上海城市大脑·智慧公安综合服务平台视音频系统改造

进博会期间对机房进行安检 (孙甘霖提供)

项目、闵行区中心机房扩容项目、浦东虹桥机场一系列视频监控系统项目、湖南省桂东县五位一体项目等重大项目；推动实现器材销售业务企稳回升；中标车管所窗口和自助配套服务设备采购项目、上海市消防总队2017年度装备业务经费器材采购等多个项目。(沈璐)

【突破联网报警业务模式】 市保安服务总公司努力开拓用户业务。中标全市邮政网点、邮政储蓄银行所有工程及服务项目，并与某全国连锁奢侈品店达成合作意向，承接其全国40多家门店的远程接警管理服务；牵头完成工商银行11个区、2000余个在用自助机具报警设备安装调整工作；完成工商银行、中国银行、中信银行等595家网点ATM机具箱体震动报警设备安装工作；完成360余家农商银行营业网点报警设备和视频监控的联调联试工作；实现与工商银行、农商银行、中信银行等多家银行的VPN专网对接。(沈璐)

【推进押运业务】 市保安服务总公司中标市邮政总局、浦发银行、民生银行等多家金融单位的相关押运业务。承接上海航天研究所、上海市卫生人才交流服务中心等多家单位保密件的临时押运业务；持续推进日常管理数字化、信息化、智能化建设。年内，完成大华一路智能化枪弹库建设并正式投入使用，完成97式防暴弹专用子弹盒设计，基本完成宝山押运部智能化枪库采样和调试。完成“运钞车车载监控系统建设项目方案”专家评审，完成4辆运钞车系统预装调试并投入试运行。(沈璐)

【提升重点设施业务水平】 市保安服务总公司通过成立技术部门，引进专业技术人才，加大中级技术工人、项目管理人才的培训等，提升队伍整体素质。会同海康威视，对视频监测设备接入SCATS技术能力进行深入研究；在门弄牌的生产制作中融入二维码识别和电子芯片技术，通过完善住户信息，进一步提升执法效能；实施质量安全一票否决制。同时，通过更新改造涂料车间生产设备，提高涂料的生产效率，为更严、更细、更实地推进各项重点项目夯实基础。(沈璐)

【探索实践无人机飞行与反制服务】 市保安服务总公司全力做好进博会无人机低空防卫任务。前期准备阶段，推进智能无人机管控系统建设并

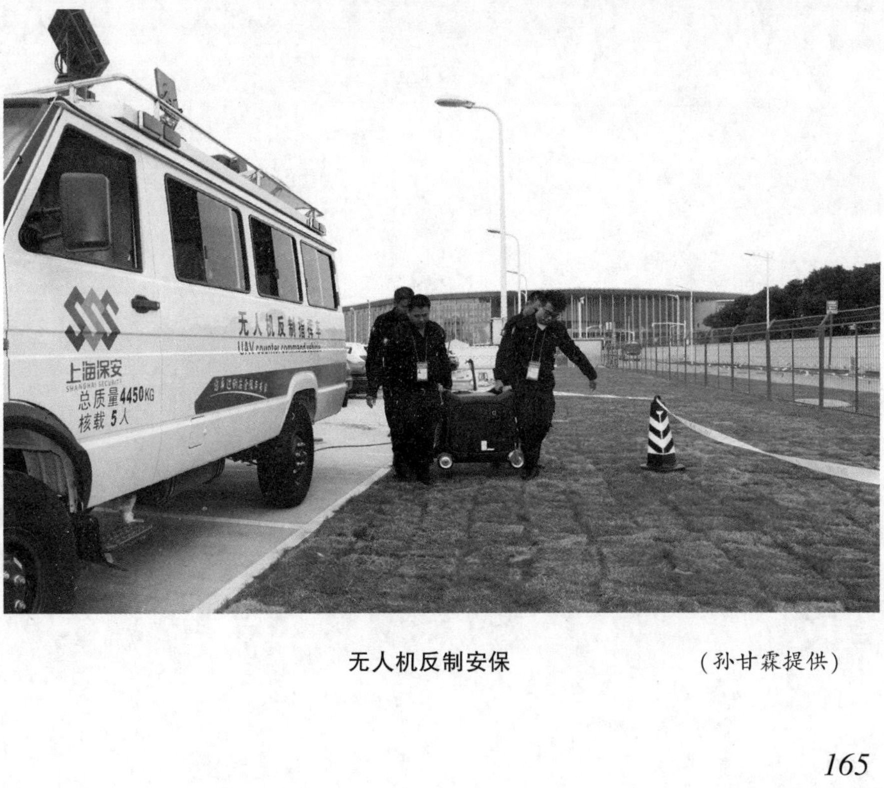

无人机反制安保 (孙甘霖提供)

完成智慧公安大巡游展示任务，同时制定工作方案，搭建现场指挥部，做好反制设备及反制指挥车的选型采购，组建反制保障服务团队。测试演练阶段，对无人机反制设备进行多次联调联试和现场测试。实战阶段，24 小时值守，全力做好进博会国展中心、全市社会面监控和黄浦、静安、虹口、徐汇、长宁 5 个重点区域无人机低空防卫工作；做好公共安全领域无人机反制、飞行服务。全年先后为外滩安保、人民广场维稳、高架道路巡逻、金山马拉松、崇明花车巡游等重要安保活动提供近 20 次无人机航拍飞行服务，为中国自主品牌博览会、2018 世界人工智能大会、中国龙舟公开赛、世博创世嘉年华等大型活动提供无人机反制服务。（沈璐）

【加强保安业务培训】 市保安服务总公司面对培训政策调整等诸多情况，以 2018 年度职业技能（劳动）竞赛活动为契机，恢复常规培训业务，推进职业技能、校园保安、岗位保安等培训项目。年内通过由市人力资源和社会保障局开展的办学质量和诚信等级评估、上海市社会组织规范化建设等级评估。加强安保教师队伍培训和教研工作，深化课程改革，推动各类培训项目的课题研究和课程开发。全年选送 6 人参加上海市劳动和社会保障学会师资培训、1 人参加职业技能学校管理者培训。（沈璐）

警务航空

【概况】 2018年，市局警务航空队以维护社会稳定大局为切入点，继续主动作为，推进常态化实战工作；以智慧公安建设为总引擎，主动谋划、积极响应、全力以赴推进“一标六实”警用地理信息航拍飞行工作；以进博会空中安保工作为牵引，精细准备，精心实施，高质高效完成安保任务；以坚持“目标导向、问题导向、结果导向”为重点，积极推进大调研工作；以“零事故、无差错”为底线，进一步做实飞行安全工作；以确保队伍管理不发生问题为目标，切实抓好警航队伍政治建设；以主动应对、创新发展为动力，积极谋划推进警用无人驾驶航空器管理工作。全年，共飞行203场次、1330架次、1913小时，其中执行日常巡逻任务115架次、应急任务2架次。（高波）

【完成烟花爆竹禁燃巡查】 为贯彻落实市局关于切实做好全面实施春节烟花爆竹禁放管控专项安保工作要求，市局警务航空队积极组织开展烟花爆竹燃放情况空中巡查监控飞行，将外环线以内区域零燃放的真实画面连贯实时传输至市局指挥中心，做到监控画面清晰、重点突出、效果较好，为科学评估和决策提供实时依据。其间，共飞行3架次、4小时41分。（高波）

与东航签订团建合作协议 （高波提供）

【参加“春畅一号”春运安保】 2月1日，为维护春运交通营运正常秩序，整治大客车站外上下客等违法行为，市局警务航空队出动1架EC135型警用直升机，发挥其立体、快速的特点，与市交通行政执法总队联合开展“春畅一号”春运安保行动，有效震慑违法行为，有力助推春运安全整治行动。其间，飞行1架次、1小时16分。（高波）

【开展清明冬至祭扫空中巡查】 清明、冬至祭扫期间，市局警务航空队连续出动警用直升机，共飞行10架次、16小时55分，对全市高速公路、大型墓区周边道路车流人流情况实施空中监控巡逻，将发现的机动车占用应急车道、违停上下客等交通违法行为移交所在辖区交警部门处理，为安全、有序祭扫发挥作用。（高波）

【参加上海国际半程马拉松赛空中安保】 4月22日，市局警务航空队出动1架EC135型警用直升机，将上海国际半程马拉松赛现场及周边情况实时传输至市局指挥中心，实时掌握赛事动态、随时处置突发情况。其间，共飞行1架次、2小时15分钟。（高波）

【参加环崇明岛国际自盟女子公路世界巡回赛空中安保】 4月25日，市局警务航空队出动1架EC135型和1架EC120型警用直升机以及16人执行2018年环崇明岛国际自盟女子公路世界巡回赛航拍直播和空中巡逻监控安保飞行任务。其间，共组织飞行4场次、16架次、26小时58分钟。连续第九年为该赛事提供航拍直播和空中巡逻监控安保飞行服务。（高波）

【完成民用航空器事故应急搜救演练】 6月11日，民航华东管理局在外高桥码头水域组织民用航空器突发事故应急搜救演练。演练中，市局警务航空队按照多部门应急联动响应机制和市局要求，调派1架EC135型警用直升机配合民航华东管理局紧急运送救援专家，飞行1架次、58分钟。（高波）

【完成杭州湾北岸水域船舶灾害应急处置演练】 6月21日，市局警务航空队出动1架EC135型警用直升机，参加由上海海上搜救中心在金山水域举行的“2018年杭州湾北岸水域船舶灾害应急处置演练”。演练中，EC135型警用直升机主要担负现场污染、火灾侦察和空中图传监控任务，飞行1架次、1小时57分钟。（高波）

重要节点空中交通巡查 （高波提供）

【完成进博会空中安保】 市局警务航空队严格落实市局切实做好进博会安保的有关指示精神，积极参加各类实战演练，先后参加“保障中国国际进口博览会大型综合演练”“2018上海市反恐怖综合演练暨进博会安保反恐应急队伍授旗仪式”“节日期间重点路段和进博会场馆及周边区域交通巡查”“虹桥机场航空器应急救援演练”“危重伤员紧急运输”等各项演练工作。配合市容绿化管理局实施进博会黄浦江上游水生植物空中巡查。其间，共飞行29架次、32小时。另外，市局警务航空队积极组织开展进博会空中巡查飞行，11月4日至10日期间共飞行6架次、8小时39分钟。（高波）

【开展秸秆焚烧空中巡查】 12月19日，市局警务航空队协助市环保局开展秸秆焚烧巡查任务飞行。飞行中，在奉贤区域内发现多处正在焚烧的农作物、垃圾等杂物点，并对其进行摄影取证，环保局相关人员记录了坐标位置，共飞行1架次、2小时18分钟。（高波）

【推进“一标六实”警用地理信息航拍】 根据市局智慧公安建设总战略，按照市局赋予的“一标六实”警用地理信息航拍任务要求，市局警务航空队主动作为，先后改装2架警用直升机作为航拍“专机”，加快推进完成重点区域特别是虹桥机场飞行保护区的航拍工作。共组织航拍飞行283架次、762小时，完成面积4300多平方公里的警用地理信息航拍任务（崇明区部分除外）。为“一标六实”警用地理信息系统项目建设加快推进和进博会安保工作提质增效奠定了坚实的基础。（高波）

【推进警用无人驾驶航空器管理】 根据市局2018年度“力推智慧公安建设”重点工作目标中涉及无人机工作的有关要求，市局警务航空队全力配合治安总队开展上海市智能无人机管控系统建设，研究制定上海市公安局警用无人机应用方案。依据公安部《警用无人驾驶航空器管理暂行规定》，结合上海实际，在充分调研的基础上，研究拟制并印发了《上海公安机关警用无人驾驶航空器管理暂行规定》。加快完成13架警用无人机采购工作，并开展相关配套设施建设和警用无人机实践应用试点试飞工作，为下一步投入实战奠定基础。（高波）

【完成空勤人员年度专业技术考核】 根据公安部《警用航空训练与考核大纲》规定，经过7个飞行日，市局警务航空队完成飞行指挥员的组织指挥考核、飞行教员的年度考核、飞行员的年度专业技术考核，共有6名飞行指挥员、7名飞行教员和30名飞行员参加并通过考核，进一步巩固了训练成果，提升了飞行能力水平和教学队伍水准。（高波）

【完成飞行训练计划】 市局警务航空队扎实推进针对性训练工作，加大按纲施训力度，科学制订年度训练计划。继续围绕安全和能力建设两大目标，按照全面参与进博会空中安保工作和年度训练计划，开展了第一、二、三层次人员仪表夜间科目的恢复保持训练，进一步做好新大纲的补差训练和部分人员的新进课目和综合技能训练，组织飞行、机务等专业人员9批38人次赴国外完成专业培训任务。同时，保持空警、消防空勤、特警队员索降、机降、游绳、长绳等实战技术能力训练。截至12月底，共组织训练飞行1330架次、1913小时，完成年度飞行计划时间指标106%。（高波）

【推进大调研工作】 按照市局开展“不忘初

心、牢记使命，勇当新时代排头兵、先行者”大调研的实施方案要求，市局警务航空队迅速进行动员部署，细化制定大调研工作方案。通过分析警航工作特点、警航与警种及政府部门的结合点，问计于民，紧紧围绕进博会安保需求，坚持问题导向、目标导向、结果导向，组织队内、队外日常调研13次，加强了与交警总队、特警总队以及青浦分局等单位交流协商，走访了市环保局、市容绿化局。调研收集出37个问题并全部得到解决，大调研工作取得阶段性成效。(高波)

【第六架警用直升机列装并首飞】 10月31日，在市局警务航空队虹桥基地隆重举行第六架H155型警用直升机交付列装仪式。11月2日，该架警用直升机在奉贤751基地首飞成功，将主要用于执法、巡逻、救援等多项任务。(高波)

【俄罗斯内务部英烈子女代表团来队参观交流】 7月10日，俄罗斯内务部英烈子女代表团一行40余人来市局警务航空队参观交流。参加接待的民警用俄语为英烈子女介绍了警用直升机情况，受到了俄方代表团的欢迎和公安部人训局带队同志的肯定。(高波)

【开展“重阳节感恩父母”主题日活动】 10月17日，市局警务航空队组织开展“重阳节感恩父母”主题日活动，邀请16名民警、文职代表的父母参观机库，观摩警用直升机飞行展示，观看警航宣传片，集中座谈交流，了解民警、文职辅警一日工作情况，丰富了警航政治思想工作内涵和形式，为进一步提升队伍凝聚力、战斗力提供了帮助。(高波)

监所管理

【概况】 2018年，上海公安监管部门深入学习贯彻党的十九大精神，坚持以习近平新时代中国特色社会主义思想为指导，以服务进博会安保为主线，以智慧监所建设为总引擎，认真按照“确保安全、服务大局、深化改革、强化建设”的工作思路，锐意进取、务实创新，积极打造“忠诚、平安、法治、文明、智慧、有为”的监管体制，实现“压事故、降死亡、保安全”目标，各项工作保持向上向好态势。全年，全市看守所收押犯罪嫌疑人员65299人次，拘留所收拘42377人次，收容教育所收教43人次，市强制隔离戒毒所收戒3958人次，市强制医疗所收治31人次，合计111708人次。全年，共制止被监管人员企图自杀、自伤自残等事件8起，成功处置被监管人员突发疾病244起。(周丽蓉)

【建设并启用上海公安机关留置专区】 市局监管总队按照深化国家监察体制改革试点工作部署，多次召开专题会议部署推进全市公安机关留置专区建设，先后制发“上海公安监所留置场所设置标准”“上海公安监所留置场所技术建设标准”。与市监察委联合印发《上海公安机关留置专区看护管理工作办法（试行）》等规范性文件。全年，建成并启用全市公安机关留置专区18个、留置室136间。(周丽蓉)

【推进智慧监所建设】 市局监管总队按照上海智慧公安建设总体部署，坚持抓两头、促中间，以点带面辐射加速智慧监所建设，全面推

参观交流智慧监所工作 (周丽蓉提供)

进、整体加快智慧监所建设进度。年内，出台“三个一、一个三”的顶层设计，即一个衡量标准、一个建设标准、一个实施意见及三种建设类型。完成虹口、青浦、长宁区看守所智慧监所“3.0版本”建设，其余各区已提请落实经费并实施推进智慧监所建设工作，共投入近5亿元保障经费。依托支付宝、政务微信等平台开发被监管人员钱款接济、家属和律师会见预约、民警提审预约等警务应用；大力推进生物识别、移动互联、3D智能巡视、大数据分析及二维码等新技术与监所业务深度融合。(周丽蓉)

【推动监所执法管理规范化建设】 市局监管总队按照市局部署，结合公安监所等级评定办法，围绕日常检查情况对全市公安监所2018年度等级化管理和创建工作予以综合评定，评出一级看守所7个、二级看守所11个、三级看守所2个；一级拘留所5个、二级拘留所9个、三级拘留所3个；一级强制隔离戒毒所1个；一级收容教育所1个。(周丽蓉)

【执行轮训支援任务】 6月1日至9月19日，市局监管总队根据公安部、市局部署要求，遴选50名民警组建上海公安监管轮训援疆警队赴新疆喀什地区11个重点看守所执行轮训支援任务。援疆期间，全体队员克服“气候环境恶劣、监所传染病高发、部分地区突发5.5级地震”等实际困难，共参与监所执勤5500人次、危安犯日常管理12000人次、防暴处突预案演练4500人次，完成大批量收押、移押、调监5000人次，制止在押人员打架斗殴等事件2起，开展送教上门36次，协助当地公安监管部门完成“7·5”“斋月”及古尔邦节等敏感期监所安保任务，实现“三稳定、三不出”目标，得到公安部、监管局、市局领导批示肯定和受援公安机关通令嘉奖及当地各族群众好评。(周丽蓉)

【全力服务进博会安保】 市局监管总队围绕服务公安中心工作，以依法“应收尽收”作为进博会安保的首要职责，下发关于进一步加强公安监所“应收尽收”工作的通知。市强制隔离戒毒所共收戒吸毒人员4157人，收戒率为83.37%，比上年增加3.62个百分点，其中收治病残吸毒人员3625人，占收戒总数的87.2%，比上年增加8.46个百分点。(周丽蓉)

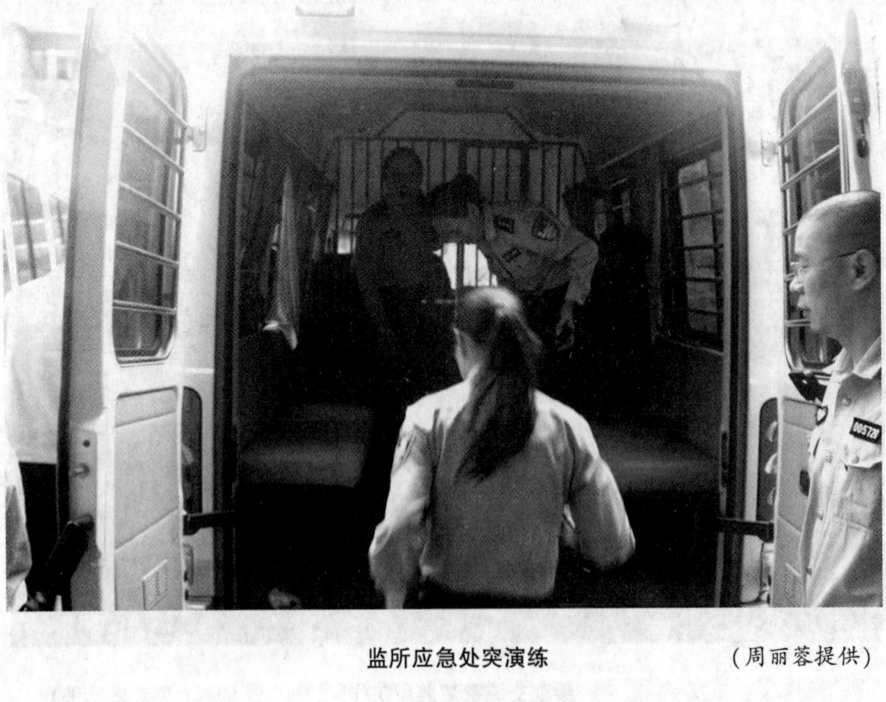

监所应急处突演练 (周丽蓉提供)

【持续推动拘留所社会矛盾化解工作】 市局监管总队持续推动拘留所社会矛盾化解工作常态

化、规范化。年内，全市拘留所共调处各类矛盾纠纷869起，成功化解623起，其中开展司法拘留社会矛盾化解553起，成功化解288起，涉案金额1.40亿余元。(周丽蓉)

【深挖协破刑事案件】　市局监管总队发挥监所阵地优势和职能作用，主动服务公安打击工作。全年，深挖犯罪线索7712条，协破各类刑事案件2730起，其中协破八类案件10起，查获在逃人员141人，协助办案部门侦破重大疑难案件73起。宝山区看守所协助抓获一名潜逃11年的抢劫杀人犯罪嫌疑人，浦东新区拘留所协助破获连续作案23起的重大入室盗窃团伙案件，均获评2018年全国公安监管部门协助破案工作精品案件。(周丽蓉)

【调整在押人员伙食费标准】　为进一步提升在押人员权益保障水平，根据《财政部、公安部关于调整看守所在押人员伙食实物量标准的通知》（财厅［2016］430号），结合实际情况，市公安局和市财政局决定，自7月1日起，全市看守所在押人员伙食费标准由每人260元/月调整为每人340元/月。(周丽蓉)

科技工作

【概况】 2018年，上海公安科技部门以贯彻落实习近平新时代中国特色社会主义思想和习总书记对公安工作“四句话、十六个字”总要求为指引，以创新城市治理体系和实现治理能力现代化为目标，主动融入智慧城市、智慧政府发展框架，全力推进智慧公安项目建设和实战应用。在充分发挥智慧公安建设总引擎作用的基础上，全面提升首届进博会安保工作精准化、可视化、智能化、专业化水平，推动圈层防护、人物干净、宽松高效、有序安全的“智慧安保”模式落地见效。同时，积极推动多维全量数据治理、全域数据服务订制、数据应用安全无忧，持续推广信息化警务应用特别是移动端应用，坚持用智慧公安建设成果为一线实战部门赋能，全面提升警务工作效能，着力锻造一支政治坚定、业精技强、清正廉洁的公安科信队伍，为各项公安中心工作提供强有力的科技支撑和服务保障。（宗城）

【保障进博会安保科技工作】 市局科技处依托上海智慧公安数据中心打造进博会安全大脑，共汇聚各类公共安全数据17.9PB，强力支撑全局181个应用、226个实战模型，首批30个重点项目和106个智慧移动警务应用全面投入实战；完成现场安保指挥部建设，配备视频指挥调度系统大屏综合显示、音视频控制、视频指挥调度、计算机网络、公安350兆无线通信等8个系统，为进博会安保指挥提供基础设施设备保障；在国家会展中心核心区安装1914个智能高清监控探头、消防感知设备100余套，完成697平方米机房建设，铺设各类桥架及光缆线路约100千米，为各级安保部门开通82个公安网信息点、直线电话44门、IPTV8路、红机电话9部，编程配发350兆数字集群手台347部、车台2部，配发手持式智能警务终端4万余部，协调运营商采用信道优先保全，为公安移动通信及数据上网提供最高级别保障。（宗城）

【完成重大节点安保通信保障任务】 年内，全局科信部门完成元旦、春节、“五一”、“十一”、国际自行车赛、上海马拉松、上海旅游节等重大节点的通信保障任务。浦东分局科信部门依托智慧公安建设成果，完成市“两会”、市长工作会议、环球马术冠军赛、环法自行车赛业余赛等重大赛会的安保科技保障任务。徐汇分局科信部门认真规划设计智能安保方案，搭建滨江现场总指挥部和瑞宁路分指挥部，汇聚600余路参展场馆监控、180余路沿线水岸监控和120余路外围道路视频监控，人像、车辆识别数据等多类数据，为前沿领导指挥调度提供坚实的技术支持，完成AI人工智能峰会安保科技保障任务。（宗城）

【指导完成年度市局信息化项目建设】 全年，市局信息化项目106个，市经信委批复4个信息化专项项目，市经信委批复8个进博会专项信息化项目，市发改委批复9个智慧公安项目，均按计划稳步推进。同时，从项目需求、合同审核和项目验收三方面入手，抓好市局信息化项目管理工作，共审核各类信息化项目需求122件、合同121件，组织完成全局75个信息化项目验收。（宗城）

开展终端通信保障工作 （宗城提供）

【协助推进“雪亮”工程建设】 市局科技处积极配合市委、政法委推进“雪亮”工程建设，完成上海市公共安全视频监控建设联网应用技术规范编制下发工作，审核指导各区推进“雪亮”工程建设。完成中央、市级共享测试平台的搭建和总平台的联网调试。（宗城）

【开展“综合窗口”建设研发】 市局科技处会同市局出入境管理局、交警总队、人口办及相关试点分局共同开展派出所“综合窗口”业务系统及设备整合工作，破解技术难题、攻坚设备归并，将3个业务部门的5个业务系统整合安装到1台公安网电脑上，并将外部设备从13个归并减少至8个，初步实现派出所“综合窗口”整合目标。（宗城）

【推动科信队伍持续健康发展】 市局科技处组织开展进博会安保实战阶段“强责任、勇担当、严守纪、展形象”主题活动，全体参战民警、文职辅警全身心投入到进博会安保工作中，圆满完成各项安保任务；组织指导全局各单位科技信息化部门完成了专技资格确认、警务专技资格申报、副高资格笔试、副高和中级资格评审等工作；举办科技民警警衔晋升培训班，组织开展10期次专业技术培训班，并为上海公安学院辽宁班、青海班等

提供课程保障，组织沪港双向警务交流培训团座谈交流，完成进博会安保智慧公安首批重点项目专项培训工作。(宗城)

检查指导大数据工作 (宗城提供)

【积极宣传先进典型事迹】 市局科技处为充分激励队伍士气，开展“进博感动时刻”专题活动，共编发感人事迹16篇、政工简报2篇。其中，通过“上海公安政工”政务微信公众号推送安保相关宣传帖文2篇、通过“上海智慧公安”政务微信公众号推送相关宣传帖文10篇，弘扬了科技民警的先进事迹，体现了科信队伍的优良风貌。(宗城)

【科研成果】 市局经侦总队开展基于人工智能的微表情分析测谎研究，该项目系人工智能图像识别技术在测谎领域的应用研究，通过技术调研、实景测试等方式，研发人脸微表情AI识别算法，在人工智能微表情识别等方面提出创新点。市局刑侦总队开展视频侦查中可疑目标天地协同目标立体定位跟踪关键技术研究，该项目在地面多摄像机协同跟踪的研究基础上，创新性地加入了基于无人机的目标跟踪技术。开展复杂样品前处理过程关键材料及自动化装置的研制，该项目涉及复杂基质中毒品毒物的磁性固相萃取前处理技术，解决毒品毒物类待测物在血液和尿液中的分离、纯化和富集技术，通过合成制备表面功能化磁性纳米材料实现目标物的分散固相萃取，并在此基础上开发智能化样品前处理装置，实现前处理方法的自动化和高通量化。市局交警总队开展基于移动互联网技术的交通执法智能转换路名规范研究，该项目旨在研究通过基于GPS和GIS技术，反推上海交警五要素路名规范地址描述。项目基于移动互联网技术的交通执法智能转换路名算法，开发了一套APP控件和接口集成到上海交警移动警务系统和上海交警APP，并在市局交警总队科技处、勤务处等部门进行应用。市局科技处开展大客流聚集安全风险监测研究。该项目基于上海公安已建成的信息网络，完成设计和搭建大客流聚集安全风险监测应用软件系统及演示验证系统，主要实现面向城市常态及大型活动的离散、低、中、高和甚高密度人群的密度、人群流向、人流统计及分布的实时分析和检测。还开展兼容多算法的分布式人脸基础信息中间库服务的研究，该项目针对城市公共安全管理中面向人脸基础信息的开放共享、信息安全和隐私保护等问题，结合人脸识别技术的现状，研究兼容多算法的分布式人脸基础信息中间库服务，符合高性能、低延时、可追溯的要求，为人脸识别比对和身份确认等需求提供基础数据服务，实现人脸基础信息的开放共享、隐私保护和安全管控，并编写完成人脸基础信息中间库接口规范。(宗城)

【立科研项目 28 项】 年内，全局获得部、市、局级立项的科研项目共 28 项，资助项目经费 6345.6 万元。其中，国家重点研发计划项目 1 项，安排经费 2358 万元；市级各类科研项目 9 项，共安排经费 3775.6 万元；部级各类科技计划项目共 5 项，包括公安部应用创新计划项目 2 项、公安理论及软科学研究计划 2 项和科技强警基础工作专项 1 项，共安排经费 62 万元；局拨局管项目 13 项，共安排经费 150 万元。全年，共验收历年立项科研项目 38 项。(宗城)

【2018 年部分获部、市、局科技奖及基层革新奖项目一览表】

项目名称	主要完成单位	获奖等级
案件现场快速取证鉴定的关键技术与装备研发	刑侦总队	部二等奖
系列法医物证快速 DNA 检测试剂盒的研制及应用	刑侦总队	部三等奖
大数据中间件技术研究与网上位置信息分析应用	网安总队	部三等奖
手持式吸毒筛查仪的研制	刑侦总队	部基层技术革新二等奖
面向业务场景的资源服务平台微服务接口快速生成技术	科技处	部基层技术革新二等奖
奉贤警民 e 家微警务服务系统	奉贤分局	部基层技术革新三等奖
计算机 USB 接口数据高速获取方法	网安总队	部基层技术革新三等奖
疑难物证检测分析技术的应用研究	刑侦总队	市局一等奖
上海市公安局信息中心计算资源虚拟化系统	科技处	市局一等奖
交通管理技术和指挥控制装备建设项目	交警总队	市局一等奖
上海市公安局大数据基础平台	科技处	市局二等奖
移动警务（PDA）警综平台 APP 应用软件	治安总队	市局二等奖
基于外弹道学的校准射击训练分析仪研发	公安学院	市局二等奖
基于全画幅单反相机的紫红外及可见光彩色成像系统	刑侦总队	市局三等奖
不同个体来源的混合精子细胞分离技术的研究	刑侦总队	市局三等奖
人体躯干段体表解剖标志间距与身高的相关性研究	刑侦总队	市局三等奖
犯罪现场勘查三维仿真模拟训练、考评系统	徐汇分局	市局三等奖

续表

项目名称	主要完成单位	获奖等级
基于声呐技术的违法鸣号电子警察违法抓拍系统	交警总队	市局基层技术革新一等奖
手持式吸毒筛查仪的研制	刑侦总队	市局基层技术革新二等奖
基于人脸识别的行人、非机动车交通违法电子警察抓拍处理系统	交警总队	市局基层技术革新二等奖
主机电子数据提取工具便携化改造	网安总队	市局基层技术革新二等奖
上铐后手指控制法	公安学院	市局基层技术革新三等奖
消防智能单兵图传头盔	消防总队 奉贤支队	市局基层技术革新三等奖

法制建设

【概况】 2018年，全市各级公安法制部门坚持围绕中心、服务大局，全力贯彻落实全市公安局处长会议精神，牢牢把握市局党委提出的“增强工作的预见性、主动性、群众性、协同性、持续性、实效性”总要求，紧盯“营造最公正法治环境”的核心目标不放松，全力以赴服务保障进博会安保、智慧公安建设及现代警务流程再造等中心工作，持续深入推进执法规范化建设、公安“放管服”改革，助力提升公安机关执法质量和执法公信力。(吕刚)

【完成进博会安保法制保障工作】 开年伊始，市局法制总队即召开公安法制条线工作会议，将进博会安保法制保障工作作为年度法制工作的“重头戏”进行统筹部署，成立由总队主要领导担任组长的进博会法制保障工作领导小组，负责指导、协调落实进博会法制保障各项工作。法制总队及时完成《上海市人民政府关于首届中国国际进口博览会期间进一步加强乘坐公共交通工具安全检查的通告》等3件市政府进博会安全管理通告的草案起草审核工作，确保通告按时发布。同时，牵头研究制定加强进博会安保期间旅馆业单位治安管理以及处置旅馆业单位违反住宿登记规定行为的相关工作意见，并制定下发了5期专题执法指引，为进博会安保工作特别是社会面安全管控提供了坚实的法制保障。(吕刚)

【服务保障智慧公安发展战略】 市局法制总队按照市局党委提出的“实现数据资源化、资源资产化、资产财富化”指示要求，全力推动出台促进公安数据管理工作的制度规范。总队领导带领立法专班成员多次走访相关政府部门、企业，与专家学者进行深入交流，起草并提请市局审议下发了《上海公安机关公共安全数据管理的相关规定》。其中，市局数据管理规定的先进立法理念，以及关于公共安全数据采集、归集、整合、管理、共享、开放规定的相关内容，在市政府10月发布的《上海市公共数据和一网通办管理办法》政府规章中得到充分体现，为公安机关获取数据提供了更高层面的制度供给，有力反哺了智慧公安建设。(吕刚)

【助推现代警务流程再造】 市局法制总队根据市局现代警务流程再造任务分工，研究制定“全科”+“专科”递进执法模式相关配套执法制度，通过全局范围征求意见，在前期制定街面、社区、楼宇（单位）和窗口四类勤务模式“任务清单+执法指引”的基础上，进一步修订综合执法岗位工作通则，通过“执法通则+任务清单+执法指引”的形式，固定一线综合执法岗位职责任务。其中，“执法通则”包含执法岗位的任务职责、处置原则、基本要求、工作方式等20多类要素；“任务清单”分为街面、社区、楼宇（单位）和窗口四类勤务模式近200项；“执法场景”囊括上述四类勤务模式共计200多例常用执法场景。（吕刚）

【推进综合窗口建设】 市局法制总队配合市局规范办制定出台了上海公安派出所“综合窗口”建设试点指导意见和指导方案，确定派出所“综合窗口”办理事项的“正面清单”100余项，基本涵盖了与群众和企业生产生活紧密相关的常见公安审批业务，并以此为依据，形成首批派出所“综合窗口”办理事项清单共计40余项，于9月10日在浦东分局高东派出所等5家派出所开展试点工作。（吕刚）

【推广全民安防理念】 市局法制总队会同市教委于2月、9月，集中开展面向全市学生群体的公共安全教育，编写6册公共安全教育教学补充读本发放至全市大、中、小学校和幼儿园，并与上海教育电视台合作，先后录制播出2期“公共安全教育开学第一课”，通过场外实景体验和场内课堂讲解相串联的方式，由授课民警深入讲解公共安全的注意要点和自防自救的基本技能，在全社会宣传普及“自助自救、互助互救、公助公救”的全民安防理念，赢得社会各界广泛赞誉。（吕刚）

【协调指导重大敏感案（事）件处置工作】 市局法制总队在市局“严扫净保”以及打击“盗抢骗”、“黄赌毒”、涉黑涉恶、涉枪涉爆、电信网络诈骗、侵犯公民个人信息突出违法犯罪活动等专项行动中，主动作为、积极履职，在梳理现有法律依据的基础上，挖掘整合各类法律资源，并派出骨干力量，协调指导一批重大敏感案（事）件的侦办工作，积极争取检法机关支持，实现案件快捕、快诉、快判；严格落实依法处置、舆论引导、社会面管控“三同步”工作要求，主动配合市局相关部门做好“女子深夜街头骑马”“网红女主播侮辱国歌”等社会强烈关注案（事）件的处置应对工作，确保案件办理的法律效果与社会效果。（吕刚）

做客“政风行风热线”节目 （吕刚提供）

【推进执法办案场所智能化改造】 市局法制总队通过制定下发办案场所智能化改造建设标准、指导完成样板派出所建设、定期通报、督导检查、召开建设协调会议等一系列举措，全力有序推进全局办案场所智能化改造工作，按计划完成全年办案场所改造任务。(吕刚)

【推广运用刑事案件智能辅助办案系统】 在市局法制总队的推动下，市局成立了刑事案件智能辅助办案系统推广应用领导小组，形成部门联动、齐抓共管的工作格局；将各单位录入和应用“206”系统的情况纳入年度绩效考评范围，充分发挥考核的激励导向作用。全局刑事案件智能辅助办案系统案件录入率、标注率、流转率基本达到100%，并在16个分局400多家执法办案场所安装电子签名（捺印）板，基本实现全覆盖。(吕刚)

【优化执法办案综合信息系统功能】 市局法制总队自执法办案综合信息系统投入使用以来，着力优化完善系统功能，通过政务微信、专题座谈、走访调研等方式广泛收集问题和需求，加快推进系统优化升级，提升流畅性和操作体验。同时，进一步拓展系统监督管理功能，开发建设针对受立案、复议诉讼、执法档案、办案区、视音频资料的执法管理模块和执法状况评估模块，初步实现高危预警、统计考评、智能监管、自动评估功能。年内，各新建模块已陆续投入试用。(吕刚)

【推动重点领域地方立法】 在市局法制总队大力推动下，《上海市消防条例》（修订草案）经市政府常务会议审议通过并已报送市人大常委会。法制总队会同人口办对现行的《上海市社会保障卡管理办法》进行立法后评估，在此基础上对该办法进行了修订，修订草案已报送市政府法制办。(吕刚)

【完善执法标准体系】 市局法制总队充分借力公检、公法联席会议等议事协调平台，提请市局与市检察院、市高院制定会签了涵盖命案、盗窃等70余类常见刑事案件所需查证的案件事实和证据标准，初步形成了刑事诉讼侦查、起诉、审判全环节统一的证据标准体系；提请市局制定下发上海市刑事案件相关受案立案流程和标准，明确刑事案件立案通用证据标准和“套路贷”、电信诈骗、扒窃等43类新型、常见案件的立案标准和取证要点，同时对估价困难、行刑边界模糊等基层亟需明确的取证要求和认定标准均作出细化规定。(吕刚)

【完善执法指引体系】 市局法制总队先后制发涉及交通管理领域的两期执法指引，为规范辅警利用视频采集设备举报非机动车违法、查处“买分卖分”违法行为提供了指导性意见；制发了打击“黑汽柴油”违法犯罪行为、办理利用信息网络实施侮辱诽谤等治安案件以及依法使用警械武器制止妨害公务行为、打击查处“泼油漆”讨债类案件的相关执法指引，准确指导基层规范执法办案。(吕刚)

【强化全流程执法巡查力度】 全年，市局法制总队在受立案环节，对300多个派出所开展了如实受立案专项检查，累计抽查重点案件、预警争议警情及接报窗口视频2.4万余件、回访报警群众2900余人次，会同有关部门追纪追责100余人；在现场执法环节，随机抽查了现场执法视音频资料1500余份，发现问题300余个；在规范使用办案场所方面，检查执法办案场所视频500余份，发现问题140余个；在行政和刑事案件办案质量上，检查案件400余起，发现问题500余个。法制总队累计制发执法问题提示单、执法问题整改通知书360余份，对市检察院反馈的近2万条监督数据，及时组织开展自查，做到逐条落地、逐件回复，有效发挥了内外监督的合力。(吕刚)

【落实“两统一”工作机制】 市局法制总队推动市局与市检察院会签了建立刑事案件统一对口衔接工作机制的相关意见，进一步夯实了“两统一”工作的制度基础；对全局法制部门落实“两统一”工作机制的情况进行了调研和梳理，就各单位文件制定、人员编制、配套保障、审核运作等推进落实情况制发专题通报，督促各单位严格落实“两统一”工作机制。目前，15家地区分局结合自身特点制定了“两统一”工作机制文件，其中，徐汇、静安、宝山、金山等分局严格按照市局要求，建立了法制部门统一审核机制，各分局均已落实审核人员24小时值班制度。(吕刚)

【组织部署“一网通办”】 市局法制总队深入开展调研，根据市政府“一网通办”工作规划以及市局关于全面形成“一口受理、联动审批、快捷收付、一网通办”便民服务模式的具体目标，立足公安实际，在广泛听取市局相关业务部门、基层民警以及群众的意见和建议的基础上，起草制定市局深化“放管服”改革、全面推进“一网通办”实施方案，围绕10项重点任务进一步逐项细化工作标准、责任分工和推进步骤，并在上海公安机关“一网通办”暨改善窗口服务推进会上下发全局。(吕刚)

【整合“一网通办”服务渠道】 市局法制总队梳理出71大项242个小项公安行政审批事项，改造了18个公安业务系统，打通了互联网、政务外网和公安内网之间数据交互通道，于6月底前全部接入市政府“一网通办”总门户，现已全部开通网上办理服务并上线运行；开发建设基于微信的惠民服务中心，建成并上线运行“上海公安阳光警务”微信公众号，汇聚了市局门户网站、全局各单位微信公众号等各渠道开辟的便民服务，初步打造了上海公安统一的“掌上政务服务平台”。(吕刚)

【精简办事流程】 市局法制总队按照“能减则减”的原则，对照公安行政审批事项目录清理事项、精简办事材料。全年，已累计精简办事材料170余份；加快推进电子证照入库工作，年底前已完成1700余万张身份证、居住证电子制证、入库工作，实现了电子亮证等应用。(吕刚)

【完善快捷收付】 市局法制总队协调相关部门、企业，在全市层面率先引入支付宝、微信等移动支付方式，已可用于缴纳现场交通违法罚款以及驾驶证工本费、机动车号牌费和出入境办证费用；牵头出入境、交警、人口等多个业务部门改进办理结果反馈方式，通过短信、微信和快递等渠道告知信息、送达凭证。(吕刚)

【推广“证照分离”改革】 根据国务院、市政府关于推广“证照分离”改革试点工作的决策部署，市局法制总队提请市局下发通知，明确自11月10日起将原先在浦东新区实施改革试点的4类10项行政审批事项推广至全市实施，并将全部10个事项的配套改革措施报送市审改办。(吕刚)

【梳理校核政务服务事项】 市局法制总队按照市审改办的要求，校核梳理出市级层面公安行政处罚、行政强制、行政检查、行政奖励共1200余项；区级层面公安行政处罚、行政强制、行政检查、行政奖励共1100余项。在此基础上，针对行政处罚、行政强制、行政检查、行政奖励、行政裁决等政务服务事项，逐项梳理校核事项名称、依据、条件、材料、期限、流程等内容，形成了办事指南，确保政务服务标准化、规范化。（吕刚）

宣传文化

【概况】 2018年，上海公安各级政工宣传部门以习近平新时代中国特色社会主义思想和党的十九大精神为指引，深入学习贯彻习近平总书记全国宣传思想工作会议讲话精神，按照公安部、市委、市政府和市委政法委的部署要求，开展“常做常新、长做长效”的宣传思想工作，打响“百佳标兵”先进典型品牌，迎接媒体融合时代环境变化，整合“网、报、台、微、端”全媒体阵地，对标智慧公安实现舆情多维处置，形成“报纸上有字、电视上有形、广播上有声、网络上有势”的规模效应，为完成首届进博会安保任务、全面推进智慧公安建设、献礼改革开放40周年提供有力的队伍保障和舆论支持。(窦庆)

【开展正面宣传】 2018年，市局政治部通过全媒体平台广泛报道服务进博会安保、打击违法犯罪、创新社会管理、智慧公安建设、推进交通大整治、强化社会面防控等公安中心工作的亮点做法和措施成效，深入挖掘、着力塑造以“百佳标兵”为代表的公安各警种典型人物和先进集体，发布推送一线民警在节假日、高温台风恶劣天气坚守岗位、热心助民的正能量、暖新闻，营造了良好的社会舆论氛围。全年，在中央和市新闻媒体刊播公安正面新闻报道10500余篇次，其中《上海：建设智慧公安 实现精准警务》等8篇报道在央视新闻联播节目播出，《人民日报》、新华每日电讯等央媒刊播950余篇（次）。(庄莉强)

【组织首届上海公安系统“百佳标兵”推选活动】 全局各单位按照“市局管总、条线主推、全局参选”的格局，将标兵推选与进博会安保、智慧公安建设、过硬队伍建设、和谐警民关系建设等工作相结合，深入基层挖掘，深化培育宣传。经各单位初选、条线复选、决选和战时考察等环节，市局授予100名先进民警上海公安系统“百佳标兵”荣誉称号并颁授荣誉奖章。(袁东东)

【强化舆情处置体制机制建设】 市局成立由上海公安机关新闻宣传舆论工作领导小组和市局进博会安保舆情应对小组，全面加强公安机关新闻宣传和舆论引导工作的组织统筹和指挥引领能力。同时，与人民网舆情数据中心合作，建设市局舆情监测分析系统和综合研判指挥室，实现全局舆情处置部门共享；各单位通过“在编+轮岗”模式建立舆情行动队，提升队伍整体战斗力。全年成功处置“2·2”南京西路交通肇事案、“6·28”浦北路持刀杀人案

等多起舆情。(陆敏韡)

【“警民直通车上海”获佳绩】 4月，“警民直通车上海”抖音账号正式开通。年内，市局官方微博、微信、抖音、头条号“警民直通车上海”荣获年度全国公安政务新媒体十大影响力账号、全国公安政务新媒体十大矩阵领导力账号、中国最具影响力政法新媒体、全国公安系统影响力微博、年度贡献政务头条号等众多奖项。在第三届全国公安民警“三微”大赛中，“警民直通车上海”选送的作品有11部获奖，包括一等奖2部、二等奖3部、三等奖6部，创历史最好成绩。(吴艺)

【摄制全国首档全景式警务纪实片《巡逻现场实录2018》】 2018年11月17日至2019年2月2日，市局和上海广播电视台联合制作的12集全国首档全景式警务纪实片《巡逻现场实录2018》在东方卫视播出。该片将镜头对准活跃在大街小巷的普通巡逻民警，通过一个个真实案例中民警绣花般的细心、耐心和卓越心，彰显上海城市温度和城市精神。节目播出后获得了广泛关注和认可，收视排名稳居同时段专题类第一。节目全网播放量过亿，相关话题屡次登上新浪综艺榜单、社会榜单前列，阅读量累计超1.5亿次。(王晓彬)

【完善“尚警讲坛”系列公益宣讲平台】 市局政治部充分发挥200名优秀民警讲师和200个宣讲点的平台优势，组织开展烟花爆竹管控、防范电信诈骗、进博会安全知多少等专题宣讲3季共1000余场，以实物展示、互动问答、多媒体演示、案例解析等形式进校园、进社区、进企业、进工地、进农村，覆盖全市16个区所有街道乡镇，受众面约1.5万人。(房杰)

队伍管理

【概况】 2018年，上海公安政治工作以习近平新时代中国特色社会主义思想和党的十九大精神为指导，牢牢把握“对党忠诚、服务人民、执法公正、纪律严明”总要求，认真贯彻落实中央政法工作会议、全国公安厅局长会议等一系列重要会议精神，坚持政治建警、改革强警、科技兴警、从严治警、从优待警，以卓有成效的政治工作让广大民警“快乐工作、幸福生活”，努力为智慧公安建设、进博会安保等公安中心工作提供坚强有力的队伍保障。(叶建荣)

【进博会战时思想政治工作】 市局制定下发进博会安保战时思想政治工作方案，先后召开临战200天、100天、60天实战动员和上海公安青年安保誓师大会，迅速将全局民警思想统一到市局党委工作部署上来；开展“进博先锋行动”，组建战地党支部34个，设立“党员责任区”343个，评出“党员示范岗”304个，开展“进博先锋”主题党日活动2000余次，成立青年突击队330个，充分发挥党团组织堡垒作用；坚持“突破常规、大幅增额”，依次增加“集体和个人三等功”“嘉奖”20%至80%的奖励比例，并明确基层一线实战单位及民警奖励数不低于奖励总数的85%。安保期间，签发战时记功命令14份、嘉奖令23份，先后组织开展集中表彰4批次、“一事一奖、一案一奖”类战时奖励14批次，为100余个集体、200余名民警战时记功奖励。全局各单位为600余个集体、8000余名民警战时记功奖励，结合战时表扬、送奖上门、战地授奖等方式，实现多重激励效应最大化。(朱翔)

【探索建立民警职业生涯规划与管理体系】 市局政治部聚焦“民警工作动力不足”“岗位履职能力不够”“队伍难管难带”等突出问题，组织开展“民警职业生涯规划与管理”专项调研，在智慧公安建设框架下探索建立一套符合人民警察职业特点和队伍智能化管理需要的职业生涯规划与管理体系。通过线上问需求、线下聊愿景，召开系列专题调研座谈会和大规模网络问卷调查，全面排摸基层民警的职业发展现状和诉求。全局共有2.7万余名民警参与填写问卷，参与率达到55%。制定印发“关于加强上海公安机关民警职业生涯规划与管理的实施意见（试行）”，以民警个人“能力值”为核心，从综合能力、公安通用能力、公安专业能力三个维度形成民警个人职业能力画像，按照适应期、成长期、成熟期、维持期四个阶段划分民警职业生涯，明确职业规划培训课程等共18项措施，着力推动各项队伍管理举措形成一个合理高效智能化的闭环，从而实现民警个人职业发展与组织效能提升双赢。(朱翔)

【选举产生新一届市局机关党委并选举成立市局机关纪委】 3月15日，召开市局机关党代表大会，采取“公推直选”方式，选举产生新一届市局机关党委，并选举成立市局机关纪委。会前，按照民主集中制原则，采取自下而上、上下结合的方法，产生市局机关党代会代表212名；在“公推”基础上，确定机关党委委员正式候选人11名、机关纪委委员正式候选人8名。会上，采取无记名投票方式，选举出吴雷、张异、张君、陈臻、周海健、郑勇、柳国青、姚少杰、袁志航（按姓氏笔画为序）9位同志为市局机关党委委员，其中，陈臻当选为机关党委书记，周海健当选为机关党委副书记，姚少杰当选为机关党委专职副书记；选举出邹伟、陈鸣强、郑勇、胡斌勇、胡德康、曹光毅、程鸿茂（按姓氏笔画为序）7位同志为市局机关纪委委员，其中，郑勇当选为机关纪委书记，胡德康当选为机关纪委副书记。同时，会议审议通过本届机关党委工作报告。会后，召开新一届市局机关党委和机关纪委第一次会议，审议通过市局机关党委和机关纪委的工作规则和委员职责，从指导思想、工作原则、工作制度、委员分工、委员职责等方面对工作进行规范。(夏炯)

【明确市局领导对口联系地区分局制度】 2月，制定下发“上海市公安局领导联系地区分局工作制度”，明确市局领导对口联系相关地区分局，进一步加强对地区分局公安工作的督促指导，及时掌握基层情况，帮助解决实际问题，推动各项中心工作。(聂青云)

【做好干部选拔任用工作】 结合大调研工作发现的问题和短板，在对部分市局部门干部队伍结构、选育路径、任职经历等情况摸底分析后，研究出台“部分市局部门科级干部提拔交流办法”。开展进博会安保期间年轻干部履职情况考察，进一步加快年轻干部培养选拔。坚持好干部标准，从严把好选人用人关，进一步优化班子结构。配合市委组织部调整局级领导干部20人，其中提拔10人、交流5人、免职5人；市局党委审批的处级领导干部，共调整115人，其中提拔64人、交流30人、免职21人；市局政治部审批的领导干部，共调整562人，其中提拔292人、交流196人、免职74人。完成第十三届市局团委、第二届市局工会、市局妇委会换届人选推荐、考察等工作。(曹雪芬、聂青云)

【组织开展领导干部综合能力培训】 根据市委组织部、市公务员局部署，在市委党校主办“智慧公安、智慧政府、智慧城市与社会治理能力现代化”（2+X）专题研讨班。举办上海市公安局领导干部、派出所所长学习贯彻党的十九大精神专题研讨班。选派7名领导干部参加市管干部进修班、正处级干部轮训班、中青年干部培训班培训，26名领导干部参加上海市领导干部自主选学、市干教中心班次培训，10名领导干部参加上海行政学院专题培训、其他委办局2+X专题培训班学习，47名领导干部参加公安部晋监培训班培训。选派8名年轻干部分两批赴澳大利亚昆士兰警察学院参加“行动领导”课程培训，推荐2名年轻干部参加公安部涉外工作培训。举办7期“社会治理与创新思维”每月论坛，7000余名年轻干部参加学

习。举办1期习近平新时代中国特色社会主义思想专题辅导报告会，全局处科级领导干部听取报告。（沈文捷）

【严格干部日常监督管理】 组织全局1956名副处以上干部填报个人有关事项，集中录入信息管理系统，按照10%比例随机抽取196名干部开展抽查核实，逐项比对查询结果。对存在“重要信息漏报或填报信息与抽查结果出入较大”的干部开展书面函询工作。按照对副处以上干部“逢提必查”的工作要求，对我局拟提任干部的个人有关事项报告开展重点核查。加强干部监督工作制度化建设，制定下发“关于落实对党员涉嫌违纪违法信息通报和及时处理有关工作制度的通知”。进一步严格因公因私外出人员的保密管理工作。开展领导干部经济责任审计工作，落实干部晋升过程自查，防止干部“带病提拔”，强化监督管理。（戚翔）

【开展全市公安机关人民警察职务序列改革工作】 根据中央关于人民警察职务序列改革工作的总体部署，市公安局党委坚持高起点谋划、高效率落实，在市全面深化公安改革领导小组的组织领导下，在各相关职能部门的密切协作下，于11月启动实施改革工作，历时3个月顺利完成了执法勤务警员、警务技术两个职务序列的职务套改工作。全局共37707名民警参加套改，占总警力数的74.5%。其中，套改执法勤务警员职务34732人，套改警务技术职务2975人；18473人获得高套，占套改总数的49%。通过此次改革，进一步完善了公安民警分类管理，形成了符合公安实际的晋升通道，民警职业发展空间得到显著拓展，并初步建立起了一套体现公安机关性质任务和职业特点的人民警察管理制度。（蔡明伟）

【招录新警及“二专科”学生】 年内，市局招录新警和上海公安学院“二专科”学生共计1916人，其中新警890人、“二专科”学员1026人。（杨帆）

【接收军转干部】 年内，市局共接收军转干部332人，其中男性296人、女性36人；正团职1人，副团职2人，正营职及以下329人。（杨帆）

【组织开展远途通勤困难民警跨区交流工作】 为贯彻落实市局党委“爱警惠警”决策部署，组织各单位开展远途通勤困难民警跨区交流工作，首批228名民警顺利跨区交流到就近的单位工作。（杨帆）

【规范工资收入管理】 根据国家和上海市相关政策，及时完成民警工资晋级晋档、工作性津贴和生活性补贴调整，以及年休假应休未休工资报酬、绩效考核奖、重大改革活动奖等一次性奖金发放工作。同时，根据国家税收制度政策变化，适时调整了全局民警个人所得税缴税。根据民警职务晋升和年度考核情况，完成局级干部工资晋升审核33人次，处级干部工资晋升审批316人次，工资、津补贴正常晋升8763人次。（陈谱良）

【深化爱警惠警措施】 组织全局英模、因公负伤民警、记功民警，以及进博会安保工作中表现突出的民警1600余人，分赴长白山、梅州、溧阳等地开展集中短期休整活动。推进民警过渡住房解困工作。年内，筹措并配租徐汇、普陀、虹口等中心城区公租房约60套，位于中心城区内环区域的196套市局慧景公寓已启用入住。落实上海公安民警荣誉制度，向

3000余名民警授予荣誉章，为1567名民警办理健身年卡，为9800余名市局单位民警购买团体补充医疗保险，为首批150名援疆民警购买意外伤害保险，切实加强民警医疗保障。（陈谱良）

【提升慰问抚恤力度】 组织开展元旦、春节期间走访慰问活动，向1128名烈属、牺牲民警家属、公安英模、因公致残民警、特困民警以及援外民警发放慰问金283万元。开展夏季高温慰问活动，配合市局领导深入基层所队，共发放慰问金347万元、慰问品2000份。认真落实《人民警察抚恤优待办法》，审批确认因公牺牲民警3人，因公负伤民警86人；为全局283名牺牲和病故民警家属发放优抚金526万元、特别抚恤金256万元、一次性抚恤金2500万元；为市局单位37名符合条件的因公牺牲、病故民警遗属发放生活困难补助费160余万元。举行市局公安英烈公祭仪式，并按照公安部部署分别向27名烈属、15名英烈子女发放慰问金和助学补助金。（陈谱良）

【加强专业技术人员队伍建设】 围绕省、部共建重点实验室筹建工作，推进市局专业人才培养，向市人社局推荐1名参选国务院政府特殊津贴并获选。推荐3名参评正高级工程师并获得资格。为贯彻落实人民警察职务序列改革，开展警察职务序列任职资格评审工作，共评出警务技术正高级任职资格152人、副高级任职资格909人、中级任职资格1385人、警务技术初级任职资格586人。（管靖刚）

【做好警衔管理工作】 全年共授予晋升警司警衔2088人、警督警衔8123人；选升一级警监警衔1人、二级警监警衔6人、三级警监警衔148人。（管靖刚）

【学习宣传和贯彻实施《中华人民共和国宪法》】 4月23日，市局党委转发公安部党委《关于深入学习宣传和贯彻实施〈中华人民共和国宪法〉的通知》，强调深入学习和贯彻实施宪法是当前的一项重要工作，要求大力加强宪法学习宣传教育，激励全体民警更好地担负起维护宪法权威、捍卫宪法尊严、保证宪法实施的神圣职责，自觉做宪法的忠实崇尚者、自觉遵守者、坚定捍卫者，坚决维护国家安全稳定和社会大局持续稳定。（袁东东）

【贯彻落实《上海公安机关警务辅助人员管理办法》】 对接智慧政工建设，完成辅警信息管理系统正式上线运营，进一步提升辅警日常信息化管理水平。完成年度文职辅警管理职务聘任和技能等级晋升工作。制定、完善辅警额度申报、薪酬管理、保密管理、教育培训、表彰奖励、违纪违规处理等方面的配套规定。细化勤务辅警招聘办法和内部转聘方案，以“总量控制、三年过渡”的方式，积极稳妥开展勤务辅警招录工作。推动从特别优秀警务辅助人员中试点定向招录人民警察工作。（章璐）

【开展辅警管理大调研】 依托专家咨询组，成立“上海公安机关警务辅助人员（以下简称“辅警”）用工模式课题调研组”，就公安辅警队伍现状情况、深化改革、课题攻坚三个方面进行专项调研，深化辅警改革专项调研。全面梳理、汇总、掌握全局辅警力量的基本情况、存在的问题，提出深入推进辅警管理改革的思路和主要措施。开展勤务辅警队伍组织架构专项调研，研究规范新组建勤务辅警队伍的组织形式和管理架构。（章璐）

【加强辅警队伍宣传工作】 举行第三届“十佳文职”颁奖仪式，并开展优秀事迹巡回展及“十佳文职 工匠精神”主题宣传活动。开展“情系援疆 辅警与共”援疆辅警主题宣传；开展“进博安保、辅警风采”主题宣传活动，编发系列宣传35篇。加大对安保工作中任务繁重、表现突出文职辅警的关心和慰问，共慰问1366人次，发放慰问金额96万余元。完成《人民警察》《东方剑》专稿等文职制度14周年的专题宣传。开展勤务辅警招聘系列宣传，并会同宣传处召开新闻发布会。开展年度文职辅警表彰工作。（章璐）

【开展“萌警荣耀”暑期安全夏令营活动】 市局工会、妇委会、上海公安博物馆组成专班，并与上海文广演艺集团、本市部分博物馆共建，为全局民警、辅警子女举办了8期“萌警荣耀”暑期安全夏令营活动，营造“快乐工作、幸福生活”的警营氛围，丰富警宝们的暑期生活，切实帮助民警、辅警解难减负。活动横跨整个暑期，惠及600余个家庭，受到民警和辅警家庭的广泛欢迎。（周妮娜）

【组织开展全局性文化体育活动】 组织开展2018年上海公安系统相声小品大赛，全局各单位创作编排了47个原创相声小品节目，其中小品《大城小家》《一米阳光》参加在天津举办的第四届全国公安系统相声小品大赛中分获二等奖和三等奖，上海市公安局获优秀组织奖。组织开展2018年上海公安系统乒乓球比赛，全局46个单位的500余名民警、警务辅助人员和职工参加。组织开展上海公安青浦半程马拉松比赛，全局各单位近700人分别参加了半程马拉松和10公里健康跑。组队参加2018中国龙舟公开赛（上海·普陀站）暨第十五届上海苏州河城市龙舟国际邀请赛，荣获中国龙舟公开赛甲A组总成绩第五名、城市龙舟国际邀请赛公开组总成绩第一名。市局工会与上海文广演艺集团工会举行合作共建签约仪式，成立“文广演艺集团公安创作基地”，双方签署合作共建协议书。（张佳莹）

【市局工会举行第二次代表大会】 5月，市局工会举行第二次代表大会的换届选举。会议选举产生了市局工会第二届委员会委员和第二届经费审查委员会委员，以及出席上海市第十四次工代会代表。来自市局各部门基层工会的代表240余人参加了会议。同时，召开了市局工会第二届委员会第一次全体会议，选举产生了市局工会主席周海健，副主席姚少杰、丁艳、倪蓓蓓。（张佳莹）

【召开市公安局第十三次团代会】 4月12日，市局召开第十三次团代会，选举产生了共青团上海市公安局第十三届委员会。副市长、市局党委书记、局长龚道安出席大会，并对公安共青团工作和广大团员青年提出希望。团市委书记王宇，市局党委副书记、副局长陈臻，市局党委委员、政治部主任周海健出席会议。（盛国辉）

【举行上海公安青年迎首届进博会倒计时110天再动员誓师仪式】 7月17日下午，市局团委在国家会展中心举行上海公安青年迎首届进博会倒计时110天再动员誓师仪式。各单位政工部门领导、团组织负责人、公安青年代表及进博会团建联盟单位代表共600余人参加了仪式。（盛国辉）

【开展智慧公安青年岗位能手讲台活动】 8月始，市局团委组织开展了智慧公安青年岗位能手讲台活动。活动聚焦智慧公安模型开发，分指挥、刑侦、经侦、治安、出入境等12个条线开展，全局近千名青年民警参加，其中325名选手入围条线初赛，129名选手晋级决赛。(盛国辉)

【举行“巾帼建功新时代，奋斗警花最幸福”活动】 3月7日上午，市局举行“巾帼建功新时代，奋斗警花最幸福”——上海公安机关纪念“三八”国际妇女节108周年活动。龚道安出席会议，并讲话。市妇联主席徐枫出席并致辞。各分局、市局各部门分管政工领导，受到表彰的集体、个人和妇女干部、女民警或女文职代表180余人参加了会议。(钟灵)

【组织开展民警子女安心暑托班活动】 2018年暑期，市局政治部会同市妇联、市儿童基金会举办了“放心家园——民警子女安心暑托班”。2018年暑托点由16个递增到29个，全局48家单位870余名民警、警务辅助人员子女参加了安心暑托班，切实为广大民警解决了暑期“看护难”的后顾之忧。(钟灵)

【开展“六一”警营亲子活动】 举办“快乐警宝　幸福成长”——欢庆“六一”警营亲子趣味定向活动。活动中，警宝们在爸爸妈妈的陪伴下，一起挑战涉及公益环保、头脑风暴、家庭协作、城市建设等20个趣味项目，享受完成挑战的快乐。(钟灵)

教育培训

【概况】 2018年，上海公安教育训练工作以习近平新时代中国特色社会主义思想为引领，深入贯彻党的十九大精神，紧紧围绕市局党委的中心工作、重点工作，以提升战斗力为目标，以技术集成应用为驱动，全面聚焦公安实战，创新培训模式，推进智能训练，加快资源建设，不断提升教育训练的实战化、精准化、规范化、智能化水平，为完成进博会安保和各项公安任务提供强有力的警力素质保障。全年，市局举办入警训练2期，培训1067人；领导干部培训班4期，培训171人；各类警种专业和警务技战术训练103期，培训4457人；举办教官业务提高和警种专业研修班等发展训练19期，培训1174人。指导各分局训练基地共举办领导干部培训班3期，培训180人；警种专业和警务技战术训练594期，培训24462人；举办各类短平快发展培训班1050期，培训48279人。

2018年，上海公安学院深入学习贯彻落实习近平新时代中国特色社会主义思想，按照全国教育大会、中央政法工作会议、全国公安厅局长会议、全市公安局处长会议等一系列重要会议要求，高度聚焦智慧公安建设和现代警务流程再造新战略，以进博会安保任务为总牵引，对标“五个一流”总目标，全面加快升级发展，大力推进实战化教学训练，打造数据警察培养新品牌，取得人才培育新进展，开创了上海公安教育新局面，为上海公安工作创新发展提供了人才、战略支撑，发挥了应尽的职责。年内，招收本科学生300名、第二专科学生1051名，毕业第二专科学生829名。举办各类民警培训班152期，培训学员9800余人次。(李刘江、丁晓丹)

【组织进博会安保专项培训】 分三轮征集进博安保培训需求，梳理34项专业力量培训、335项基层边战边训，下发工作方案，建立了培训推进机制，会同任务单位共商培训安排。举办安检、设卡临检、市域卡口等培训班，培养专项业务师资131名；举办专业培训班24期，培训民警1500余人次；围绕涉外案事件处置、线路保卫等34个安保专业力量培训项目，组织6000余名参战民警网上学习；编撰《大型安保群体性事件处置工作手册》等14本实战训练手册，印发9.9万余册并将电子版上网，供参战民警学习使用。(李刘江)

【组织现代警务流程再造配套培训】 下发一线综合执法民警（“全科医生”）培训总体方案和实战训练实施方案。举办4期试点派出所领导、小教员培训班，培训264人；梳理150门适教课程、49位适教师资，众筹开发了219门情境式微课程；创新“警e学”政务微信轻应用培训途径，指导和支持徐汇、闵行、金山3个试点分局开展培训，5170余名民警通过培训考核认证。制定下发派出所“综合窗口”建设试点培训工作方案。组建市局骨干师资队伍，选建实训点（实考点），编印《派出所“综合窗口”培训手册》，帮助分局培训专项业务师资。通过集中跟班实训、集中授课、在岗自练等方式，组织45家试点派出所“综合窗口”民警开展“一口受理”培训，180名民警通过考核。（李刘江）

【开展民警专业训练和能级鉴定】 启动新一轮重点专业能力提升活动，各警种条线围绕“数据化情报导侦”“防范和打击电信网络诈骗”等22个专业练兵项目，开展专业训练和练兵比武活动。刑侦、经侦、治安、出入境、人口和相关单位以及公安学院，完成7个警种共8个岗位能力标准、6个通用能力标准的制定工作，为配合局内人才市场运作，规模启动能力鉴定做好准备。（李刘江）

【新警入警训练和集中见习培训】 配合特警总队圆满完成首期1358名见习新警为期5个月的集中见习培训；启动2018年市局招录的851名新警的岗前培训，将入警训练与集中见习无缝衔接。加强新警忠诚教育、专业学习和体技能训练，在参加进博安保实战中锤炼作风，提升“精、气、神”，迈好职业生涯第一步。（李刘江）

【推进智能训练建设】 加强顶层设计和整体谋划，明确智能训练建设的“三大目标”“四方面任务”和“统筹+众筹”的实现路径。升级轻应用——“警e学”，在全局“全科医生”培训、现场规范执法培训考核、民警宪法知识考试中广泛应用，共有注册用户2.13万余人，系统运行总时长8500余小时，登录1.89余万人次，选课211.35万余课次，日均活跃人数1000人。青浦、黄浦等分局探索建设集“培训内容实时直录播、网络课程实时生成、个性化互动实时进行、教学质量实时评价”于一体的智能教室。杨浦分局探索引入VR技术，研发VR仿真训练课程，为民警培训提供新体验。升级智慧政工“我的学习”2.0模块，初步实现“培训管理、考试管理、积分管理、训练基地管理、师资管理、课程管理”等教育训练工作全流程在线管理和运行。（李刘江）

【提升训练资源开发管理水平】 对公安微课程进行“二次创新”，突出课程内容情境化，执法提示流程化，培训形式可视化，学习应用智能化，重构微课程体系，提出（1+N）/X的微课程模型（1即“一般情境”，N即“特殊情境”，X即“基础情境”），形成了“聚焦实战、体系完整、情境代人、易学易用”的情境式微课程。举办2期教官创新能力培训班、4期教官能力提高班，各单位教育训练工作负责人、基层专兼职教官、助理教官近300人参加了培训。举办教官初任及能力提升班15期，500余人参加培训。市局组织开展2次基层教官能级（初级）鉴定工作，83人通过鉴定。各分局累计通过教官能级（初级）鉴定人数达1257人，2019年起全面实现基层教官持证上岗。（李刘江）

【完成各项安保实战任务】 上海公安学院在进博会安保期间，组织1090名第二专科学生及20名辅导员分别增援警卫局和青浦、嘉定、金山、宝山、崇明等分局，承担要人警卫、治安巡逻、交通管理、道口安检等各项安保任务；99名教师教官增援机场分局和长宁分局执行安检防爆、治安巡逻、长途客运管理、制高点控制等任务；200名“轮训轮值”学员及22名带队干部先后在外滩和国家会展中心周边地区承担处警和现场备勤任务。组织4300人次师生增援浦东、黄浦、虹口等分局中秋、国庆期间的安保工作，150余名教师教官增援徐汇分局参加春节期间烟花爆竹管控工作。组织150名本科学生赴实战单位专业见习、1770名第二专科学生开展基层实习。(丁晓丹)

【打造“数据警察”人才培养新品牌】 上海公安学院率先在全国公安院校探索“数据警察”培训新模式，分9期举办“数据警察”强手和能手业务培训班，分别培训100人和330人，帮助学员掌握数据科学技术和警务实战建模的思路与基本方法；开设数据警察专业（方向），首批培养50名学生，为智慧公安建设提供数据人才支撑；深化与华为公司的战略合作，推进“市局联合创新中心”和智库建设，开发编写“数据警察”系列教材，多方面推进务实合作。(丁晓丹)

【推进“全科、专科医生”人才培养】 上海公安学院大力推进“全科、专科医生”人才培养，编制《全科医生培训总体方案》《小教员以及派出所领导培训方案》《实战训练实施方案》，分4期培训64名“全科医生”小教员和187名“全科医生”建设试点派出所领导；开发“全科医生”情境式教材384册、实训教程11本、课程教学视频4部、微课程8门；制定《专科医生培训总体方案》，开发“专科医生”情境式教材25册、专业教材21册、微课程26门。(丁晓丹)

【加强师资队伍建设】 年内，上海公安学院聘任特聘教授8名，招录9名专职教官，聘任34名初、中、高级专技人员；推荐8人在职攻读硕博学历学位。组织176人次教师教官分别参加岗位能力和英语专项能力提升培训，选派2批24名教师教官赴基层单位实战践习，组织28名教师教官参加高校教师资格认定，完成119名聘期届满专职教官转续聘和专业带头人、教学骨干年度工作评价，选派1名警务实战教官参加公安部互助训练计划。2名

战略合作签约仪式 (丁晓丹提供)

教师教官分获市高职高专教师说课大赛（综合类）一等奖和三等奖，1个教学团队获评市级教学团队，7名教师教官获评市公安局优秀教官，4名教师教官入选“上海高校青年教师培养资助计划”。（丁晓丹）

【加强公安理论和实务研究】 年内，上海公安学院成立“智慧公安研究”专班，攻关16个智慧公安建设理论研究课题，编印《智慧公安理论研究》，4篇被市局以《领导参阅》形式下发学习。开设“公安局长论坛”系列讲座，举办各类论坛21场；举办2018年上海国际警察教育学术研讨会。取得公安理论及软科学研究计划重点项目1项、一般项目1项，获市公安局科技项目“技术开发和成果转化类”二等奖1项、“基层技术革新奖”三等奖1项。（丁晓丹）

举办智慧公安与警务人才培养研讨会　　（丁晓丹提供）

【深化教学内涵建设和迎评促建】 年内，上海公安学院组织修订《教学训练质量综合评价办法》，编制《教学人员绩效激励考核办法》，完善教学督导工作机制；组织15名学员赴美国开展海外游学。开展迎评促建，编制《2018—2020年评建工作方案》，推进8大类33项近600个评建工作任务；完成年度本科教学评建材料汇总建档工作。2项教学成果分别获评职业教育国家级教学成果奖二等奖、全国公安高等教育部级教学成果一等奖，4项教学成果分别获评上海市职业教育教学成果奖特等奖、高等教育教学成果奖一等奖、职业教育教学成果奖一等奖，“监管专业”获评“市级重点专业（一流专业）建设比武大赛”二等奖，2门课程获评市级精品课程，在全国大学生第二届“蓝帽杯”网络安全技能大赛中获二等奖。（丁晓丹）

【组织优质师资送教上门】 上海公安学院建立进博会安保战时培训送教工作专班，组建安检搜爆、处突防暴、人群管控、警械实战应用等6个教学团队，赶赴闵行、青浦等9个分局，先后开展24批次送教上门，培训一线民警2800余人次。举办“安检搜爆小教员”“道口反暴恐技战法”“群体性事件现场处置”等13期安保技能培训班，培训业务骨干和小教员700余人，为进博会安保提供强有力的培训服务保障和警力素质支撑。（丁晓丹）

【提升实战培训效能】 上海公安学院举办全局“领导干部学习贯彻党的十九大精神”以及“数据警察”“一线综合执法民警（全科医生）建设试点派出所领导”“‘进博会’安检小教员”“防暴处突”等各类培训班128期，培训基层领导和一线民警7200余人。规范“轮训轮值”装备标准化、规范化建设，编制《轮训轮值工作装备配置标准》，细化安保培训课程设置，深化实战演练。组织实施“e班”培训5期，培训民警980余人，不断提升全局民警的能力素质。（丁晓丹）

【推进校园基础建设】 年内，上海公安学院完成浦东校区天然气管道铺设和校舍修缮工程；推进无证校舍确权工作，取得教学楼、图书馆、实验楼和第二餐厅房屋产权；开辟12亩停车场，新增车位280余个。（丁晓丹）

【拓展对外培训服务】 根据公安部警务合作战略，上海公安学院开展“东西合作”项目及国际警察教育领域合作交流，受公安部委托，为青海、吉林、宁夏、遵义等兄弟省市公安机关、公安院校举办专业培训班10期，培训620余人；举办高级外警培训班9期，培训167人。（丁晓丹）

【开展大调研工作】 上海公安学院梳理大调研工作课题63项，确定重点调研课题36项。并建立统筹协调制度，项目化推进各项调研，组织课题组深入徐汇、闵行、青浦等公安一线实战单位，开展调研200余次，收集各类问题、建议92条，落实整改问题建议36个，为学院建本发展夯实基础。（丁晓丹）

【深化公民警校办学活动】 年内，上海公安学院围绕市局中心工作，开展公民警校各类主题办学活动，成立“少年警校”，开展青少年暑期安全防范、夏令营等各项活动和“护航进博会”主题宣传活动，努力营造警力有限、民力无穷的和谐警民关系建设氛围。举办培训班913期，培训学员4.62万余人次，组织开展校友活动275次，获“2018公益之申·上海十大公益机构”称号。（丁晓丹）

【提升思想政治教育水平】 上海公安学院组织全体师生深入学习习近平总书记在全国教育大会、纪念马克思诞辰200周年大会和北京大学师生座谈会上的重要讲话精神。制定学院加强和改进新形势下学生思想政治工作的实施意见，加强思政理论课程体系建设，开设《人民警察忠诚教育》思政课程，深入开展入警宣誓、清明祭扫、烈士祭奠等主题教育活动。组织实施2018级新生入学教育展示活动，着力锻造学生队伍昂扬的精神面貌和严明的纪律作风。加强专职辅导员队伍建设，聘任25名专职辅导员，以进一步提升思政教育专业化水平。加强教职员工队伍思想政治工作，狠抓党风廉政建设，落实党委主体责任和纪委监督责任。（丁晓丹）

【提升学院影响力、辐射力】 上海公安学院组织参展2018第十五届上海教育博览会，充分展示智慧公安背景下的学院本科建设发展成效，获“十佳展台奖”。围绕进博会安保、数据警察培养、教师节、爱民实践活动、新生入学报到、入学教育展示、暑期实习实践、重阳感恩等专题活动，积极开展全媒体宣传推送，相继被《解放日报》、《文汇报》、上海电视台等各大主流媒体和网络新媒体宣传报道，受到社会各界广泛关注和好评。（丁晓丹）

立功创模

【概况】 2018年，全局共有746个集体、8016名同志获立功嘉奖，其中集体二等功205个，集体三等功216个，集体嘉奖325个；全国公安系统二级英雄模范1名，个人一等功20名，个人二等功195名，个人三等功1950名，个人嘉奖5850名。表彰上海市优秀公安局5个、上海市公安局优秀单位4个。（袁东东）

【张宝发当选“改革开放40周年政法系统新闻影响力人物”】 12月10日起，中国长安网、中国政法委长安剑面向全网举行“改革开放40周年政法系统新闻影响力人物”评选活动，请全国网友评选心目中最优秀、最杰出、最给力的政法系统改革尖兵。经网络投票角逐和专家权威评审，原市局巡视员张宝发光荣当选，全国政法系统共有40位优秀人物获此殊荣。（袁东东）

【经侦总队林植当选“光荣与力量——2018感动上海年度人物”】 9月14日晚，由市委宣传部、市文明办主办，上海报业集团、上海广播电视台、东方网承办的“光荣与力量——2018感动上海年度人物评选活动”揭晓。经市民投票、专家评审等多轮遴选，市局经侦总队一支队二大队大队长林植光荣当选，黄浦分局交警支队民警黄俊获提名奖。（袁东东）

【刑侦总队张琛当选第七届上海市“平安英雄”】 2月26日晚，第七届上海市“平安英雄”颁奖典礼在上海市委党校举行。历时半年推选、投票、宣传，市局刑侦总队三支队支队长张琛光荣当选第七届上海市“平安英雄”。（袁东东）

【市局表彰“上海市优秀公安局”“上海市公安局优秀单位”】 2018年度上海市优秀公安局：浦东分局、黄浦分局、长宁分局、宝山分局、青浦分局；2018年度上海市公安局优秀单位：经侦总队、交警总队、法制总队、科技处。（袁东东）

【1个集体获“上海市五一劳动奖状”、10名个人获“上海市五一劳动奖章”、5个集体获评“上海市工人先锋号”】 2018年，出入境管理局荣获“上海市五一劳动奖状”；经侦总队纪钢，治安总队张波，相关单位赵浚淇，长宁分局武健荣、戚荣，闵行分局刘懿，金山分局陈洁，青浦分局支屹峤，奉贤分局卫安定等荣获“上海市五一劳动奖章”；市局驻国家会展中心前方安保指挥部证件管理组、黄浦分局半淞

园派出所、交警总队机动支队、科技处信息通信运行监测科、青浦分局国家会展中心治安派出所获“上海市工人先锋号”。（袁东东）

【徐汇分局斜土路派出所民警周桂祥被公安部授予“全国公安系统二级英雄模范”荣誉称号】 周桂祥自1993年7月参加公安工作以来，先后荣立个人三等功1次，获嘉奖10次。2015年10月26日，他在工作中勇敢面对吸毒致幻持刀行凶的歹徒，在被刺中颈部动脉、身负重伤的危急关头，奋不顾身与之殊死搏斗，最终与同事合力将歹徒制伏，有效保护了周围群众的安全，自己却因伤势过重昏倒在地，虽经全力抢救，至今仍处于深度昏迷状态。2018年7月4日，公安部决定授予周桂祥“全国公安系统二级英雄模范”荣誉称号。9月22日，市局党委印发《关于向周桂祥同志学习的决定》。（袁东东）

警务保障

【概况】 2018 年，上海公安警务保障部门以贯彻落实党的十九大等重要会议精神为指导，全力推进进博会安保保障、智慧公安、“十三五”规划等重大项目建设，以最高标准全力构建符合上海实战需求的现代警务保障体系，各项重点任务均达到年度建设目标，为上海公安机关完成各类重大保卫任务提供坚强支撑。

2018 年，市局勤务保障中心围绕一个核心（为警服务）、两条底线（人廉洁、物安全）以及三为（为公安业务服务、为一线实战服务、为全体民警服务）、“三 Hui”（会服务、慧服务、惠服务）、三延伸（将服务由民警工作向生活延伸、由民警个人向家庭延伸、由常态化保障向个性化需求延伸）的工作目标，保障就餐 501 万余人次，提供客饭点心等服务 47.3 万余份；维修各类设施设备 1.23 万件/次，保障各类会务 3.3 万余人次；清洗、消毒特殊餐具 4.15 万余套、各类被服 3.75 万余件（套）；保障节日、安保重要节点免费就餐 17.65 万余人次，涉及经费 200.52 万元；为业务单位提供公务用车管理服务，安排出车 6687 余次。获得 2016—2018 年度上海市机关事务管理工作先进集体荣誉称号、2018 年上海市机关食堂美食节活动优秀组织单位奖、市局进博会安全保卫工作集体二等功等荣誉。2 个党支部、8 个集体、25 个班组、184 人次受到表彰奖励，圆满完成全年的各项任务。（张秀梅、罗凤美）

【完成进博会安保保障任务】 围绕市局进博会安保任务总体部署，市局警保部成立由部主要领导任组长的安保警务保障工作领导小组，并设立应急指挥、经费、装备、综合、医疗五个保障小组落实专人驻扎安保现场，随警落实保障措施。协调市财政、发改、经信等部门，高效落实专项经费，全程督导 35 个安保政府采购项目执行到位并投入实战。大力推进“穿戴式智能警务终端”“一标六实·实有力量装备”“车载移动智能视频监控系统”等智慧公安项目在进博会安保中先行先试，并初步取得实战成效。积极推进无人机侦测反制、单兵防化洗消套件及新型手铐、警棍、催泪器等新装备的配备试用，有力支撑安保实战。提前完成安保指挥部建设，会同勤务保障中心进驻安保指挥部圆满完成各类餐饮、会务、保洁等综合服务任务。紧急采购、租赁 140 辆警车、20 辆摩托车、80 辆开道车及 1000 余辆次大巴车用于安保警卫、运兵等任务。临战阶段在相关警种组织 4 场安保健康医疗咨询活动。（张秀梅）

【推进智慧公安和“十三五”规划重点任务建

设】 市局警保部会同市局科技部门牵头各警种积极协调市、区两级发改、经信、财政等部门，多方争取智慧公安第一批22个项目和4个新增申报项目的建设经费。截至年底，18个项目通过审核并落实建设经费。推进公安基建“十三五”规划建设，9个年度规划项目完成立项7个，立项率为80%，8个中央批复项目全部竣工。协调推进市局信息机房、相关单位和监管总队业务用房、强制医疗所建设、车管所一分所迁建等市局重大项目并取得实质性进展。对标全国公安装备建设“十三五”规划重点任务要求，组织各条线牵头部门结合上海实际，下发44项上海建设方案，分层、分类、分步推进建设，并积极协调市财政局逐步将经费列入财政预算，同步做好参加财政评审准备工作。(张秀梅)

【推进公安深化改革任务】 市局警保部根据深化公安改革部署要求，对接上海港公安局、上海市公安边防总队、上海市公安局警卫局等部门，先期掌握转制工作相关保障需求，做好经费保障和资产划转相关工作。根据市局深化公安“放管服”改革和全面推进“一网通办”工作要求，协调落实市局交警总队“放管服”20项新举措相关工作经费，牵头市局交警总队、出入境管理局等业务条线推进完成公安行政规费第三方支付上线运行。指导市局交警总队做好提前实施的2019年“政府购买机动车驾驶人社会考场服务”项目评审、政府采购招标，并落实项目经费。指导浦东分局会同新区检察院、法院共同探索建立“三方人员派驻、移单不移物”的涉案财物共管机制，成立全国首家公检法涉案财物智能共管中心，有力破解了刑事涉案财物交接、管理、处置难题。(张秀梅)

【提升公安经费保障能力】 市局警保部积极争取市、区两级党委政府和财政等职能部门支持，市局2018年决算经费2017年比上年增加30.24%。围绕中央、公安部交办重大专案侦办、P2P行业风险处置、电信网络诈骗防范打击等专项工作，全力争取党委政府和职能部门支持，统筹落实中央专案、“猎狐行动”、重大维稳等其他重大专项资金。年内，全市共执行中央和省级公安转移支付资金7.85亿元，连续9年实现转移支付资金的到位率、执行率“双100%”。专门下发加强全市区级公安机关基层所队经费保障工作意见，推动经费向基层倾斜。(张秀梅)

调研智慧公安建设工作 (张秀梅提供)

【提高公安经费科学管理水平】　市局警保部强化预算规范执行，年度预算执行在全市162家市级预算部门中排名第一，连续六年荣获“优秀”考评等级。年内，执行政府采购项目552项，100%完成政府采购任务，市局年度预算、决算、国资、绩效等工作在130余家市级机关中名列前茅。(张秀梅)

【提升应急保障能力】　市局警保部以实战需求为导向，根据春节、国庆、两会等重要节点和市局“严扫净保”专项行动部署要求，为参战单位紧急调拨水马、发光指挥棒、执法记录仪等实战装备1万余件（套）。根据公安部援疆工作部署要求，急事急办，迅速完成单警装备、被装、生活物品等46种近1万件的配发工作。(张秀梅)

【优化一线实战装备被装配备】　市局警保部根据基层民警实战需求和意见建议，在公安部装财局支持下，积极研发并为基层实战单位配发改良的新款执勤鞋、秋作训鞋、制式皮鞋、防寒围脖、新型交警多功能服以及其他单警被装近3万余件（套），满足基层一线执勤执法需求。(张秀梅)

【推进装备管理规范化建设】　市局警保部组织全市各分局全面完成基层派出所装备警械室规范化建设并通过验收。强化警务用车规范管理，会同市局督察部门滚动开展联合专项检查，不断提升警车规范管理和使用水平。完成智能枪弹柜建设配发，显著提升枪弹管理规范化、智能化水平。(张秀梅)

【优化被装保障服务模式】　市局警保部结合智慧公安建设要求，完成“政务微信”被装服务个性化选配模块开发工作，分批次分阶段完成全局民警个性化选配，定期发布被装物品洗涤、保养小贴士。同时，组织开展基层民警合体制衣工作，在静安、黄浦分局及市局交警总队为基层一线民警试点开展合体量衣，切实提高被装保障的精准化水平。(张秀梅)

【深入开展警保部大调研活动】　围绕市局党委关于大调研活动“两个全覆盖”工作要求，市局警保部领导分别带队深入60余家基层单位和发改、财政、规土等20余家职能部门走访调研，利用“四不两直”等方式开展各类调研290余次，重点攻坚解决基层难点问题30余个。其中，针对近年来在押人员伙食费保障标准不适应实际情况的问题，会同市财政局、市局监管总队组成联合调研组，深入市第三看守所、徐汇分局看守所等地实地调研，与市财政局联合下发《关于调整本市看守所在押人员伙食实物量和伙食费标准的通知》，调整在押人员伙食费标准由每人每月260元调至340元，最新标准较2015年增幅达30.8%，大大提升了在押人员权益保障水平。(张秀梅)

【推进公安基层所队达标建设】　市局警保部针对长期以来部分基层所队办公用房紧张的难题，深入开展基层调研，在市委政法委和市局主要领导亲自关心下，由公安、发改、住建、规土等部门组成实体化运作班子，联合编制形成《上海公安派出所达标建设实施计划（2018—2020）》，会同市委政法委联合下发《全市未达标公安派出所达标建设“一所一方案”推进表》。截至2018年年底，在全市61个未达标派出所中，7个完成达标建设，3个正在开展施工，6个完成立项，2个完成用房租赁协议签订。(张秀梅)

【推进智慧单位建设】 市局警保部充分利用物联网、大数据和人工智能等先进技术，全力融入智慧公安建设热潮，积极思考智慧警保建设，以市局办公指挥大楼为试点调研推进“智慧单位”建设，全力推进市局指挥中心、会议区、警体训练馆等功能性用房改建，研拟《市局“智慧单位”建设框架方案》《上海公安机关“智慧单位”建设指导意见》，逐步推进市局办公指挥大楼门禁闸机、车牌识别、消防控制、大楼自控、视频监控模拟信号等系统改造升级。(张秀梅)

【加强公安机关内部安全常态化管理】 市局警保部紧扣进博会安保和敏感节点，由部领导带队分别深入60余个基层所队和6个在建工地实地督导内部安全管理工作，先后组织专项检查50余次，发现并当场整改安全隐患40多个，指导各单位做好冰冻雨雪、高温台风等恶劣气候的安全生产工作。年内，未发生重大安全事故。(张秀梅)

【推进民警备勤休息用房建设】 市局警保部按照民警备勤休息用房“城镇基层民警每人一张床”的标准，通过“内部挖潜、盘活存量，合理借力、争取增量，加强协调、租建并举”等模式想方设法推进民警备勤休息用房建设。截至年底，全局基层所队民警备勤休息用房达标率已按照公安部要求达到100%。(张秀梅)

【开展医疗精准化服务保障】 市局警保部优选本市华东、瑞金、市一、中山医院等三甲医院医疗资源，为民警职工和文职人员开展健康体检。对检查出重大疾病的民警，积极协调医院及时落实后续治疗。针对不同警种需求，优化民警体检项目，增加个性化体检方案，尝试为交警等部门民警开设专场体检。年内，共开展6个层次（8批）共11328人的民警、职工和文职辅警的健康体检工作。其中，在职民警应检9843人、实检9608人，受检率97.6%。文职辅警应检1485人、实检1450人，受检率97.6%。(张秀梅)

【落实重要节点惠警措施】 市局警保部会同市局勤务保障中心在元旦、春节、“五一”以及国庆等重要节点安保期间提供惠警餐饮服务，组织全局大院食堂举办市局机关美食节活动。指导各分局将综合保障服务社会化延伸至基层所队，提供标准化、规范化、优质化的餐饮、保洁、车辆管理等综合服务，民警满意率一直保持在90%以上。(张秀梅)

【强化队伍思想组织发动】 市局警保部深入开展学习党的十九大精神及习近平总书记系列重要讲话精神，召开进博会安保保障工作誓师动员大会、举行授战旗仪式、重温入党誓词、组织参观学习和教育实践等活动，强化队伍思想组织发动。全年，各支部累计召开支部大会24次、支委会58次、党小组会议178次，举办党课13次。先后有4个集体、50余人次荣获市级机关、市局和警保部记功嘉奖等表彰，有效发挥典型示范效应。(张秀梅)

【加强警保队伍专业能力建设】 按照干部管理权限，完成调整处级领导干部6名、科级干部8名；稳妥有序开展年度非领导职务晋升，晋升正处级干部2名、副处级干部3名、主任科员4名、副主任科员2名，有效激发干部、民警干事创业热情。会同市局相关部门举办警务保障专业培训班3期，轮训全局警保部门民警140余人次。(张秀梅)

【强化警保队伍廉政作风建设】 市局警保部在队伍教育管理中，坚持严管厚爱，组织民警观看《铁纪强军》《前鉴后师》等警示教育片。结合警保工作实际修订《警保部民警报告个人有关事项规定（试行）》等一批日常管理规定。通过每月政工例会通报规定执行情况，建立科职干部廉政档案，不断强化队伍正规化管理。同时，强化内控制度，做好5万元以上采购项目的评审工作，形成项目预审、网上公示，评审意见集体研究、当场告知，评审过程书面记录，评审结果形成纪要的工作闭环。全年，共召开项目评审会17次，评审项目248项，涉及金额5.12亿余元。（张秀梅）

【完成进博会安全保卫保障服务任务】 市局勤务保障中心在承担的进博会现场安保办办公区域餐饮、茶歇、会务、保洁及绿化五项后勤服务任务中，共提供各类会务服务200余场4500余人次，保障餐饮、茶歇服务9550余人次；每日保洁面积约3000平米。此外，还承担在国家会展中心举行的进博会安全保卫工作总结大会会务保障及领导接待服务工作。（罗凤美）

【开展安全防事故专项活动】 市局勤务保障中心守住“安全底线”，提升“万无一失”意识，以“找问题查隐患”“堵漏洞防渗透”“筑篱笆竖高墙”行动，坚持“五全五度”（全覆盖、全方位、全角度、全过程、全人员和注重态度、广度、深度、力度、效度）、“四随四查”（随时、随地、随人、随事，自查、互查、抽查、巡查）的工作方法。通过自查、互查环节排查安全隐患，集中对共性问题加强研究指导，对个性问题加强督促问责，并注重总结、发掘、推广好的经验和做法。（罗凤美）

【开展“三热”暖警行动】 元旦、春节期间，市局勤务保障中心领导带队分头赶赴市局单位各烟花爆竹管控增援点，亲手送上1153份红豆沙汤圆、红糖姜茶等10余种热饮、热茶、热点，为节日期间坚守岗位的民警送温暖。（罗凤美）

【服务市局“慧景”公寓】 市局“慧景”公寓9月30日揭牌，市局勤务保障中心按照市局政治部关于公寓相关管理要求，在前期完成“人脸识别”系统、自助超市、理发室、物业网上报修等配套智慧服务工程后，组建物业、餐饮专班团队进驻公寓开展“管家式”服务，为首批入住的190名民警办理入住手续，准备洗涤用品及瓶装饮用水，帮助搬运行李、物品120多件（次），并及时维护室内卫生、用水等各类设施设备200余次。同时，协调落实大宁楼宇物业管理部门实施信号增强工程，解决民警电信、移动和联通手机信号问题。推出“快递入户”服务措施，解决网购高峰快递集中问题。（罗凤美）

【为公安学院学术论坛提供保障服务】 11月19日至21日，上海公安学院举行上海国际警察教育学术研讨会；11月29日、30日，第三届城市轨道交通警务创新发展论坛在上海公安学院举行。市局勤务保障中心负责承担上述会务服务及餐饮保障工作。（罗凤美）

【聘请第三方审计全程监督服务过程】 市局勤务保障中心在市局审计室的帮助和支持下，以聘请第三方专业审计公司的形式签订审计协议，对所属8个保障服务部门及5个企业进行经济账目审计，全程监督服务过程，确保每一次服务和经济活动经得起政策检验、经得起时间考验。（罗凤美）

【规范管理运作】 市局勤务保障中心建立网上固定资产调剂平台，把各单位（部门）暂时闲置的固定资产相关信息在局域网上公布，进行内部调剂使用。市局128大院食堂顺利通过2018年度ISO900：2015质量管理体系标准评审，取得《质量管理体系标准内审员资格证书》。（罗凤美）

【开展大调研工作】 市局勤务保障中心根据市局“不忘初心、牢记使命，勇当新时代排头兵、先行者”大调研工作总体部署，迅速制定与后勤服务工作实际密切相关的针对“保障服务的业务单位、中心内部基层员工和社会餐饮、物业同行及相关耗材、食材等统一采购供应商”开展调研的“三针对”大调研方案。组建大调研专班，项目化推进大调研工作。全年，开展大调研598次，调研主体数量203人次，形成领导调研手记408份，报送动态信息53期、月报表13期（套）、工作专报22期、推进情况报告及总结14期。（罗凤美）

【打造果蔬基地服务品牌】 市局勤务保障中心所属企业在751基地大力开发多品种种植项目，先期为市局各大院业务单位民警特供自行栽培的“红颜草莓”2500多份、黄桃1万余斤，惠及民警、武警、文职等近2000人次，丰富了市局食堂的“菜篮子”和民警家庭的“果篮子”。（罗凤美）

【开展“三Hui”服务】 市局勤务保障中心以“三Hui”服务理念为核心，多策并举为警服务。“慧”服务，在智慧公安建设的整体框架下开展为警惠警服务网、物资动态监控网、安全设施设备网等“三张网”规划设计、建设推进工作；“会”服务，突出为公安中心工作主动服务、善于服务、跨前服务和用心服务理念；“惠”服务，凸显“经营反哺服务、零利润运作”理念，实现“让利于警、为警惠警”目标。（罗凤美）

打造保障服务品牌　（罗凤美提供）

纪检监察

【概况】 2018 年，上海公安机关重点聚焦进博会安保、智慧公安建设等中心工作，深入正风肃纪反腐，强化监督执纪问责，为完成全年各项工作任务提供强有力的政治和纪律保障。全年，驻局纪检监察组直接受理群众信访举报 605 件，比上年增加 116.1%；全局立案查处民警违法违纪案件 100 起 125 人，比上年分别增加 2%和 4.2%。2018 年在全市“12345”热线群众满意度测评中，位列 8 家执法管理单位第一名。（张玮）

【加强政治建设】 驻局纪检监察组结合日常工作，教育广大民警牢固树立“四个意识”，坚定“四个自信”，落实“两个维护”，在对党忠诚的履职中形成高度的政治自觉性。同时，加强对全市公安机关各级党组织深入学习习近平新时代中国特色社会主义思想和贯彻落实《中共中央政治局关于加强和维护党中央集中统一领导的若干规定》《公安部党委关于坚决维护党中央集中统一领导的规定》等情况的监督检查。深入推进“两学一做”学习教育常态化、制度化，督促开展好“不忘初心、牢记使命”主题教育。（张玮）

【严把选人用人关】 驻局纪检监察组坚决落实干部任前廉政审核和个人有关事项报告核查制度，强化党委的领导和把关作用。全年，驻局纪检监察组对拟提拔任用的 654 名领导干部，拟表彰奖励的 277 家集体和 735 名个人予以廉洁审核，对 4 名处级领导干部取消考察对象资格。（张玮）

【开展局内巡察工作】 年内，市局先后成立 5 个巡察组（其中 2 个现役巡察组），完成对 7 个分局、4 个市局内设机构、6 个消防总队支队级单位的驻点巡察，开展个别访谈 1529 人次，查阅台账 5700 余份，接待来访 4 人，移交问题线索 5 条，发现并督改问题 291 个，提出有针对性整改建议 122 条。同时，制定下发《上海公安 2018—2022 年巡察工作规划》，全面落实《上海市公安局党委巡察成果运用办法》，着力做好巡察“后半篇文章”。（张玮）

【严肃执纪问责】 年内，驻局纪检监察组共受理反映公安民警违法违纪的信访举报 605 件，比上年增加 116.1%。全市公安系统共处置问题线索 284 件，先后立案查处公安民警违法违纪案件共 100 起 125 人，立案起数和处置人数比上年分别增加 2%和 4.2%。在此基础上，全局各级纪检组织对主体责任落实不力等

问题，先后对67名相关领导干部进行问责。（张玮）

【持续推进效能监察】 市局始终坚持问题导向，围绕推进“放管服”改革和“一网通办”，紧盯群众高度关注且反映强烈的问题常抓不懈，扎实推进“12345”市民服务热线效能监察和12389举报核查等工作。年内，市局纠风办共直接核查热线工单717件，下发“上海市公安局12345热线工作督办单”17份，以分层召开片会、实地调研指导等方式，推动各相关单位加强源头治理，督促问题整改，充分发挥效能监察的督导推进作用。年内，共接听受理群众12389举报投诉2205件，办结1843件。其中，查实236件，对存在问题的312名民警均由所属单位进行问责追究或批评教育，督促相关单位深刻剖析原因，强化管理监督，完善制度机制。（张玮）

【深挖细查“保护伞”】 年内，驻局纪检监察组以查处充当黄赌毒及黑恶势力“保护伞”为重点，把扫黑除恶与基层“拍蝇”结合起来，并与市局“扫黑办”建立协作配合工作机制，先后会商7次，甄别排查有关问题线索4条，指导相关公安机关纪检组织查处充当黑恶势力“保护伞”案件1起2人，既有力打击震慑了黑恶势力犯罪，形成压倒性态势，又有力地铲除了黑恶势力滋生土壤。（张玮）

【狠抓正风肃纪】 市局根据中央关于深入贯彻落实中央八项规定的实施细则精神和市委、公安部有关文件要求，研究制定全局深入贯彻中央八项规定精神实施办法。同时，制定出台并严格落实《上海公安机关关于贯彻落实习近平总书记重要指示精神集中整治形式主义、官僚主义的实施方案》《12345热线效能监察负面清单》等系列文件。紧盯重要节点，及时下发元旦、春节、五一、中秋、国庆等节假日及全国“两会”期间正风肃纪的系列通知，持续强化公安队伍纪律作风教育，严防“四风”问题反弹回潮。（张玮）

【开展警务督察】 年内，市局围绕十九大安保维稳、“智慧公安”建设等中心工作，构建立体化大监督格局，推进精细化管理，确保各项目标任务到点达标。全年先后对45项重点警务工作开展了专项督察，发现并督促整改各类问题和隐患10219个，提出督察建议2425条，得到公安部领导肯定性批示2次。（张玮）

【抓好廉政教育】 市局以开展基层“纪检日”活动为主线，多措并举扎实开展廉政教育工作，并通过制作播放《警钟长鸣（二十）》，有针对性地加强典型案例警示教育。同时，引领带动廉政文化建设向纵深发展，在印发《关于持续开展好上海公安机关基层廉政文化示范点创建活动的指导意见》基础上，共有31家基层警队（组）被所在单位党委评选为基层廉政文化示范点，以引导全体民警逐步养成遵纪守廉的习惯和自觉，打通全面从严治党“最后一公里”。同时，驻局纪检监察组依托政务微信平台打造“上海公安廉政”警务微信公众号，积极探索面向全警的网上廉政教育新方式、新渠道，并选取局内查办的典型案例制作警示动漫片，以身边事教育身边人，创新信息化、情景式、全覆盖的廉政教育新模式。（张玮）

【强化纪律保障】 市局以进博会安保“六个坚决防止”“三个坚决确保”为目标，制定并严格落实“中国国际进口博览会安保战时十项纪律”，做到教育在先、挺纪在前。同时，督察总队对标“纪律严起来”的战时要求，明确20类50项工作项目及其责任领导、责任部门，有序组织开展进博会社会面治安防控专项督察。年内，共对65项重点警务工作开展了专项督察，发现并督促整改各类问题隐患10333个，提出督察建议2892条。（张玮）

【保障公安现役部队改革】 驻局纪检监察组聚焦全市公安现役部队改革期间形势任务和纪律要求，制定年度工作要点，项目化分解推进年度7方面20项工作任务，确保改革期间思想不乱、队伍不散、工作不断、干劲不减。年内，公安现役部队纪检部门共受理信访举报、问题线索53件，立案查处现役官兵违纪案件15起15人，始终坚持让监督“长牙”、纪律“带电”，形成硬约束。（张玮）

【深入开展大调研活动】 年内，驻局纪检监察组采取“四不两直”等方式实地调研公安分局及市公安局业务单位纪监审督部门294次，查找收集问题并提出意见建议134条，确保公安纪监审督工作有序有力推进。（张玮）

【开展维权护警】 年内，市局维权办共受理侵害民警执法权益案件728起，慰问遭受不法侵害民警759人，发放慰问金80.9万元，督促办案单位依法查处侵害民警执法权益的违法犯罪人员929名。总结推广长宁分局等单位为遭受不实投诉民警予以澄清正名的经验做法及工作规范，帮助民警消除影响、恢复名誉，激励广大民警敢作为、善作为。（张玮）

【启动智慧公安勤廉监督工作】 市局以智慧公安建设“工程优质、干部优秀”为目标，成立智慧公安勤政廉政建设工作专班，制定出台《上海市公安局智慧公安勤政廉政建设“五严、五不准”》及配套工作规范，紧盯工程建设风险点，明确5类14项整治重点，下发《关于加强智慧公安建设勤政廉政监督提示》。年内，连续组织开展10轮专项督查，对发现苗头性问题的10家智慧公安参建单位发出勤政廉政口头提示19次，抽调专门审计人员，组成审计工作专班进驻市局智慧公安建设办公室，共对全局1021个信息化项目，43.98亿元开展审计，共计审减资金1301.84万元。（张玮）

【推进纪检监察体制改革】 年内，市局党委坚决落实党的纪律检查体制和国家监察体制改革要求，深入开展公安纪监审督专业化建设调研，顶层规划符合公安直接管理特点的监督体制机制，更好地发挥现有派驻纪检机构的作用，稳步推进公安分局纪检监察体制改革，更好地适应纪法贯通、法法衔接的要求，努力把制度优势逐步转化成治理效能。（张玮）

区公安机关

浦东分局

【概况】 2018年，浦东分局持续深化改革，全力维护全区社会治安稳定，大力推进智慧公安建设，实现续创优秀公安局、公众安全感和公安工作满意度持续提升两大目标。

加强社会面稳控。开展多层级反恐演练10余次。加大大型活动安全管理力度，强化风险评估、安全检查等环节，完成“上海半程马拉松”等大型活动安保435项1095场次。破获涉众型经济案件121起，协调新区金融局等部门共同开展风险管控、源头治理。研发“网安+X”警务微信轻应用，对491块户外LED大屏落实安全主体责任。

打防并举提升效能。以“盗抢骗”犯罪、涉毒犯罪、“黄赌”为整治重点，强化低端夜宵场所管控力度，打击整治“黑汽（柴）油”违法犯罪活动。全年，破获刑事案件12336起，比上年增加34.5%；抓获犯罪嫌疑人12567人，比上年增加8%，逮捕4858人，起诉7031人。年内33起命案、53起“两抢”案件全破，破获12年前惠南、23年前顾路、20年前上钢的3起故意杀人案；抓获现行“两抢”案件犯罪嫌疑人48人；侦破涉毒刑事案件538起，抓获涉毒犯罪嫌疑人591人，查处吸毒人员3813人，缴获各类毒品总计约11.7千克；抓获网上在逃人员1320人。侦破经济犯罪案件319起；抓获犯罪嫌疑人855人，追缴各类赃款约91.06亿元。年内，查处治安案件1730787起，比上年增加1.1%，查处违法人员1573492人，比上年增加6.8%。查处“黄赌毒”案件7402起，比上年减少39.0%，查处违法人员8920人次，比上年减少30.5%。查破涉枪、涉爆刑事案件72起、治安案件71起，查处各类违法犯罪嫌疑人134人；收缴管制刀具441把，收缴仿真枪、民用气枪等各类枪支235支、子弹16879发。

提升公安精细管理水平。在川沙地区开展“类民宿”试点管理，完成第一批12家单位的技防改造升级，开展日租房专项打击整治。推进周浦、横沔地区低端夜宵场所整治，建立统一疏导点、推广软质餐具，统一经营时间，降压重点区域夜间侵权类警情。全年，查处交通违法行为3010489起，发生道路交通事故上报177起，造成186人死亡，均与上年持平。清理“僵尸”车739辆。全年发生火灾545起，比上年减少22.6%；造成12人死亡，比上年增加50%；直接经济损失499.5万元，比上年减少43.0%。十八铺批发市场等隐患问题点位整改完毕。建立国内首家公检法涉案财物共管中心、全市首家分局层面毒化实验室。率先实现挪车类警情分流，试点纠纷类警情分流等。

打造过硬公安队伍。树立“团队即家族、同志皆手足”的队伍建设理念，开展“严警容正警姿 强警风”教育活动，开展公安窗口星级评定工作，出台《队伍作风养成规范二十六条》；制定出台《分局督察问责管理办法（试行）》，规范民警借调管理。严格干部管理，全年调整实职干部242人，其中免职42人。注重战时即时表彰机制，年内，民警获记功嘉奖2236人次，其中一等功4人、二等功14人、三等功417人、集体二等功17个。（尹玮）

【完成进博会安保工作】 浦东分局将进博会安保工作作为年度核心任务，成立由分局主要领导任组长的安保工作领导小组，制定安保总体方案，细化社会面防控18个分方案；完成活动现场和住地酒店周边186套人脸识别围栏系统、重要警卫线路布设20个“高空瞭望探头”、国会中心等内部“一标六实”三维建模、11家备选住地酒店智能安防等建设。分局出动安保力量6351人，完成“11·4”欢迎晚宴、专项要人警卫、4个外宾住地酒店、5个内宾接待酒店、39个活动点、139个口岸及客运站查控点位、338批次线路警卫、308个制高点、9500余名政府代表及观众的远端安检等重大安保任务，确保习近平总书记在浦东视察期间安全。实战阶段，全区报警类警情比上年减少44.1%。（尹玮）

【打造智慧公安“浦东模式”】 浦东分局围绕“政府主导、市场运作、各方参与、公安融入”的建设框架，将数据分类分级，公安实战类数据全量汇聚至市局，公共服务类数据直接汇聚于城市中心区电脑。分局统一建设管理全区各委办局图像监控，布设前端感知设备8.7万余个。建成或在建封闭式智能安防小区108个，289个待建小区签约并明确施工单位、施工日期，868家老旧小区技防设施改造正加快推进。与城运中心在共享120余个智能分析模型基础上，将涉及环境、违章搭建等非警务类警情分流，将各类风险隐患信息按公共安全、城市运行、公共管理三大模块进行智能化派单。年内，分流挪车类警情

重大活动现场安全警卫 （尹玮提供）

4.2万余起，占全区110警情9.1%；分流纠纷类警情700余起，调解600余起，调解满意率达100%。（尹玮）

【开展“猎狐”行动】 浦东分局不断总结经验，对内，与分局刑侦、网安、出入境部门协作；对外，协调口岸边检机关、检察机关及国际刑警组织，严防逃关或发布通缉令。对已出逃人员做到摸清底数、查明方向；依靠驻外使领馆、外汇管理等职能部门，寻求当地警务联络小组和移民局等国际力量的协助，合力遣返；构建在逃人员规劝管控模式，劝返投案，紧盯人员流和资金流，最大限度冻结涉案钱款。年内，追回外逃犯罪嫌疑人隐匿赃款7000余万。全年，追缉境外在逃人员17人（其中涉众型金融案件在逃人员12人），追赃金额逾12.2亿元，“猎狐”行动绩效列全市第一。（尹玮）

夏季严打整治专项行动 （尹玮提供）

【构筑电动自行车智能安全防护网】 浦东分局推进RFID（无线射频识别技术）电动自行车智能防范项目建设，加大感知端建设和数据汇聚应用力度。至年底，浦东14个街镇投入建设费用2480万元，覆盖全区746.1平方公里，占全区面积62%。制定“浦东新区电动自行车智能防范系统实施方案”，采用RFID自动识别、移动互联等技术，通过在车上安装电子防盗芯片，建立虚拟电子车管所登记车辆信息，实现信息化管理；在主要路口及重点区域安装监测雷达，对覆盖范围内已安装防盗芯片的电动自行车实施24小时监测，实时记录车辆行驶轨迹。在关键路口、重要场所和社区安装固定扫描雷达4000余台，安装防盗芯片12万余套，构建系统的电动自行车智能防护网。（尹玮）

【挂牌整治全区36个防范薄弱小区】 浦东分局通过争取属地政府财力支持保障，争取业委会、物业公司自筹资金等方式，36个治安薄弱小区新增、维修周界报警系统围栏4320米、电控防盗门686扇，在主要通道、楼洞出入口等点位安装视频监控探头1474个。属地派出所深入走访，做到“底数清、情况明”。加强小区进出口登记工作，并加强案件高发时段小区的巡逻盘查工作。至年底，上述居村委人民宅盗窃案件比上年减少76%。梳理盗“三车”案件在辖区的高发时段和易发区域，强化视频巡控和着装叠加巡逻。加大“三车”销售、维修点位核查管理力度，查堵销赃渠道。挖掘社区居委干部、社区协管员、治安积极分子等可依靠力量，每日组织巡逻。全年，36个“治安防范薄弱小区”110报警类警情接报数、入民宅盗窃案件接报数、盗“三车”案件接报数和电信网络诈骗案件比上年分别减少23%、65%、58%和13%。（尹玮）

【率先突破“综合窗口”系统“三合一”难题】 浦东分局启动高东派出所“综合窗口”试运行工作，配置2台万兆级核心交换机、3台千兆级交换机等专用外部设备及出入境、身份证业务自助设备等硬件，对交通、人口、出入境三系统整合。经反复测试，发现十余个可能导致系统崩溃、计算机死机、外设不响应等兼容性问题并逐个进行破解，完成“综合窗口”整合工作。分局即在高东派出所“综合窗口”进行实战运用，实时听取窗口民警使用体验，通过使用实现“三合一”系统在同型号计算机上的完全复制，不同型号计算机通过指定软件配置即可推广使用，为全市“综合窗口”系统“三合一”提供浦东样板。（尹玮）

【全市首家分局层面毒化实验室投入实战运作】 2016年6月，浦东分局根据市局要求，开展毒化实验室建设规划。2017年9月，开始毒化实验室筹建，分局投入500万余元专项资金，启动实验室用房选址和仪器设备采购。2018年4月，毒化实验室建成。由受理室、称重室、毒物预处理室、光谱分析室、质谱分析室、实验整备室、物证保管室组成。引进气-质联用仪、傅立叶变换红外光谱分析仪等多套仪器设备，完全具备对海洛因、吗啡、大麻、安非他命类（冰毒及摇头丸）、美沙酮、可卡因、氯胺酮等毒品的体外鉴定能力。分局在毒化实验室建设之初即开展相关法定资质申报工作，组建检验队伍。实验室与国际性权威化学品分析检测机构上海药明康德新药开发有限公司建立联动复检机制，对存疑检测结果及时启动复检，对相关新型毒品和精神管制类药品的鉴定给予技术支撑。毒化实验室建成后，毒品检验由原来10个工作日出具鉴定报告缩减至5个工作日。通过实战运作，分局毒化实验室已具备应对国内外新型毒品的化验检测技术能力。（尹玮）

【成立国内首家公检法涉案财物共管中心】 浦东分局于5月30日正式挂牌成立全国首家公检法涉案财物智能共管中心。中心实行两级管理模式。对于价值较轻，需发还被害人的涉案财物由分局各办案单位自行保管；对于刑事案件移送检察院审查起诉的涉案财物交由共管中心保管。对特殊涉案物品如汽柴油等，以社会租赁形式在全区选定15个特殊物品专业管理场所予以专业化集中保管。3家单位分别派员入驻，承担刑事案件侦查、起诉、审判及后续处置各个阶段的涉案财物管理工作，确保三方“保管义务互不替代、制约职能互不越位”的涉案财物共管模式。该模式首次将智能管理技术深度融入公检法涉案财物共管工作，应用物联网EAS射频防盗系统、RFID射频标签等设备技术，完成对涉案财物的出入库预报警、动态追踪功能。以人工智能替代人力操作，应用机器人仓储管理、激光定位导航无人自控叉车等新型科技设备，对每件入库物品做到“一物一卡”，完成对物品的自动定位、称重、存取、传送、巡检、统计等管理功能，并可实时查询物品所在位置，追踪库内物品的移动轨迹，减少人为操作因素。创设可视化庭审示证视频室，节省出庭示证时政法干警借用、归还涉案

财物所耗时间，降低司法刑事诉讼工作成本。（尹玮）

【康桥派出所推进刑侦改革取得实效】 康桥派出所推进刑侦改革，调优勤务，充实破案组，配足社区组，成立窗口及接处警组，确保窗口接待、纠纷调处“一办到底”。密切与分区指挥部联动合作，加大案件审结力度，扩大打击成效。做好机制保障，明岗定责。该所始终保持对“黄赌”违法行为“零容忍”，通过落实社区民警“管段负责制”、治安组“飞行检查制”等措施，加大对休闲娱乐场所与家庭棋牌室的整治力度。同时，通过完善物防、技防、人防建设，打造视频监控、邻里守望、夜间巡查、保安守卫“四位一体”防控网络。年内，报警类警情比上年减少19.3%，其中偷盗类警情比上年减少57.9%、“黄赌”警情比上年减少45.9%；刑事打击处理236人，比上年增加13.5%。（尹玮）

【分局初任领导干部法制轮训工作取得实效】 浦东分局为帮助初任领导干部更好适应环境、胜任岗位，开展初任领导干部法制轮训，制定《关于选派优秀年轻干部至法制支队案件审理科学习锻炼的实施方案》。厚植法治理念和法律思维，丰富领导干部培训途径。年内，有37名初任干部参加轮训，审核各类行政案件1603起，变更强制措施降格处理2500余次，参与行政复议应诉20次，开展基层联络60余次。（尹玮）

【侦破“10·18”系列故意杀人案】 10月18日，上钢地区长清路×××号门面房拆违过程中发现2具白骨化人体遗骸。接报后，浦东分局即成立专案组开展侦查工作。经查验，被害2人死亡时间距今20年左右，其中一具尸骸为沈某某（1998年9月被报失踪）。同时发现沈某某名下上钢六村28号某室房产在1998年11月被交易出售。经查，沈某某被报失踪时案发地由王国庆（男，56岁，上海市浦东新区人）租借经营房屋中介生意。经审查明，1998年夏、秋之际，王与郑政鸿（男，56岁，上海市浦东新区人）2人为谋财，先后杀害沈某某与张某某。后将尸体用水泥浇筑在墙体内，并售卖被害人名下房产瓜分房款。该案的侦破工作在2018年度“刑警803破案奖”评比中被评为“金奖”。（尹玮）

【侦破“3·26”绑架案】 3月26日，浦东分局接潘某某（女，20岁，上海市浦东新区人）报警称，其母亲刘某某失联被绑架，并被索要赎金250万元。分局即成立专案组开展侦查。发现被害人刘某某于3月22日在周某谭（男，25岁，江苏省启东市人）居住地失踪，周有重大作案嫌疑。后查明周于3月22日晚将刘勒死后连夜驾车逃往江苏启东老家，并将被害人尸体掩埋在其父母居住地的菜园内。周又以绑架刘某某要挟被害人家属交纳赎金。4月6日，专案组寻获被害人尸体，将犯罪嫌疑人周政谭抓获。该案的侦破工作在2018年度“刑警803破案奖”评比中被评为“铜奖”。（尹玮）

【侦破李兴文等人涉嫌利用IPO发审规则敲诈勒索案】 2017年11月，××科技股份有限公司报案称，李兴文（男，36岁，山东省济南市人）、李兴武（李兴文之弟，31岁，山东省济南市人）等人先后在××科技IPO发审挂牌上市前夕，以××科技侵犯其所控制的上海科斗电子科技有限公司、上海步岛实业有限公司专利权的诉求，向多处法院及证监会提起民事诉讼和实名举报，造成该公司未能如期挂牌上市，并被迫承诺支付人民币160万元。经查：2017年上述报案内容属实。另查明，2015—2017年期间，李兴文等人以同样手法，向厦门盈趣科技股份有限公司、杭州古北电子科技有限公司和杭州鸿雁智能科技有限公司3家拟上市公司，以专利侵权的名义提起30余次诉讼。上述公司在明知没有侵权、基于担心诉讼影响上市的原因下，被迫与上海科斗电子科技有限公司签订所谓和解协议，共计支付56.3万元至该公司账户内。2018年4月28日，犯罪嫌疑人李兴文等人因涉嫌敲诈勒索罪，被依法移送起诉。该案的侦破工作在2018年度上海经侦系统“经济犯罪案件侦查破案精品案例”评选中被评为“金奖”。(尹玮)

【侦破徐雷等人“布拉旅行”合同诈骗案】 1月22日，市民王某等数十人，前往悦行信息科技上海有限公司讨要未能出行的预付款。接警后，浦东分局即开展调查。查明：该公司以“布拉旅行”为平台，虚构售卖明显低于市场价的旅行产品，并不惜以负债维持平台运作，导致客户的出行数与订单数严重倒挂，至案发已资不抵债，造成全国各地1.1余万名客户未能出行或收到退款，涉及金额1.1余亿元。主要犯罪嫌疑人徐雷（男，52岁，上海市浦东新区人）、种品宏（男，34岁，台湾人）先后被抓获。该案的侦破工作在2018年度上海经侦系统“经济犯罪案件侦查破案精品案例”评选中被评为“铜奖”。(尹玮)

【侦破“5·17”代理境外赌博网站开设赌场案】 5月，浦东分局根据线索，发现名为“九州天下”的网站，内有“赌球“”百家乐”“21点”等多种赌博形式，且提供大量淫秽视频，遂成立专案组开展侦查。专案组先后在杭州、广州、佛山、江门、东莞等地抓获犯罪嫌疑人陈潜云（男，41岁，广东省阳春市人）、张涛（男，28岁，安徽省定远县人）、李小华（男，34岁，广东省阳春市人）、郭庆（男，28岁，湖北省襄阳市人）等11人，案件涉及赌博资金20亿元。经审理查明，陈潜云于2014年起先后注册“九州天下”“韦德”等赌博网站，并发展李小华、郭庆2人作为核心人员，又陆续招揽张涛等10余人。该团伙通过聊天软件发放赌博网站专属二维码及推广链接。该案的侦破工作被评为“2018年度上海治安行动部门十佳精品案例”。(尹玮)

【侦破“10·19”特大网络制售有毒有害降糖类保健食品案】 2017年10月9日，根据公安部线索，一QQ群疑似非法销售有毒有害保健食品。市局治安总队即组织浦东分局和市局有关单位成立专案组，会同相关公司开展侦查。2017年12月21日，抓获以郝瑞华（男，37岁，河南省周口市人）为首的犯罪嫌疑人16人，查处制假工厂2处、仓储销售窝点5处，缴获非法添加违禁药物成分的“云南糖草”“五行化糖”“茯苓玉竹片”等有毒、有害保健食品300余万粒，制假原料100余种（约10吨），用于制假的胶囊、包装盒、说明书等200余万件及制假设备若干，涉案金额达6000余万元。经查，犯罪嫌疑人郝瑞华等人为非法牟利，自2015年起在河南省周口市一民房开设制假“黑工厂”，从刘斌（男，35岁，河南省郑州市人）处购进二甲双胍等制假原料，非法生产加工成“云南糖草” “五行化糖” “茯苓玉竹片”等有毒、有害保健食品，批发销售给河南郑州的王云庆（男，33岁，河南省郑州市人）等人；王云庆等人通过开设网店、批发等方式销售，最终流入市场。该案的侦破工作被评为“2018年度上海食药环侦部门十佳精品案例”。(尹玮)

黄浦分局

【概况】 2018年，黄浦分局围绕进博会安保工作主线，坚持以建设智慧公安、过硬队伍为牵引，以争创一流、树立标杆为动力，以依法严管、确保安全为底线，以警务科技含量提升、现代警务流程再造为导向，紧扣安保、街面、社区、楼宇警务的重点，完成各项公安保卫任务，确保黄浦区社会大局稳定。

完成重大安保任务。完成2018迎新年倒计时、上海国际电影节、上海旅游节、国庆69周年彩灯开放、进博会、上海国际马拉松赛，以及元旦、春节、元宵、五一等重要节点安保工作40余批次。完成英国首相、法国总理、挪威国王来访等警卫任务339批次。

维护社会政治稳定。全年处置群体性突发事件410余起；处理信访3364件，比上年增加152.6%。持续开展每周三市政府信访秩序“净化”行动，确保人民广场、市政大厦，市民政局、市人社局以及市公安局信访办等场所和周边规范有序。完成党的十九届二中全会、全国“两会”、博鳌亚洲论坛、青岛上合组织峰会、中非合作论坛、上海进口博览会等重要活动社会面维稳工作。

确保社会治安秩序良好。开展“严扫净保”专项行动。全年立刑事案件8986起，比上年增加54.8%。侦破刑事案件1773起，破案率19.7%。其中侦破八类案件59起，破案率60.2%；侦破“两抢”案件17起，破案率100%；侦破入室盗窃案件276起，破案率36.4%；侦破诈骗案件331起，破案率20.8%；侦破命案5起，侦破率100%。查处违法犯罪嫌疑人2926人，比上年减少25.8%，其中移送起诉886人。抓获在逃人员97人。立经济犯罪案件428起，侦破321起，抓获犯罪嫌疑人335人，分别比上年增加17.9%、11.1%和45.7%；追缴赃款372950万元，追缴率98%。查处治安案件11740起，比上年减少29.4%，其中“黄赌毒”案件2365起，比上年增加2.6%。报警类案件110处警数10070起，比上年减少16.7%。

保障城市公共安全。开展交通违法行为专项整治。全年，纠处交通违法行为114.5万起，比上年减少10.8%；发生道路交通事故（上报）10起，死亡10人，均比上年减少9.1%。创建20条样板道路，在2018年上海市交通行为样板路段区域年度测评中，4条路段获中心城区组前10名。深化烟花爆竹管控，开展消防安全隐患专项整治，推动夏防、冬防、高层建筑消防安全综合治理。全年发生火灾事故143起，比上年减少12.8%；2人受伤，比上年减少71.4%；无亡人火灾；直接经济损失117.9万元，比上年减少41.9%。出入境接待窗口全年办理证照37.5万人次，比上年减少1.8%；查处“三非”案件202起，比上年增加9.1%。

深化公安改革。推进智慧公安建设，“一标六实”警用地理信息应用系统开发、社会面智能安防系统建设、智能交通安全管理系统试点、警务微信系统升级、智慧监所改造五个项目取得实效。户政业务实现网上申请、网上审批、网上查询。10家户籍派出所窗口配置居民身份证自助受理机。

加强公安队伍建设。开展“不忘初心，牢记使命”主题教育实践活动。举办警衔晋升培训班10批次，参训民警484人次；开展派出所“综合窗口”建设试点、刑事案件现场勘查业务技能、公务用枪、进博会安保、现场执法规范等培训2.1万余人次。完成基层领导和综合部门民警非领导职务晋升及执法勤务机构警员职务晋升工作，251名民警获得晋升。年内，12个集体、12名个人获公安部、市公安局表彰（其中记集体二等功12个；记个人一等功1个、二等功11个）；分局获2018年度“上海市优秀公安局”称号，郭承华、马骏、储辉、郁少华、黄俊、李焰、赵惠获上海公安系统“百佳标兵”称号。（吕文正）

【推进“严扫净保”专项行动】 黄浦分局在专项领导小组和实体化工作专班推动下，由治安、刑侦、经侦、网安部门牵头强化侦查打击工作。全年，全区“盗抢骗”案件接报数比上年减少18.6%，其中，破获电信网络诈骗案件294起，比上年增加20.5%，防阻电信诈骗案件1065起。“黄赌”警情比上年减少54.6%，查处“黄赌”案件167起，比上年增加70.4%；抓获违法犯罪人员691人，比上年增加18.3%。侦破非法集资案件62起，比上年增加210%，查处犯罪嫌疑人172人。侦破涉网案件190起，刑拘250人。1－10月，分局共开展全区范围的集中打击整治行动9次，侦破刑事案件23起、治安案件40起，查处犯罪嫌疑人102人，整改消防隐患1053处，纠处交通违法行为2.2万余起。（吕文正）

【新建在押人员伙房】 1月起，根据公安部监管局要求，黄浦分局投入资金69万余元，在看守所新建在押人员伙房，使用面积约168平方米。伙房配备人员20名，对采购食品原料进行检查，做到按日采购、当日使用。在伙房仓库出入口安装人脸识别系统，严控无关人员出入。9月，伙房通过市局监管总队验收后投入使用。（吕文正）

【南京西路发生车辆失控撞上人行道事件】 2月2日8时57分，陈旭辉（男，40岁，江西

处置车辆失控事件　（吕文正提供）

省南昌市人）驾驶牌照为赣A3××Y7的面包车自新昌路左转至南京西路口时，车内起火失控冲上人行道，造成自己重伤、17名行人受伤。经民警现场勘查、调阅监控、走访了解，认定该事件为交通肇事。黄浦分局通过微博官方公众号“警民直通车—黄浦”及时发布情况通报，回应舆论关注。（吕文正）

【南京东路发生店铺招牌脱落事件】 8月12日21时43分，南京东路132号“奇遇城堡”礼品店商店招牌（离地约4米，木质钢结构）从外墙脱落，砸中行人9人，造成3人死亡、6人受伤。事发后，黄浦分局迅速开辟绿色通道，协助120急救车将受伤群众送至医院抢救。同时，收集伤亡人员信息，及时联系伤亡人员所在单位和家属。（吕文正）

【开展现代警务流程再造试点】 5月起，黄浦分局在外滩治安派出所、半淞园派出所试点警务流程再造，将交通、巡逻、社区、治安等一线民警整合后分配到派出所责任区，统一行使《中华人民共和国人民警察法》职责及基础性综合执法任务。民警配发手持式智能警务终端，实现“云端支撑处置、处置反馈云端”处警模式。半淞园派出所依托街道网格中心、综治中心、派出所综合指挥室“三中心合一”机制，试点警情分类分级分流处置。全年，半淞园派出所、外滩治安派出所110警情均量比上年减少20%，到场处置时间平均缩短30%，交通违法查处数比上年增加30%。（吕文正）

【开展社区智能安防系统建设试点】 3月起，黄浦分局与有关公司合作，在半淞园路街道102个小区安装感知设备17类4121个。其中，小区出入口车辆识别“微卡口”126个，人脸识别和道路人脸识别“微卡口”1402个。全年，半淞园派出所依托智能安防系统，形成对社区风险隐患全天候、全时段感知。共抓获在逃人员6人、刑事拘留18人、行政拘留9人、强制戒毒7人；破“盗三车”串案3起，捣毁吸毒窝点2处。半淞园派出所被市局选树为智慧公安样板派出所。7月3日，市局在半淞园派出所召开智慧公安建设大巡游现场会；9月28日，中共中央政治局委员、上海市委书记李强到半淞园派出所调研，充分肯定分局智慧公安建设成效。（吕文正）

介绍社区智能安防情况（吕文正提供）

【成立治安管理服务中心】 6月，黄浦分局与区委政法委、综治办、民政局等部门开展协作，在巡道街128号启动治安管理服务中心建设。10月，正式成立。该中心以弃婴弃儿、走失未成年人、精神障碍患者、醉酒滋事人员、“两怀”妇女、患有严重疾病的违法犯罪嫌疑人等特殊人员为重点，提供临时救助、临时羁押、嫌疑人员送押和监视居住四项服务。参照监所管理标准，制定收教流程规范，配置新收室、临时救助室、临时羁押室。至年末，治安管理服务中心收教轻微违法人员323人。(吕文正)

【开展智慧监所建设】 4月起，黄浦分局按照市局“智慧监所”建设要求，与相关单位合作，在看守所、拘留所开展监所智能AB门、人脸识别安检和自助提审会见系统建设，实现动态掌握被监管人员实时动向以及提讯会见流程自助办理。至年末，成功处置4起被监管人员突发重病和1起被监管人员自伤自残事件。公安部副部长孟庆丰作出批示，充分肯定分局智慧监所建设成效。(吕文正)

【应用智能信号灯】 5月，黄浦分局在南苏州路、中山东一路、中山东二路、新开河路、人民路、河南南路等沿线64个交叉路口安装智能信号灯系统。该系统通过综合运用视频、车联网、卡口等多维数据，实时感知路况并对交通运行状况建模分析，动态分配路权、智能诱导交通参与者。至年末，上述区域道路拥堵指数比上年减少8%，车流通行效能比上年增加14%，交通类110警情比上年减少32%。(吕文正)

【开展商圈智能安防系统建设】 9月，黄浦分局与上海豫园旅游商城股份有限公司合作，在豫园商圈进行智能安防系统建设。该系统安装31路“客流眼”和人脸识别监控等感知设备并融入人脸围栏、消防感知、智能井盖等功能，实现客流数据精准获取、安保指令智能推送、隐患风险自动发现。10~12月，豫园商圈报警类110比上年减少46%，抓获在逃人员2人。(吕文正)

【外滩区域安装新型行人过街提示系统】 9月，黄浦分局在南京东路/中山东一路路口安装首个新型行人过街提示系统，并于国庆节期间投入使用。该系统通过在人行横道线上铺设发光地砖，提示行人按照交通信号灯安全通行；在警示立柱上集成行人信号灯、综合感知设备和显示屏幕，实时监测路口行人和非机动车交通违法行为，实现精准非现场执法。该系统得到市局领导的高度肯定并指示在全市推广。至年末，分局已在南京东路/中山东一路路口、延安东路/中山东一路、汉口路/中山东一路、福州路/中山东一路4个路口安装4套新型行人过街提示系统。(吕文正)

【开展街面智能安防系统建设试点】 黄浦分局与有关公司合作，在全区建成5969路高清数字化监控系统，覆盖密度平均每平方公里300个。其中，45%以上监控分别具备人脸识别、车辆识别、自动抓拍交通违法等智能功能。在泛外滩区域建成人脸识别系统、LBS大数据监测系统、客流眼监控系统、智能交通管理系统、人流诱导系统、密集场所扩音系统。全年，辖区街面110警情比上年减少40.3%。(吕文正)

【开展楼宇智能安防系统建设试点】 全年，黄浦分局以楼宇“微卡口”建设为重点，发动楼宇物业、业主参与共建。全区建成智慧安防楼宇4幢（房地大厦、中汇大厦、汇金大厦和南开大厦），88幢楼宇与建设方签订建设意向协议。其中，南开大厦试用具有人像抓拍和WiFi嗅探功能的广告推送投影仪等产品，降低建设成本，为全区楼宇智能安防建设推广提供可行路径。(吕文正)

【侦破公安部督办“8·2”特大电信网络诈骗案】 6~8月，黄浦分局陆续接上海某银行信用卡中心报案，该行大量信用卡用户信用卡被盗刷，涉及全国信用卡客户300余人，涉案金额209万余元，即成立专案组开展侦查。9月17日晚至18日凌晨，在公安部、市局有关单位和当地警方协助下，在海南、广西、云南、广东、四川、浙江等地先后抓获王应高（男，28岁，海南省儋州市人）等犯罪嫌疑人29人，收缴作案用手机、电脑60余部，银行卡120余张，POS机及信用卡解码器40余台。专案组获市局“集体二等功”，该案的侦破工作在2018年度“刑警803破案奖”评比中被评为“银奖”。(吕文正)

【侦破“5·6”盗窃案】 5月，黄浦分局接报案，存放于某精品酒店客房保险箱内的1.3万余元外币被盗，即成立专案组开展侦查。7月20日，专案组在上海、广西等地先后抓获劳晨芳（男，33岁，广西壮族自治区崇左市人）等犯罪嫌疑人17人，捣毁盗窃团伙2个，收缴作案用保险箱钥匙40余把、锁芯10余个，破案40余起，涉案金额10余万元。专案组获市局“集体二等功”，该案的侦破工作在2018年度“刑警803破案奖”评比中被评为“铜奖”。(吕文正)

【侦破“8·4”窃取信用卡信息系列案】 2017年8月，黄浦分局接报案，被害人所持银行卡发生盗刷交易或在异地被取现，涉案金额114万余元，即成立专案组开展侦查。5月，在静安、长宁、徐汇等区先后抓获杨国莹（男，23岁，广东省茂名市人）等19名犯罪嫌疑人，收缴作案用电脑、手机、测录器40余部、密摄手环1个，伪造身份证和健康证30余张，查证被窃取的信用卡信息2000余条。该案的侦破工作在2018年度上海经侦系统“经济犯罪案件侦查破案精品案例”评选中被评为“银奖”。(吕文正)

徐汇分局

【概况】 2018年，徐汇分局紧扣进博会安保主线，深化公安改革，以智慧公安建设为牵引，完成各项年度工作任务。

维护地区安全稳定。按照进博会安保“守住边、稳住面、保住点”的总体思路，加强情报搜集研判，深化专案侦查攻坚。发放宣传品8000余份，接受群众举报信息1205条。化解社会矛盾，制订应急联动预案，落实动态管控措施。全年处理办结各级信访查办、督办件1919件，查处人员35人次；处置事件13248起，涉及人员17972人次，处置群体性聚集维权事件100余起。

推进智慧公安建设。成立智慧公安建设领导小组及办公室，制定徐汇智慧公安项目建设三年行动计划，落实保障经费16.26亿元。完成田林地区10个小区的智能安防设施建设，安装各类感知端设备1474个；完善感知数据上云，实现数据上云312.7G。建设一体化的应用系统，实现世界人工智能大会智慧安保模式，布设全方位、智能化、可视化的安全防护网。

净化地区社会环境。全年报警类110警情比上年减少18.6%。推进“严扫净保”“禁毒2018两打两控”“扫黑除恶”专项行动，全年开展12次打击整治、场所清查和夜间临检行动，破刑案3524起，比上年增加7.6%。其中，命案、“两抢”案件100%侦破，刑事拘留2249人，比上年增加17.5%；移送决定起诉1513人，比上年减少8.1%。破获两起发生在1996年和2004年的命案，捣毁以“套路贷”为典型的黑恶势力团伙47个，抓获涉黑涉恶人员199人。全年，侦破经济犯罪案件279起，比上年增加2.0%；抓获犯罪嫌疑人419人，比上年增加5.0%；追赃挽损16.1亿元。对110信箱、12345市民热线等线索落地查证，加大对休闲娱乐场所的监管力度，依法关停、取缔存在问题的场所。全年，出动警力2768人次，检查各类休闲娱乐场所956家次，查封取缔涉黄涉赌场所19家次，停业整顿63家次。“黄赌”报警类警情比上年减少62.0%。

提升城区治理能级。推进交通大整治，开展“26+1”条样板路创建工作，配合落实2018世界人工智能大会场馆建设、轨交15号线站点建设、全区24条道路架空线入地。整治交通违法，累计查处各类交通违法行为130万余起。全年，发生交通事故39起，造成19人死亡。推进高层住宅建筑的消防设施改造，完成闵汽地块和绍兴饭店2家市级挂牌单位的火灾隐患整改。排查整治辖区“三合一”、人员密集场所，全年检查单位62609家次，督改火灾隐患74527处，查封68家，责令“三停”单位276家，全区发生火灾事故82起，比上年减少8.9%，无人员伤亡。

全力锻造过硬公安队伍。爱警惠警落到实处，推出关心民警子女措施；落实21名外省市民警公租房问题，提供40位民警、辅警及家属就医协助；上门走访因公负伤、困难民警和家庭650余人次，组织民警疗休养17批次660人。树立职业标杆，挖掘先进标兵，全局有6名民警成功当选条线“十佳标兵”，周桂祥被授予“全国公安系统二级英雄模范”称号、交警支队王润达被记个人一等功。全年分局集体受到各类表彰33次，个人受到各类表彰806次。（樊健生）

【打击涉赌违法犯罪活动】 徐汇分局在取证、办案环节中充分运用“数据思维”，运用“可视化分析软件”，建立数据分析模型，实现“无现场”犯罪精准打击，还原犯罪团伙作案证据，完善流程闭环，破获部督“1·5”利用APP平台开设网络麻将赌场案、“3·9”英雄大厦德州扑克开设赌场案、部督“3·26”利用微信及手机APP开设赌场案、“5·2”中山西路2368号开设实体“百家乐”赌场案以及“9·4”利用“派趣棋牌”APP开设网络赌场案。年内，查处赌博案件128起，其中刑事案件78起、行政案件50起，抓获涉案人员443人，刑事拘留205人、取保候审4人、行政拘留170人、罚款9人；收缴赌资102余万元，全区涉赌110警情比上年减少65.6%。（樊健生）

【开展集中打击整治行动】 8月11日至12日凌晨，徐汇分局在全区范围内组织开展交通违法行为大整治、电动车销售点消防安全集中整治、涉黄涉赌等突出治安问题集中整治、群体聚居区集中清查整治、打击夜间违法犯罪联合查堵行动。分局设置卡点6处，检查车辆1975辆，盘查人员1814人，抓获在逃人员1人；处理各类交通违法行为1585起，查扣“五类车”4辆；排查电动自行车销售网点79家，当场整改消防隐患65起，警告1起，临时查封1家，取缔无证无照销售网店3家；检查沿街场所、店铺277家、其他治安复杂地区12处，排查整改突出治安问题51处；查缉房屋数150间，查缉人员269人，采集信息72份；破获刑事案件44起，刑事拘留38人。（樊健生）

集中打击夜间盗窃等突出违法犯罪 （樊健生提供）

【完成2018世界人工智能大会安保工作】 9月17日至19日，2018世界人工智能大会在徐汇区滨江西岸举行。徐汇分局制定安保方案，安装特制花架、水马、横栏杆等防冲撞设施，开展防爆检测，落实安全隐患整改、喷洒防火涂料、补齐灭火器具、现场消防值守等措施，调整交通管制时间与范围，缓解交通通行压力，保证道路秩序平稳；运用智能安防设备，安装高清视频监控300余个，布设全方位、智能化、可视化的安全防护

2018世界人工智能大会安保 （樊健生提供）

网，实现快速应对可能出现的大客流聚集。出动警力2300余人次，安保力量3500余人次，志愿者和街道政法干部等2400余人次，市局增援特警200人次，完成2018世界人工智能大会安全保卫任务，确保警卫人员安全和场馆内外秩序稳定。(樊健生)

【推进现代警务流程再造试点】 3月15日，徐汇分局选定田林派出所、虹梅派出所、交警支队四大队作为“全科医生”试点单位，9月1日在全区14家派出所全面推开现代警务流程再造工作；以田林地区为样板，将非警务类信息推送至医疗卫生、民政、市政、城管执法、市场监管等相关主体，做好前端感知信息第一道“分拣站”，共分流非警务类警情421起；针对不同警情类别、紧急程度，按照“一事一预案”“一情景一预案”要求，制定35类要素化、流程化、标准化的“专科”梯次增援预案；建立智能警务终端、联合值守、破解疑难杂症的“网上会诊室”应用，构建在线解答、远程协助、三方通话、现场支援四层级梯次支援等级。运行以来，在线支援处置警情114起，四方通话处置警情9起，专业力量到场处置警情3起，一线综合执法民警处警耗时平均减少2分钟，疑难警情处置成功率提升26%。推进“一窗综办”建设、“一网通办”便民服务，在漕河泾、田林、虹梅、凌云试点“综合窗口”，整合派出所受理74项行政审批事项和15项其他便民服务事项，设置人口办、出入境、交通等相关业务自助服务设备，预约办理417人，成功办理294人；研发“户籍云窗口”系统，推出微信公众号受理户籍业务，通过线上查询政策、提交审核申请、网上办理，缩短审核周期，做到让群众只跑一次。年内，已有270人申请办理，194人办理成功。(樊健生)

【加强道路交通管理】 徐汇分局结合“行人和非机动车违法明显减少、非标车辆明显减少、宣传声势明显增强、市民满意度明显提升”的目标要求，开展规范行人和非机动车交通行为专项治理，紧抓“三乱一逆”、大型车、“五类车”等违法整治不反弹，确保“架空线入地”工程期间道路畅通。年内，查处各类交通违法行为130余万起，比上年增加17.5%，交通类110警情数比上年减少0.64%，交通事故比上年减少13.15%。开展专项整治行动122次，投放警力9700余人次。全年主流媒体刊发报道196篇，微信、微博平台发布各类博文、微信504余条，点击量达120余万次；开展宣讲活动315场，发放宣传资料1万余份，张贴海报2000余张。(樊健生)

【提升管控智能化精细化水平】 徐汇分局通过田林12村智能安防社区的成功试点，在田林街道选取9个小区推广建设，以“智能安防社区系统”为指挥平台，集成10大类、近2000个感知设备，实现对实有人口、车辆动态管理，对特殊人群即时发现和轨迹追踪，试点社区实现可防性侵财类案件“零发案”，抓获在逃犯罪嫌疑人1人、涉嫌贩毒犯罪嫌疑人1人。完善市域（铁路）卡口、长途客运南站出入口人脸识别摄像机安装，南站区域监控覆盖率达到85%以上。9月建设完成至年底，系统日均比对11000余人次，比对发现在逃人员2人。完成设置1651套电子警察，开发徐汇交警交通智能辅助指挥信息分析研判系统，导入交通路政数据、交通违法数据、公共交通数据、道路路设施工信息、停车场信息、警力信息等模块。年内，该系统完成交保任务1700

余批次，查处交通违法行为6.3万余起，查获假、套牌案件4起，行政拘留3人。交通类110警情数比上年减少8.6%，拥堵类、事故类警情比上年分别减少40.6%和9.1%。（樊健生）

【强化舆情处置工作】 “6·28”浦北路持刀杀人案发生后，引发社会各界高度关注，徐汇分局启动舆情应急响应机制，第一时间发布官方信息，回应社会关切。增派警力赶赴案发现场，扩大警戒区域，分流人流车流，以“快速核处、及时发布、公开透明”行动准则，精准掌握现场信息。面对突发情况，坚持发现问题在一线，解决问题在一线，明确导向、把握细节，避免次生负面舆情风险，压缩次生舆情生长发酵空间，快速、稳妥处置各类直接、间接次生舆情，赢得群众广泛认可，展现舆情处置工作专业化的水平和能力。（樊健生）

【推进消防安全大排查大整治】 徐汇分局根据区域特点，加强老式居民建筑、在建工地、地下空间、商场市场、人员密集场所排查整治。集中整治电动自行车违规停放违规充电隐患，建设集中停放点170余处。年内，检查单位62609家次，督促整改火灾隐患74527处，查封68家，责令“三停”276家，拘留83人。完成高层住宅建筑老旧消防设施改造，组织居民小区疏散演练，培训5000名街镇消防安全网格化管理人员和微型消防站工作人员。推出分色预警系统升级工作机制、消防监督机制，落实消防安全管理责任，强化社会面消防宣传。（樊健生）

【侦破“6·3”特大网络盗窃案】 6月3日，徐汇分局接报上海某数据信息科技有限公司遭他人恶意篡改充值交易数据，公司损失资金人民币5370万余元。分局即成立联合专案组进行侦查，迅速止付冻结资金585万余元。6月13日，专案组在广西南宁市、柳州市分别抓获团伙主要犯罪嫌疑人黎毅（男，37岁，广西壮族自治区南宁市人）、黎斌（男，39岁，广西壮族自治区柳州市人）、温川杰（男，33岁，广西壮族自治区玉林市人）等10人，缴获涉案美金248.2万元、人民币170万元以及涉案笔记本电脑、银行卡、上网设备等物品。该案的侦破工作在2018年度“刑警803破案奖”评比中被评为“金奖”。（樊健生）

【侦破“10·28”全国一级造价工程师职业资格考试组织考试作弊案】 10月28日下午，徐汇分局接报两处全国一级造价工程师职业资格考试点内有多名考生使用米粒式耳机、信号接收器等工具作弊，涉及作弊考生46人。分局即成立联合专案组展开侦查。查明团伙主要犯罪嫌疑人黄清枫（男，42岁，浙江省杭州市人）、潘鹏程（男，36岁，浙江省新昌县人）两人组织考生在杭州、上海各考点考试中进行作弊。10月29日，专案组在重庆市、浙江省杭州市、浙江省绍兴市、湖北省荆州市抓获姚宾（男，浙江省杭州市人）等主要犯罪嫌疑人12人，后又先后抓获犯罪嫌疑人潘益宁（男，38岁，浙江省杭州市人）、刘杰（男，35岁，浙江省兰溪市人）、吕猛（男，24岁，辽宁省宽甸满族自治县人）、范金萍（女，22岁，浙江省杭州市人）、黄燕（女，27岁，贵州省贵阳市人）、黄金荣（男，35岁，贵州省贵阳市人）、陈优雅（女，35岁，浙江省杭州市人）。捣毁涉嫌组织涉及全国4省市共计900余名考生作弊的犯罪团伙，涉案金额500余万元，缴获作弊设备、银行卡、协议书以及储存有作弊考生登记信息及资金进出的电脑主机等物品。该案的侦破工作在2018年度“刑警803破案奖”评比中被评为“金奖”。(樊健生)

【侦破“1·9”非法经营“烟弹”案】 1月，徐汇分局发现2017年4月至2018年1月，市面上出现万宝路、百乐门等品牌新型卷烟，此烟不燃烧，辅以电子烟具加热即可吸食，俗称“烟弹”。分局于1月9日立案侦查。根据《国务院关于严厉打击卷烟走私整顿卷烟市场通告的批复》《关于落实开展加热不燃烧卷烟监管工作的通知》，经鉴定确认不燃烧“烟弹”填充物系烟草制品。犯罪嫌疑人在未取得烟草专卖许可证的情况下，为牟取非法利益，多次购入“烟弹”，通过淘宝、微信、QQ等方式发布销售信息，涉嫌非法经营。经侦查，破获上海市首起非法经营加热不燃烧卷烟案，分别于1月19日、1月29日、3月20日抓获以苟海涛（男，35岁，浙江省宁波市人）、徐彩（女，32岁，河南省永城市人）、徐幸福（男，26岁，河南省永城市人）、徐婷婷（女，29岁，河南省永城市人）4人为首的犯罪团伙14人，缴获涉案电脑、U盾、银行卡、通信手机一批，缴获涉案“烟弹”3000余条。该案的侦破工作在2018年度上海经侦系统“经济犯罪案件侦查破案精品案例”评选中被评为“铜奖”。(樊健生)

【侦破“9·4”利用“派趣棋牌”APP开设赌场案】 8月初，徐汇分局治安支队发现一款名为“派趣棋牌”的手机APP可以进行网上赌博。分局即成立专案组。经侦查发现，该款名为“派趣棋牌”的手机软件分别在苹果iOS系统和安卓系统手机上通过非正规渠道向参赌人员推广下载，软件内集成“百家乐”“牛牛”“炸金花”等多款涉赌棋牌游戏。9月4日，专案组在普陀区金沙江路、真北路、福建省连江县分别抓获丁怡（男，36岁，四川省成都市人）、李盛（男，54岁，上海市杨浦区人）、钱金龙（男，36岁，江苏省阜宁市人）、刘彪（男，26岁，湖南省邵阳市人）等涉案犯罪嫌疑人47人。经查，2月至8月，犯罪嫌疑人通过支付宝、微信进行游戏虚拟充值，人民币与游戏币的兑换比例为1∶1，该涉赌APP充值金额达7000余万元，团伙获利600余万元。该案的侦破工作被评为2018年度“上海治安行动部门十佳精品案例”。(樊健生)

【侦破“5·21”销售未经批准进口美容针剂案】 5月21日，徐汇分局查获位于零陵路190弄25号某室内一销售假药窝点，抓获犯罪嫌疑人陈家琦（女，25岁，江西省广昌县人），发现陈所售的针药剂均来自一网上卖家，该卖家有大量假冒针药剂在全国多地分销的重大嫌疑。分局即成立专案组。经侦查，于8月8日，在广东省广州市抓获石木文（女，26岁，安徽省宿松县人）、严桃桃（女，26岁，安徽省宿松县人）、程牡丹（女，23岁，江西省广丰县人）、全小波（男，31岁，四川省渠县人）4名犯罪嫌疑人，缴获日本产未经批准的进口美容针药剂7.5万余支和生产贴标工具若干，涉案总值4000余万元。经查，犯罪嫌疑人通过不法手段大量购入日本产未经批准的进口“蓝肝”“保肝”等10余种甘油静脉注射针剂，伪装成“日本铂金美白针”等畅销品牌，批发销往全国20余个省市进行非法牟利。该案的侦破工作被评为2018年度“上海食药环侦部门十佳精品案例”。(樊健生)

长宁分局

【概况】 2018年，长宁分局以进博会安保工作为主线，以智慧公安建设为引擎，推进公安工作和队伍建设，完成各项安保任务，确保全区社会政治和治安形势持续稳定，获评上海市优秀公安局。

服务保障长宁发展大局。为了做好进博会安保工作，分局共投入2万余人次警力，完成66批警卫任务，确保中外嘉宾安全。推进公安“一网通办”，规范85项群众和企业普遍关心的查询、证明、咨询等服务事项，窗口受理业务从26项拓展到48项，受理范围从户籍向出入境、交通管理等业务延伸。开展大调研活动，聚焦中小企业难点、痛点、堵点及群众急难愁盼问题，共开展调研12952次，走访对象20209人，梳理发现问题896个，解决855个，解决率达到95.4%。

推进平安长宁建设。完成“两节两会”等重大活动安保任务，捣毁邪教窝点21处，抓获涉恐在逃人员8人，处置各类群体性事件107起。推进“严扫净保”“长剑一号”等专项行动，全区报警类110警情比上年减少16.7%；全年立刑事案件7177起，比上年增加38.1%；侦破刑事案件2377起，比上年增加61.2%，命案和“两抢”案件全破；查处违法犯罪嫌疑人4010人，比上年减少7.2%，其中，行政拘留1499人，比上年减少32.4%；刑事拘留2511人，比上年增加19.5%。开展交通违法行为大整治和火灾隐患大排查、大整治，全年查处各类交通违法行为126.8万余起，比上年增加24.1%；交通事故类110警情共3.9万余起，比上年减少9.5%。发生火灾60起，比上年减少15.5%，死亡2人（其中1人属自杀）。

加强智慧公安建设。围绕“五年规划三步走”战略，推进长宁智慧公安建设。全年，落实智慧公安建设经费4.26亿元，全区共安装各类安防感知设备2692个、服务器92台，建设存储设备4.5PB容量，铺设网络光缆1500千米。

推动社会治理创新。构建全民安防模式，深化社区警务工作，共建成微信警务室191个，会聚9600余名可依靠力量，发现处置社区治理、安全防范中的难点、痛点问题3840个，化解矛盾200余起。构建协同治理模式，以感知端信息分流处置为核心，会同区社建办、区网格中心细化建立14类处置流程和操作规范，分流处置感知预警信息4515条。构建精准警务模式，结合分局指挥中心升级改造，开发建设数字化融合调度系统，初步建立智慧图像识别系统预警处置机制和预案系统，提升分局应急处置整体水平。

加强队伍建设。全年共有25个集体、394名个人被记功嘉奖。在市局17个条线“百佳标兵”推选活动中，分局获得12个条线标兵，其中6人获“上海公安系统百佳标兵”荣誉称号，50名民警被评选为分局岗位及技能标兵。（王轶虹、周媛）

【完成进博会安保任务】 长宁分局针对辖区内进博会安保工作点多、面广、线长的情况，经过精心组织和周密部署，研究细化方案、严密措施落实及强化智慧公安建设等一系列举措，完成各项安保任务。自10月29日起，全局取消休假，全力以赴投入安保工作。实战阶段，全区报警类110警情比上年减少44.7%，实现“六个坚决防止”“三个确保”和警卫工作“零失误、零差错”的目标要求。（王轶虹　周媛）

【推进智慧公安建设】　长宁分局大力推进智慧公安建设，19个重点项目建设情况整体良好，智能监控、智能图像识别、安全态势感知等8个项目建设进度处于全市领先位置。初步构建社会面智能安防网络。布设各类“神经元”1.1万个。完成全区826个居民小区微卡口建设，共建成智能安防小区116个、智能单位楼宇34栋。新建及改造完成774套街面智能高清监控探头，实现7679套监控联网接入。完成网络安全态势感知系统一期建设，实时监测能力扩展至150个重要信息系统和25G带宽。推进商品房小区智能安防建设众筹模式，探索形成小区自筹、社区共建、企业出资三种众筹模式，推动全区172个封闭式商品房小区完成签约，签约率达65%。（王轶虹、周媛）

进博会安检　（王轶虹提供）

共建智能安防小区　（王轶虹提供）

【开展“严扫净保”专项行动】　长宁分局持续打击突出违法犯罪，严查严处治安顽疾，排查整治安全隐患，确保社会治安平稳有序。全年，共破获各类刑事案件2337起，刑事拘留犯罪嫌疑人 2511 人；查处治安管理案件 8949 起；破获网络犯罪案件 144 起。全年违法犯罪案件接报数比上年减少 8.3%，全区接报入民宅盗窃案 215 起，比上年减少 22.7%，打击整治成效明显。（王轶虹、周媛）

【加强法治公安建设】 长宁分局坚持以智慧公安建设为引领，以营造公正的法治环境为目标，全力推动法治公安建设。加强如实受立案工作，规范受案立案程序、明确受案立案标准、强化全程监督管理，完善各项保障措施，实现对所有接报案（事）件“如实受理、依法立案”。推进执法规范化建设，加强现场执法视音频和其他执法环节的检查，严格落实执法办案场所“四个一律”规定，确保执法安全。强化刑事、行政案件质量把关，全面深化公安改革，提升执法质量与执法水平。（王轶虹、周媛）

【深化交通排堵保畅】 长宁分局在全区范围内梳理出 10 处交通堵点，通过优化路政设施、调整信号灯配时、加强执法管控等措施，完成 10 处堵点的综合治理工作，相关区域交通秩序得到明显改善。克服全区架空线入地及合杆整治工程时间跨度大、工期集中、施工里程长等不利因素对交通管理造成的影响，研究配套方案，落实管控措施。全年接报交通类 110 警情 56449 起，比上年减少 7.9%，确保重大工程集中施工期间辖区道路交通平稳可控。（王轶虹、周媛）

【开展消防安全宣传】 长宁区消防支队邀请上港足球俱乐部球员代言“消防宣传形象大使”，拍摄制作《烈火雄心》海报、宣传片。其间向消防重点单位、大型商场、居民区等人员密集场所发放海报 2.5 万张，在全区 200 余处 LED 大屏幕滚动播放消防宣传片。联手美团上海总部，邀请外卖骑手任宣传员，开展规范电动车充电宣传。全国 30 余家媒体集中报道大型演练、安全教育等活动。（王轶虹、周媛）

【加强涉外“放管服”工作】 长宁分局根据辖区境外人员多、涉外机构多的特点，在临空经济园区设立“上海虹桥海外人才一站式服务中心”，优化网上预约办证服务、开设专门涉外咨询窗口、开通急事急办绿色通道等措施，提高工作效率，缩短办证等候时间。年内，“一站式服务中心”共受理外国人签证、居留许可 5907 证次，占全区外国人受理总数的 28.8%，网上预约受理量达到 90%，通过“急事急办”快捷办理 80 人次。（王轶虹、周媛）

【加强智慧监所建设】 6 月，长宁区看守所新址建成并投入使用。长宁分局以此为契机，通过将生物识别、移动互联等新技术与监所业务融合，全力打造智慧监所，促进监所感知指挥一体化、勤务运作精细化、权益保障人性化。看守所主动引入“互联网+”、网络支付等先进手段，实现家属钱款接济网上服务、网上管理，并使警务活动进入低成本高效运作的良性循环，实现长宁监管工作全面提档升级。（王轶虹、周媛）

【强化典型宣传工作】 长宁分局聚焦“鹰眼巡警”郭敏、出入境办女警长陆匀、“网安尖兵”魏晨阳、“交警中的刑警”屠彦旻、智能安防建设能手钱海鸥等先进民警代表的事迹，用生动活泼、喜闻乐见的形式，讲好警察故事。拍摄《巡逻现场实录 2018》，精心制作微电影《嫌疑》，荣获公安部“三微大赛”三等奖。围绕智慧公安、大调研、“严扫净保”等重点工作，全方位开展宣传报道。全年，在中央级媒体报道50篇，在市级媒体报道148篇，在新闻客户端及区级媒体报道400余篇。（王轶虹、周媛）

【侦破“7·29”特大入室盗窃案】 7月29日，娄山关路一居民家中被盗，损失物品包括卡地亚手表、金银首饰、笔记本电脑、手机等，案值人民币102万余元。长宁分局在市局有关部门的指导及广东警方的协助下，抓获犯罪嫌疑人吴武瑞（男，22岁，广东省韶关市人）、苏桃新（男，44岁，广东省茂名市人），追回被盗的卡地亚手表及部分金银首饰。该案的侦破工作在2018年度“刑警803破案奖”评比中被评为“铜奖”。（王轶虹、周媛）

【侦破“6·06”上海翱圣企业管理公司组织领导传销案】 6月，长宁分局经线索梳理和归并研判，立案侦查翱圣公司组织领导传销案，该案涉及全国会员人数7745人，涉案金额达3.8亿余元。专案组在市局有关部门的指导和支持下，8月29日在上海、山东两地同步收网，抓获朴光宇（男，48岁，山东省烟台市人）等10名主要犯罪嫌疑人。该案的侦破工作在“2018年度上海公安经侦部门精品案例”评选中被评为“铜奖”。（王轶虹、周媛）

【侦破“7·05”王孟龙等利用信用卡实施系列犯罪案】 6月，长宁分局根据举报线索，立案侦查一起妨害信用卡管理案。专案组在市局有关部门指导和支持下，破获王孟龙（男，26岁，广东省雷州市人）等人利用他人信用卡实施的系列犯罪案件，抓获犯罪嫌疑人5人。该案的侦破工作在“2018年度上海公安经侦部门精品案例”评选中被评为“铜奖”。（王轶虹、周媛）

【侦破“3·26”以色诱方式实施诈骗犯罪团伙案】 3月26日，长宁分局根据线索，在威宁路8弄某高档会所内抓获7名涉嫌介绍、容留卖淫的犯罪嫌疑人及3名涉嫌嫖娼人员。经缜密审讯和线索核查，固定“色诱男客人进行充值，但未提供色情服务”这一关键证据，成功打掉一个以招嫖为名实施诈骗的团伙，沙玲（女，29岁，河北省迁安市人）等7人以诈骗罪被逮捕并起诉。该案获评2018年度上海公安“治安行动部门十佳精品案例”。（王轶虹、周媛）

【侦破“7·12”侵犯著作权案】 7月，长宁分局在市局有关部门的指导下，成功破获一起以制售高达模型侵犯“万代株式会社”著作权案件，查获位于广东、福建两省的2家侵权制假工厂及5处贩假窝点，现场查获侵权复制的高达模型5.6万件，抓获谢惠明（男，48岁，广东省汕头市人）等9名犯罪嫌疑人，查实涉案金额2.3亿元人民币。该案获评2018年度上海公安治安“食药环侦部门十佳精品案例”。（王轶虹、周媛）

静安分局

【概况】　2018年静安分局全面贯彻落实党的十九大和十九届二中、三中全会精神，聚焦城区"最有序、最安全、最干净"的总目标，以进博会安保工作为主线，以智慧公安建设为依托，从严从细落实各项工作措施，确保静安区社会大局持续稳定。全年，报警类110接报数61882起，比上年减少17.8%，未发生有影响的交通、消防等公共安全事故。自2016年起，全区公众安全感和满意度测评指数逐年攀升，打击总量持续上升，违法犯罪接报数逐年递减。

维护社会政治稳定。不断强化基础排查和专案打击，全年强化安全防范，严守不发生暴恐活动底线，深入推进"防回流、防渗透、防污染"专项行动。积极落实滚动排摸、源头化解、现场处置等措施，处置不安定因素195起，比上年增加87.8%。聚焦矛盾集中多发的投资理财、工程建设等重点领域，常态化落实滚动排摸、源头化解和属地稳控措施。提早启动防范工作，确保秩序持续平稳。按照"保安全、少扰民"的原则，优化指挥体系，改进警卫方式，全年累计出动警力上万人次，完成首届自主品牌博览会警卫任务149批次，线路警卫任务410批次。

维护社会治安秩序。推进"扫黑除恶""守卫2018"等专项行动，全年逮捕犯罪嫌疑人1618人，决定起诉2279人；命案和"两抢"案件连续4年保持100%破案。打击"套路贷"案件32起，捣毁恶势力团伙65个。以开展"猎狐2018""云端2018"专项行动为抓手，打击网络传销犯罪、打击处置非法集资犯罪。破获各类经济犯罪案件160起，抓获犯罪嫌疑人579人，追缴经济损失39.55亿余元，追缴率为79.07%。推进"利剑""缉枪治爆"等专项行动，依法严厉打击"黄赌毒"等突出违法犯罪行为，加大对各类治安乱点和问题顽症的清查整治力度，组织开展23次全区性集中整治行动，检查休闲娱乐场所1.4万余家次，处罚场所62家，查处"黄赌"违法人员729人次。深入推进网络安全执法大检查及"净网2018"等专项行动，全面清理整治网上违法违规内容，严厉打击网络违法犯罪，检查单位252家次，侦破涉网案件112起，刑事拘留118人，处理传播网络谣言13人。(殷晓洁)

【完成进博会安保任务】　进博会前夕，静安分局细化警卫驻地"一点一方案"，架设多路视频监控设备，提前启动安检，强化制高点控制、交通保障、无人机反制等措施，确保安全。进博会期间，分局持续启动远端安检，印制安检须知单，加装视频传输设备，确保车辆安检、物品查验、随车护送等工作顺利开展；出动680名警力带领1000名平安志愿者落实延安高架（静安段）制高点控制；落实专项工作措施，完成俄罗斯等代表团共计14批次现场活动安保任务；围绕区党政机关、地标建筑等，全面升级打防管控措施，安保实战阶段全区报警类110下发数比上年减少44%。(殷晓洁)

【推进“严扫净保”专项行动】 静安分局以坚持问题导向、创新机制，抓住打击整治两大主业，持续保持严打高压态势，确保本区社会治安平稳有序。在进博会安保实战阶段，坚持高标准、强措施、严要求，全面升级打防管控各项措施。年内实现报警类110下发数比上年减少40%的目标，先后侦破公安部督办的“1·4”系列案件、“7·18”网络招工诈骗案、“9·22”危害税收征管案、“10·11”非法生产销售假冒童车案、“10·14”手机卡充值送话费诈骗案、“10·31”以进博会为名实施的合同诈骗案、“11·23”入室抢劫案等多起大案要案。(殷晓洁)

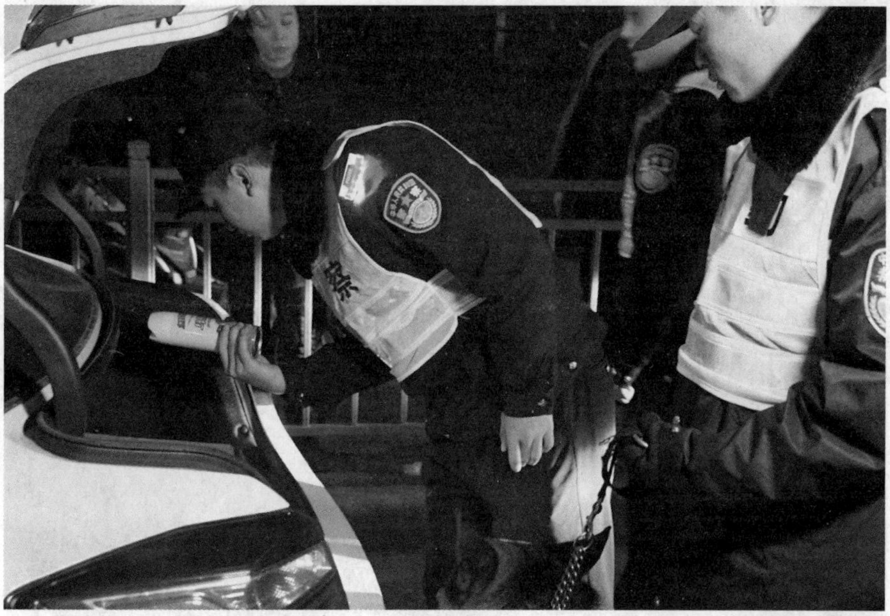

夜查整治 (殷晓洁提供)

【推进智慧公安建设】 静安分局成立智慧公安建设领导小组，落实建设经费8.7亿余元，与“美丽家园”“151项目”等区重点项目开展有效对接。推进社会面智能安防等20个智慧公安重点项目建设。全年，累计完成1317路监控探头智能化改造、520个人脸识别探头配置，重点单位、高危单位消防物联网安装率分别达到94.46%、81.36%。在石门二路街道37个小区试点推进智能安防建设，实现入民宅盗窃“零发案”。创新研发MayJing重点目标防护系统，现已在铁路上海站等4处启用，并投入上海书展等安保实战。以铁路上海站地区为重点，大力推进人脸识别、实名售票大数据实时比对系统等项目建设，新建32套人脸识别探头、9个车辆卡口。(殷晓洁)

【开展现代警务流程再造工作】 静安分局选择站区、石门二路2家派出所开展试点工作，推进责任区划分、勤务调整、警种整合及警情分流等工作，建立健全各项协作及保障考核机制，对非警务类风险进行精准切分，形成“发现、分析、推送、处置、反馈”的闭环运作。石门二路地区治安状况持续平稳，破案率比上年增加16.6%、发案数比上年减少38%。(殷晓洁)

【加强道路交通管理】 静安分局围绕群众关切、舆情关注、领导关心的严重影响道路交通安全的违法行为展开专项整治。通过屯兵街面增加民警的巡控频次，多时段、跨区域开展联合整治、夜间多警种联合设卡临检等方式，严厉打击机动车非法改装和人力三轮车加装动力装置等交通违法行为。以“降事故、保畅通”为目标，开展为期1个月的机动车非法改装、大功率噪音扰民整治行动，推出共享单车13

条常态治理措施、外卖骑手“一人一车一码”管理机制。年内，查扣各类涉嫌非法改装机动车121辆、处罚违法人员112人；查处人力三轮车加装动力装置违法行为19829起。结合28条规范行人、非机动交通行为示范路段创建，强化日常管控。对机动车违法停放、大型货运车易肇事肇祸、行人闯红灯、乱穿马路、非机动车闯禁令、乱骑行等交通违法行为进一步加大查处力度。运用行人累进式执法管理模式，教育、警告交通违法人员20.5万余人次；查处大型货运车易肇事肇祸交通违法行为18413起。（殷晓洁）

【加强消防安全整治】 静安分局按照“防大火、控小火”的要求，滚动开展夏季消防检查及高层建筑“回头看”等专项行动，整治康民建材市场、天星大楼等一批火灾隐患单位；加大城区消防基础性投入，年内新建市北、保德2座小型消防站，进一步完善公共场所人群聚集和大型活动安全管理体系，强化风险评估、隐患排查、应急处突等各项措施，确保91起大型活动安保工作万无一失。（殷晓洁）

【加强内务窗口规范化建设】 静安分局结合市局“一网通办”和公安窗口星级评定工作部署，进一步弘扬先进、鞭策后进，落实内务窗口规范化管理和民警养成教育常态化。分局抽调专人组成专门督导组，在全局范围内持续开展内务窗口管理专项督导检查。通过部门自查自纠和督导组7轮专项检查等方式，集中整改队伍中警容风纪不严整、窗口服务不到位、警车管理使用不规范、内务环境不整洁等“松、散、乱”突出问题200余处。全年，共表扬457人次、告诫279人次。（殷晓洁）

【推进公安队伍建设】 静安分局始终抓好队伍理想信念教育和政治理论学习，开展“党建带团建，建功在一线”“五四”系列活动和“百佳标兵”评选活动。全年有14个集体、444人获得立功嘉奖。坚持“从严治长、从严治警”，严密构建分局党委、纪委、法制支队三个层面的考核体系，推进内务管理专项督导检查，从严抓好全体民警的作风培养和行为规范养成。结合“警e学”系统试点应用，开发交通、巡逻等80余门“微课程”，组织1547名民警使用“警e学”开展现场执法规范考试。秉持“静安无小事”的理念，持续落实舆情引导十项措施，成功处置各类舆情115起。

护送　　（殷晓洁提供）

开展辅警管理改革专项调研和规划，为正式启动现有辅助力量的清理过渡和组建专业化、职业化辅警队伍做好准备。组织开展上海公安“十佳优秀社区民警”“五个一百”网络精品评选等宣传评选活动。年内，共有11名民警获得刑侦、交警、特警、巡警等条线“百佳标兵”称号。（殷晓洁）

【侦破公安部督办“1·4”盗改销骗高档手机系列案】 1月，静安分局会同市局刑侦总队根据公安部相关核查工作要求成立专案组，经侦查和扩审深挖，于3月28日在全市实施统一抓捕行动，捣毁3个犯罪团伙，抓获犯罪嫌疑人19人，缴获疑似被盗手机224部，查获伪造发票3000余张、账本21册、作案电脑9台，以及假印章、改码机、大量手机零配件等涉案物品，案值300余万元。专案组获评市局集体二等功。该案在2018年度“刑警803破案奖”评比中被评为“金奖”。（殷晓洁）

【侦破周某等人复合型窝案】 2017年2月24日，静安分局经侦支队接上海某信息技术有限公司报案，反映公司原董事长、销售经理周某等人存在职务侵占公司款项嫌疑。分局经侦支队遂立案侦查。2018年7月19日凌晨，专案组分别在北京市、广东省深圳市、江苏省南京市、湖北省武汉市、湖北省襄阳市五地，对以周某为首的职务犯罪嫌疑人10余人开展集中抓捕，刑事拘留犯罪嫌疑人9人，取保候审2人。一举侦破以周某为首涉案金额达3000万元的复合型职务犯罪窝案团伙。8月24日，经检察院审查批准，分局对周某等8人分别以职务侵占罪、非国家工作人员行贿罪、受贿罪、虚开增值税专用发票等罪名执行逮捕。该案的侦破工作在2018年度上海经侦系统“经济犯罪侦查破案精品案例”评选中被评为“金奖”。（殷晓洁）

【侦破“9·22”危害税收征管案】 2017年9月22日，静安区税务局反映，注册在静安区的数家正常经营企业被他人以假营业执照、假法人身份证、假公章从上海市数字身份证认证中心冒领CA（企业法人一证通）证书。上述企业于7月7日至9月14日期间，已被他人冒用公司名义骗领空白增值税专用发票21次，共计1050份。空白发票也已分别被他人暴力虚开，共计开票金额价税合计1.16亿元。静安分局即成立专案组立案侦查。2018年1月9日凌晨，专案组在全市六个区、广东省深圳市及安徽省黄山市对三个特大诈骗犯罪团伙实施集中抓捕行动，抓捕团伙犯罪嫌疑人40余人，扣押各类企业公章579枚、涉案营业执照135张、发票领购本131本、CA数字证书84个及税控盘44个。该案的侦破工作在2018年度上海经侦系统“经济犯罪侦查破案精品案例”评选中被评为“银奖”。（殷晓洁）

普陀分局

【概况】 2018年，普陀分局以习近平新时代中国特色社会主义思想为指导，践行“对党忠诚、服务人民、执法公正、纪律严明”的总要求，以进博会安保工作为主线，以智慧公安建设为引擎，完成全年各项工作任务，确保全区社会治安秩序持续稳定。

维护社会持续稳定。围绕进博会安保工作，强化面上管控，完成重要安保任务，保障全区165场次大型活动安全有序。做好专案侦查，被公安部通令嘉奖，3次荣立集体二等功。全年，处置不稳定案（事）件187起，涉及13675人次。对“旌逸”投资受损人员开设专门接访场所，先后接待36批次共计5200余名受损人员。

打击各类违法犯罪。全年，侦破各类刑事案件2105起，比上年增加6.9%，抓获犯罪嫌疑人2991人，比上年增加14.7%。侦破曹杨“1994·5·29”、白玉“2005·5·4”两起故意杀人历史积案，抓获潜逃24年和13年的犯罪嫌疑人。抽调警力查破“旌逸”“心茗”等涉众型经济犯罪案件72起，驱离非法金融嫌疑企业62家，追缴赃款赃物价值合计32.5亿元。持续严打“黄赌”治安顽症，全年累计查处“黄赌”类案件453起，“黄赌”类110警情接报数比上年减少23%。为全区1.1万户居民更换C级防盗门锁芯，技术开锁盗窃案明显减少。

加强公共安全管理。配合无违创建工作，整改“三合一”场所2305家，完成曹安花鸟市场、金盛好来福家居市场、武威路两侧冷库等重点场所的关闭清退工作。组建274个社区消防微信群，推送社区火警307起，全区未发生亡人火灾事故。查处大型车、货运车闯禁令、超载超限等违法行为3.9万余起。依托信息化手段从查处机动车违法拓展至查处克隆出租车、非机动车违法工作。与华东师范大学合作开展精神病患和个人报复社会人员犯罪心理专项研究，为民警预防和处置个人极端暴力案（事）件提供参考。强化警企协作，探索建立“两客一危”（旅游包车、班线客车、运输危化品专用车）大型车辆驾驶员毒驾隐患筛查及心理状况排摸机制。

推动智慧公安建设。分局以智慧公安建设为引领，利用数据整合精确指导实有人口管理工作，及时推送异常数据及疑似空置房和群租房等信息，全年累计推送异常数据34330条。在月星环球港部署安装27套人像识别设备，共抓获扒窃拎包犯罪嫌疑人11人、网上在逃人员21人。推动智能安防社区建设，先后在石泉太浜巷、宜川赵家花园、甘泉平利路38弄、白丽阳光水岸苑、长寿音乐广场等小区开展试点并取得示范性效果。年内，全区共完成36个小区的智能安防社区基本建设工作。

狠抓队伍建设。以“找差距、补短板，激励队伍士气”为主题，开展队伍建设大调研工作。围绕中心工作，开展65次警务活动专项督察。制定窗口工作奖惩意见，推行“窗口示范单位”“星级窗口”评定制度。开展先进表彰和典型选树工作，共有38个集体和686名个

人被记功嘉奖或授予荣誉称号，其中一人立个人一等功，5人被评为十佳标兵。（王婕）

【做好进博会安保工作】 普陀分局组建“一室九组”进博会安保工作组织领导架构，细化落实各项安保措施。按照“梯次收紧、直至最强”步骤，启动社会面防控等级勤务；安保实战阶段，全区报警类110处警数比上年减少33.7%。针对辖区7处接待内外宾客及媒体记者住地宾馆设立24小时现场值班室，制定“一点一方案”，强化住地周边治安管控。组织开展处置“严重暴力犯罪危害公共安全”系列实战演练。一级加强勤务期间，在常态巡逻和武装巡逻基础上，每日安排20个组（120人次）的机关警力增援街面巡控工作，形成以全区81个驻泊点为中心的警力辐射圈，应对处置各类突发案（事）件。（王婕）

查看进博会安保场馆情况 （王婕提供）

【启动大调研工作】 普陀分局成立由分局主要领导为组长，分局党委成员为组员的大调研领导小组，抽调相关职能部门领导组建工作专班实体化运作。聚焦当前公安工作和队伍建设中的六大重点问题和智慧公安建设，分局主要领导与15个派出所所长开展谈话交流，逐一听取意见建议。分局党委成员结合分管联系工作，就如实立案、入民宅盗窃防范、科技信息化建设、消防安全管理等方面选择课题，通过基层走访、专题研究、座谈交流等方式开展调研。（王婕）

【提升刑事案件办理质量】 年内，普陀分局全面推进刑事案件办理“两统一”（分局法制部门统一审核统一移送）机制，法制部门从案件定性、程序规定、证据采集、文书制作、强制措施适用五个方面对报批材料进行全面审核，统一移送区检察院，解决以往多部门对口移送混乱问题。针对审核自查及检察部门监督反馈案件补侦质量不高、立案材料网上报送不规范、法律文书制作粗糙三类突出顽症，分局分批开展专项整治。三、四月聚焦案件补侦不到位问题；五、六月解决立案材料网上报送不规范问题（纠正各类问题200余起，规范率从50%上升至95%）；七、八月狠抓逮捕、起诉文书制作规范（纠正不规范文书600余次）。截至11月30日，分局执行批准逮捕数、决定起诉数分别完成全年目标数的120.5%、110.6%，刑事执法质量考核排名全市第一。（王婕）

【开展现代警务流程再造试点】　普陀分局选取曹杨新村派出所作为试点单位，完成警务责任区重新划分、综合执法民警管辖分工和权限梳理，参照警情比例安排交警下沉至派出所一体运作。完善“全科”勤务运作模式，更新基础指挥体系，试点非警务类警情末端分流；以“社区微信警务室”“社区消防微信群”为依托，构建“自防自救、互帮互救、公助公救、梯次递进”的全民安防模式；同步强化交警道路交通管理及社会面治安管控工作职能。（王婕）

街面执勤　（王婕提供）

【开展境外人员禁毒专项查处行动】　10月，普陀分局通过线索侦破一起涉外走私毒品案，在中远两湾城小区内抓获2名非法持有、走私毒品的尼日利亚籍犯罪嫌疑人。破案后，分局针对中远两湾城地区存在境外人员涉毒隐患这一情况，开展先期排摸，确定6栋境外人员居住较为集中的楼宇作为整治重点，选择周末夜间及双休日等境外人员在居住点活动的时段，组织警力连续开展16次专项整治行动，清查境外人员居住地150余户、境外人员230余人次，查获非洲裔涉毒人员6人、“三非”人员4人，查获可卡因4.4克。对查获人员进行再分析、再梳理，循线跟踪，截至2019年3月20日，先后查获25名非洲裔涉毒违法嫌疑人、4名非法居留非洲裔境外人员。（王婕）

【探索建立社区消防微信群】　年内，普陀分局探索建立274个由各派出所消防工作分管领导、社区民警、消防专职民警、地区防火参谋、属地街镇安全工作负责人、居村委工作人员、物业负责人、消防志愿者等组成的社区消防微信群。一旦接报火警，由指挥中心在调度警力、消防官兵处置的同时，将火警信息在相关社区消防微信群内实时推送，形成对火灾警情的处置合力。共推送社区火警105起，有117人次社区微型消防站工作人员到场处置，协助消防部门成功扑灭火灾26起，通过微信群发放奖励红包86个。（王婕）

【推动阳光水岸苑智能安防小区建设】　白丽地区阳光水岸苑小区位于宝山、嘉定、普陀三区交接处，占地面积近11万平方米，于2012年建成业主入住，实有人口3700余人（其中户籍人口仅671人）。普陀分局针对该小区建成以来物业管理不善、技防设施损耗严重、民生类案件高发的情况，以理顺小区“四位一体”格局为基础，争取业主支持，遵循规范程序，利用120余万元小区维修基金，完成高清视频和门禁系统等智能化改造工作。实现智能化改造以来，小区入民宅盗窃、盗“三车”等案件“零发案”。（王婕）

【试点非机动车车库标准化改造】 普陀分局在对居民小区实地走访调研中发现，电动自行车违规充电是造成居民区火灾频发的一个重要因素。针对这一情况，分局依托区消防委平台，会同区相关部门选取30个居民小区非机动车车库进行智能充电装置安装工作，并协调小区物业在车库内部及出入口安装高清监控设备及智能门禁系统，重新铺设车库内电气线路，优化消防喷淋点位及灭火器材的摆放位置。改造完成后，会同安装公司在小区内开展智能充电装置介绍，并组织社区民警进行宣传，全力遏制火灾事故频发。（王婕）

【开展惠民锁芯补贴更换工作】 4月，普陀分局在对2017年入民宅盗窃案件梳理中发现，40%的案件系通过技术开锁方式实施，受侵害居民家中多使用A级或B级防盗门锁芯，C级锁芯相对安全系数高，开锁成功率低，决定将更换C级防盗门锁芯在全区范围内进行推广。分局向区政府申请100万元专项经费，按照每户补贴100元的标准，为1.1万户居民家庭补贴更换C级防盗门锁芯。全年，全区已有11092户居民家庭完成锁芯更换，入民宅盗窃案件接报数比上年减少28.4%；其中通过技术开锁方式实施盗窃的案件比上年减少15%。（王婕）

【开展防范个人极端暴力案（事）件专项调研】 普陀分局结合大调研工作，与华东师范大学心理与认知科学学院合作，邀请沪上知名心理学教授、市局特聘民警心理健康首席专家耿文秀，组成心理学专题调研课题组，选取20起近年来在全国范围发生的具有一定社会影响的典型个人极端暴力案（事）件开展研究。经过10个月的调研，于8月顺利完成《精神疾病患者肇事肇祸心理剖析案例》《个人极端暴力犯罪心理剖析案例》两份调研成果。为民警有效预防和处置个人实施极端暴力案（事）件提供理论参考依据。（王婕）

【侦破郭国银网络黑社会组织案】 2017年10月，普陀分局对国内知名网络论坛上有300余个账号频繁发布千余篇负面帖文的情况开展侦查，于2018年1月25日成功抓获以郭国银（男，57岁，上海市静安区人）为首的14名违法犯罪嫌疑人。经查，犯罪嫌疑人郭国银为牟取非法利益并逃避侦查打击，以投资公司为掩护，招募、录用并指使前科劣迹人员，使用线上威胁、恐吓、侮辱，线下骚扰、滋事、贴单的方式插手民事经济纠纷，并在网上罔顾事实亲手炮制不实文章攻击政府部门及政法机关。同时，郭国银以公司为幌子与纠纷当事人签订所谓的“法律咨询服务协议”，强迫当事人接受“委托费”后再通过公司名义漂白赃款。该案的侦破工作在2018年“刑警803破案奖”评比中被评为“金奖”。（王婕）

【侦破部目标“2018-580”毒品案】 2月5日，普陀分局获悉，志丹路有新疆籍男子贩毒，即开展核查，在上述地址查获两名新疆籍男子，当场缴获疑似毒品海洛因2925.3克。根据两名新疆籍男子的供述，专案组循线追踪，先后辗转云南、贵州、新疆等地，在有关部门的协助下，相继抓获犯罪嫌疑人薛建国（男，39岁，河南省新蔡县人）、李文军（男，45岁，江苏省沭阳县人）、阿依努尔·阿布都热西提（女，35岁，新疆维吾尔自治区巴楚县人）等17人，缴获毒品海洛因11.6千克。该案的侦破工作在2018年“刑警803破案奖”评比中被评为“铜奖”。（王婕）

【侦破“2·11”非法吸收公众存款案】 2月11日，旌逸集团有限公司负责人孔祥友投案自首称该公司销售理财产品出现给付困难，普陀分局即开展立案侦查。先后抓获以孔祥友（男，41岁，浙江省瑞安市人）为首的犯罪嫌疑人19人。经查，2015年1月至案发，犯罪嫌疑人孔祥友等人以旌逸集团有限公司及上海人宇资产管理有限公司、上海万悦融资租赁有限公司的名义，以线下实体店为推广介质，在上海等8个省市设立分支机构，以承诺7.8%至20%年收益为诱饵，采用委托租赁或债券受让服务的方式，向不特定社会公众销售理财产品非法募集资金累计金额达131.41亿余元。该案的侦破工作在2018年度上海经侦系统“经济犯罪案件侦查破案精品案例”评选中被评为“铜奖”。（王婕）

【侦破“10·12”系列组织卖淫案】 2017年岁末，普陀分局在日常工作中发现，有人通过在宾馆长期租客房组织女子卖淫。分局立即组成专案组，经过侦查，破获以祁俊（男，35岁，上海市黄浦区人）、李子璐（女，26岁，黑龙江省鸡西市人）为首的系列组织卖淫案，捣毁两个组织卖淫的犯罪团伙，抓获违法犯罪人员62人。经查，该卖淫团伙通过QQ、微信等网络客服散布招嫖信息，约定碰面地点，引领至宾馆后推荐卖淫女实施卖淫活动。该案的侦破工作被评为2018年度“上海治安行动部门十佳精品案例”。（王婕）

【侦破“12·2”保健品诈骗案】 2017年12月，普陀分局接报一起保健品诈骗案，被害人被骗人民币2万余元。经侦查发现，该案涉及面广，受害人数近万人，涉案总金额达3000余万元，系一起全国性系列团伙保健品诈骗案。专案组在多部门配合下，抓获以王一民（男，31岁，山东省营南县人）、李锦鲁（男，30岁，山东省曹县人）为首的诈骗团伙成员12人。经查，该诈骗团伙分为三个层级，第一层供货商，负责提供保健品并从中赚取差价；第二层负责招揽各地代理商，并招揽讲师；代理商作为第三层，虚构保健品疗效，以赠送马云旗下“阿里健康”港股100股及该产品生产厂家200股原始股为诱饵，引诱受害人购买，牟求暴利。该案的侦破工作被评为“2018年度食药环侦部门十佳精品案例”。（王婕）

虹口分局

【概况】 2018年，虹口分局以进博会安保工作为主线，以智慧公安建设为总引擎，以打造现代警务流程再造为牵引，推进虹口公安“高标准、高效能、高素质”发展，全力做好各项公安工作，维护虹口区社会治安持续稳定。

维护社会和谐稳定。完成进博会期间习近平总书记视察嘉兴路街道社区市民驿站重大警卫任务；完成欢迎宴会制高点管控及外滩大人流管控任务；完成21场足球比赛、5场演唱会、26批次警卫等警（保）卫工作；完成元旦、春节、元宵期间安保和烟花爆竹安全管控工作。

打击违法犯罪活动。全年，立刑事案件6249起，比上年增加7.5%；破刑事案件1133起，比上年减少40.1%。立命案2起，破案2起，破案率100%。侦破“两抢”案件4起，破案率100%。破八类案件9起。接报电信网络诈骗案件1132起，破案340起，破案率30%。报警类110下发数、违法犯罪案件接报数比上年分别减少22.2%和16.2%。

提升公安管理行政效能。严格执行社会面防控勤务等级要求，坚持显性用警，在热点区域部署着装步行巡逻措施，提高见警率。进博会期间，在落实原有“3、5”分钟快速到场处置机制的基础上，以派出所为单位新增8处1分钟到场处置区域。推进道路交通违法行为大整治，配合做好四平路大修等重大工程交通组织配套，查处交通违法行为97.6万余起，交通类110接报数比上年减少31.6%。检查单位4.4万余家次，督促整改火灾隐患5.1万余处。推进人口管理“一网通办”，共收到群众微信申报业务55起，受理5起，办结5起；落实户口登记管理清理整顿工作，清理应销未销户口5个。受理各类出入境证件9.9万证次，颁发出入境证件9.2万证次，比上年增加9.8%，制作港澳通行证、台湾通行证签注3.9万证次，受理外国人签证、居留许可2968证次。

推进智慧公安建设。推进司法体制综合配套改革和智慧公安配套项目建设，完成刑事案件职能辅助办案系统、“阳光警务”大厅、“一标六实”警用地理信息建设、社会面智能安防试点等重点任务。推进智能化执法办案场所改造、户籍和出入境业务“放管服”改革、综合窗口试点。探索特色品牌项目，深化虹口看守所智慧监所、白玉兰广场智慧消防品牌建设，推进虹口足球场智慧安保建设，打造智慧调度扁平化、感知预警智能化、现场处置精准化的安保新模式。融入基层社会治理，探索实践“全科医生+专科医生”一线综合执法模式，明确10大类116项“全科医生”任务清单，10大条线121种基本执法场景和179种具体执法场景，完成54门集中培训课程和32门微课程的设计制作。

推进队伍正规化建设。坚持“典型引领、以点带面”，表彰奖励先进集体25个、先进个人694人次。坚持从优待警、爱警惠警，协调解决民警就医6人次，慰问帮困民警429人次，并启动疗休养、健康体检等惠警工作，提升民警职业认同感和归属感。（丁晓艳）

【完成进博会安保任务】 11月4日，虹口分局出动安保警力628人，对虹口区8处制高点管控建筑、628处可视区域逐户落实力量，确保进博会期间欢迎宴会制高点的安全。在宴会当日及次日，对外白渡桥等三处区域投入警力300余人，采取封路限流等措施，完成外滩大人流管控任务。11月6日，习近平总书记一行到嘉兴路街道社区市民驿站实地视察。分局接到任务后，执行定点固守、徒步守护等勤务机制，增派外围巡逻人员，严密叠层巡逻和警戒工作，确保习近平总书记安全及整个视察活动万无一失。（丁晓艳）

【推进大调研活动】 虹口分局开展调研10645

次，覆盖各类调研对象10381个，收集问题2438个。对调研发现的问题逐一整改，及时反馈，形成闭环管理。注重收集提炼特色做法，广泛开展内外宣传，编发工作简报114期，其中市局、区委区政府领导批示肯定4篇；市委上海大调研微信公众号录用3篇，市局“警民直通车上海”微信公众号录用17篇。(丁晓艳)

【推进虹口足球场智慧安保建设】 虹口分局运用科技手段打造虹口足球场智慧安保模式，在人流主通道、场馆周边及内部新建3道反恐防冲撞桩，新增人流引导知识系统，在各通道梯、看台门增设16套安检仪、35套人脸识别闸机及50余套烟感、温感、电气、水压检测、UPS监控等感知设备，新建、改建监控探头167个，实现人流计数、预警、识别热成像等功能。虹口足球场智慧安保项目（一期）建成启用以来，观众进退场用时分别缩减15分钟和10分钟，投入安保警力数比上年减少约30%。(丁晓艳)

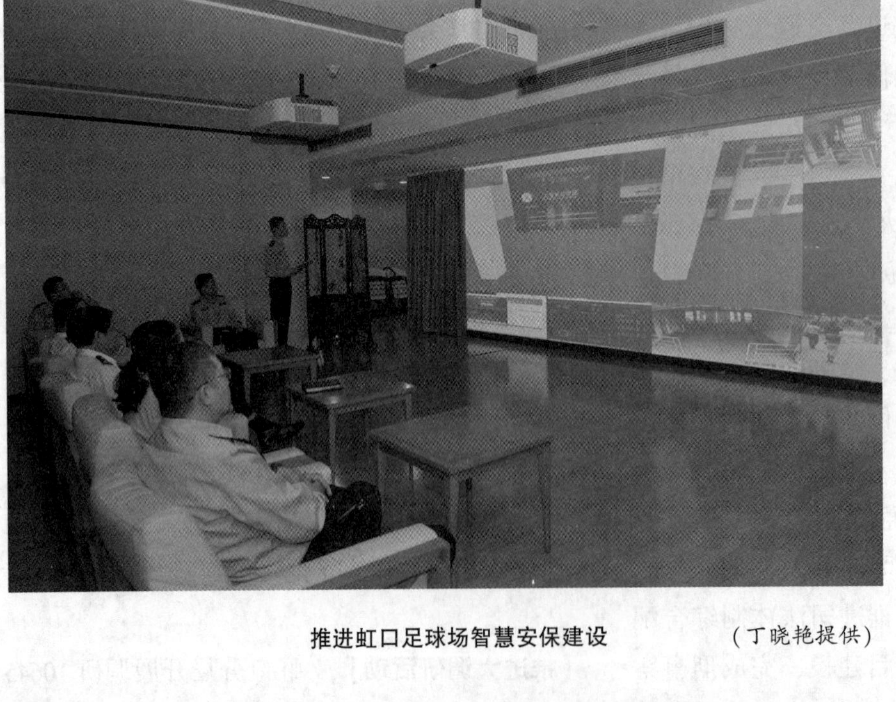

推进虹口足球场智慧安保建设 (丁晓艳提供)

【保障四平路大修改造期间道路交通秩序】 2017年11月至2018年10月31日，四平路启动大修改造，涵盖部分路段拓宽、市政设施大修、架空线入地等工程。虹口分局通过优化路设，协调施工方引导非机动车至人行道行驶，腾出空间供道路设置双向5车道，确保机动车通行。针对四平路潮汐式交通难点，定时转换可变车道改为“人工+定时”，缓解四平路高峰流量。结合海伦路拓宽工程，增设四平路北向南至海伦路2条左转弯车道，提升海伦路分流能力。四平路大修改造期间，交通类110报警数比上年减少21.5%，其中事故类比上年减少23.4%、违停类减少8.5%，机动车通行速度与以往持平，未发生重大交通事故。(丁晓艳)

【首创“智慧停车”管理模式】 虹口分局在大调研走访中发现，路边停车存在收费效率低、停车管理员安全风险高、双方易引发纠纷等问题。为此，分局试点在武昌路（黄浦路至大名路段）建立首个道路智慧停车体验段，由驾驶员通过手机实名认证的支付宝应用录入车辆信息，停车位感应到车辆后自动计时，车辆驶离后自动结算扣费。“智慧停车”通过自主结算停车费用，实现“即停即走”，避免“多拖少补”，既起到保障停车管理员人身安全的作用，又消除道路安全隐患。(丁晓艳)

【落实“只跑一次”制度】 为贯彻落实国家移民局“只跑一次”便民制度，虹口分局出入境管理办公室在上海率先购置2台自助拍照机，免费为办事群众提供现场人像采集，优化办证流程。该设备集身份采集、相片核验、裁剪、上传等全自助一体式处理功能，确保拍照质量，缩短申请人排队等候时间。5月2日正式启用，并配有专门人员进行指导使用。截至5月7日，自助拍照453张，有效缓解办证流程中的易堵点，确保申请人一次即可完成申办护照等出入境证件的全部手续。(丁晓艳)

【侦破“2018·4·3”诈骗案】 3月，虹口分局连续接报多起以古玩鉴定为名骗取鉴定费的诈骗案件。4月3日分局成立专案组。经查，此案系同一犯罪团伙所为。专案组于9月29日，在成都捣毁2个特大诈骗团伙，抓获张成祥（男，37岁，安徽省六安市人）、纪科庆（男，24岁，安徽省六安市人）等犯罪嫌疑人127人。串并案件300余起，查证涉案金额540余万元，查获大量赃款、电脑、POS机等涉案物品。该案的侦破工作在2018年度“刑警803破案奖”评比中被评为“银奖”。(丁晓艳)

侦破“2018·4·3”诈骗案 （丁晓艳提供）

【侦破“李强、赵强、郭建明”恶势力团伙案】 3月22日，虹口分局与市局有关单位组成联合专案组，从一起发生在江湾地区的打架斗殴案件入手，挖出一潜藏在上海各区，专门敲诈游戏机房的3个存在关联的恶势力团伙。5月31日，抓获李强（男，37岁，宁夏回族自治区海原县人）、赵强（男，39岁，新疆维吾尔自治区昌吉吉木萨尔县人）、郭建明（男，38岁，新疆维吾尔自治区伊宁县人）等犯罪嫌疑人36人，缴获部分赃款及作案用车等工具，查破案件12起，涉案金额近50万元。该案的侦破工作在2018年度“刑警803破案奖”评比中被评为“铜奖”。(丁晓艳)

【侦破“5·7”故意杀人案】 5月7日，虹口分局接报，卖淫女郝某某于4月13日在上海失踪。分局即成立专案组。经查，黄凯（男，22岁，新疆维吾尔自治区吉木萨尔县人）系该案重大作案犯罪嫌疑人。5月9日，专案组在新疆乌鲁木齐南湖北路西一巷87弄某室抓获犯罪嫌疑人黄凯。据其交代，因缺钱，经事先预谋，于4月13日在上海市闵行区闵驰一路29弄某室，用准备好的尼龙绳勒住被害人郝某某的颈部致

其窒息死亡，并藏匿于冰柜。该案的侦破工作在2018年度“刑警803破案奖”评比中被评为“铜奖”。(丁晓艳)

【侦破冯捷等人特大合同诈骗、贷款诈骗案】 2017年11月21日，虹口分局接中国华阳经贸集团有限公司（以下简称“华阳公司”）报案，江阴市奕蓓贸易有限公司（以下简称“奕蓓公司”）负责人冯捷（男，49岁，上海市闵行区人）利用职务之便，侵占华阳公司资金300余万元。经查，2015年6月至2017年11月，冯捷等人通过奕蓓公司，在代销华阳公司进口化工原料的过程中使用虚假阴阳合同、虚报销售金额等手段，骗取华阳公司应收货款资金4.6亿余元。同时，冯捷以购买化工原料为名，骗取银行贷款4.2亿余元。2018年1月，在市局有关单位的协助下，分局成功捣毁这一特大合同诈骗、贷款诈骗犯罪团伙，抓获冯捷、冯嘉愈（男，34岁，上海市杨浦区人）、杨萍（女，35岁，辽宁省盘锦市人）等犯罪嫌疑人6人，查获涉案服务器1台、移动硬盘1个、公司及个人印章52枚，冻结资产折合2900余万元。该案的侦破工作在2018年度上海经侦系统“经济犯罪案件侦查破案精品案例”评选中被评为“铜奖”。(丁晓艳)

杨浦分局

【概况】 2018年，杨浦分局紧扣进博会安保主线，以智慧公安为牵引，以问题管理为抓手，深入推进平安杨浦、法治公安、智慧公安队伍建设。

完成进博会安保任务。全局民警恪尽职守、忠诚履职、连续作战，严密落实反恐维稳、打击整治、治安防控和隐患排查等社会面整体防控措施，实现警卫安全零差错、零失误的既定目标。

维护社会政治和治安稳定。深入开展打击传播网络谣言和有害信息专项工作，从严从紧落实基础排查、隐患整治、综合防控、巡查处置等反恐防范措施，守住暴恐袭击“零发案”底线；围绕矛盾集中多发的投资理财、动拆迁、工程建设等重点领域，落实滚动排摸、源头化解等措施，处置各类群体性不安定因素197起。

确保治安秩序持续向好。深入推进“严扫净保”“平安杨浦”系列专项行动。刑事案件破案数比上年增加18.9%，命案和“两抢”案件破案率连续4年保持100%，“盗抢骗”等多发性侵财案件总量明显减少，报警类110下发数和违法犯罪案件接报数比上年分别减少25.8%、35.0%；组织开展“猎狐”“云端”、打击网络传销犯罪、打击处置非法集资犯罪等专项行动，维护市场经济秩序。破获“钱妈妈”“科振”等经济犯罪案件89起，抓获犯罪嫌疑人240人，避免经济损失13.1亿余元，追缴率为74.0%；“黄赌”刑事案件破案数比上年增加70.4%，涉黄涉赌110警情数比上年减少66.5%，全区休闲娱乐服务场所关停153家，占总数的11.5%。

补齐城区管理短板。以“快递外卖”非机动车、酒驾及“两客一危”交通违法为重点，深入推进交通违法行为大整治。从道路交通的堵点、盲点、热点入手，提升道路交通管理精细化水平。交通事故受理数比上年减少8.5%，查处交通违法行为数比上年增加16.3%。严查严整严治消防安全隐患，实现“防住大火、控住小火、稳住形势”的目标。火灾起数和财产损失数比上年分别减少22.0%和86.4%。强化非法枪爆物品、管制刀具等危险物品收缴工作，推进液化气等危化品专项整治，加强对无人机、民宿、外卖送餐、物流快递等新业态管理。

展现公安队伍良好形象。围绕公安中心工作，以实战需求和安保任务为导向，举办“迎进博、强警技、保平安”等专项练兵比武活动，提升民警履职能力；推进执法规范化建设，健全如实立案制度，完善“两统一”工作机制，狠抓学法考试和业务培训，进一步增强民警执法能力，提升执法办案质量和效能；对全局实职领导干部、储备干部和后备干部开展战时履职情况跟踪考察；组织开展节日走访慰问等系列暖警活动。5名民警获“上海公安系统百佳标兵”称号，5名民警获市局二等功，13个集体、330名个人分别被市局、分局记功嘉奖。分局党委获上海市“进博先锋行动”先进基层党组织称号。（章坚）

【打击涉黄涉赌违法犯罪活动】 杨浦分局运用网上网下同步协查、合成作战、大数据实战分析等手段，对“黄赌”治安顽症开展精准、持续不断的整治。年内，查处26个组织介绍卖淫犯罪团伙，抓获涉案人员230余人；配合市局对“4·27”跨境网络赌博案、“6·8”开设赌场案开展集中收网，先后在上海虹桥机场、闵行、宝山等地抓获涉嫌开设赌场、组织他人跨境赌博的犯罪嫌疑人25人，查证涉赌资金人民币616万元、澳币3900万元。全年，侦破“黄赌”刑事案件310起；打击犯罪团伙96个，捣毁“黄赌”窝点382处，缴获赌资150.22万元，涉黄涉赌110警情比上年减少72.4%；侦结公安部督办案件1起，市局督办案件14起。（章坚）

【打击食药环领域犯罪】 年内，杨浦分局破获食药环领域刑事案件51起，抓获犯罪嫌疑人60余人，刑事拘留50人，取保候审7人；侦结公安部督办案件5起，市局督办跨省市重大案件12起，发起公安部集群战役1次。配合市局全环节侦破“4·24”特大跨省制售假劣化妆品案，先后查处位于粤、鄂、赣等地的生产源头和销售网络，抓获涉案犯罪嫌疑人15人，查处制假售假窝点11处，涉案金额6000余万元。打击生产、销售伪劣卷烟犯罪团伙，查处位于广东揭阳的生产源头和江浙沪等地的销售网络，抓获犯罪嫌疑人13人，查处制假售假窝点5处，缴获伪劣卷烟8190条，涉案金额5000余万元。联合侦办“1·10”联益致胜酒品专营店生产销售伪劣产品案、“3·27”戒烟商城涉嫌生产销售伪劣产品等多起有影响的重大案件。（章坚）

【开展打击整治枪爆违法犯罪专项行动】 杨浦分局结合辖区实际，紧盯枪爆物品管理工作“部署、存储、流通、使用、宣传”五个环节，最大限度消除各类枪爆等危险物品安全隐患，维护地区社会治安大局持续稳定。全年，累计收缴各类枪支410支、子弹7.9万余发；检查涉爆单位、寄递企业1000余家次，整改治安隐患125处，行政处罚72家次；查破涉枪案件12起，抓获涉案犯罪嫌疑人20人。（章坚）

【持续开展交通违法行为大整治行动】 杨浦分局将道路交通违法行为大整治向行人、非机动车延伸，深入推进24条非机动车、行人严管示范道路创建工作。年内，在全市交警系统率先试点推行“内巡外查”工作。查处行人、非机动车交通违法行为3000余起。11月14日，市公安局在杨浦区召开交通违法行为大整治向非机动车、行人延伸工作现场推进会。全年，查处各类交通违法行为122.8万余起。其中，机动车违法75.4万余起，行人非机动车违法47.4万余起；现场执法81.5万余起，非现场执法41.3万余起。查处“十类”突出违法行为76.1万余起，查处大型车违法4.9万余起，查处四轮机动车非法客运226起，暂扣“五类车”6405辆。交通类110警情比上年减少5%。(章坚)

【推进智慧公安建设】 杨浦分局大力推进社会面智能安防、“一标六实”警用地理信息系统等14项智慧公安建设任务。搭建“在逃人员预警”46个应用模型，完成58个封闭式小区智能安防“加强版”建设，新建各类感知端设备1.9万余个。在全区范围内布建城域网络安全态势感知系统，完成7家派出所执法办案场所智能化改造工作。研发信号灯物联网、车辆超载动态监控系统、交通违法分析平台等警务轻应用，提升道路交通管理效能。深化“放管服”改革，紧贴“一网通

持续开展交通整治 (章坚提供)

推进智慧公安建设 (章坚提供)

办”便民服务要求，试点推进派出所综合窗口建设，整合出入境、交通、治安、户政等各类业务，实现公安业务“一口受理”全覆盖。（章坚）

【开展大调研工作】 杨浦分局聚焦公安实战和企业群众的痛点、难点、堵点，研究解决问题的具体途径和措施。以做实一线工作法为抓手，采取蹲点调研、体验式调研等方式，深入基层一线、社区群众和企业单位，广泛征求意见建议，形成《关于杨浦区道路交通管理工作的蹲点调研报告》。针对前期排查出的交通管理、便民利民、服务企业等方面问题，采取优化出入境办证流程、创新流浪犬捕捉方式、推进交通组织小改革等举措，积极回应社会关切。全年，各单位开展调研1343次，收集问题201个，解决问题194个，问题解决率达96.5%。（章坚）

【监所管理连续十七年实现“三个零”目标】 杨浦分局围绕“压事故、降死亡、保安全”目标，全面落实防控措施。通过日常练兵比武、“面对面”管理教育、紧急送医预案演练等活动，提升被监管人员管控、医疗卫生救治和突发事件应对处置能力，医务人员严格执行“三项要求”（电台不离身，随叫随到；紧急情况携带急救箱和推床；在押人员突发疾病分秒必争），连续十七年实现监所管理“三个零”（零死亡、零脱逃、零事故）目标。全年，开展涉案人员入所健康检查2621人次，查出腹内异物26人、电解质异常30人、HIV初筛阳性14人、肺结核等传染性疾病30人，处置因心脑血管疾病、糖尿病等引发的突发性急重疾病70余起。（章坚）

【控江派出所推进现代警务流程再造试点】 杨浦分局以控江派出所为试点，推进现代警务流程再造工作，完成责任区划分；强化派出所综合指挥室建设，完善勤务运作机制，实现警情的精准研判、分类推送、快速处置；以非警务类警情分流工作为切入点，打破与其他政府部门间的信息壁垒，探索建立协同治理和全民安防模式，释放警力资源。试点以来，控江地区非警务类警情比上年减少59.3%。市政府办公厅《每日动态》介绍“杨浦区控江路街道试点开展非警务类警情分流工作取得实效”。（章坚）

【侦破部目标“2018-315”毒品案】 2017年12月至2018年9月，杨浦分局经侦查，捣毁一生产、销售、走私毒品犯罪团伙。抓获梅三林（男，40岁，安徽省巢湖市人）、袁藤宇（男，32岁，湖北省麻城市人）为首的犯罪嫌疑人8人，缴获毒品阿普唑仑29千克、毒品N-Ethylpentylone42千克、氯硝西泮4.47克、地洛西泮75克，缴获毒资180余万元。该案的侦破工作在2018年度“刑警803破案奖”评比中被评为“铜奖”。（章坚）

【侦破“6·7”介绍卖淫案】 5月上旬，杨浦分局发现有人利用微信公众号在网络媒介上发布色情信息并招嫖，该微信公众号已有600余人关注。经查，捣毁藏匿于长阳路某宾馆内的介绍卖淫犯罪团伙，抓获涉嫌介绍卖淫犯罪嫌疑人任飞飞（男，33岁，江苏省灌云县人）、刘耀先（男，22岁，河南省上蔡县人）2人，抓获卖淫嫖娼违法人员12人。该案的侦破工作被评为2018年度“上海治安行动部门十佳精品案例”。（章坚）

【侦破“3·27”制售伪劣烟草案】 11月，杨浦分局在市局治安总队的指导和帮助下，在河南省、广东省等地公安机关的协作下，摧毁一个涉及上海、江苏、江西、广东、河南多地，集生产、销售于一体的特大生产、销售伪劣戒烟灵的犯罪网络，抓获涉嫌销售伪劣产品的犯罪嫌疑人田贵中（男，29岁，广东省普宁市人）等13人，抓获涉嫌生产、销售伪劣产品的犯罪嫌疑人董永帅（男，36岁，河南省禹州人）；查处生产、销售伪劣戒烟灵窝点5处，缴获伪劣戒烟灵产品7400余条，涉案金额900余万元。经审理，逮捕移送起诉12人，取保候审2人。该案的侦破工作被评为“2018年度上海食药环侦部门十佳精品案例”。(章坚)

闵行分局

【概况】 2018年，闵行分局以进博会安保为中心任务，不断深化“平安闵行”“智慧闵行”建设，努力提升群众安全感和公安工作满意度，较好地完成了全年各项工作任务，保障地区社会始终安全、有序、平稳。

维护社会稳定。以进博会安保为主线，强化各项工作责任和措施，完成全国“两会”、上海网球大师赛等重大安保工作。全年共完成重大警卫、安保任务985批次，出动警力2.5万余人次。切实做好群体性事件处置工作，有效处置“宝龙广场类住宅”等不安定因素诱发的较有影响的群体性事件，依法处置群体性事件56起。

打击违法犯罪。组织开展“严扫净保”“扫黑除恶”“打团伙破串案”“黄赌毒”等系列专项行动。全年共破获刑事案件4264起，比上年减少29.7%；破获命案11起，破案率100%；刑事拘留3594人，比上年减少1.2%；提请批准逮捕1888人，比上年减少11.2%；移送起诉2659人，比上年减少20.1%。查处治安案件23476起，其中，查处“黄赌毒”案件737起；行政拘留2688人，比上年增加5.8%。全区接报违法犯罪类案件数62554起，比上年减少28.9%。

强化治安管控。持续做好道路交通违法行为大整治工作，全年查处各类交通违法行为147万余起；查处酒驾案件213起、醉酒驾驶231起。暂扣“五类车”1.6万辆；查获“假套牌”车辆147辆、“失格”驾驶员46人。全年发生道路交通事故（上报）57起，比上年减少14.9%；造成49人死亡，比上年减少26.9%；22人受伤，比上年增加69.2%。进博会前夕，组织开展为期300天的集中整治攻坚。强化消防安全管理，与相关部门联手开展消防安全检查2.3万家次，发现火灾隐患4.5万余处，临时查封场所69处，责令“三停”单位82家。发生火灾事故289起，比上年减少8.3%；造成4人死亡，比上年减少42.9%；直接经济损失1234.1万余元，比上年增加380.4%。加强社会面各类安全隐患排摸整治力度，全年共检查危险物品从业单位310余家次，核查违法易制爆线索672条，行政处罚16家。检查各类行业场所740家次，整改隐患87处，处罚39家；与328家涉爆单位签订“危险化学品单位安全责任承诺书”；排查各类矛盾纠纷1428起；收缴气枪62支、仿真枪10

支、各类子弹120发。全年办理各类出入境证件26.6万余证次。加强“三非”查处，累计办理“三非”案件245起，查处368人。

夯实公安基层基础。完成75个警务责任区的划分设置和警务责任区警长的选聘和培训工作。强化实有人口管理，实有人口信息登记率81.1%，准确率88.3%；制发“二代证”10万余张。落实“1、3、5”分钟处置机制，屯兵街面，强化叠加式巡逻，提升应急处突能力。全年，查获各类涉案嫌疑车辆2500辆、可疑人员2800余人。进一步推进“夜网工程”建设，完成辖区内25个点位的外部灯箱安装工作。建立524个微信警务室，收集各类线索信息12578条，获批奖励1172条。推动“阳光警务”建设，全面公开分局和派出所相关信息，探索“阳光警务”融入社区管理中。

“六一”亲子活动　（奚龙珍提供）

加强公安队伍建设。开展“不忘初心、牢记使命，贯彻落实党的十九大精神”“强责任、勇担当、严守纪、展形象”等主题活动。加强战时培训，增强实际应用能力，创新研发“视频与网络合成作战”等3门跨条线课程。开展评选“百佳标兵”“岗位排头兵”“十佳”“优秀责任区警长”等活动。先后组织开展足球、羽毛球、乒乓球赛等一系列体育赛事。全年共为6个集体记二等功、12个集体记三等功、23个集体给予嘉奖，为1人记一等功、6人记二等功、155人记三等功、1022人给予嘉奖。（奚龙珍）

【**打击“黄赌毒”违法犯罪活动**】　闵行分局开展各类专项行动，深化线索梳理、分析，加强对场所的自查和交叉查禁力度，实施“受理后专业研判—研判后指定查处—查处后落实管控—管控后监督问责”的“黄赌毒”警情查处新机制，综合运用各种侦查手段，对“黄赌毒”案件保持高压打击。先后查获“8·7”莘沥路无名会所组织卖淫案、“9·12”吴中路外环线“二八杠”聚众赌博案等系列团伙案件。全年，查获“黄赌毒”案件613起，刑事拘留517人，查处吸毒人员669人，抓获涉毒犯罪嫌疑人173人；破案124起，其中大宗毒品专案5起，缴获各类毒品共25466克。（奚龙珍）

【**完成进博会安保工作**】　1月，闵行分局成立进博会安保工作领导小组。7月正式启用“前沿指挥所”，负责综合应急联动处置工作。自主研发安保指挥系统，建立包括动态情况、通报指令、实时警力、情报信息等16大系统功能模块。9月30日，制定现场安保工作实施方案，明确“5个专门工作组，8个安保责任组，3个机动队”的安保工作体系。针对人群异常聚集发现处置、嫌疑人员拦截等科目开展演练9次，并探索实施“圈层防护”。10月23日至11月12日实战期间，累计抓获在逃人员9人，移送可疑人员22人；拦截横幅4条；拦截精神病人等重点人员113人。(奚龙珍)

进博会安保“圈层防护” (奚龙珍提供)

【快速侦破重特大案件】 闵行分局将“两抢”、涉黑涉恶、特大盗窃案等具有广泛社会影响案件的侦破纳入快速反应机制，及时消除社会不良影响。成功侦破“7·22”马桥故意杀人案、“7·17”莘光伤害致死案、“10·22”吴泾故意杀人案、“黑油”专案等一系列重特大案件。将“两抢”案件的快侦快破作为切入点，采取“露头就打”的严打策略，快侦快破了“4·23”七宝持刀抢劫案、“4·28”塘湾抢劫案、“5·5”颛桥敲头抢劫案、“10·6”虹桥抢劫案等一批“两抢”案件。全年，共立“两抢”案件36起，比上年减少47.1%，破案40起(包括年前案件)，破案率111.1%。(奚龙珍)

【推进扫黑除恶专项行动】 闵行分局严密涉黑涉恶滚动排摸机制，完善群众举报机制，加大对涉黑涉恶线索核查力度，秉承“打早打小”的严打策略，对地区的黑恶势力坚持“打团伙，打幕后”，先后侦破“何某为”套路贷专案、碧江敲墙党专案、曹行敲诈酒驾司机专案等涉黑涉恶案件。通过深入摸底，打防并举，挤压黑恶势力生存空间。全年召开专题部署、推进会议30余次，并在浦江地区开展“猎鹰”“威棱”等专项打击整治行动，打击涉恶团伙60个，逮捕犯罪嫌疑人181人，破案66起，维护了社会治安稳定。(奚龙珍)

【推进智慧公安建设】 闵行分局积极探索“一中心、一平台，多系统、多模型，泛感知、泛应用”的智慧公安逻辑架构，累计安装街面高清探头651个、街面人像识别设备986套、车牌识别81个断面。在全区各居住小区、单位楼宇开展以人脸识别、车牌识别和WiFi嗅探为主体的基础版“微卡口”建设。完成安装569个小区，摄像机2804套，终端服务器846台，嗅探仪1230套，居住小区安装率51.3%。马桥飞碟苑小区率先推广了以微卡口感知端为主体的智能安防设施建设，初步建立了有关各方职责明晰、分工负责、信息协同、共建共治的社会治理模式。此外，稳步推进智能图像识别、智能交通、智能消防感知、市域卡口、城域网络安全态势感知系统、执法办案场所、智慧监所等智慧项目建设。（奚龙珍）

【构建“一标六实”警用地理信息系统】 完成全区372平方公里的航拍和三维建模、17个派出所辖区的街景拍摄，全区分层分户建模率为99.8%；完成全区194004个门弄号的核对工作，安装81779个二维码门弄牌；完成全区9199个公安监控、59303个社会监控使用；完成各派出所安防力量的数据采集和汇总；实现实时警情的精准展示，并可根据警情位置调取500~1500米内的警力和监控信息。完成一线综合执法民警APP的二维码扫码功能开发，实现扫码签到、实有单位采集、扫码核对实口信息等功能。（奚龙珍）

【探索现代警务流程再造】 组建闵行分局“数据中心”，并投入实战化运作，在信息查询服务、视频智能保障、关注人员管控、情报核查推送、数据模型开发五个方面深入应用智慧公安建设成果，对一线实战单位全面施行“管建管援”。在26个派出所全面开展综合执法试点工作，明确派出所内部的四大板块，即综合指挥、窗口服务、执法办案和综合执法设置。在古美、虹桥派出所开展交通管理试点工作。其中，古美派出所实行“融入式”，进驻交警履行“全科医生”职责；虹桥派出所实行“非融入式”，进驻交警结合街面巡控工作对虹桥地区全部道路开展交通执法管理。积极探索警情分流机制、警情处置跟踪增援模式、派出所执法办案新流程等新机制，并开展试点工作。（奚龙珍）

【探索建设派出所“综合窗口”】 根据市、区两级政府关于“放管服”改革、“一网通办”的工作要求，闵行分局古美路派出所首批进行“综合窗口”建设试点工作，于9月10日正式运行。同时，分局提出派出所“综合窗口”整体进驻街镇社区事务受理服务中心的方案，即将原派出所审批、服务事项窗口分别入驻社区事务受理服务中心，并新增受理交警、治安、出入境审批、服务业务，窗口功能从办理单一户籍业务向综合业务转变，派出所原“户籍窗口”同步撤销，虹桥派出所、马桥派出所“综合窗口”进入该项试点工作，于2019年元旦运行。（奚龙珍）

【开发相关数据模型】 闵行分局作为市局数据警察建设的首批试点分局，围绕数据警察队伍建设、数据治理、重点人口管理等工作，结合实战开发相关模型。开发完善进博会安保区域内重点人员进入的预警模型，依托“闵行公安社会面防控识别系统”，配套以人像追逃机制，自10月22日试点至年底，抓获在逃人员27人。涉毒人员管控、可疑场所发现等模型已陆续投入实战并取得成效。（奚龙珍）

【健全“四责协同”制度体系】 闵行分局制定下发“闵行分局基层党组织党风廉政建设‘四责协同’任务清单”，将党委主体责任、纪委监督责任、党委书记第一责任和班子成员“一岗双责”在管党治警中协同联动、合力运行，首次将32项任务和要求落实到岗位、量化到个人、细化到具体时间，并以月度、季度、年度队伍管理责任清单形式实行定点责任包干。（奚龙珍）

【建立新型刑事侦查体系】 闵行分局调整刑

侦支队机制架构，构建新型打击模式，建立“全科+专科”处置模式，建立刑侦主导下的新型刑事侦查体系，充分发挥刑侦支队在侦查打击中的专业牵头作用和派出所的综合作战实体作用，撤销11个刑侦地区责任队，组建综合室、刑科所、三合一作战平台等14个专业队所，建立派出所执法办案队，全面优化分局整体刑事侦查架构。(奚龙珍)

【龙柏、虹桥派出所合署办公】 5月30日，龙柏派出所合并至虹桥派出所办公，原址只保留部分社区民警驻守。(奚龙珍)

【侦破“6·1”非法销售汽油案】 4月18日，民警在社区走访排查过程中，在华漕镇朱家泾小区抓获非法销售汽油的犯罪嫌疑人孙刚（男，32岁，安徽省颍上县人），查获非法改装卸油车一辆、汽油2.7吨。经审讯，孙刚交代其从一油罐车司机处不定时购得低价汽油并向出租车、专车司机销售牟利的犯罪事实。闵行分局即会同市局有关部门组成专案组开展侦查。6月1日晚，专案组会同市局有关部门在全市17个抓捕点抓获以桑传好（男，39岁，安徽省寿县人）为首的犯罪嫌疑人32人，查获各类非法改装卸油车16辆、汽油约33吨。该团伙由桑传好联系山东一炼油厂安排油罐车至闵行区景洪路一空地分装汽油，后由高德利（男，31岁，安徽省寿县人）、桑传正（男，39岁，安徽省寿县人）等人转运分销至二级分销商。该案的侦破工作在2018年度“刑警803破案奖”评选中被评为“银奖”。(奚龙珍)

【破获“9·12”开设赌场案】 7月中旬，闵行分局获悉闵行区吴中路外环附近有一野外“二八杠”赌场，即成立专案组开展侦查。经查，张海芹（女，38岁，上海市闵行区人）、姜峰（男，38岁，安徽省涡阳县人）、任家红（男，38岁，河南省固始县人）等人在吴中路外环线东南侧一绿化带内开设野外赌场，该赌场开设时间为19时至22时和23时至凌晨3时两个时间段，形成以“熟人带熟人”的方式分别组织赌客，并雇用专人望风，专人开车负责接送赌客的组织架构。9月12日凌晨3时许，专案组会同市局治安总队等相关部门采取集中行动，以“非现场抓捕”的形式，分别在浦东、闵行、青浦、宝山、金山等区抓获张海芹、姜峰等赌博团伙的组织者及工作人员27人。该案的侦破工作被评为2018年度“上海治安行动部门十佳精品案例”。(奚龙珍)

宝山分局

【概况】 2018年，宝山分局推进智慧公安建设，加强社会面打防管控，完成各项公安保卫任务，确保地区社会大局安全稳定。

维护社会稳定。以进博会等重大活动和敏感节点安保工作为重点，完成春节烟花爆竹管控、“2018上海樱花节”、进博会等安保任务84批次、警卫任务52批次。妥善处置各类矛盾纠纷118起3360人次。在全区重点部位安装

33 套防车辆冲撞车阻装置，为进博会创造了安全稳定的环境。

打击违法犯罪。全年，立刑事案件 18444 起，比上年减少 18.4%。破获刑事案件 3437 起，比上年增加 17.5%，破案率 18.6%。其中，侦破八类案件 136 起，破案率 63.8%；侦破“两抢”案件 25 起，破案率 96.2%；侦破盗窃案件 1458 起，破案率 15.1%；侦破毒品案件 273 起，破案率 72.6%；侦破故意杀人和伤害致死案件 7 起，破案率 77.6%；侦破诈骗案件 512 起，破案率 9.6%。侦破经济犯罪案件 91 起，破案率 27.2%，追缴赃款 4.43 亿元。查处违反治安管理案件 36857 起，比上年减少 12.3%；行政拘留 2741 人，比上年减少 11.0%。查处“黄赌毒”违法场所 173 家次，取缔涉“黄赌”窝点 230 处，收缴各类赌博游戏机 369 台。收缴各类枪支 222 支、管制刀具 35 把、仿真枪 41 支。查处吸毒人员 1313 人，社区康复、社区戒毒执行率均为 100%，缉毒工作综合绩效名列全市第一。

保障城市公共安全。推进道路交通违法行为大整治，查处各类交通违法行为 92.13 万起，其中查处大货车违法行为 12.33 万起，因大货车造成的亡人事故比上年减少 31.0%；查处“五类车”违法行为 2.93 万余起。组织实施智能交通三期项目，在高境、大场、杨行地区推广交通文明示范区建设，开展 12 条样板道路和 43 个主要路口文明创建，实地测评成绩位列全市第二。全年共发生交通事故（上报）85 起，比上年减少 14.1%；造成 67 人死亡，比上年减少 6.9%；直接经济损失 10.04 万元，比上年减少 51.1%。深入开展“三合一”等场所消防安全大排查大整治行动，检查单位 7.2 万家次，督促整改火灾隐患 17.5 万处，责令“三停”单位 564 家，行政拘留 262 人。完成 5 个高层、15 个老旧小区的消防安全改造和组织全区各居住小区开展一次火灾逃生疏散演练的市、区两级消防实事项目。全年发生火灾事故 295 起，比上年增加 9.7%；造成 7 人死亡，比上年增加 75.0%；直接财产损失 289.8 万元，比上年增加 20.0%。

加强公安队伍建设。开展“不忘初心、牢记使命，贯彻落实党的十九大精神”学习实践活动。开展大调研活动，走访调研单位和市民群众 5161 人，收集建议 438 条，发现问题 275 个，解决问题 249 个。执行“进博会战时十项纪律”，加强工作纪律和队伍作风建设。发挥典型引领作用，选树一批先进人物，全年共有 134 个集体、385 名民警受到表彰，分局被评为“上海市优秀公安局”。全年各级新闻媒体选用稿件 755 篇次，被国家级媒体报道 49 篇。分局官方微博发布各类信息 991 篇。为所有民警、文职、辅警购买补充医疗保险，完成全体民警体检及民警四年一次赴外省市休养。走访慰问大病、困难、执法中受不法侵害等民警 179 人次，发放慰问金 30.65 万元；对住院、生育等人员开展即时性补助 188 人次，发放补助金 17.85 万元。开展冬送温暖、夏送清凉、金秋助学、重阳感恩等活动，走访慰问 512 人次。（黄忠才）

【完成进博会安保】 宝山分局围绕进博会安保工作要求，成立安保工作领导小组，制定详细安保方案，落实社会面防控措施，梯次实施社会面防控勤务等级；抽调 70%机关警力增援 8 个治安复杂区域开展街面巡逻，日均投放警力 1200 人次、平安志愿者 2 万余人。2017 年 11 月起，在全市率先完成洋桥检查站市域卡口（陆路）监测系统试点建设，至 2018 年 11 月底，共采集车辆信息 500.3 万余辆次、907.3

万余人。比中违法犯罪人员48人、报警车辆13辆次。对寄递业、易制爆危险化学品从业单位开展专项整治，共收缴各类枪支222支、仿真枪41支、猎弹255发、铅弹5700粒、军用子弹59发、管制刀具35把。(黄忠才)

【开展大调研活动】 年内，宝山分局制定大调研实施意见，先后组织开展对全区957家农户、58家党政机关、436家民营及中小企业专项调研走访活动。协调指导成立上海市宝山区物流货运行业公会联合会；协调优化宝山吴淞口国际邮轮港交通疏导机制；试点开展分局顾村派出所综合指挥室升级改造，形成街镇一级全民安防的社会治理“顾村模式”并作为全市样板；分局出入境办率先推出出入境办证“只跑一次”制度，提高市民群众办证的速度与效率；分局人口办研发推出居住证补签注“双保险”提醒服务，降低了因未续签导致的证件失效率。(黄忠才)

【建立完善现代警务流程再造机制】 6月，宝山分局制定开展现代警务流程再造实施方案，在大场、高境、杨行等地区试点开展交警与派出所警力糅合试点工作，通过队所揉合“放、管、服”，推进警务流程再造。8月，完成对8家试点派出所26个警务责任区划分，结合分局指挥中心和派出所综合指挥室改建，实现责任区域划分一屏展示。交警支队会同各责任区大队、试点派出所依托综合指挥室建设，逐步建立完善交通管理“视频+实兵”巡逻工作机制，实行统一指挥调度，围绕辖区轨交站点等重点区域，加强对多发违法行为的执法管控。在顾村派出所全面推进安全防范、指挥调度、视频巡控、交通管理、便民服务、窗口办事、移动警务、办案场所、执法监督、绩效考核十方面智能化建设，建立样板派出所，全面提升派出所警务综合效能。(黄忠才)

智慧公安视频侦查 (黄忠才提供)

【启动“智能视频监控和图像识别系统”“分局中心机房租赁”建设】 年初，宝山分局计划至2020年年底，实现宝山区监控覆盖率达到每平方公里50个。主要建设内容有：部署智能摄像机，运用“人脸识别”“车牌识别”等技术，实现“人、物、房、点、路、网”全面智能感知。建立图像识别模型或服务接口，实现对“人像、车辆、场景、行为”模式的图像智能识别和大数据应用。针对现有分局中心机房难以适应“智慧公安”建设对数据管理和分析的要求，在宝信机房租赁独立封闭机房

（含 66 个机柜），提升现有机房容量，实现分局基于视频专网的信息化设备和安全设备的集中管理，以及信息化系统的统一维护。（黄忠才）

【推动道路交通智能化建设】 宝山分局试点建设洋桥市域卡口监测系统，完成 100 条道路视频结构化数据上传应用任务。在大场、高境、杨行、月浦和吴淞地区新建 16 套“行人、非机电子警察”，加大对行人、非机动车闯红灯的非现场执法管控力度。实施铁力路、上大路可变车道，铁力路高峰时段拥堵指数比上年减少 12.0%，上大路潮汐式交通拥堵明显改善。升级月浦、罗店、顾村地区主干道 52 个路口国产单点信号机 SCATS 系统，形成交通信号的自适应控制；推进淞宝城区 30 个路口智能信号灯系统建设，实现智能信号配时缓解淞宝地区及主干道拥堵状况。（黄忠才）

智慧公安卡口检查 （黄忠才提供）

【深化交通违法行为大整治】 宝山分局坚持以“四个结合”（将整治工作与安全结合得更好、与畅通有序结合得更好、与爱民便民结合得更好、与改革创新结合得更好）为指引，坚持大型货运车超载等违法专项治理和严查非机动车交通乱象同步发力，通过“抓大不放小”推进交通违法行为大整治，改善道路交通秩序。共查处十大类交通违法行为 79.46 万余起，其中查处“三乱一逆”39.6 万余起，行人交通违法行为 16.9 万余起，非机动车交通违法行为 22.96 万余起。（黄忠才）

【推进交通文明共建共治】 宝山分局制定《宝山区专业运输单位道路交通安全标准化管理达标分级考评细则》，对全区 58 家“两客一危”（公路客运、旅游包车、危险品车辆）企业实行重点车辆标准化管理，通过定期集中约谈等形式督促地区 530 余家重点运输单位落实交通安全主体责任。结合全国文明城区创建工作，会同区文明办、相关街镇推进大场、高境、杨行地区交通文明示范区创建，开展巡回式专题宣讲 120 多场次，张贴海报 800 多处，全区 220 余处户外电子显示屏、宝山“社区通”、宝山交警自媒体等开展“文明礼让”主题宣传。制作“疏于管理的代价”“生与死的瞬间（非机动车篇）”等交通安全警示片到 450 多个居（村）委、130 多所中小学校播放。（黄忠才）

【推行交通“放管服”便民服务措施】 宝山分局在吴淞医院设立“警医邮”服务点，实现居民持身份证明即可

“一站式”申办期满换证等6项驾驶证业务，做到“数据多跑路、群众少跑腿”；实现全区机动车社会检测站跨省异地检验；依托区行政服务中心整合交通管理涉企事项办理和审批职能，推行行政审批告知承诺制度，对“道路工程建设交通安全许可”审批实行“容缺受理”，节约办事成本；对照“一网通办”通过试点顾村派出所综合服务窗口受理交通违法行为处罚，进一步方便群众就近办理。全年，共接待群众7770人次，受理处罚交通违法行为1.08万起。(黄忠才)

【开展烟花爆竹安全管控工作】 宝山分局从“公安分局、消防支队、各派出所”“消防委、街镇园区、居村委”两条线召开动员部署会70余次，各派出所会同各街镇，约谈辖区餐饮、婚丧、学校、文物保护、医院等单位，签订承诺书1.2万余份。制作微电影《真情无需烟火点燃》，悬挂烟花爆竹宣传横幅1500余条，300余块电子屏滚动播放字幕视频40余万次。划定495处烟花爆竹禁放区域或场所，发动4700余名平安志愿者、梳理83条烟花爆竹重点管控线路。春节期间，查处烟花爆竹违法案件4起，行政拘留3人，罚款5000元，收缴各类烟花爆竹280余箱，查获存储窝点一个。(黄忠才)

【吴淞码头治安派出所更名为滨江治安派出所】 5月28日，根据市局政治部《关于宝山分局吴淞码头治安派出所更名的通知》（沪公政编字〔2018〕23号），经市编委研究同意，宝山分局吴淞码头治安派出所更名为滨江治安派出所，机构级别仍为副处级。(黄忠才)

【加强全面从严治党“四责协同”机制建设】 宝山分局落实上海市“四责协同”（党委主体责任、纪委监督责任、党委书记第一责任、班子成员“一岗双责”）机制建设推进会精神，按照市委构建“主体明晰、有机协同、层层传导、问责有力”责任落实机制要求，制定《全面从严治党“四责协同”机制建设的实施意见》，细化制定分局党风廉政建设年度工作方案和“任务清单”“监督清单”“风险清单”，建立责任签约和考核制度等8项协同机制，推动工作落实。(黄忠才)

【侦破刘行“8·15”系列撬盗保险箱案】 1月30日，宝山区某国际运输有限公司发生一起财务室保险箱被盗案。宝山分局即成立专案组开展侦查。8月15日，在市局刑侦等部门的指导下，专案组在宝山区罗店镇王家村抓获犯罪嫌疑人唐海涛（男，37岁，湖南省道县人）、朱根祥（男，44岁，湖南省道县人），当场查获被盗现金人民币40余万元，串并宝杨“7·11”、刘行“5·30”及“8·15”系列撬盗单位办公室保险箱案。该案的侦破工作在2018年度“刑警803破案奖”评比中被评为“银奖”。(黄忠才)

【侦破系列入农宅盗窃案】 6月至9月初，宝山顾村、刘行、祁连等辖区陆续发生数十起入农宅盗窃案，被盗物品以现金和易于销赃的手机等财物为主。宝山分局成立专案组展开侦查。在市局刑侦等部门的指导下，专案组于8月14日、8月20日、9月18日先后抓获入农宅盗窃犯罪嫌疑人员司马忠军（男，48岁，山东省苍山县人）、彭庆飞（男，46岁，山东省苍山县人）、刘斌（男，37岁，四川省蓬安县人）、王德运（男，43岁，山东省苍山县人）等6人，缴获被盗手机2部，

串并全市室盗窃案件数起。该案的侦破工作在2018年度“刑警803破案奖”评比中被评为“银奖”。(黄忠才)

【侦破“5·21”组织网络淫秽表演案】 5月初，宝山分局治安支队接获线索：地区内有人利用手机直播软件“ABLive”进行网络色情直播。分局治安支队即组织开展侦查。5月21日，在上海及江苏、湖北、浙江等地抓获涉嫌组织淫秽表演的柯尊猛（男，33岁，上海市虹口区人）、金翼（男，35岁，上海市黄浦区人）、王青（男，28岁，江西省新余市人）、蒋卫兵（男，28岁，江苏省灌云县人）、柯昌兴（男，32岁，浙江省嘉兴市人）、刘超（男，29岁，湖北省监利县人）、张锦文（男，33岁，湖北省监利县人）、农海琴（女，32岁，浙江省松阳县人）、单苏月（女，24岁，江苏省灌云县人）9人，缴获用于进行色情直播手机、电脑等一批作案工具。该案的侦破工作被评为2018年度“上海治安行动部门十佳精品案例”。(黄忠才)

【侦破“7·1”特大跨省制售注水牛肉案】 4月，宝山分局治安支队获取线索，在宝山区江杨北路某农产品批发市场内有人销售注水牛肉。分局即成立专案组开展侦查。7月1日晚，专案组在市局治安总队的指导下，会同市局相关部门、市食药监局、市质监局、宝山区市场监管局等单位，在江苏省南通市一处从事注水牛肉加工屠宰场，抓获犯罪嫌疑人赵秀涛（男，62岁，安徽省芜湖市人，屠宰场负责人）等19人，同时在上海西郊农产品交易中心等处抓获负责销售注水牛肉的犯罪嫌疑人赵龙（男，35岁，安徽省芜湖市人，系赵秀涛之子）等3人。在屠宰场内当场查获活牛48头、注水待屠死牛10头及注水牛肉13吨。该案的侦破工作被评为2018年度“上海食药环侦部门十佳精品案例”。(黄忠才)

嘉定分局

【概况】 2018年，嘉定分局围绕进博会安保工作主线，依托智慧公安建设，严厉打击突出犯罪，不断夯实基层基础，全面深化公安改革，持续推进“平安嘉定”“法治嘉定”和过硬队伍建设，有力维护地区社会政治、治安持续稳定和城市安全运行。全区公众安全感指数84.32分，列全市第11名，公安工作满意度指数86.62分，列全市第3名。

维护社会稳定。完善全区反恐怖工作责任体系，推进反恐怖要素排查管控，常态抓好反恐怖重点目标安全防范，积极参与全市年度反恐怖应急综合演练。落实重点信访矛盾分级分责化解机制，稳妥化解和高效处置各类不安定因素和群体性事件。全年共化解上级交办重点信访件4件。

打击违法犯罪活动。组织开展扫黑除恶专项斗争和“净网2018”“严扫净保”“嘉安”系列等专项行动，严厉打击各类违法犯罪。全年，侦破刑事案件5558起，比上年增加2.2%。其中侦破“八类”案件238起，比上年增加23.3%；侦破盗窃案件2218起，比上年减少18.7%；侦破涉黑涉恶案件146起，比上年减少 8.2%；侦破毒品案件 154 起，比上年减少 10.5%，缴获各类毒品约 2.6 千克。侦破各类经济犯罪案件 142 起，比上年减少 46.8%；挽回经济损失 3.4 亿元；破获危害食品药品安全、污染环境案件 49 起，比上年增加 25.6%。

保障城市公共安全。推进消防、道路交通安全综合治理和源头管理，深入排查整治火灾隐患、交通违法行为，督促指导大型活动主办方落实主体责任和安保力量。全年完成清明冬至墓园祭扫落葬、F1 中国大奖赛等 67 场（次）大型活动安保工作。全年发生道路交通事故（上报）65 起，比上年减少 4.4%；死亡 66 人，比上年减少 2.9%；受伤 11 人，比上年减少 62.1%；直接经济损失 32 万元，比上年减少 27.3%。发生火灾事故 428 起，比上年增加 14.7%；死亡 4 人，比上年减少 20%，直接经济损失 46.7 万元，比上年减少 93.7%。

加强公安行政管理。开展户口清理整顿，推进“三个实有”基础信息采集维护，加强出入境证件审核审批，动态管控境外人员和过境免签人员，推进易制爆危险化学品和寄递物流专项整治。全年办理出入境证件 11 万余证次，查处“三非”案件 71 起、83 人次。查处非法储存、运输危险品案件 5 起，查缴枪支、管制刀具 339 把（支）。

加强队伍建设。按照“对党忠诚、服务人民、执法公正、纪律严明”总要求，组织开展“不忘初心、牢记使命”等学习教育活动，推进执法勤务警员序列套改、非领导及警员职务晋升工作，组织体检疗养、走访慰问等活动，努力营造“团队即家庭、同志皆手足”的和谐警营氛围。全年 30 个集体、633 名个人获记功、嘉奖，3 个集体、45 名个人在市、区和市局各条线组织开展的评选活动中获表彰。（樊卫华）

【完成进博会安保任务】 嘉定分局围绕“六个坚决防止、三个坚决确保”的总体目标，以 8 个陆路、3 个水路、20 个外省际（无名）卡口和长途客运站为重点，与苏州、昆山、太仓建立入沪通道查控分工包干、警力混编等“一点两检、一点多检”工作模式，筑牢环沪安保圈。共核查车船 25.1 万辆（艘）次、人员 31.4 万人次，查获在逃人员、吸毒人员 14 人，各类违禁品 446 件、危险品约 15 吨。全方位落实社会面综合防控，加强敏感群体和无人机、非法液化气等危化物品基础排查、风险管控、属地管控、封存管制等措施。共投入社会面防

进博会远端安检　（樊卫华提供）

控警力3.4万余人次，最大限度提升街面见警率、管事率和威慑力。强化进博会安保圈疏导区管控，组织开展35次集中清查整治，整改安全隐患2440余处，刑事拘留犯罪嫌疑人311人。（樊卫华）

【推进智慧公安建设】 嘉定分局围绕“一中心、一平台、多系统、多模型、泛感知、泛应用”，统筹推进智能视频监控、智能图像识别、社会面智能安防等项目建设，新建智能高清监控818只、改造原有探头1520路、复接社会探头2889路。顺利完成市域卡口检测系统、城域网络安全感知系统等建设任务，推动实现智能前端感知设施的后台联网、数据上云。在核心层、支撑层及基础层分别设立“数据警察”岗位，专人开展数据的获取、汇集、管控、治理、应用工作，支撑派出所社区、治安、巡逻等勤务工作中的数据应用需求。研发推出非法危爆物品管控等应用模型30余个，支撑进博会安保、执法复杂街区管控和大型活动安全管理等实战工作，提升全民安防、协同治理和精准警务水平。（樊卫华）

【严打“黄赌毒”违法犯罪】 嘉定分局充分发挥“警力叠加、责任共担”打击查处机制作用，深入开展“禁毒2018两打两控”专项行动，综合运用职能部门集中收网、属地派出所自侦自打、指定派出所警力叠加、合成侦查队突击查禁等举措，始终保持对“黄赌毒”违法犯罪的零容忍。全年，刑事拘留“黄赌毒”犯罪嫌疑人819人，查处吸毒人员565人次，关停各类非法经营场所138家，全区涉黄涉赌类110报警下发数比上年减少33.1%。（樊卫华）

【加强交通安全管理】 围绕“保安全、保畅通、控风险、降事故”目标，严查严处非机动车、行人、大型货车等群体的交通违法行为，强化客货运企业交通安全源头管理，推动路口设置“内轮差”警示区等路政设施“小改革”，开展24条交通样板路段创建和市级挂牌交通事故多发路段综合治理，全力打造安全、文明、畅通、有序的交通环境。（樊卫华）

【试点开展现代警务流程再造】 嘉定分局在南翔、马陆、戬浜、真新4家派出所试点现代警务流程再造。对标“感知泛在、研判多维、指挥扁平、处置高效”要求，通过调整派出所功能板块，重新划分警务责任区，整合责任区

警务流程再造 （樊卫华提供）

警力资源，优化全天候勤务运作等举措，推动实现“全科医生”一线综合执法全覆盖，逐步建立“专科医生”梯次增援预案体系。发挥试点地区联勤网格巡逻力量叠加、实体化运作优势，试点探索非警务类警情逐级分流，推动“全科医生”和“全勤网格”无缝对接，为下一阶段扩大深化现代警务流程再造积累经验。（樊卫华）

【推进“一网通办”】 嘉定分局改造试点单位接待大厅，增配户政管理、车驾管理等窗口自助设备，按上级要求精简行政审批事项、材料、流程，探索试点前台综合受理、后台分类审批、返回前台出件模式，推广手机支付、快递快件等便捷服务。涉及分局50项行政审批业务全部上线规范办理，第一批32项当场办结事项均对外公开。（樊卫华）

【开展大调研大走访】 建立党委班子成员联系派出所、业务单位联系指导派出所、领导干部联系居村委等制度，组织全局领导干部下基层倾听社区群众、民营企业、服务管理对象的意见心声。全年，共开展走访8715次，收集问题6983个，落实即知即改2775个、作出解释说明2659个、作为建议采纳821个，递交外单位转办728个。（樊卫华）

【侦破于成岩侵犯商业秘密案】 2016年8月，嘉定分局接上海恩坦华汽车部件有限公司（以下简称“恩坦华公司”）报案称，该公司原员工于成岩（男，37岁，上海市金山区人）在职期间利用职务便利窃取公司美国合资方设计的汽车天窗产品图纸后，辞职加入上海万超汽车天窗有限公司，并将图纸申请专利后大量用于生产谋利，对恩坦华公司造成重大损失。2016年10月25日嘉定分局立案侦查。2018年3月7日专案组在浙江省慈溪市抓获犯罪嫌疑人于成岩。该案的侦破工作在2018年度上海经侦系统“经济犯罪案件侦查破案精品案例”评选中被评为“金奖”。（樊卫华）

【侦破“5·15”组织卖淫案】 5月初，嘉定分局在工作中获悉，有人在微信上建立“撩人的小妖精”“远大前程”等多个微信群，并纠集多名女子，通过网络搭识等方式在上海各区从事卖淫活动。嘉定分局即成立专案组立案侦查。5－6月，专案组先后在上海、江苏、安徽、山西、陕西、云南、四川、甘肃等地，抓获犯罪嫌疑人刘健（男，24岁，江苏省盐城市人）、赵林哲（男，28岁，江苏省南京市人）、蒋寿超（男，31岁，四川省高县人）、邢月月（女，21岁，山东省平度市人）等59人，缴获作案用手机30余部。经查，4月起，刘健等人建立多个微信群，在群内使用“香奈儿”等微信名，牵线搭桥，介绍女性从事卖淫违法活动，从中抽成谋利。该案的侦破工作被评为2018年度“上海治安行动部门十佳精品案例”。（樊卫华）

【侦破“4·3”销售假冒品牌桶装饮用水案】 2018年3月，嘉定分局接嘉定区市场监督管理局线索：上海市嘉定区江桥镇新华村有人生产销售假冒品牌桶装水。嘉定分局即成立专案组展开侦查。4月3日、5月7日，专案组先后在上海市嘉定区、长宁区、徐汇区及安徽省太和县等地抓获犯罪嫌疑人赵杰（男，36岁，山西省榆社县人）、谢权（男，51岁，安徽省太和县人）、秦士菊（女，39岁，安徽省淮南市人）、方成（男，35岁，山东省新泰市人）等8人。经查，2017年10月起，谢健等人在安徽省太和县制售假冒雀巢、可口可乐、农夫山泉、正广和等品牌桶装水桶盖。赵杰等人利用从谢健处购买的假冒品牌桶盖，在嘉定区江桥镇××村生产、组装假冒品牌桶装水，以每桶4元左右的价格销售给上海市长宁区、徐汇区、静安区、嘉定区等水站经营者秦士菊、方成等人。秦士菊等人在明知是假冒品牌桶装水的情况下，以真品价格13-20元销售谋利。该案的侦破工作被评为2018年度“上海食药环侦部门十佳精品案例”。(樊卫华)

松江分局

【概况】 2018年，松江分局坚持以习近平新时代中国特色社会主义思想为指导，以进博会安保为主线，以深化平安松江建设、智慧公安建设、执法规范化建设和过硬队伍建设为重点，履行好各项职责任务，为推动松江高质量发展提供安全、干净、有序的社会环境。

维护社会稳定。完成进博会等重大活动、重要节点安保任务52项、警卫任务116批次。组织“茸盾2018”等反恐应急处置和紧急拉动演练10次。稳妥处置群体性事件36起。办理“12345”热线工单1.8万件、“上海公安热线”工单8030件、信访件5116件，主动公开政府信息5109条。

提升打防质效。开展“严扫净保”、扫黑除恶等专项行动，严厉打击多发性侵财、涉众型经济和食药环违法犯罪，保持对涉黄涉赌违法犯罪的攻势。全年，立刑事案件15147起，比上年增加7.0%，全区刑事案件万人发案率77.9，低于全市96.5的平均水平。侦破刑事案件2961起，比上年减少16.7%，破案率19.5%。其中侦破“八类”案件151起，破案率59.0%；全年侦破命案9起，破案率100%；侦破“两抢”案件9起，破案率69.2%；侦破盗窃类案件941起，破案率13.2%。侦破经济犯罪案件157起，比上年增加9.0%，破案率40.4%。抓获各类违法犯罪嫌疑人7842人，比上年减少17.5%。查处治安案件22257起，比上年减少44.5%；行政处罚3831人次，比上年减少20.6%。

优化管理服务。深化道路交通违法行为大整治行动，查处十类突出交通违法行为110.3万起。开展交通堵（乱）点挂牌攻坚、样板路段创建等行动，做好有轨电车工程施工和试运行交通组织保障。全年，发生交通死亡事故（上报）47起，比上年减少13.0%；造成49人死亡，比上年减少9.3%。开展冬春火灾防控等专项行动，整改隐患15.1万处。全年发生火灾182起，比上年减少15.3%；造成2人死亡，比上年减少60%；直接经济损失726.9万元，比上年增加57.7%。持续开展烟花爆竹管控，实现“禁放区域零燃放、烟花爆竹零事故”目标。组织电动车真火演练18次，推动建设电动车充电棚886处，新建微型消防站606个，安装烟感探测器6000余只。建立在押人员就医“绿色通道”，完成智慧监所“1.0”版本和留置专区建设。试点启用“身份证自助申请机”，推出户籍业务在线受理、初审服务13类79项。加快推进办理出入境证件“只跑一次”制度，受理证件11万证次，发证9.8万证次。

推进智慧公安建设。加快街面、卡口、网络、社区、楼宇五大领域泛感知设备建设，建成“神经元”15类1.3万个。率先建成沪昆高速公路市域卡口监测系统等项目。完成全区605平方公里航拍及“一标六实”警用地理信息系统、进博会安保疏导区三维建模和“三实”数据挂接。

深化公安改革。在方松、中山、岳阳3家派出所和沪昆高速公路检查站试点一线综合执法民警（“全科医生”）工作。开展非警务类警情分流机制和“自助自救”“互助互救”力量建设，推动社会协同治理和全民安防模式落地。围绕智慧政工开展党建、干部选拔等模块架设和信息导入。有1834人、103人分别参加执法勤务序列和警务技术职务套改。深化警务辅助人员管理机制改革，健全完善特保队伍垂直管理体系。自主开展“找症结、抓整改、强问责”等专项工作，发现整改问题433个。深化“阳光警务”，主动审核公开行政处罚案件信息3723条。

打造过硬队伍。组织开展“不忘初心、牢记使命”等主题教育，发展预备党员45人，完成预备党员转正42人。举办警衔晋升、轮训轮值专业培训班26期，开展短平快培训60余次，开发情景式微课程50余门，培训2600余人次。做深做实远途通勤、医疗保险、医疗救助“绿色通道”，“警营小铃铛”爱心暑托班等爱警惠警措施。26家集体、709人被记功表彰。“警民直通车—松江”获评“全国公安政务新媒体十大服务力账号”称号，《松江警务报道》获评全国公安电视宣传优秀栏目、上海市公共关系优秀案例，交通文明动画作品《疯狂的小电驴》荣获全国公安“三微”大赛一等奖。（郁小玲）

“全科医生”岗前培训考核　（郁小玲提供）

【完成进博会安保任务】 松江分局成立进博会安保工作领导小组，下设“一室九组”，制定“1+20”安保方案体系，设立安保前沿指挥所，全权负责指挥安保工作。强化九里亭、九亭、泗泾等疏导区安保，开展全天候武装巡控、设卡临检，实现重点部位、主要路段智能安防全覆盖。完成沪昆高速公路市域卡口监测系统建设应用，探索形成远端、近端、现场“圈层过滤”查控模式。对2个长途客运站严格落实“到达安检”“始发安检”措施，会同铁路公安做好松江火车站、松江高铁南站及金山支线4个站点的联勤巡控。细化4家宾馆、5家餐饮企业及社会观众远端安检点的安检流程及标准，落实警戒看护、全程监督、随车护送

等安全管理措施。(郁小玲)

【开展大调研工作】 松江分局围绕市局党委6方面重点课题、36项大调研回应问题以及区委、区政府“一个目标、三大举措”战略布局，组建大调研工作专班，召开分局层面大调研工作会议28次，发动分局党委班子和科所队共54个调研主体深入基层、群众、企业等问需问计。针对“三跨”（跨部门、跨领域、跨事权）和复杂重大问题，及时梳理事实信息，按照“五个一批”（上报市里一批、领导包案一批、派单跟踪一批、流转督办一批、自办备案一批）问题处置原则，分析症结、研究对策，跟踪督促责任单位牵头抓好落实。灵活采用“四不两直”（不发通知、不打招呼、不听汇报、不用陪同接待，直奔基层、直插现场）、蹲点调研、座谈会等基础调研方法，同步探索利用“问卷星”小程序、“微信警务室”、各单位微信公众号等移动端调研方法，拓宽问题收集渠道。全年，共调研1083次，覆盖各类调研对象1101个，收集问题建议1201个，问题解决率96.2%。分局大调研工作在市局考核地区分局组位列A档，在松江区委84个调研主体中获考核第一名。(郁小玲)

【创建打击“食药环”违法犯罪“行刑衔接”工作模式】 松江分局牵头区市场监管、卫计、环保等部门创建“行刑衔接”工作模式，依托打击“食药环”违法犯罪联动工作室平台，整合资源，明确分工，规范办案流程。赋予民警查阅投诉线索的最高权限，确保公安提前介入、同步启动核查处置工作。打通物证鉴定绿色通道，一站式完成食品药品扣押、存放、鉴定等工作，避免送检物变质腐坏造成鉴定结果偏差。建立队所联动“两级侦办”机制，推动案件深挖见底。全年，共侦破食药环案件24起，其中，侦破的张前进等生产销售假冒品牌桶装饮用水案入选公安部2018年上半年“食品安全犯罪十大典型案例”。(郁小玲)

【完成市域卡口监测系统建设】 沪昆高速公路检查站是我国南方进入上海的要道，日均过境车辆约7万辆次、峰值约12万辆次。松江分局新建进沪方向占地800平方米的安检大棚和240平方米的安检营房，打造涵盖集“自动安检系统、手机热点、高清卡口车架、动态人像

市域卡口监测系统建设 (郁小玲提供)

识别、人证闸机、车底智能探测”等于一体的多维感知系统，实时自动采集过境“人、车、物”全要素、全轨迹信息数据。同时，将采集到的信息联网市局，导入全国在逃人员、危化品车辆人员等信息库，实现轨迹多维描述、风险自动甄别。全年，依托该系统抓获在逃人员110人，占检查站抓获在逃人员总数的63.6%。(郁小玲)

【搭建全市首个医警联动智能安防应用系统】

上海市第一人民医院南院日均人流25万人次，就诊7000人次，安防压力较大。松江分局搭建医警联动智能安防应用系统，涵盖动态人脸识别、视频指挥、GIS地图平台等6个模块，前端在出入口、门急诊、主要楼道处安装25路人脸抓拍摄像机和1路远景探头，实现人脸图像、运动轨迹全过程采集。同时，借助全国公安联网数据库，一旦前端采集信息与库存数据相似度达到预设阈值，系统即可自动预警，准确率接近100%。对出现的可疑情况，由系统指挥中心通过政务微信向驻院警务室发布指令，民警快速赴现场处置。该系统自7月投入启用后，抓获犯罪嫌疑人4人、吸毒人员1人，核查跟控偷盗类违法犯罪嫌疑人40余人次。(郁小玲)

【推进“放管服”改革】 松江分局成立由主要领导牵头的领导小组，在消防、交警、治安、出入境等部门设立专班，开展窗口体验式专项督查。在线上线下平台公布具备审批权限的业务事项清单，拓展办证窗口，设置首问接待或导询台。全部居住证业务实现就近申请办理。推出13类79项户籍业务在线审理、初审，一次性办结，推广手机APP办理业务，引入窗口在线支付。将车驾管窗口从六类整合为“车驾管”“机动车临牌”“互联网注册”三类，实现“一证即办”“一窗通办”。合并多部门的受理、评估、审核工作，缩短审批周期。探索实行容错容缺机制，采取最低申请材料受理模式，做到“数据多跑路、群众少跑腿”，收到良好社会效果。(郁小玲)

【连续9年开办“警营小铃铛”爱心暑托班】

2010年起，松江分局开办“警营小铃铛”爱心暑托班，解决民警后顾之忧。每期暑托班为一个月，参加人员为小学一至五年级的民警、文职子女。在松江区农林技术学院设立长期办班点，参照校园管理模式，协调在校任职的警属担任班主任和任课老师，由在校大学生担任志愿者，协助日常管理。课程设置上注重传播安全意识、增进职业认同和强化传统教育，并逐步形成标准运作机制。9年来，民警、文职子女共近千人次参加。7月，“警营小铃铛”爱心暑托班成功创建公安系统唯一一家“上海市职工亲子工作室”，并获评松江区“妇女儿童实事项目”优秀项目。(郁小玲)

【侦破闫庆超黑社会性质组织案】 2017年10-12月，松江分局以“套路贷”为线索，先后抓获以闫庆超（男，41岁，安徽省寿县人）为首的安徽籍违法犯罪人员97人，查证刑事案件12起、涉嫌7项罪名，初查涉案金额500万余元。2018年3月，以涉嫌组织、领导、参加黑社会性质组织罪正式对该团伙立案侦查。经查，2008年起，闫庆超等人多次结伙实施寻衅滋事、抢劫等犯罪活动，但团伙成员不固定、组织架构较为松散；2016年起，闫庆超以地缘、宗族关系为纽带，组织以安徽籍为主的固定成员在九亭地区设赌放债、获取“稳定收入”，并报复打压被害群众，形成组织严密、层级分明、分工明确的犯罪团伙，已具有黑社会性质组织雏形。该案的侦破工作在2018年度“刑警803破案奖”评比中被评为“银奖”。(郁小玲)

【侦破“3·6”特大电信诈骗案】 3月5日，李某报案称，其经一微信好友介绍，在一网站注册账号进行外汇期货投资，先后存入约25万元人民币，短时内仅余3美元。松江分局迅速成立专案组开展侦查。4-5月，专案组分赴福建、江西、广东及上海等地，分两批开展集中抓捕行动，成功捣毁虚假期货交易平台7个及背后提供技术支持、资金通道的犯罪团伙2个，抓获犯罪嫌疑人张少发(男，28岁，福建省泉州市人)、刘志超(男，22岁，福建省南安市人）等122人，缴获涉案电脑200余台、手机200余部、涉案银行卡600余张，以及大量培训手册、话术文本、账本等。上述犯罪团伙搭建虚假外汇期货交易平台，通过微信物色客户，诱导其开户投资，再利用后台操作平台诈骗客户资金，共实施电信网络诈骗100余起，涉案金额2000万余元，涉及境内外被害人100余人。该案的侦破工作在2018年度“刑警803破案奖”评比中被评为“铜奖”。(郁小玲)

【侦破“10·30”特大网络制售有毒、有害减肥类保健食品案】 10月17日，松江分局获悉松江区一淘宝店“布布家的小丸子”疑似非法销售有毒有害减肥类保健食品，迅速成立专案组开展侦查。11月，先后抓获犯罪嫌疑人李传婷（女，28岁，安徽省怀远县人)、陈加林（男，26岁，安徽省安庆市人)、张艺红（女，35岁，陕西省西安市人）等10人，捣毁制假窝点3处、仓储销售窝点4处，缴获“Ultimate fat burning”等有毒有害保健食品700万余粒、制假用原料300余斤、空胶囊300万余粒及制假设备若干，案值2亿余元。经查，9月起，李传婷等2人租借安徽蚌埠一仓库开设制假“黑工厂”，将含有西布曲明成分的粉末非法生产加工成胶囊对外批发销售。陈加林等4人将购得胶囊简单包装作为保健品对外销售。张艺红等4人将购得的保健品二次包装并经网店对外销售。经检验，涉案保健品中均含有违禁药品西布曲明等成分，长期食用易造成严重的身体伤害。该案的侦破工作被评为2018年度“上海食药环侦部门十佳精品案例”。(郁小玲)

金山分局

【概况】 2018年，金山分局聚焦进博会安保工作主线，全力推进智慧公安建设现代警务流程再造等重点工作，认真落实打防管控各项措施，顺利完成全年各项工作任务，维护了金山社会治安持续平稳。公众安全感、对公安工作满意度列全市第一。

推进智慧公安建设。截至年底，完成“1+2+X”模式（“1”即区级视频监控交换共享总平台，“2”即综治分平台和公安分平台，“X”即其他部分根据需要设立的分平台）监控联网

9566路，基本完成原有2690个模拟监控点位、48套治安卡口点位改建及1890个监控点位和160套高清治安卡口点位新建工作。分类、分层、分步推进社会面智能安防建设，完成66个小区、10个农村的智能安防建设。自主研发了全市首个可对后排乘客进行快速、自动比对的“FISH”道口自助安检系统。在上海石化股份公司试点安装集人像识别、车辆识别等设备的微卡口和具有自动对焦火灾警情的鹰眼高空全景监控，实现对人员、车辆全程可视化监控管理。配合市局在国药试剂、中侨学院等4家剧毒化学品单位试点智能危化品管理系统建设，完成确定的69家高危单位的消防感知联网工作。

保障社会治安平稳。开展“严扫净保”专项行动、扫黑除恶专项斗争，全年共破刑事案件2153起，抓获犯罪嫌疑人2540人。相继侦破了“5·20”跨境网络诈骗案、“9·26”网络制贩枪案、部目标“2018-574”特大网络制贩新型毒品案等一批社会影响大、关乎民生的案件。在全区范围组织开展“零发案”居（村）委创建及高发案居（村）委挂牌整治专项行动，持续加强电信网络诈骗、入居民住宅盗窃、盗窃“三车”三类可防性案件的防控力度。全年，查处各类治安案件9285起，全区有75个居（村）委保持了“零发案”。

确保城市公共安全。探索实践综合商贸体“五联三防”工作机制，形成区域“联建、联防、联保、联处、联勤”，做到“防车辆冲撞、防刀斧砍杀、防爆炸袭击”，在全市范围得到推广。实现了上海石化股份公司油品升级项目环评公参期间全区面上持续平稳。根据不同等级设定管理目标和检查要求，积极推行重点、次重、一般三级分类管理检查模式，强化全国“两会”、进博会等特殊时段管控，对辖区223家易制爆危险化学品从业单位开展高频次检查，落实集中封存、暂停运输、使用剧毒化学品及放射源等危险物质等管理措施，累计检查易制爆危险化学品从业单位、寄递企业4650家次，整改具有安全隐患的242家，处罚易制爆危险化学品企业10家。与浙江公安机关建立“沪浙道口查控联勤联动工作机制”，依托市域卡口系统，强化道口查控，发挥“滤网”和屏障作用。

音乐节为群众指路　（徐丽霞提供）

打造过硬公安队伍。在全市率先打造样板智能办案区，将办案流程融入场所管理系统之中，实现了执法办案活动轨迹自动追踪、安全隐患及时预警、台账智能管理、考评智能高效、数据互联互通等功能。同时，在全市首建案件管理中心，以信息化手段对案卷、物证、档案、办案流程进行监督管理，具备了人、案、物全流程监督，预警提示全过程覆盖，形成了规范高效的执法监督管理体系。认真落实走访慰问、医疗补助等爱警惠警措施和机制，深化完善健康体检、走访慰问、工会慰问等制度。通过基层队伍教育管理“十项措施”，采用“一事一表扬”“表扬榜”“光荣榜”及制作展板等方式，加大对身边微故事及小典型的宣传。2018 年度，分局荣获市局集体二等功 10 个、个人二等功 5 个，分局科技科陈洁同志荣获个人一等功，象州路派出所杨晓城同志荣获“市局十佳优秀社区民警”称号，治安支队范佳俊等 9 名同志入围市局百佳标兵候选人，其中 5 名同志被授予市局百佳标兵。（徐丽霞）

【完成进博会安保工作】 成立安保工作领导小组，组建进博会安保工作专班，建立“三项工作机制”（每日一调度、每日一研判、每日一通报），研究制定金山分局关于进口博览会安全保卫工作总体方案及 32 个分方案。进博会期间，报警类 110 下发数比上年同期减少 40.0%，全区火灾事故“零死亡”“零受伤”，未发生一次死亡 3 人（含）以上和群死群伤等重大恶性交通事故。

【推进消防安全大整治】 金山分局牵头召开“金山区消防安全大排查大整治工作动员部署会”，成立领导小组，制定金山区消防安全隐患大排查大整治工作方案，明确工作重点、工作措施及工作步骤，广泛开展大排查大整治活动宣传、高频次播出消防公益广告。将大整治任务分解到全区各委办局、街镇（工业区）、居（村）委、网格中心等，加强与区教育局、卫计委、安监等单位协作，强化对学校、医院等人员密集场所检查力度和密度。督促指导社会单位落实消防安全责任，加强火灾隐患自查整改、消防安全教育培训、疏散逃生演练等。8 月 1 日至 28 日大整治期间，共检查单位 3913 家次、整改 3685 处，发放宣传资料 5.1 万份、张贴通告 6913 份，清退违规住宿人员 330 人，关停单位 22 家；火灾发生数比上年减少 29.9%。（徐丽霞）

【防御台风“安比”】 7 月 20 日，根据市局部署，金山分局连夜成立防汛防台应急处置领导小组，以“不死人、少伤人、少损失”为目标，通过“金山警务百事通”微信公众号、微博、头条公众号等官方平台，报道台风“安比”路径演变的权威信息，发布预警期间交通管控信息、防台风紧急自救知识。日均出动警力 2800 人，落实各项防汛防台工作措施，重点针对全区 65 处道路下立交进水等可能影响公共安全的情况，协调落实抢排积水、交通管控等处置措施，开展叠加巡逻，随时增援处置突发事件。7 月 21 日 7 时至 22 日 17 时，分局成功处置治安灾害事故 5 起，疏散转移 15856 人，无人员受伤，完成第 10 号风台“安比”防御工作。（徐丽霞）

【优化现代警务流程】 金山分局作为市局现代警务流程再造试点单位之一，完成了总体实施方案和 23 个分方案的汇编，确立了“中心统领、体系作战”的总体思路。打造全市试点样板张堰派出所，对派出所原有内部资源进行集约化重组，设置统一的“1+C+Z+N”警务模式：“1”为打造一个综合指挥室；“C”为派出所综合受理窗口；“Z”为派出所警务责任区；“N”为根据“一村一居一警”要求设立的警社联动工作站。构建镇网格化中心与派出所综合指挥室合一体化运作机制，采用事前、事中、事后三种非警务信息分流措施，提升联动效能。将治安、户籍窗口整合为“综合窗口”，统一受理辖区内治安、户籍、出入境、交通4大类48项相关业务，实行“前台统一受理、后台分流办理”的工作模式，打造网上网下一体化的便民利民服务套餐。(徐丽霞)

【构建“3A”战时队伍管理模型】 金山分局将进博会安保工作与战时队伍管理工作深度融合，构建“3A”（Atmosphere 基调，Administration 管理，Assessment 评估）绩效评估及队伍管理模型。从模式、目标、驱动力等入手，探索管理模式，发挥“队伍”对“业务”的牵引和助推作用。构建以业绩指数、奉献指数、综合指数对各部门整体工作和全体民警、辅警个人工作情况进行综合评价。进博会实战阶段(11月5日至10日)，全区交通类110警情比上年同期减少24.2%，违法查处数比上年同期增加2.3%。各道口检查站抓获违法犯罪嫌疑人20人，查获毒品117克、管制刀具37把。(徐丽霞)

【研发“FISH”道口自助安检系统】 金山分局自主研发全市首个实现车辆前排+后排乘客双抓拍比对的“FISH”（F-fast 快速、I-intelligence 智能、S-security 安全、H-harmony 和谐）道口自助安检系统，实现了“智能化过滤、无感知比对、高效化安检”的工作实效。该系统在检查站安检区域专门设置4个“智能安检车位”，通过自动引导语音、LED 字幕、引导信号灯和车辆感应线圈等模块，提示指引5座及以下小型客车驶入正确车位接受检查，对全车人员最快“12秒”内完成中端精细比对。该模式于3月22日在沈海高速（沪浙）检查站试点运行，在警力未增加的情况下，该站日均车辆安检能力从1100辆3300人次提升至5600辆10000人次，安检时间由每辆车2分钟降至12秒左右，采集比对人员信息480余万条、车辆信息50余万条，抓获网上在逃人员8人。(徐丽霞)

设卡盘查车辆 (徐丽霞提供)

【建立外卖行业交通管理机制】 金山分局以“查源头、强管控、建机制、降事故”为要求，会同外卖送餐行业组织、企业建立特色工作机制，强化外卖送餐行业电动自行车管理，规范外卖骑手驾驶电动自行车送餐过程中的交通行为。主动与外卖企业开展对接，指导企业建立规章制度，定期开展安全教育，落实“交警主动介入，企业规范管理”的共建模式，签订交通安全责任状，集中清理外卖企业存在的非标车辆。选取“美团外卖”作为试点合作单位，采取“走出去、请进来”等形式加强试点合作单位外卖骑手队伍的交通安全指导，建立叠加记分机制，共建交流机制，构筑长效管理格局。全年，辖区内发生外卖送餐行业从业人员有责事故129起，比上年减少45.0%。（徐丽霞）

【推行网上便民服务】 金山分局针对大调研活动群众反映的户籍办理难问题，以派出所微信公众号为平台，试点推出网上户籍室模块，实现了户籍办理、证明开具等事项的网上办理。通过“群众在线预约→综合窗口民警在线受理→群众在线上传材料→综合窗口民警在线初审→责任区民警上门收取材料→综合窗口民警后台办理→责任区民警社区送达或快递送达”的工作流程，有效打通辖区内群众15类常见户口和无违法犯罪记录证明、无身份证旅馆住宿登记办理的“零跑路”通道。分局落实专管制度，确保每日网上所有预约申请单在当日审核完毕，3个工作日内完成上门收取材料、签字确认等工作，形成外网申报、电话预审和内网受理的全流程、闭环式户籍服务管理模式。（徐丽霞）

【推进电信网络诈骗防阻工作】 金山分局制定关于开展严密防范电信网络诈骗犯罪专项工作的实施方案，细化“拓展防范电信网络诈骗宣传渠道、分类分层制定防范宣传要求、提升案件见面防阻率和反馈率”等具体措施，明确责任领导、推进措施和时间节点，配套制定专项督导追责方案。立足社区，借助新兴媒体，将宣传的覆盖面最大化。每日梳理电信网络诈骗接报数据、每日通报发案基本情况、专项行动考评每月核算，找准每个阶段多发、易发电信诈骗案件的类型特点和区域，有针对性地调整工作策略和重点。及时总结提炼经验做法，编报工作简报供各单位学习借鉴。5月1日至11月30日专项工作期间，会同银行成功劝阻电信网络诈骗案（事）件13起，避免群众损失74.8万元。（徐丽霞）

【侦破部目标“2018-574”毒品案】 4月，金山分局获悉，有同性恋者在网上购买肛门润滑剂“犀牛G点液”，可能含有毒品成分。经检测，确认该润滑剂含有2015年列管的“N，N-二异丙基-5-甲氧基色胺”精神类新型毒品成分，即立案侦查。9月，在公安部禁毒局的统一部署和指挥下，在河北、广东、辽宁、天津、河南、安徽、山东、浙江公安机关协助下，由金山分局、市局刑侦总队和有关单位组成的专案组，抓获制贩毒犯罪嫌疑人杨帆（男，28岁，河南省安阳市人）、齐洪亮（男，40岁，辽宁省葫芦岛市人）等24人，捣毁一家族式制贩毒团伙，缴获反应釜、多功能反应器等全套制毒设备，缴获“犀牛G点液”90余千克、含“巴比妥”及“苯巴比妥”成分的“X8润滑液”约45千克、制毒原料约50千克。该专案组被上海市公安局记集体二等功。该案的侦破工作在2018年度“刑警803破案奖”评比中被评为“银奖”。（徐丽霞）

【侦破“5·20”跨境电信网络诈骗案】 5月18日，金山分局接到报案称，有人谎称快递员，以物品在快递途中丢失，可以赔偿为由骗取钱财，即立案侦查。6月20日，在公安部统一指挥下，在缅甸警方的协助下，由金山分局、市局刑侦总队和市局有关单位组成的专案组，会同云南公安机关开展联合行动，抓获犯罪嫌疑人曹士旺（男，38岁，福建省龙岩市人）等6人，捣毁藏匿在缅甸佤邦跨境实施电信网络诈骗窝点2个，缴获涉案银行卡30余张、手机20余部，以及POS机、网银U盾、上网卡等大量作案工具。7月初，又抓获已潜逃的另外5名骨干成员。该专案组被上海市公安局记集体二等功。该案的侦破工作在2018年度“刑警803破案奖”评比中被评为“银奖”。（徐丽霞）

【侦破“4·11”组织、领导传销活动案】 2018年2月，金山分局在工作中发现，金山区学府路一“DT乳胶馆”门店以拉人头方式发展会员，有传销犯罪嫌疑。经侦查，2016年7月起，境外DATA TYCOON泰国有限公司（以下简称“DT集团”）在互联网设立商城平台向全球发展会员。该传销组织以推销“LAND权证”、乳胶产品、设立“天然乳胶生活馆”获取增益为诱饵，通过按入门费金额设置多层级会员、会员发展下线获利等传销模式持续发展会员，已有会员账户110余万个，涉及全国30个省、市，约15万人。8月2日，金山分局在公安部的指挥下，在市局经侦总队、市局相关部门以及外省市公安机关的协助下，侦破“DT集团”组织、领导传销活动案，抓获犯罪嫌疑人程少伟（男，41岁，黑龙江省鸡西市人）等24人，陆续抓获涉案人员119人，冻结资金1800余万元，涉案金额8亿余元。专案组被上海市公安局记集体二等功。该案的侦破工作在2018年度上海经侦系统“经济犯罪案件侦查破案精品案例”评选中被评为“金奖”。（徐丽霞）

【侦破“6·14”网络赌球案】 4月初，金山分局在查处一起涉毒案件中发现涉案人员（已另案处理）有参与网络赌球违法嫌疑，即立案侦查。6月14日凌晨6时（距俄罗斯世界杯开幕式18小时），抓获犯罪嫌疑人戴国萍（男，56岁，上海市杨浦区人）等14人，捣毁一以民间借贷公司作为掩饰的网络赌球犯罪团伙，现场查获电脑10台、手机24部、银行卡20余张及现金10余万元。该案的侦破工作被评为2018年度“上海治安行动部门十佳精品案例”。（徐丽霞）

【侦破“7·24”特大跨境销售精神管制药品案】 6月初，金山分局查获一起销售假药案件，在案件侦办过程中，发现涉案假药品种多、销售网络广、社会危害性极大，即扩案侦查。10月，金山分局会同市局相关总队和市食药监局，在云南、河南、北京、河北、陕西、湖北、福建等省市公安机关的协助下，抓获犯罪嫌疑人赛雪朝（男，29岁，云南省文山壮族苗族自治州人）、王知强（男，28岁，云南省曲靖市人）等13人，捣毁一个在全国范围内销售精神类管制药品、假药的犯罪团伙，捣毁非法销售网站2家、微店10家，现场缴获列入兴奋剂名录且具有严重成瘾性的利他林、莫达菲尼等精神管制药品3万余粒和其他印度产未经国家批准进口的药品（性药等）4万余粒，涉案总金额2000余万元。该案的侦破工作被评为2018年度“上海食药环侦部门十佳精品案例”。（徐丽霞）

青浦分局

【概况】 2018 年，青浦分局以进博会安保工作为主线，坚持问题管理、过程管理、细节管理，推动各项工作措施和责任落实到位，确保了青浦区社会稳定和城市公共安全。

严厉打击违法犯罪活动。全年立刑事案件 11178 起，比上年减少 8.4%；破获刑事案件 4339 起，比上年增加 32.7%；连续 8 年保持命案全破，首次实现全年“两抢”案件全破。打击违法犯罪嫌疑人 10526 人，比上年增加 14.6%。其中，刑事拘留 3777 人，提请批准逮捕 1711 人，移送起诉 2409 人，行政拘留 4459 人。查处治安案件 14239 起，比上年减少 35.3%。

加强公共安全管理。利用事故分析预警系统，实施重点交通违法行为分级分色预警，推动交通事故多发路段综合治理；围绕“两客一危”（从事旅游的包车、三类以上班线客车和运输危化品、烟花爆竹、民用爆炸物品专用车辆）“行人、非机动车”“大型工程运输车辆”等管理重点、难点，常态推进秩序整治。全年，查处交通违法行为 87 万余起，比上年减少 23.0%。共发生各类交通事故 4.46 万余起，比上年减少 17.4%；推动各行业主管部门、各街镇长效运作消防安全前置把关、联动执法机制。全年共发生火灾事故 345 起，比上年减少 2.8%。按照“目标不变、标准不变、措施不变”的原则，落实烟花爆竹安全管控工作，查处烟花爆竹非法运输、存储、经营案件 11 起，刑事拘留 4 人、行政拘留 3 人，收缴非法烟花爆竹 2585 箱，实现烟花爆竹“零火灾”、禁放区域“零燃放”的管控目标。将 1288 台信息采集终端配发至全区各社区综合协管员，转变信息采集、维护模式。深入推进“房东责任制”建设，处罚人口管理违反市政府令案件 5985 起，完成各类出租房屋房东签约 84129 户。

进博会现场安保 （张凯开提供）

激发公安队伍活力。深化“活力警营”建设，探索队伍管理新机制、新手段，挖掘民警潜力、激发队伍活力。贯彻落实党的十九大精神学习实践活动，在进博会期间成立13个临时党支部，发挥战时党建引领作用，启动战时履职考评机制，加强干部动态考察。强化民警职业规划设计，完成人民警察执法勤务警员职务序列和警务技术职务序列套改工作。启用分局文体活动中心，组织一系列文体和亲子活动。举行进博会安保誓师仪式、总结表彰仪式，总结和弘扬进博会安保精神，共有28个集体、703名个人受到记功嘉奖，其中2人立一等功。推出9期《青浦警坛·2018》电视专题栏目，通过各级媒体刊载报道公安工作1060篇次，累计发布微博、微信1600余条，阅读量超过770万次。（张凯开）

【完成进博会安保工作】 青浦分局将国家会展中心及周边区域划分成8个安保责任区，设置248个岗位，分备战、临战、实战三个阶段形成基础排查等五个方面15大类43个安保方案162项安保行动计划推进。开展警情处置等联合演练、专项演练和“红蓝对抗”演练近百次，发现、整改安全隐患110余处。对国家会展中心内部、外围共4959个制高点落实管控措施，完成181批次警卫任务。依托无人机反制技术，对警戒区及周界空域实施监测防控，实现无人机管制区域“黑飞”“零发生”。启动道口等级查控勤务，投入954名民警承担10个陆路道口、4个水路卡口、15个等外道口、2个长途客运站查控工作，以及108个水路支流河口的入沪管控。共检查车辆船舶27万余辆（艘）、盘查比对人员46.2万余人次，查获网上在逃人员10人、吸毒人员18人，仿真枪、管制刀具等违禁品78件、危险化学品6.41吨。（张凯开）

道口检查站民警对车辆开箱检查　（张凯开提供）

【推进智慧公安建设】 青浦分局完成智慧公安51项重点建设任务，建成智能图像监控点位1.24万个，全区监控数量由上年年初的每平方公里2.75个增加到47个，配套研发视频图像综合应用系统，实现“以图搜图”等35种实战应用功能。提前完成智慧监所建设，在1.4万平方米监区内布设智能感知设备1419个。建设智慧安防社区539个，并在徐泾镇“西郊家园”试点建立“精准警务”“协同共治”“群防群治”三大模块融合的社会治理信息平台，将预警风险按照职能分工，分类推送给公安、政府部门及小区物业等群防群治力量，构建自助自救、互助互救、公助公救的全民安防模式。（张凯开）

【打击侵犯公民个人信息违法犯罪】 青浦分局立足辖区实际，整合各警种及物流寄递企业资源，一方面与申通、中通、圆通、韵达等10余家大型物流寄递企业联合制定信息安全联络机制，建立分析模型，提升企业风险管理意识及应急处突能力；另一方面成立专项工作组，完善网上网下协同作战机制，每日在互联网上开展滚动排查，第一时间对可疑社交软件开展研判分析，并由属地派出所落地核查，重点对非法交易手机号码、家庭住址等公民信息违法犯罪开展经营打击。全年，共侦破侵犯公民个人信息案件68起，刑事拘留54人，涉及公民个人信息1000余万条。(张凯开)

【整治“日租房”】 8月至11月，青浦分局会同区综治、城管、房管等部门开展专项集中整治行动，强化落脚点管控，清除各类隐匿其中的风险隐患和违法犯罪。其间，共联合检查可疑房屋1054处，查处并取缔“日租房”104处，行政拘留66人，暂扣被取缔“日租房”中的家具、电器1000余件。(张凯开)

【开展内部“放管服”调研工作】 依托大调研活动，开展内部“放管服”调研专项工作，对收集基层单位反映的13类80项问题和304条意见建议进行逐一整改、回应，推出了一批简政放权、再造重构、赋能增效措施，解决工作效率低下、警力空耗等问题。尤其是在全局率先推广看守所、拘留所“上门收押”制度，将基层办案警力从烦琐流程和往来奔波中解放出来，集中时间、精力提升执法办案质量。(张凯开)

【维护民警执法权益】 青浦分局坚持“两项自律措施”（加强能力素质培训、强化内部全流程执法监督）和“三个绝不放过”（妨害公务行为，不实、恶意投诉，侮辱诋毁等涉警舆情“绝不放过”），规范民警执法执勤行为，为民警依法履职撑腰，增强执法公信力和队伍归属感，营造遵法尊警的社会风气。全年，共受理民警不法侵害案（事）件165起，处理涉嫌阻碍执法和妨害公务的违法犯罪嫌疑人201人，慰问遭受不法侵害民警106人、辅警48人，发放慰问金13.6万元。(张凯开)

【开展区域警务合作】 12月5日，苏、浙、沪15市（区、县）第71次警务合作会议在青浦区召开，青浦分局作为会议值班局，负责落实各项会务保障工作。会上，各单位围绕长三角一体化发展国家战略，在智慧公安建设的牵引下，建立健全更高质量的警务合作机制这一主题，就深化区域情报信息共享、案件联合侦查、水陆路道口联合查控等机制达成共识。(张凯开)

【进博会安保总结表彰】 12月27日，在国家会展中心虹馆举行青浦公安进博会安全保卫工作总结表彰仪式。以“为了四叶草的辉煌”为主题，全面总结进博会重大安保工作经验，表彰先进，树立典型，弘扬青浦公安精神。进博会安保期间，青浦分局共有5个集体荣立二等功，6个集体荣立三等功，11个集体荣获嘉奖；2人荣立一等功，15人荣立二等功，77人荣立三等功，250人荣获嘉奖。同时，分局被上海市总工会授予“上海市五一劳动奖状”，国家会展中心治安派出所被授予“上海市工人先锋号”，徐泾派出所所长支屹峤被授予“上海市五一劳动奖章”。(张凯开)

【开展社保队伍体制改革】 青浦分局开展优

化社区保安队伍体制调研，会同区综治办联合下发相关实施意见，调整和明确全区社区保安队伍的管理权限和职责，将全区3个街道、8个镇的社区保安队伍人、事、财等管理权交由属地派出所全面负责，强化社区保安队伍日常管理，加强综合保障。(张凯开)

【侦破"1990·6·14"故意杀人案】 2018年3月21日，青浦分局在市局刑侦总队、市局相关单位及安徽省公安机关的支持下，依托相关人像比对系统等科技信息化手段，在安徽省宁国市抓获已"漂白"身份潜逃28年的部督命案在逃人员王海忠（男，45岁，上海市青浦区人）。经审讯，王交代了其于1990年6月在原青浦县青浦镇盈中新村24号某室内杀害被害人卓某及其三个月的女儿顾某。该案的侦破工作在2018年度"刑警803破案奖"评比中被评为"银奖"。(张凯开)

【侦破徐泾"2005·10·29"抢劫杀人案】 2018年5月至7月，青浦分局在市局刑侦总队、市局相关单位及江苏、云南等地公安机关的支持下，通过重新梳理历年命案线索，综合运用DNA比对等侦查手段，先后在江苏省昆山市、江苏省龙潭监狱及缅甸果敢自治区抓获犯罪嫌疑人刘勇（男，40岁，江苏省连云港市人）等3人。经审讯，三人交代了2005年10月28日，经事先预谋，结伙在江苏省丹阳市抢劫一出租车并将女驾驶员捆绑杀害后，驾驶该出租车至上海市青浦区徐泾镇抛尸的犯罪事实。该案的侦破工作在2018年度"刑警803破案奖"评比中被评为"铜奖"。(张凯开)

【侦破"3·22"系列保险诈骗案】 3月，青浦分局根据市局经侦总队线索核查任务，对一起保险诈骗案立案侦查。经查，闵银龙（男，67岁，上海市浦东新区人）以他人名义注册成立一鉴定机构，通过交通事故代理理赔中介机构介绍业务，并授意鉴定机构负责人朱龙福（男，62岁，上海市浦东新区人）伙同他人以上海市某知名鉴定中心的名义出具虚假伤残鉴定报告。4月至9月，分局抓获以闵银龙为首的犯罪团伙成员13人，查证相关保险诈骗案件14起，涉案金额300余万元。该案的侦破工作在2018年度上海经侦系统"经济犯罪案件侦查破案精品案例"评选中被评为"银奖"。(张凯开)

【侦破"8·18"合同诈骗、职务侵占、非国家工作人员受贿、虚开发票、掩饰隐瞒犯罪所得案】 2017年8月18日，青浦分局接到报案，上海顺衡物流有限公司销售经理陈荫（男，36岁，上海市黄浦区人）利用职务便利，侵占公司货运款1亿余元。经查，2015年7月至2017年8月期间，陈荫在已经调离原工作岗位的情况下，冒用原公司名义，伙同他人以签订"阴阳合同"的方式，骗取原公司货运费1.16亿元。2017年10月至2018年4月，专案组抓获涉嫌非国家工作人员受贿、职务侵占、合同诈骗、虚开发票、掩饰隐瞒犯罪所得的犯罪嫌疑人陈荫等17人，追回赃款5000余万元。该案的侦破工作在2018年度上海经侦系统"经济犯罪案件侦查破案精品案例"评选中被评为"银奖"。(张凯开)

奉贤分局

【概况】 2018年，奉贤分局以进博会安保维稳工作为主线，深入推进“平安奉贤、智慧公安、过硬队伍”建设，全面提升打防管控综合实力，圆满完成各项安保任务，确保全区社会治安秩序持续稳定。

维护社会稳定。围绕进博会安保中心任务，结合地区治安特点，从严从细落实重点要素以及地区突出矛盾的排查管控，稳妥处置各类非政治性不安定因素39起，化解信访件4023件。圆满完成进博会、清明祭扫、“菜花节”、“荷花节”、旅游节花车巡游、国庆等重大活动、重要节点安全保卫任务65批次。

严厉打击违法犯罪。深入推进“严扫净保”“集中打击整治涉众型经济犯罪案件”及“滨海铁锤”24、25号等一系列专项行动，持续深化“四侦合一”刑事打击新模式。全年，立刑事案件11430起，比上年增加14.9%；侦破各类刑事案件4035起，比上年减少6.3%；刑事拘留2846人，逮捕1893人，移送起诉2433人。其中，侦破“盗抢骗”案件2748起，逮捕991人，自2015年以来连续三年获全国打击“盗抢骗”专项行动全市第一；侦破“黄赌毒”刑事案件353起，刑事拘留439人，逮捕310人；抓获在逃人员731人；行政拘留1562人，查处违法场所85家；收缴仿真枪59支、管制刀具173把。

加强公安行政管理。深化交通大整治，强化对重点路段、重点交通违法行为的严管力度，共查处各类交通违法行为7.2万余起。其中，查获酒后驾车109起、醉酒驾驶96起，查处“五类车”违法15.1万余起、暂扣1.4万余辆次。全年，共接报110道路交通事故60850起，比上年减少6.7%；造成死亡46人，与去年持平。全力推进消防隐患大排查，检查单位5.3万余家次，发现并督改火灾隐患或违法行为13.5万余处，查处消防违法案件1030起，行政拘留265人；发生火灾171起，比上年减少39.4%；造成3人死亡，比上年减少1

社会面隐患大排查　(张晨勇提供)

人，直接经济损失275.6万余元，比上年减少72.5%。结合星级窗口评定提升出入境管理效能，办理各类出入境证件90127证次，查处“三非”外国人29人。

深化公安工作改革。推进智慧公安、现代警务流程再造、深化“四侦合一”刑事打击新模式。分局智能视频监控系统、智能图像识别等16个配套项目建设任务全部完成。其中，新建、改建智能化监控2204个，“一标六实”警用地理信息系统完成全区境内730平方公里航拍任务，655平方公里三维建模，智能消防感知系统覆盖40余家高危单位，城域网络安全态势感知系统覆盖全区91家属地网站；率先试点农村智能安防体系建设，创新研发“奉贤警民e家”微信小程序，自主开发建设“四维模型比对”等5大智能辅助侦查系统。

建设过硬公安队伍。组织开展学习宣传贯彻党的十九大主题教育活动、“传家风，转作风，铸警风”主题教育活动，抓实抓细“三会一课”、民主评议党员和警示教育等组织生活制度。持续深化爱警惠警工程建设，探望慰问民警及家属409人次，推出“爱心暑托班”，100余名民警子女参加爱心暑托班；举办“从未放下的热爱”——2018“相约滨海之夏”广场文化活动公安专场演出（2006年以来已相继举办11场公安专场演出）、廉政文化作品展、“卫士杯”等文体活动。在中央级、市级媒体发布公安新闻503篇（条），选树费渊、卫安定、张胤康等一批先进典型，开展“十佳贤警”等评选活动。全年共有35个集体、517人获记功、嘉奖。（张晨勇）

【完成进博会安保任务】 进博会期间，奉贤分局启动社会面一级勤务等级，组建“进博会安保尖刀岗”，每天安排373名巡逻警力、46名机关增援警力，以及100名备勤警力实行动态巡逻；对全区1.2万家实有单位和3798家场所开展“地毯式”检查，整改隐患49处；对重点场所和部位制定“一点一方案”，落实监控全覆盖、人员常驻守。10月23日至11月12日，打击处理侵犯人身权利类嫌疑人50人，比上年同期增加67.2%；查处“黄赌毒”案件16起，刑事拘留11人，逮捕11人，行政拘留5人。（张晨勇）

【创建农村智能安防新模式】 奉贤分局围绕智慧公安建设整体规划，率先试点农村智能安防体系建设。共建设包括鹰眼、无人机、人脸识别等符合郊区实际需求的18类965个感知“神经元”；建立南桥镇江海村智慧管理中心，研发启用江海村智慧管理平台，联通公安图像网和南桥镇网格化中心，完善配套制度规范体系，累计处置非警务信息179次；研发“奉贤区社会面智能安防实战应用系统”，打造“一核双驱”体系，推动“感知泛在、研判多维、指挥扁平、处置高效”的精准警务模式。7月至12月江海村实现13起盗窃案全破，发案比上年同期减少67.7%，被确定为“农村民宅”智能安防建设样板在全市推广。（张晨勇）

【开展社会面隐患大排查】 奉贤分局围绕“人、车、物、路、房、网”等重点要素，在全区范围内组织开展“强基础、除隐患、防风险、净环境”社会面隐患大排查专项行动。开展集中清查823次，累计检查人口547995人次、房屋292532间；新增人口245243人次，比上年增加3.5%，注销人口70184人次，比上年增加8.6%。排查各类隐患45136处，其中，公安机关自行处理37623处，移交其他行

政部门1867处。全区110报警数比上年减少9.4%，入室盗窃发案数比上年减少18.0%。（张晨勇）

参加2018上海公安半程马拉松比赛　（张晨勇提供）

【推出“奉贤警民e家”微信小程序】　奉贤分局积极适应“互联网+”趋势，推出“奉贤警民e家”微信小程序，形成集宣传、服务、管理、举报、咨询、测评、评价、报警8大配套功能于一体的微信社区，为警民互动提供新动能，实现民警对辖区居民的动态化管理。共有33.8万余名群众加入“警民e家”微信社区，推送宣传340次，点击量119万余次；接受并解决微信求助和咨询1.2万余条；收到各类举报1.8万余条，协助破案19起，抓获犯罪嫌疑人39人；网上测评7次，参与人数16万余人次。该小程序获公安部“智慧公安我先行”全国公安基层技术革新奖。（张晨勇）

【深化执法规范化建设】　奉贤分局开展如实立案、现场执法联合检查和问题评估，每月进行公示通报，针对执法问题开展集中培训、实战演练、24小时解疑，通过网络平台建立“全访评”民意监测机制，提升公安执法执勤效能。完成20家执法办案单位的执法办案场所智能化改造；出台5个规范性文件、制作《一线执法手册》，开展专题辅导76次；联合检查12次，抽检民警960人次，发现执法隐患230余处，下发《查问单》240余份；网上公布各类行政处罚信息2300余条，解答群众疑问210余条。全年“法治公安”建设总分位列全市第一。（张晨勇）

【打击涉众型经济犯罪】　奉贤分局通过建立快侦快破、过程监督、细节管理等机制提升办案质效，采取强化追赃免损、畅通诉求渠道、强化风险预警等举措提升化险能力，以“专业人用专业心做专业事”为理念，打造一支素质过硬的经侦队伍。全年共破获“聚财猫”“团盈理财”等涉众型经济犯罪案件32起，刑事拘留81人，逮捕63人，移送起诉62人，总涉案金额604.917亿元，涉案主要犯罪嫌疑人均已抓获。（张晨勇）

【深化交通大整治】　奉贤分局依托区级协作联动，解决南桥主城区共享单车投放混乱的问题，日均清理乱停放共享单车240余辆；挑选21名交警支队领导担任二级路长，会商解决金海社区集装箱卡车乱停的突出顽疾。

结合警务流程再造，投入疏导警力190人次，排除道路隐患21处。南桥城区实现“电子警察”全覆盖，9月至10月，抓拍违停违法行为4656起，基本消除8条重点整治道路的违停行为。加大非机动车、行人交通违法行为整治，9月至10月，查处闵浦二桥非机动车闯禁行为360人次。优化标志标线16处，调整信号灯绿信比36处。对1560辆危化品运输车辆安装GPS定位设备和视频监控设备，建立GPS管理中心，实现全程跟踪，降低安全风险隐患。（张晨勇）

【推动大调研活动】 奉贤分局依托“覆盖式”走访、“随手拍”取证、“条块化”整理等创新举措，建立跟踪督导机制，解决群众反映的难点、痛点、顽点问题，确保“问题整改到位、隐患排除到位”。解决跨区域、跨部门、跨事权难题，真心实意帮助群众解决难题。全年走访调研1.3万余次，覆盖调研主体1426人次，调研对象1.3万余个，收集涉及公安问题1087个，流转非公安问题1861个，收集意见建议3342条。（张晨勇）

【侦破唐志明黑社会性质组织案】 2017年10月初，分局接群众举报称：上海硕翊投资管理有限公司及上海钱浩投资控股有限公司涉嫌超额抵押贷款，并存在暴力讨债现象，遂成立专案组开展侦查。2017年12月至2018年5月，专案组在上海奉贤、闵行等地先后抓获犯罪嫌疑人唐志明（男，56岁，上海市奉贤区人）等27人，其中黑社会性质组织成员13人。经查，该犯罪组织长期盘踞在闵行区，活动区域覆盖周边多个地区，共涉嫌非法吸收公众存款罪、诈骗罪、虚假诉讼罪、非法拘禁罪、非法侵入他人住宅罪、寻衅滋事罪、敲诈勒索罪等7项罪名，涉案金额6.1亿元。该案的侦破工作在2018年度“刑警803破案奖”评比中被评为“金奖”。（张晨勇）

崇明分局

【概况】 2018年，崇明分局围绕进博会安保工作主线，立足崇明世界级生态岛建设大局，以基础工作为抓手、以队伍管理为根本，忠诚履职、创新进取，确保各项业务工作及队伍建设不断发展进步。公众安全感和公安工作满意度测评均排名全市第二。

维护社会政治稳定。推进反恐责任体系和防范体系建设，全年举行反恐演练7次。加强对各类矛盾纠纷的滚动排查，完善突发群体性事件处置流程预案。全年处置涉稳突发事件87起，参与化解群体性矛盾28起。完成国际女子公路自行车赛、崇明森林旅游节等大型活动安全保卫任务36次、警卫任务127批次。

确保社会治安安定。开展“严扫净保”“扫黑除恶”系列专项行动，重点加大对涉黑涉恶、“盗抢骗”、非法集资、“黄赌毒”等违法犯罪和治安突出问题的查禁打击力度。“两抢”、命案保持100%破案率，成功侦破“2·1”特大电信网络诈骗案、“5·31”地下六合彩网络赌博案、“6·26”特大销售虚开增值税发票案等一批有影响案件。全年立刑事案件2361起，万人发案率为35.3。侦破刑事案件1008

起，比上年减少26.1%；抓获犯罪嫌疑人1649人，比上年增加10.3%；侦破经济犯罪案件38起，比上年增加81.0%；抓获犯罪嫌疑人356人，比上年增加812.8%；追缴赃款4696.4万余元，比上年增加240.0%。查处治安案件5260起，比上年增加0.9%，其中“黄赌毒”案件1173起；查处违法人员1359人，比上年减少30.7%。

维护公共安全秩序。持续推进道路交通违法行为大整治，完成进博会交通安全保卫任务，开展行人和非机动车交通违法专项治理，固化完善节日期间G40排堵保畅机制，确保道路交通安全畅通。全年，发生道路交通事故（上报）737起，其中重大交通事故20起，造成20人死亡，死亡人数比上年减少4.8%。查处交通违法行为29.3万余起，比上年减少11.5%。开展火灾防控及烟花爆竹安全管控等工作。全年，发生各类火灾事故216起，比上年增加1.4%；造成财产损失177万元，比上年增加115.9%。查处非法烟花爆竹案件37起，收缴非法烟花爆竹1300箱。

深化公安改革创新。统筹推进崇明智慧公安重点项目建设，先期建成进出崇明泛感知（“岛链”）系统，建立健全预警处置机制，抓获在逃人员36人、布控人员3人。选取堡镇和新村派出所试点探索实践“全科”+“专科”递进执法模式。结合大调研活动，围绕“机制建设、科技应用、精细管理、创新治理、执法规范”等方面35项具体工作，形成“G40重大节假日排堵保畅”“外国人签证到期提醒服务”“‘崇启海’平安边界警务协作”“生态警务部门联动机制”“农家乐平安驿站”等品牌工作；落实“一网通办”、车辆跨省异地检测、事故纠纷网上一体化处理及公安行政管理等“放管服”措施，打造“一所一品牌、一部门一品牌”亮点特色工作体系。

加强公安队伍建设。加大廉政宣传教育和廉政文化建设力度，落实党员领导干部双重组织生活和党支部主题党日等党的组织生活制度，开展“不忘初心、牢记使命”主题教育活动、大调研活动。完成46名副处级、97名正科级、46名副科级中层领导干部调整选拔。开展实战培训演练、现场执法规范等专项培训活动，组织开展“崇明平安卫士”评选活动，加大队伍先进典型人物及事迹的挖掘推送力度。全年，表彰先进集体21个（二等功3个、三等功6个、嘉奖12个）、先进个人389人（二等功3人、三等功59人、嘉奖327人）。分局顾黄荣、秦忠春获上海市公安局“优秀共产党员”称号，倪波涛获评2018年度“最美崇明人”，城桥派出所户籍窗口被市妇联命名为“上海市巾帼文明岗”。（龚彬彬）

【开展大调研活动】 崇明分局通过发现问题、回应问题、解决问题三个环节扎实推进大调研工作。全年，开展调研走访活动3851家次，其中企业单位438家次、事业单位148家次、“两新”组织57家次、居村委357家次、市民群众2544户、党建服务点33个、其他274家次。收集问题和建议342条，解决或协调解决问题335个，解决率98.0%，其中涉及公安问题解决率达99.2%，流转其他部门问题解决率达94.4%。编发大调研工作简报11篇、工作简讯32篇、调研手记3篇。梳理分局层面复杂重大问题4个，在已解决问题中建立长效机制13个。（龚彬彬）

【做好进博会期间入沪道口查控工作】 进博会安保工作实战阶段，崇明分局协调江苏海门警方将“临永汽渡”纳入沪苏省际水路通道卡口，依托崇明、海门、启东三地平安法治边界建设机制，会商制定中国国际进口博览会崇海启接壤区域进沪陆路无名道口水路支流河协作联动安全管控工作方案；依托省际道口警务协作机制，实现道口安检查控无缝衔接、叠加查控。推进道口查控信息化建设，统筹建设人像识别、高清卡口等设施128套，实时比对出入人员、车辆。在打造集“热点采集、高清卡口、人像识别、车底探测”于一体的感知体系的基础上，探索完善感知、预警、核查、处置全流程的道口查控警务新模式。进博会实战阶段，入沪道口日均检查车辆5000余辆、核查人员1.2万余人，抓获网上在逃人员5人、吸毒人员3人，收缴管制物品2件、烟花爆竹2箱。(龚彬彬)

【完成2018年环崇明岛国际自盟女子公路世界巡回赛安保工作】 4月26日至28日，崇明分局以加强道路临时交通管制、赛道沿线管控、起终点安保、住宿地安全保卫、社会面防控、媒体管理、空中指挥为重点，采取全方位、立体式的安保工作措施，组织2000余人次警力，协调7270余人次辅警、志愿者，完成2018年环崇明岛国际自盟女子公路世界巡回赛安保工作。(龚彬彬)

【推进非机动车管理工作】 年初，崇明分局在学习借鉴南宁电动自行车管理模式的基础上，先期在城桥八一路沿线及八一广场周边开展试点工作。协调区交通部门及属地政府对路段非机动车停车位统一漆划，上门宣传告知试点区域内的小区、商铺，发动社会单位落实“门前清”措施，组建联合执法小分队实施“动态巡查、轮回覆盖”，发现违规停放非机动车牵引至指定地点，组织当事人学习交通法规后发还车辆。其间，共清理非机动车2100余辆。在城桥镇城区全面纳管的同时，4月在堡镇中心地区实施，6月推广至长兴镇，群众规范停放非机动车意识明显提高。(龚彬彬)

【实践生态警务建设】 挑选266名民警建立五级“河道警长”体系，在崇明辖区河道推动“水污染防治、水资源保护、水环境治理、水面率控制、水域岸线管理保护、水环境执法监管”等工作，构建全局联动、全民参与的水生态保护格局。构筑保护野生动物及环境资源打防体系，与市场监管、农委、城管、林业等部

巡查河道 (龚彬彬提供)

门建立联合执法、信息互通机制，对非法狩猎、运输、收购、贩卖野生动物实施全链条打击。加强与环保、规土、农业、水务等部门对接，与上海铁路运输检察院签署“环境资源司法保护合作框架协议”，建立部门间破坏生态环境犯罪案件移送、受理、立案机制。全年共破获非法狩猎案件13起、非法捕捞水产品案件77起、破坏污染环境案件2起，打击处理犯罪嫌疑人120余人，查获国家一、二级保护动物3只，其他野生鸟类2000余只。(龚彬彬)

【完成派出所执法办案场所智能化改造】 崇明分局按照市局执法办案场所设置规范要求和建设时间节点，及时成立改造工作专班，听取派出所建设需求和改造意见，结合智慧公安建设制定“一所一方案”，落实专项资金同步推进建设，于6月底完成19个派出所智能化改造工作。做好执法办案民警培训、督导考评，进一步提升执法办案规范化水平。(龚彬彬)

【加强刑事科学技术建设】 崇明分局落实专项资金用于刑事科学技术研究所创建和DNA、毒化、电子物证三大实验室建设，于2018年7月通过市局验收，其中DNA实验室于2018年12月以全市最优成绩通过资质认定评审。全年，分局刑科所共勘查现场1196个，串并破案400余起，通过DNA、指纹比对认定犯罪嫌疑人97人，通过电子物证支撑破案30余起，出具检验鉴定报告100余份。(龚彬彬)

【推进烟花爆竹安全管控工作】 崇明分局采取“面上排查、道口管控、专案攻坚、宣传教育、督导检查”等工作措施，深入推进烟花爆竹安全管控工作。春节前后，共查处烟花爆竹违法案件28起，其中非法经营1起、非法储存21起、非法运输6起，收缴烟花爆竹1220箱，刑事拘留5人，行政处罚21人，教育训诫7人。(龚彬彬)

【探索推行境外人员签证到期提醒服务制度】 崇明分局针对崇明区境外人员总量较少、居住范围分散等特点，落实专管民警进行核查登记、签证到期告知提醒；与暂住地及就业单位建立境外人员签证联络员机制，通过召开季度联席会议、建立微信群等方法，对境外人员签证开展新政宣传；探索研发“在崇境外人员签证到期提醒”应用模型，进行推广应用。(龚彬彬)

【创新案例讲评机制】 崇明分局通过创新案例讲评机制，将“讲法、学法、用法”贯穿于基层单位执法办案工作始终。建立对点联系机制，明确法制支队民警每人对口联系1至2个派出所，履行对联系单位案例点评及日常指导培训职责，每月到联系单位上门点评、现场答疑。研究制定崇明分局案例讲评工作规范，细化案例讲评的范围和内容、时间和形式、方式和要求，总结法制点评观点，并将讲评情况纳入年度执法质量考核范畴，避免讲评流于形式。总结提炼讲评成果，以执法指引的形式下发至各执法办案单位，至12月底，已制定容留他人吸毒、开设赌场、故意伤害、寻衅滋事四类案件的证据指引。(龚彬彬)

【区看守所获评公安部“全国标兵看守所”】 2016年以来，崇明区看守所以看守所等级化创建工作为抓手，推行监所“阳光警务”建设，落实社会开放制度和“释法说理”咨询常态机制，落实特邀监督员巡查监督制度，建立法律援助驻所工作站，定期开展援助律师驻所值班和普法知识讲座，不定期邀请人大代表、政协委员等社会各界人士检查指导，保障被监管人员合法权益；注重教育感化，因人施教、分类管理，实现教育感化全覆盖，并成立教育感化深挖犯罪小组。两年内，共深挖各类违法犯罪线索255条，协破刑案227起。2018年5月，被公安部评为2016—2017年度“全国标兵看守所”。（龚彬彬）

专案组凯旋 （龚彬彬提供）

【侦破“6·26”非法出售、虚开增值税发票案】 6月下旬，崇明分局收到两家在崇明区注册的企业存在可疑交易的线索，于6月26日成立专案组开展侦查。9月5日，专案组在北京、河北、浙江、广东以及上海等地抓获以杨振（男，27岁，河南省周口市人）为首的非法出售发票团伙成员199人，抓获以张晓堆（男，31岁，广东省潮州市人）、谢伟佳（男，29岁，广东省潮州市人）、黄楚雄（男，24岁，广东省潮州市人）、尹林兵（男，33岁，浙江省临海市人）、张俊伟（男，31岁，河北省任丘市人）等人为首的5个虚开发票团伙成员25人，抓获以王海军（男，30岁，广西壮族自治区桂林市人）为首的非法劳务中介团伙成员9人，冻结涉案银行账户59个，冻结涉案资金1095万余元，捣毁非法出售发票窝点16处，缴获作案用各类公章1000余枚。该案虚开发票金额10亿余元，预计骗购空白发票21万余份，可开票金额126亿余元，可造成国家税款损失18亿余元。该案的侦破工作在2018年度上海经侦系统“经济犯罪案件侦查破案精品案例”评选中被评为“金奖”。（龚彬彬）

公安处（局）

上海港公安局

【概况】 2018年，上海港公安局深入学习贯彻党的十九大精神，以习近平新时代中国特色社会主义思想为引领，践行“对党忠诚，服务人民，执法公正，纪律严明”总要求，聚焦上海国际航运中心和智慧公安建设，聚焦港航公安管理体制改革，以进博会安保工作为主线，全面加强各项公安管理工作和队伍建设，全力营造安全稳定的港口治安环境。

维护港口稳定。加强预警信息搜集，开展维护稳定基础调研，妥善疏导、化解矛盾，收集各类信息1340条，处置群体性不安定苗子3起。完成党和国家领导人、外国元首来港警卫任务20批次，完成大型活动安保工作9批次。

确保港口良好治安秩序。开展“打击整治‘盗抢骗’犯罪”“严扫净保”“扫黑除恶”及“打击水运物流领域犯罪”等专项行动。全年，侦破刑事案件171起，抓获违法犯罪嫌疑人员79人，打击处理违法犯罪人员105人，抓获网上在逃人员1人，查获犯罪团伙2个，追缴赃款赃物价值150余万元。进一步加强辖区治安防范基础建设和治安面管控，强化港口治安综合治理，开展“打击枪爆物品违法犯罪”“防范电信网络诈骗宣传”等专项行动。加强港口重点目标、区域和货物管控，提升港口安防能级。全年，受理、查处治安案件289起，行政处罚277人。

加强港口交通和消防安全管理。全年，查处交通违法行为76049起，发生交通事故（上报）1起。以“新征程、新使命、新作为”立功竞赛和夏季交通勤务工作竞赛为抓手，继续开展道路交通违法行为大整治。加强消防“四个能力”建设，开展“春夏”“冬春”火灾防控、进博会消防安保和易燃易爆火灾高危场所检查等一系列消防专项行动。防火安全检查2724次，检查在港船舶70艘（次），查出问题1954个，发放消防法律文书14420份。查处消防行政案件125起，监护烟花爆竹危险品集装箱50188标准箱，监护危险品船舶70艘（次），确保上海港无重大火灾事故。

保障洋山深水港和中国（上海）自由贸易试验区建设和运营。加强洋山深水港社会面管控，化解外来务工人员讨薪事件5起，侦破刑事案件19起，查处治安案件22起。加强东海大桥交通安全管理，全年大桥通行车辆706.4

万辆（次），配合相关部门对东海大桥实施封闭4次、限速措施49次。开展消防灭火演练30次，抢险救援31起，抢救人员23人。

加强港航公安机关体制改革时期队伍建设。组织开展“不忘初心、牢记使命，贯彻落实党的十九大精神”、习近平总书记重要讲话和全国“两会”精神学习，统一全体民警思想，确保改革期间“思想不乱，队伍不散，管理不松，工作不断”；加强领导干部和党员队伍建设，深化“党建管理加强年”活动，充分发挥先锋模范作用；组织开展爱民实践活动，做好人好事46件。全年，31个集体和126名个人受到表彰。（陈翔）

【完成进博会期间上海港安保工作】 进博会期间，上海港公安局按照上级统一部署，制定并落实安保方案，投入1.9万名安保力量，完成了各项安保任务。其间，核查国际船舶761艘（次）、省际船舶1927艘（次）、船员16141人次，检查物品4.9万余件，查获违禁品40件；市境道口东海大桥检查站重点检查比对车辆1.5万辆（次）、6.3万人次；检查辖区内反恐重点目标34个（次）、检查重点部位和场所1022个（次），发现并整改安全隐患35个，组织开展反恐演练23次；破获刑事案件27起，抓获犯罪嫌疑人11人，抓获网上在逃人员9人；查处交通违法行为2.1万起；开展消防安全专项检查681次，发现安全隐患641个，查处消防违法行为32起，监护易燃易爆危险品1560吨，监护烟花爆竹集装箱14155标准箱。（陈翔）

【推进智慧公安建设】 开展洋山市域卡口监测系统项目建设调研，细化建设方案；参与智慧高东项目建设，完成上海港4家公司计83个建筑物“一标六实”警用地理信息系统上的点位标注工作和20路海防高清探头的点位标注以及实时图像联网；研究制定港区安防视频监控平台、集卡和危险品进出港区数据与市公安局监控平台对接方案。（陈翔）

【加强执法规范化建设】 重点开展办案区使用管理、现场执法记录仪使用管理及涉案财物（嫌疑人随身物品）管理专项检查。结合执法办案实际，编制关于规范案件证据保全和现场执法记录仪适用工作的提示和规范制作“变更羁押期限通知书”“拘留证”等法律文书要求，增强民警证据意识、程序意识，规范“案综系统”应用。全年，无行政复议、诉讼案件，无国家赔偿案件。（陈翔）

【开展“练技能、强素质、保平安”系列岗位实战技能比武】 5月至10月，上海港公安局围绕进博会安保任务并结合工作实际，先后举办了刑事技术勘查、防火监督管理、执法办案综合信息系统操作、交通事故处置等实务操作培训，有针对性地开展实战操作比武，740人次参加。（陈翔）

【参加2018年上海港口设施安保演习】 6月8日，市建交委在上港集团尚东公司主办“2018年上海港口设施保安演习”。交通运输部、市应急办、市反恐办、上港集团以及洋山岛市级基层应急单元成员单位参加。演习模拟2名歹徒藏匿于集装箱内混入码头，试图实施爆炸破坏。公司接报后，立即按要求将港口设施保安等级调整为二级。上海港公安局洋山分局加强对码头和靠泊船只的警戒和巡逻，并迅速控制歹徒。消防官兵使用防爆毯覆盖爆炸物并做好现场监护工作。演习

取得成功。（陈翔）

【处置危险品泄漏事故】 3月27日，洋山深水港盛东公司码头靠泊的外轮“普埃洛号”装载的一只过境罐柜箱（起运港为韩国釜山）发生泄漏。箱内装载有17.05吨环己烷（易燃液体）。洋山岛港区市级基层应急管理单元指令启动二级应急响应。上海港公安局民警赶赴现场设定警戒区域、疏散人员车辆，并做好消防监护和排险、防火防爆工作。经查，确认罐体泄漏系阀门未关紧所致，市民防办专家作了关阀处理，滴漏现象消除。经制罐厂方技术人员检查阀门完好无损，现场专业人员运用测爆仪、有机气体检测仪检测后，确认达到安全标准，事件得到妥善处置。（陈翔）

【营救集卡驾驶员】 7月17日8时29分、15时19分及22时，东海大桥A线K23公里、小洋山岛东海大道一期进场道高架下及东海大桥B线K20公里处先后发生3起交通事故，事故均造成驾驶员被困驾驶室。上海港公安局洋山分局民警迅速赶赴现场及时展开破拆救援，将被困驾驶员救出并送往医院救治。同时，民警做好事故现场清理工作，防止发生次生事故。（陈翔）

【做好5起台风防御应对工作】 7至10月，第10、12、14、18、25号台风先后影响上海市。上海港公安局按照上级相关工作部署，启动应急响应预案。民警深入开展对重点要害部位、在建工地、地下空间、交通标牌、户外广告设施及大型机械等进行安全检查，督促落实整改措施。全局民警、消防员全员备勤，上海港社会面情况平稳，港区码头、客运中心无安全事故，洋山岛上人员安全撤离，东海大桥及时封闭及恢复，最大限度地确保道路安全通行。（陈翔）

【举办中国（上海）自由贸易试验区洋山保税港区“11·9消防知识竞赛”】 11月21日，上海港公安局组织开展中国（上海）自由贸易试验区洋山保税港区“11·9消防知识竞赛”，辖区共有22家单位组队参赛。内容涉及新《消防法》、消防安全常识、初期火灾扑救、火灾逃生自救等相关知识。其间，消防队员进行了消防一带一枪展开、消防服着装、防烟面具佩戴以及空气呼吸器使用等科目的表演。（陈翔）

【侦破盗窃集装箱内电解铜系列案】 5月，上海港公安局接报上海港外高桥港区及洋山深水港区内接连发生多起堆存的集装箱内电解铜货物被盗的警情。5月22日，犯罪嫌疑人郭艾（男，37岁，安徽省颍上县人）被抓获。经查，2017年12月至2018年5月，犯罪嫌疑人先后17次利用承运集装箱业务之际，分别进入振东公司和盛东公司等港区，盗窃集装箱内电解铜共计8000余千克，价值人民币37.88万元。（陈翔）

【破获张洁诈骗系列案】 1月17日，上海港公安局接上海某商务信息咨询服务有限公司报案称，该公司被上港集团员工张洁（女，38岁，上海市浦东新区人）骗取人民币130余万元。在上海浦东警方配合下，3月7日将犯罪嫌疑人张抓获。经查，2017年3月至12月，张洁以其丈夫开设的上海荆挑贸易有限公司经营柴油业务需要资金为名，先后向多家被害单位出具伪造的柴油购销合同诱骗投资，共骗得人民币210万余元。（陈翔）

长江航运公安局上海分局

【概况】 2018 年，长江航运公安局上海分局（以下简称长航公安局上海分局）深入践行新发展理念，不断深化公安管理职能，进一步提升服务能力水平，严厉打击违法犯罪活动，维护辖区稳定，为长江上海段沿江经济发展作出贡献。

开展专项行动，打击违法犯罪活动。全年，接处警 1043 起，查处治安行政案件 617 起，行政处罚 567 人；立刑事案件 312 起，破刑事案件 302 起，抓获犯罪嫌疑人 65 人；处置未知名尸体 17 具，查明身份 15 人。

完成辖区社会面防控等级勤务工作。完成元旦、春节、国庆节等重要节假日，十九届三中全会、市“两会”和全国“两会”等重要会议，博鳌亚洲论坛、“上合组织”峰会、中非合作论坛北京峰会、进博会等重大活动期间辖区社会面防控等级勤务工作 23 项。

开展消防安全检查。先后组织开展“春夏火灾防控工作”“‘决战进口博览会 200 天’长江运输船舶消防隐患专项整治工作”等专项行动，持续推进人员密集场所、易燃易爆危险场所、“四客一危”船舶等消防安全专项治理工作。全年，出动消防警力 3771 人次，检查单位 533 家（次），检查船舶 1085 艘（次）；责令改正火灾隐患 920 处，隐患整改率 100%；办理消防行政案件 166 起，处罚个人 63 人、单位 103 家。（马淳杰）

【完成进博会安保任务】 进博会期间，长航公安局上海分局出动警力 932 人次、车辆 156 台（次）、船艇 66 艘（次）；查处治安案件 22 起，治安处罚 22 人，行政拘留 7 人；破获刑事案件 5 起，抓获犯罪嫌疑人 3 人；消防检查陆域单位 135 家、船舶 914 艘，发现并整改隐患 187 处，开展消防宣传 6 次、消防演练 3 次、参演人员 112 人；保障上海吴淞口国际邮轮港安全靠泊邮轮 16 艘（次）、安全输送旅客 12.4 万人次。（马淳杰）

安保工作 （张晶提供）

【开展“决战进口博览会200天”安保工作专项行动】 5月，长航公安局上海分局组织民警在长江上海段吴泾至炮台湾一线水域，开展“决战进口博览会200天”安保工作、打击破坏长江生态环境和消防安全检查的专项行动。行动中，破获非法捕捞案件、非法运输危险品案件和非法运输管制货物案件，抓获涉案犯罪嫌疑人25人，缴获涉案物品若干。（蔡娴婧）

【完成“中国航海日”等安保工作】 7月，“中国航海日”主题活动在“船长5号”游船上举行；8月，“诗话长江——大江奔流主题采访诗歌吟诵会”在上海吴淞口国际邮轮港举行；9月，2018年邮轮旅游节在宝山滨江零点广场举行。长航公安局上海分局负责活动的安保工作。（张晶、蔡娴婧）

【举办“决胜进博会”反恐联合演习】 9月，由长航公安局上海分局牵头，上海吴淞口国际邮轮港发展有限公司、浦江出入境边防检查站、吴淞（宝山）海关等单位参加的“决胜进博会”反恐演习在上海吴淞口国际邮轮港举行。演习模拟上海吴淞口国际邮轮港发生恐怖袭击事件，按照应急处突预案，分别演练“车辆冲卡拦截”“歹徒持刀斧砍杀应急处置”“解救被劫持人质”三个科目。处突警力与港区相关单位工作人员密切配合，化解了突发危险。演习投入警力100余人、车辆20余台。（高杨帆）

【开展打击长江无证驾驶机动船舶专项行动】 9月，长航公安局上海分局联合地方海事、渔政部门，连续在长江吴淞口至长兴锚地水域开展打击无证驾驶机动船舶违法行为专项行动。重点核查过往船舶证书是否齐备、配员是否满员、消防设施是否配齐等情况，督促相关船舶遵守操作规程、落实夜间航行安全措施。行动中，查处无证驾驶机动船舶违法行为21起。（蔡娴婧）

【推进智慧公安信息化建设】 10月，长航公安局上海分局智慧公安系统投入使用。对标全市智慧公安建设总体要求，在吴淞口国际邮轮港反恐处突指挥室内建设动态人脸布控、车辆管理、人证票合一等子系统，并接入地方公安网和图像网；同时，在长江干线上海段水域建设17个点位沿江视频监控，覆盖了长江船舶入沪航道。（韩世悦）

交通运输部领导视察公安工作　　（张晶提供）

【完成台风“安比”防御应对工作】 7月，长航公安局上海分局防御应对年内第10号台风“安比”。出动警力128人次、警车44辆次；撤离安置500余人、船舶30条；检查单位19家（次），发现并现场整改安全隐患21处。(蔡娴婧)

【荣立进博会集体二等功】 11月13日，市公安局在上海国家会展中心召开“全市进博会安保总结表彰大会”，长航公安局上海分局吴淞派出所（市局进博会吴淞管控联合工作专班）荣获集体二等功。(蔡娴婧)

【打击非法捕捞水产品专项行动】 3月，长航公安局上海分局会同上海市浦东渔政监督部门在长江炮台湾至长兴锚地水域开展打击非法捕捞水产品专项行动。组织警力30人次、执法人员20人次，出动船艇6艘（次），检查涉渔船只8艘，查获涉案船只2艘，抓获犯罪嫌疑人6人，查缴深水张网20余顶、水产品10余千克。(张晶)

【破获非法收购长江濒危野生动物案】 10月，长航公安局上海分局破获一起非法收购长江濒危野生动物案。犯罪嫌疑人叶某金（男，48岁，安徽省颍上县人）在长兴岛某水产交易点收购了一尾中华胭脂鱼，再转手交易。经上海市野生动植物鉴定中心鉴定，该鱼系中华胭脂鱼，属国家二级重点保护长江濒危野生动物。(王骏)

【破获“11·20”非法狩猎案】 11月，长航公安局上海分局破获一起在九段沙国家级自然保护区内非法毒杀野鸭子案。犯罪嫌疑人陈某（男，42岁，湖南省江华瑶族自治县人）与收购野鸭子的买家进行交易时，被当场抓获，并在陈某的居住处搜查出被毒死的野鸭40只，在用于作案的船舶上搜查出剧毒农药克百威（成分：呋喃丹）11袋。(许俊杰)

上海铁路公安处

【概况】 2018年，上海铁路公安处贯彻落实上级部署要求，按照“稳中求进”总基调，树立“争创一流”总目标，全面推进“三化建设”，有序开展公安改革，完成各项安保任务，确保管内政治安定、治安稳定和运输安全。

完成重大安保任务。完成春运、“两会”、上合组织青岛峰会、中国—亚欧博览会、中非合作论坛北京峰会、进博会等安保任务，安全执行警卫任务965批次，其中一级任务47批次。

提升高铁安防能力。会同上海市公安局召开高铁安全防范联勤工作会议，建立上海市高铁安全防控联勤机制运行规范；协调地方政府投资970万元，在高铁沿线加装99个高清探头，补强522路视频监控；京沪高铁沿线派出所高清视频通道网速由百兆升级至千兆；新建巡防队伍39支，落实专（兼）职巡防人员560人，基本实现高铁人防、技防全覆盖。发现、整改线路治安、消防等隐患847处，约谈相关单位负责人12人次，处罚5.66万元。

维护铁路治安稳定。开展“打流窜、抓毒贩、破专案”、打击倒票“秋风—2018”战役、

"雷霆48小时""清剿"等专项行动，打击站区倒卖车票和盗窃旅财等违法犯罪活动；强力整治黄牛背包、黑车滋扰、接客拉客等治安顽症，净化站、车治安环境。核查涉恐重点人员85人次，抓获涉恐网上在逃人员2人、涉恐嫌疑人2人。查处治安案件1012起，行政拘留781人；侦破"2·8"苏州北站特大体内藏毒案、京沪线"7·24"割盗案等刑事案件338起，刑事拘留88人、逮捕48人；侦破涉毒案件114起，缴获毒品4018.24克。抓获公安部网上在逃人员1817人，比上年增加45.9%，抓获数列全国铁路公安机关第6名。虹桥站派出所、上海站派出所追逃成绩分列全路公安基层所队第3名和第9名。

加强智能安防系统建设和应用。协调地方公安机关落实数据信息资源共享、指挥室建设、市域卡口建设等重点事项；协调配合上海市公安局建设16个客站市域卡口系统，安装摄像机151个、Wi-Fi采集设备21套、电子围栏2套，布设感知网通道8条，接入报警终端8套。改造江苏地区5个派出所指挥室并接入地方公安信息平台，安装人脸识别系统。在上海铁路公安局统筹下，协调上海铁路局集团公司投入2000万元建设虹桥站派出所智能安防系统。完成"大部制"和"四侦"改革，成立指挥处，明确职能分工，加强人员配备。优化特警驻站以及客站、列车、线路、编组站场勤务模式，新建特警"战鹰突击队"。完善虹桥站派出所网格警务模式，建立"全科医生搭配专科医生"递进执法模式。

提高执法水平和执法公信力。全面推动执法"两统一"改革，制定重大疑难案（事）件集体研究讨论规定，成立执法管理委员会，推行疑难案件集体审议制度。制定基层所队办理刑事案件实施办法（试行）、刑事案件管辖分工规定，印发上海铁路公安处案（事）件接报回执单。全年，基层所队办理刑事案件70起，一线民警执法投诉减少6.25%，杜绝不如实立案等问题。5名民警取得高级执法资格，20名民警通过国家法律职业资格考试。

提升队伍正规化建设水平。组织开展"青春建功新时代、迎战进博展风采"等系列主题活动，2个集体、6名个人立二等功，16个集体和62名个人立三等功，虹桥站派出所被上海市总工会授予"工人先锋号"称号。加强宣传，在中央级媒体上刊发稿件485篇、视频17部（其中专题片3部）。实施"十件实事"工程建设，新建机关食堂和多功能报告厅，开展健步走活动，协调新增民警单身宿舍46间，落实功模带薪休假；卫冕全局第二届"铁警杯"篮球赛冠军。召开全处优秀教官、教育训练工作座谈会，开展大送教活动，举办各类培训班44期，培训民警2245人次。组建上海铁路公安处警官艺术团，举办"不忘初心、牢记使命"表彰慰问演出；举办沪铁公安大讲堂，邀请专家、教授授课。开展"进博会安保之星"评选等活动。（蒋玲）

【开展治安整治】 开展打击倒票不法行为的"猎鹰战役"、"秋风战役"、火车站地区夏季治安专项整治等专项整治行动。其间，查处涉票案件99起，查获违法犯罪嫌疑人员103人（其中刑事拘留3人、行政拘留51人），打掉倒票团伙1个，捣毁倒票窝点3处，查获面值21.4万余元的车票1879张。持续开展治安清查，延续"零点行动"等有效做法，围绕重点车站、重点线路、重点列车、重点部位，采取拉网式集中清查和不间断清理检查相结合的方式，消除清查盲区和死角，强化站车线治安面管控。全年，清理闲杂人员2万余人次，集中

法制教育1.8万余人次。(蒋玲)

【开展“打抓破”专项行动】 6月，上海铁路公安处以管内站车线为主战场，开展“打流窜、抓毒贩、破专案”集中行动。其间，破获刑事案件64起，其中侵犯旅客财产案件33起、涉毒案件31起，2起督办案件全部破获，抓获犯罪嫌疑人61人，摧毁团伙1个，缴获赃款赃物价值18万余元。(蒋玲)

【高铁护路联防成效明显】 9月，上海铁路公安处与地方公安机关联合召开第一次联勤会议，与有关地方公安机关建立高铁安全防控联勤机制。10月，上海市公安局印发高铁安全防控联勤工作机制运作规范，明确路地联勤组织架构、职责分工、运作制度等。计划建设一批视频监控探头；成立由路地公安民警、沿线街镇综治护路办、村庄（社区）治保人员参加的护路工作站85个，建立巡防队伍90支，落实专（兼）职巡防人员890人，形成叠加式、错时制巡防机制。开展2次路外安全宣传月活动、400余场次宣传活动，发放宣传品4.4万余份，举办宣传讲座120余场次，签订安全协议345份，受教育者30余万人次。(蒋玲)

【虹桥站派出所试点网格勤务管理】 虹桥站派出所作为京沪高铁治安反恐标准示范线试点单位，率先开展网格化勤务管理改革试点。通过优化网格警力、打造智慧警务、提升实战效能，形成推动上海铁路公安处客站勤务机制改革可复制可借鉴工作机制。(蒋玲)

【成立首支铁路警方专业反恐精锐队伍】 6月21日，首支铁路警方专业反恐精锐队伍——“战鹰突击队”成立，主要承担上海地区各大火车站严重暴恐事件及重大突发事件的现场处置。(蒋玲)

【上海至九龙高铁开行】 9月23日，由上海铁路公安处乘警支队担当值乘任务的上海首列直达香港西九龙的G99次高铁列车开行，全程运行8小时17分钟。(蒋玲)

【捣毁制售假票窝点】 12月，上海铁路公安处在嘉定区捣毁一处制售假票窝点，抓获犯罪嫌疑人王某宝（男，33岁，辽宁省朝阳县人）等2人，缴获伪造的成品、半成品火车票1005张及制假用电脑2台、打印机3台。经查，王某宝等犯罪嫌疑人自2016年以来制售假火车票1万余张，非法获利20余万元。(蒋玲)

【侦破“7·24”京沪线割盗通信电缆案】 7月，京沪线1427km+400m下行侧3根信号电缆被盗，影响10趟客车运行。上海铁路公安处成立专案组，于7月29日将犯罪嫌疑人庞某民（男，52岁，山东省东营市人）抓获。经查，犯罪嫌疑人利用作业之便，通过割断、拉拽等手段盗窃铁路器材，再转手销赃。行动中，缴获涉案价值15万余元的电缆线、通信线等线材128公斤，收缴线钳、大力钳等工具12把。(蒋玲)

群众团体

上海市警察协会

【概况】 2018年，上海市警察协会（以下简称市警察协会）深入学习贯彻党的十九大精神，坚持以习近平新时代中国特色社会主义思想为指导，围绕智慧公安建设、全面深化公安改革等市局党委中心工作，发挥协会的社团职能，精心组织开展公安理论研究，深化对外交流交往，积极指导分会和各区警察协会开展活动。（杨杰）

【参加警学研讨活动】 市警察协会注重发挥公安理论研究的阵地作用，精心组织、积极参与中国警察协会组织的全国性警学研讨活动，以及区域性的警学征文活动。9月18日至19日，由公安部国际合作局和中国警察协会共同主办的第三届中国—东盟警学论坛在广西南宁召开，市警察协会参与撰写的《智慧公安语境下上海与东盟的警务合作展望》一文在会上作交流发言。10月10日至11日，辽宁省第四届警学研讨会在辽宁省本溪市召开，市警察协会选送的《大数据透析开放式景区客流风险评估与管理》一文获一等奖并在会上作交流发言。11月19日至20日，第二届全国城市警务智库建设论坛在江苏省苏州市召开，市警察协会选送的《特大城市智慧公安建设的实践与研究》及《安全治理视域下智慧警务建设的路径选择》分获一、二等奖。12月4日至5日，第十三届海峡两岸暨香港、澳门警学研讨会在江苏省南京市召开，市警察协会选送的《安全治理视域下智慧警务建设的思考》一文在会上作交流发言，《跨境洗钱罪侦办问题探析》一文入选论文集。（杨杰）

【办好会刊《上海公安研究》】 《上海公安研究》编辑部围绕智慧公安建设、全面深化公安改革等市局中心工作，精心策划，积极协调，广泛开展组稿征稿，设置“智慧公安专题篇”栏目，刊发反映智慧公安建设的理论研究和实务调研文章，并深化刊物的审稿、校对“三审三校”机制，切实提高刊物编辑质量。全年，共编辑出版《上海公安研究》6期（总第143期至总第148期），刊载各类公安理论文章78篇。（杨杰）

【强化沟通指导】 市警察协会加强对市警察协会业务分会和各区警察协会的沟通联系和业务指导，1月31日和10月18日，先后两次召开分会及各区警察协会秘书长联席会议，通报交流各单位工作情况和下一步工作思路，听取各单位对市警察协会换届工作的意见建议。市警察协会先后到黄浦、闵行、松江、金山等警察协会开展走访调研，指导基层协会做好职能拓展、服务会员以及换届筹备等工作。到出入境分会、松江区警察协会等单位，通过参与调研文章评选、授课培训等形式，推动提升基层公安理论研究和实务调研工作水平。对未成立协会的单位，市警察协会加强跟踪督促，加快推进筹备工作，年内指导长宁完成筹备工作，并正式成立长宁区警察协会。(杨杰)

【深化对外交流】 市警察协会通过人员互访交流、刊物定期交换等方式，持续加强与兄弟省区市警察协会以及境外警察同行间的沟通交流，拓宽工作视野，增进相互间的友谊。1月和3月，市警察协会先后接待台湾刑事侦防协会荣誉理事长辜仲立一行、新加坡警察协会和警察俱乐部代表团一行，进一步增进与境外同行的沟通了解。4月20日，市警察协会接待来访的内蒙古自治区警察协会会长王来明一行，签署《内蒙古自治区警察协会与上海市警察协会共建友好警察协会框架协议书》。(杨杰)

上海市刑事科学技术协会

【概况】 2018年，上海市刑事科学技术协会(以下简称市刑技协会）积极协助和参与市局刑事科学技术研究管理中心（以下简称市局刑技中心)、上海市公安局物证鉴定中心（以下简称市局物证鉴定中心)、上海市公安局刑事侦查总队警犬支队（以下简称警犬支队）和上海市刑事科学技术研究院（以下简称刑科院）及上海市现场物证重点实验室——省部共建国家重点实验室培育基地（以下简称市重点实验室）与法医物证学现场应用技术公安部重点实验室（以下简称部重点实验室）开展学术活动。年内，协办学术会议5次，参加国际性学术交流会议5次，参加香港研修团1次，参加国内专业学术交流会8次；协助举办专业技术讲座3次，参加各类内外部专业培训82次940人次；国家重点研发计划项目2项、国家自然基金青年项目1项、省部级项目9项和市局级课题10项获专项科研经费资助；创新研发“智能安检”系统；市重点实验室新增开放课题27项；7项省部级课题和4项市局级课题通过专家验收；获公安部科学技术奖二等奖1项、三等奖1项；获“智慧公安我先行”全国公安基层技术革新奖1项；获上海市公安局科技项目奖一等奖1项、三等奖3项；获上海市公安局技术革新奖二等奖1项。(张润生)

【发表学术论文和申报国家发明专利】 年内，市刑技协会各专业委员会申报国家发明专利7项，国家发明专利授权4项；申请软件著作权4项；发表论文46篇，其中SCI论文10篇；专业学术会议录用论文12篇；编辑出版《上海刑事技术》刊物，收录论文155篇；编辑

市、部重点实验室 2018 年年报。(张润生)

【助力专项行动和技术大会战】 市刑技协会助力公安部组织的专项行动和刑事科学技术专业大会战。全市分局刑技部门现场勘验率 100%,市局物证鉴定中心命案现场全勘查;物证鉴定中心物证检验鉴定结果准确率 100%;助推分局专业实验室建设;助力进博会安保工作;发挥信息系统的研判作用;指导全市分局刑事技术工作;指导基层警犬训练与使用技术。(张润生)

携警犬助力进博会安检 (张润生提供)

【现场勘查和检验检测鉴定】 市刑技协会各专业会员积极投入案(事)件现场勘查与物证检验检测、鉴定工作,提供专业技术支撑服务一线实战。年内,市局刑技中心重大刑事案件现场全勘查,各专业实验室受理各类案件物证检验检测、鉴定 14304 起(其中市毒品检验中心受理毒品案件检验 2165 起),出具鉴定书或检验报告 12264 份(其中,市毒品检验中心出具毒品检验报告 2165 份)。警犬专业出勤安检场所 192 次;全市分局刑技部门完成年度现场勘查考核指标。(张润生)

【信息化建设取得新成效】 市刑技协会各专业会员积极参与信息系统建设和研判与应用,确保相关信息采集正确、规范入库,各类信息系统数据发挥作用显著。(张润生)

【科研工作取得新成果】 市刑技协会各专业会员积极参与科技项目攻关和成果推广应用。年内,协会各专业会员主持或参与新增课题 22 项,其中“天空地大数据的公共安全应用示范模型修正”等国家重点研发计划 2 项,“STR 侧翼遗传多态性的法医学探索”国家自然基金青年项目 1 项,“公共安全智能安检系统关键技术研究与应用示范”等省部级项目 9 项,“计算机辅助建模技术在年龄推断中的应用”等市局级项目 10 项。上海市现场物证重点实验室新增“疑似毒品中 200 种麻醉药品、精神药品的液相色谱—质谱检验方法”等开放课题 27 项。“不同个体来源的混合精子细胞分离技术的研究”等 7 项省部级课题和“微量物证样品处理方法研究”等 4 项市局级课题通过组织的专家验收。“系列法医物证快速检测试剂盒的研制及应用”获公安部科学技术奖二等奖;“案件现场快速取证鉴定的关键技术与装备研发”获公安部科学技术奖三等奖；“手持式吸毒筛查仪的研制”获“智慧公安我先行”全国公安基层技术革新奖；“疑难物证检测分析技术的应用研究”获上海市公安局科技项目奖一等奖；“基于全画幅单反相机成像系统”等3个项目获上海市公安局科技项目奖三等奖；“手持式吸毒筛查仪的研制”获上海市公安局技术革新将二等奖。(张润生)

【发表专业学术论文与专利申请】 市刑技协会各专业会员积极总结检验检测、鉴定工作经验和取得的科研成果，撰写学术论文并公开发表，申请国家专利和软件著作权。年内，在国内外专业刊物上公开发表各类论文46篇，其中“A rapid LC-MS/MS method for simultaneous determination of quetiapine and duloxetine in rat plasma and its application to pharmacokinetic interaction study”和“Ion mobility derived collision cross section as an additional measure to support the rapid analysis of abused drugs and toxic compounds using electrosprayion mobility time-of-flight mass spectrometry”等SCI（EI）影响因子论文10篇；“表面等离子体共振（SPR）技术在甲基苯丙胺快速定量检测中的应用研究”等12篇论文被国内外专业学术会议录用。年内，申请“单分散超顺磁性纳米磁珠及苯二氮卓类药物的检测应用”等国家专利7项，申请“Enlarge图像放大操作软件V0.1”等软件著作权4项；“六波长现场物证激光探测仪”等4项发明已获国家发明专利授权。(张润生)

【开展实验室能力验证】 市刑技协会各专业会员参与实验室能力验证活动并指导分局开展能力验证活动。年内，市局物证鉴定中心各专业和分局相关专业参加由公安部五局和CNAS组织的实验室能力验证活动，并取得“满意”结果。(张润生)

【开展业务培训】 市刑技协会相关专业会员积极协助市局刑侦总队和市局刑技中心开展有针对性的业务活动，助推公安部专项工作实施，以及刑事技术大会战、“一长四必”工作落实。协会专业骨干参与编写《“一长四必”工作与现场规范化勘验、检查工作》《刑事案件现场简易勘查要点和录入规范》《扒窃拎包案件现场勘查要点》《打架斗殴案件现场勘查

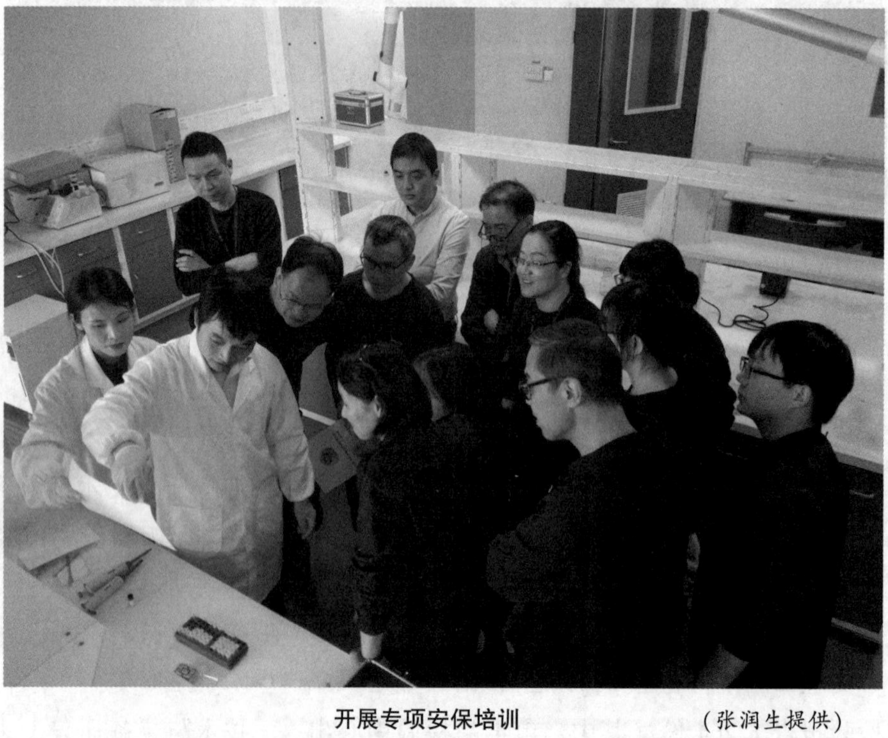

开展专项安保培训 (张润生提供)

要点》《盗三车案件现场勘查要点》《破坏公私财物案件现场勘查要点》《“非十四类”刑事案件现场勘查一般流程》等全科警察教材，为全科警察快速掌握工作内容提供专业技术指导。配合《2018年上海公安机关刑事案件现场勘查业务技能专项培训工作方案》的实施，通过集中培训、轮岗实训、远程教育相结合的方式，切实提高全市基层单位刑事案件现场勘查的能力水平。配合刑事技术破案会战，明确会战目标、细化工作措施、落实会战责任。（张润生）

【助推质量管理体系运行】 市刑技协会各专业会员协助市局物证鉴定中心推进质量管理体系运行工作，参与质量体系文件修改和内部审核工作，不断提升检验检测、鉴定工作质量。参与上海市公安局刑事技术规范的改版、修订和新增工作，发布上海市公安局刑事技术规范31个。6月底，顺利通过“CNAS”的现场评审，完成复评审和扩项评审中不符合项的整改工作，8月获得证书，并加挂上海市毒品检验中心机构名称。（张润生）

【协助举办业务讲座】 市刑技协会各专业会员协助办好业务讲座，提高专业学术与技术水平。年内，共协助举办业务讲座3次。1月19日，举办“物证鉴定前沿技术学术讲座”；5月31日，举办“质量管理体系内审关注点培训”，对内审工作进行指导；6月6日，举办“男性家族排查建设应用学术讲座”。（张润生）

【参加国内外专业学术交流活动和培训】 2018年，市刑技协会各专业会员参与刑科院组团出席国际性学术交流会5次：2月26日至3月7日赴美国西弗吉尼亚参加由美国西弗吉尼亚大学法庭科学与调查学院组织的学术研修与交流活动；5月22日至24日赴巴西圣保罗世博会展览会议中心参加“第21届圣保罗国际安防展览会（Exposec）”；5月26日至28日赴美国圣地亚哥参加“大脑原理与图像分析学术交流会”；7月29日至8月3日赴美国圣安东尼奥参加“国际鉴定协会（IAI）103届年会”；8月26日至29日赴比利时根特参加“2018年国际法庭毒物学会年会”。参加赴香港研修团1次：7月15日至21日赴香港参加由公安部五局组织的第十七期赴港学习交流活动。参加国内专业技术交流会8次：4月赴陕西西安参加“第五届中国原位电离质谱会议”；5月赴浙江杭州参加“中国化学会第31届学术年会”；6月赴安徽合肥参加“刑事科学技术智能化建设应用研讨会”；10月赴北京参加“审讯科学与技术学术研讨会”；11月在上海参加“2018年度法医物证司法鉴定人业务研讨会”和赴陕西西安参加“特种照相专业委员会年会暨声像新技术研讨会”；12月在上海参加“法医病理学学术研讨会”。参加由公安部五局、公安部禁毒局、公安部物证鉴定中心和中国法医协会、中国刑事科学技术协会等组织的各类外部培训班24次计78人次，均取得相关培训证书；参加由质量管理办公室和各专业室组织的内部培训60次计862人次。（张润生）

【协助办好相关专业会议】 市刑技协会协助市局刑技中心、刑科院和市、部重点实验室办好多学科、多种形式的学术交流活动。5月，协助上海市现场物证重点实验室和上海市刑事科学技术研究院在上海举办“刑科院研制产品推介会”；协助上海市现场物证重点实验室在上海举办“新精神活性物质标准品学术研讨会”；6月，协助上海市现场物证重点实验室、中国人民公安大学和安徽省公安厅物证鉴定管理处在安徽合肥举办“刑事科学技术智能化建设应用研讨会”；7月，协助上海市现场物证重点实验室和上海市刑事科学技术研究院在上海举办“国家重点研发计划213项目启动会”；11月，协助上海市现场物证重点实验室和中国刑事警察学院在陕西西安举办“特种照相专业委员会年会暨刑事科学技术专业建设论坛”。(张润生)

【助力基层专业技术能力建设】 市刑技协会各专业会员积极协助并参与指导基层专业技术能力建设并取得新进展。相关专业技术专家赴实地开展指导，助力分局专业技术能力提升。毒化等专业在基层专业人员技术能力培训、实验室场地布局、实验仪器设备引进与鉴定人资质等方面提出指导性意见与建议，审核分局申报公安部等级技术室材料，担任基层“毒化与关联专业鉴定人”的实习培训带教老师，助推基层实验室尽快投入运行，全市分局已逐步建成毒化等专业实验室，全面提升基层刑事技术工作的技术水平。警犬专业针对警犬训练和使用中存在的难题，开展警犬工作技术交流，编辑警犬工作动态，指导基层警犬训练与使用技术。(张润生)

【加强对外联系与交流合作】 市刑技协会各专业会员积极利用部重点实验室、市重点实验室—省部共建国家重点实验室培育基地和刑科院平台，落实市局智慧公安战略，继续保持与复旦大学、中科院上海技术物理研究所、上海医药工业研究院、上海有机化学研究所、上海硅酸盐研究所和华东理工大学、同济大学、华东师范大学、第二军医大学、中国人民公安大学和中国刑警学院以及云南西双版纳州生物医学重点实验室（BBRI）等单位的横向联系，开展联合共建实验室建设、技术交流与项目合作研究，推进人才培养。与中国科学院上海有机化学研究所共同推进毒品标准品（对照品）研制联合实验室建设；与上海交通大学医学院转化医学协同创新中心、无锡中德美联生物科学技术有限公司进行合作研究。(张润生)

【全力投入进博会安保工作】 市刑技协会各专业会员以积极姿态全力投入“首届中国国际进口博览会”安保。警犬专业完成场馆（地）及重点部位安检工作。利用“智能安检系统”实现安检“全覆盖、非接触、不停留、无辐射”新型模式。(张润生)

【完成青岛“上合峰会”安保工作】 市刑技协会警犬专业会员助力青岛“上合峰会”安保工作。在安保工作期间，全程参与安检工作，完成场馆（地）及重点部位安检工作。(张润生)

【协助“法庭科学特种化学品联合实验室”建设】 市刑技协会协助刑科院与中国科学院上海有机化学研究所共建“法庭科学特种化学品联合实验室”。已完成数百种国家管制的毒品及新精神活性物质（含衍生物）的标准品研发工作。(张润生)

【参与全国警犬专业比赛】 市刑技协会警犬专业会员参加第五届全国警犬技术比赛南京片区预赛。10月10日，在青浦分局警犬基地、警训队及东方绿舟水上运动场三个赛场，完成第五届全国警犬技术比赛南京片区预赛的上海

赛区比赛。(张润生)

【助力人才培养】 市刑技协会专家会员继续协助做好人才培养工作。年内，新招收2名硕士研究生，在培的3名研究生毕业并取得毕业证书和硕士学位证书；在培博士生2名，在培分局基层检验技术专业人员12名。刘文斌入选“2018年上海市青年拔尖人才”、邹芸入选“2018年度上海市青年科技启明星计划”、李辉入选“2018年上海市青年科技英才扬帆计划”。(张润生)

【参与科技节开放日活动】 市刑技协会相关专业会员积极参与上海市现场物证重点实验室举办第二届开放日活动，来自华东政法大学附属中学、上海音乐学院实验学校、复旦大学附属中学的近200名师生和通过上海科普APP抢票成功的40余名科技爱好者参观了实验室，观看了警犬表演，受到科技节组委会、市科委科影厂、中国新闻社、《解放日报》、《新民晚报》、《东方财经》、《上海日报》、梨视频、东方网等9家知名媒体广泛关注。(张润生)

【办好专刊】 年内，市刑技协会各专业会员面向刑事技术基层一线技术人员征集专业技术论文。完成了《2018年度重点实验室年报》的编辑，编辑出版四期《上海刑事技术》刊物（总第55、56期和增刊2期），共录用工作探讨128篇，经验交流27篇，共计收录刊登论文155篇。警犬专业会员配合少儿出版社共同完成《十万个为什么》中关于“警犬专刊”的撰写编辑工作，于11月1日正式出版。(张润生)

上海市道路交通安全协会

【概述】 2018年是上海市道路交通安全协会(以下简称市道路交通安全协会）行政脱钩后的第一个工作年，按照市政府、市局对协会“脱钩不脱管”的工作要求，市道路交通安全协会在市公安局交警总队的直接指导和大力支持下，本着“着眼当前，展望未来，自身发展，强劲内外”的理念，打造“四个一流”的道路交通管理工作品牌，圆满完成行政脱钩工作，选举产生了协会新领导成员；首次参加公安交警装备展，获得公安部交管局领导和观展观众的高度评价；继续认真做好《交通安全周刊》发行工作，巩固交通宣传阵地；吸纳高新科技企业入会，完善会员组成结构；自主创办协会微信公众号，丰富道路交通安全宣传和服务形式；在出租车后窗投放投影道路交通安全广告，营造进博会宣传氛围；深入会员单位调研，举办道路交通安全报告会等。(胡国进)

【建立协调工作机制】 8月27日，市局交警总队召开专题会议，会议就今后市道路交通安全协会的工作进行研究部署，规范协会管理行为，并依据上级有关协会“脱钩不脱管”的精神，明确协会联络组负责人人选和工作职能。市道路交通安全协会自觉接受业务主管单位指导和建立高效、运作顺畅的联系平

台与市局交警总队形成共识并建立相应工作机制。(胡国进)

【首次参展公安交警装备展】 由中国道路交通安全协会主办的《第十届中国公安交警警用装备展》于8月15日至17日在四川成都举办，市道路交通安全协会报名参加。整个展期，展位鲜明地突出了上海公安交警部门在新科技应用于道路交通安全管理方面的新成就、新面貌和上海地域特点，赢得公安部交管局领导和观展观众的高度评价，获组委会颁发的“装备展优秀组织奖”。(胡国进)

【继续做好《交通安全周刊》发行工作】 市道路交通安全协会在继续认真做好《交通安全周刊》正常出版的同时，于年内第四季度启动了2019年《交通安全周刊》征订工作，计划发行量与2018年继续持平，基本保持6万余份的水平。11月5日至9日，在出租车后窗投放投影广告“文明交通安全出行《交通安全周刊》火热征订中”，日均在3172辆出租车投放，总播放120.78万次，受众人群约809.19万人次，使《交通安全周刊》成为向市民宣传道路交通安全的重要阵地，有效发挥在道路交通安全宣传教育方面的积极作用。(胡国进)

【扩大完善会员组成结构】 市道路交通安全协会在入会单位自愿申请并经常务理事会审核同意，发展了上海前端科技有限公司、擎翌(上海)智能科技有限公司、深圳市警大科技有限公司上海分公司、上海天源迪科信息技术有限公司、上海依图网络科技有限公司、杭州海康威视数字技术股份有限公司上海分公司6家紧密服务于上海市道路交通安全管理的高新技术企业为协会的新成员。目前，协会共有成员单位103家。(胡国进)

【自主创办协会微信公众号】 市道路交通安全协会本着“为道路交通安全服务，助力形成良好安全出行环境”的理念，紧密围绕上海道路交通管理大环境，自主创办了《上海道路交通安全协会》微信公众号，并于12月28日上线运行。该公众号每月不少于四期，每期发布内容构成：近期道路交通管理热点事件，包括交警措施、重要交通事故的分析、道路施工情况等；协会会员单位介绍；你问我答，由《交通安全周刊》每期“每问梅答”栏目导入；出行提醒，包括道路施工的提醒、季节特点提醒等安全出行等内容。(胡国进)

【深入会员单位开展调研】 市道路交通安全协会组织专班到部分会员单位进行调研，就加强和改进道路交通安全管理进行探讨。对上海市出租汽车暨汽车租赁行业协会提出的“出租汽车驾驶员在公安部交管服务互联网平台自助处理交通违法”相关情况进行调研，研提相关工作建议；到上海市机动车驾驶员培训行业协会就机动车驾驶员文明行车、安全驾驶的问题进行调研，并现场观摩“驾驶安全适应性测试系统”的运行过程，探索推广机动车驾驶安全适应性测试的可行性，并形成调研报告向市局交警总队上报，供相关部门作工作参考。(胡国进)

【举办交通安全报告会】 12月上旬，市道路交通安全协会与上海市交通工程学会、同济大学等单位联合主办了“关于国际交通安全管理政策与先进经验报告会”，分享了来自美国的交通安全领域专家在交通安全管理方面的先进经验，并共同探讨基于大数据技术分析开展道路交通安全管理、如何有效防范道路交通事故的发生等问题。报告会的举办，对今后开展道路交通安全管理工作起到了积极有效的作用。（胡国进）

【选举产生市道路交通安全协会新领导成员】 在市局交警总队领导的关心和帮助下，于2017年末召开了市道路交通安全协会七届二次会员大会，大会修改了协会章程，选举产生了协会新会长、常务副会长兼秘书长。完成协会办公地址的搬迁工作。2018年4月8日，获取了脱钩后的《社会团体法人登记证书》，完成社团组织登记变更工作。（胡国进）

上海市企事业单位治安保卫协会

【概况】 2018年，上海市企事业单位治安保卫协会（以下简称市内保协会）紧紧围绕进博会安保工作需求，全面聚焦上海智慧公安建设，时刻对标城市最有序、最安全、最干净的总愿景，不断压实安保主体责任，严密构筑防控体系，深化行业监管方式，创新社会治理模式，确保企事业单位安全有序运行，服务上海社会大局和谐稳定。（马怡斐）

【确保进博会安保工作】 市内保协会积极配合公安机关，多次召开进博会战前动员会议，协调推进安保维稳工作，逐级压实责任，不断健全保卫机构，配强保卫人员，固化防范措施，全面筑牢单位安全防线。对变电站、大型油库、燃气高压站、通信基站等重点单位、重要部位开展高频率、全覆盖、无死角的安全检查，对安全隐患和防范漏洞逐一建立整改台账、督促落实整改措施，全力确保重点要害单位内部安全稳定、重要基础设施安全运行。全年，共检查各类重点单位、重要部位9万余家（次），发现并整改安全隐患4500余处。（马怡斐）

【维护校园安全】 市内保协会配合公安机关，深入推进平安校园建设，定期对全市中小学、幼儿园开展安全督导检查，敦促各学校严格执行上放学时间段1门4保安的护校措施，加强校园治安辅导员队伍建设，健全社区保安员巡逻护校机制，完善校警联网联动平台建设，组织开展校园保安员岗位专业轮训考评，完成新学期开学首日及中高考等重要安保任务。年内，会同市教委开展“做自己的首席安全官—平安校园行”主题宣传活动，参与编写《上海学生公共安全教育手册》《关于申办3岁以下幼托机构的指南》，组织开展校园护卫力量专业培训，共培训校园保安员13069人，校外治安辅导员3400余人，全市中小学、幼儿园叠加护校达标率达99.5%，进一步提升校园应对突发事件的处置能力，确保校园安全形势持续稳定。（马怡斐）

【维护医院安全】 市内保协会积极配合市公安局、市卫计委、申康医院发展中心，对全市各医院内部安全防范建设进行检查，强化医院特保队伍建设，推动医院“一院一方案、一院一机制”建设，协助医院完善应对“医闹”等突发事件的工作措施。严格按照“四个不准，两个一律”的工作要求，配合公安机关打击职业“医托”“号贩”等涉医违法犯罪活动，医院治安环境呈现向好态势。(马怡斐)

【加强电信网络诈骗防阻工作】 年内，市内保协会积极协调上海银监局、上海金融办等部门开展相关维稳工作，健全警银联动机制，参与矛盾纠纷化解，消除不稳定因素，确保银行工作人员熟知柜面转账“四询问一告知”“四核实”“七步工作法”等柜台防诈措施，提升柜面反诈成功率。利用电视、网络、轨交媒体开展反电信网络诈骗宣传告知，深入学校、社区举办专题讲座，组织技防专家对各金融单位安全防范建设开展风险评估，协助公安机关部署落实各类纪念币发行安保工作，维护上海金融领域秩序稳定。(马怡斐)

【推进寄递安检改革试点】 市内保协会与公安机关上下联动，围绕上海市“实名收寄、过机安检、驻企安监”工作要求，协同推进寄递业安检创新工作，制定技术规范，升级配套设施，开发新型设备并通过检测，创新研发快件智能安检判读软件，不断试验降低智能安检判读软件的误报率，实现禁寄物品“零漏报”，进一步优化禁寄快件处置办法，再造寄递安检流程，切实提升对禁寄物品的智能识别、有效拦截、即时处置能力，为超大城市寄递业安全管控探索出一条可行之路。目前，寄递业安检创新模式已逐步在全市各大快递企业推广应用。(马怡斐)

【推进医警联动平台建设】 为持续推进平安医院建设，提升医院安全防范能力，市内保协会积极协助市公安局、市卫计委、申康医院发展中心在全市37家三级甲等医院大力推广建设医警联网联动平台，提升医院与属地派出所紧急报警系统响应速度，打通视频监控通道，强化医警联动协调配合机制，实现属地派出所对辖区医院的远端视频巡逻，确保实时掌握警情，精准指挥调度，提高医院应对突发事件和打击“医托”“医闹”“号贩”等违法行为的水平。(马怡斐)

【实行散装汽油购买实名登记制度】 为进一步加强全市散装汽油购销管控措施，市内保协会对“上海市散装汽油销售实时信息系统”进行全面升级改造，完成在全市97个散装汽油购销点推广应用，通过网上注册、公安授权和身份验证等信息化手段，严把散装汽油购销关口。全年，共记录散装汽油购销实情79665次，进一步提升了对散装汽油购销的管控力度和精度。(马怡斐)

【召开2018年内保工作会议】 2019年1月3日，上海内保工作会议暨市内保、报警、保安协会会员大会，在上海展览中心友谊会堂隆重召开。会议总结2018年工作，部署2019年工作。市公安局治安总队领导宣读表彰2018年全市企事业单位治安保卫先进集体、个人决定。会上，协会分别与中国电信股份有限公司上海分公司和上海农商银行签订了2019年上海市企事业单位治安保卫责任书。(马怡斐)

【办好《上海内保》会刊】 全年，刊载中央、市委、公安部、市局等领导机关对安保工作的指示、要求49篇，企业领导、治安保卫先进人物专访特稿46篇，总结内保经验32篇，实时动态250篇，专题短评24篇，安防科技10篇，前沿卫士48篇。7月10日，市内保协会在上药控股有限公司会议室召开《上海内保》会刊2018通讯员会议，拓展通讯员队伍，组织通讯员业务培训，提升会刊质量。（马怡斐）

【开展“创安”活动】 市内保协会配合市公安局治安总队继续开展创建“治安安全合格单位”活动。通过单位自查自评申报、分局复查和市局治安总队验收合格，决定授予上海航天局等372家单位“治安安全合格单位”荣誉称号。（马怡斐）

【开展先进表彰活动】 9月至12月，市内保协会会同市局治安总队开展2018年全市企事业单位治安保卫先进集体和先进个人评选表彰活动，通过民主评议推荐，逐级审核审批，对上海城投（集团）有限公司等244家先进单位（保卫组织）和大众燃气有限公司党委副书记孙继跃等332名先进治安责任人（保卫人员）予以表彰。（马怡斐）

【组织调研文章评选】 8月至12月，市内保协会会同市局治安总队以围绕“五个中心”建设战略目标，努力提升治安内保工作新设想等为主题，在全市内保系统发出了《关于开展2018年治安内保、保安服务调研征文活动的通知》。收到调研、理论文章97篇，评出一等奖1篇、二等奖2篇、三等奖3篇、鼓励奖5篇、组织奖3个。（马怡斐）

【召开理事会】 12月24日，市内保协会召开九届十二次会议。通过部分成员调整议案，通过2018年会员大会议程、工作报告等。（马怡斐）

上海安全防范报警协会

【概述】 2018年，上海安全防范报警协会（以下简称报警协会）以习近平总书记系列讲话精神为指引，在市公安局、市社会团体管理局的领导下，坚持“服务企业、规范行业、发展产业”的办会宗旨，努力提升安防行业整体竞争力，确保上海安防市场规范、有序、健康发展，全面完成各项任务。（张俊杰）

【参与行业标准制修订工作】 报警协会在主管部门的指导下，通过调研走访、考察学习国内外先进技术，紧密结合智慧城市、智慧公安建设要求，积极组织相关单位、专家参与上海市地方标准的制定、修订和上海市安防行业技术规范起草工作，先后对上海市地方系列标准中DB31/294-2010《住宅小区安全技术防范系统要求》进行修订，起草推出了DB31/T294-2018《住宅小区智能安全技术防范系统要求》、DB31/T1099-2018《单位（楼宇）智能安全技术防范系统要求》等多项智能化技术规范。目前，《重点单位重要部位安全技术防范系统要求》已经进入修订阶段。（张俊杰）

【加强行业培训】 2018年，报警协会从行业现状的实际出发，协助市局技防办做好行业管理工作，帮助技防从业单位和从业人员进一步适应技防管理工作的新要求，汇总各方需求制订培训目标和方向，制订培训计划，拟订培训内容，安排授课老师，并且组织专人负责培训前报名工作、培训中服务工作以及培训后的意见反馈收集工作，使技防业务培训实现与时俱进。组织超过5个科目共139场次业务培训，超过2800人次参与了培训，经考试，85%以上的技防从业人员取得了合格证。（张俊杰）

【加强协会自身建设】 报警协会根据协会的工作情况和发展需求，逐步制定和完善各项办公室管理制度，规范工作流程，提升科学管理水平。对上海安防网进行改版升级，加强协会的信息化建设，逐步建立健全行业内企业数据统计和动态的数据采集、整理、分析，不断完善和健全数据库。组织员工参加再教育和专业科目的培训，进一步加强协会员工队伍建设，提高协会员工的行业管理能力和专业化水平。（张俊杰）

【加强行业监管】 报警协会进一步完善网上平台各项功能。自上海市安全技术防范工程监督管理应用平台与技防产品服务平台上线以来，产品企业注册总共782家，入库通过产品的有6926款。监管平台共受理两万余个项目，存储上万路图像。另外，实时监管3277台银行ATM机。同时，加强社会单位技防设施，特别是视频监控设施维护、使用情况的监督和管理，以及注重技防施工项目设计和施工的质量。（张俊杰）

【注重专家队伍建设】 年初，报警协会技防专家团队完成换届工作，本届共选聘了206位热爱技防行业、技术业务精湛、职业操守优良的行业从业人员担任协会第三届上海市技防专家。其中，71位担任咨询专家、36位担任工程见习专家、26位担任工程助理专家、36位担任工程专家、37位担任综合专家（组长）。全年，技防专家共参与技防工程评审项目11690个，验收项目约10438个。（张俊杰）

【开展多元化会员服务】 报警协会开展中高级技术职称评审工作，26人通过了评审。开展多场会员沙龙活动，随着住宅小区智能安防地方新标准的发布实施，组织行业资深专家对条款进行深入讲解和探讨，共计100余家会员单位参加。组织会员企业进行国内外学习和交流，带领部分会员单位负责人赴俄罗斯、德国、奥地利、捷克等地参观展会和实地考察，为会员单位与国外先进安防企业的交流搭建了平台。（张俊杰）

【开展行业统计工作】 报警协会根据上海安防行业整体发展现状及行业发展趋势，积极为政府主管部门领导决策和行业发展提供参考和服务，通过走访、调研业内主要产品企业及工程从业单位，下发行业统计报表等手段及途径，探索、建立适合上海市安防行业发展的统计工作标准与制度化管理，使安防行业统计工作管理制度和组织实施进入常规化轨道。（张俊杰）

【加强协会宣传平台建设】 报警协会发挥"一刊一号两网"信息交流作用，全方位、多样化、多层次地传递行业最新资讯。"一刊"是《上海保安与技防》杂志，内容涵盖行业最新资讯、技防及保安动态，大幅扩大杂志的受众面。"一号"是"上海安防协会官微"微信公众号，每周定期更新相关内容，方便从业人员随时接受行业咨询与在线提问。"两网"是上海安防网和上海安博会官网，成为广大会员及从业人员了解政策标准、行业信息的重要平台。截至10月底，“两网”访问人数突破65万人次，文章阅读数累计达86万余篇。（张俊杰）

【召开六届四次会员大会】 2019年1月3日，上海内保工作会议暨市内保、保安、报警协会会员大会在上海展览中心友谊会堂隆重召开。大会对2018年工作进行了总结，对2019年工作进行部署。市局治安总队领导宣读表彰2018年上海市企业事业单位治安保卫先进集体、个人，以及“治安安全合格单位”、保安“双十佳”集体名单。（张俊杰）

【召开六届二次常务理事会】 12月28日，在保卫干部培训中心召开六届二次常务理事会，会上投票选举产生了新一届协会秘书长、监事会，一致同意法定代表人选的提议并顺利通过了修改章程的决议。（张俊杰）

【举办第十八届上海安博会】 5月23日至25日，上海安全防范报警协会、上海保安服务业协会、上海市企事业单位治安保卫协会在上海世博展览馆共同举办第十八届上海安博会，引入无人系统展区和警用装备展示区，面积达到3.5万平方米、展商数量达到320家、参观观众达10万余人次。参展企业也由单一的视频监控、防盗报警企业扩展到网络安全、警用装备、智能交通、应急减灾、无人机、人工智能六大类产品。展会同期还举办了第一届上海3A论坛，以“畅想人工智能安防新时代”为主题，科大讯飞、商汤科技、依图科技等人工智能企业的领军人物作为主讲嘉宾，共同探讨了“人工智能+”下安防、安保行业的发展与创新。（张俊杰）

上海市保安服务行业协会

【概述】 2018年，上海市保安服务行业协会（以下简称市保安协会）在市公安局、市社会团体管理局的领导和全体会员单位的支持下，以习近平新时代中国特色社会主义思想为指导，坚持“服务企业、规范行业、发展产业”的办会宗旨，协助主管单位团结、组织、协调好保安行业，加强行业的自我监督和管理，协助维护行业秩序，促进社会和谐稳定，为健全上海公共安全保障体系方面发挥重要作用。（张俊杰）

【完成进博会等安保工作】 市保安协会协助市公安局智慧公安建设，各协会会员单位配合社会治安防控体系建设，投入上海交通环境大整治活动，先后完成进博会、上海旅游节、国庆安保、上海人工智能大会、上海国际马拉松、网球大师杯等大型活动、赛事安保工作。（张俊杰）

【开展年度选优工作】 为继承和发扬上海保安的优秀传统，着力提升上海保安队伍的整体形象，市保安协会于10月开展选优工作。参选企业除了需要在“每月之星、每月之队”栏目上刊登情况推出外，还须持有相应资质等级

证书。51个保安队、48位保安员进入“双十佳”候选名单。百余个保安队、百余位保安员进入市先进候选名单。（张俊杰）

【打造“三位一体”宣传平台】　市保安协会围绕会刊、微信公众号、网站三大宣传平台，扩大优秀保安企业、保安队伍及个人事迹的宣传面。会刊《上海保安与技防》受到公安部、市局有关领导的好评。加强微信公众号建设，每周定期发布行业动态，方便会员单位即时获取协会各类讯息。全年，发行会刊12期8万余册，微信粉丝破万人，上海保安网访问人数突破60万人次。（张俊杰）

【开展行业等级评定工作】　年底，有135家保安公司获得了不同级别等级资质。其中，一级59家、二级53家、三级23家，占总数的68.5%。（张俊杰）

【提升市场效益】　年内，市保安协会会员单位有199家，全市保安从业人员达24万余人，客户单位达4.3万余家，提供展览、展销、文艺体育等大型活动保安服务3800余次，投入保安力量35万余人次；现场护卫1800余批次，投入保安力量8万余人次。全年，协会会员年营业额达到185亿余元，利税近10亿元。（张俊杰）

【改善保安员待遇】　4月，市保安协会发布“上海市保安服务行业协会2018年度人力防范最低合同指导价”和“保安员最低工资标准”，2018年度人力防范最低合同指导价为6270.55元，为会员单位签订服务合同提供了行业标准。（张俊杰）

【完善保安职业培训体系】　至11月，全市会员单位共举办3万余人次人防岗前培训，3200余人次队长受训；保安员考证1731期，制证34万余份。保安培训学校共完成五级保安员培训710余人、四级保安员培训2700余人、三级助理保卫师培训1600人、二级保卫师培训400人、高级保卫师培训230余人。完成保安人防、校园保安培训13819人。市保安协会与高校合作开办保安专业学历教育，开展升级保安资格等级竞赛活动。（张俊杰）

【联合主办上海安博会】　年内，市保安协会参与上海安博会各项工作。在招商、组展和论坛活动等方面，组织会员企业积极参与，以展现行业新形象、强化企业品牌。通过高峰论坛，邀请国内外专家学者现场演讲交流，关注前沿问题、探讨行业热点、开拓企业视野，搭建行业学习交流新平台，促进行业发展。（张俊杰）

【组织行业学习考察交流活动】　市保安协会提倡“走出去，学回来”理念，组织会员单位负责人赴国内外保安服务先进地区学习考察，学习并探讨先进的经营管理理念和方法，熟知最前沿的安防科技。年内，组织5批考察团计30余人次赴俄罗斯、德国、奥地利、柬埔寨等地学习考察，并与当地保安协会、保安服务企业建立互通有无、共同发展关系。接待兄弟协会交流研讨3次。（张俊杰）

【推动行业职业化建设】　年内，根据《保安服务管理条例》规定，市保安协会会同主管部门开展行业着装整顿工作，进一步明确保安员着装和佩戴服务标识的要求，处理了严重违规企业和违规行为。同时，通过对指定服装厂商的监督及对服装面料的统一规范，清除了保安服装市场的混乱、假冒现象，并明确将全市特勤、特保服装统一纳入保安员服装管理范围，统一服装称谓，实施“三定”管理模式。制定《保安企业违规穿着保安服装查处办法》，实行保安服装管理工作与企业等级认定、等级升降、评优创优等活动挂钩制度，推动上海保安队伍的规范化、职业化建设。（张俊杰）

【完善国家保安员职业技能鉴定培训教材】 年内，市保安协会组织编写组成员对六部教材和技能标准进行了第二次修改。组织参加公安部组织的《国家保安员职业技能标准》修订研讨会。完成上海主编的六部教材第二版的修改。（张俊杰）

【强化自身队伍建设】 市保安协会从自身建设入手，加强内部管理，优化人员结构，强化服务意识，履行社会责任。同时，坚持创新引领，建立健全规章制度，完善工作流程，促进各项工作更趋制度化、规范化、效能化。（张俊杰）

【加大违法违规行为查处力度】 根据《保安服务管理条例》的规定和市公安局对全市保安服务企业的工作要求，市保安协会会同有关部门，对各类违法违规案件加大查处力度，对部分案（事）件的查处结果进行通报。全年，协助公安部门查处案（事）件近400余起。（张俊杰）

【召开二届六次会员大会】 2019年1月3日上午，上海内保工作会议暨市内保、保安、报警协会会员大会，在上海展览中心友谊会堂召开，上海市副市长、市公安局局长龚道安出席大会。大会对2018年工作进行了总结，并审议通过了2018年协会财务报告，对2019年工作进行了部署。市局治安总队领导宣读并表彰了2018年度保安系统“双十佳”集体和先进保安集体名单。（张俊杰）

【召开理事会】 12月27日下午，市保安协会在上海千禧海鸥大酒店海纳厅召开了协会二届常务理事会第九次会议，会议审议并通过了《第二届理事会工作报告》（草案）、《关于上海市保安服务行业协会章程修改的说明》（草案）和《第二届理事会财务报告》（草案）。会上选出了第三届理事会成员推荐名单、监事会成员推荐名单。（张俊杰）

逝世人物

【徐海青】 (1980—2018)，中共党员，三级警督警衔，浦东分局黄楼派出所三级警长。2001年7月参加公安工作。曾立个人三等功1次，获个人嘉奖3次。

徐海青作为警务组警长，在日常公安工作中，带领警务组民警深入打击破案第一线，加班加点、不辞辛劳，出色地完成了各项工作任务，为维护社会治安稳定作出了应有的贡献。2018年1月22日，徐海青在上班途中发生车祸，后被送至浦东新区人民医院抢救，终因病情过重抢救无效死亡。后被市局确认为因公牺牲。(陈谱良)

【夏建军】 (1958—2018)，中共党员，一级警督警衔，浦东分局黄楼派出所一级警长。1982年12月参加公安工作，曾立个人三等功2次，获个人嘉奖5次。

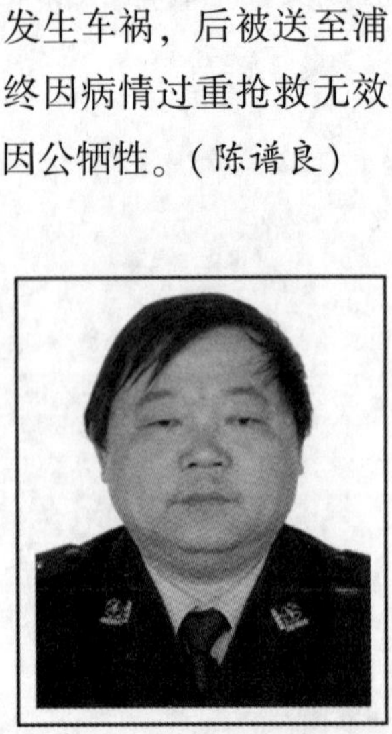

夏建军热爱公安事业，工作积极主动、认真负责，充分发挥自身的业务优势和工作经验，带领青年民警深入打击破案第一线，识疑查疑、深挖破案，为维护社会治安稳定作出了应有的贡献。2018年3月19日，夏建军在派出所参加全国“两会”闭幕日工作部署会议时突发心脏病，后被送往浦东新区人民医院抢救，终因心肺功能衰竭抢救无效死亡。后被市局确认为因公牺牲。(陈谱良)

【韩锡清】 (1926—2018)，山东昌邑人。1943年2月参加革命工作，同年加入中国共产党。1943年2月至1948年1月任山东省昌邑县公安局警备队战士，武工队班长、副队长、侦察副股长。1948年2月起在华东建大二校学习，后任昌淮保安司令部二科、一科侦察干部。1949年2月至1957年11月任上海市公安局人事处、局办

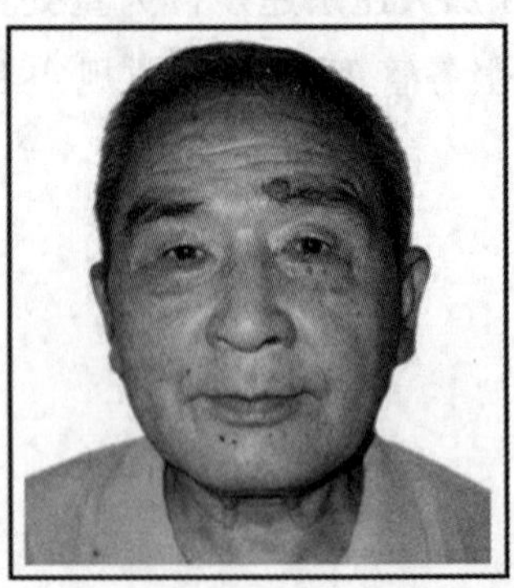

公室干事、副股长、副协理员、秘书科科长。1957年12月至1964年9月任市公安局政保七处办公室主任、副处长。1964年10月起任市公安局政治部干部处副处长。文化大革命期间遭受冲击。1978年3月至1981年10月任市公安局预审处副处长。1981年10月至1982年4月任市公安局政治部干部处处长。1982年4月至11月任市公安局政治部副主任。1982年11月至1989年12月任市公安局政治部主任（副局级）。1989年12月离职休养。2018年5月19日12时，因病在中山医院逝世。（邱辛逸）

【沈英睿】（1974—2018），群众，三级警司警衔，长宁分局程家桥派出所四级警长。1994年12月参加公安工作，曾立个人三等功1次，获个人嘉奖5次。

沈英睿从警24年，履职尽责、爱岗敬业。2018年5月24日，沈英睿在派出所值班期间猝发疾病不幸去世。后被市局确认为因公牺牲。（陈谱良）

2018年上海公众安全感暨公安工作满意度调查情况

9月至12月，市局会同市委政法委联合委托上海零点市场调查有限公司在全市范围内开展2018年度上海公众安全感暨公安工作满意度调查。

一、上海市民对安全感的总体评价分值为84.91分（满分为100分），比上年增加0.33分。

（一）市民群众对上海安全状况感到满意，全市16个区的公众安全感评价分值超过80分，8个区的公众安全感评价分值好于上年水平。

1. 全市有6个区公众安全感评价分值高于全市平均水平，其中金山区（86.92分）、崇明区（86.76分）、奉贤区（86.44分）居全市前三位。

2. 全市有10个区公众安全感评价分值低于全市平均水平，分别为黄浦区、徐汇区、长宁区、普陀区、虹口区、杨浦区、闵行区、宝山区、嘉定区、青浦区，其中普陀区（81.71分）、虹口区（82.98分）、青浦区（84.04分）居全市后三位。

3. 全市有8个区公众安全感评价分值好于上年水平，其中闵行区、青浦区、松江区增幅居全市前三位。8个区公众安全感评价分值较上年有所下降，奉贤区、普陀区、金山区降幅居全市前三位。

（二）居住区、公共场所公众安全感评价分值较上年有所增加，分别为84.17分、83.94分，比上年增加1.34分、1.17分；单位、学校周边区域公众安全感评价分值较高，分别为87.02分、86.74分。

1. 居住区公众安全感评价情况。7个区的居住区公众安全感评价分值高于全市平均水平（84.17分），其中金山区（86.74分）、松江区（85.73分）、崇明区（85.67分）居全市前三位。9个区的居住区公众安全感评价分值低于全市平均水平，其中普陀区（80.23分）、虹口区（81.95分）、黄浦区（82.78分）居全市后三位。

2. 公共场所公众安全感评价情况。9个区的公共场所公众安全感评价分值高于全市平均水平（83.94分），其中金山区（85.60分）、崇明区（85.04分）、松江区（84.71分）居全市前三位。7个区的公共场所公众安全感评价分值低于全市平均水平，其中普陀区（81.41分）、虹口区（82.38分）、徐汇区（82.98分）居全市后三位。

3. 单位周边区域公众安全感评价情况。8个区的单位周边区域公众安全感评价分值高于全市平均水平（87.02分），其中崇明区（90.30分）、松江区（88.87分）、金山区

（88.66分）居全市前三位。8个区的单位周边区域公众安全感评价分值低于全市平均水平，其中普陀区（85.26分）、青浦区（85.46分）、嘉定区（85.54分）居全市后三位。

4. 学校周边区域公众安全感评价情况。9个区的学校周边区域公众安全感评价分值高于全市平均水平（86.74分），其中崇明区（89.57分）、松江区（89.39分）、静安区（88.63分）居全市前三位。7个区的学校周边区域公众安全感评价分值低于全市平均水平，其中普陀区（82.75分）、虹口区（84.15分）、闵行区（84.82分）居全市后三位。

二、上海市民对公安工作满意度评价分值为85.45分（满分为100分），比上年增加1.09分。

16个公安分局中，9个分局公安工作满意度评价分值高于平均水平（85.45分），其中金山、崇明、嘉定分局居全市前三位，评价分值分别为89.18分、88.34分和86.62分。7个分局公安工作满意度评价分值低于全局平均水平，其中虹口、普陀、黄浦分局居全市后三位，评价分值分别为81.97分、82.61分和83.09分。（刘骏）

法律、法规、政策性文件

中华人民共和国监察法

（2018 年 3 月 20 日第十三届全国人民代表大会第一次会议通过，自 2018 年 3 月 20 日起施行）

第一章　总　　则

第一条　为了深化国家监察体制改革，加强对所有行使公权力的公职人员的监督，实现国家监察全面覆盖，深入开展反腐败工作，推进国家治理体系和治理能力现代化，根据宪法，制定本法。

第二条　坚持中国共产党对国家监察工作的领导，以马克思列宁主义、毛泽东思想、邓小平理论、“三个代表”重要思想、科学发展观、习近平新时代中国特色社会主义思想为指导，构建集中统一、权威高效的中国特色国家监察体制。

第三条　各级监察委员会是行使国家监察职能的专责机关，依照本法对所有行使公权力的公职人员（以下称公职人员）进行监察，调查职务违法和职务犯罪，开展廉政建设和反腐败工作，维护宪法和法律的尊严。

第四条　监察委员会依照法律规定独立行使监察权，不受行政机关、社会团体和个人的干涉。

监察机关办理职务违法和职务犯罪案件，应当与审判机关、检察机关、执法部门互相配合，互相制约。

监察机关在工作中需要协助的，有关机关和单位应当根据监察机关的要求依法予以协助。

第五条　国家监察工作严格遵照宪法和法律，以事实为根据，以法律为准绳；在适用法律上一律平等，保障当事人的合法权益；权责对等，严格监督；惩戒与教育相结合，宽严相济。

第六条　国家监察工作坚持标本兼治、综合治理，强化监督问责，严厉惩治腐败；深化改革、健全法治，有效制约和监督权力；加强法治教育和道德教育，弘扬中华优秀传统文化，构建不敢腐、不能腐、不想腐的长效机制。

第二章　监察机关及其职责

第七条　中华人民共和国国家监察委员会是最高监察机关。

省、自治区、直辖市、自治州、县、自治县、市、市辖区设立监察委员会。

第八条　国家监察委员会由全国人民代表大会产生，负责全国监察工作。

国家监察委员会由主任、副主任若干人、委员若干人组成，主任由全国人民代表大会选举，副主任、委员由国家监察委员会主任提请全国人民代表大会常务委员会任免。

国家监察委员会主任每届任期同全国人民代表大会每届任期相同，连续任职不得超过两届。

国家监察委员会对全国人民代表大会及其常务委员会负责，并接受其监督。

第九条　地方各级监察委员会由本级人民代表大会产生，负责本行政区域内的监察工作。

地方各级监察委员会由主任、副主任若干人、委员若干人组成，主任由本级人民代表大会选举，副主任、委员由监察委员会主任提请本级人民代表大会常务委员会任免。

地方各级监察委员会主任每届任期同本级人民代表大会每届任期相同。

地方各级监察委员会对本级人民代表大会及其常务委员会和上一级监察委员会负责，并接受其监督。

第十条　国家监察委员会领导地方各级监察委员会的工作，上级监察委员会领导下级监察委员会的工作。

第十一条　监察委员会依照本法和有关法律规定履行监督、调查、处置职责：

（一）对公职人员开展廉政教育，对其依法履职、秉公用权、廉洁从政从业以及道德操守情况进行监督检查；

（二）对涉嫌贪污贿赂、滥用职权、玩忽职守、权力寻租、利益输送、徇私舞弊以及浪费国家资财等职务违法和职务犯罪进行调查；

（三）对违法的公职人员依法作出政务处分决定；对履行职责不力、失职失责的领导人员进行问责；对涉嫌职务犯罪的，将调查结果移送人民检察院依法审查、提起公诉；向监察对象所在单位提出监察建议。

第十二条　各级监察委员会可以向本级中国共产党机关、国家机关、法律法规授权或者委托管理公共事务的组织和单位以及所管辖的行政区域、国有企业等派驻或者派出监察机构、监察专员。

监察机构、监察专员对派驻或者派出它的监察委员会负责。

第十三条　派驻或者派出的监察机构、监察专员根据授权，按照管理权限依法对公职人员进行监督，提出监察建议，依法对公职人员进行调查、处置。

第十四条　国家实行监察官制度，依法确定监察官的等级设置、任免、考评和晋升等制度。

第三章　监察范围和管辖

第十五条　监察机关对下列公职人员和有关人员进行监察：

（一）中国共产党机关、人民代表大会及其常务委员会机关、人民政府、监察委员会、人民法院、人民检察院、中国人民政治协商会议各级委员会机关、民主党派机关和工商业联合会机关的公务员，以及参照《中华人民共和国公务员法》管理的人员；

（二）法律、法规授权或者受国家机关依法委托管理公共事务的组织中从事公务的人员；

（三）国有企业管理人员；

（四）公办的教育、科研、文化、医疗卫生、体育等单位中从事管理的人员；

（五）基层群众性自治组织中从事管理的人员；

（六）其他依法履行公职的人员。

第十六条 各级监察机关按照管理权限管辖本辖区内本法第十五条规定的人员所涉监察事项。

上级监察机关可以办理下一级监察机关管辖范围内的监察事项，必要时也可以办理所辖各级监察机关管辖范围内的监察事项。

监察机关之间对监察事项的管辖有争议的，由其共同的上级监察机关确定。

第十七条 上级监察机关可以将其所管辖的监察事项指定下级监察机关管辖，也可以将下级监察机关有管辖权的监察事项指定给其他监察机关管辖。

监察机关认为所管辖的监察事项重大、复杂，需要由上级监察机关管辖的，可以报请上级监察机关管辖。

第四章 监察权限

第十八条 监察机关行使监督、调查职权，有权依法向有关单位和个人了解情况，收集、调取证据。有关单位和个人应当如实提供。

监察机关及其工作人员对监督、调查过程中知悉的国家秘密、商业秘密、个人隐私，应当保密。

任何单位和个人不得伪造、隐匿或者毁灭证据。

第十九条 对可能发生职务违法的监察对象，监察机关按照管理权限，可以直接或者委托有关机关、人员进行谈话或者要求说明情况。

第二十条 在调查过程中，对涉嫌职务违法的被调查人，监察机关可以要求其就涉嫌违法行为作出陈述，必要时向被调查人出具书面通知。

对涉嫌贪污贿赂、失职渎职等职务犯罪的被调查人，监察机关可以进行讯问，要求其如实供述涉嫌犯罪的情况。

第二十一条 在调查过程中，监察机关可以询问证人等人员。

第二十二条 被调查人涉嫌贪污贿赂、失职渎职等严重职务违法或者职务犯罪，监察机关已经掌握其部分违法犯罪事实及证据，仍有重要问题需要进一步调查，并有下列情形之一的，经监察机关依法审批，可以将其留置在特定场所：

（一）涉及案情重大、复杂的；

（二）可能逃跑、自杀的；

（三）可能串供或者伪造、隐匿、毁灭证据的；

（四）可能有其他妨碍调查行为的。

对涉嫌行贿犯罪或者共同职务犯罪的涉案人员，监察机关可以依照前款规定采取留置措施。

留置场所的设置、管理和监督依照国家有关规定执行。

第二十三条 监察机关调查涉嫌贪污贿赂、失职渎职等严重职务违法或者职务犯罪，根据工作需要，可以依照规定查询、冻结涉案单位和个人的存款、汇款、债券、股票、基金份额等财产。有关单位和个人应当配合。

冻结的财产经查明与案件无关的，应当在查明后三日内解除冻结，予以退还。

第二十四条 监察机关可以对涉嫌职务犯罪的被调查人以及可能隐藏被调查人或者犯罪证据的人的身体、物品、住处和其他有关地方进行搜查。在搜查时，应当出示搜查证，并有被搜查人或者其家属等见证人在场。

搜查女性身体，应当由女性工作人员进行。

监察机关进行搜查时，可以根据工作需要提请公安机关配合。公安机关应当依法予以协助。

第二十五条 监察机关在调查过程中，可以调取、查封、扣押用以证明被调查人涉嫌违法犯罪的财物、文件和电子数据等信息。采取调取、查封、扣押措施，应当收集原物原件，会同持有人或者保管人、见证人，当面逐一拍照、登记、编号，开列清单，由在场人员当场核对、签名，并将清单副本交财物、文件的持有人或者保管人。

对调取、查封、扣押的财物、文件，监察机关应当设立专用账户、专门场所，确定专门人员妥善保管，严格履行交接、调取手续，定期对账核实，不得毁损或者用于其他目的。对价值不明物品应当及时鉴定，专门封存保管。

查封、扣押的财物、文件经查明与案件无关的，应当在查明后三日内解除查封、扣押，予以退还。

第二十六条 监察机关在调查过程中，可以直接或者指派、聘请具有专门知识、资格的人员在调查人员主持下进行勘验检查。勘验检查情况应当制作笔录，由参加勘验检查的人员和见证人签名或者盖章。

第二十七条 监察机关在调查过程中，对于案件中的专门性问题，可以指派、聘请有专门知识的人进行鉴定。鉴定人进行鉴定后，应当出具鉴定意见，并且签名。

第二十八条 监察机关调查涉嫌重大贪污贿赂等职务犯罪，根据需要，经过严格的批准手续，可以采取技术调查措施，按照规定交有关机关执行。

批准决定应当明确采取技术调查措施的种类和适用对象，自签发之日起三个月以内有效；对于复杂、疑难案件，期限届满仍有必要继续采取技术调查措施的，经过批准，有效期可以延长，每次不得超过三个月。对于不需要继续采取技术调查措施的，应当及时解除。

第二十九条 依法应当留置的被调查人如果在逃，监察机关可以决定在本行政区域内通缉，由公安机关发布通缉令，追捕归案。通缉范围超出本行政区域的，应当报请有权决定的上级监察机关决定。

第三十条 监察机关为防止被调查人及相关人员逃匿境外，经省级以上监察机关批准，可以对被调查人及相关人员采取限制出境措施，由公安机关依法执行。对于不需要继续采取限制出境措施的，应当及时解除。

第三十一条 涉嫌职务犯罪的被调查人主动认罪认罚，有下列情形之一的，监察机关经领导人员集体研究，并报上一级监察机关批准，可以在移送人民检察院时提出从宽处罚的建议：

（一）自动投案，真诚悔罪悔过的；

（二）积极配合调查工作，如实供述监察机关还未掌握的违法犯罪行为的；

（三）积极退赃，减少损失的；

（四）具有重大立功表现或者案件涉及国家重大利益等情形的。

第三十二条 职务违法犯罪的涉案人员揭

发有关被调查人职务违法犯罪行为，查证属实的，或者提供重要线索，有助于调查其他案件的，监察机关经领导人员集体研究，并报上一级监察机关批准，可以在移送人民检察院时提出从宽处罚的建议。

第三十三条 监察机关依照本法规定收集的物证、书证、证人证言、被调查人供述和辩解、视听资料、电子数据等证据材料，在刑事诉讼中可以作为证据使用。

监察机关在收集、固定、审查、运用证据时，应当与刑事审判关于证据的要求和标准相一致。

以非法方法收集的证据应当依法予以排除，不得作为案件处置的依据。

第三十四条 人民法院、人民检察院、公安机关、审计机关等国家机关在工作中发现公职人员涉嫌贪污贿赂、失职渎职等职务违法或者职务犯罪的问题线索，应当移送监察机关，由监察机关依法调查处置。

被调查人既涉嫌严重职务违法或者职务犯罪，又涉嫌其他违法犯罪的，一般应当由监察机关为主调查，其他机关予以协助。

第五章 监察程序

第三十五条 监察机关对于报案或者举报，应当接受并按照有关规定处理。对于不属于本机关管辖的，应当移送主管机关处理。

第三十六条 监察机关应当严格按照程序开展工作，建立问题线索处置、调查、审理各部门相互协调、相互制约的工作机制。

监察机关应当加强对调查、处置工作全过程的监督管理，设立相应的工作部门履行线索管理、监督检查、督促办理、统计分析等管理协调职能。

第三十七条 监察机关对监察对象的问题线索，应当按照有关规定提出处置意见，履行审批手续，进行分类办理。线索处置情况应当定期汇总、通报，定期检查、抽查。

第三十八条 需要采取初步核实方式处置问题线索的，监察机关应当依法履行审批程序，成立核查组。初步核实工作结束后，核查组应当撰写初步核实情况报告，提出处理建议。承办部门应当提出分类处理意见。初步核实情况报告和分类处理意见报监察机关主要负责人审批。

第三十九条 经过初步核实，对监察对象涉嫌职务违法犯罪，需要追究法律责任的，监察机关应当按照规定的权限和程序办理立案手续。

监察机关主要负责人依法批准立案后，应当主持召开专题会议，研究确定调查方案，决定需要采取的调查措施。

立案调查决定应当向被调查人宣布，并通报相关组织。涉嫌严重职务违法或者职务犯罪的，应当通知被调查人家属，并向社会公开发布。

第四十条 监察机关对职务违法和职务犯罪案件，应当进行调查，收集被调查人有无违法犯罪以及情节轻重的证据，查明违法犯罪事实，形成相互印证、完整稳定的证据链。

严禁以威胁、引诱、欺骗及其他非法方式收集证据，严禁侮辱、打骂、虐待、体罚或者变相体罚被调查人和涉案人员。

第四十一条 调查人员采取讯问、询问、留置、搜查、调取、查封、扣押、勘验检查等调查措施，均应当依照规定出示证件，出具书面通知，由二人以上进行，形成笔录、报告等书面材料，并由相关人员签名、盖章。

调查人员进行讯问以及搜查、查封、扣押

等重要取证工作，应当对全过程进行录音录像，留存备查。

第四十二条 调查人员应当严格执行调查方案，不得随意扩大调查范围、变更调查对象和事项。

对调查过程中的重要事项，应当集体研究后按程序请示报告。

第四十三条 监察机关采取留置措施，应当由监察机关领导人员集体研究决定。设区的市级以下监察机关采取留置措施，应当报上一级监察机关批准。省级监察机关采取留置措施，应当报国家监察委员会备案。

留置时间不得超过三个月。在特殊情况下，可以延长一次，延长时间不得超过三个月。省级以下监察机关采取留置措施的，延长留置时间应当报上一级监察机关批准。监察机关发现采取留置措施不当的，应当及时解除。

监察机关采取留置措施，可以根据工作需要提请公安机关配合。公安机关应当依法予以协助。

第四十四条 对被调查人采取留置措施后，应当在二十四小时以内，通知被留置人员所在单位和家属，但有可能毁灭、伪造证据，干扰证人作证或者串供等有碍调查情形的除外。有碍调查的情形消失后，应当立即通知被留置人员所在单位和家属。

监察机关应当保障被留置人员的饮食、休息和安全，提供医疗服务。讯问被留置人员应当合理安排讯问时间和时长，讯问笔录由被讯问人阅看后签名。

被留置人员涉嫌犯罪移送司法机关后，被依法判处管制、拘役和有期徒刑的，留置一日折抵管制二日，折抵拘役、有期徒刑一日。

第四十五条 监察机关根据监督、调查结果，依法作出如下处置：

（一）对有职务违法行为但情节较轻的公职人员，按照管理权限，直接或者委托有关机关、人员，进行谈话提醒、批评教育、责令检查，或者予以诫勉；

（二）对违法的公职人员依照法定程序作出警告、记过、记大过、降级、撤职、开除等政务处分决定；

（三）对不履行或者不正确履行职责负有责任的领导人员，按照管理权限对其直接作出问责决定，或者向有权作出问责决定的机关提出问责建议；

（四）对涉嫌职务犯罪的，监察机关经调查认为犯罪事实清楚，证据确实、充分的，制作起诉意见书，连同案卷材料、证据一并移送人民检察院依法审查、提起公诉；

（五）对监察对象所在单位廉政建设和履行职责存在的问题等提出监察建议。

监察机关经调查，对没有证据证明被调查人存在违法犯罪行为的，应当撤销案件，并通知被调查人所在单位。

第四十六条 监察机关经调查，对违法取得的财物，依法予以没收、追缴或者责令退赔；对涉嫌犯罪取得的财物，应当随案移送人民检察院。

第四十七条 对监察机关移送的案件，人民检察院依照《中华人民共和国刑事诉讼法》对被调查人采取强制措施。

人民检察院经审查，认为犯罪事实已经查清，证据确实、充分，依法应当追究刑事责任的，应当作出起诉决定。

人民检察院经审查，认为需要补充核实的，应当退回监察机关补充调查，必要时可以自行补充侦查。对于补充调查的案件，应当在一个月内补充调查完毕。补充调查以二次为限。

人民检察院对于有《中华人民共和国刑事诉讼法》规定的不起诉的情形的，经上一级人民检察院批准，依法作出不起诉的决定。监察机关认为不起诉的决定有错误的，可以向上一级人民检察院提请复议。

第四十八条 监察机关在调查贪污贿赂、失职渎职等职务犯罪案件过程中，被调查人逃匿或者死亡，有必要继续调查的，经省级以上监察机关批准，应当继续调查并作出结论。被调查人逃匿，在通缉一年后不能到案，或者死亡的，由监察机关提请人民检察院依照法定程序，向人民法院提出没收违法所得的申请。

第四十九条 监察对象对监察机关作出的涉及本人的处理决定不服的，可以在收到处理决定之日起一个月内，向作出决定的监察机关申请复审，复审机关应当在一个月内作出复审决定；监察对象对复审决定仍不服的，可以在收到复审决定之日起一个月内，向上一级监察机关申请复核，复核机关应当在两个月内作出复核决定。复审、复核期间，不停止原处理决定的执行。复核机关经审查，认定处理决定有错误的，原处理机关应当及时予以纠正。

第六章 反腐败国际合作

第五十条 国家监察委员会统筹协调与其他国家、地区、国际组织开展的反腐败国际交流、合作，组织反腐败国际条约实施工作。

第五十一条 国家监察委员会组织协调有关方面加强与有关国家、地区、国际组织在反腐败执法、引渡、司法协助、被判刑人的移管、资产追回和信息交流等领域的合作。

第五十二条 国家监察委员会加强对反腐败国际追逃追赃和防逃工作的组织协调，督促有关单位做好相关工作：

（一）对于重大贪污贿赂、失职渎职等职务犯罪案件，被调查人逃匿到国（境）外，掌握证据比较确凿的，通过开展境外追逃合作，追捕归案；

（二）向赃款赃物所在国请求查询、冻结、扣押、没收、追缴、返还涉案资产；

（三）查询、监控涉嫌职务犯罪的公职人员及其相关人员进出国（境）和跨境资金流动情况，在调查案件过程中设置防逃程序。

第七章 对监察机关和监察人员的监督

第五十三条 各级监察委员会应当接受本级人民代表大会及其常务委员会的监督。

各级人民代表大会常务委员会听取和审议本级监察委员会的专项工作报告，组织执法检查。

县级以上各级人民代表大会及其常务委员会举行会议时，人民代表大会代表或者常务委员会组成人员可以依照法律规定的程序，就监察工作中的有关问题提出询问或者质询。

第五十四条 监察机关应当依法公开监察工作信息，接受民主监督、社会监督、舆论监督。

第五十五条 监察机关通过设立内部专门的监督机构等方式，加强对监察人员执行职务和遵守法律情况的监督，建设忠诚、干净、担当的监察队伍。

第五十六条 监察人员必须模范遵守宪法和法律，忠于职守、秉公执法，清正廉洁、保守秘密；必须具有良好的政治素质，熟悉监察业务，具备运用法律、法规、政策和调查取证等能力，自觉接受监督。

第五十七条 对于监察人员打听案情、过问案件、说情干预的，办理监察事项的监察人员应当及时报告。有关情况应当登记备案。

发现办理监察事项的监察人员未经批准接触被调查人、涉案人员及其特定关系人，或者存在交往情形的，知情人应当及时报告。有关情况应当登记备案。

第五十八条 办理监察事项的监察人员有下列情形之一的，应当自行回避，监察对象、检举人及其他有关人员也有权要求其回避：

（一）是监察对象或者检举人的近亲属的；

（二）担任过本案的证人的；

（三）本人或者其近亲属与办理的监察事项有利害关系的；

（四）有可能影响监察事项公正处理的其他情形的。

第五十九条 监察机关涉密人员离岗离职后，应当遵守脱密期管理规定，严格履行保密义务，不得泄露相关秘密。

监察人员辞职、退休三年内，不得从事与监察和司法工作相关联且可能发生利益冲突的职业。

第六十条 监察机关及其工作人员有下列行为之一的，被调查人及其近亲属有权向该机关申诉：

（一）留置法定期限届满，不予以解除的；

（二）查封、扣押、冻结与案件无关的财物的；

（三）应当解除查封、扣押、冻结措施而不解除的；

（四）贪污、挪用、私分、调换以及违反规定使用查封、扣押、冻结的财物的；

（五）其他违反法律法规、侵害被调查人合法权益的行为。

受理申诉的监察机关应当在受理申诉之日起一个月内作出处理决定。申诉人对处理决定不服的，可以在收到处理决定之日起一个月内向上一级监察机关申请复查，上一级监察机关应当在收到复查申请之日起二个月内作出处理决定，情况属实的，及时予以纠正。

第六十一条 对调查工作结束后发现立案依据不充分或者失实，案件处置出现重大失误，监察人员严重违法的，应当追究负有责任的领导人员和直接责任人员的责任。

第八章 法律责任

第六十二条 有关单位拒不执行监察机关作出的处理决定，或者无正当理由拒不采纳监察建议的，由其主管部门、上级机关责令改正，对单位给予通报批评；对负有责任的领导人员和直接责任人员依法给予处理。

第六十三条 有关人员违反本法规定，有下列行为之一的，由其所在单位、主管部门、上级机关或者监察机关责令改正，依法给予处理：

（一）不按要求提供有关材料，拒绝、阻碍调查措施实施等拒不配合监察机关调查的；

（二）提供虚假情况，掩盖事实真相的；

（三）串供或者伪造、隐匿、毁灭证据的；

（四）阻止他人揭发检举、提供证据的；

（五）其他违反本法规定的行为，情节严重的。

第六十四条 监察对象对控告人、检举人、证人或者监察人员进行报复陷害的；控告人、检举人、证人捏造事实诬告陷害监察对象的，依法给予处理。

第六十五条 监察机关及其工作人员有下列行为之一的，对负有责任的领导人员和直接责任人员依法给予处理：

（一）未经批准、授权处置问题线索，发现重大案情隐瞒不报，或者私自留存、处理涉案材料的；

（二）利用职权或者职务上的影响干预调查工作、以权谋私的；

（三）违法窃取、泄露调查工作信息，或者泄露举报事项、举报受理情况以及举报人信息的；

（四）对被调查人或者涉案人员逼供、诱供，或者侮辱、打骂、虐待、体罚或者变相体罚的；

（五）违反规定处置查封、扣押、冻结的财物的；

（六）违反规定发生办案安全事故，或者发生安全事故后隐瞒不报、报告失实、处置不当的；

（七）违反规定采取留置措施的；

（八）违反规定限制他人出境，或者不按规定解除出境限制的；

（九）其他滥用职权、玩忽职守、徇私舞弊的行为。

第六十六条 违反本法规定，构成犯罪的，依法追究刑事责任。

第六十七条 监察机关及其工作人员行使职权，侵犯公民、法人和其他组织的合法权益造成损害的，依法给予国家赔偿。

第九章 附 则

第六十八条 中国人民解放军和中国人民武装警察部队开展监察工作，由中央军事委员会根据本法制定具体规定。

第六十九条 本法自公布之日起施行。《中华人民共和国行政监察法》同时废止。

全国人民代表大会常务委员会关于修改《中华人民共和国刑事诉讼法》的决定

（2018年10月26日第十三届全国人民代表大会常务委员会第六次会议通过，自2018年10月26日起施行）

第十三届全国人民代表大会常务委员会第六次会议决定对《中华人民共和国刑事诉讼法》作如下修改：

一、增加一条，作为第十五条："犯罪嫌疑人、被告人自愿如实供述自己的罪行，承认指控的犯罪事实，愿意接受处罚的，可以依法从宽处理。"

二、将第十八条改为第十九条，第二款修改为："人民检察院在对诉讼活动实行法律监督中发现的司法工作人员利用职权实施的非法拘禁、刑讯逼供、非法搜查等侵犯公民权利、损害司法公正的犯罪，可以由人民检察院立案侦查。对于公安机关管辖的国家机关工作人员利用职权实施的重大犯罪案件，需要由人民检察院直接受理的时候，经省级以上人民检察院决定，可以由人民检察院立案侦查。"

三、将第三十二条改为第三十三条，增加一款，作为第三款："被开除公职和被吊销律师、公证员执业证书的人，不得担任辩护人，但系犯罪嫌疑人、被告人的监护人、近亲属的除外。"

四、增加一条，作为第三十六条："法律援助机构可以在人民法院、看守所等场所派驻值班律师。犯罪嫌疑人、被告人没有委托辩护人，法律援助机构没有指派律师为其提供辩护的，由值班律师为犯罪嫌疑人、被告人提供法律咨询、程序选择建议、申请变更强制措施、对案件处理提出意见等法律帮助。

"人民法院、人民检察院、看守所应当告知犯罪嫌疑人、被告人有权约见值班律师，并为犯罪嫌疑人、被告人约见值班律师提供便利。"

五、将第三十七条改为第三十九条，第三款修改为："危害国家安全犯罪、恐怖活动犯罪案件，在侦查期间辩护律师会见在押的犯罪嫌疑人，应当经侦查机关许可。上述案件，侦查机关应当事先通知看守所。"

六、将第七十三条改为第七十五条，第一款修改为："监视居住应当在犯罪嫌疑人、被告人的住处执行；无固定住处的，可以在指定的居所执行。对于涉嫌危害国家安全犯罪、恐怖活动犯罪，在住处执行可能有碍侦查的，经上一级公安机关批准，也可以在指定的居所执行。但是，不得在羁押场所、专门的办案场所执行。"

七、将第七十九条改为第八十一条，增加一款，作为第二款："批准或者决定逮捕，应当将犯罪嫌疑人、被告人涉嫌犯罪的性质、情节，认罪认罚等情况，作为是否可能发生社会危险性的考虑因素。"

八、将第一百零六条改为第一百零八条，第一项修改为："（一）'侦查'是指公安机关、人民检察院对于刑事案件，依照法律进行的收集证据、查明案情的工作和有关的强制性措施”。

九、将第一百一十八条改为第一百二十条，第二款修改为：“侦查人员在讯问犯罪嫌疑人的时候，应当告知犯罪嫌疑人享有的诉讼权利，如实供述自己罪行可以从宽处理和认罪认罚的法律规定。”

十、将第一百四十八条改为第一百五十条，第二款修改为：“人民检察院在立案后，对于利用职权实施的严重侵犯公民人身权利的重大犯罪案件，根据侦查犯罪的需要，经过严格的批准手续，可以采取技术侦查措施，按照规定交有关机关执行。”

十一、将第一百六十条改为第一百六十二条，增加一款，作为第二款：“犯罪嫌疑人自愿认罪的，应当记录在案，随案移送，并在起诉意见书中写明有关情况。”

十二、增加一条，作为第一百七十条：“人民检察院对于监察机关移送起诉的案件，依照本法和监察法的有关规定进行审查。人民检察院经审查，认为需要补充核实的，应当退回监察机关补充调查，必要时可以自行补充侦查。

“对于监察机关移送起诉的已采取留置措施的案件，人民检察院应当对犯罪嫌疑人先行拘留，留置措施自动解除。人民检察院应当在拘留后的十日以内作出是否逮捕、取保候审或者监视居住的决定。在特殊情况下，决定的时间可以延长一日至四日。人民检察院决定采取强制措施的期间不计入审查起诉期限。”

十三、将第一百六十九条改为第一百七十二条，第一款修改为：“人民检察院对于监察机关、公安机关移送起诉的案件，应当在一个月以内作出决定，重大、复杂的案件，可以延长十五日；犯罪嫌疑人认罪认罚，符合速裁程序适用条件的，应当在十日以内作出决定，对可能判处的有期徒刑超过一年的，可以延长至十五日。”

十四、将第一百七十条改为第一百七十三条，修改为：“人民检察院审查案件，应当讯问犯罪嫌疑人，听取辩护人或者值班律师、被害人及其诉讼代理人的意见，并记录在案。辩护人或者值班律师、被害人及其诉讼代理人提出书面意见的，应当附卷。

“犯罪嫌疑人认罪认罚的，人民检察院应当告知其享有的诉讼权利和认罪认罚的法律规定，听取犯罪嫌疑人、辩护人或者值班律师、被害人及其诉讼代理人对下列事项的意见，并记录在案：

“（一）涉嫌的犯罪事实、罪名及适用的法律规定；

“（二）从轻、减轻或者免除处罚等从宽处罚的建议；

“（三）认罪认罚后案件审理适用的程序；

“（四）其他需要听取意见的事项。

“人民检察院依照前两款规定听取值班律师意见的，应当提前为值班律师了解案件有关情况提供必要的便利。”

十五、增加一条，作为第一百七十四条：“犯罪嫌疑人自愿认罪，同意量刑建议和程序适用的，应当在辩护人或者值班律师在场的情况下签署认罪认罚具结书。

“犯罪嫌疑人认罪认罚，有下列情形之一的，不需要签署认罪认罚具结书：

“（一）犯罪嫌疑人是盲、聋、哑人，或者是尚未完全丧失辨认或者控制自己行为能力的精神病人的；

“（二）未成年犯罪嫌疑人的法定代理人、辩护人对未成年人认罪认罚有异议的；

“（三）其他不需要签署认罪认罚具结书的情形。”

十六、将第一百七十二条改为第一百七十六条，增加一款，作为第二款：“犯罪嫌疑人认罪认罚的，人民检察院应当就主刑、附加刑、是否适用缓刑等提出量刑建议，并随案移送认罪认罚具结书等材料。”

十七、将第一百七十三条改为第一百七十七条，第三款修改为：“人民检察院决定不起诉的案件，应当同时对侦查中查封、扣押、冻结的财物解除查封、扣押、冻结。对被不起诉人需要给予行政处罚、处分或者需要没收其违法所得的，人民检察院应当提出检察意见，移送有关主管机关处理。有关主管机关应当将处理结果及时通知人民检察院。”

十八、第二编第三章增加一条，作为第一百八十二条：“犯罪嫌疑人自愿如实供述涉嫌犯罪的事实，有重大立功或者案件涉及国家重大利益的，经最高人民检察院核准，公安机关可以撤销案件，人民检察院可以作出不起诉决定，也可以对涉嫌数罪中的一项或者多项不起诉。

“根据前款规定不起诉或者撤销案件的，人民检察院、公安机关应当及时对查封、扣押、冻结的财物及其孳息作出处理。”

十九、将第一百七十八条改为第一百八十三条，修改为：“基层人民法院、中级人民法院审判第一审案件，应当由审判员三人或者由审判员和人民陪审员共三人或者七人组成合议庭进行，但是基层人民法院适用简易程序、速裁程序的案件可以由审判员一人独任审判。

“高级人民法院审判第一审案件，应当由审判员三人至七人或者由审判员和人民陪审员共三人或者七人组成合议庭进行。

“最高人民法院审判第一审案件，应当由审判员三人至七人组成合议庭进行。

“人民法院审判上诉和抗诉案件，由审判员三人或者五人组成合议庭进行。

“合议庭的成员人数应当是单数。”

二十、将第一百八十五条改为第一百九十条，增加一款，作为第二款：“被告人认罪认罚的，审判长应当告知被告人享有的诉讼权利和认罪认罚的法律规定，审查认罪认罚的自愿性和认罪认罚具结书内容的真实性、合法性。”

二十一、增加一条，作为第二百零一条：“对于认罪认罚案件，人民法院依法作出判决时，一般应当采纳人民检察院指控的罪名和量刑建议，但有下列情形的除外：

“（一）被告人的行为不构成犯罪或者不应当追究其刑事责任的；

“（二）被告人违背意愿认罪认罚的；

“（三）被告人否认指控的犯罪事实的；

“（四）起诉指控的罪名与审理认定的罪名不一致的；

“（五）其他可能影响公正审判的情形。

“人民法院经审理认为量刑建议明显不当，或者被告人、辩护人对量刑建议提出异议的，人民检察院可以调整量刑建议。人民检察院不调整量刑建议或者调整量刑建议后仍然明显不当的，人民法院应当依法作出判决。”

二十二、第三编第二章增加一节，作为第四节：

“第四节　速裁程序

“第二百二十二条　基层人民法院管辖的可能判处三年有期徒刑以下刑罚的案件，案件事实清楚，证据确实、充分，被告人认罪认罚并同意适用速裁程序的，可以适用速裁程序，由审判员一人独任审判。

“人民检察院在提起公诉的时候，可以建议人民法院适用速裁程序。

“第二百二十三条　有下列情形之一的，不适用速裁程序：

“（一）被告人是盲、聋、哑人，或者是尚未完全丧失辨认或者控制自己行为能力的精神病人的；

“（二）被告人是未成年人的；

“（三）案件有重大社会影响的；

“（四）共同犯罪案件中部分被告人对指控的犯罪事实、罪名、量刑建议或者适用速裁程序有异议的；

“（五）被告人与被害人或者其法定代理人没有就附带民事诉讼赔偿等事项达成调解或者和解协议的；

“（六）其他不宜适用速裁程序审理的。

“第二百二十四条　适用速裁程序审理案件，不受本章第一节规定的送达期限的限制，一般不进行法庭调查、法庭辩论，但在判决宣告前应当听取辩护人的意见和被告人的最后陈述意见。

“适用速裁程序审理案件，应当当庭宣判。

“第二百二十五条　适用速裁程序审理案件，人民法院应当在受理后十日以内审结；对可能判处的有期徒刑超过一年的，可以延长至十五日。

“第二百二十六条　人民法院在审理过程中，发现有被告人的行为不构成犯罪或者不应当追究其刑事责任、被告人违背意愿认罪认罚、被告人否认指控的犯罪事实或者其他不宜适用速裁程序审理的情形的，应当按照本章第一节或者第三节的规定重新审理。”

二十三、将第二百五十条改为第二百六十一条，第二款修改为：“被判处死刑缓期二年执行的罪犯，在死刑缓期执行期间，如果没有故意犯罪，死刑缓期执行期满，应当予以减刑的，由执行机关提出书面意见，报请高级人民法院裁定；如果故意犯罪，情节恶劣，查证属实，应当执行死刑的，由高级人民法院报请最高人民法院核准；对于故意犯罪未执行死刑的，死刑缓期执行的期间重新计算，并报最高人民法院备案。”

二十四、将第二百六十条改为第二百七十一条，修改为：“被判处罚金的罪犯，期满不缴纳的，人民法院应当强制缴纳；如果由于遭遇不能抗拒的灾祸等原因缴纳确实有困难的，经人民法院裁定，可以延期缴纳、酌情减少或者免除。”

二十五、第五编增加一章，作为第三章：

“第三章　缺席审判程序

“第二百九十一条　对于贪污贿赂犯罪案件，以及需要及时进行审判，经最高人民检察院核准的严重危害国家安全犯罪、恐怖活动犯罪案件，犯罪嫌疑人、被告人在境外，监察机关、公安机关移送起诉，人民检察院认为犯罪事实已经查清，证据确实、充分，依法应当追究刑事责任的，可以向人民法院提起公诉。人民法院进行审查后，对于起诉书中有明确的指控犯罪事实，符合缺席审判程序适用条件的，应当决定开庭审判。

“前款案件，由犯罪地、被告人离境前居住地或者最高人民法院指定的中级人民法院组成合议庭进行审理。

“第二百九十二条　人民法院应当通过有关国际条约规定的或者外交途径提出的司法协助方式，或者被告人所在地法律允许的其他方式，将传票和人民检察院的起诉书副本送达被告人。传票和起诉书副本送达后，被告人未按要求到案的，人民法院应当开庭审理，依法作出判决，并对违法所得及其他涉案财产作出处理。

“第二百九十三条　人民法院缺席审判案

件，被告人有权委托辩护人，被告人的近亲属可以代为委托辩护人。被告人及其近亲属没有委托辩护人的，人民法院应当通知法律援助机构指派律师为其提供辩护。

“第二百九十四条　人民法院应当将判决书送达被告人及其近亲属、辩护人。被告人或者其近亲属不服判决的，有权向上一级人民法院上诉。辩护人经被告人或者其近亲属同意，可以提出上诉。

“人民检察院认为人民法院的判决确有错误的，应当向上一级人民法院提出抗诉。

“第二百九十五条　在审理过程中，被告人自动投案或者被抓获的，人民法院应当重新审理。

“罪犯在判决、裁定发生法律效力后到案的，人民法院应当将罪犯交付执行刑罚。交付执行刑罚前，人民法院应当告知罪犯有权对判决、裁定提出异议。罪犯对判决、裁定提出异议的，人民法院应当重新审理。

“依照生效判决、裁定对罪犯的财产进行的处理确有错误的，应当予以返还、赔偿。

“第二百九十六条　因被告人患有严重疾病无法出庭，中止审理超过六个月，被告人仍无法出庭，被告人及其法定代理人、近亲属申请或者同意恢复审理的，人民法院可以在被告人不出庭的情况下缺席审理，依法作出判决。

“第二百九十七条　被告人死亡的，人民法院应当裁定终止审理，但有证据证明被告人无罪，人民法院经缺席审理确认无罪的，应当依法作出判决。

“人民法院按照审判监督程序重新审判的案件，被告人死亡的，人民法院可以缺席审理，依法作出判决。”

二十六、将第二百九十条改为第三百零八条，修改为：“军队保卫部门对军队内部发生的刑事案件行使侦查权。

“中国海警局履行海上维权执法职责，对海上发生的刑事案件行使侦查权。

“对罪犯在监狱内犯罪的案件由监狱进行侦查。

“军队保卫部门、中国海警局、监狱办理刑事案件，适用本法的有关规定。”

刑事诉讼法的有关章节及条文序号，根据本决定作相应调整。

本决定自公布之日起施行。

《中华人民共和国刑事诉讼法》根据本决定作相应修改，重新公布。

中华人民共和国反恐怖主义法

（2015年12月27日第十二届全国人民代表大会常务委员会第十八次会议通过，2016年1月1日起施行。根据2018年4月27日第十三届全国人民代表大会常务委员会第二次会议《关于修改〈中华人民共和国国境卫生检疫法〉等六部法律的决定》（主席令第6号）修正）

第一章 总 则

第一条 为了防范和惩治恐怖活动，加强反恐怖主义工作，维护国家安全、公共安全和人民生命财产安全，根据宪法，制定本法。

第二条 国家反对一切形式的恐怖主义，依法取缔恐怖活动组织，对任何组织、策划、准备实施、实施恐怖活动，宣扬恐怖主义，煽动实施恐怖活动，组织、领导、参加恐怖活动组织，为恐怖活动提供帮助的，依法追究法律责任。

国家不向任何恐怖活动组织和人员作出妥协，不向任何恐怖活动人员提供庇护或者给予难民地位。

第三条 本法所称恐怖主义，是指通过暴力、破坏、恐吓等手段，制造社会恐慌、危害公共安全、侵犯人身财产，或者胁迫国家机关、国际组织，以实现其政治、意识形态等目的的主张和行为。

本法所称恐怖活动，是指恐怖主义性质的下列行为：

（一）组织、策划、准备实施、实施造成或者意图造成人员伤亡、重大财产损失、公共设施损坏、社会秩序混乱等严重社会危害的活动的；

（二）宣扬恐怖主义，煽动实施恐怖活动，或者非法持有宣扬恐怖主义的物品，强制他人在公共场所穿戴宣扬恐怖主义的服饰、标志的；

（三）组织、领导、参加恐怖活动组织的；

（四）为恐怖活动组织、恐怖活动人员、实施恐怖活动或者恐怖活动培训提供信息、资金、物资、劳务、技术、场所等支持、协助、便利的；

（五）其他恐怖活动。

本法所称恐怖活动组织，是指三人以上为实施恐怖活动而组成的犯罪组织。

本法所称恐怖活动人员，是指实施恐怖活动的人和恐怖活动组织的成员。

本法所称恐怖事件，是指正在发生或者已经发生的造成或者可能造成重大社会危害的恐怖活动。

第四条 国家将反恐怖主义纳入国家安全战略，综合施策，标本兼治，加强反恐怖主义的能力建设，运用政治、经济、法律、文化、教育、外交、军事等手段，开展反恐怖主义工作。

国家反对一切形式的以歪曲宗教教义或者其他方法煽动仇恨、煽动歧视、鼓吹暴力等极端主义，消除恐怖主义的思想基础。

第五条 反恐怖主义工作坚持专门工作与

群众路线相结合，防范为主、惩防结合和先发制敌、保持主动的原则。

第六条 反恐怖主义工作应当依法进行，尊重和保障人权，维护公民和组织的合法权益。

在反恐怖主义工作中，应当尊重公民的宗教信仰自由和民族风俗习惯，禁止任何基于地域、民族、宗教等理由的歧视性做法。

第七条 国家设立反恐怖主义工作领导机构，统一领导和指挥全国反恐怖主义工作。

设区的市级以上地方人民政府设立反恐怖主义工作领导机构，县级人民政府根据需要设立反恐怖主义工作领导机构，在上级反恐怖主义工作领导机构的领导和指挥下，负责本地区反恐怖主义工作。

第八条 公安机关、国家安全机关和人民检察院、人民法院、司法行政机关以及其他有关国家机关，应当根据分工，实行工作责任制，依法做好反恐怖主义工作。

中国人民解放军、中国人民武装警察部队和民兵组织依照本法和其他有关法律、行政法规、军事法规以及国务院、中央军事委员会的命令，并根据反恐怖主义工作领导机构的部署，防范和处置恐怖活动。

有关部门应当建立联动配合机制，依靠、动员村民委员会、居民委员会、企业事业单位、社会组织，共同开展反恐怖主义工作。

第九条 任何单位和个人都有协助、配合有关部门开展反恐怖主义工作的义务，发现恐怖活动嫌疑或者恐怖活动嫌疑人员的，应当及时向公安机关或者有关部门报告。

第十条 对举报恐怖活动或者协助防范、制止恐怖活动有突出贡献的单位和个人，以及在反恐怖主义工作中作出其他突出贡献的单位和个人，按照国家有关规定给予表彰、奖励。

第十一条 对在中华人民共和国领域外对中华人民共和国国家、公民或者机构实施的恐怖活动犯罪，或者实施的中华人民共和国缔结、参加的国际条约所规定的恐怖活动犯罪，中华人民共和国行使刑事管辖权，依法追究刑事责任。

第二章 恐怖活动组织和人员的认定

第十二条 国家反恐怖主义工作领导机构根据本法第三条的规定，认定恐怖活动组织和人员，由国家反恐怖主义工作领导机构的办事机构予以公告。

第十三条 国务院公安部门、国家安全部门、外交部门和省级反恐怖主义工作领导机构对于需要认定恐怖活动组织和人员的，应当向国家反恐怖主义工作领导机构提出申请。

第十四条 金融机构和特定非金融机构对国家反恐怖主义工作领导机构的办事机构公告的恐怖活动组织和人员的资金或者其他资产，应当立即予以冻结，并按照规定及时向国务院公安部门、国家安全部门和反洗钱行政主管部门报告。

第十五条 被认定的恐怖活动组织和人员对认定不服的，可以通过国家反恐怖主义工作领导机构的办事机构申请复核。国家反恐怖主义工作领导机构应当及时进行复核，作出维持或者撤销认定的决定。复核决定为最终决定。

国家反恐怖主义工作领导机构作出撤销认定的决定的，由国家反恐怖主义工作领导机构的办事机构予以公告；资金、资产已被冻结的，应当解除冻结。

第十六条 根据刑事诉讼法的规定，有管辖权的中级以上人民法院在审判刑事案件的过程中，可以依法认定恐怖活动组织和人员。对于在判决生效后需要由国家反恐怖主义工作领导机构的办事机构予以公告的，适用本章的有关规定。

第三章 安全防范

第十七条 各级人民政府和有关部门应当组织开展反恐怖主义宣传教育，提高公民的反恐怖主义意识。

教育、人力资源行政主管部门和学校、有关职业培训机构应当将恐怖活动预防、应急知识纳入教育、教学、培训的内容。

新闻、广播、电视、文化、宗教、互联网等有关单位，应当有针对性地面向社会进行反恐怖主义宣传教育。

村民委员会、居民委员会应当协助人民政府以及有关部门，加强反恐怖主义宣传教育。

第十八条 电信业务经营者、互联网服务提供者应当为公安机关、国家安全机关依法进行防范、调查恐怖活动提供技术接口和解密等技术支持和协助。

第十九条 电信业务经营者、互联网服务提供者应当依照法律、行政法规规定，落实网络安全、信息内容监督制度和安全技术防范措施，防止含有恐怖主义、极端主义内容的信息传播；发现含有恐怖主义、极端主义内容的信息的，应当立即停止传输，保存相关记录，删除相关信息，并向公安机关或者有关部门报告。

网信、电信、公安、国家安全等主管部门对含有恐怖主义、极端主义内容的信息，应当按照职责分工，及时责令有关单位停止传输、删除相关信息，或者关闭相关网站、关停相关服务。有关单位应当立即执行，并保存相关记录，协助进行调查。对互联网上跨境传输的含有恐怖主义、极端主义内容的信息，电信主管部门应当采取技术措施，阻断传播。

第二十条 铁路、公路、水上、航空的货运和邮政、快递等物流运营单位应当实行安全查验制度，对客户身份进行查验，依照规定对运输、寄递物品进行安全检查或者开封验视。对禁止运输、寄递，存在重大安全隐患，或者客户拒绝安全查验的物品，不得运输、寄递。

前款规定的物流运营单位，应当实行运输、寄递客户身份、物品信息登记制度。

第二十一条 电信、互联网、金融、住宿、长途客运、机动车租赁等业务经营者、服务提供者，应当对客户身份进行查验。对身份不明或者拒绝身份查验的，不得提供服务。

第二十二条 生产和进口单位应当依照规定对枪支等武器、弹药、管制器具、危险化学品、民用爆炸物品、核与放射物品作出电子追踪标识，对民用爆炸物品添加安检示踪标识物。

运输单位应当依照规定对运营中的危险化学品、民用爆炸物品、核与放射物品的运输工具通过定位系统实行监控。

有关单位应当依照规定对传染病病原体等物质实行严格的监督管理，严密防范传染病病原体等物质扩散或者流入非法渠道。

对管制器具、危险化学品、民用爆炸物品，国务院有关主管部门或者省级人民政府根据需要，在特定区域、特定时间，可以决定对生产、进出口、运输、销售、使用、报废实施管制，可以禁止使用现金、实物进行交易或者对交易活动作出其他限制。

第二十三条 发生枪支等武器、弹药、危险化学品、民用爆炸物品、核与放射物品、传染病病原体等物质被盗、被抢、丢失或者其他流失的情形，案发单位应当立即采取必要的控制措施，并立即向公安机关报告，同时依照规定向有关主管部门报告。公安机关接到报告后，应当及时开展调查。有关主管部门应当配合公安机关开展工作。

任何单位和个人不得非法制作、生产、储存、运输、进出口、销售、提供、购买、使用、持有、报废、销毁前款规定的物品。公安机关发现的，应当予以扣押；其他主管部门发现的，应当予以扣押，并立即通报公安机关；其他单位、个人发现的，应当立即向公安机关报告。

第二十四条 国务院反洗钱行政主管部门、国务院有关部门、机构依法对金融机构和特定非金融机构履行反恐怖主义融资义务的情况进行监督管理。

国务院反洗钱行政主管部门发现涉嫌恐怖主义融资的，可以依法进行调查，采取临时冻结措施。

第二十五条 审计、财政、税务等部门在依照法律、行政法规的规定对有关单位实施监督检查的过程中，发现资金流入流出涉嫌恐怖主义融资的，应当及时通报公安机关。

第二十六条 海关在对进出境人员携带现金和无记名有价证券实施监管的过程中，发现涉嫌恐怖主义融资的，应当立即通报国务院反洗钱行政主管部门和有管辖权的公安机关。

第二十七条 地方各级人民政府制定、组织实施城乡规划，应当符合反恐怖主义工作的需要。

地方各级人民政府应当根据需要，组织、督促有关建设单位在主要道路、交通枢纽、城市公共区域的重点部位，配备、安装公共安全视频图像信息系统等防范恐怖袭击的技防、物防设备、设施。

第二十八条 公安机关和有关部门对宣扬极端主义，利用极端主义危害公共安全、扰乱公共秩序、侵犯人身财产、妨害社会管理的，应当及时予以制止，依法追究法律责任。

公安机关发现极端主义活动的，应当责令立即停止，将有关人员强行带离现场并登记身份信息，对有关物品、资料予以收缴，对非法活动场所予以查封。

任何单位和个人发现宣扬极端主义的物品、资料、信息的，应当立即向公安机关报告。

第二十九条 对被教唆、胁迫、引诱参与恐怖活动、极端主义活动，或者参与恐怖活动、极端主义活动情节轻微，尚不构成犯罪的人员，公安机关应当组织有关部门、村民委员会、居民委员会、所在单位、就读学校、家庭和监护人对其进行帮教。

监狱、看守所、社区矫正机构应当加强对服刑的恐怖活动罪犯和极端主义罪犯的管理、教育、矫正等工作。监狱、看守所对恐怖活动罪犯和极端主义罪犯，根据教育改造和维护监管秩序的需要，可以与普通刑事罪犯混合关押，也可以个别关押。

第三十条 对恐怖活动罪犯和极端主义罪犯被判处徒刑以上刑罚的，监狱、看守所应当在刑满释放前根据其犯罪性质、情节和社会危害程度，服刑期间的表现，释放后对所居住社区的影响等进行社会危险性评估。进行社会危险性评估，应当听取有关基层组织和原办案机关的意见。经评估具有社会危险性的，监狱、看守所应当向罪犯服刑地的中级人民法院提出安置教育建议，并将建议书副本抄送同级人民检察院。

罪犯服刑地的中级人民法院对于确有社会危险性的，应当在罪犯刑满释放前作出责令其在刑满释放后接受安置教育的决定。决定书副本应当抄送同级人民检察院。被决定安置教育的人员对决定不服的，可以向上一级人民法院申请复议。

安置教育由省级人民政府组织实施。安置教育机构应当每年对被安置教育人员进行评估，对于确有悔改表现，不致再危害社会的，应当及时提出解除安置教育的意见，报决定安置教育的中级人民法院作出决定。被安置教育人员有权申请解除安置教育。

人民检察院对安置教育的决定和执行实行监督。

第三十一条　公安机关应当会同有关部门，将遭受恐怖袭击的可能性较大以及遭受恐怖袭击可能造成重大的人身伤亡、财产损失或者社会影响的单位、场所、活动、设施等确定为防范恐怖袭击的重点目标，报本级反恐怖主义工作领导机构备案。

第三十二条　重点目标的管理单位应当履行下列职责：

（一）制定防范和应对处置恐怖活动的预案、措施，定期进行培训和演练；

（二）建立反恐怖主义工作专项经费保障制度，配备、更新防范和处置设备、设施；

（三）指定相关机构或者落实责任人员，明确岗位职责；

（四）实行风险评估，实时监测安全威胁，完善内部安全管理；

（五）定期向公安机关和有关部门报告防范措施落实情况。

重点目标的管理单位应当根据城乡规划、相关标准和实际需要，对重点目标同步设计、同步建设、同步运行符合本法第二十七条规定的技防、物防设备、设施。

重点目标的管理单位应当建立公共安全视频图像信息系统值班监看、信息保存使用、运行维护等管理制度，保障相关系统正常运行。采集的视频图像信息保存期限不得少于九十日。

对重点目标以外的涉及公共安全的其他单位、场所、活动、设施，其主管部门和管理单位应当依照法律、行政法规规定，建立健全安全管理制度，落实安全责任。

第三十三条　重点目标的管理单位应当对重要岗位人员进行安全背景审查。对有不适合情形的人员，应当调整工作岗位，并将有关情况通报公安机关。

第三十四条　大型活动承办单位以及重点目标的管理单位应当依照规定，对进入大型活动场所、机场、火车站、码头、城市轨道交通站、公路长途客运站、口岸等重点目标的人员、物品和交通工具进行安全检查。发现违禁品和管制物品，应当予以扣留并立即向公安机关报告；发现涉嫌违法犯罪人员，应当立即向公安机关报告。

第三十五条　对航空器、列车、船舶、城市轨道车辆、公共电汽车等公共交通运输工具，营运单位应当依照规定配备安保人员和相应设备、设施，加强安全检查和保卫工作。

第三十六条　公安机关和有关部门应当掌握重点目标的基础信息和重要动态，指导、监督重点目标的管理单位履行防范恐怖袭击的各项职责。

公安机关、中国人民武装警察部队应当依照有关规定对重点目标进行警戒、巡逻、检查。

第三十七条　飞行管制、民用航空、公安等主管部门应当按照职责分工，加强空域、航空器和飞行活动管理，严密防范针对航空器或者利用飞行活动实施的恐怖活动。

第三十八条　各级人民政府和军事机关应

当在重点国（边）境地段和口岸设置拦阻隔离网、视频图像采集和防越境报警设施。

公安机关和中国人民解放军应当严密组织国（边）境巡逻，依照规定对抵离国（边）境前沿、进出国（边）境管理区和国（边）境通道、口岸的人员、交通运输工具、物品，以及沿海沿边地区的船舶进行查验。

第三十九条 出入境证件签发机关、出入境边防检查机关对恐怖活动人员和恐怖活动嫌疑人员，有权决定不准其出境入境、不予签发出境入境证件或者宣布其出境入境证件作废。

第四十条 海关、出入境边防检查机关发现恐怖活动嫌疑人员或者涉嫌恐怖活动物品的，应当依法扣留，并立即移送公安机关或者国家安全机关。

第四十一条 国务院外交、公安、国家安全、发展改革、工业和信息化、商务、旅游等主管部门应当建立境外投资合作、旅游等安全风险评估制度，对中国在境外的公民以及驻外机构、设施、财产加强安全保护，防范和应对恐怖袭击。

第四十二条 驻外机构应当建立健全安全防范制度和应对处置预案，加强对有关人员、设施、财产的安全保护。

第四章 情报信息

第四十三条 国家反恐怖主义工作领导机构建立国家反恐怖主义情报中心，实行跨部门、跨地区情报信息工作机制，统筹反恐怖主义情报信息工作。

有关部门应当加强反恐怖主义情报信息搜集工作，对搜集的有关线索、人员、行动类情报信息，应当依照规定及时统一归口报送国家反恐怖主义情报中心。

地方反恐怖主义工作领导机构应当建立跨部门情报信息工作机制，组织开展反恐怖主义情报信息工作，对重要的情报信息，应当及时向上级反恐怖主义工作领导机构报告，对涉及其他地方的紧急情报信息，应当及时通报相关地方。

第四十四条 公安机关、国家安全机关和有关部门应当依靠群众，加强基层基础工作，建立基层情报信息工作力量，提高反恐怖主义情报信息工作能力。

第四十五条 公安机关、国家安全机关、军事机关在其职责范围内，因反恐怖主义情报信息工作的需要，根据国家有关规定，经过严格的批准手续，可以采取技术侦察措施。

依照前款规定获取的材料，只能用于反恐怖主义应对处置和对恐怖活动犯罪、极端主义犯罪的侦查、起诉和审判，不得用于其他用途。

第四十六条 有关部门对于在本法第三章规定的安全防范工作中获取的信息，应当根据国家反恐怖主义情报中心的要求，及时提供。

第四十七条 国家反恐怖主义情报中心、地方反恐怖主义工作领导机构以及公安机关等有关部门应当对有关情报信息进行筛查、研判、核查、监控，认为有发生恐怖事件危险，需要采取相应的安全防范、应对处置措施的，应当及时通报有关部门和单位，并可以根据情况发出预警。有关部门和单位应当根据通报做好安全防范、应对处置工作。

第四十八条 反恐怖主义工作领导机构、有关部门和单位、个人应当对履行反恐怖主义工作职责、义务过程中知悉的国家秘密、商业秘密和个人隐私予以保密。

违反规定泄露国家秘密、商业秘密和个人隐私的，依法追究法律责任。

第五章 调 查

第四十九条 公安机关接到恐怖活动嫌疑的报告或者发现恐怖活动嫌疑，需要调查核实的，应当迅速进行调查。

第五十条 公安机关调查恐怖活动嫌疑，可以依照有关法律规定对嫌疑人员进行盘问、检查、传唤，可以提取或者采集肖像、指纹、虹膜图像等人体生物识别信息和血液、尿液、脱落细胞等生物样本，并留存其签名。

公安机关调查恐怖活动嫌疑，可以通知了解有关情况的人员到公安机关或者其他地点接受询问。

第五十一条 公安机关调查恐怖活动嫌疑，有权向有关单位和个人收集、调取相关信息和材料。有关单位和个人应当如实提供。

第五十二条 公安机关调查恐怖活动嫌疑，经县级以上公安机关负责人批准，可以查询嫌疑人员的存款、汇款、债券、股票、基金份额等财产，可以采取查封、扣押、冻结措施。查封、扣押、冻结的期限不得超过二个月，情况复杂的，可以经上一级公安机关负责人批准延长一个月。

第五十三条 公安机关调查恐怖活动嫌疑，经县级以上公安机关负责人批准，可以根据其危险程度，责令恐怖活动嫌疑人员遵守下列一项或者多项约束措施：

（一）未经公安机关批准不得离开所居住的市、县或者指定的处所；

（二）不得参加大型群众性活动或者从事特定的活动；

（三）未经公安机关批准不得乘坐公共交通工具或者进入特定的场所；

（四）不得与特定的人员会见或者通信；

（五）定期向公安机关报告活动情况；

（六）将护照等出入境证件、身份证件、驾驶证件交公安机关保存。

公安机关可以采取电子监控、不定期检查等方式对其遵守约束措施的情况进行监督。

采取前两款规定的约束措施的期限不得超过三个月。对不需要继续采取约束措施的，应当及时解除。

第五十四条 公安机关经调查，发现犯罪事实或者犯罪嫌疑人的，应当依照刑事诉讼法的规定立案侦查。本章规定的有关期限届满，公安机关未立案侦查的，应当解除有关措施。

第六章 应对处置

第五十五条 国家建立健全恐怖事件应对处置预案体系。

国家反恐怖主义工作领导机构应当针对恐怖事件的规律、特点和可能造成的社会危害，分级、分类制定国家应对处置预案，具体规定恐怖事件应对处置的组织指挥体系和恐怖事件安全防范、应对处置程序以及事后社会秩序恢复等内容。

有关部门、地方反恐怖主义工作领导机构应当制定相应的应对处置预案。

第五十六条 应对处置恐怖事件，各级反恐怖主义工作领导机构应当成立由有关部门参加的指挥机构，实行指挥长负责制。反恐怖主义工作领导机构负责人可以担任指挥长，也可以确定公安机关负责人或者反恐怖主义工作领导机构的其他成员单位负责人担任指挥长。

跨省、自治区、直辖市发生的恐怖事件或者特别重大恐怖事件的应对处置，由国家反恐怖主义工作领导机构负责指挥；在省、自治区、直辖市范围内发生的涉及多个行政区域的恐怖事件或者重大恐怖事件的应对处置，由省级反恐怖主义工作领导机构负责指挥。

第五十七条 恐怖事件发生后，发生地反恐怖主义工作领导机构应当立即启动恐怖事件应对处置预案，确定指挥长。有关部门和中国人民解放军、中国人民武装警察部队、民兵组织，按照反恐怖主义工作领导机构和指挥长的统一领导、指挥，协同开展打击、控制、救援、救护等现场应对处置工作。

上级反恐怖主义工作领导机构可以对应对处置工作进行指导，必要时调动有关反恐怖主义力量进行支援。

需要进入紧急状态的，由全国人民代表大会常务委员会或者国务院依照宪法和其他有关法律规定的权限和程序决定。

第五十八条 发现恐怖事件或者疑似恐怖事件后，公安机关应当立即进行处置，并向反恐怖主义工作领导机构报告；中国人民解放军、中国人民武装警察部队发现正在实施恐怖活动的，应当立即予以控制并将案件及时移交公安机关。

反恐怖主义工作领导机构尚未确定指挥长的，由在场处置的公安机关职级最高的人员担任现场指挥员。公安机关未能到达现场的，由在场处置的中国人民解放军或者中国人民武装警察部队职级最高的人员担任现场指挥员。现场应对处置人员无论是否属于同一单位、系统，均应当服从现场指挥员的指挥。

指挥长确定后，现场指挥员应当向其请示、报告工作或者有关情况。

第五十九条 中华人民共和国在境外的机构、人员、重要设施遭受或者可能遭受恐怖袭击的，国务院外交、公安、国家安全、商务、金融、国有资产监督管理、旅游、交通运输等主管部门应当及时启动应对处置预案。国务院外交部门应当协调有关国家采取相应措施。

中华人民共和国在境外的机构、人员、重要设施遭受严重恐怖袭击后，经与有关国家协商同意，国家反恐怖主义工作领导机构可以组织外交、公安、国家安全等部门派出工作人员赴境外开展应对处置工作。

第六十条 应对处置恐怖事件，应当优先保护直接受到恐怖活动危害、威胁人员的人身安全。

第六十一条 恐怖事件发生后，负责应对处置的反恐怖主义工作领导机构可以决定由有关部门和单位采取下列一项或者多项应对处置措施：

（一）组织营救和救治受害人员，疏散、撤离并妥善安置受到威胁的人员以及采取其他救助措施；

（二）封锁现场和周边道路，查验现场人员的身份证件，在有关场所附近设置临时警戒线；

（三）在特定区域内实施空域、海（水）域管制，对特定区域内的交通运输工具进行检查；

（四）在特定区域内实施互联网、无线电、通讯管制；

（五）在特定区域内或者针对特定人员实施出境入境管制；

（六）禁止或者限制使用有关设备、设施，关闭或者限制使用有关场所，中止人员密集的活动或者可能导致危害扩大的生产经营活动；

（七）抢修被损坏的交通、电信、互联网、广播电视、供水、排水、供电、供气、供热等公共设施；

（八）组织志愿人员参加反恐怖主义救援工作，要求具有特定专长的人员提供服务；

（九）其他必要的应对处置措施。

采取前款第三项至第五项规定的应对处置措施，由省级以上反恐怖主义工作领导机构决定或者批准；采取前款第六项规定的应对处置措施，由设区的市级以上反恐怖主义工作领导机构决定。应对处置措施应当明确适用的时间和空间范围，并向社会公布。

第六十二条 人民警察、人民武装警察以及其他依法配备、携带武器的应对处置人员，对在现场持枪支、刀具等凶器或者使用其他危险方法，正在或者准备实施暴力行为的人员，经警告无效的，可以使用武器；紧急情况下或者警告后可能导致更为严重危害后果的，可以直接使用武器。

第六十三条 恐怖事件发生、发展和应对处置信息，由恐怖事件发生地的省级反恐怖主义工作领导机构统一发布；跨省、自治区、直辖市发生的恐怖事件，由指定的省级反恐怖主义工作领导机构统一发布。

任何单位和个人不得编造、传播虚假恐怖事件信息；不得报道、传播可能引起模仿的恐怖活动的实施细节；不得发布恐怖事件中残忍、不人道的场景；在恐怖事件的应对处置过程中，除新闻媒体经负责发布信息的反恐怖主义工作领导机构批准外，不得报道、传播现场应对处置的工作人员、人质身份信息和应对处置行动情况。

第六十四条 恐怖事件应对处置结束后，各级人民政府应当组织有关部门帮助受影响的单位和个人尽快恢复生活、生产，稳定受影响地区的社会秩序和公众情绪。

第六十五条 当地人民政府应当及时给予恐怖事件受害人员及其近亲属适当的救助，并向失去基本生活条件的受害人员及其近亲属及时提供基本生活保障。卫生、医疗保障等主管部门应当为恐怖事件受害人员及其近亲属提供心理、医疗等方面的援助。

第六十六条 公安机关应当及时对恐怖事件立案侦查，查明事件发生的原因、经过和结果，依法追究恐怖活动组织、人员的刑事责任。

第六十七条 反恐怖主义工作领导机构应当对恐怖事件的发生和应对处置工作进行全面分析、总结评估，提出防范和应对处置改进措施，向上一级反恐怖主义工作领导机构报告。

第七章　国际合作

第六十八条 中华人民共和国根据缔结或者参加的国际条约，或者按照平等互惠原则，与其他国家、地区、国际组织开展反恐怖主义合作。

第六十九条 国务院有关部门根据国务院授权，代表中国政府与外国政府和有关国际组织开展反恐怖主义政策对话、情报信息交流、执法合作和国际资金监管合作。

在不违背我国法律的前提下，边境地区的县级以上地方人民政府及其主管部门，经国务院或者中央有关部门批准，可以与相邻国家或者地区开展反恐怖主义情报信息交流、执法合作和国际资金监管合作。

第七十条 涉及恐怖活动犯罪的刑事司法协助、引渡和被判刑人移管，依照有关法律规定执行。

第七十一条 经与有关国家达成协议，并报国务院批准，国务院公安部门、国家安全部门可以派员出境执行反恐怖主义任务。

中国人民解放军、中国人民武装警察部队派员出境执行反恐怖主义任务，由中央军事委员会批准。

第七十二条 通过反恐怖主义国际合作取

得的材料可以在行政处罚、刑事诉讼中作为证据使用，但我方承诺不作为证据使用的除外。

第八章 保障措施

第七十三条 国务院和县级以上地方各级人民政府应当按照事权划分，将反恐怖主义工作经费分别列入同级财政预算。

国家对反恐怖主义重点地区给予必要的经费支持，对应对处置大规模恐怖事件给予经费保障。

第七十四条 公安机关、国家安全机关和有关部门，以及中国人民解放军、中国人民武装警察部队，应当依照法律规定的职责，建立反恐怖主义专业力量，加强专业训练，配备必要的反恐怖主义专业设备、设施。

县级、乡级人民政府根据需要，指导有关单位、村民委员会、居民委员会建立反恐怖主义工作力量、志愿者队伍，协助、配合有关部门开展反恐怖主义工作。

第七十五条 对因履行反恐怖主义工作职责或者协助、配合有关部门开展反恐怖主义工作导致伤残或者死亡的人员，按照国家有关规定给予相应的待遇。

第七十六条 因报告和制止恐怖活动，在恐怖活动犯罪案件中作证，或者从事反恐怖主义工作，本人或者其近亲属的人身安全面临危险的，经本人或者其近亲属提出申请，公安机关、有关部门应当采取下列一项或者多项保护措施：

（一）不公开真实姓名、住址和工作单位等个人信息；

（二）禁止特定的人接触被保护人员；

（三）对人身和住宅采取专门性保护措施；

（四）变更被保护人员的姓名，重新安排住所和工作单位；

（五）其他必要的保护措施。

公安机关、有关部门应当依照前款规定，采取不公开被保护单位的真实名称、地址，禁止特定的人接近被保护单位，对被保护单位办公、经营场所采取专门性保护措施，以及其他必要的保护措施。

第七十七条 国家鼓励、支持反恐怖主义科学研究和技术创新，开发和推广使用先进的反恐怖主义技术、设备。

第七十八条 公安机关、国家安全机关、中国人民解放军、中国人民武装警察部队因履行反恐怖主义职责的紧急需要，根据国家有关规定，可以征用单位和个人的财产。任务完成后应当及时归还或者恢复原状，并依照规定支付相应费用；造成损失的，应当补偿。

因开展反恐怖主义工作对有关单位和个人的合法权益造成损害的，应当依法给予赔偿、补偿。有关单位和个人有权依法请求赔偿、补偿。

第九章 法律责任

第七十九条 组织、策划、准备实施、实施恐怖活动，宣扬恐怖主义，煽动实施恐怖活动，非法持有宣扬恐怖主义的物品，强制他人在公共场所穿戴宣扬恐怖主义的服饰、标志，组织、领导、参加恐怖活动组织，为恐怖活动组织、恐怖活动人员、实施恐怖活动或者恐怖活动培训提供帮助的，依法追究刑事责任。

第八十条 参与下列活动之一，情节轻微，尚不构成犯罪的，由公安机关处十日以上十五日以下拘留，可以并处一万元以下罚款：

（一）宣扬恐怖主义、极端主义或者煽动实施恐怖活动、极端主义活动的；

（二）制作、传播、非法持有宣扬恐怖主义、极端主义的物品的；

（三）强制他人在公共场所穿戴宣扬恐怖主义、极端主义的服饰、标志的；

（四）为宣扬恐怖主义、极端主义或者实施恐怖主义、极端主义活动提供信息、资金、物资、劳务、技术、场所等支持、协助、便利的。

第八十一条 利用极端主义，实施下列行为之一，情节轻微，尚不构成犯罪的，由公安机关处五日以上十五日以下拘留，可以并处一万元以下罚款：

（一）强迫他人参加宗教活动，或者强迫他人向宗教活动场所、宗教教职人员提供财物或者劳务的；

（二）以恐吓、骚扰等方式驱赶其他民族或者有其他信仰的人员离开居住地的；

（三）以恐吓、骚扰等方式干涉他人与其他民族或者有其他信仰的人员交往、共同生活的；

（四）以恐吓、骚扰等方式干涉他人生活习俗、方式和生产经营的；

（五）阻碍国家机关工作人员依法执行职务的；

（六）歪曲、诋毁国家政策、法律、行政法规，煽动、教唆抵制人民政府依法管理的；

（七）煽动、胁迫群众损毁或者故意损毁居民身份证、户口簿等国家法定证件以及人民币的；

（八）煽动、胁迫他人以宗教仪式取代结婚、离婚登记的；

（九）煽动、胁迫未成年人不接受义务教育的；

（十）其他利用极端主义破坏国家法律制度实施的。

第八十二条 明知他人有恐怖活动犯罪、极端主义犯罪行为，窝藏、包庇，情节轻微，尚不构成犯罪的，或者在司法机关向其调查有关情况、收集有关证据时，拒绝提供的，由公安机关处十日以上十五日以下拘留，可以并处一万元以下罚款。

第八十三条 金融机构和特定非金融机构对国家反恐怖主义工作领导机构的办事机构公告的恐怖活动组织及恐怖活动人员的资金或者其他资产，未立即予以冻结的，由公安机关处二十万元以上五十万元以下罚款，并对直接负责的董事、高级管理人员和其他直接责任人员处十万元以下罚款；情节严重的，处五十万元以上罚款，并对直接负责的董事、高级管理人员和其他直接责任人员，处十万元以上五十万元以下罚款，可以并处五日以上十五日以下拘留。

第八十四条 电信业务经营者、互联网服务提供者有下列情形之一的，由主管部门处二十万元以上五十万元以下罚款，并对其直接负责的主管人员和其他直接责任人员处十万元以下罚款；情节严重的，处五十万元以上罚款，并对其直接负责的主管人员和其他直接责任人员，处十万元以上五十万元以下罚款，可以由公安机关对其直接负责的主管人员和其他直接责任人员，处五日以上十五日以下拘留：

（一）未依照规定为公安机关、国家安全机关依法进行防范、调查恐怖活动提供技术接口和解密等技术支持和协助的；

（二）未按照主管部门的要求，停止传输、删除含有恐怖主义、极端主义内容的信息，保存相关记录，关闭相关网站或者关停相关服务的；

（三）未落实网络安全、信息内容监督制度和安全技术防范措施，造成含有恐怖主义、极端主义内容的信息传播，情节严重的。

第八十五条 铁路、公路、水上、航空的货运和邮政、快递等物流运营单位有下列情形之一的，由主管部门处十万元以上五十万元以下罚款，并对其直接负责的主管人员和其他直接责任人员处十万元以下罚款：

（一）未实行安全查验制度，对客户身份进行查验，或者未依照规定对运输、寄递物品进行安全检查或者开封验视的；

（二）对禁止运输、寄递，存在重大安全隐患，或者客户拒绝安全查验的物品予以运输、寄递的；

（三）未实行运输、寄递客户身份、物品信息登记制度的。

第八十六条 电信、互联网、金融业务经营者、服务提供者未按规定对客户身份进行查验，或者对身份不明、拒绝身份查验的客户提供服务的，主管部门应当责令改正；拒不改正的，处二十万元以上五十万元以下罚款，并对其直接负责的主管人员和其他直接责任人员处十万元以下罚款；情节严重的，处五十万元以上罚款，并对其直接负责的主管人员和其他直接责任人员，处十万元以上五十万元以下罚款。

住宿、长途客运、机动车租赁等业务经营者、服务提供者有前款规定情形的，由主管部门处十万元以上五十万元以下罚款，并对其直接负责的主管人员和其他直接责任人员处十万元以下罚款。

第八十七条 违反本法规定，有下列情形之一的，由主管部门给予警告，并责令改正；拒不改正的，处十万元以下罚款，并对其直接负责的主管人员和其他直接责任人员处一万元以下罚款：

（一）未依照规定对枪支等武器、弹药、管制器具、危险化学品、民用爆炸物品、核与放射物品作出电子追踪标识，对民用爆炸物品添加安检示踪标识物的；

（二）未依照规定对运营中的危险化学品、民用爆炸物品、核与放射物品的运输工具通过定位系统实行监控的；

（三）未依照规定对传染病病原体等物质实行严格的监督管理，情节严重的；

（四）违反国务院有关主管部门或者省级人民政府对管制器具、危险化学品、民用爆炸物品决定的管制或者限制交易措施的。

第八十八条 防范恐怖袭击重点目标的管理、营运单位违反本法规定，有下列情形之一的，由公安机关给予警告，并责令改正；拒不改正的，处十万元以下罚款，并对其直接负责的主管人员和其他直接责任人员处一万元以下罚款：

（一）未制定防范和应对处置恐怖活动的预案、措施的；

（二）未建立反恐怖主义工作专项经费保障制度，或者未配备防范和处置设备、设施的；

（三）未落实工作机构或者责任人员的；

（四）未对重要岗位人员进行安全背景审查，或者未将有不适合情形的人员调整工作岗位的；

（五）对公共交通运输工具未依照规定配备安保人员和相应设备、设施的；

（六）未建立公共安全视频图像信息系统值班监看、信息保存使用、运行维护等管理制度的。

大型活动承办单位以及重点目标的管理单位未依照规定对进入大型活动场所、机场、火车站、码头、城市轨道交通站、公路长途客运站、口岸等重点目标的人员、物品和交通工具进行安全检查的，公安机关应当责令改正；拒不改正的，处十万元以下罚款，并对其直接负责的主管人员和其他直接责任人员处一万元以下罚款。

第八十九条 恐怖活动嫌疑人员违反公安机关责令其遵守的约束措施的，由公安机关给予警告，并责令改正；拒不改正的，处五日以上十五日以下拘留。

第九十条 新闻媒体等单位编造、传播虚假恐怖事件信息，报道、传播可能引起模仿的恐怖活动的实施细节，发布恐怖事件中残忍、不人道的场景，或者未经批准，报道、传播现场应对处置的工作人员、人质身份信息和应对处置行动情况的，由公安机关处二十万元以下罚款，并对其直接负责的主管人员和其他直接责任人员，处五日以上十五日以下拘留，可以并处五万元以下罚款。

个人有前款规定行为的，由公安机关处五日以上十五日以下拘留，可以并处一万元以下罚款。

第九十一条 拒不配合有关部门开展反恐怖主义安全防范、情报信息、调查、应对处置工作的，由主管部门处二千元以下罚款；造成严重后果的，处五日以上十五日以下拘留，可以并处一万元以下罚款。

单位有前款规定行为的，由主管部门处五万元以下罚款；造成严重后果的，处十万元以下罚款；并对其直接负责的主管人员和其他直接责任人员依照前款规定处罚。

第九十二条 阻碍有关部门开展反恐怖主义工作的，由公安机关处五日以上十五日以下拘留，可以并处五万元以下罚款。

单位有前款规定行为的，由公安机关处二十万元以下罚款，并对其直接负责的主管人员和其他直接责任人员依照前款规定处罚。

阻碍人民警察、人民解放军、人民武装警察依法执行职务的，从重处罚。

第九十三条 单位违反本法规定，情节严重的，由主管部门责令停止从事相关业务、提供相关服务或者责令停产停业；造成严重后果的，吊销有关证照或者撤销登记。

第九十四条 反恐怖主义工作领导机构、有关部门的工作人员在反恐怖主义工作中滥用职权、玩忽职守、徇私舞弊，或者有违反规定泄露国家秘密、商业秘密和个人隐私等行为，构成犯罪的，依法追究刑事责任；尚不构成犯罪的，依法给予处分。

反恐怖主义工作领导机构、有关部门及其工作人员在反恐怖主义工作中滥用职权、玩忽职守、徇私舞弊或者有其他违法违纪行为的，任何单位和个人有权向有关部门检举、控告。有关部门接到检举、控告后，应当及时处理并回复检举、控告人。

第九十五条 对依照本法规定查封、扣押、冻结、扣留、收缴的物品、资金等，经审查发现与恐怖主义无关的，应当及时解除有关措施，予以退还。

第九十六条 有关单位和个人对依照本法作出的行政处罚和行政强制措施决定不服的，可以依法申请行政复议或者提起行政诉讼。

第十章　附则

第九十七条 本法自2016年1月1日起施行。2011年10月29日第十一届全国人民代表大会常务委员会第二十三次会议通过的《全国人民代表大会常务委员会关于加强反恐怖工作有关问题的决定》同时废止。

道路交通事故处理程序规定

（2017 年 6 月 15 日公安部部长办公会议通过，自 2018 年 5 月 1 日起施行）

第一章　总　　则

第一条　为了规范道路交通事故处理程序，保障公安机关交通管理部门依法履行职责，保护道路交通事故当事人的合法权益，根据《中华人民共和国道路交通安全法》及其实施条例等有关法律、行政法规，制定本规定。

第二条　处理道路交通事故，应当遵循合法、公正、公开、便民、效率的原则，尊重和保障人权，保护公民的人格尊严。

第三条　道路交通事故分为财产损失事故、伤人事故和死亡事故。

财产损失事故是指造成财产损失，尚未造成人员伤亡的道路交通事故。

伤人事故是指造成人员受伤，尚未造成人员死亡的道路交通事故。

死亡事故是指造成人员死亡的道路交通事故。

第四条　道路交通事故的调查处理应当由公安机关交通管理部门负责。

财产损失事故可以由当事人自行协商处理，但法律法规及本规定另有规定的除外。

第五条　交通警察经过培训并考试合格，可以处理适用简易程序的道路交通事故。

处理伤人事故，应当由具有道路交通事故处理初级以上资格的交通警察主办。

处理死亡事故，应当由具有道路交通事故处理中级以上资格的交通警察主办。

第六条　公安机关交通管理部门处理道路交通事故应当使用全国统一的交通管理信息系统。

鼓励应用先进的科技装备和先进技术处理道路交通事故。

第七条　交通警察处理道路交通事故，应当按照规定使用执法记录设备。

第八条　公安机关交通管理部门应当建立与司法机关、保险机构等有关部门间的数据信息共享机制，提高道路交通事故处理工作信息化水平。

第二章　管　　辖

第九条　道路交通事故由事故发生地的县级公安机关交通管理部门管辖。未设立县级公安机关交通管理部门的，由设区的市公安机关交通管理部门管辖。

第十条　道路交通事故发生在两个以上管辖区域的，由事故起始点所在地公安机关交通管理部门管辖。

对管辖权有争议的，由共同的上一级公安机关交通管理部门指定管辖。指定管辖前，最先发现或者最先接到报警的公安机关交通管理部门应当先行处理。

第十一条　上级公安机关交通管理部门在必要的时候，可以处理下级公安机关交通管理部门管辖的道路交通事故，或者指定下级公安机关交通管理部门限时将案件移送其他下级公安机关交通管理部门处理。

案件管辖权发生转移的，处理时限从案件接收之日起计算。

第十二条 中国人民解放军、中国人民武装警察部队人员、车辆发生道路交通事故的，按照本规定处理。依法应当吊销、注销中国人民解放军、中国人民武装警察部队核发的机动车驾驶证以及对现役军人实施行政拘留或者追究刑事责任的，移送中国人民解放军、中国人民武装警察部队有关部门处理。

上道路行驶的拖拉机发生道路交通事故的，按照本规定处理。公安机关交通管理部门对拖拉机驾驶人依法暂扣、吊销、注销驾驶证或者记分处理的，应当将决定书和记分情况通报有关的农业（农业机械）主管部门。吊销、注销驾驶证的，还应当将驾驶证送交有关的农业（农业机械）主管部门。

第三章 报警和受案

第十三条 发生死亡事故、伤人事故的，或者发生财产损失事故且有下列情形之一的，当事人应当保护现场并立即报警：

（一）驾驶人无有效机动车驾驶证或者驾驶的机动车与驾驶证载明的准驾车型不符的；

（二）驾驶人有饮酒、服用国家管制的精神药品或者麻醉药品嫌疑的；

（三）驾驶人有从事校车业务或者旅客运输，严重超过额定乘员载客，或者严重超过规定时速行驶嫌疑的；

（四）机动车无号牌或者使用伪造、变造的号牌的；

（五）当事人不能自行移动车辆的；

（六）一方当事人离开现场的；

（七）有证据证明事故是由一方故意造成的。

驾驶人必须在确保安全的原则下，立即组织车上人员疏散到路外安全地点，避免发生次生事故。驾驶人已因道路交通事故死亡或者受伤无法行动的，车上其他人员应当自行组织疏散。

第十四条 发生财产损失事故且有下列情形之一，车辆可以移动的，当事人应当组织车上人员疏散到路外安全地点，在确保安全的原则下，采取现场拍照或者标划事故车辆现场位置等方式固定证据，将车辆移至不妨碍交通的地点后报警：

（一）机动车无检验合格标志或者无保险标志的；

（二）碰撞建筑物、公共设施或者其他设施的。

第十五条 载运爆炸性、易燃性、毒害性、放射性、腐蚀性、传染病病原体等危险物品车辆发生事故的，当事人应当立即报警，危险物品车辆驾驶人、押运人应当按照危险物品安全管理法律、法规、规章以及有关操作规程的规定，采取相应的应急处置措施。

第十六条 公安机关及其交通管理部门接到报警的，应当受理，制作受案登记表并记录下列内容：

（一）报警方式、时间，报警人姓名、联系方式，电话报警的，还应当记录报警电话；

（二）发生或者发现道路交通事故的时间、地点；

（三）人员伤亡情况；

（四）车辆类型、车辆号牌号码，是否载有危险物品以及危险物品的种类、是否发生泄漏等；

（五）涉嫌交通肇事逃逸的，还应当询问并记录肇事车辆的车型、颜色、特征及其逃逸方向、逃逸驾驶人的体貌特征等有关情况。

报警人不报姓名的，应当记录在案。报警人不愿意公开姓名的，应当为其保密。

第十七条 接到道路交通事故报警后，需要派员到现场处置，或者接到出警指令的，公安机关交通管理部门应当立即派交通警察赶赴现场。

第十八条 发生道路交通事故后当事人未报警，在事故现场撤除后，当事人又报警请求公安机关交通管理部门处理的，公安机关交通管理部门应当按照本规定第十六条规定的记录内容予以记录，并在三日内作出是否接受案件的决定。

经核查道路交通事故事实存在的，公安机关交通管理部门应当受理，制作受案登记表；经核查无法证明道路交通事故事实存在，或者不属于公安机关交通管理部门管辖的，应当书面告知当事人，并说明理由。

第四章 自行协商

第十九条 机动车与机动车、机动车与非机动车发生财产损失事故，当事人应当在确保安全的原则下，采取现场拍照或者标划事故车辆现场位置等方式固定证据后，立即撤离现场，将车辆移至不妨碍交通的地点，再协商处理损害赔偿事宜，但有本规定第十三条第一款情形的除外。

非机动车与非机动车或者行人发生财产损失事故，当事人应当先撤离现场，再协商处理损害赔偿事宜。

对应当自行撤离现场而未撤离的，交通警察应当责令当事人撤离现场；造成交通堵塞的，对驾驶人处以200元罚款。

第二十条 发生可以自行协商处理的财产损失事故，当事人可以通过互联网在线自行协商处理；当事人对事实及成因有争议的，可以通过互联网共同申请公安机关交通管理部门在线确定当事人的责任。

当事人报警的，交通警察、警务辅助人员可以指导当事人自行协商处理。当事人要求交通警察到场处理的，应当指派交通警察到现场调查处理。

第二十一条 当事人自行协商达成协议的，制作道路交通事故自行协商协议书，并共同签名。道路交通事故自行协商协议书应当载明事故发生的时间、地点、天气、当事人姓名、驾驶证号或者身份证号、联系方式、机动车种类和号牌号码、保险公司、保险凭证号、事故形态、碰撞部位、当事人的责任等内容。

第二十二条 当事人自行协商达成协议的，可以按照下列方式履行道路交通事故损害赔偿：

（一）当事人自行赔偿；

（二）到投保的保险公司或者道路交通事故保险理赔服务场所办理损害赔偿事宜。

当事人自行协商达成协议后未履行的，可以申请人民调解委员会调解或者向人民法院提起民事诉讼。

第五章 简易程序

第二十三条 公安机关交通管理部门可以适用简易程序处理以下道路交通事故，但有交通肇事、危险驾驶犯罪嫌疑的除外：

（一）财产损失事故；

（二）受伤当事人伤势轻微，各方当事人一致同意适用简易程序处理的伤人事故。

适用简易程序的，可以由一名交通警察处理。

第二十四条 交通警察适用简易程序处理道路交通事故时，应当在固定现场证据后，责令当事人撤离现场，恢复交通。拒不撤离现场的，予以强制撤离。当事人无法及时移动车辆影响通行和交通安全的，交通警察应当将车辆移至不妨碍交通的地点。具有本规定第十三条第一款第一项、第二项情形之一的，按照《中华人民共和国道路交通安全法实施条例》第一百零四条规定处理。

撤离现场后，交通警察应当根据现场固定的证据和当事人、证人陈述等，认定并记录道路交通事故发生的时间、地点、天气、当事人姓名、驾驶证号或者身份证号、联系方式、机动车种类和号牌号码、保险公司、保险凭证号、道路交通事故形态、碰撞部位等，并根据本规定第六十条确定当事人的责任，当场制作道路交通事故认定书。不具备当场制作条件的，交通警察应当在三日内制作道路交通事故认定书。

道路交通事故认定书应当由当事人签名，并现场送达当事人。当事人拒绝签名或者接收的，交通警察应当在道路交通事故认定书上注明情况。

第二十五条 当事人共同请求调解的，交通警察应当当场进行调解，并在道路交通事故认定书上记录调解结果，由当事人签名，送达当事人。

第二十六条 有下列情形之一的，不适用调解，交通警察可以在道路交通事故认定书上载明有关情况后，将道路交通事故认定书送达当事人：

（一）当事人对道路交通事故认定有异议的；

（二）当事人拒绝在道路交通事故认定书上签名的；

（三）当事人不同意调解的。

第六章 调　查

第一节 一般规定

第二十七条 除简易程序外，公安机关交通管理部门对道路交通事故进行调查时，交通警察不得少于二人。

交通警察调查时应当向被调查人员出示《人民警察证》，告知被调查人依法享有的权利和义务，向当事人发送联系卡。联系卡载明交通警察姓名、办公地址、联系方式、监督电话等内容。

第二十八条 交通警察调查道路交通事故时，应当合法、及时、客观、全面地收集证据。

第二十九条 对发生一次死亡三人以上道路交通事故的，公安机关交通管理部门应当开展深度调查；对造成其他严重后果或者存在严重安全问题的道路交通事故，可以开展深度调查。具体程序另行规定。

第二节 现场处置和调查

第三十条 交通警察到达事故现场后，应当立即进行下列工作：

（一）按照事故现场安全防护有关标准和规范的要求划定警戒区域，在安全距离位置放置发光或者反光锥筒和警告标志，确定专人负责现场交通指挥和疏导。因道路交通事故导致交通中断或者现场处置、勘查需要采取封闭道路等交通管制措施的，还应当视情在事故现场来车方向提前组织分流，放置绕行提示标志；

（二）组织抢救受伤人员；

（三）指挥救护、勘查等车辆停放在安全

和便于抢救、勘查的位置，开启警灯，夜间还应当开启危险报警闪光灯和示廓灯；

（四）查找道路交通事故当事人和证人，控制肇事嫌疑人；

（五）其他需要立即开展的工作。

第三十一条 道路交通事故造成人员死亡的，应当经急救、医疗人员或者法医确认，并由具备资质的医疗机构出具死亡证明。尸体应当存放在殡葬服务单位或者医疗机构等有停尸条件的场所。

第三十二条 交通警察应当对事故现场开展下列调查工作：

（一）勘查事故现场，查明事故车辆、当事人、道路及其空间关系和事故发生时的天气情况；

（二）固定、提取或者保全现场证据材料；

（三）询问当事人、证人并制作询问笔录；现场不具备制作询问笔录条件的，可以通过录音、录像记录询问过程；

（四）其他调查工作。

第三十三条 交通警察勘查道路交通事故现场，应当按照有关法规和标准的规定，拍摄现场照片，绘制现场图，及时提取、采集与案件有关的痕迹、物证等，制作现场勘查笔录。现场勘查过程中发现当事人涉嫌利用交通工具实施其他犯罪的，应当妥善保护犯罪现场和证据，控制犯罪嫌疑人，并立即报告公安机关主管部门。

发生一次死亡三人以上事故的，应当进行现场摄像，必要时可以聘请具有专门知识的人参加现场勘验、检查。

现场图、现场勘查笔录应当由参加勘查的交通警察、当事人和见证人签名。当事人、见证人拒绝签名或者无法签名以及无见证人的，应当记录在案。

第三十四条 痕迹、物证等证据可能因时间、地点、气象等原因导致改变、毁损、灭失的，交通警察应当及时固定、提取或者保全。

对涉嫌饮酒或者服用国家管制的精神药品、麻醉药品驾驶车辆的人员，公安机关交通管理部门应当按照《道路交通安全违法行为处理程序规定》及时抽血或者提取尿样等检材，送交有检验鉴定资质的机构进行检验。

车辆驾驶人员当场死亡的，应当及时抽血检验。不具备抽血条件的，应当由医疗机构或者鉴定机构出具证明。

第三十五条 交通警察应当核查当事人的身份证件、机动车驾驶证、机动车行驶证、检验合格标志、保险标志等。

对交通肇事嫌疑人可以依法传唤。对在现场发现的交通肇事嫌疑人，经出示《人民警察证》，可以口头传唤，并在询问笔录中注明嫌疑人到案经过、到案时间和离开时间。

第三十六条 勘查事故现场完毕后，交通警察应当清点并登记现场遗留物品，迅速组织清理现场，尽快恢复交通。

现场遗留物品能够当场发还的，应当当场发还并做记录；当场无法确定所有人的，应当登记，并妥善保管，待所有人确定后，及时发还。

第三十七条 因调查需要，公安机关交通管理部门可以向有关单位、个人调取汽车行驶记录仪、卫星定位装置、技术监控设备的记录资料以及其他与事故有关的证据材料。

第三十八条 因调查需要，公安机关交通管理部门可以组织道路交通事故当事人、证人对肇事嫌疑人、嫌疑车辆等进行辨认。

辨认应当在交通警察的主持下进行。主持辨认的交通警察不得少于二人。多名辨认人对同一辨认对象进行辨认时，应当由辨认人个别进行。

辨认时，应当将辨认对象混杂在特征相类似的其他对象中，不得给辨认人任何暗示。辨认肇事嫌疑人时，被辨认的人数不得少于七人；对肇事嫌疑人照片进行辨认的，不得少于十人的照片。辨认嫌疑车辆时，同类车辆不得少于五辆；对肇事嫌疑车辆照片进行辨认时，不得少于十辆的照片。

对尸体等特定辨认对象进行辨认，或者辨认人能够准确描述肇事嫌疑人、嫌疑车辆独有特征的，不受数量的限制。

对肇事嫌疑人的辨认，辨认人不愿意公开进行时，可以在不暴露辨认人的情况下进行，并应当为其保守秘密。

对辨认经过和结果，应当制作辨认笔录，由交通警察、辨认人、见证人签名。必要时，应当对辨认过程进行录音或者录像。

第三十九条 因收集证据的需要，公安机关交通管理部门可以扣留事故车辆，并开具行政强制措施凭证。扣留的车辆应当妥善保管。

公安机关交通管理部门不得扣留事故车辆所载货物。对所载货物在核实重量、体积及货物损失后，通知机动车驾驶人或者货物所有人自行处理。无法通知当事人或者当事人不自行处理的，按照《公安机关办理行政案件程序规定》的有关规定办理。

严禁公安机关交通管理部门指定停车场停放扣留的事故车辆。

第四十条 当事人涉嫌犯罪的，因收集证据的需要，公安机关交通管理部门可以依据《中华人民共和国刑事诉讼法》《公安机关办理刑事案件程序规定》，扣押机动车驾驶证等与事故有关的物品、证件，并按照规定出具扣押法律文书。扣押的物品应当妥善保管。

对扣押的机动车驾驶证等物品、证件，作为证据使用的，应当随案移送，并制作随案移送清单一式两份，一份留存，一份交人民检察院。对于实物不宜移送的，应当将其清单、照片或者其他证明文件随案移送。待人民法院作出生效判决后，按照人民法院的通知，依法作出处理。

第四十一条 经过调查，不属于公安机关交通管理部门管辖的，应当将案件移送有关部门并书面通知当事人，或者告知当事人处理途径。

公安机关交通管理部门在调查过程中，发现当事人涉嫌交通肇事、危险驾驶犯罪的，应当按照《中华人民共和国刑事诉讼法》《公安机关办理刑事案件程序规定》立案侦查。发现当事人有其他违法犯罪嫌疑的，应当及时移送有关部门，移送不影响事故的调查和处理。

第四十二条 投保机动车交通事故责任强制保险的车辆发生道路交通事故，因抢救受伤人员需要保险公司支付抢救费用的，公安机关交通管理部门应当书面通知保险公司。

抢救受伤人员需要道路交通事故社会救助基金垫付费用的，公安机关交通管理部门应当书面通知道路交通事故社会救助基金管理机构。

道路交通事故造成人员死亡需要救助基金垫付丧葬费用的，公安机关交通管理部门应当在送达尸体处理通知书的同时，告知受害人亲属向道路交通事故社会救助基金管理机构提出书面垫付申请。

第三节 交通肇事逃逸查缉

第四十三条 公安机关交通管理部门应当根据管辖区域和道路情况，制定交通肇事逃逸案件查缉预案，并组织专门力量办理交通肇事逃逸案件。

发生交通肇事逃逸案件后，公安机关交通管理部门应当立即启动查缉预案，布置警力堵截，并通过全国机动车缉查布控系统查缉。

第四十四条 案发地公安机关交通管理部门可以通过发协查通报、向社会公告等方式要求协查、举报交通肇事逃逸车辆或者侦破线索。发出协查通报或者向社会公告时，应当提供交通肇事逃逸案件基本事实、交通肇事逃逸车辆情况、特征及逃逸方向等有关情况。

中国人民解放军和中国人民武装警察部队车辆涉嫌交通肇事逃逸的，公安机关交通管理部门应当通报中国人民解放军、中国人民武装警察部队有关部门。

第四十五条 接到协查通报的公安机关交通管理部门，应当立即布置堵截或者排查。发现交通肇事逃逸车辆或者嫌疑车辆的，应当予以扣留，依法传唤交通肇事逃逸人或者与协查通报相符的嫌疑人，并及时将有关情况通知案发地公安机关交通管理部门。案发地公安机关交通管理部门应当立即派交通警察前往办理移交。

第四十六条 公安机关交通管理部门查获交通肇事逃逸车辆或者交通肇事逃逸嫌疑人后，应当按原范围撤销协查通报，并通过全国机动车缉查布控系统撤销布控。

第四十七条 公安机关交通管理部门侦办交通肇事逃逸案件期间，交通肇事逃逸案件的受害人及其家属向公安机关交通管理部门询问案件侦办情况的，除依法不应当公开的内容外，公安机关交通管理部门应当告知并做好记录。

第四十八条 道路交通事故社会救助基金管理机构已经为受害人垫付抢救费用或者丧葬费用的，公安机关交通管理部门应当在交通肇事逃逸案件侦破后及时书面告知道路交通事故社会救助基金管理机构交通肇事逃逸驾驶人的有关情况。

第四节 检验、鉴定

第四十九条 需要进行检验、鉴定的，公安机关交通管理部门应当按照有关规定，自事故现场调查结束之日起三日内委托具备资质的鉴定机构进行检验、鉴定。

尸体检验应当在死亡之日起三日内委托。对交通肇事逃逸车辆的检验、鉴定自查获肇事嫌疑车辆之日起三日内委托。

对现场调查结束之日起三日后需要检验、鉴定的，应当报经上一级公安机关交通管理部门批准。

对精神疾病的鉴定，由具有精神病鉴定资质的鉴定机构进行。

第五十条 检验、鉴定费用由公安机关交通管理部门承担，但法律法规另有规定或者当事人自行委托伤残评定、财产损失评估的除外。

第五十一条 公安机关交通管理部门应当与鉴定机构确定检验、鉴定完成的期限，确定的期限不得超过三十日。超过三十日的，应当报经上一级公安机关交通管理部门批准，但最长不得超过六十日。

第五十二条 尸体检验不得在公众场合进行。为了确定死因需要解剖尸体的，应当征得死者家属同意。死者家属不同意解剖尸体的，经县级以上公安机关或者上一级公安机关交通管理部门负责人批准，可以解剖尸体，并且通知死者家属到场，由其在解剖尸体通知书上签名。

死者家属无正当理由拒不到场或者拒绝签名的，交通警察应当在解剖尸体通知书上注明。对身份不明的尸体，无法通知死者家属的，应当记录在案。

第五十三条　尸体检验报告确定后，应当书面通知死者家属在十日内办理丧葬事宜。无正当理由逾期不办理的应记录在案，并经县级以上公安机关或者上一级公安机关交通管理部门负责人批准，由公安机关或者上一级公安机关交通管理部门处理尸体，逾期存放的费用由死者家属承担。

对于没有家属、家属不明或者因自然灾害等不可抗力导致无法通知或者通知后家属拒绝领回的，经县级以上公安机关或者上一级公安机关交通管理部门负责人批准，可以及时处理。

对身份不明的尸体，由法医提取人身识别检材，并对尸体拍照、采集相关信息后，由公安机关交通管理部门填写身份不明尸体信息登记表，并在设区的市级以上报纸刊登认尸启事。登报后三十日仍无人认领的，经县级以上公安机关或者上一级公安机关交通管理部门负责人批准，可以及时处理。

因宗教习俗等原因对尸体处理期限有特殊需要的，经县级以上公安机关或者上一级公安机关交通管理部门负责人批准，可以紧急处理。

第五十四条　鉴定机构应当在规定的期限内完成检验、鉴定，并出具书面检验报告、鉴定意见，由鉴定人签名，鉴定意见还应当加盖机构印章。检验报告、鉴定意见应当载明以下事项：

（一）委托人；

（二）委托日期和事项；

（三）提交的相关材料；

（四）检验、鉴定的时间；

（五）依据和结论性意见，通过分析得出结论性意见的，应当有分析证明过程。

检验报告、鉴定意见应当附有鉴定机构、鉴定人的资质证明或者其他证明文件。

第五十五条　公安机关交通管理部门应当对检验报告、鉴定意见进行审核，并在收到检验报告、鉴定意见之日起五日内，将检验报告、鉴定意见复印件送达当事人，但有下列情形之一的除外：

（一）检验、鉴定程序违法或者违反相关专业技术要求，可能影响检验报告、鉴定意见公正、客观的；

（二）鉴定机构、鉴定人不具备鉴定资质和条件的；

（三）检验报告、鉴定意见明显依据不足的；

（四）故意作虚假鉴定的；

（五）鉴定人应当回避而没有回避的；

（六）检材虚假或者检材被损坏、不具备鉴定条件的；

（七）其他可能影响检验报告、鉴定意见公正、客观的情形。

检验报告、鉴定意见有前款规定情形之一的，经县级以上公安机关交通管理部门负责人批准，应当在收到检验报告、鉴定意见之日起三日内重新委托检验、鉴定。

第五十六条　当事人对检验报告、鉴定意见有异议，申请重新检验、鉴定的，应当自公安机关交通管理部门送达之日起三日内提出书面申请，经县级以上公安机关交通管理部门负责人批准，原办案单位应当重新委托检验、鉴定。检验报告、鉴定意见不具有本规定第五十五条第一款情形的，经县级以上公安机关交通管理部门负责人批准，由原办案单位作出不准予重新检验、鉴定的决定，并在作出决定之日起三日内书面通知申请人。

同一交通事故的同一检验、鉴定事项，重

新检验、鉴定以一次为限。

第五十七条 重新检验、鉴定应当另行委托鉴定机构。

第五十八条 自检验报告、鉴定意见确定之日起五日内，公安机关交通管理部门应当通知当事人领取扣留的事故车辆。

因扣留车辆发生的费用由作出决定的公安机关交通管理部门承担，但公安机关交通管理部门通知当事人领取，当事人逾期未领取产生的停车费用由当事人自行承担。

经通知当事人三十日后不领取的车辆，经公告三个月仍不领取的，对扣留的车辆依法处理。

第七章 认定与复核

第一节 道路交通事故认定

第五十九条 道路交通事故认定应当做到事实清楚、证据确实充分、适用法律正确、责任划分公正、程序合法。

第六十条 公安机关交通管理部门应当根据当事人的行为对发生道路交通事故所起的作用以及过错的严重程度，确定当事人的责任。

（一）因一方当事人的过错导致道路交通事故的，承担全部责任；

（二）因两方或者两方以上当事人的过错发生道路交通事故的，根据其行为对事故发生的作用以及过错的严重程度，分别承担主要责任、同等责任和次要责任；

（三）各方均无导致道路交通事故的过错，属于交通意外事故的，各方均无责任。

一方当事人故意造成道路交通事故的，他方无责任。

第六十一条 当事人有下列情形之一的，承担全部责任：

（一）发生道路交通事故后逃逸的；

（二）故意破坏、伪造现场、毁灭证据的。

为逃避法律责任追究，当事人弃车逃逸以及潜逃藏匿的，如有证据证明其他当事人也有过错，可以适当减轻责任，但同时有证据证明逃逸当事人有第一款第二项情形的，不予减轻。

第六十二条 公安机关交通管理部门应当自现场调查之日起十日内制作道路交通事故认定书。交通肇事逃逸案件在查获交通肇事车辆和驾驶人后十日内制作道路交通事故认定书。对需要进行检验、鉴定的，应当在检验报告、鉴定意见确定之日起五日内制作道路交通事故认定书。

有条件的地方公安机关交通管理部门可以试行在互联网公布道路交通事故认定书，但对涉及的国家秘密、商业秘密或者个人隐私，应当保密。

第六十三条 发生死亡事故以及复杂、疑难的伤人事故后，公安机关交通管理部门应当在制作道路交通事故认定书或者道路交通事故证明前，召集各方当事人到场，公开调查取得的证据。

证人要求保密或者涉及国家秘密、商业秘密以及个人隐私的，按照有关法律法规的规定执行。

当事人不到场的，公安机关交通管理部门应当予以记录。

第六十四条 道路交通事故认定书应当载明以下内容：

（一）道路交通事故当事人、车辆、道路和交通环境等基本情况；

（二）道路交通事故发生经过；

（三）道路交通事故证据及事故形成原因

分析；

(四) 当事人导致道路交通事故的过错及责任或者意外原因；

(五) 作出道路交通事故认定的公安机关交通管理部门名称和日期。

道路交通事故认定书应当由交通警察签名或者盖章，加盖公安机关交通管理部门道路交通事故处理专用章。

第六十五条 道路交通事故认定书应当在制作后三日内分别送达当事人，并告知申请复核、调解和提起民事诉讼的权利、期限。

当事人收到道路交通事故认定书后，可以查阅、复制、摘录公安机关交通管理部门处理道路交通事故的证据材料，但证人要求保密或者涉及国家秘密、商业秘密以及个人隐私的，按照有关法律法规的规定执行。公安机关交通管理部门对当事人复制的证据材料应当加盖公安机关交通管理部门事故处理专用章。

第六十六条 交通肇事逃逸案件尚未侦破，受害一方当事人要求出具道路交通事故认定书的，公安机关交通管理部门应当在接到当事人书面申请后十日内，根据本规定第六十一条确定各方当事人责任，制作道路交通事故认定书，并送达受害方当事人。道路交通事故认定书应当载明事故发生的时间、地点、受害人情况及调查得到的事实，以及受害方当事人的责任。

交通肇事逃逸案件侦破后，已经按照前款规定制作道路交通事故认定书的，应当按照本规定第六十一条重新确定责任，制作道路交通事故认定书，分别送达当事人。重新制作的道路交通事故认定书除应当载明本规定第六十四条规定的内容外，还应当注明撤销原道路交通事故认定书。

第六十七条 道路交通事故基本事实无法查清、成因无法判定的，公安机关交通管理部门应当出具道路交通事故证明，载明道路交通事故发生的时间、地点、当事人情况及调查得到的事实，分别送达当事人，并告知申请复核、调解和提起民事诉讼的权利、期限。

第六十八条 由于事故当事人、关键证人处于抢救状态或者因其他客观原因导致无法及时取证，现有证据不足以认定案件基本事实的，经上一级公安机关交通管理部门批准，道路交通事故认定的时限可中止计算，并书面告知各方当事人或者其代理人，但中止的时间最长不得超过六十日。

当中止认定的原因消失，或者中止期满受伤人员仍然无法接受调查的，公安机关交通管理部门应当在五日内，根据已经调查取得的证据制作道路交通事故认定书或者出具道路交通事故证明。

第六十九条 伤人事故符合下列条件，各方当事人一致书面申请快速处理的，经县级以上公安机关交通管理部门负责人批准，可以根据已经取得的证据，自当事人申请之日起五日内制作道路交通事故认定书：

(一) 当事人不涉嫌交通肇事、危险驾驶犯罪的；

(二) 道路交通事故基本事实及成因清楚，当事人无异议的。

第七十条 对尚未查明身份的当事人，公安机关交通管理部门应当在道路交通事故认定书或者道路交通事故证明中予以注明，待身份信息查明以后，制作书面补充说明送达各方当事人。

第二节 复　核

第七十一条 当事人对道路交通事故认定或者出具道路交通事故证明有异议的，可以自道路交通事故认定书或者道路交通事故证明送达之日起三日内提出书面复核申请。当事人逾期提交复核申请的，不予受理，并书面通知申请人。

复核申请应当载明复核请求及其理由和主要证据。同一事故的复核以一次为限。

第七十二条 复核申请人通过作出道路交通事故认定的公安机关交通管理部门提出复核申请的，作出道路交通事故认定的公安机关交通管理部门应当自收到复核申请之日起二日内将复核申请连同道路交通事故有关材料移送上一级公安机关交通管理部门。

复核申请人直接向上一级公安机关交通管理部门提出复核申请的，上一级公安机关交通管理部门应当通知作出道路交通事故认定的公安机关交通管理部门自收到通知之日起五日内提交案卷材料。

第七十三条 除当事人逾期提交复核申请的情形外，上一级公安机关交通管理部门收到复核申请之日即为受理之日。

第七十四条 上一级公安机关交通管理部门自受理复核申请之日起三十日内，对下列内容进行审查，并作出复核结论：

（一）道路交通事故认定的事实是否清楚、证据是否确实充分、适用法律是否正确、责任划分是否公正；

（二）道路交通事故调查及认定程序是否合法；

（三）出具道路交通事故证明是否符合规定。

复核原则上采取书面审查的形式，但当事人提出要求或者公安机关交通管理部门认为有必要时，可以召集各方当事人到场，听取各方意见。

办理复核案件的交通警察不得少于二人。

第七十五条 复核审查期间，申请人提出撤销复核申请的，公安机关交通管理部门应当终止复核，并书面通知各方当事人。

受理复核申请后，任何一方当事人就该事故向人民法院提起诉讼并经人民法院受理的，公安机关交通管理部门应当将受理当事人复核申请的有关情况告知相关人民法院。

受理复核申请后，人民检察院对交通肇事犯罪嫌疑人作出批准逮捕决定的，公安机关交通管理部门应当将受理当事人复核申请的有关情况告知相关人民检察院。

第七十六条 上一级公安机关交通管理部门认为原道路交通事故认定事实清楚、证据确实充分、适用法律正确、责任划分公正、程序合法的，应当作出维持原道路交通事故认定的复核结论。

上一级公安机关交通管理部门认为调查及认定程序存在瑕疵，但不影响道路交通事故认定的，在责令原办案单位补正或者作出合理解释后，可以作出维持原道路交通事故认定的复核结论。

上一级公安机关交通管理部门认为原道路交通事故认定有下列情形之一的，应当作出责令原办案单位重新调查、认定的复核结论：

（一）事实不清的；

（二）主要证据不足的；

（三）适用法律错误的；

（四）责任划分不公正的；

（五）调查及认定违反法定程序可能影响道路交通事故认定的。

第七十七条 上一级公安机关交通管理部门审查原道路交通事故证明后，按下列规定处理：

（一）认为事故成因确属无法查清，应当作出维持原道路交通事故证明的复核结论；

（二）认为事故成因仍需进一步调查的，应当作出责令原办案单位重新调查、认定的复核结论。

第七十八条 上一级公安机关交通管理部门应当在作出复核结论后三日内将复核结论送达各方当事人。公安机关交通管理部门认为必要的，应当召集各方当事人，当场宣布复核结论。

第七十九条 上一级公安机关交通管理部门作出责令重新调查、认定的复核结论后，原办案单位应当在十日内依照本规定重新调查，重新作出道路交通事故认定，撤销原道路交通事故认定书或者原道路交通事故证明。

重新调查需要检验、鉴定的，原办案单位应当在检验报告、鉴定意见确定之日起五日内，重新作出道路交通事故认定。

重新作出道路交通事故认定的，原办案单位应当送达各方当事人，并报上一级公安机关交通管理部门备案。

第八十条 上一级公安机关交通管理部门可以设立道路交通事故复核委员会，由办理复核案件的交通警察会同相关行业代表、社会专家学者等人员共同组成，负责案件复核，并以上一级公安机关交通管理部门的名义作出复核结论。

第八章 处罚执行

第八十一条 公安机关交通管理部门应当按照《道路交通安全违法行为处理程序规定》，对当事人的道路交通安全违法行为依法作出处罚。

第八十二条 对发生道路交通事故构成犯罪，依法应当吊销驾驶人机动车驾驶证的，应当在人民法院作出有罪判决后，由设区的市公安机关交通管理部门依法吊销机动车驾驶证。同时具有逃逸情形的，公安机关交通管理部门应当同时依法作出终生不得重新取得机动车驾驶证的决定。

第八十三条 专业运输单位六个月内两次发生一次死亡三人以上事故，且单位或者车辆驾驶人对事故承担全部责任或者主要责任的，专业运输单位所在地的公安机关交通管理部门应当报经设区的市公安机关交通管理部门批准后，作出责令限期消除安全隐患的决定，禁止未消除安全隐患的机动车上道路行驶，并通报道路交通事故发生地及运输单位所在地的人民政府有关行政管理部门。

第九章 损害赔偿调解

第八十四条 当事人可以采取以下方式解决道路交通事故损害赔偿争议：

（一）申请人民调解委员会调解；

（二）申请公安机关交通管理部门调解；

（三）向人民法院提起民事诉讼。

第八十五条 当事人申请人民调解委员会调解，达成调解协议后，双方当事人认为有必要的，可以根据《中华人民共和国人民调解法》共同向人民法院申请司法确认。

当事人申请人民调解委员会调解，调解未达成协议的，当事人可以直接向人民法院提起民事诉讼，或者自人民调解委员会作出终止调解之日起三日内，一致书面申请公安机关交通管理部门进行调解。

第八十六条 当事人申请公安机关交通管理部门调解的，应当在收到道路交通事故认定书、道路交通事故证明或者上一级公安机关交通管理部门维持原道路交通事故认定的复核结论之日起十日内一致书面申请。

当事人申请公安机关交通管理部门调解，调解未达成协议的，当事人可以依法向人民法院提起民事诉讼，或者申请人民调解委员会进行调解。

第八十七条 公安机关交通管理部门应当按照合法、公正、自愿、及时的原则进行道路交通事故损害赔偿调解。

道路交通事故损害赔偿调解应当公开进行，但当事人申请不予公开的除外。

第八十八条 公安机关交通管理部门应当与当事人约定调解的时间、地点，并于调解时间三日前通知当事人。口头通知的，应当记入调解记录。

调解参加人因故不能按期参加调解的，应当在预定调解时间一日前通知承办的交通警察，请求变更调解时间。

第八十九条 参加损害赔偿调解的人员包括：

（一）道路交通事故当事人及其代理人；

（二）道路交通事故车辆所有人或者管理人；

（三）承保机动车保险的保险公司人员；

（四）公安机关交通管理部门认为有必要参加的其他人员。

委托代理人应当出具由委托人签名或者盖章的授权委托书。授权委托书应当载明委托事项和权限。

参加损害赔偿调解的人员每方不得超过三人。

第九十条 公安机关交通管理部门受理调解申请后，应当按照下列规定日期开始调解：

（一）造成人员死亡的，从规定的办理丧葬事宜时间结束之日起；

（二）造成人员受伤的，从治疗终结之日起；

（三）因伤致残的，从定残之日起；

（四）造成财产损失的，从确定损失之日起。

公安机关交通管理部门受理调解申请时已超过前款规定的时间，调解自受理调解申请之日起开始。

公安机关交通管理部门应当自调解开始之日起十日内制作道路交通事故损害赔偿调解书或者道路交通事故损害赔偿调解终结书。

第九十一条 交通警察调解道路交通事故损害赔偿，按照下列程序实施：

（一）告知各方当事人权利、义务；

（二）听取各方当事人的请求及理由；

（三）根据道路交通事故认定书认定的事实以及《中华人民共和国道路交通安全法》第七十六条的规定，确定当事人承担的损害赔偿责任；

（四）计算损害赔偿的数额，确定各方当事人承担的比例，人身损害赔偿的标准按照《中华人民共和国侵权责任法》《最高人民法院关于审理人身损害赔偿案件适用法律若干问题的解释》《最高人民法院关于审理道路交通事故损害赔偿案件适用法律若干问题的解释》等有关规定执行，财产损失的修复费用、折价赔偿费用按照实际价值或者评估机构的评估结论计算；

（五）确定赔偿履行方式及期限。

第九十二条 因确定损害赔偿的数额，需要进行伤残评定、财产损失评估的，由各方当事人协商确定有资质的机构进行，但财产损失数额巨大涉嫌刑事犯罪的，由公安机关交通管理部门委托。

当事人委托伤残评定、财产损失评估的费用，由当事人承担。

第九十三条 经调解达成协议的，公安机关交通管理部门应当当场制作道路交通事故损害赔偿调解书，由各方当事人签字，分别送达各方当事人。

调解书应当载明以下内容：

（一）调解依据；

（二）道路交通事故认定书认定的基本事实和损失情况；

（三）损害赔偿的项目和数额；

（四）各方的损害赔偿责任及比例；

（五）赔偿履行方式和期限；

（六）调解日期。

经调解各方当事人未达成协议的，公安机关交通管理部门应当终止调解，制作道路交通事故损害赔偿调解终结书，送达各方当事人。

第九十四条 有下列情形之一的，公安机关交通管理部门应当终止调解，并记录在案：

（一）调解期间有一方当事人向人民法院提起民事诉讼的；

（二）一方当事人无正当理由不参加调解的；

（三）一方当事人调解过程中退出调解的。

第九十五条 有条件的地方公安机关交通管理部门可以联合有关部门，设置道路交通事故保险理赔服务场所。

第十章 涉外道路交通事故处理

第九十六条 外国人在中华人民共和国境内发生道路交通事故的，除按照本规定执行外，还应当按照办理涉外案件的有关法律、法规、规章的规定执行。

公安机关交通管理部门处理外国人发生的道路交通事故，应当告知当事人我国法律、法规、规章规定的当事人在处理道路交通事故中的权利和义务。

第九十七条 外国人发生道路交通事故有下列情形之一的，不准其出境：

（一）涉嫌犯罪的；

（二）有未了结的道路交通事故损害赔偿案件，人民法院决定不准出境的；

（三）法律、行政法规规定不准出境的其他情形。

第九十八条 外国人发生道路交通事故并承担全部责任或者主要责任的，公安机关交通管理部门应当告知道路交通事故损害赔偿权利人可以向人民法院提出采取诉前保全措施的请求。

第九十九条 公安机关交通管理部门在处理道路交通事故过程中，使用中华人民共和国通用的语言文字。对不通晓我国语言文字的，应当为其提供翻译；当事人通晓我国语言文字而不需要他人翻译的，应当出具书面声明。

经公安机关交通管理部门批准，外国人可以自行聘请翻译，翻译费由当事人承担。

第一百条 享有外交特权与豁免的人员发生道路交通事故时，应当主动出示有效身份证件，交通警察认为应当给予暂扣或者吊销机动车驾驶证处罚的，可以扣留其机动车驾驶证。需要对享有外交特权与豁免的人员进行调查的，可以约谈，谈话时仅限于与道路交通事故有关的内容。需要检验、鉴定车辆的，公安机关交通管理部门应当征得其同意，并在检验、鉴定后立即发还。

公安机关交通管理部门应当根据收集的证据，制作道路交通事故认定书送达当事人，当事人拒绝接收的，送达至其所在机构；没有所在机构或者所在机构不明确的，由当事人所属国家的驻华使领馆转交送达。

享有外交特权与豁免的人员应当配合公安机关交通管理部门的调查和检验、鉴定。对于经核查确实享有外交特权与豁免但不同意接受调查或者检验、鉴定的，公安机关交通管理部门应当将有关情况记录在案，损害赔偿事宜通过外交途径解决。

第一百零一条 公安机关交通管理部门处理享有外交特权与豁免的外国人发生人员死亡事故的，应当将其身份、证件及事故经过、损害后果等基本情况记录在案，并将有关情况迅速通报省级人民政府外事部门和该外国人所属国家的驻华使馆或者领馆。

第一百零二条 外国驻华领事机构、国际组织、国际组织驻华代表机构享有特权与豁免的人员发生道路交通事故的，公安机关交通管理部门参照本规定第一百条、第一百零一条规定办理，但《中华人民共和国领事特权与豁免条例》、中国已参加的国际公约以及我国与有关国家或者国际组织缔结的协议有不同规定的除外。

第十一章 执法监督

第一百零三条 公安机关警务督察部门可以依法对公安机关交通管理部门及其交通警察处理道路交通事故工作进行现场督察，查处违纪违法行为。

上级公安机关交通管理部门对下级公安机关交通管理部门处理道路交通事故工作进行监督，发现错误应当及时纠正，造成严重后果的，依纪依法追究有关人员的责任。

第一百零四条 公安机关交通管理部门及其交通警察处理道路交通事故，应当公开办事制度、办事程序，建立警风警纪监督员制度，并自觉接受社会和群众的监督。

任何单位和个人都有权对公安机关交通管理部门及其交通警察不依法严格公正处理道路交通事故、利用职务上的便利收受他人财物或者谋取其他利益、徇私舞弊、滥用职权、玩忽职守以及其他违纪违法行为进行检举、控告。收到检举、控告的机关，应当依据职责及时查处。

第一百零五条 在调查处理道路交通事故时，交通警察或者公安机关检验、鉴定人员有下列情形之一的，应当回避：

（一）是本案的当事人或者是当事人的近亲属的；

（二）本人或者其近亲属与本案有利害关系的；

（三）与本案当事人有其他关系，可能影响案件公正处理的。

交通警察或者公安机关检验、鉴定人员需要回避的，由本级公安机关交通管理部门负责人或者检验、鉴定人员所属的公安机关决定。公安机关交通管理部门负责人需要回避的，由公安机关或者上一级公安机关交通管理部门负责人决定。

对当事人提出的回避申请，公安机关交通管理部门应当在二日内作出决定，并通知申请人。

第一百零六条 人民法院、人民检察院审理、审查道路交通事故案件，需要公安机关交通管理部门提供有关证据的，公安机关交通管理部门应当在接到调卷公函之日起三日内，或者按照其时限要求，将道路交通事故案件调查材料正本移送人民法院或者人民检察院。

第一百零七条 公安机关交通管理部门对查获交通肇事逃逸车辆及人员提供有效线索或者协助的人员、单位，应当给予表彰和奖励。

公安机关交通管理部门及其交通警察接到协查通报不配合协查并造成严重后果的，由公安机关或者上级公安机关交通管理部门追究有关人员和单位主管领导的责任。

第十二章　附　　则

第一百零八条　道路交通事故处理资格等级管理规定由公安部另行制定，资格证书式样全国统一。

第一百零九条　公安机关交通管理部门应当在邻省、市（地）、县交界的国、省、县道上，以及辖区内交通流量集中的路段，设置标有管辖地公安机关交通管理部门名称及道路交通事故报警电话号码的提示牌。

第一百一十条　车辆在道路以外通行时发生的事故，公安机关交通管理部门接到报案的，参照本规定处理。涉嫌犯罪的，及时移送有关部门。

第一百一十一条　执行本规定所需要的法律文书式样，由公安部制定。公安部没有制定式样，执法工作中需要的其他法律文书，省级公安机关可以制定式样。

当事人自行协商处理损害赔偿事宜的，可以自行制作协议书，但应当符合本规定第二十一条关于协议书内容的规定。

第一百一十二条　本规定中下列用语的含义是：

（一）“交通肇事逃逸”，是指发生道路交通事故后，当事人为逃避法律责任，驾驶或者遗弃车辆逃离道路交通事故现场以及潜逃藏匿的行为。

（二）“深度调查”，是指以有效防范道路交通事故为目的，对道路交通事故发生的深层次原因以及道路交通安全相关因素开展延伸调查，分析查找安全隐患及管理漏洞，并提出从源头解决问题的意见和建议的活动。

（三）“检验报告、鉴定意见确定”，是指检验报告、鉴定意见复印件送达当事人之日起三日内，当事人未申请重新检验、鉴定的，以及公安机关交通管理部门批准重新检验、鉴定，鉴定机构出具检验报告、鉴定意见的。

（四）“外国人”，是指不具有中国国籍的人。

（五）本规定所称的“一日”、“二日”、“三日”、“五日”、“十日”，是指工作日，不包括节假日。

（六）本规定所称的“以上”、“以下”均包括本数在内。

（七）“县级以上公安机关交通管理部门”，是指县级以上人民政府公安机关交通管理部门或者相当于同级的公安机关交通管理部门。

（八）“设区的市公安机关交通管理部门”，是指设区的市人民政府公安机关交通管理部门或者相当于同级的公安机关交通管理部门。

（九）“设区的市公安机关”，是指设区的市人民政府公安机关或者相当于同级的公安机关。

第一百一十三条　本规定没有规定的道路交通事故案件办理程序，依照《公安机关办理行政案件程序规定》《公安机关办理刑事案件程序规定》的有关规定执行。

第一百一十四条　本规定自2018年5月1日起施行。2008年8月17日发布的《道路交通事故处理程序规定》（公安部令第104号）同时废止。

公安机关办理国家赔偿案件程序规定

（2018年8月17日公安部部长办公会议通过，自2018年10月1日起施行）

第一章　总　　则

第一条　为了规范公安机关办理国家赔偿案件程序，促进公安机关在办理国家赔偿案件中正确履行职责，保障公民、法人和其他组织享有依法取得国家赔偿的权利，根据《中华人民共和国国家赔偿法》（以下简称《国家赔偿法》）和《国家赔偿费用管理条例》等有关法律、行政法规，制定本规定。

第二条　本规定所称国家赔偿案件，是指行政赔偿案件、刑事赔偿案件和刑事赔偿复议案件。

第三条　公安机关办理国家赔偿案件应当坚持实事求是、依法公正、规范高效、有错必纠的原则。

第四条　公安机关法制部门是办理国家赔偿案件的主管部门，依法履行下列职责：

（一）接收赔偿申请，审查赔偿请求和事实理由，履行相关法律手续；

（二）接收刑事赔偿复议申请，审查复议请求和事实理由，履行相关法律手续；

（三）接收并审查支付赔偿费用申请，接收并审查对支付赔偿费用申请不予受理决定的复核申请；

（四）参加人民法院审理赔偿案件活动；

（五）提出追偿赔偿费用意见，接收并审查对追偿赔偿费用不服的申诉；

（六）其他应当履行的职责。

第五条　公安机关相关部门应当按照职责分工，配合法制部门共同做好国家赔偿案件办理工作。

执法办案部门负责提供赔偿请求所涉职权行为的情况及相关材料，与法制部门共同研究案情，共同参加人民法院审理赔偿案件活动。

装备财务（警务保障）部门负责向财政部门申请支付赔偿费用，向赔偿请求人支付赔偿费用，将追偿的赔偿费用上缴财政部门。

第二章　行政赔偿和刑事赔偿

第一节　申请和受理

第六条　赔偿请求人申请赔偿，应当向赔偿义务机关提出。

公安机关及其工作人员行使职权侵犯公民、法人或者其他组织合法权益，造成损害的，该公安机关为赔偿义务机关。

公安机关内设机构和派出机构及其工作人员有前款情形的，所属公安机关为赔偿义务机关。

看守所、拘留所、强制隔离戒毒所等羁押监管场所及其工作人员有第二款情形的，主管公安机关为赔偿义务机关。

第七条　申请赔偿应当提交赔偿申请书，载明受害人的基本情况、赔偿请求、事实根据和理由、申请日期，并由赔偿请求人签名、盖章或者捺指印。

赔偿请求人书写确有困难的，可以口头申请。赔偿义务机关法制部门应当制作笔录，经赔偿请求人确认无误后签名、盖章或者捺指印。

第八条 申请赔偿除提交赔偿申请书外，还应当提交下列材料：

（一）赔偿请求人的身份证明材料。赔偿请求人不是受害人本人的，提供与受害人关系的证明。赔偿请求人委托他人代理赔偿请求事项的，提交授权委托书，以及代理人的身份证明；代理人为律师的，同时提交律师执业证明及律师事务所证明；

（二）赔偿请求所涉职权行为的法律文书或者其他证明材料；

（三）赔偿请求所涉职权行为造成损害及其程度的证明材料。

不能提交前款第二项、第三项所列材料的，赔偿请求人应当书面说明情况和理由。

第九条 赔偿义务机关法制部门收到当面递交赔偿申请的，应当当场出具接收凭证。

赔偿义务机关其他部门遇有赔偿请求人当面递交或者口头提出赔偿申请的，应当当场联系法制部门接收；收到以邮寄或者其他方式递交的赔偿申请，应当自收到之日起二个工作日内转送法制部门。

第十条 赔偿义务机关法制部门收到赔偿申请后，应当在五个工作日内予以审查，并分别作出下列处理：

（一）申请材料不齐全或者表述不清楚的，经本部门负责人批准，一次性书面告知赔偿请求人需要补正的全部事项和合理的补正期限；

（二）不符合申请条件的，经本机关负责人批准，决定不予受理并书面告知赔偿请求人；

（三）除第一项、第二项情形外，自赔偿义务机关法制部门收到申请之日起即为受理。

第十一条 有下列情形之一的，赔偿申请不符合申请条件：

（一）本机关不是赔偿义务机关的；

（二）赔偿请求人不适格的；

（三）赔偿请求事项不属于国家赔偿范围的；

（四）超过请求时效且无正当理由的；

（五）基于同一事实的赔偿请求已经通过申请行政复议或者提起行政诉讼提出，正在审理或者已经作出予以赔偿、不予赔偿结论的；

（六）赔偿申请应当在终止追究刑事责任后提出，有证据证明尚未终止追究刑事责任的。

赔偿申请受理后，发现有前款情形之一的，赔偿义务机关应当在受理之日起两个月内，经本机关负责人批准，驳回赔偿申请。

对于第一款第六项情形，决定不予受理或者驳回申请的，同时告知赔偿请求人在终止追究刑事责任后重新申请。

第十二条 赔偿请求人在补正期限内对赔偿申请予以补正的，赔偿义务机关法制部门应当自收到之日起五个工作日内予以审查。不符合申请条件的，经本机关负责人批准，决定不予受理并书面告知赔偿请求人。未书面告知不予受理的，自赔偿义务机关法制部门收到补正材料之日起即为受理。

赔偿义务机关法制部门在补正期限届满后第十个工作日仍未收到补正材料的，应当自该日起五个工作日内，对已经提交的赔偿申请予以审查。不符合申请条件的，经本机关负责人批准，决定不予受理并书面告知赔偿请求人。未书面告知不予受理的，自补正期限届满后第十个工作日起即为受理。

第十三条 赔偿义务机关对赔偿请求已作出处理，赔偿请求人无正当理由基于同一事实再次申请赔偿的，不再处理。

第二节 审 查

第十四条 赔偿义务机关法制部门应当自赔偿申请受理之日起五个工作日内，将申请材料副本送赔偿请求所涉执法办案部门。执法办案部门应当自收到之日起十个工作日内向法制部门作出书面答复，并提供赔偿请求所涉职权行为的证据、依据和其他材料。

第十五条 赔偿义务机关应当全面审查赔偿请求的事实、证据和理由。重点查明下列事项：

（一）赔偿请求所涉职权行为的合法性；

（二）侵害事实、损害后果及因果关系；

（三）是否具有国家不承担赔偿责任的法定情形。

除前款所列查明事项外，赔偿义务机关还应当按照本规定第十六条至第十九条的规定，分别重点审查有关事项。

第十六条 赔偿请求人主张人身自由权赔偿的，重点审查赔偿请求所涉限制人身自由的起止时间。

第十七条 赔偿请求人主张生命健康权赔偿的，重点审查下列事项：

（一）诊断证明、医疗费用凭据，以及护理、康复、后续治疗的证明；

（二）死亡证明书，伤残、部分或者全部丧失劳动能力的鉴定意见。

赔偿请求提出因误工减少收入的，还应当审查收入证明、误工证明等。受害人死亡或者全部丧失劳动能力的，还应当审查其是否扶养未成年人或者其他无劳动能力人，以及所承担的扶养义务。

第十八条 赔偿请求人主张财产权赔偿的，重点审查下列事项：

（一）查封、扣押、冻结、收缴、追缴、没收的财物不能恢复原状或者灭失的，财物损失发生时的市场价格；查封、扣押、冻结、收缴、追缴、没收的财物被拍卖或者变卖的，拍卖或者变卖及其价格的证明材料，以及变卖时的市场价格；

（二）停产停业期间必要经常性开支的证明材料。

第十九条 赔偿请求人主张精神损害赔偿的，重点审查下列事项：

（一）是否存在《国家赔偿法》第三条或者第十七条规定的侵犯人身权行为；

（二）精神损害事实及后果；

（三）侵犯人身权行为与精神损害事实及后果的因果关系。

第二十条 赔偿审查期间，赔偿请求人可以变更赔偿请求。赔偿义务机关认为赔偿请求人提出的赔偿请求事项不全或者不准确的，可以告知赔偿请求人在审查期限届满前变更赔偿请求。

第二十一条 赔偿审查期间，赔偿义务机关法制部门可以调查核实情况，收集有关证据。有关单位和人员应当予以配合。

第二十二条 对赔偿请求所涉职权行为，有权机关已经作出生效法律结论，该结论所采信的证据可以作为赔偿审查的证据。

第二十三条 赔偿审查期间，有下列情形之一的，经赔偿义务机关负责人批准，中止审查并书面告知有关当事人：

（一）作为赔偿请求人的公民丧失行为能力，尚未确定法定代理人的；

（二）作为赔偿请求人的公民下落不明或

者被宣告失踪的；

（三）作为赔偿请求人的公民死亡，其继承人和其他有扶养关系的亲属尚未确定是否参加赔偿审查的；

（四）作为赔偿请求人的法人或者其他组织终止，尚未确定权利义务承受人，或者权利义务承受人尚未确定是否参加赔偿审查的；

（五）赔偿请求人因不可抗力不能参加赔偿审查的；

（六）赔偿审查涉及法律适用问题，需要有权机关作出解释或者确认的；

（七）赔偿审查需要以其他尚未办结案件的结果为依据的；

（八）其他需要中止审查的情形。

中止审查的情形消除后，应当在二个工作日内恢复审查，并书面告知有关当事人。

中止审查不符合第一款规定的，应当立即恢复审查。不恢复审查的，上一级公安机关应当责令恢复审查。

第二十四条 赔偿审查期间，有下列情形之一的，经赔偿义务机关负责人批准，终结审查并书面告知有关当事人：

（一）作为赔偿请求人的公民死亡，没有继承人和其他有扶养关系的亲属，或者继承人和其他有扶养关系的亲属放弃要求赔偿权利的；

（二）作为赔偿请求人的法人或者其他组织终止，没有权利义务承受人，或者权利义务承受人放弃要求赔偿权利的；

（三）赔偿请求人自愿撤回赔偿申请的。

前款第一项中的继承人和其他有扶养关系的亲属、第二项中的权利义务承受人、第三项中的赔偿请求人为数人，非经全体同意放弃要求赔偿权利或者撤回赔偿申请的，不得终结审查。

第三节 决 定

第二十五条 对受理的赔偿申请，赔偿义务机关应当自受理之日起两个月内，经本机关负责人批准，分别作出下列决定：

（一）违法行使职权造成侵权的事实清楚，应当予以赔偿的，作出予以赔偿的决定，并载明赔偿方式、项目和数额；

（二）违法行使职权造成侵权的事实不成立，或者具有国家不承担赔偿责任法定情形的，作出不予赔偿的决定。

按照前款第一项作出决定，不限于赔偿请求人主张的赔偿方式、项目和数额。

第二十六条 在查清事实的基础上，对应当予以赔偿的，赔偿义务机关应当充分听取赔偿请求人的意见，可以就赔偿方式、项目和数额在法定范围内进行协商。

协商应当遵循自愿、合法原则。协商达成一致的，赔偿义务机关应当按照协商结果作出赔偿决定；赔偿请求人不同意协商，或者协商未达成一致，或者赔偿请求人在赔偿决定作出前反悔的，赔偿义务机关应当依法作出赔偿决定。

第二十七条 侵犯公民人身自由的每日赔偿金，按照作出决定时的国家上年度职工日平均工资计算。

作出决定时国家上年度职工日平均工资尚未公布的，以公布的最近年度职工日平均工资为准。

第二十八条 执行行政拘留或者采取刑事拘留措施被决定赔偿的，计算赔偿金的天数按照实际羁押的天数计算。羁押时间不足一日的，按照一日计算。

第二十九条 依法应当予以赔偿但赔偿请求人所受损害的程度因客观原因无法确定的，

赔偿数额应当结合赔偿请求人的主张和在案证据，运用逻辑推理和生活经验、生活常识等酌情确定。

第三十条 赔偿请求人主张精神损害赔偿的，作出决定应当载明是否存在精神损害并承担赔偿责任。承担精神损害赔偿责任的，应当载明消除影响、恢复名誉、赔礼道歉等承担方式；支付精神损害抚慰金的，应当载明具体数额。

精神损害抚慰金数额的确定，可以参照人民法院审理国家赔偿案件适用精神损害赔偿的规定，综合考虑精神损害事实和严重后果，侵权手段、方式等具体情节，纠错环节及过程，赔偿请求人住所地或者经常居住地平均生活水平，赔偿义务机关所在地平均生活水平等因素。法律法规对精神损害抚慰金的数额作出规定的，从其规定。

第三十一条 赔偿义务机关对行政赔偿请求作出不予受理、驳回申请、终结审查、予以赔偿、不予赔偿决定，或者逾期未作决定，赔偿请求人不服的，可以依照《国家赔偿法》第十四条规定提起行政赔偿诉讼。

赔偿义务机关对刑事赔偿请求作出不予受理、驳回申请、终结审查、予以赔偿、不予赔偿决定，或者逾期未作决定，赔偿请求人不服的，可以依照《国家赔偿法》第二十四条规定申请刑事赔偿复议。

第三章 刑事赔偿复议

第一节 申请和受理

第三十二条 赔偿请求人申请刑事赔偿复议，应当向赔偿义务机关的上一级公安机关提出。赔偿义务机关是公安部的，向公安部提出。

第三十三条 申请刑事赔偿复议应当提交复议申请书，载明受害人的基本情况、复议请求、事实根据和理由、申请日期，并由赔偿请求人签名、盖章或者捺指印。

赔偿请求人书写确有困难的，可以口头申请。复议机关法制部门应当制作笔录，经赔偿请求人确认无误后签名、盖章或者捺指印。

第三十四条 申请刑事赔偿复议除提交复议申请书外，还应当提交下列材料：

（一）赔偿请求人的身份证明材料。赔偿请求人不是受害人本人的，提供与受害人关系的证明。赔偿请求人委托他人代理复议事项的，提交授权委托书，以及代理人的身份证明。代理人为律师的，同时提交律师执业证明及律师事务所证明；

（二）向赔偿义务机关提交的赔偿申请材料及申请赔偿的证明材料；

（三）赔偿义务机关就赔偿申请作出的决定书。赔偿义务机关逾期未作决定的除外。

第三十五条 复议机关法制部门收到当面递交复议申请的，应当当场出具接收凭证。

复议机关其他部门遇有赔偿请求人当面递交或者口头提出复议申请的，应当当场联系法制部门接收；收到以其他方式递交复议申请的，应当自收到之日起二个工作日内转送法制部门。

第三十六条 复议机关法制部门收到复议申请后，应当在五个工作日内予以审查，并分别作出下列处理：

（一）申请材料不齐全或者表述不清楚的，经本部门负责人批准，一次性书面告知赔偿请求人需要补正的全部事项和合理的补正期限；

（二）不符合申请条件的，经本机关负责人批准，决定不予受理并书面告知赔偿请求人；

（三）除第一项、第二项情形外，自复议机关法制部门收到申请之日起即为受理。

第三十七条 有下列情形之一的，复议申请不符合申请条件：

（一）本机关不是复议机关的；

（二）赔偿请求人申请复议不适格的；

（三）不属于复议范围的；

（四）超过申请复议法定期限且无正当理由的；

（五）申请复议前未向赔偿义务机关申请赔偿的；

（六）赔偿义务机关对赔偿申请未作出决定但审查期限尚未届满的。

复议申请受理后，发现有前款情形之一的，复议机关应当在受理之日起两个月内，经本机关负责人批准，驳回复议申请。

第三十八条 赔偿请求人在补正期限内对复议申请予以补正的，复议机关法制部门应当自收到之日起五个工作日内予以审查。不符合申请条件的，经本机关负责人批准，决定不予受理并书面告知赔偿请求人。未书面告知不予受理的，自复议机关法制部门收到补正材料之日起即为受理。

复议机关法制部门在补正期限届满后第十个工作日仍未收到补正材料的，应当自该日起五个工作日内，对已经提交的复议申请予以审查。不符合申请条件的，经本机关负责人批准，决定不予受理并书面告知赔偿请求人。未书面告知不予受理的，自补正期限届满后第十个工作日之日起即为受理。

第三十九条 复议机关对复议申请已作出处理，赔偿请求人无正当理由基于同一事实再次申请复议的，不再处理。

第二节 审 查

第四十条 复议机关法制部门应当自复议申请受理之日起五个工作日内，将申请材料副本送赔偿义务机关。赔偿义务机关应当自收到之日起十个工作日内向复议机关作出书面答复，并提供相关证据、依据和其他材料。

第四十一条 复议机关应当全面审查赔偿义务机关是否按照本规定第二章的规定对赔偿申请作出处理。

第四十二条 赔偿请求人申请复议时变更向赔偿义务机关提出的赔偿请求，或者在复议审查期间变更复议请求的，复议机关应当予以审查。

复议机关认为赔偿请求人提出的复议请求事项不全或者不准确的，可以告知赔偿请求人在审查期限届满前变更复议请求。

第四十三条 赔偿请求人和赔偿义务机关对自己的主张负有举证责任。没有证据或者证据不足以证明事实主张的，由负有举证责任的一方承担不利后果。

赔偿义务机关对其职权行为的合法性，以及《国家赔偿法》第二十六条第二款规定的情形负有举证责任。赔偿请求人可以提供证明赔偿义务机关职权行为违法的证据，但不因此免除赔偿义务机关的举证责任。

第四十四条 复议审查期间，复议机关法制部门可以调查核实情况，收集有关证据。有关单位和人员应当予以配合。

第四十五条 复议审查期间，有下列情形之一的，经复议机关负责人批准，中止审查并书面告知有关当事人：

（一）作为赔偿请求人的公民丧失行为能力，尚未确定法定代理人的；

（二）作为赔偿请求人的公民下落不明或

者被宣告失踪的；

（三）作为赔偿请求人的公民死亡，其继承人和其他有扶养关系的亲属尚未确定是否参加复议审查的；

（四）作为赔偿请求人的法人或者其他组织终止，尚未确定权利义务承受人，或者权利义务承受人尚未确定是否参加复议审查的；

（五）赔偿请求人因不可抗力不能参加复议审查的；

（六）复议审查涉及法律适用问题，需要有权机关作出解释或者确认的；

（七）复议审查需要以其他尚未办结案件的结果为依据的；

（八）其他需要中止审查的情形。

中止审查的情形消除后，应当在二个工作日内恢复审查，并书面告知有关当事人。

中止审查不符合第一款规定的，应当立即恢复审查。不恢复审查的，上一级公安机关应当责令恢复审查。

第四十六条 复议审查期间，有下列情形之一的，经复议机关负责人批准，终结审查并书面告知有关当事人：

（一）作为赔偿请求人的公民死亡，没有继承人和其他有扶养关系的亲属，或者继承人和其他有扶养关系的亲属放弃复议权利的；

（二）作为赔偿请求人的法人或者其他组织终止，没有权利义务承受人，或者权利义务承受人放弃复议权利的；

（三）赔偿请求人自愿撤回复议申请的。

前款第一项中的继承人和其他有扶养关系的亲属、第二项中的权利义务承受人、第三项中的赔偿请求人为数人，非经全体同意放弃复议权利或者撤回复议申请的，不得终结审查。

第三节 决 定

第四十七条 对受理的复议申请，复议机关应当自受理之日起两个月内，经本机关负责人批准作出决定。

第四十八条 复议机关可以组织赔偿义务机关与赔偿请求人就赔偿方式、项目和数额在法定范围内进行调解。

调解应当遵循自愿、合法的原则。经调解达成一致的，复议机关应当按照调解结果作出复议决定。赔偿请求人或者赔偿义务机关不同意调解，或者调解未达成一致，或者一方在复议决定作出前反悔的，复议机关应当依法作出复议决定。

第四十九条 对赔偿义务机关作出的予以赔偿或者不予赔偿决定，分别作出下列决定：

（一）认定事实清楚，适用法律正确，符合法定程序的，予以维持；

（二）认定事实清楚，适用法律正确，但违反法定程序的，维持决定结论并确认程序违法；

（三）认定事实不清、适用法律错误或者据以作出决定的法定事由发生变化的，依法重新作出决定或者责令限期重作。

第五十条 对赔偿义务机关作出的不予受理、驳回申请、终结审查决定，分别作出下列决定：

（一）符合规定情形和程序的，予以维持；

（二）符合规定情形，但违反规定程序的，维持决定结论并确认程序违法；

（三）不符合规定情形，或者据以作出决定的法定事由发生变化的，责令继续审查或者依法重新作出决定。

第五十一条 赔偿义务机关逾期未作出决定的，责令限期作出决定或者依法作出决定。

第五十二条 复议机关作出不予受理、驳回申请、终结审查、复议决定，或者逾期未作决定，赔偿请求人不服的，可以依照《国家赔偿法》第二十五条规定，向复议机关所在地的同级人民法院赔偿委员会申请作出赔偿决定。

第四章 执 行

第五十三条 赔偿义务机关必须执行生效赔偿决定、复议决定、判决和调解。

第五十四条 生效赔偿决定、复议决定、判决和调解按照下列方式执行：

（一）要求返还财物或者恢复原状的，赔偿请求所涉赔偿义务机关执法办案部门应当在三十日内办结。情况复杂的，经本机关负责人批准，可以延长三十日。

（二）要求支付赔偿金的，赔偿义务机关法制部门应当依照《国家赔偿费用管理条例》的规定，将生效的赔偿决定书、复议决定书、判决书和调解书等有关材料提供给装备财务（警务保障）部门，装备财务（警务保障）部门报经本机关负责人批准后，依照预算管理权限向财政部门提出书面支付申请并提供有关材料。

（三）要求为赔偿请求人消除影响、恢复名誉、赔礼道歉的，赔偿义务机关或者其负责人应当及时执行。

第五十五条 财政部门告知赔偿义务机关补正申请材料的，赔偿义务机关装备财务（警务保障）部门应当会同法制部门自收到告知之日起五个工作日内按照要求补正材料并提交财政部门。

第五十六条 财政部门向赔偿义务机关支付赔偿金的，赔偿义务机关装备财务（警务保障）部门应当及时向赔偿请求人足额支付赔偿金，不得拖延、截留。

第五十七条 赔偿义务机关支付赔偿金后，应当依照《国家赔偿法》第十六条第一款、第三十一条第一款的规定，向责任人员追偿部分或者全部赔偿费用。

第五十八条 追偿赔偿费用由赔偿义务机关法制部门会同赔偿请求所涉执法办案部门等有关部门提出追偿意见，经本机关主要负责人批准，由装备财务（警务保障）部门书面通知有预算管理权限的财政部门，并责令被追偿人缴纳追偿赔偿费用。

追偿数额的确定，应当综合考虑赔偿数额，以及被追偿人过错程度、损害后果等因素确定，并为被追偿人及其扶养的家属保留必需的生活费用。

第五十九条 被追偿人对追偿赔偿费用不服的，可以向赔偿义务机关或者其上一级公安机关申诉。

第六十条 赔偿义务机关装备财务（警务保障）部门应当依照相关规定，将追偿的赔偿费用上缴有预算管理权限的财政部门。

第五章 责任追究

第六十一条 有下列情形之一的，对直接负责的主管人员或者其他直接责任人员，依照有关规定给予行政纪律处分或者作出其他处理：

（一）未按照本规定对赔偿申请、复议申请作出处理的；

（二）不配合或者阻挠国家赔偿办案人员调查取证，不提供有关情况和证明材料，或者提供虚假材料的；

（三）未按照本规定执行生效赔偿决定、

复议决定、判决和调解的；

（四）未按照本规定上缴追偿赔偿费用的；

（五）办理国家赔偿案件的其他渎职、失职行为。

第六十二条 公安机关工作人员在办理国家赔偿案件中，徇私舞弊，打击报复赔偿请求人的，依照有关规定给予行政纪律处分；构成犯罪的，依法追究刑事责任。

第六章 附 则

第六十三条 下列情形所需时间，不计入国家赔偿审查期限：

（一）向赔偿请求人调取证据材料的；

（二）涉及专门事项委托鉴定、评估的。

赔偿请求人在国家赔偿审查期间变更请求的，审查期限从公安机关收到之日起重新计算。

第六十四条 公安机关按照本规定制作的法律文书，应当加盖本机关印章或者国家赔偿专用章。中止审查、终结审查、驳回申请、赔偿决定、复议决定的法律文书，应当自作出之日起十日内送达。

第六十五条 本规定自2018年10月1日起施行。2014年6月1日施行的《公安机关办理国家赔偿案件程序规定》同时废止。

公安机关互联网安全监督检查规定

（2018年9月5日公安部部长办公会议通过，自2018年11月1日起施行）

第一章 总 则

第一条 为规范公安机关互联网安全监督检查工作，预防网络违法犯罪，维护网络安全，保护公民、法人和其他组织合法权益，根据《中华人民共和国人民警察法》《中华人民共和国网络安全法》等有关法律、行政法规，制定本规定。

第二条 本规定适用于公安机关依法对互联网服务提供者和联网使用单位履行法律、行政法规规定的网络安全义务情况进行的安全监督检查。

第三条 互联网安全监督检查工作由县级以上地方人民政府公安机关网络安全保卫部门组织实施。

上级公安机关应当对下级公安机关开展互联网安全监督检查工作情况进行指导和监督。

第四条 公安机关开展互联网安全监督检查，应当遵循依法科学管理、保障和促进发展的方针，严格遵守法定权限和程序，不断改进执法方式，全面落实执法责任。

第五条 公安机关及其工作人员对履行互联网安全监督检查职责中知悉的个人信息、隐私、商业秘密和国家秘密，应当严格保密，不得泄露、出售或者非法向他人提供。

公安机关及其工作人员在履行互联网安全监督检查职责中获取的信息，只能用于维护网络安全的需要，不得用于其他用途。

第六条 公安机关对互联网安全监督检查工作中发现的可能危害国家安全、公共安全、社会秩序的网络安全风险，应当及时通报有关主管部门和单位。

第七条 公安机关应当建立并落实互联网安全监督检查工作制度，自觉接受检查对象和人民群众的监督。

第二章 监督检查对象和内容

第八条 互联网安全监督检查由互联网服务提供者的网络服务运营机构和联网使用单位的网络管理机构所在地公安机关实施。互联网服务提供者为个人的，可以由其经常居住地公安机关实施。

第九条 公安机关应当根据网络安全防范需要和网络安全风险隐患的具体情况，对下列互联网服务提供者和联网使用单位开展监督检查：

（一）提供互联网接入、互联网数据中心、内容分发、域名服务的；

（二）提供互联网信息服务的；

（三）提供公共上网服务的；

（四）提供其他互联网服务的；

对开展前款规定的服务未满一年的，两年内曾发生过网络安全事件、违法犯罪案件的，或者因未履行法定网络安全义务被公安机关予以行政处罚的，应当开展重点监督检查。

第十条 公安机关应当根据互联网服务提

供者和联网使用单位履行法定网络安全义务的实际情况，依照国家有关规定和标准，对下列内容进行监督检查：

（一）是否办理联网单位备案手续，并报送接入单位和用户基本信息及其变更情况；

（二）是否制定并落实网络安全管理制度和操作规程，确定网络安全负责人；

（三）是否依法采取记录并留存用户注册信息和上网日志信息的技术措施；

（四）是否采取防范计算机病毒和网络攻击、网络侵入等技术措施；

（五）是否在公共信息服务中对法律、行政法规禁止发布或者传输的信息依法采取相关防范措施；

（六）是否按照法律规定的要求为公安机关依法维护国家安全、防范调查恐怖活动、侦查犯罪提供技术支持和协助；

（七）是否履行法律、行政法规规定的网络安全等级保护等义务。

第十一条 除本规定第十条所列内容外，公安机关还应当根据提供互联网服务的类型，对下列内容进行监督检查：

（一）对提供互联网接入服务的，监督检查是否记录并留存网络地址及分配使用情况；

（二）对提供互联网数据中心服务的，监督检查是否记录所提供的主机托管、主机租用和虚拟空间租用的用户信息；

（三）对提供互联网域名服务的，监督检查是否记录网络域名申请、变动信息，是否对违法域名依法采取处置措施；

（四）对提供互联网信息服务的，监督检查是否依法采取用户发布信息管理措施，是否对已发布或者传输的法律、行政法规禁止发布或者传输的信息依法采取处置措施，并保存相关记录；

（五）对提供互联网内容分发服务的，监督检查是否记录内容分发网络与内容源网络链接对应情况；

（六）对提供互联网公共上网服务的，监督检查是否采取符合国家标准的网络与信息安全保护技术措施。

第十二条 在国家重大网络安全保卫任务期间，对与国家重大网络安全保卫任务相关的互联网服务提供者和联网使用单位，公安机关可以对下列内容开展专项安全监督检查：

（一）是否制定重大网络安全保卫任务所要求的工作方案、明确网络安全责任分工并确定网络安全管理人员；

（二）是否组织开展网络安全风险评估，并采取相应风险管控措施堵塞网络安全漏洞隐患；

（三）是否制定网络安全应急处置预案并组织开展应急演练，应急处置相关设施是否完备有效；

（四）是否依法采取重大网络安全保卫任务所需要的其他网络安全防范措施；

（五）是否按照要求向公安机关报告网络安全防范措施及落实情况。

对防范恐怖袭击的重点目标的互联网安全监督检查，按照前款规定的内容执行。

第三章　监督检查程序

第十三条 公安机关开展互联网安全监督检查，可以采取现场监督检查或者远程检测的方式进行。

第十四条 公安机关开展互联网安全现场监督检查时，人民警察不得少于二人，并应当出示人民警察证和县级以上地方人民政府公安机关出具的监督检查通知书。

第十五条 公安机关开展互联网安全现场监督检查可以根据需要采取以下措施：

（一）进入营业场所、机房、工作场所；

（二）要求监督检查对象的负责人或者网络安全管理人员对监督检查事项作出说明；

（三）查阅、复制与互联网安全监督检查事项相关的信息；

（四）查看网络与信息安全保护技术措施运行情况。

第十六条 公安机关对互联网服务提供者和联网使用单位是否存在网络安全漏洞，可以开展远程检测。

公安机关开展远程检测，应当事先告知监督检查对象检查时间、检查范围等事项或者公开相关检查事项，不得干扰、破坏监督检查对象网络的正常运行。

第十七条 公安机关开展现场监督检查或者远程检测，可以委托具有相应技术能力的网络安全服务机构提供技术支持。

网络安全服务机构及其工作人员对工作中知悉的个人信息、隐私、商业秘密和国家秘密，应当严格保密，不得泄露、出售或者非法向他人提供。公安机关应当严格监督网络安全服务机构落实网络安全管理与保密责任。

第十八条 公安机关开展现场监督检查，应当制作监督检查记录，并由开展监督检查的人民警察和监督检查对象的负责人或者网络安全管理人员签名。监督检查对象负责人或者网络安全管理人员对监督检查记录有异议的，应当允许其作出说明；拒绝签名的，人民警察应当在监督检查记录中注明。

公安机关开展远程检测，应当制作监督检查记录，并由二名以上开展监督检查的人民警察在监督检查记录上签名。

委托网络安全服务机构提供技术支持的，技术支持人员应当一并在监督检查记录上签名。

第十九条 公安机关在互联网安全监督检查中，发现互联网服务提供者和联网使用单位存在网络安全风险隐患，应当督促指导其采取措施消除风险隐患，并在监督检查记录上注明；发现有违法行为，但情节轻微或者未造成后果的，应当责令其限期整改。

监督检查对象在整改期限届满前认为已经整改完毕的，可以向公安机关书面提出提前复查申请。

公安机关应当自整改期限届满或者收到监督检查对象提前复查申请之日起三个工作日内，对整改情况进行复查，并在复查结束后三个工作日内反馈复查结果。

第二十条 监督检查过程中收集的资料、制作的各类文书等材料，应当按照规定立卷存档。

第四章 法律责任

第二十一条 公安机关在互联网安全监督检查中，发现互联网服务提供者和联网使用单位有下列违法行为的，依法予以行政处罚：

（一）未制定并落实网络安全管理制度和操作规程，未确定网络安全负责人的，依照《中华人民共和国网络安全法》第五十九条第一款的规定予以处罚；

（二）未采取防范计算机病毒和网络攻击、网络侵入等危害网络安全行为的技术措施的，依照《中华人民共和国网络安全法》第五十九条第一款的规定予以处罚；

（三）未采取记录并留存用户注册信息和上网日志信息措施的，依照《中华人民共和国网络安全法》第五十九条第一款的规定予以处罚；

（四）在提供互联网信息发布、即时通讯等服务中，未要求用户提供真实身份信息，或者对不提供真实身份信息的用户提供相关服务的，依照《中华人民共和国网络安全法》第六十一条的规定予以处罚；

（五）在公共信息服务中对法律、行政法规禁止发布或者传输的信息未依法或者不按照公安机关的要求采取停止传输、消除等处置措施、保存有关记录的，依照《中华人民共和国网络安全法》第六十八条或者第六十九条第一项的规定予以处罚；

（六）拒不为公安机关依法维护国家安全和侦查犯罪的活动提供技术支持和协助的，依照《中华人民共和国网络安全法》第六十九条第三项的规定予以处罚。

有前款第四至六项行为违反《中华人民共和国反恐怖主义法》规定的，依照《中华人民共和国反恐怖主义法》第八十四条或者第八十六条第一款的规定予以处罚。

第二十二条 公安机关在互联网安全监督检查中，发现互联网服务提供者和联网使用单位，窃取或者以其他非法方式获取、非法出售或者非法向他人提供个人信息，尚不构成犯罪的，依照《中华人民共和国网络安全法》第六十四条第二款的规定予以处罚。

第二十三条 公安机关在互联网安全监督检查中，发现互联网服务提供者和联网使用单位在提供的互联网服务中设置恶意程序的，依照《中华人民共和国网络安全法》第六十条第一项的规定予以处罚。

第二十四条 互联网服务提供者和联网使用单位拒绝、阻碍公安机关实施互联网安全监督检查的，依照《中华人民共和国网络安全法》第六十九条第二项的规定予以处罚；拒不配合反恐怖主义工作的，依照《中华人民共和国反恐怖主义法》第九十一条或者第九十二条的规定予以处罚。

第二十五条 受公安机关委托提供技术支持的网络安全服务机构及其工作人员，从事非法侵入监督检查对象网络、干扰监督检查对象网络正常功能、窃取网络数据等危害网络安全的活动的，依照《中华人民共和国网络安全法》第六十三条的规定予以处罚；窃取或者以其他非法方式获取、非法出售或者非法向他人提供在工作中获悉的个人信息的，依照《中华人民共和国网络安全法》第六十四条第二款的规定予以处罚，构成犯罪的，依法追究刑事责任。

前款规定的机构及人员侵犯监督检查对象的商业秘密，构成犯罪的，依法追究刑事责任。

第二十六条 公安机关及其工作人员在互联网安全监督检查工作中，玩忽职守、滥用职权、徇私舞弊的，对直接负责的主管人员和其他直接责任人员依法予以处分；构成犯罪的，依法追究刑事责任。

第二十七条 互联网服务提供者和联网使用单位违反本规定，构成违反治安管理行为的，依法予以治安管理处罚；构成犯罪的，依法追究刑事责任。

第五章 附 则

第二十八条 对互联网上网服务营业场所的监督检查，按照《互联网上网服务营业场所管理条例》的有关规定执行。

第二十九条 本规定自2018年11月1日起施行。

公安部关于修改《公安机关办理行政案件程序规定》的决定

（2018年11月3日公安部部长办公会议通过，自2019年1月1日起施行）

公安部决定对《公安机关办理行政案件程序规定》作如下修改：

一、将第九条改为第十条，增加二款作为第二款、第三款：

“违法行为地包括违法行为发生地和违法结果发生地。违法行为发生地，包括违法行为的实施地以及开始地、途经地、结束地等与违法行为有关的地点；违法行为有连续、持续或者继续状态的，违法行为连续、持续或者继续实施的地方都属于违法行为发生地。违法结果发生地，包括违法对象被侵害地、违法所得的实际取得地、藏匿地、转移地、使用地、销售地。

“居住地包括户籍所在地、经常居住地。经常居住地是指公民离开户籍所在地最后连续居住一年以上的地方，但在医院住院就医的除外。”

二、增加三条，作为第十一条、第十二条、第十三条：

“第十一条　针对或者利用网络实施的违法行为，用于实施违法行为的网站服务器所在地、网络接入地以及网站建立者或者管理者所在地，被侵害的网络及其运营者所在地，违法过程中违法行为人、被侵害人使用的网络及其运营者所在地，被侵害人被侵害时所在地，以及被侵害人财产遭受损失地公安机关可以管辖。

“第十二条　行驶中的客车上发生的行政案件，由案发后客车最初停靠地公安机关管辖；必要时，始发地、途经地、到达地公安机关也可以管辖。

“第十三条　行政案件由县级公安机关及其公安派出所、依法具有独立执法主体资格的公安机关业务部门以及出入境边防检查站按照法律、行政法规、规章授权和管辖分工办理，但法律、行政法规、规章规定由设区的市级以上公安机关办理的除外。”

三、将第十二条改为第十六条，第一款修改为：“铁路公安机关管辖列车上，火车站工作区域内，铁路系统的机关、厂、段、所、队等单位内发生的行政案件，以及在铁路线上放置障碍物或者损毁、移动铁路设施等可能影响铁路运输安全、盗窃铁路设施的行政案件。对倒卖、伪造、变造火车票案件，由最初受理的铁路或者地方公安机关管辖。必要时，可以移送主要违法行为发生地的铁路或者地方公安机关管辖。”

四、删去第十三条。

五、将第二十二条改为第二十五条，其中的“由作出回避决定的公安机关根据案件情况决定”修改为“由作出回避决定的公安机关根据是否影响案件依法公正处理等情况决定”。

六、将第二十五条改为第二十八条，第二款修改为：“需要向有关单位和个人调取证据的，经公安机关办案部门负责人批准，开具调取证据通知书，明确调取的证据和提供时限。被调取人应当在通知书上盖章或者签名，被调取人拒绝的，公安机关应当注明。必要时，公安机关应当采用录音、录像等方式固定证据内容及取证过程。”

增加一款作为第三款：“需要向有关单位紧急调取证据的，公安机关可以在电话告知人民警察身份的同时，将调取证据通知书连同办案人民警察的人民警察证复印件通过传真、互联网通讯工具等方式送达有关单位。”

七、将第二十八条改为第三十一条，其中的“书证的副本、复制件，视听资料、电子数据的复制件，物证的照片、录像”修改为“物证的照片、录像，书证的副本、复制件，视听资料的复制件”。

八、增加一条，作为第三十二条：“收集电子数据，能够扣押电子数据原始存储介质的，应当扣押。

“无法扣押原始存储介质的，可以提取电子数据。提取电子数据，应当制作笔录，并附电子数据清单，由办案人民警察、电子数据持有人签名。持有人无法或者拒绝签名的，应当在笔录中注明。

“由于客观原因无法或者不宜依照前两款规定收集电子数据的，可以采取打印、拍照或者录像等方式固定相关证据，并附有关原因、过程等情况的文字说明，由办案人民警察、电子数据持有人签名。持有人无法或者拒绝签名的，应当注明情况。”

九、将第三十一条改为第八条、第六十四条改为第八十条。

十、将第三十三条改为第三十六条，第三款修改为：“无法直接送达的，委托其他公安机关代为送达，或者邮寄送达。经受送达人同意，可以采用传真、互联网通讯工具等能够确认其收悉的方式送达。”

十一、将第六章的章名修改为“简易程序和快速办理”，第三十四条至第三十六条作为第六章第一节，节名为“简易程序”。

十二、增加一节，作为第六章第二节：

“第二节　快速办理

“第四十条　对不适用简易程序，但事实清楚，违法嫌疑人自愿认错认罚，且对违法事实和法律适用没有异议的行政案件，公安机关可以通过简化取证方式和审核审批手续等措施快速办理。

“第四十一条　行政案件具有下列情形之一的，不适用快速办理：

“（一）违法嫌疑人系盲、聋、哑人，未成年人或者疑似精神病人的；

“（二）依法应当适用听证程序的；

“（三）可能作出十日以上行政拘留处罚的；

“（四）其他不宜快速办理的。

“第四十二条　快速办理行政案件前，公安机关应当书面告知违法嫌疑人快速办理的相关规定，征得其同意，并由其签名确认。

“第四十三条　对符合快速办理条件的行政案件，违法嫌疑人在自行书写材料或者询问笔录中承认违法事实、认错认罚，并有视音频记录、电子数据、检查笔录等关键证据能够相互印证的，公安机关可以不再开展其他调查取证工作。

“第四十四条　对适用快速办理的行政案件，可以由专兼职法制员或者办案部门负责人审核后，报公安机关负责人审批。

“第四十五条　对快速办理的行政案件，公安机关可以根据不同案件类型，使用简明扼要的格式询问笔录，尽量减少需要文字记录的内容。

“被询问人自行书写材料的，办案单位可以提供样式供其参考。

“使用执法记录仪等设备对询问过程录音录像的，可以替代书面询问笔录，必要时，对视听资料的关键内容和相应时间段等作文字说明。

“第四十六条 对快速办理的行政案件，公安机关可以根据违法行为人认错悔改、纠正违法行为、赔偿损失以及被侵害人谅解情况等情节，依法对违法行为人从轻、减轻处罚或者不予行政处罚。

“对快速办理的行政案件，公安机关可以采用口头方式履行处罚前告知程序，由办案人民警察在案卷材料中注明告知情况，并由被告知人签名确认。

“第四十七条 对快速办理的行政案件，公安机关应当在违法嫌疑人到案后四十八小时内作出处理决定。

“第四十八条 公安机关快速办理行政案件时，发现不适宜快速办理的，转为一般案件办理。快速办理阶段依法收集的证据，可以作为定案的根据。”

十三、将第四十条改为第五十二条，修改为：“公安机关进行询问、辨认、检查、勘验，实施行政强制措施等调查取证工作时，人民警察不得少于二人，并表明执法身份。

“接报案、受案登记、接受证据、信息采集、调解、送达文书等工作，可以由一名人民警察带领警务辅助人员进行，但应当全程录音录像。”

十四、将第四十二条改为第五十四条，修改为：“办理行政案件时，可以依法采取下列行政强制措施：

“（一）对物品、设施、场所采取扣押、扣留、查封、先行登记保存、抽样取证、封存文件资料等强制措施，对恐怖活动嫌疑人的存款、汇款、债券、股票、基金份额等财产还可以采取冻结措施；

“（二）对违法嫌疑人采取保护性约束措施、继续盘问、强制传唤、强制检测、拘留审查、限制活动范围，对恐怖活动嫌疑人采取约束措施等强制措施。”

十五、将第四十三条改为第五十五条，第二款修改为：“勘验、检查时实施行政强制措施，制作勘验、检查笔录的，不再制作现场笔录。”

增加一款作为第三款：“实施行政强制措施的全程录音录像，已经具备本条第一款第二项、第三项规定的实质要素的，可以替代书面现场笔录，但应当对视听资料的关键内容和相应时间段等作文字说明。”

十六、增加一条，作为第五十九条：“对恐怖活动嫌疑人实施约束措施，应当遵守下列规定：

“（一）实施前须经县级以上公安机关负责人批准；

“（二）告知嫌疑人采取约束措施的理由、依据以及其依法享有的权利、救济途径；

“（三）听取嫌疑人的陈述和申辩；

“（四）出具决定书。

“公安机关可以采取电子监控、不定期检查等方式对被约束人遵守约束措施的情况进行监督。

“约束措施的期限不得超过三个月。对不需要继续采取约束措施的，应当及时解除并通知被约束人。”

十七、将第四十七条改为二条，作为第六十条、第六十一条，修改为：

“第六十条 县级公安机关及其公安派出

所、依法具有独立执法主体资格的公安机关业务部门以及出入境边防检查站对报案、控告、举报、群众扭送或者违法嫌疑人投案，以及其他国家机关移送的案件，应当及时受理并按照规定进行网上接报案登记。对重复报案、案件正在办理或者已经办结的，应当向报案人、控告人、举报人、扭送人、投案人作出解释，不再登记。

“第六十一条　公安机关应当对报案、控告、举报、群众扭送或者违法嫌疑人投案分别作出下列处理，并将处理情况在接报案登记中注明：

“（一）对属于本单位管辖范围内的案件，应当立即调查处理，制作受案登记表和受案回执，并将受案回执交报案人、控告人、举报人、扭送人；

“（二）对属于公安机关职责范围，但不属于本单位管辖的，应当在二十四小时内移送有管辖权的单位处理，并告知报案人、控告人、举报人、扭送人、投案人；

“（三）对不属于公安机关职责范围的事项，在接报案时能够当场判断的，应当立即口头告知报案人、控告人、举报人、扭送人、投案人向其他主管机关报案或者投案，报案人、控告人、举报人、扭送人、投案人对口头告知内容有异议或者不能当场判断的，应当书面告知，但因没有联系方式、身份不明等客观原因无法书面告知的除外。

“在日常执法执勤中发现的违法行为，适用前款规定。”

十八、将第五十三条第一款、第六十六条第二款、第六十八条第一款中的“工作证件”修改为“人民警察证”。

十九、将第五十三条改为第六十七条，删去第三款中的“消防安全管理”。

二十、将第五十七条改为第七十一条，第一款修改为：“在公安机关询问违法嫌疑人，应当在办案场所进行。”

二十一、将第五十九条改为第七十三条，删去第一款中的“劳动教养”。

二十二、将第六十六条改为第七十九条，将第一款中的“询问被侵害人、其他证人或者其他与案件有关的人”修改为“询问被侵害人或者其他证人”。

二十三、增加一条，作为第八十三条：“对违法嫌疑人，可以依法提取或者采集肖像、指纹等人体生物识别信息；涉嫌酒后驾驶机动车、吸毒、从事恐怖活动等违法行为的，可以依照《中华人民共和国道路交通安全法》《中华人民共和国禁毒法》《中华人民共和国反恐怖主义法》等规定提取或者采集血液、尿液、毛发、脱落细胞等生物样本。人身安全检查和当场检查时已经提取、采集的信息，不再提取、采集。”

二十四、将第七十一条改为第八十六条，增加一款作为第二款：“检查时的全程录音录像可以替代书面检查笔录，但应当对视听资料的关键内容和相应时间段等作文字说明。”

二十五、增加一条，作为第九十二条：“对电子数据涉及的专门性问题难以确定的，由司法鉴定机构出具鉴定意见，或者由公安部指定的机构出具报告。”

二十六、将第九十一条改为第一百零七条，第一款第三项中的“其他法律、法规规定”修改为“《中华人民共和国反恐怖主义法》等法律、法规规定”。

二十七、将第九十二条改为第一百零八条，第一款第三项中的“法律、法规规定”修改为“《中华人民共和国反恐怖主义法》等法律、法规规定”。

删去第二款。

二十八、将第九十五条改为第一百一十一条，删去第三款中的“电子数据存储介质”。

增加一款作为第四款：“对扣押的电子数据原始存储介质，应当封存，保证在不解除封存状态的情况下，无法增加、删除、修改电子数据，并在证据保全清单中记录封存状态。”

二十九、增加二条，作为第一百一十三条、第一百一十四条：

“第一百一十三条　公安机关对恐怖活动嫌疑人的存款、汇款、债券、股票、基金份额等财产采取冻结措施的，应当经县级以上公安机关负责人批准，向金融机构交付冻结通知书。

“作出冻结决定的公安机关应当在三日内向恐怖活动嫌疑人交付冻结决定书。冻结决定书应当载明下列事项：

“（一）恐怖活动嫌疑人的姓名或者名称、地址；

“（二）冻结的理由、依据和期限；

“（三）冻结的账号和数额；

“（四）申请行政复议或者提起行政诉讼的途径和期限；

“（五）公安机关的名称、印章和日期。

“第一百一十四条　自被冻结之日起二个月内，公安机关应当作出处理决定或者解除冻结；情况复杂的，经上一级公安机关负责人批准，可以延长一个月。

“延长冻结的决定应当及时书面告知恐怖活动嫌疑人，并说明理由。”

三十、将第九十七条改为第一百一十五条，修改为：“有下列情形之一的，公安机关应当立即退还财物，并由当事人签名确认；不涉及财物退还的，应当书面通知当事人解除证据保全：

“（一）当事人没有违法行为的；

“（二）被采取证据保全的场所、设施、物品、财产与违法行为无关的；

“（三）已经作出处理决定，不再需要采取证据保全措施的；

“（四）采取证据保全措施的期限已经届满的；

“（五）其他不再需要采取证据保全措施的。

“作出解除冻结决定的，应当及时通知金融机构。”

三十一、增加一节，作为第七章第八节：

“第八节　办案协作

“第一百一十七条　办理行政案件需要异地公安机关协作的，应当制作办案协作函件。负责协作的公安机关接到请求协作的函件后，应当办理。

“第一百一十八条　需要到异地执行传唤的，办案人民警察应当持传唤证、办案协作函件和人民警察证，与协作地公安机关联系，在协作地公安机关的协作下进行传唤。协作地公安机关应当协助将违法嫌疑人传唤到其所在市、县内的指定地点或者到其住处、单位进行询问。

“第一百一十九条　需要异地办理检查、查询，查封、扣押或者冻结与案件有关的财物、文件的，应当持相关的法律文书、办案协作函件和人民警察证，与协作地公安机关联系，协作地公安机关应当协助执行。

“在紧急情况下，可以将办案协作函件和相关的法律文书传真或者通过执法办案信息系统发送至协作地公安机关，协作地公安机关应当及时采取措施。办案地公安机关应当立即派员前往协作地办理。

“第一百二十条　需要进行远程视频询问、

处罚前告知的，应当由协作地公安机关事先核实被询问、告知人的身份。办案地公安机关应当制作询问、告知笔录并传输至协作地公安机关。询问、告知笔录经被询问、告知人确认并逐页签名或者捺指印后，由协作地公安机关协作人员签名或者盖章，并将原件或者电子签名笔录提供给办案地公安机关。办案地公安机关负责询问、告知的人民警察应当在首页注明收到日期，并签名或者盖章。询问、告知过程应当全程录音录像。

“第一百二十一条　办案地公安机关可以委托异地公安机关代为询问、向有关单位和个人调取电子数据、接收自行书写材料、进行辨认、履行处罚前告知程序、送达法律文书等工作。

“委托代为询问、辨认、处罚前告知的，办案地公安机关应当列出明确具体的询问、辨认、告知提纲，提供被辨认对象的照片和陪衬照片。

“委托代为向有关单位和个人调取电子数据的，办案地公安机关应当将办案协作函件和相关法律文书传真或者通过执法办案信息系统发送至协作地公安机关，由协作地公安机关办案部门审核确认后办理。

“第一百二十二条　协作地公安机关依照办案地公安机关的要求，依法履行办案协作职责所产生的法律责任，由办案地公安机关承担。”

三十二、将第一百三十八条改为第一百六十二条，第二款中的“不与正在执行的行政拘留合并执行”修改为“与正在执行的行政拘留合并执行”。

三十三、将第一百三十九条改为第一百六十三条，第一款中的“询问查证和继续盘问时间不予折抵”修改为“询问查证、继续盘问和采取约束措施的时间不予折抵”。

三十四、将第一百四十一条改为第一百六十五条，第三款中的“因违反治安管理行为人逃跑等客观原因”修改为“因违反治安管理行为人不明或者逃跑等客观原因”。

三十五、将第一百四十三条改为第一百六十七条，增加一款作为第三款：“依照本规定第一百七十二条第一款第三项作出不予行政处罚决定的，可以不履行本条第一款规定的告知程序。”

三十六、增加一条，作为第一百七十一条：“法制员或者办案部门指定的人员、办案部门负责人、法制部门的人员可以作为行政案件审核人员。

“初次从事行政处罚决定审核的人员，应当通过国家统一法律职业资格考试取得法律职业资格。”

三十七、将第一百四十七条改为第一百七十二条，增加一款作为第二款：“对已经依照前款第三项作出不予行政处罚决定的案件，又发现新的证据的，应当依法及时调查；违法行为能够认定的，依法重新作出处理决定，并撤销原不予行政处罚决定。”

第二款改为第三款，其中的“在作出处罚决定之日起二日内”修改为“在作出不予行政处罚或者处罚决定之日起二日内”。

三十八、将第一百五十三条改为第一百七十八条，第三款修改为：“对情节轻微、事实清楚、因果关系明确，不涉及医疗费用、物品损失或者双方当事人对医疗费用和物品损失的赔付无争议，符合治安调解条件，双方当事人同意当场调解并当场履行的治安案件，可以当场调解，并制作调解协议书。当事人基本情况、主要违法事实和协议内容在现场录音录像中明确记录的，不再制作调解协议书。”

三十九、将第一百五十八条改为第一百八十三条，删去其中的“调解应当制作笔录”。

四十、将第一百六十一条改为第一百八十六条，修改为：“对符合本规定第一百七十八条规定的治安案件，当事人申请人民调解或者自行和解，达成协议并履行后，双方当事人书面申请并经公安机关认可的，公安机关不予治安管理处罚，但公安机关已依法作出处理决定的除外。”

四十一、将第一百六十三条改为第一百八十八条，第一款、第二款修改为：“县级以上公安机关应当指定一个内设部门作为涉案财物管理部门，负责对涉案财物实行统一管理，并设立或者指定专门保管场所，对涉案财物进行集中保管。涉案财物集中保管的范围，由地方公安机关根据本地区实际情况确定。

“对价值较低、易于保管，或者需要作为证据继续使用，以及需要先行返还被侵害人的涉案财物，可以由办案部门设置专门的场所进行保管。办案部门应当指定不承担办案工作的民警负责本部门涉案财物的接收、保管、移交等管理工作；严禁由办案人员自行保管涉案财物。”

四十二、将第一百六十五条改为第一百九十条，第一款中的“对查封、先行登记保存的涉案财物”修改为“对查封、冻结、先行登记保存的涉案财物”。

第三款修改为：“对情况紧急，需要在提取涉案财物后的二十四小时内进行鉴定、辨认、检验、检查等工作的，经办案部门负责人批准，可以在完成上述工作后的二十四小时内移交。”

第四款修改为：“在提取涉案财物后的二十四小时内已将涉案财物处理完毕的，不再移交，但应当将处理涉案财物的相关手续附卷保存。”

第五款中的“因询问、鉴定、辨认、检验等办案需要”修改为“因询问、鉴定、辨认、检验、检查等办案需要”。

四十三、增加一条，作为第一百九十二条：“有关违法行为查证属实后，对有证据证明权属明确且无争议的被侵害人合法财物及其孳息，凡返还不损害其他被侵害人或者利害关系人的利益，不影响案件正常办理的，应当在登记、拍照或者录像和估价后，及时发还被侵害人。办案人民警察应当在案卷材料中注明返还的理由，并将原物照片、清单和被侵害人的领取手续附卷。”

四十四、将第一百六十八条改为第一百九十四条，第二款修改为：“前款第六项所列的工具，除非有证据表明属于他人合法所有，可以直接认定为违法行为人本人所有。对明显无价值的，可以不作出收缴决定，但应当在证据保全文书中注明处理情况。”

四十五、将第一百七十七条改为第二百零三条，删去第一款中的“消防安全”。

四十六、将第一百九十五条改为第二百二十一条，修改为：“对同时被决定行政拘留和社区戒毒或者强制隔离戒毒的人员，应当先执行行政拘留，由拘留所给予必要的戒毒治疗，强制隔离戒毒期限连续计算。

“拘留所不具备戒毒治疗条件的，行政拘留决定机关可以直接将被行政拘留人送公安机关管理的强制隔离戒毒所代为执行行政拘留，强制隔离戒毒期限连续计算。”

四十七、将第二百三十二条改为第二百五十八条，第一款第二项修改为：“（二）按照本规定第十章的规定达成调解、和解协议并已履行的”。

四十八、将第二百三十七条改为第二百六

十三条，增加一款作为第三款："公安机关可以使用电子签名、电子指纹捺印技术制作电子笔录等材料，可以使用电子印章制作法律文书。对案件当事人进行电子签名、电子指纹捺印的过程，公安机关应当同步录音录像。"

四十九、第四十一条、第五十三条、第五十六条、第七十四条、第一百六十一条、第一百九十二条、第一百九十三条、第二百零三条中引用的条文序号根据本决定作相应调整。

《公安机关办理行政案件程序规定》的有关章节及条文序号根据本决定作相应调整。

本决定自2019年1月1日起施行。

《公安机关办理行政案件程序规定》根据本决定作相应修改，重新公布。

公安机关办理行政案件程序规定

（2012年12月19日公安部令第125号修订发布。根据2014年6月29日公安部令第132号《公安部关于修改部分部门规章的决定》第一次修正。根据2018年11月25日公安部令第149号《公安部关于修改〈公安机关办理行政案件程序规定〉的决定》第二次修正）

目　录

第一章　总　　则

第一条　为了规范公安机关办理行政案件程序，保障公安机关在办理行政案件中正确履行职责，保护公民、法人和其他组织的合法权益，根据《中华人民共和国行政处罚法》《中华人民共和国行政强制法》《中华人民共和国治安管理处罚法》等有关法律、行政法规，制定本规定。

第二条　本规定所称行政案件，是指公安机关依照法律、法规和规章的规定对违法行为人决定行政处罚以及强制隔离戒毒、收容教育等处理措施的案件。

本规定所称公安机关，是指县级以上公安机关、公安派出所、依法具有独立执法主体资格的公安机关业务部门以及出入境边防检查站。

第三条 办理行政案件应当以事实为根据，以法律为准绳。

第四条 办理行政案件应当遵循合法、公正、公开、及时的原则，尊重和保障人权，保护公民的人格尊严。

第五条 办理行政案件应当坚持教育与处罚相结合的原则，教育公民、法人和其他组织自觉守法。

第六条 办理未成年人的行政案件，应当根据未成年人的身心特点，保障其合法权益。

第七条 办理行政案件，在少数民族聚居或者多民族共同居住的地区，应当使用当地通用的语言进行询问。对不通晓当地通用语言文字的当事人，应当为他们提供翻译。

第八条 公安机关及其人民警察在办理行政案件时，对涉及的国家秘密、商业秘密或者个人隐私，应当保密。

第九条 公安机关人民警察在办案中玩忽职守、徇私舞弊、滥用职权、索取或者收受他人财物的，依法给予处分；构成犯罪的，依法追究刑事责任。

第二章 管　　辖

第十条 行政案件由违法行为地的公安机关管辖。由违法行为人居住地公安机关管辖更为适宜的，可以由违法行为人居住地公安机关管辖，但是涉及卖淫、嫖娼、赌博、毒品的案件除外。

违法行为地包括违法行为发生地和违法结果发生地。违法行为发生地，包括违法行为的实施地以及开始地、途经地、结束地等与违法行为有关的地点；违法行为有连续、持续或者继续状态的，违法行为连续、持续或者继续实施的地方都属于违法行为发生地。违法结果发生地，包括违法对象被侵害地、违法所得的实际取得地、藏匿地、转移地、使用地、销售地。

居住地包括户籍所在地、经常居住地。经常居住地是指公民离开户籍所在地最后连续居住一年以上的地方，但在医院住院就医的除外。

移交违法行为人居住地公安机关管辖的行政案件，违法行为地公安机关在移交前应当及时收集证据，并配合违法行为人居住地公安机关开展调查取证工作。

第十一条 针对或者利用网络实施的违法行为，用于实施违法行为的网站服务器所在地、网络接入地以及网站建立者或者管理者所在地，被侵害的网络及其运营者所在地，违法过程中违法行为人、被侵害人使用的网络及其运营者所在地，被侵害人被侵害时所在地，以及被侵害人财产遭受损失地公安机关可以管辖。

第十二条 行驶中的客车上发生的行政案件，由案发后客车最初停靠地公安机关管辖；必要时，始发地、途经地、到达地公安机关也可以管辖。

第十三条 行政案件由县级公安机关及其公安派出所、依法具有独立执法主体资格的公安机关业务部门以及出入境边防检查站按照法律、行政法规、规章授权和管辖分工办理，但法律、行政法规、规章规定由设区的市级以上公安机关办理的除外。

第十四条 几个公安机关都有权管辖的

行政案件，由最初受理的公安机关管辖。必要时，可以由主要违法行为地公安机关管辖。

第十五条 对管辖权发生争议的，报请共同的上级公安机关指定管辖。

对于重大、复杂的案件，上级公安机关可以直接办理或者指定管辖。

上级公安机关直接办理或者指定管辖的，应当书面通知被指定管辖的公安机关和其他有关的公安机关。

原受理案件的公安机关自收到上级公安机关书面通知之日起不再行使管辖权，并立即将案卷材料移送被指定管辖的公安机关或者办理的上级公安机关，及时书面通知当事人。

第十六条 铁路公安机关管辖列车上，火车站工作区域内，铁路系统的机关、厂、段、所、队等单位内发生的行政案件，以及在铁路线上放置障碍物或者损毁、移动铁路设施等可能影响铁路运输安全、盗窃铁路设施的行政案件。对倒卖、伪造、变造火车票案件，由最初受理的铁路或者地方公安机关管辖。必要时，可以移送主要违法行为发生地的铁路或者地方公安机关管辖。

交通公安机关管辖港航管理机构管理的轮船上、港口、码头工作区域内和港航系统的机关、厂、所、队等单位内发生的行政案件。

民航公安机关管辖民航管理机构管理的机场工作区域以及民航系统的机关、厂、所、队等单位内和民航飞机上发生的行政案件。

国有林区的森林公安机关管辖林区内发生的行政案件。

海关缉私机构管辖阻碍海关缉私警察依法执行职务的治安案件。

第三章 回　避

第十七条 公安机关负责人、办案人民警察有下列情形之一的，应当自行提出回避申请，案件当事人及其法定代理人有权要求他们回避：

（一）是本案的当事人或者当事人近亲属的；

（二）本人或者其近亲属与本案有利害关系的；

（三）与本案当事人有其他关系，可能影响案件公正处理的。

第十八条 公安机关负责人、办案人民警察提出回避申请的，应当说明理由。

第十九条 办案人民警察的回避，由其所属的公安机关决定；公安机关负责人的回避，由上一级公安机关决定。

第二十条 当事人及其法定代理人要求公安机关负责人、办案人民警察回避的，应当提出申请，并说明理由。口头提出申请的，公安机关应当记录在案。

第二十一条 对当事人及其法定代理人提出的回避申请，公安机关应当在收到申请之日起二日内作出决定并通知申请人。

第二十二条 公安机关负责人、办案人民警察具有应当回避的情形之一，本人没有申请回避，当事人及其法定代理人也没有申请其回避的，有权决定其回避的公安机关可以指令其回避。

第二十三条 在行政案件调查过程中，鉴定人和翻译人员需要回避的，适用本章的规定。

鉴定人、翻译人员的回避，由指派或者聘请的公安机关决定。

第二十四条 在公安机关作出回避决定前，办案人民警察不得停止对行政案件的调查。

作出回避决定后，公安机关负责人、办案人民警察不得再参与该行政案件的调查和审核、审批工作。

第二十五条 被决定回避的公安机关负责人、办案人民警察、鉴定人和翻译人员，在回避决定作出前所进行的与案件有关的活动是否有效，由作出回避决定的公安机关根据是否影响案件依法公正处理等情况决定。

第四章 证 据

第二十六条 可以用于证明案件事实的材料，都是证据。公安机关办理行政案件的证据包括：

（一）物证；

（二）书证；

（三）被侵害人陈述和其他证人证言；

（四）违法嫌疑人的陈述和申辩；

（五）鉴定意见；

（六）勘验、检查、辨认笔录，现场笔录；

（七）视听资料、电子数据。

证据必须经过查证属实，才能作为定案的根据。

第二十七条 公安机关必须依照法定程序，收集能够证实违法嫌疑人是否违法、违法情节轻重的证据。

严禁刑讯逼供和以威胁、欺骗等非法方法收集证据。采用刑讯逼供等非法方法收集的违法嫌疑人的陈述和申辩以及采用暴力、威胁等非法方法收集的被侵害人陈述、其他证人证言，不能作为定案的根据。收集物证、书证不符合法定程序，可能严重影响执法公正的，应当予以补正或者作出合理解释；不能补正或者作出合理解释的，不能作为定案的根据。

第二十八条 公安机关向有关单位和个人收集、调取证据时，应当告知其必须如实提供证据，并告知其伪造、隐匿、毁灭证据，提供虚假证词应当承担的法律责任。

需要向有关单位和个人调取证据的，经公安机关办案部门负责人批准，开具调取证据通知书，明确调取的证据和提供时限。被调取人应当在通知书上盖章或者签名，被调取人拒绝的，公安机关应当注明。必要时，公安机关应当采用录音、录像等方式固定证据内容及取证过程。

需要向有关单位紧急调取证据的，公安机关可以在电话告知人民警察身份的同时，将调取证据通知书连同办案人民警察的人民警察证复印件通过传真、互联网通讯工具等方式送达有关单位。

第二十九条 收集调取的物证应当是原物。在原物不便搬运、不易保存或者依法应当由有关部门保管、处理或者依法应当返还时，可以拍摄或者制作足以反映原物外形或者内容的照片、录像。

物证的照片、录像，经与原物核实无误或者经鉴定证明为真实的，可以作为证据使用。

第三十条 收集、调取的书证应当是原件。在取得原件确有困难时，可以使用副本或者复制件。

书证的副本、复制件，经与原件核实无误或者经鉴定证明为真实的，可以作为证据使用。书证有更改或者更改迹象不能作出合理解释的，或者书证的副本、复制件不能反映书证原件及其内容的，不能作为证据使用。

第三十一条 物证的照片、录像，书证的副本、复制件，视听资料的复制件，应当附有关制作过程及原件、原物存放处的文字说明，并由制作人和物品持有人或者持有单位有关人员签名。

第三十二条 收集电子数据，能够扣押电子数据原始存储介质的，应当扣押。

无法扣押原始存储介质的，可以提取电子数据。提取电子数据，应当制作笔录，并附电子数据清单，由办案人民警察、电子数据持有人签名。持有人无法或者拒绝签名的，应当在笔录中注明。

由于客观原因无法或者不宜依照前两款规定收集电子数据的，可以采取打印、拍照或者录像等方式固定相关证据，并附有关原因、过程等情况的文字说明，由办案人民警察、电子数据持有人签名。持有人无法或者拒绝签名的，应当注明情况。

第三十三条 刑事案件转为行政案件办理的，刑事案件办理过程中收集的证据材料，可以作为行政案件的证据使用。

第三十四条 凡知道案件情况的人，都有作证的义务。

生理上、精神上有缺陷或者年幼，不能辨别是非、不能正确表达的人，不能作为证人。

第五章 期间与送达

第三十五条 期间以时、日、月、年计算，期间开始之时或者日不计算在内。法律文书送达的期间不包括路途上的时间。期间的最后一日是节假日的，以节假日后的第一日为期满日期，但违法行为人被限制人身自由的期间，应当至期满之日为止，不得因节假日而延长。

第三十六条 送达法律文书，应当遵守下列规定：

（一）依照简易程序作出当场处罚决定的，应当将决定书当场交付被处罚人，并由被处罚人在备案的决定书上签名或者捺指印；被处罚人拒绝的，由办案人民警察在备案的决定书上注明；

（二）除本款第一项规定外，作出行政处罚决定和其他行政处理决定，应当在宣告后将决定书当场交付被处理人，并由被处理人在附卷的决定书上签名或者捺指印，即为送达；被处理人拒绝的，由办案人民警察在附卷的决定书上注明；被处理人不在场的，公安机关应当在作出决定的七日内将决定书送达被处理人，治安管理处罚决定应当在二日内送达。

送达法律文书应当首先采取直接送达方式，交给受送达人本人；受送达人不在的，可以交付其成年家属、所在单位的负责人员或者其居住地居（村）民委员会代收。受送达人本人或者代收人拒绝接收或者拒绝签名和捺指印的，送达人可以邀请其邻居或者其他见证人到场，说明情况，也可以对拒收情况进行录音录像，把文书留在受送达人处，在附卷的法律文书上注明拒绝的事由、送达日期，由送达人、见证人签名或者捺指印，即视为送达。

无法直接送达的，委托其他公安机关代为送达，或者邮寄送达。经受送达人同意，可以采用传真、互联网通讯工具等能够确认其收悉的方式送达。

经采取上述送达方式仍无法送达的，可以公告送达。公告的范围和方式应当便于公民知晓，公告期限不得少于六十日。

第六章　简易程序和快速办理

第一节　简易程序

第三十七条　违法事实确凿，且具有下列情形之一的，人民警察可以当场作出处罚决定，有违禁品的，可以当场收缴：

（一）对违反治安管理行为人或者道路交通违法行为人处二百元以下罚款或者警告的；

（二）出入境边防检查机关对违反出境入境管理行为人处五百元以下罚款或者警告的；

（三）对有其他违法行为的个人处五十元以下罚款或者警告、对单位处一千元以下罚款或者警告的；

（四）法律规定可以当场处罚的其他情形。

涉及卖淫、嫖娼、赌博、毒品的案件，不适用当场处罚。

第三十八条　当场处罚，应当按照下列程序实施：

（一）向违法行为人表明执法身份；

（二）收集证据；

（三）口头告知违法行为人拟作出行政处罚决定的事实、理由和依据，并告知违法行为人依法享有的陈述权和申辩权；

（四）充分听取违法行为人的陈述和申辩。违法行为人提出的事实、理由或者证据成立的，应当采纳；

（五）填写当场处罚决定书并当场交付被处罚人；

（六）当场收缴罚款的，同时填写罚款收据，交付被处罚人；未当场收缴罚款的，应当告知被处罚人在规定期限内到指定的银行缴纳罚款。

第三十九条　适用简易程序处罚的，可以由人民警察一人作出行政处罚决定。

人民警察当场作出行政处罚决定的，应当于作出决定后的二十四小时内将当场处罚决定书报所属公安机关备案，交通警察应当于作出决定后的二日内报所属公安机关交通管理部门备案。在旅客列车、民航飞机、水上作出行政处罚决定的，应当在返回后的二十四小时内报所属公安机关备案。

第二节　快速办理

第四十条　对不适用简易程序，但事实清楚，违法嫌疑人自愿认错认罚，且对违法事实和法律适用没有异议的行政案件，公安机关可以通过简化取证方式和审核审批手续等措施快速办理。

第四十一条　行政案件具有下列情形之一的，不适用快速办理：

（一）违法嫌疑人系盲、聋、哑人，未成年人或者疑似精神病人的；

（二）依法应当适用听证程序的；

（三）可能作出十日以上行政拘留处罚的；

（四）其他不宜快速办理的。

第四十二条　快速办理行政案件前，公安机关应当书面告知违法嫌疑人快速办理的相关规定，征得其同意，并由其签名确认。

第四十三条　对符合快速办理条件的行政案件，违法嫌疑人在自行书写材料或者询问笔录中承认违法事实、认错认罚，并有视音频记录、电子数据、检查笔录等关键证据能够相互印证的，公安机关可以不再开展其他调查取证工作。

第四十四条　对适用快速办理的行政案件，可以由专兼职法制员或者办案部门负责人审核后，报公安机关负责人审批。

第四十五条　对快速办理的行政案件，公安机关可以根据不同案件类型，使用简明扼要的格式询问笔录，尽量减少需要文字记录的内容。

被询问人自行书写材料的，办案单位可以提供样式供其参考。

使用执法记录仪等设备对询问过程录音录像的，可以替代书面询问笔录，必要时，对视听资料的关键内容和相应时间段等作文字说明。

第四十六条 对快速办理的行政案件，公安机关可以根据违法行为人认错悔改、纠正违法行为、赔偿损失以及被侵害人谅解情况等情节，依法对违法行为人从轻、减轻处罚或者不予行政处罚。

对快速办理的行政案件，公安机关可以采用口头方式履行处罚前告知程序，由办案人民警察在案卷材料中注明告知情况，并由被告知人签名确认。

第四十七条 对快速办理的行政案件，公安机关应当在违法嫌疑人到案后四十八小时内作出处理决定。

第四十八条 公安机关快速办理行政案件时，发现不适宜快速办理的，转为一般案件办理。快速办理阶段依法收集的证据，可以作为定案的根据。

第七章 调查取证

第一节 一般规定

第四十九条 对行政案件进行调查时，应当合法、及时、客观、全面地收集、调取证据材料，并予以审查、核实。

第五十条 需要调查的案件事实包括：

（一）违法嫌疑人的基本情况；

（二）违法行为是否存在；

（三）违法行为是否为违法嫌疑人实施；

（四）实施违法行为的时间、地点、手段、后果以及其他情节；

（五）违法嫌疑人有无法定从重、从轻、减轻以及不予行政处罚的情形；

（六）与案件有关的其他事实。

第五十一条 公安机关调查取证时，应当防止泄露工作秘密。

第五十二条 公安机关进行询问、辨认、检查、勘验，实施行政强制措施等调查取证工作时，人民警察不得少于二人，并表明执法身份。

接报案、受案登记、接受证据、信息采集、调解、送达文书等工作，可以由一名人民警察带领警务辅助人员进行，但应当全程录音录像。

第五十三条 对查获或者到案的违法嫌疑人应当进行安全检查，发现违禁品或者管制器具、武器、易燃易爆等危险品以及与案件有关的需要作为证据的物品的，应当立即扣押；对违法嫌疑人随身携带的与案件无关的物品，应当按照有关规定予以登记、保管、退还。安全检查不需要开具检查证。

前款规定的扣押适用本规定第五十五条和第五十六条以及本章第七节的规定。

第五十四条 办理行政案件时，可以依法采取下列行政强制措施：

（一）对物品、设施、场所采取扣押、扣留、查封、先行登记保存、抽样取证、封存文件资料等强制措施，对恐怖活动嫌疑人的存款、汇款、债券、股票、基金份额等财产还可以采取冻结措施；

（二）对违法嫌疑人采取保护性约束措施、继续盘问、强制传唤、强制检测、拘留审查、限制活动范围，对恐怖活动嫌疑人采取约束措施等强制措施。

第五十五条 实施行政强制措施应当遵守下列规定：

（一）实施前须依法向公安机关负责人报告并经批准；

（二）通知当事人到场，当场告知当事人采取行政强制措施的理由、依据以及当事人依法享有的权利、救济途径。当事人不到场的，邀请见证人到场，并在现场笔录中注明；

（三）听取当事人的陈述和申辩；

（四）制作现场笔录，由当事人和办案人民警察签名或者盖章，当事人拒绝的，在笔录中注明。当事人不在场的，由见证人和办案人民警察在笔录上签名或者盖章；

（五）实施限制公民人身自由的行政强制措施的，应当当场告知当事人家属实施强制措施的公安机关、理由、地点和期限；无法当场告知的，应当在实施强制措施后立即通过电话、短信、传真等方式通知；身份不明、拒不提供家属联系方式或者因自然灾害等不可抗力导致无法通知的，可以不予通知。告知、通知家属情况或者无法通知家属的原因应当在询问笔录中注明。

（六）法律、法规规定的其他程序。

勘验、检查时实施行政强制措施，制作勘验、检查笔录的，不再制作现场笔录。

实施行政强制措施的全程录音录像，已经具备本条第一款第二项、第三项规定的实质要素的，可以替代书面现场笔录，但应当对视听资料的关键内容和相应时间段等作文字说明。

第五十六条 情况紧急，当场实施行政强制措施的，办案人民警察应当在二十四小时内依法向其所属的公安机关负责人报告，并补办批准手续。当场实施限制公民人身自由的行政强制措施的，办案人民警察应当在返回单位后立即报告，并补办批准手续。公安机关负责人认为不应当采取行政强制措施的，应当立即解除。

第五十七条 为维护社会秩序，人民警察对有违法嫌疑的人员，经表明执法身份后，可以当场盘问、检查。对当场盘问、检查后，不能排除其违法嫌疑，依法可以适用继续盘问的，可以将其带至公安机关，经公安派出所负责人批准，对其继续盘问。对违反出境入境管理的嫌疑人依法适用继续盘问的，应当经县级以上公安机关或者出入境边防检查机关负责人批准。

继续盘问的时限一般为十二小时；对在十二小时以内确实难以证实或者排除其违法犯罪嫌疑的，可以延长至二十四小时；对不讲真实姓名、住址、身份，且在二十四小时以内仍不能证实或者排除其违法犯罪嫌疑的，可以延长至四十八小时。

第五十八条 违法嫌疑人在醉酒状态中，对本人有危险或者对他人的人身、财产或者公共安全有威胁的，可以对其采取保护性措施约束至酒醒，也可以通知其家属、亲友或者所属单位将其领回看管，必要时，应当送医院醒酒。对行为举止失控的醉酒人，可以使用约束带或者警绳等进行约束，但是不得使用手铐、脚镣等警械。

约束过程中，应当指定专人严加看护。确认醉酒人酒醒后，应当立即解除约束，并进行询问。约束时间不计算在询问查证时间内。

第五十九条 对恐怖活动嫌疑人实施约束措施，应当遵守下列规定：

（一）实施前须经县级以上公安机关负责人批准；

（二）告知嫌疑人采取约束措施的理由、

依据以及其依法享有的权利、救济途径；

（三）听取嫌疑人的陈述和申辩；

（四）出具决定书。

公安机关可以采取电子监控、不定期检查等方式对被约束人遵守约束措施的情况进行监督。

约束措施的期限不得超过三个月。对不需要继续采取约束措施的，应当及时解除并通知被约束人。

第二节 受 案

第六十条 县级公安机关及其公安派出所、依法具有独立执法主体资格的公安机关业务部门以及出入境边防检查站对报案、控告、举报、群众扭送或者违法嫌疑人投案，以及其他国家机关移送的案件，应当及时受理并按照规定进行网上接报案登记。对重复报案、案件正在办理或者已经办结的，应当向报案人、控告人、举报人、扭送人、投案人作出解释，不再登记。

第六十一条 公安机关应当对报案、控告、举报、群众扭送或者违法嫌疑人投案分别作出下列处理，并将处理情况在接报案登记中注明：

（一）对属于本单位管辖范围内的案件，应当立即调查处理，制作受案登记表和受案回执，并将受案回执交报案人、控告人、举报人、扭送人；

（二）对属于公安机关职责范围，但不属于本单位管辖的，应当在二十四小时内移送有管辖权的单位处理，并告知报案人、控告人、举报人、扭送人、投案人；

（三）对不属于公安机关职责范围的事项，在接报案时能够当场判断的，应当立即口头告知报案人、控告人、举报人、扭送人、投案人向其他主管机关报案或者投案，报案人、控告人、举报人、扭送人、投案人对口头告知内容有异议或者不能当场判断的，应当书面告知，但因没有联系方式、身份不明等客观原因无法书面告知的除外。

在日常执法执勤中发现的违法行为，适用前款规定。

第六十二条 属于公安机关职责范围但不属于本单位管辖的案件，具有下列情形之一的，受理案件或者发现案件的公安机关及其人民警察应当依法先行采取必要的强制措施或者其他处置措施，再移送有管辖权的单位处理：

（一）违法嫌疑人正在实施危害行为的；

（二）正在实施违法行为或者违法后即时被发现的现行犯被扭送至公安机关的；

（三）在逃的违法嫌疑人已被抓获或者被发现的；

（四）有人员伤亡，需要立即采取救治措施的；

（五）其他应当采取紧急措施的情形。

行政案件移送管辖的，询问查证时间和扣押等措施的期限重新计算。

第六十三条 报案人不愿意公开自己的姓名和报案行为的，公安机关应当在受案登记时注明，并为其保密。

第六十四条 对报案人、控告人、举报人、扭送人、投案人提供的有关证据材料、物品等应当登记，出具接受证据清单，并妥善保管。必要时，应当拍照、录音、录像。移送案件时，应当将有关证据材料和物品一并移交。

第六十五条 对发现或者受理的案件暂时无法确定为刑事案件或者行政案件的，可以按照行政案件的程序办理。在办理过程中，认为涉嫌构成犯罪的，应当按照《公安机关办理刑事案件程序规定》办理。

第三节　询　　问

第六十六条　询问违法嫌疑人，可以到违法嫌疑人住处或者单位进行，也可以将违法嫌疑人传唤到其所在市、县内的指定地点进行。

第六十七条　需要传唤违法嫌疑人接受调查的，经公安派出所、县级以上公安机关办案部门或者出入境边防检查机关负责人批准，使用传唤证传唤。对现场发现的违法嫌疑人，人民警察经出示人民警察证，可以口头传唤，并在询问笔录中注明违法嫌疑人到案经过、到案时间和离开时间。

单位违反公安行政管理规定，需要传唤其直接负责的主管人员和其他直接责任人员的，适用前款规定。

对无正当理由不接受传唤或者逃避传唤的违反治安管理、出境入境管理的嫌疑人以及法律规定可以强制传唤的其他违法嫌疑人，经公安派出所、县级以上公安机关办案部门或者出入境边防检查机关负责人批准，可以强制传唤。强制传唤时，可以依法使用手铐、警绳等约束性警械。

公安机关应当将传唤的原因和依据告知被传唤人，并通知其家属。公安机关通知被传唤人家属适用本规定第五十五条第一款第五项的规定。

第六十八条　使用传唤证传唤的，违法嫌疑人被传唤到案后和询问查证结束后，应当由其在传唤证上填写到案和离开时间并签名。拒绝填写或者签名的，办案人民警察应当在传唤证上注明。

第六十九条　对被传唤的违法嫌疑人，应当及时询问查证，询问查证的时间不得超过八小时；案情复杂，违法行为依法可能适用行政拘留处罚的，询问查证的时间不得超过二十四小时。

不得以连续传唤的形式变相拘禁违法嫌疑人。

第七十条　对于投案自首或者群众扭送的违法嫌疑人，公安机关应当立即进行询问查证，并在询问笔录中记明违法嫌疑人到案经过、到案和离开时间。询问查证时间适用本规定第六十九条第一款的规定。

对于投案自首或者群众扭送的违法嫌疑人，公安机关应当适用本规定第五十五条第一款第五项的规定通知其家属。

第七十一条　在公安机关询问违法嫌疑人，应当在办案场所进行。

询问查证期间应当保证违法嫌疑人的饮食和必要的休息时间，并在询问笔录中注明。

在询问查证的间隙期间，可以将违法嫌疑人送入候问室，并按照候问室的管理规定执行。

第七十二条　询问违法嫌疑人、被侵害人或者其他证人，应当个别进行。

第七十三条　首次询问违法嫌疑人时，应当问明违法嫌疑人的姓名、出生日期、户籍所在地、现住址、身份证件种类及号码，是否为各级人民代表大会代表，是否受过刑事处罚或者行政拘留、收容教育、强制隔离戒毒、社区戒毒、收容教养等情况。必要时，还应当问明其家庭主要成员、工作单位、文化程度、民族、身体状况等情况。

违法嫌疑人为外国人的，首次询问时还应当问明其国籍、出入境证件种类及号码、签证种类、入境时间、入境事由等情况。必要时，还应当问明其在华关系人等情况。

第七十四条　询问时，应当告知被询问人必须如实提供证据、证言和故意作伪证或者隐匿证据应负的法律责任，对与本案无关的问题有拒绝回答的权利。

第七十五条 询问未成年人时，应当通知其父母或者其他监护人到场，其父母或者其他监护人不能到场的，也可以通知未成年人的其他成年亲属，所在学校、单位、居住地基层组织或者未成年人保护组织的代表到场，并将有关情况记录在案。确实无法通知或者通知后未到场的，应当在询问笔录中注明。

第七十六条 询问聋哑人，应当有通晓手语的人提供帮助，并在询问笔录中注明被询问人的聋哑情况以及翻译人员的姓名、住址、工作单位和联系方式。

对不通晓当地通用的语言文字的被询问人，应当为其配备翻译人员，并在询问笔录中注明翻译人员的姓名、住址、工作单位和联系方式。

第七十七条 询问笔录应当交被询问人核对，对没有阅读能力的，应当向其宣读。记录有误或者遗漏的，应当允许被询问人更正或者补充，并要求其在修改处捺指印。被询问人确认笔录无误后，应当在询问笔录上逐页签名或者捺指印。拒绝签名和捺指印的，办案人民警察应当在询问笔录中注明。

办案人民警察应当在询问笔录上签名，翻译人员应当在询问笔录的结尾处签名。

询问时，可以全程录音、录像，并保持录音、录像资料的完整性。

第七十八条 询问违法嫌疑人时，应当听取违法嫌疑人的陈述和申辩。对违法嫌疑人的陈述和申辩，应当核查。

第七十九条 询问被侵害人或者其他证人，可以在现场进行，也可以到其单位、学校、住所、其居住地居（村）民委员会或者其提出的地点进行。必要时，也可以书面、电话或者当场通知其到公安机关提供证言。

在现场询问的，办案人民警察应当出示人民警察证。

询问前，应当了解被询问人的身份以及其与被侵害人、其他证人、违法嫌疑人之间的关系。

第八十条 违法嫌疑人、被侵害人或者其他证人请求自行提供书面材料的，应当准许。必要时，办案人民警察也可以要求违法嫌疑人、被侵害人或者其他证人自行书写。违法嫌疑人、被侵害人或者其他证人应当在其提供的书面材料的结尾处签名或者捺指印。对打印的书面材料，违法嫌疑人、被侵害人或者其他证人应当逐页签名或者捺指印。办案人民警察收到书面材料后，应当在首页注明收到日期，并签名。

第四节 勘验、检查

第八十一条 对于违法行为案发现场，必要时应当进行勘验，提取与案件有关的证据材料，判断案件性质，确定调查方向和范围。

现场勘验参照刑事案件现场勘验的有关规定执行。

第八十二条 对与违法行为有关的场所、物品、人身可以进行检查。检查时，人民警察不得少于二人，并应当出示人民警察证和县级以上公安机关开具的检查证。对确有必要立即进行检查的，人民警察经出示人民警察证，可以当场检查；但检查公民住所的，必须有证据表明或者有群众报警公民住所内正在发生危害公共安全或者公民人身安全的案（事）件，或者违法存放危险物质，不立即检查可能会对公共安全或者公民人身、财产安全造成重大危害。

对机关、团体、企业、事业单位或者公共场所进行日常执法监督检查，依照有关法律、法规和规章执行，不适用前款规定。

第八十三条 对违法嫌疑人，可以依法提取或者采集肖像、指纹等人体生物识别信息；涉嫌酒后驾驶机动车、吸毒、从事恐怖活动等违法行为的，可以依照《中华人民共和国道路交通安全法》《中华人民共和国禁毒法》《中华人民共和国反恐怖主义法》等规定提取或者采集血液、尿液、毛发、脱落细胞等生物样本。人身安全检查和当场检查时已经提取、采集的信息，不再提取、采集。

第八十四条 对违法嫌疑人进行检查时，应当尊重被检查人的人格尊严，不得以有损人格尊严的方式进行检查。

检查妇女的身体，应当由女性工作人员进行。

依法对卖淫、嫖娼人员进行性病检查，应当由医生进行。

第八十五条 检查场所或者物品时，应当注意避免对物品造成不必要的损坏。

检查场所时，应当有被检查人或者见证人在场。

第八十六条 检查情况应当制作检查笔录。检查笔录由检查人员、被检查人或者见证人签名；被检查人不在场或者拒绝签名的，办案人民警察应当在检查笔录中注明。

检查时的全程录音录像可以替代书面检查笔录，但应当对视听资料的关键内容和相应时间段等作文字说明。

第五节 鉴 定

第八十七条 为了查明案情，需要对专门性技术问题进行鉴定的，应当指派或者聘请具有专门知识的人员进行。

需要聘请本公安机关以外的人进行鉴定的，应当经公安机关办案部门负责人批准后，制作鉴定聘请书。

第八十八条 公安机关应当为鉴定提供必要的条件，及时送交有关检材和比对样本等原始材料，介绍与鉴定有关的情况，并且明确提出要求鉴定解决的问题。

办案人民警察应当做好检材的保管和送检工作，并注明检材送检环节的责任人，确保检材在流转环节中的同一性和不被污染。

禁止强迫或者暗示鉴定人作出某种鉴定意见。

第八十九条 对人身伤害的鉴定由法医进行。

卫生行政主管部门许可的医疗机构具有执业资格的医生出具的诊断证明，可以作为公安机关认定人身伤害程度的依据，但具有本规定第九十条规定情形的除外。

对精神病的鉴定，由有精神病鉴定资格的鉴定机构进行。

第九十条 人身伤害案件具有下列情形之一的，公安机关应当进行伤情鉴定：

（一）受伤程度较重，可能构成轻伤以上伤害程度的；

（二）被侵害人要求作伤情鉴定的；

（三）违法嫌疑人、被侵害人对伤害程度有争议的。

第九十一条 对需要进行伤情鉴定的案件，被侵害人拒绝提供诊断证明或者拒绝进行伤情鉴定的，公安机关应当将有关情况记录在案，并可以根据已认定的事实作出处理决定。

经公安机关通知，被侵害人无正当理由未在公安机关确定的时间内作伤情鉴定的，视为拒绝鉴定。

第九十二条 对电子数据涉及的专门性问题难以确定的，由司法鉴定机构出具鉴定意见，或者由公安部指定的机构出具报告。

第九十三条 涉案物品价值不明或者难以确定的，公安机关应当委托价格鉴证机构估价。

根据当事人提供的购买发票等票据能够认定价值的涉案物品，或者价值明显不够刑事立案标准的涉案物品，公安机关可以不进行价格鉴证。

第九十四条 对涉嫌吸毒的人员，应当进行吸毒检测，被检测人员应当配合；对拒绝接受检测的，经县级以上公安机关或者其派出机构负责人批准，可以强制检测。采集女性被检测人检测样本，应当由女性工作人员进行。

对涉嫌服用国家管制的精神药品、麻醉药品驾驶机动车的人员，可以对其进行体内国家管制的精神药品、麻醉药品含量检验。

第九十五条 对有酒后驾驶机动车嫌疑的人，应当对其进行呼气酒精测试，对具有下列情形之一的，应当立即提取血样，检验血液酒精含量：

（一）当事人对呼气酒精测试结果有异议的；

（二）当事人拒绝配合呼气酒精测试的；

（三）涉嫌醉酒驾驶机动车的；

（四）涉嫌饮酒后驾驶机动车发生交通事故的。

当事人对呼气酒精测试结果无异议的，应当签字确认。事后提出异议的，不予采纳。

第九十六条 鉴定人鉴定后，应当出具鉴定意见。鉴定意见应当载明委托人、委托鉴定的事项、提交鉴定的相关材料、鉴定的时间、依据和结论性意见等内容，并由鉴定人签名或者盖章。通过分析得出鉴定意见的，应当有分析过程的说明。鉴定意见应当附有鉴定机构和鉴定人的资质证明或者其他证明文件。

鉴定人对鉴定意见负责，不受任何机关、团体、企业、事业单位和个人的干涉。多人参加鉴定，对鉴定意见有不同意见的，应当注明。

鉴定人故意作虚假鉴定的，应当承担法律责任。

第九十七条 办案人民警察应当对鉴定意见进行审查。

对经审查作为证据使用的鉴定意见，公安机关应当在收到鉴定意见之日起五日内将鉴定意见复印件送达违法嫌疑人和被侵害人。

医疗机构出具的诊断证明作为公安机关认定人身伤害程度的依据的，应当将诊断证明结论书面告知违法嫌疑人和被侵害人。

违法嫌疑人或者被侵害人对鉴定意见有异议的，可以在收到鉴定意见复印件之日起三日内提出重新鉴定的申请，经县级以上公安机关批准后，进行重新鉴定。同一行政案件的同一事项重新鉴定以一次为限。

当事人是否申请重新鉴定，不影响案件的正常办理。

公安机关认为必要时，也可以直接决定重新鉴定。

第九十八条 具有下列情形之一的，应当进行重新鉴定：

（一）鉴定程序违法或者违反相关专业技术要求，可能影响鉴定意见正确性的；

（二）鉴定机构、鉴定人不具备鉴定资质和条件的；

（三）鉴定意见明显依据不足的；

（四）鉴定人故意作虚假鉴定的；

（五）鉴定人应当回避而没有回避的；

（六）检材虚假或者被损坏的；

（七）其他应当重新鉴定的。

不符合前款规定情形的，经县级以上公安机关负责人批准，作出不准予重新鉴定的决定，并在作出决定之日起的三日以内书面通知申请人。

第九十九条 重新鉴定，公安机关应当另行指派或者聘请鉴定人。

第一百条 鉴定费用由公安机关承担，但当事人自行鉴定的除外。

第六节 辨 认

第一百零一条 为了查明案情，办案人民警察可以让违法嫌疑人、被侵害人或者其他证人对与违法行为有关的物品、场所或者违法嫌疑人进行辨认。

第一百零二条 辨认由二名以上办案人民警察主持。

组织辨认前，应当向辨认人详细询问辨认对象的具体特征，并避免辨认人见到辨认对象。

第一百零三条 多名辨认人对同一辨认对象或者一名辨认人对多名辨认对象进行辨认时，应当个别进行。

第一百零四条 辨认时，应当将辨认对象混杂在特征相类似的其他对象中，不得给辨认人任何暗示。

辨认违法嫌疑人时，被辨认的人数不得少于七人；对违法嫌疑人照片进行辨认的，不得少于十人的照片。

辨认每一件物品时，混杂的同类物品不得少于五件。

同一辨认人对与同一案件有关的辨认对象进行多组辨认的，不得重复使用陪衬照片或者陪衬人。

第一百零五条 辨认人不愿意暴露身份的，对违法嫌疑人的辨认可以在不暴露辨认人的情况下进行，公安机关及其人民警察应当为其保守秘密。

第一百零六条 辨认经过和结果，应当制作辨认笔录，由办案人民警察和辨认人签名或者捺指印。必要时，应当对辨认过程进行录音、录像。

第七节 证据保全

第一百零七条 对下列物品，经公安机关负责人批准，可以依法扣押或者扣留：

（一）与治安案件、违反出境入境管理的案件有关的需要作为证据的物品；

（二）道路交通安全法律、法规规定适用扣留的车辆、机动车驾驶证；

（三）《中华人民共和国反恐怖主义法》等法律、法规规定适用扣押或者扣留的物品。

对下列物品，不得扣押或者扣留：

（一）与案件无关的物品；

（二）公民个人及其所扶养家属的生活必需品；

（三）被侵害人或者善意第三人合法占有的财产。

对具有本条第二款第二项、第三项情形的，应当予以登记，写明登记财物的名称、规格、数量、特征，并由占有人签名或者捺指印。必要时，可以进行拍照。但是，与案件有关必须鉴定的，可以依法扣押，结束后应当立即解除。

第一百零八条 办理下列行政案件时，对专门用于从事无证经营活动的场所、设施、物品，经公安机关负责人批准，可以依法查封。但对与违法行为无关的场所、设施，公民个人及其扶养家属的生活必需品不得查封：

（一）擅自经营按照国家规定需要由公安机关许可的行业的；

（二）依照《娱乐场所管理条例》可以由公安机关采取取缔措施的；

（三）《中华人民共和国反恐怖主义法》等法律、法规规定适用查封的其他公安行政案件。

场所、设施、物品已被其他国家机关依法查封的，不得重复查封。

第一百零九条 收集证据时，经公安机关办案部门负责人批准，可以采取抽样取证的方法。

抽样取证应当采取随机的方式，抽取样品的数量以能够认定本品的品质特征为限。

抽样取证时，应当对抽样取证的现场、被抽样物品及被抽取的样品进行拍照或者对抽样过程进行录像。

对抽取的样品应当及时进行检验。经检验，能够作为证据使用的，应当依法扣押、先行登记保存或者登记；不属于证据的，应当及时返还样品。样品有减损的，应当予以补偿。

第一百一十条 在证据可能灭失或者以后难以取得的情况下，经公安机关办案部门负责人批准，可以先行登记保存。

先行登记保存期间，证据持有人及其他人员不得损毁或者转移证据。

对先行登记保存的证据，应当在七日内作出处理决定。逾期不作出处理决定的，视为自动解除。

第一百一十一条 实施扣押、扣留、查封、抽样取证、先行登记保存等证据保全措施时，应当会同当事人查点清楚，制作并当场交付证据保全决定书。必要时，应当对采取证据保全措施的证据进行拍照或者对采取证据保全的过程进行录像。证据保全决定书应当载明下列事项：

（一）当事人的姓名或者名称、地址；

（二）抽样取证、先行登记保存、扣押、扣留、查封的理由、依据和期限；

（三）申请行政复议或者提起行政诉讼的途径和期限；

（四）作出决定的公安机关的名称、印章和日期。

证据保全决定书应当附清单，载明被采取证据保全措施的场所、设施、物品的名称、规格、数量、特征等，由办案人民警察和当事人签名后，一份交当事人，一份附卷。有见证人的，还应当由见证人签名。当事人或者见证人拒绝签名的，办案人民警察应当在证据保全清单上注明。

对可以作为证据使用的录音带、录像带，在扣押时应当予以检查，记明案由、内容以及录取和复制的时间、地点等，并妥为保管。

对扣押的电子数据原始存储介质，应当封存，保证在不解除封存状态的情况下，无法增加、删除、修改电子数据，并在证据保全清单中记录封存状态。

第一百一十二条 扣押、扣留、查封期限为三十日，情况复杂的，经县级以上公安机关负责人批准，可以延长三十日；法律、行政法规另有规定的除外。延长扣押、扣留、查封期限的，应当及时书面告知当事人，并说明理由。

对物品需要进行鉴定的，鉴定期间不计入扣押、扣留、查封期间，但应当将鉴定的期间书面告知当事人。

第一百一十三条 公安机关对恐怖活动嫌疑人的存款、汇款、债券、股票、基金份额等财产采取冻结措施的，应当经县级以上公安机关负责人批准，向金融机构交付冻结通知书。

作出冻结决定的公安机关应当在三日内向恐怖活动嫌疑人交付冻结决定书。冻结决定书应当载明下列事项：

（一）恐怖活动嫌疑人的姓名或者名称、

地址；

（二）冻结的理由、依据和期限；

（三）冻结的账号和数额；

（四）申请行政复议或者提起行政诉讼的途径和期限；

（五）公安机关的名称、印章和日期。

第一百一十四条 自被冻结之日起二个月内，公安机关应当作出处理决定或者解除冻结；情况复杂的，经上一级公安机关负责人批准，可以延长一个月。

延长冻结的决定应当及时书面告知恐怖活动嫌疑人，并说明理由。

第一百一十五条 有下列情形之一的，公安机关应当立即退还财物，并由当事人签名确认；不涉及财物退还的，应当书面通知当事人解除证据保全：

（一）当事人没有违法行为的；

（二）被采取证据保全的场所、设施、物品、财产与违法行为无关的；

（三）已经作出处理决定，不再需要采取证据保全措施的；

（四）采取证据保全措施的期限已经届满的；

（五）其他不再需要采取证据保全措施的。

作出解除冻结决定的，应当及时通知金融机构。

第一百一十六条 行政案件变更管辖时，与案件有关的财物及其孳息应当随案移交，并书面告知当事人。移交时，由接收人、移交人当面查点清楚，并在交接单据上共同签名。

第八节 办案协作

第一百一十七条 办理行政案件需要异地公安机关协作的，应当制作办案协作函件。负责协作的公安机关接到请求协作的函件后，应当办理。

第一百一十八条 需要到异地执行传唤的，办案人民警察应当持传唤证、办案协作函件和人民警察证，与协作地公安机关联系，在协作地公安机关的协作下进行传唤。协作地公安机关应当协助将违法嫌疑人传唤到其所在市、县内的指定地点或者到其住处、单位进行询问。

第一百一十九条 需要异地办理检查、查询，查封、扣押或者冻结与案件有关的财物、文件的，应当持相关的法律文书、办案协作函件和人民警察证，与协作地公安机关联系，协作地公安机关应当协助执行。

在紧急情况下，可以将办案协作函件和相关的法律文书传真或者通过执法办案信息系统发送至协作地公安机关，协作地公安机关应当及时采取措施。办案地公安机关应当立即派员前往协作地办理。

第一百二十条 需要进行远程视频询问、处罚前告知的，应当由协作地公安机关事先核实被询问、告知人的身份。办案地公安机关应当制作询问、告知笔录并传输至协作地公安机关。询问、告知笔录经被询问、告知人确认并逐页签名或者捺指印后，由协作地公安机关协作人员签名或者盖章，并将原件或者电子签名笔录提供给办案地公安机关。办案地公安机关负责询问、告知的人民警察应当在首页注明收到日期，并签名或者盖章。询问、告知过程应当全程录音录像。

第一百二十一条 办案地公安机关可以委托异地公安机关代为询问、向有关单位和个人调取电子数据、接收自行书写材料、进行辨认、履行处罚前告知程序、送达法律文书等工作。

委托代为询问、辨认、处罚前告知的，办

案地公安机关应当列出明确具体的询问、辨认、告知提纲，提供被辨认对象的照片和陪衬照片。

委托代为向有关单位和个人调取电子数据的，办案地公安机关应当将办案协作函件和相关法律文书传真或者通过执法办案信息系统发送至协作地公安机关，由协作地公安机关办案部门审核确认后办理。

第一百二十二条 协作地公安机关依照办案地公安机关的要求，依法履行办案协作职责所产生的法律责任，由办案地公安机关承担。

第八章 听证程序

第一节 一般规定

第一百二十三条 在作出下列行政处罚决定之前，应当告知违法嫌疑人有要求举行听证的权利：

（一）责令停产停业；

（二）吊销许可证或者执照；

（三）较大数额罚款；

（四）法律、法规和规章规定违法嫌疑人可以要求举行听证的其他情形。

前款第三项所称“较大数额罚款”，是指对个人处以二千元以上罚款，对单位处以一万元以上罚款，对违反边防出境入境管理法律、法规和规章的个人处以六千元以上罚款。对依据地方性法规或者地方政府规章作出的罚款处罚，适用听证的罚款数额按照地方规定执行。

第一百二十四条 听证由公安机关法制部门组织实施。

依法具有独立执法主体资格的公安机关业务部门以及出入境边防检查站依法作出行政处罚决定的，由其非本案调查人员组织听证。

第一百二十五条 公安机关不得因违法嫌疑人提出听证要求而加重处罚。

第一百二十六条 听证人员应当就行政案件的事实、证据、程序、适用法律等方面全面听取当事人陈述和申辩。

第二节 听证人员和听证参加人

第一百二十七条 听证设听证主持人一名，负责组织听证；记录员一名，负责制作听证笔录。必要时，可以设听证员一至二名，协助听证主持人进行听证。

本案调查人员不得担任听证主持人、听证员或者记录员。

第一百二十八条 听证主持人决定或者开展下列事项：

（一）举行听证的时间、地点；

（二）听证是否公开举行；

（三）要求听证参加人到场参加听证，提供或者补充证据；

（四）听证的延期、中止或者终止；

（五）主持听证，就案件的事实、理由、证据、程序、适用法律等组织质证和辩论；

（六）维持听证秩序，对违反听证纪律的行为予以制止；

（七）听证员、记录员的回避；

（八）其他有关事项。

第一百二十九条 听证参加人包括：

（一）当事人及其代理人；

（二）本案办案人民警察；

（三）证人、鉴定人、翻译人员；

（四）其他有关人员。

第一百三十条 当事人在听证活动中享有下列权利：

（一）申请回避；

（二）委托一至二人代理参加听证；

（三）进行陈述、申辩和质证；

（四）核对、补正听证笔录；

（五）依法享有的其他权利。

第一百三十一条 与听证案件处理结果有直接利害关系的其他公民、法人或者其他组织，作为第三人申请参加听证的，应当允许。为查明案情，必要时，听证主持人也可以通知其参加听证。

第三节 听证的告知、申请和受理

第一百三十二条 对适用听证程序的行政案件，办案部门在提出处罚意见后，应当告知违法嫌疑人拟作出的行政处罚和有要求举行听证的权利。

第一百三十三条 违法嫌疑人要求听证的，应当在公安机关告知后三日内提出申请。

第一百三十四条 违法嫌疑人放弃听证或者撤回听证要求后，处罚决定作出前，又提出听证要求的，只要在听证申请有效期限内，应当允许。

第一百三十五条 公安机关收到听证申请后，应当在二日内决定是否受理。认为听证申请人的要求不符合听证条件，决定不予受理的，应当制作不予受理听证通知书，告知听证申请人。逾期不通知听证申请人的，视为受理。

第一百三十六条 公安机关受理听证后，应当在举行听证的七日前将举行听证通知书送达听证申请人，并将举行听证的时间、地点通知其他听证参加人。

第四节 听证的举行

第一百三十七条 听证应当在公安机关收到听证申请之日起十日内举行。

除涉及国家秘密、商业秘密、个人隐私的行政案件外，听证应当公开举行。

第一百三十八条 听证申请人不能按期参加听证的，可以申请延期，是否准许，由听证主持人决定。

第一百三十九条 二个以上违法嫌疑人分别对同一行政案件提出听证要求的，可以合并举行。

第一百四十条 同一行政案件中有二个以上违法嫌疑人，其中部分违法嫌疑人提出听证申请的，应当在听证举行后一并作出处理决定。

第一百四十一条 听证开始时，听证主持人核对听证参加人；宣布案由；宣布听证员、记录员和翻译人员名单；告知当事人在听证中的权利和义务；询问当事人是否提出回避申请；对不公开听证的行政案件，宣布不公开听证的理由。

第一百四十二条 听证开始后，首先由办案人民警察提出听证申请人违法的事实、证据和法律依据及行政处罚意见。

第一百四十三条 办案人民警察提出证据时，应当向听证会出示。对证人证言、鉴定意见、勘验笔录和其他作为证据的文书，应当当场宣读。

第一百四十四条 听证申请人可以就办案人民警察提出的违法事实、证据和法律依据以及行政处罚意见进行陈述、申辩和质证，并可以提出新的证据。

第三人可以陈述事实，提出新的证据。

第一百四十五条 听证过程中，当事人及其代理人有权申请通知新的证人到会作证，调取新的证据。对上述申请，听证主持人应当当场作出是否同意的决定；申请重新鉴定的，按照本规定第七章第五节有关规定办理。

第一百四十六条　听证申请人、第三人和办案人民警察可以围绕案件的事实、证据、程序、适用法律、处罚种类和幅度等问题进行辩论。

第一百四十七条　辩论结束后，听证主持人应当听取听证申请人、第三人、办案人民警察各方最后陈述意见。

第一百四十八条　听证过程中，遇有下列情形之一，听证主持人可以中止听证：

（一）需要通知新的证人到会、调取新的证据或者需要重新鉴定或者勘验的；

（二）因回避致使听证不能继续进行的；

（三）其他需要中止听证的。

中止听证的情形消除后，听证主持人应当及时恢复听证。

第一百四十九条　听证过程中，遇有下列情形之一，应当终止听证：

（一）听证申请人撤回听证申请的；

（二）听证申请人及其代理人无正当理由拒不出席或者未经听证主持人许可中途退出听证的；

（三）听证申请人死亡或者作为听证申请人的法人或者其他组织被撤销、解散的；

（四）听证过程中，听证申请人或者其代理人扰乱听证秩序，不听劝阻，致使听证无法正常进行的；

（五）其他需要终止听证的。

第一百五十条　听证参加人和旁听人员应当遵守听证会场纪律。对违反听证会场纪律的，听证主持人应当警告制止；对不听制止，干扰听证正常进行的旁听人员，责令其退场。

第一百五十一条　记录员应当将举行听证的情况记入听证笔录。听证笔录应当载明下列内容：

（一）案由；

（二）听证的时间、地点和方式；

（三）听证人员和听证参加人的身份情况；

（四）办案人民警察陈述的事实、证据和法律依据以及行政处罚意见；

（五）听证申请人或者其代理人的陈述和申辩；

（六）第三人陈述的事实和理由；

（七）办案人民警察、听证申请人或者其代理人、第三人质证、辩论的内容；

（八）证人陈述的事实；

（九）听证申请人、第三人、办案人民警察的最后陈述意见；

（十）其他事项。

第一百五十二条　听证笔录应当交听证申请人阅读或者向其宣读。听证笔录中的证人陈述部分，应当交证人阅读或者向其宣读。听证申请人或者证人认为听证笔录有误的，可以请求补充或者改正。听证申请人或者证人审核无误后签名或者捺指印。听证申请人或者证人拒绝的，由记录员在听证笔录中记明情况。

听证笔录经听证主持人审阅后，由听证主持人、听证员和记录员签名。

第一百五十三条　听证结束后，听证主持人应当写出听证报告书，连同听证笔录一并报送公安机关负责人。

听证报告书应当包括下列内容：

（一）案由；

（二）听证人员和听证参加人的基本情况；

（三）听证的时间、地点和方式；

（四）听证会的基本情况；

（五）案件事实；

（六）处理意见和建议。

第九章　行政处理决定

第一节　行政处罚的适用

第一百五十四条　违反治安管理行为在六个月内没有被公安机关发现，其他违法行为在二年内没有被公安机关发现的，不再给予行政处罚。

前款规定的期限，从违法行为发生之日起计算，违法行为有连续、继续或者持续状态的，从行为终了之日起计算。

被侵害人在违法行为追究时效内向公安机关控告，公安机关应当受理而不受理的，不受本条第一款追究时效的限制。

第一百五十五条　实施行政处罚时，应当责令违法行为人当场或者限期改正违法行为。

第一百五十六条　对违法行为人的同一个违法行为，不得给予两次以上罚款的行政处罚。

第一百五十七条　不满十四周岁的人有违法行为的，不予行政处罚，但是应当责令其监护人严加管教，并在不予行政处罚决定书中载明。已满十四周岁不满十八周岁的人有违法行为的，从轻或者减轻行政处罚。

第一百五十八条　精神病人在不能辨认或者不能控制自己行为时有违法行为的，不予行政处罚，但应当责令其监护人严加看管和治疗，并在不予行政处罚决定书中载明。间歇性精神病人在精神正常时有违法行为的，应当给予行政处罚。尚未完全丧失辨认或者控制自己行为能力的精神病人有违法行为的，应当予以行政处罚，但可以从轻或者减轻行政处罚。

第一百五十九条　违法行为人有下列情形之一的，应当从轻、减轻处罚或者不予行政处罚：

（一）主动消除或者减轻违法行为危害后果，并取得被侵害人谅解的；

（二）受他人胁迫或者诱骗的；

（三）有立功表现的；

（四）主动投案，向公安机关如实陈述自己的违法行为的；

（五）其他依法应当从轻、减轻或者不予行政处罚的。

违法行为轻微并及时纠正，没有造成危害后果的，不予行政处罚。

盲人或者又聋又哑的人违反治安管理的，可以从轻、减轻或者不予行政处罚；醉酒的人违反治安管理的，应当给予处罚。

第一百六十条　违法行为人有下列情形之一的，应当从重处罚：

（一）有较严重后果的；

（二）教唆、胁迫、诱骗他人实施违法行为的；

（三）对报案人、控告人、举报人、证人等打击报复的；

（四）六个月内曾受过治安管理处罚或者一年内因同类违法行为受到两次以上公安行政处罚的；

（五）刑罚执行完毕三年内，或者在缓刑期间，违反治安管理的。

第一百六十一条　一人有两种以上违法行为的，分别决定，合并执行，可以制作一份决定书，分别写明对每种违法行为的处理内容和合并执行的内容。

一个案件有多个违法行为人的，分别决定，可以制作一式多份决定书，写明给予每个人的处理决定，分别送达每一个违法行为人。

第一百六十二条　行政拘留处罚合并执行的，最长不超过二十日。

行政拘留处罚执行完毕前，发现违法行为人有其他违法行为，公安机关依法作出行政拘留决定的，与正在执行的行政拘留合并执行。

第一百六十三条 对决定给予行政拘留处罚的人，在处罚前因同一行为已经被采取强制措施限制人身自由的时间应当折抵。限制人身自由一日，折抵执行行政拘留一日。询问查证、继续盘问和采取约束措施的时间不予折抵。

被采取强制措施限制人身自由的时间超过决定的行政拘留期限的，行政拘留决定不再执行。

第一百六十四条 违法行为人具有下列情形之一，依法应当给予行政拘留处罚的，应当作出处罚决定，但不送拘留所执行：

（一）已满十四周岁不满十六周岁的；

（二）已满十六周岁不满十八周岁，初次违反治安管理或者其他公安行政管理的。但是，曾被收容教养、被行政拘留依法不执行行政拘留或者曾因实施扰乱公共秩序，妨害公共安全，侵犯人身权利、财产权利，妨害社会管理的行为被人民法院判决有罪的除外；

（三）七十周岁以上的；

（四）孕妇或者正在哺乳自己婴儿的妇女。

第二节 行政处理的决定

第一百六十五条 公安机关办理治安案件的期限，自受理之日起不得超过三十日；案情重大、复杂的，经上一级公安机关批准，可以延长三十日。办理其他行政案件，有法定办案期限的，按照相关法律规定办理。

为了查明案情进行鉴定的期间，不计入办案期限。

对因违反治安管理行为人不明或者逃跑等客观原因造成案件在法定期限内无法作出行政处理决定的，公安机关应当继续进行调查取证，并向被侵害人说明情况，及时依法作出处理决定。

第一百六十六条 违法嫌疑人不讲真实姓名、住址，身份不明，但只要违法事实清楚、证据确实充分的，可以按其自报的姓名并贴附照片作出处理决定，并在相关法律文书中注明。

第一百六十七条 在作出行政处罚决定前，应当告知违法嫌疑人拟作出行政处罚决定的事实、理由及依据，并告知违法嫌疑人依法享有陈述权和申辩权。单位违法的，应当告知其法定代表人、主要负责人或者其授权的人员。

适用一般程序作出行政处罚决定的，采用书面形式或者笔录形式告知。

依照本规定第一百七十二条第一款第三项作出不予行政处罚决定的，可以不履行本条第一款规定的告知程序。

第一百六十八条 对违法行为事实清楚，证据确实充分，依法应当予以行政处罚，因违法行为人逃跑等原因无法履行告知义务的，公安机关可以采取公告方式予以告知。自公告之日起七日内，违法嫌疑人未提出申辩的，可以依法作出行政处罚决定。

第一百六十九条 违法嫌疑人有权进行陈述和申辩。对违法嫌疑人提出的新的事实、理由和证据，公安机关应当进行复核。

公安机关不得因违法嫌疑人申辩而加重处罚。

第一百七十条 对行政案件进行审核、审批时，应当审查下列内容：

（一）违法嫌疑人的基本情况；

（二）案件事实是否清楚，证据是否确实充分；

（三）案件定性是否准确；

（四）适用法律、法规和规章是否正确；

（五）办案程序是否合法；

（六）拟作出的处理决定是否适当。

第一百七十一条 法制员或者办案部门指定的人员、办案部门负责人、法制部门的人员可以作为行政案件审核人员。

初次从事行政处罚决定审核的人员，应当通过国家统一法律职业资格考试取得法律职业资格。

第一百七十二条 公安机关根据行政案件的不同情况分别作出下列处理决定：

（一）确有违法行为，应当给予行政处罚的，根据其情节和危害后果的轻重，作出行政处罚决定；

（二）确有违法行为，但有依法不予行政处罚情形的，作出不予行政处罚决定；有违法所得和非法财物、违禁品、管制器具的，应当予以追缴或者收缴；

（三）违法事实不能成立的，作出不予行政处罚决定；

（四）对需要给予社区戒毒、强制隔离戒毒、收容教育、收容教养等处理的，依法作出决定；

（五）违法行为涉嫌构成犯罪的，转为刑事案件办理或者移送有权处理的主管机关、部门办理，无需撤销行政案件。公安机关已经作出行政处理决定的，应当附卷；

（六）发现违法行为人有其他违法行为的，在依法作出行政处理决定的同时，通知有关行政主管部门处理。

对已经依照前款第三项作出不予行政处罚决定的案件，又发现新的证据的，应当依法及时调查；违法行为能够认定的，依法重新作出处理决定，并撤销原不予行政处罚决定。

治安案件有被侵害人的，公安机关应当在作出不予行政处罚或者处罚决定之日起二日内将决定书复印件送达被侵害人。无法送达的，应当注明。

第一百七十三条 行政拘留处罚由县级以上公安机关或者出入境边防检查机关决定。依法应当对违法行为人予以行政拘留的，公安派出所、依法具有独立执法主体资格的公安机关业务部门应当报其所属的县级以上公安机关决定。

第一百七十四条 对县级以上的各级人民代表大会代表予以行政拘留的，作出处罚决定前应当经该级人民代表大会主席团或者人民代表大会常务委员会许可。

对乡、民族乡、镇的人民代表大会代表予以行政拘留的，作出决定的公安机关应当立即报告乡、民族乡、镇的人民代表大会。

第一百七十五条 作出行政处罚决定的，应当制作行政处罚决定书。决定书应当载明下列内容：

（一）被处罚人的姓名、性别、出生日期、身份证件种类及号码、户籍所在地、现住址、工作单位、违法经历以及被处罚单位的名称、地址和法定代表人；

（二）违法事实和证据以及从重、从轻、减轻等情节；

（三）处罚的种类、幅度和法律依据；

（四）处罚的执行方式和期限；

（五）对涉案财物的处理结果及对被处罚人的其他处理情况；

（六）对处罚决定不服，申请行政复议、提起行政诉讼的途径和期限；

（七）作出决定的公安机关的名称、印章和日期。

作出罚款处罚的，行政处罚决定书应当载

明逾期不缴纳罚款依法加处罚款的标准和最高限额；对涉案财物作出处理的，行政处罚决定书应当附没收、收缴、追缴物品清单。

第一百七十六条 作出行政拘留处罚决定的，应当及时将处罚情况和执行场所或者依法不执行的情况通知被处罚人家属。

作出社区戒毒决定的，应当通知被决定人户籍所在地或者现居住地的城市街道办事处、乡镇人民政府。作出强制隔离戒毒、收容教育、收容教养决定的，应当在法定期限内通知被决定人的家属、所在单位、户籍所在地公安派出所。

被处理人拒不提供家属联系方式或者不讲真实姓名、住址，身份不明的，可以不予通知，但应当在附卷的决定书中注明。

第一百七十七条 公安机关办理的刑事案件，尚不够刑事处罚，依法应当给予公安行政处理的，经县级以上公安机关负责人批准，依照本章规定作出处理决定。

第十章 治安调解

第一百七十八条 对于因民间纠纷引起的殴打他人、故意伤害、侮辱、诽谤、诬告陷害、故意损毁财物、干扰他人正常生活、侵犯隐私、非法侵入住宅等违反治安管理行为，情节较轻，且具有下列情形之一的，可以调解处理：

（一）亲友、邻里、同事、在校学生之间因琐事发生纠纷引起的；

（二）行为人的侵害行为系由被侵害人事前的过错行为引起的；

（三）其他适用调解处理更易化解矛盾的。

对不构成违反治安管理行为的民间纠纷，应当告知当事人向人民法院或者人民调解组织申请处理。

对情节轻微、事实清楚、因果关系明确，不涉及医疗费用、物品损失或者双方当事人对医疗费用和物品损失的赔付无争议，符合治安调解条件，双方当事人同意当场调解并当场履行的治安案件，可以当场调解，并制作调解协议书。当事人基本情况、主要违法事实和协议内容在现场录音录像中明确记录的，不再制作调解协议书。

第一百七十九条 具有下列情形之一的，不适用调解处理：

（一）雇凶伤害他人的；

（二）结伙斗殴或者其他寻衅滋事的；

（三）多次实施违反治安管理行为的；

（四）当事人明确表示不愿意调解处理的；

（五）当事人在治安调解过程中又针对对方实施违反治安管理行为的；

（六）调解过程中，违法嫌疑人逃跑的；

（七）其他不宜调解处理的。

第一百八十条 调解处理案件，应当查明事实，收集证据，并遵循合法、公正、自愿、及时的原则，注重教育和疏导，化解矛盾。

第一百八十一条 当事人中有未成年人的，调解时应当通知其父母或者其他监护人到场。但是，当事人为年满十六周岁以上的未成年人，以自己的劳动收入为主要生活来源，本人同意不通知的，可以不通知。

被侵害人委托其他人参加调解的，应当向公安机关提交委托书，并写明委托权限。违法嫌疑人不得委托他人参加调解。

第一百八十二条 对因邻里纠纷引起的治安案件进行调解时，可以邀请当事人居住地的居（村）民委员会的人员或者双方当事人熟悉的人员参加帮助调解。

第一百八十三条 调解一般为一次。对一次调解不成，公安机关认为有必要或者当事人申请的，可以再次调解，并应当在第一次调解后的七个工作日内完成。

第一百八十四条 调解达成协议的，在公安机关主持下制作调解协议书，双方当事人应当在调解协议书上签名，并履行调解协议。

调解协议书应当包括调解机关名称、主持人、双方当事人和其他在场人员的基本情况，案件发生时间、地点、人员、起因、经过、情节、结果等情况、协议内容、履行期限和方式等内容。

对调解达成协议的，应当保存案件证据材料，与其他文书材料和调解协议书一并归入案卷。

第一百八十五条 调解达成协议并履行的，公安机关不再处罚。对调解未达成协议或者达成协议后不履行的，应当对违反治安管理行为人依法予以处罚；对违法行为造成的损害赔偿纠纷，公安机关可以进行调解，调解不成的，应当告知当事人向人民法院提起民事诉讼。

调解案件的办案期限从调解未达成协议或者调解达成协议不履行之日起开始计算。

第一百八十六条 对符合本规定第一百七十八条规定的治安案件，当事人申请人民调解或者自行和解，达成协议并履行后，双方当事人书面申请并经公安机关认可的，公安机关不予治安管理处罚，但公安机关已依法作出处理决定的除外。

第十一章 涉案财物的管理和处理

第一百八十七条 对于依法扣押、扣留、查封、抽样取证、追缴、收缴的财物以及由公安机关负责保管的先行登记保存的财物，公安机关应当妥善保管，不得使用、挪用、调换或者损毁。造成损失的，应当承担赔偿责任。

涉案财物的保管费用由作出决定的公安机关承担。

第一百八十八条 县级以上公安机关应当指定一个内设部门作为涉案财物管理部门，负责对涉案财物实行统一管理，并设立或者指定专门保管场所，对涉案财物进行集中保管。涉案财物集中保管的范围，由地方公安机关根据本地区实际情况确定。

对价值较低、易于保管，或者需要作为证据继续使用，以及需要先行返还被侵害人的涉案财物，可以由办案部门设置专门的场所进行保管。办案部门应当指定不承担办案工作的民警负责本部门涉案财物的接收、保管、移交等管理工作；严禁由办案人员自行保管涉案财物。

对查封的场所、设施、财物，可以委托第三人保管，第三人不得损毁或者擅自转移、处置。因第三人的原因造成的损失，公安机关先行赔付后，有权向第三人追偿。

第一百八十九条 公安机关涉案财物管理部门和办案部门应当建立电子台账，对涉案财物逐一编号登记，载明案由、来源、保管状态、场所和去向。

第一百九十条 办案人民警察应当在依法提取涉案财物后的二十四小时内将财物移交涉案财物管理人员，并办理移交手续。对查封、冻结、先行登记保存的涉案财物，应当在采取措施后的二十四小时内，将法律文书复印件及涉案财物的情况送交涉案财物管理人员予以登记。

在异地或者在偏远、交通不便地区提取涉案财物的，办案人民警察应当在返回单位后的二十四小时内移交。

对情况紧急，需要在提取涉案财物后的二十四小时内进行鉴定、辨认、检验、检查等工作的，经办案部门负责人批准，可以在完成上述工作后的二十四小时内移交。

在提取涉案财物后的二十四小时内已将涉案财物处理完毕的，不再移交，但应当将处理涉案财物的相关手续附卷保存。

因询问、鉴定、辨认、检验、检查等办案需要，经办案部门负责人批准，办案人民警察可以调用涉案财物，并及时归还。

第一百九十一条 对容易腐烂变质及其他不易保管的物品、危险物品，经公安机关负责人批准，在拍照或者录像后依法变卖或者拍卖，变卖或者拍卖的价款暂予保存，待结案后按有关规定处理。

对易燃、易爆、毒害性、放射性等危险物品应当存放在符合危险物品存放条件的专门场所。

对属于被侵害人或者善意第三人合法占有的财物，应当在登记、拍照或者录像、估价后及时返还，并在案卷中注明返还的理由，将原物照片、清单和领取手续存卷备查。

对不宜入卷的物证，应当拍照入卷，原物在结案后按照有关规定处理。

第一百九十二条 有关违法行为查证属实后，对有证据证明权属明确且无争议的被侵害人合法财物及其孳息，凡返还不损害其他被侵害人或者利害关系人的利益，不影响案件正常办理的，应当在登记、拍照或者录像和估价后，及时发还被侵害人。办案人民警察应当在案卷材料中注明返还的理由，并将原物照片、清单和被侵害人的领取手续附卷。

第一百九十三条 在作出行政处理决定时，应当对涉案财物一并作出处理。

第一百九十四条 对在办理行政案件中查获的下列物品应当依法收缴：

（一）毒品、淫秽物品等违禁品；

（二）赌具和赌资；

（三）吸食、注射毒品的用具；

（四）伪造、变造的公文、证件、证明文件、票证、印章等；

（五）倒卖的车船票、文艺演出票、体育比赛入场券等有价票证；

（六）主要用于实施违法行为的本人所有的工具以及直接用于实施毒品违法行为的资金；

（七）法律、法规规定可以收缴的其他非法财物。

前款第六项所列的工具，除非有证据表明属于他人合法所有，可以直接认定为违法行为人本人所有。对明显无价值的，可以不作出收缴决定，但应当在证据保全文书中注明处理情况。

违法所得应当依法予以追缴或者没收。

多名违法行为人共同实施违法行为，违法所得或者非法财物无法分清所有人的，作为共同违法所得或者非法财物予以处理。

第一百九十五条 收缴由县级以上公安机关决定。但是，违禁品，管制器具，吸食、注射毒品的用具以及非法财物价值在五百元以下且当事人对财物价值无异议的，公安派出所可以收缴。

追缴由县级以上公安机关决定。但是，追缴的财物应当退还被侵害人的，公安派出所可以追缴。

第一百九十六条 对收缴和追缴的财物，经原决定机关负责人批准，按照下列规定分别处理：

（一）属于被侵害人或者善意第三人的合法财物，应当及时返还；

（二）没有被侵害人的，登记造册，按照规定上缴国库或者依法变卖、拍卖后，将所得款项上缴国库；

（三）违禁品、没有价值的物品，或者价值轻微，无法变卖、拍卖的物品，统一登记造册后销毁；

（四）对无法变卖或者拍卖的危险物品，由县级以上公安机关主管部门组织销毁或者交有关厂家回收。

第一百九十七条 对应当退还原主或者当事人的财物，通知原主或者当事人在六个月内来领取；原主不明确的，应当采取公告方式告知原主认领。在通知原主、当事人或者公告后六个月内，无人认领的，按无主财物处理，登记后上缴国库，或者依法变卖或者拍卖后，将所得款项上缴国库。遇有特殊情况的，可酌情延期处理，延长期限最长不超过三个月。

第十二章 执 行

第一节 一般规定

第一百九十八条 公安机关依法作出行政处理决定后，被处理人应当在行政处理决定的期限内予以履行。逾期不履行的，作出行政处理决定的公安机关可以依法强制执行或者申请人民法院强制执行。

第一百九十九条 被处理人对行政处理决定不服申请行政复议或者提起行政诉讼的，行政处理决定不停止执行，但法律另有规定的除外。

第二百条 公安机关在依法作出强制执行决定或者申请人民法院强制执行前，应当事先催告被处理人履行行政处理决定。催告以书面形式作出，并直接送达被处理人。被处理人拒绝接受或者无法直接送达被处理人的，依照本规定第五章的有关规定送达。

催告书应当载明下列事项：

（一）履行行政处理决定的期限和方式；

（二）涉及金钱给付的，应当有明确的金额和给付方式；

（三）被处理人依法享有的陈述权和申辩权。

第二百零一条 被处理人收到催告书后有权进行陈述和申辩。公安机关应当充分听取并记录、复核。被处理人提出的事实、理由或者证据成立的，公安机关应当采纳。

第二百零二条 经催告，被处理人无正当理由逾期仍不履行行政处理决定，法律规定由公安机关强制执行的，公安机关可以依法作出强制执行决定。

在催告期间，对有证据证明有转移或者隐匿财物迹象的，公安机关可以作出立即强制执行决定。

强制执行决定应当以书面形式作出，并载明下列事项：

（一）被处理人的姓名或者名称、地址；

（二）强制执行的理由和依据；

（三）强制执行的方式和时间；

（四）申请行政复议或者提起行政诉讼的途径和期限；

（五）作出决定的公安机关名称、印章和日期。

第二百零三条 依法作出要求被处理人履行排除妨碍、恢复原状等义务的行政处理决定，被处理人逾期不履行，经催告仍不履行，其后果已经或者将危害交通安全的，公安机关可以代履行，或者委托没有利害关系的第三人代履行。

代履行应当遵守下列规定：

（一）代履行前送达决定书，代履行决定书应当载明当事人的姓名或者名称、地址，代履行的理由和依据、方式和时间、标的、费用预算及代履行人；

（二）代履行三日前，催告当事人履行，当事人履行的，停止代履行；

（三）代履行时，作出决定的公安机关应当派员到场监督；

（四）代履行完毕，公安机关到场监督人员、代履行人和当事人或者见证人应当在执行文书上签名或者盖章。

代履行的费用由当事人承担。但是，法律另有规定的除外。

第二百零四条 需要立即清理道路的障碍物，当事人不能清除的，或者有其他紧急情况需要立即履行的，公安机关可以决定立即实施代履行。当事人不在场的，公安机关应当在事后立即通知当事人，并依法作出处理。

第二百零五条 实施行政强制执行，公安机关可以在不损害公共利益和他人合法权益的情况下，与当事人达成执行协议。执行协议可以约定分阶段履行；当事人采取补救措施的，可以减免加处的罚款。

执行协议应当履行。被处罚人不履行执行协议的，公安机关应当恢复强制执行。

第二百零六条 当事人在法定期限内不申请行政复议或者提起行政诉讼，又不履行行政处理决定的，法律没有规定公安机关强制执行的，作出行政处理决定的公安机关可以自期限届满之日起三个月内，向所在地有管辖权的人民法院申请强制执行。因情况紧急，为保障公共安全，公安机关可以申请人民法院立即执行。

强制执行的费用由被执行人承担。

第二百零七条 申请人民法院强制执行前，公安机关应当催告被处理人履行义务，催告书送达十日后被处理人仍未履行义务的，公安机关可以向人民法院申请强制执行。

第二百零八条 公安机关向人民法院申请强制执行，应当提供下列材料：

（一）强制执行申请书；

（二）行政处理决定书及作出决定的事实、理由和依据；

（三）当事人的意见及公安机关催告情况；

（四）申请强制执行标的情况；

（五）法律、法规规定的其他材料。

强制执行申请书应当由作出处理决定的公安机关负责人签名，加盖公安机关印章，并注明日期。

第二百零九条 公安机关对人民法院不予受理强制执行申请、不予强制执行的裁定有异议的，可以在十五日内向上一级人民法院申请复议。

第二百一十条 具有下列情形之一的，中止强制执行：

（一）当事人暂无履行能力的；

（二）第三人对执行标的主张权利，确有理由的；

（三）执行可能对他人或者公共利益造成难以弥补的重大损失的；

（四）其他需要中止执行的。

中止执行的情形消失后，公安机关应当恢复执行。对没有明显社会危害，当事人确无能力履行，中止执行满三年未恢复执行的，不再执行。

第二百一十一条 具有下列情形之一的，终结强制执行：

（一）公民死亡，无遗产可供执行，又无义务承受人的；

（二）法人或者其他组织终止，无财产可

供执行，又无义务承受人的；

（三）执行标的灭失的；

（四）据以执行的行政处理决定被撤销的；

（五）其他需要终结执行的。

第二百一十二条 在执行中或者执行完毕后，据以执行的行政处理决定被撤销、变更，或者执行错误，应当恢复原状或者退还财物；不能恢复原状或者退还财物的，依法给予赔偿。

第二百一十三条 除依法应当销毁的物品外，公安机关依法没收或者收缴、追缴的违法所得和非法财物，必须按照国家有关规定处理或者上缴国库。

罚款、没收或者收缴的违法所得和非法财物拍卖或者变卖的款项和没收的保证金，必须全部上缴国库，不得以任何形式截留、私分或者变相私分。

第二节　罚款的执行

第二百一十四条 公安机关作出罚款决定，被处罚人应当自收到行政处罚决定书之日起十五日内，到指定的银行缴纳罚款。具有下列情形之一的，公安机关及其办案人民警察可以当场收缴罚款，法律另有规定的，从其规定：

（一）对违反治安管理行为人处五十元以下罚款和对违反交通管理的行人、乘车人和非机动车驾驶人处罚款，被处罚人没有异议的；

（二）对违反治安管理、交通管理以外的违法行为人当场处二十元以下罚款的；

（三）在边远、水上、交通不便地区、旅客列车上或者口岸，被处罚人向指定银行缴纳罚款确有困难，经被处罚人提出的；

（四）被处罚人在当地没有固定住所，不当场收缴事后难以执行的。

对具有前款第一项和第三项情形之一的，办案人民警察应当要求被处罚人签名确认。

第二百一十五条 公安机关及其人民警察当场收缴罚款的，应当出具省级或者国家财政部门统一制发的罚款收据。对不出具省级或者国家财政部门统一制发的罚款收据的，被处罚人有权拒绝缴纳罚款。

第二百一十六条 人民警察应当自收缴罚款之日起二日内，将当场收缴的罚款交至其所属公安机关；在水上当场收缴的罚款，应当自抵岸之日起二日内将当场收缴的罚款交至其所属公安机关；在旅客列车上当场收缴的罚款，应当自返回之日起二日内将当场收缴的罚款交至其所属公安机关。

公安机关应当自收到罚款之日起二日内将罚款缴付指定的银行。

第二百一十七条 被处罚人确有经济困难，经被处罚人申请和作出处罚决定的公安机关批准，可以暂缓或者分期缴纳罚款。

第二百一十八条 被处罚人未在本规定第二百一十四条规定的期限内缴纳罚款的，作出行政处罚决定的公安机关可以采取下列措施：

（一）将依法查封、扣押的被处罚人的财物拍卖或者变卖抵缴罚款。拍卖或者变卖的价款超过罚款数额的，余额部分应当及时退还被处罚人；

（二）不能采取第一项措施的，每日按罚款数额的百分之三加处罚款，加处罚款总额不得超出罚款数额。

拍卖财物，由公安机关委托拍卖机构依法办理。

第二百一十九条 依法加处罚款超过三十日，经催告被处罚人仍不履行的，作出行政处罚决定的公安机关可以按照本规定第二百零六条的规定向所在地有管辖权的人民法院申请强制执行。

第三节 行政拘留的执行

第二百二十条 对被决定行政拘留的人，由作出决定的公安机关送达拘留所执行。对抗拒执行的，可以使用约束性警械。

对被决定行政拘留的人，在异地被抓获或者具有其他有必要在异地拘留所执行情形的，经异地拘留所主管公安机关批准，可以在异地执行。

第二百二十一条 对同时被决定行政拘留和社区戒毒或者强制隔离戒毒的人员，应当先执行行政拘留，由拘留所给予必要的戒毒治疗，强制隔离戒毒期限连续计算。

拘留所不具备戒毒治疗条件的，行政拘留决定机关可以直接将被行政拘留人送公安机关管理的强制隔离戒毒所代为执行行政拘留，强制隔离戒毒期限连续计算。

第二百二十二条 被处罚人不服行政拘留处罚决定，申请行政复议或者提起行政诉讼的，可以向作出行政拘留决定的公安机关提出暂缓执行行政拘留的申请；口头提出申请的，公安机关人民警察应当予以记录，并由申请人签名或者捺指印。

被处罚人在行政拘留执行期间，提出暂缓执行行政拘留申请的，拘留所应当立即将申请转交作出行政拘留决定的公安机关。

第二百二十三条 公安机关应当在收到被处罚人提出暂缓执行行政拘留申请之时起二十四小时内作出决定。

公安机关认为暂缓执行行政拘留不致发生社会危险，且被处罚人或者其近亲属提出符合条件的担保人，或者按每日行政拘留二百元的标准交纳保证金的，应当作出暂缓执行行政拘留的决定。

对同一被处罚人，不得同时责令其提出保证人和交纳保证金。

被处罚人已送达拘留所执行的，公安机关应当立即将暂缓执行行政拘留决定送达拘留所，拘留所应当立即释放被处罚人。

第二百二十四条 被处罚人具有下列情形之一的，应当作出不暂缓执行行政拘留的决定，并告知申请人：

（一）暂缓执行行政拘留后可能逃跑的；

（二）有其他违法犯罪嫌疑，正在被调查或者侦查的；

（三）不宜暂缓执行行政拘留的其他情形。

第二百二十五条 行政拘留并处罚款的，罚款不因暂缓执行行政拘留而暂缓执行。

第二百二十六条 在暂缓执行行政拘留期间，被处罚人应当遵守下列规定：

（一）未经决定机关批准不得离开所居住的市、县；

（二）住址、工作单位和联系方式发生变动的，在二十四小时以内向决定机关报告；

（三）在行政复议和行政诉讼中不得干扰证人作证、伪造证据或者串供；

（四）不得逃避、拒绝或者阻碍处罚的执行。

在暂缓执行行政拘留期间，公安机关不得妨碍被处罚人依法行使行政复议和行政诉讼权利。

第二百二十七条 暂缓执行行政拘留的担保人应当符合下列条件：

（一）与本案无牵连；

（二）享有政治权利，人身自由未受到限制或者剥夺；

（三）在当地有常住户口和固定住所；

（四）有能力履行担保义务。

第二百二十八条 公安机关经过审查认为

暂缓执行行政拘留的担保人符合条件的，由担保人出具保证书，并到公安机关将被担保人领回。

第二百二十九条 暂缓执行行政拘留的担保人应当履行下列义务：

（一）保证被担保人遵守本规定第二百二十六条的规定；

（二）发现被担保人伪造证据、串供或者逃跑的，及时向公安机关报告。

暂缓执行行政拘留的担保人不履行担保义务，致使被担保人逃避行政拘留处罚执行的，公安机关可以对担保人处以三千元以下罚款，并对被担保人恢复执行行政拘留。

暂缓执行行政拘留的担保人履行了担保义务，但被担保人仍逃避行政拘留处罚执行的，或者被处罚人逃跑后，担保人积极帮助公安机关抓获被处罚人的，可以从轻或者不予行政处罚。

第二百三十条 暂缓执行行政拘留的担保人在暂缓执行行政拘留期间，不愿继续担保或者丧失担保条件的，行政拘留的决定机关应当责令被处罚人重新提出担保人或者交纳保证金。不提出担保人又不交纳保证金的，行政拘留的决定机关应当将被处罚人送拘留所执行。

第二百三十一条 保证金应当由银行代收。在银行非营业时间，公安机关可以先行收取，并在收到保证金后的三日内存入指定的银行账户。

公安机关应当指定办案部门以外的法制、装备财务等部门负责管理保证金。严禁截留、坐支、挪用或者以其他任何形式侵吞保证金。

第二百三十二条 行政拘留处罚被撤销或者开始执行时，公安机关应当将保证金退还交纳人。

被决定行政拘留的人逃避行政拘留处罚执行的，由决定行政拘留的公安机关作出没收或者部分没收保证金的决定，行政拘留的决定机关应当将被处罚人送拘留所执行。

第二百三十三条 被处罚人对公安机关没收保证金的决定不服的，可以依法申请行政复议或者提起行政诉讼。

第四节 其他处理决定的执行

第二百三十四条 作出吊销公安机关发放的许可证或者执照处罚的，应当在被吊销的许可证或者执照上加盖吊销印章后收缴。被处罚人拒不缴销证件的，公安机关可以公告宣布作废。吊销许可证或者执照的机关不是发证机关的，作出决定的机关应当在处罚决定生效后及时通知发证机关。

第二百三十五条 作出取缔决定的，可以采取在经营场所张贴公告等方式予以公告，责令被取缔者立即停止经营活动；有违法所得的，依法予以没收或者追缴。拒不停止经营活动的，公安机关可以依法没收或者收缴其专门用于从事非法经营活动的工具、设备。已经取得营业执照的，公安机关应当通知工商行政管理部门依法撤销其营业执照。

第二百三十六条 对拒不执行公安机关依法作出的责令停产停业决定的，公安机关可以依法强制执行或者申请人民法院强制执行。

第二百三十七条 对被决定强制隔离戒毒、收容教育、收容教养的人员，由作出决定的公安机关送强制隔离戒毒场所、收容教育场所、收容教养场所执行。

对被决定社区戒毒的人员，公安机关应当责令其到户籍所在地接受社区戒毒，在户籍所在地以外的现居住地有固定住所的，可以责令其在现居住地接受社区戒毒。

第十三章　涉外行政案件的办理

第二百三十八条　办理涉外行政案件，应当维护国家主权和利益，坚持平等互利原则。

第二百三十九条　对外国人国籍的确认，以其入境时有效证件上所表明的国籍为准；国籍有疑问或者国籍不明的，由公安机关出入境管理部门协助查明。

对无法查明国籍、身份不明的外国人，按照其自报的国籍或者无国籍人对待。

第二百四十条　违法行为人为享有外交特权和豁免权的外国人的，办案公安机关应当将其身份、证件及违法行为等基本情况记录在案，保存有关证据，并尽快将有关情况层报省级公安机关，由省级公安机关商请同级人民政府外事部门通过外交途径处理。

对享有外交特权和豁免权的外国人，不得采取限制人身自由和查封、扣押的强制措施。

第二百四十一条　办理涉外行政案件，应当使用中华人民共和国通用的语言文字。对不通晓我国语言文字的，公安机关应当为其提供翻译；当事人通晓我国语言文字，不需要他人翻译的，应当出具书面声明。

经县级以上公安机关负责人批准，外国籍当事人可以自己聘请翻译，翻译费由其个人承担。

第二百四十二条　外国人具有下列情形之一，经当场盘问或者继续盘问后不能排除嫌疑，需要作进一步调查的，经县级以上公安机关或者出入境边防检查机关负责人批准，可以拘留审查：

（一）有非法出境入境嫌疑的；

（二）有协助他人非法出境入境嫌疑的；

（三）有非法居留、非法就业嫌疑的；

（四）有危害国家安全和利益，破坏社会公共秩序或者从事其他违法犯罪活动嫌疑的。

实施拘留审查，应当出示拘留审查决定书，并在二十四小时内进行询问。

拘留审查的期限不得超过三十日，案情复杂的，经上一级公安机关或者出入境边防检查机关批准可以延长至六十日。对国籍、身份不明的，拘留审查期限自查清其国籍、身份之日起计算。

第二百四十三条　具有下列情形之一的，应当解除拘留审查：

（一）被决定遣送出境、限期出境或者驱逐出境的；

（二）不应当拘留审查的；

（三）被采取限制活动范围措施的；

（四）案件移交其他部门处理的；

（五）其他应当解除拘留审查的。

第二百四十四条　外国人具有下列情形之一的，不适用拘留审查，经县级以上公安机关或者出入境边防检查机关负责人批准，可以限制其活动范围：

（一）患有严重疾病的；

（二）怀孕或者哺乳自己婴儿的；

（三）未满十六周岁或者已满七十周岁的；

（四）不宜适用拘留审查的其他情形。

被限制活动范围的外国人，应当按照要求接受审查，未经公安机关批准，不得离开限定的区域。限制活动范围的期限不得超过六十日。对国籍、身份不明的，限制活动范围期限自查清其国籍、身份之日起计算。

第二百四十五条　被限制活动范围的外国人应当遵守下列规定：

（一）未经决定机关批准，不得变更生活居所，超出指定的活动区域；

（二）在传唤的时候及时到案；

（三）不得以任何形式干扰证人作证；

（四）不得毁灭、伪造证据或者串供。

第二百四十六条 外国人具有下列情形之一的，经县级以上公安机关或者出入境边防检查机关负责人批准，可以遣送出境：

（一）被处限期出境，未在规定期限内离境的；

（二）有不准入境情形的；

（三）非法居留、非法就业的；

（四）违反法律、行政法规需要遣送出境的。

其他境外人员具有前款所列情形之一的，可以依法遣送出境。

被遣送出境的人员，自被遣送出境之日起一至五年内不准入境。

第二百四十七条 被遣送出境的外国人可以被遣送至下列国家或者地区：

（一）国籍国；

（二）入境前的居住国或者地区；

（三）出生地国或者地区；

（四）入境前的出境口岸的所属国或者地区；

（五）其他允许被遣送出境的外国人入境的国家或者地区。

第二百四十八条 具有下列情形之一的外国人，应当羁押在拘留所或者遣返场所：

（一）被拘留审查的；

（二）被决定遣送出境或者驱逐出境但因天气、交通运输工具班期、当事人健康状况等客观原因或者国籍、身份不明，不能立即执行的。

第二百四十九条 外国人对继续盘问、拘留审查、限制活动范围、遣送出境措施不服的，可以依法申请行政复议，该行政复议决定为最终决定。

其他境外人员对遣送出境措施不服，申请行政复议的，适用前款规定。

第二百五十条 外国人具有下列情形之一的，经县级以上公安机关或者出入境边防检查机关决定，可以限期出境：

（一）违反治安管理的；

（二）从事与停留居留事由不相符的活动的；

（三）违反中国法律、法规规定，不适宜在中国境内继续停留居留的。

对外国人决定限期出境的，应当规定外国人离境的期限，注销其有效签证或者停留居留证件。限期出境的期限不得超过三十日。

第二百五十一条 外国人违反治安管理或者出境入境管理，情节严重，尚不构成犯罪的，承办的公安机关可以层报公安部处以驱逐出境。公安部作出的驱逐出境决定为最终决定，由承办机关宣布并执行。

被驱逐出境的外国人，自被驱逐出境之日起十年内不准入境。

第二百五十二条 对外国人处以罚款或者行政拘留并处限期出境或者驱逐出境的，应当于罚款或者行政拘留执行完毕后执行限期出境或者驱逐出境。

第二百五十三条 办理涉外行政案件，应当按照国家有关办理涉外案件的规定，严格执行请示报告、内部通报、对外通知等各项制度。

第二百五十四条 对外国人作出行政拘留、拘留审查或者其他限制人身自由以及限制活动范围的决定后，决定机关应当在四十八小时内将外国人的姓名、性别、入境时间、护照或者其他身份证件号码，案件发生的时间、地点及有关情况，违法的主要事实，已采取的措施及其法律依据等情况报告省级公安机关；省级公安机关应当在规定期限内，将有关情况通知该外国人所属国家的驻华使馆、领馆，并通报同级人民政府外事部门。当事人要求不通知使馆、领馆，且我国与当事人国籍国未签署双边协议规定必须通知的，可以不通知，但应当由其本人提出书面请求。

第二百五十五条 外国人在被行政拘留、拘留审查或者其他限制人身自由以及限制活动范围期间死亡的，有关省级公安机关应当通知该外国人所属国家驻华使馆、领馆，同时报告公安部并通报同级人民政府外事部门。

第二百五十六条 外国人在被行政拘留、拘留审查或者其他限制人身自由以及限制活动范围期间，其所属国家驻华外交、领事官员要求探视的，决定机关应当及时安排。该外国人拒绝其所属国家驻华外交、领事官员探视的，公安机关可以不予安排，但应当由其本人出具书面声明。

第二百五十七条 办理涉外行政案件，本章未作规定的，适用其他各章的有关规定。

第十四章 案件终结

第二百五十八条 行政案件具有下列情形之一的，应当予以结案：

（一）作出不予行政处罚决定的；

（二）按照本规定第十章的规定达成调解、和解协议并已履行的；

（三）作出行政处罚等处理决定，且已执行的；

（四）违法行为涉嫌构成犯罪，转为刑事案件办理的；

（五）作出处理决定后，因执行对象灭失、死亡等客观原因导致无法执行或者无需执行的。

第二百五十九条 经过调查，发现行政案件具有下列情形之一的，经公安派出所、县级公安机关办案部门或者出入境边防检查机关以上负责人批准，终止调查：

（一）没有违法事实的；

（二）违法行为已过追究时效的；

（三）违法嫌疑人死亡的；

（四）其他需要终止调查的情形。

终止调查时，违法嫌疑人已被采取行政强制措施的，应当立即解除。

第二百六十条 对在办理行政案件过程中形成的文书材料，应当按照一案一卷原则建立案卷，并按照有关规定在结案或者终止案件调查后将案卷移交档案部门保管或者自行保管。

第二百六十一条 行政案件的案卷应当包括下列内容：

（一）受案登记表或者其他发现案件的记录；

（二）证据材料；

（三）决定文书；

（四）在办理案件中形成的其他法律文书。

第二百六十二条 行政案件的法律文书及定性依据材料应当齐全完整，不得损毁、伪造。

第十五章 附 则

第二百六十三条 省级公安机关应当建立并不断完善统一的执法办案信息系统。

办案部门应当按照有关规定将行政案件的受理、调查取证、采取强制措施、处理等情况以及相关文书材料录入执法办案信息系统，并进行网上审核审批。

公安机关可以使用电子签名、电子指纹捺

印技术制作电子笔录等材料，可以使用电子印章制作法律文书。对案件当事人进行电子签名、电子指纹捺印的过程，公安机关应当同步录音录像。

第二百六十四条 执行本规定所需要的法律文书式样，由公安部制定。公安部没有制定式样，执法工作中需要的其他法律文书，省级公安机关可以制定式样。

第二百六十五条 本规定所称“以上”、“以下”、“内”皆包括本数或者本级。

第二百六十六条 本规定自2013年1月1日起施行，依照《中华人民共和国出境入境管理法》新设定的制度自2013年7月1日起施行。2006年8月24日发布的《公安机关办理行政案件程序规定》同时废止。

公安部其他规章对办理行政案件程序有特别规定的，按照特别规定办理；没有特别规定的，按照本规定办理。

索　　引

说明：(1) 本索引主体采取主题分析索引形式，按主题词首字汉语拼音字母顺序排列。(2) 表格标题和表格中的内容页码后另注有“表”字，图片后另注有“图”字。(3) 索引名称后的数字表示内容所在的页码。

A

B

C

D

E

F

G

H

J

K

L

M

N

P

Q

R

S

T

W

X

Y

Z

★上海市公安局警务保障部

2018 年，上海公安警务保障工作聚焦进博会安保保障、智慧公安、“十三五”规划等重大项目建设，以最高标准全力构建符合上海实战需求的现代警务保障体系，为上海公安圆满完成各类重大保卫任务提供坚强支撑。

◎ 专题研究警用装备工作

◎ 国庆前夕安全检查

上海市公安局警务保障部

◎ 开展警务装备专项检查

◎ 调研特警战训服改良

◎ 组织民警健康咨询

◎ 应急装备拉动演练

★上海市公安局经济犯罪侦查总队

2018 年，上海公安经侦部门以智慧公安建设为总引擎，全情投入进博会安保，全力严打突出经济犯罪，全面升级经侦队伍建设，保障上海经济金融持续繁荣、安全、稳定。

◎ 上海公安系统“经侦卫士”评选活动总决赛

◎ 经侦总队林植当选“光荣与力量—2018 年度感动上海十大人物”

◎ 防范经济犯罪宣传

◎ “猎狐 2018”行动

◎ 现场搜查取证

◎ 医疗救治“绿色通道”签约仪式

★上海市公安局治安总队

2018 年，上海公安治安部门以推进智慧公安建设为总引擎，以深化公安改革和警务流程再造为动力，以进博会安保工作为主线，一手抓治安防控、打击整治措施落实，一手抓社会治理、行政管理水平提升，为推进上海“五个中心”建设营造安全稳定的社会环境、公平正义的法治环境和优质高效的营商环境。

◎ 全国公安机关集中统一销毁非法枪爆物品活动

◎ 上海公安十大治安打击岗位标兵推选活动决赛

◎ 查获赌场

◎ 侦破生产、销售伪劣调味品案件

◎ “三电”设施保护宣传

◎ 校园安保工作检查

★上海市公安局刑事侦查总队

2018 年，上海公安刑侦部门围绕打击主业，持续组织开展专项打击行动，依托智慧公安建设、综合运用多种手段，全面提升破案打击能力，有力维护社会治安大局稳定。

◎ 2018 年度刑侦重点专业能力提升活动比武决赛

◎ 勘查现场

◎ 安检技能培训

◎ 押解涉黑犯罪嫌疑人

◎ 聘请节目主持人程雷为上海市防范打击电信网络诈骗义务宣传员

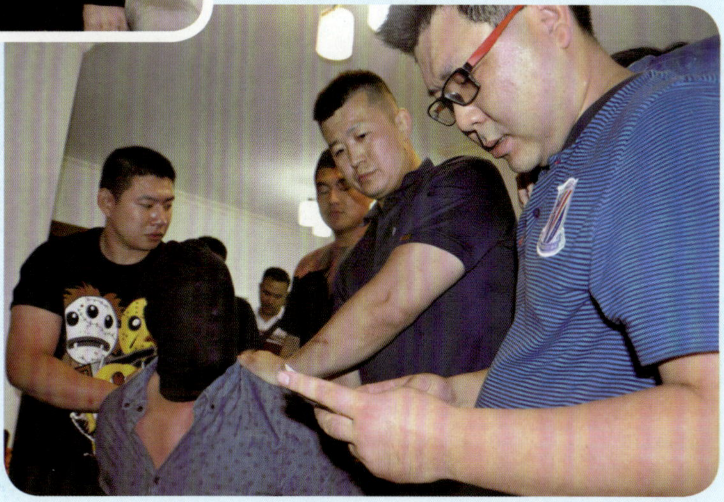

◎ 抓捕“红色通缉令”中的在逃人员

★上海市公安局出入境管理局

2018 年，上海公安出入境管理部门以“把守国门的铁军、便民服务的标杆、城市形象的名片”为引领，深化智慧出入境建设，不断推进“放管服”改革，进一步提高维护国家安全、出入境秩序和促进对外开放的能力。

◎ 参观党的一大会址

◎ 警校共建

◎ 外国人自助填表机启用

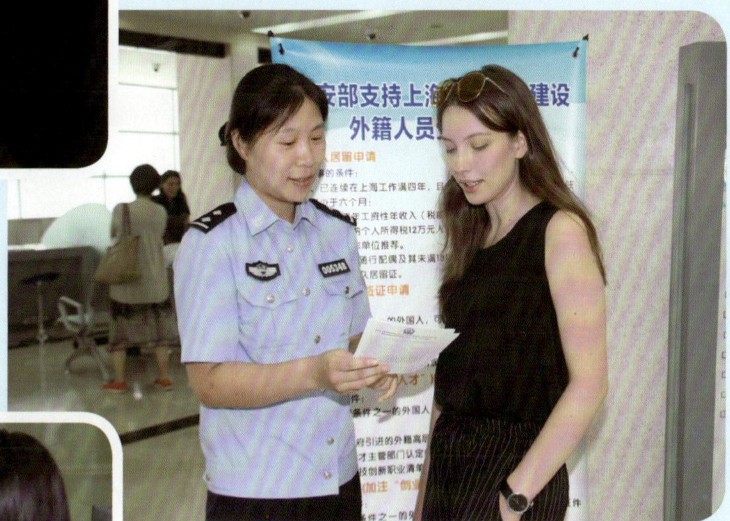

◎ 提供便捷服务咨询

◎ 接待加急办证申请

◎ 孝满警营

★上海市公安局交通警察总队

2018 年，上海公安交警部门深入推进智慧公安、大整治等重点任务，从严从细从实落实压事故、保畅通、树形象等各项措施，有力推动了交管工作再创新高。

◎ 进博会安保誓师大会

◎ 慰问交通管理志愿者

上海市公安局交通警察总队

◎ “交通安全日”主题宣传活动启动仪式

◎ 查处交通违法

◎ 夜间交通违法大整治

◎ 智慧交通安保

★上海市公安局特警总队

2018 年，市局特警总队牢牢把握智慧公安建设、现代警务流程再造任务目标，坚持实战引领，坚持改革创新，着力加强特警专业训练与实战处突能力建设，为确保城市公共安全和社会稳定发挥了积极作用。

◎ 参观交流

◎ 开展特种装备应用培训教学

◎ 常态化武装步巡

◎ 特警比武竞赛

◎ 反劫持突入训练

◎ 备战龙舟公开赛

★上海市公安边防总队

2018 年，上海公安边防总队狠抓改革部署落实，狠抓全面从严治警，狠抓辖区社会治安稳定，公安边防工作和队伍建设保持持续向上的良好态势。

◎ 应急演练

◎ 武装巡逻

◎ 抗击台风侵袭

◎ 夜间安全检查

◎ 获奖典礼

◎ 警营开放日

★上海市公安消防总队

2018 年，上海消防部门深入推进消防体制改革，聚焦风险防控，锐意改革创新，奋力攻坚克难，社会消防治理、公共基础保障、救援能力提升、队伍稳定发展等工作连续第 5 年在国务院消防工作考核中获评优秀。

◎ 进博会消防安保誓师大会

◎ 消防训练基地比武大赛

◎ 火场抢险

◎ 119 宣传轮首行仪式

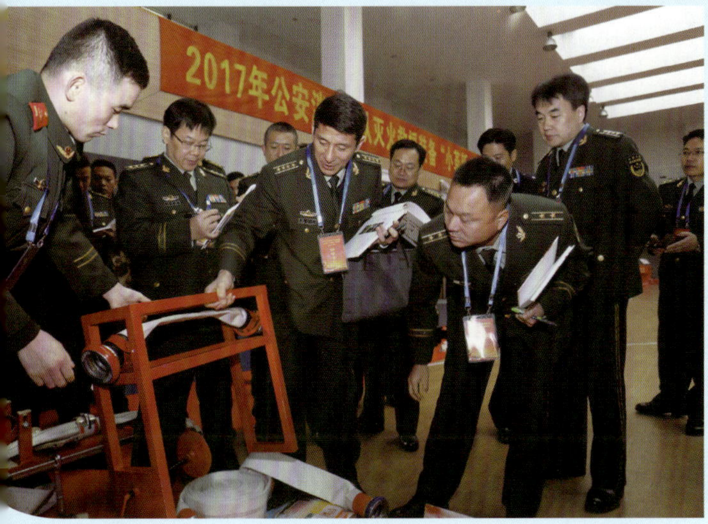

◎ 消防器材发明专家评审

◎ “不忘初心 牢记使命”演讲会

★上海市公安局监所管理总队

2018 年，上海公安监管部门以服务进博会安保为主线，以智慧监所建设为总引擎，发挥羁押监管职能，强化隐患排查整治，全面提升安全管理水平，实现“压事故、降死亡、保安全”目标，圆满完成年度既定工作目标和各项公安监管任务。

◎ 十佳“监管卫士”颁奖

◎ 召开“6 · 26”国际禁毒日新闻通气会

◎ 轮训援疆民警事迹报告会

◎监所规范管理实训

◎ “6・26”国际禁毒日宣传活动

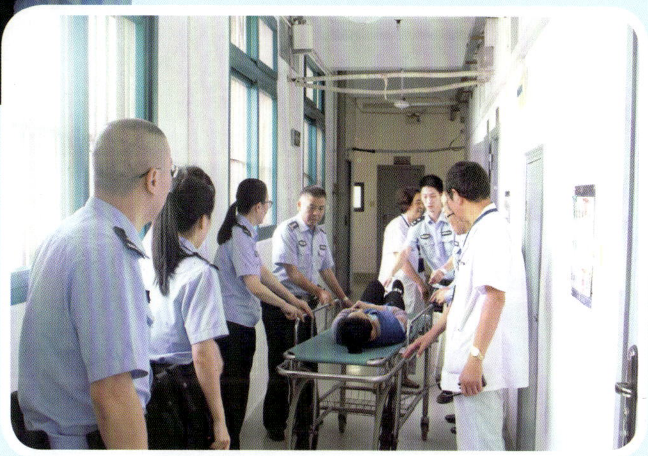

◎ 监所预案演练

★上海市公安局科技处

2018 年，上海公安科技部门以创新城市治理体系和实现治理能力现代化为目标，全力推进智慧公安项目建设和实战应用，为各项公安中心工作提供强有力的科技支撑和服务保障。

◎ 科技民警护航进博会

◎ 调研智慧公安建设

◎ 公安大数据战略汇报演示

◎ 调试网络交换机

◎ 警务微信项目推介

◎ 参观物联网建设成效

★上海市公安局网络安全保卫总队

2018 年，上海公安网安总队以习近平新时代中国特色社会主义思想为指引，以深化公安网安改革为动力，严密防范、及时应对各类网络安全事件，完成进博会等重大网上安保工作，确保上海城市网络信息安全及网络环境平安稳定。

◎ 网络安全校园行活动

◎ 维护网络系统安全

◎ 对涉网企业进行安全执法检查

◎ 进社区宣传

◎ 与香港交流团学习交流

◎ 增援进博会

★上海市公安局文化保卫分局

2018 年，市局文保分局以进博会安保维稳工作为主线，按照“做宽面上指导、做专隐蔽战线、做强执法管理、做实校区警务、做精指挥研判”的总体思路，从严从细狠抓推进落实，确保上海高校文化领域持续安全稳定。

◎ 防范宣传

◎ 高校内部安全检查

◎ 开展“低慢小”法治宣传

◎ 治安防控演练

◎ 高校盗窃现场勘查

◎ 进博会增援

★上海市公安局城市轨道和公交总队

2018 年，市局轨道公交总队围绕进博会安保主线任务，以平安轨交、智慧建设与现代警务流程再造为改革驱动，推进轨道公交公共安全防控体系建设，确保轨道公交公共安全。

◎ 进博会散场客流疏导

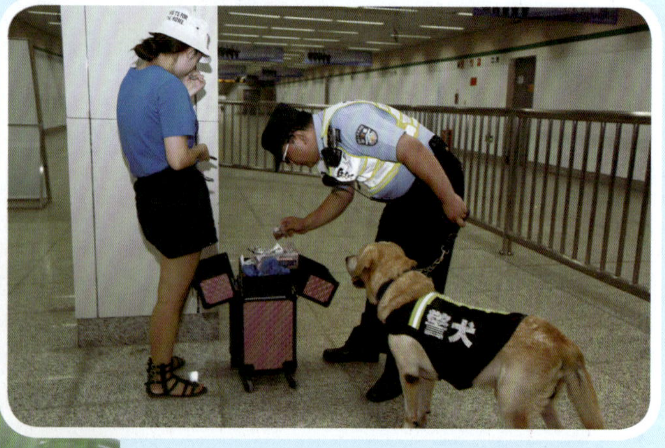

◎ 携犬嗅爆嗅危

◎ 车厢巡逻

◎ 进博会期间站内巡逻

◎ 应急处置演练

◎ 警保联巡为民服务

★上海市公安局上海化学工业区分局

2018 年，市局化工区分局按照“万无一失”的工作目标，以进博会安保工作为主线，以智慧公安建设和现代警务流程再造为抓手，以创新有为的责任感、时不我待的紧迫感实现“六个坚决防止”“三个确保”的具体目标，为进博会安保任务完成和化工区稳定发展创造良好环境。

◎ 开展企业安全隐患大排查大整治

◎ 为新民警落实公租房

◎ 安全检查

◎ 开展安保演练

◎ 夜查危化品车辆

◎ 开展应急处突综合演练

★上海市公安局国际机场分局

2018年，市局机场分局按照“更安全、更有序、更干净”的年度工作目标和“六个坚决防止”“三个确保”进博会安保工作要求，有序推进现代警务流程再造和大调研活动，扎实推进基层基础建设，确保上海机场地区政治稳定、治安安全和空防安全。

◎慰问一线执勤民警

◎ 进博会要人警卫工作

上海市公安局国际机场分局

◎ 中意联合巡逻

◎ 在候机室服务群众

◎ 盗窃现场勘查

◎ 特警冬季特训

★上海市公安局警务航空队

2018 年，市局警务航空队以维护社会稳定大局为切入点，以智慧公安建设为总引擎，以进口博会空中安保工作为牵引，精细准备，精心实施，高质高效完成各项工作任务。

◎ 反恐处突综合演练

上海市公安局警务航空队

◎ 新配直升机列装

◎ 俄罗斯英烈子女代表团参观警航队

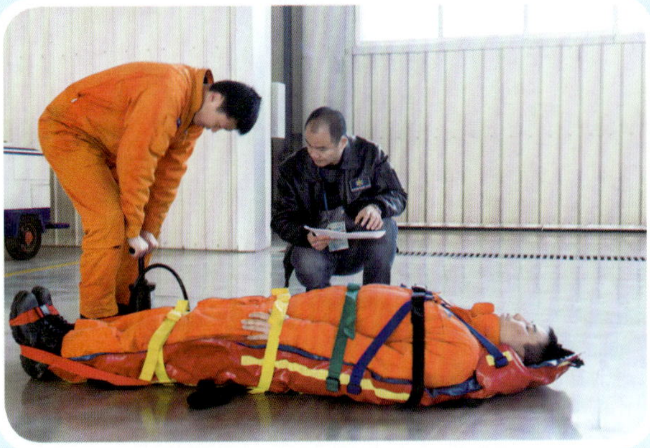

◎ 空勤人员专业训练

◎ 紧急出发

◎感恩父母主题日活动

★上海市公安局人口管理办公室

2018 年，市局人口办围绕进博会安保工作重点，推动新时期公安人口基础建设，实施各类“放管服”高效便民举措，推动人口管理队伍效能最大化，不断提升人口管理工作水平，圆满地完成了各项既定工作任务。

◎ 上海市台湾居民居住证颁发仪式

◎ 慰问增援安保民警

上海市公安局人口管理办公室

◎“人口标兵”候选人现场展示

◎“人口青年说”开讲仪式

◎召开“户籍云窗口”服务新闻通气会

◎举办“人口标兵”智惠百姓故事会

★上海市公安局农场分局

2018年，市局农场分局坚持“守土有责、守土负责、守土尽责”，持续开展“平安农场”建设。积极投入智慧公安建设，稳步推进皖南农场司法体制改革和农场公安管理模式升级，加强队伍建设，完成各项任务，确保上海域外农场区域稳定。

◎ 白茅岭农场派出所成立

◎ 开展火灾防控演练

◎ 开展夜查整治行动

◎ 检查辖区便民充电桩

◎ 开展电信
诈骗防范教育

◎ 公民警校开办

★上海市公安局自由贸易试验区分局

2018 年，市局自贸区分局紧紧围绕建设“最高标准、最好水平的自由贸易园区“的总目标，主动适应严峻复杂经济形势和自贸区建设发展新要求，全力保障区域社会和谐稳定，全力服务区域经济建设大局。

◎ “五微”建设调研

◎ 进博会工地安全检查

◎ 消防检查

◎ 检查危化品企业

◎ 夜间盘查

◎ 交通整治行动

★上海公安学院

2018 年，上海公安学院高度聚焦智慧公安建设和现代警务流程再造新战略，对标“五个一流”总目标，全面加快升级发展，不断开创上海公安教育新局面。

◎ 教师节表彰大会

◎ 新生入学教育展示

◎ 增援进博会安保巡逻

◎ 千人叠被比赛

◎ 参加主题演讲决赛

◎ 定向越野比赛

★上海市保安服务总公司

2018 年，保安总公司以进博会安保工作为主线，对标市局智慧公安建设任务要求，全力推动重点项目落实，稳步有序推进企业改制工作，做好传统业务板块和创新科技板块相结合，不断做大做强做优企业，积极配合公安机关为保障城市安全有序运行、提升社会治理能力提供坚强保障。

◎ 进博会誓师大会

◎ 武装押运业务

◎ 检查人证合一情况

◎ 携犬安检

◎ 智能安防

◎ 保安培训业务

★上海市公安局勤务保障中心

2018 年，市局勤务保障中心围绕为公安业务服务、为一线实战服务、为全体民警服务的工作总要求，将服务由民警工作向生活延伸、由民警个人向家庭延伸、由常态化保障向个性化需求延伸，出色完成全年各项工作任务。

◎ 增援进博会安保

◎ 安全防事故专项活动

◎ 打造服务品牌

◎ 做好后勤保障

◎ 荣获先进集体称号

◎ 美食节

★上海市公安局浦东分局

2018 年，浦东分局坚持以打开路，持续深化改革，全力维护全区社会治安稳定，大力推进智慧公安建设，实现续创“优秀公安局”、公众安全感和警风满意度持续提升两大目标。

◎ 中意联合联巡

◎ 开展“严扫净保”集中打击整治行动

◎ 交通违法专项整治

◎ 进博会安保检查

◎ 推出“护卫夜归人”联合行动

◎ 迎新春主题歌会

★上海市公安局黄浦分局

2018 年，黄浦分局围绕进博会安保工作主线，坚持以智慧公安、队伍建设为牵引，以警务活动科技含量提升、现代警务流程再造为导向，紧扣安保工作重点，完成各项安保任务，确保区域大局稳定。

◎ 开展“严扫净保”集中打击整治行动

◎ 警务流程再造工作正式启动

◎ 国庆 69 周年安保

◎ 2018 年上海国际马拉松安保工作

◎ 豫园元宵灯会安保及烟火管控

◎ 羽毛球团体赛

★上海市公安局徐汇分局

2018 年，徐汇分局坚持以习近平新时代中国特色社会主义思想为指引，紧扣进博会安保主线，深化公安改革，以智慧公安建设为牵引，完成各项年度工作任务，为建设“创新、幸福、文化、美丽”徐汇保驾护航。

◎ 参观大型主题展览

◎ 上海国际马拉松（徐汇段）赛事安保

◎ 高考首日安保

◎ 打击夜间盗窃等突出违法犯罪集中行动

◎ 防范电信网络诈骗宣传活动

◎ 足球比赛

★上海市公安局长宁分局

2018 年，长宁分局以进博会安保工作为主线，以智慧公安建设为引擎，推进公安工作和队伍建设，完成各项安全保卫任务，确保长宁区社会政治和治安形势持续稳定，获评上海市优秀公安局。

◎ 进博会安保

◎窗口服务

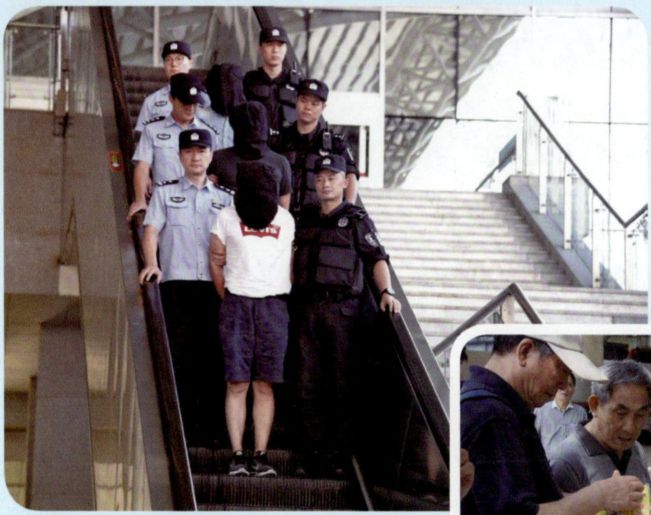

◎ 押解嫌疑人回沪

◎ 社区安全防范宣传

◎ 夜间治安检查

◎ 美食节

★上海市公安局静安分局

2018 年，静安分局聚焦城区“最有序、最安全、最干净”的总目标，以进博会安保工作为主线，以智慧公安建设为依托，从严从细落实各项工作措施，确保区域社会大局持续稳定。

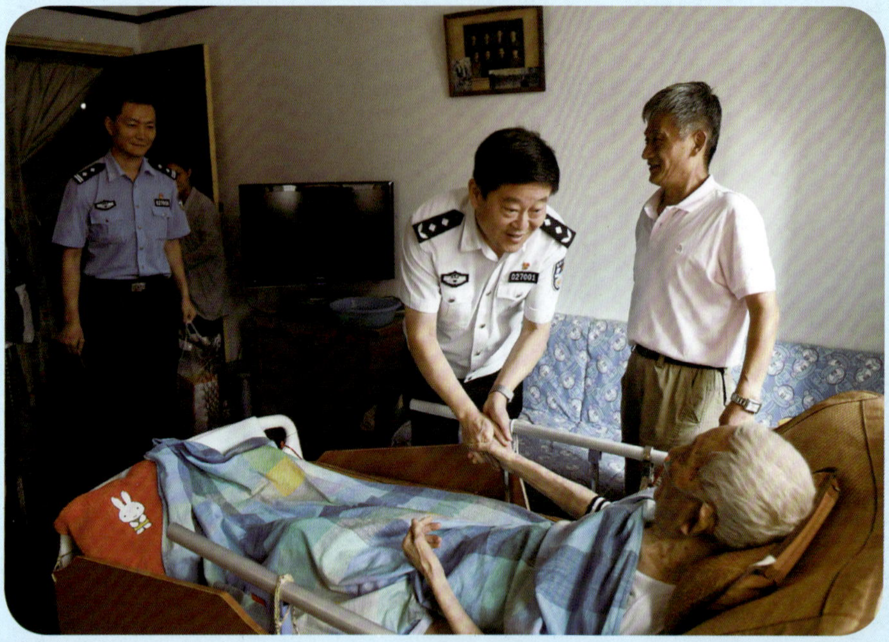

◎ 探望老干部

◎ 平安夜执勤

◎ 世博会安全检查外国人

上海市公安局静安分局

◎ 千里追逃

◎ 乒乓球比赛

◎ 安保巡逻

★上海市公安局普陀分局

2018 年，普陀分局以习近平新时代中国特色社会主义思想为指导，践行“对党忠诚、服务人民、执法公正、纪律严明”总要求，以进博会安保工作为主线，以智慧公安为引擎，确保全区治安秩序持续稳定。

◎ 特警训练

◎ 参加龙舟赛

◎ 指引车辆绕行

◎ 核查境外人员护照

◎ 检查嫌疑车辆

◎ 开展消防安全检查

★上海市公安局虹口分局

2018 年，虹口分局以进博会安保工作为主线，以智慧公安建设为总引擎，打造现代警务流程再造，强化“高标准、高效能、高素质”发展，全力做好各项公安工作，维护虹口区社会治安持续稳定。

◎ 现场指导夜窃工作

◎ 开展“只跑一次”主题宣传日活动

◎ 侦破“2018・4・3”诈骗案

◎ 开辟考生办证“绿色”通道

◎ 处理交通事故

◎ 开展“综合窗口”出入境办证业务培训

★上海市公安局杨浦分局

2018 年，杨浦分局以智慧公安为牵引，紧扣进博会安保主线，深入推进平安杨浦、法治杨浦、智慧公安建设，完成各项公安保卫工作，确保全区社会治安秩序持续稳定。

◎ 慰问严德海烈士家属

◎ 疏导交通

◎雨雪中 坚守岗位

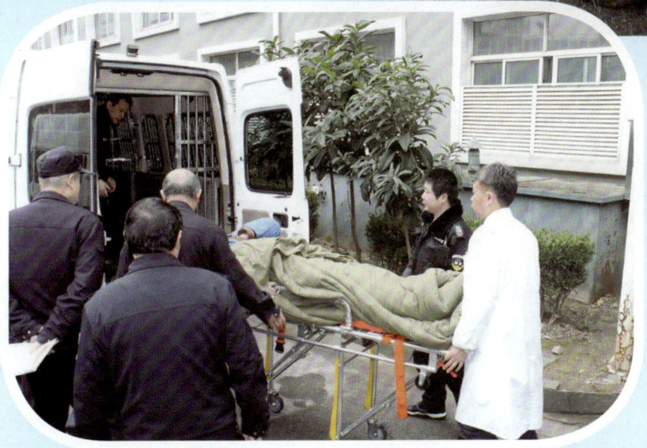

◎ 看守所开展紧急送医演练

◎ 党员先锋岗

◎ 比武大赛

★上海市公安局闵行分局

2018 年，闵行分局以进博会安保为中心任务，不断深化“平安闵行”“智慧闵行”建设，努力提升群众安全感和公安工作满意度，较好地完成了全年各项工作任务，保障地区社会始终安全、有序、平稳。

◎ 进博会战时颁奖

◎ 开展武装巡逻

◎ 网球大师赛前预检

◎ “严扫净保”集中整治行动

◎ 足球比赛

◎ 水域巡逻

★上海市公安局宝山分局

2018 年，宝山分局以进博会等重大活动和敏感节点安保工作为重点，推进宝山智慧公安建设，加强社会面打防管控，完成各项公安保卫任务，确保地区社会大局安全稳定。

◎ 交警指挥

◎ 进博会场外巡查

◎ 指导群众使用社区 APP

◎ 樱花节为群众指路

◎ 检查消防设施

◎ 警营活动拔河比赛

★上海市公安局嘉定分局

2018年，嘉定分局围绕进博会安保工作主线，依托智慧公安建设，严厉打击突出犯罪，不断夯实基层基础，全面深化公安改革，持续推进“平安嘉定”“法治嘉定”和过硬队伍建设，有力维护地区社会政治、治安持续稳定和城市安全运行。

◎ 参观一大会址

◎ 大型活动安保指挥

◎ 进博会道口安检

◎ 现场勘查

◎ 社区安全防范宣传

◎ 重阳节感恩活动

★上海市公安局松江分局

2018 年，松江分局坚持以习近平新时代中国特色社会主义思想为指导，以进博会安保为主线，以深化平安松江建设、智慧公安建设、执法规范化建设和过硬队伍建设为重点，履行好各项职责任务，为推动松江高质量发展提供安全、干净、有序的社会环境。

◎ “十佳标兵”评选

◎ “110 宣传日”主题活动

◎ 交通违法行为整治

◎ 现场取证

◎ 战地生日会

◎ 特种机动队实操演练

★上海市公安局金山分局

2018 年，金山分局聚焦进博会安保工作主线，全力推进智慧公安建设、现代警务流程再造等重点工作，认真落实打防管控各项措施，顺利完成全年各项工作任务，维护金山社会治安持续平稳。

◎ 查获管制刀具

◎ 检查站联合执勤

◎ 开展交通整治

◎ 设卡盘查

◎ 宣传安全防范知识

◎ 建党 97 周年专题汇演

★上海市公安局青浦分局

2018 年，青浦分局以进博会安保工作为主线，坚持问题管理、过程管理、细节管理，推动各项工作措施和责任落实到位，确保青浦区社会稳定和城市公共安全。

◎ 进博会誓师仪式

◎ 夜间设卡临检

◎ 社区走访

◎ 加强重点区域巡逻

◎ 刑侦民警现场勘查

◎ 首届半程马拉松

★上海市公安局奉贤分局

2018 年，奉贤分局以进博会安保维稳工作为主线，深入推进“平安奉贤、智慧公安、过硬队伍”建设，全面提升打防管控综合实力，圆满完成各项安保任务，确保全区社会治安秩序持续稳定。

◎ 进博会安保誓师授旗仪式

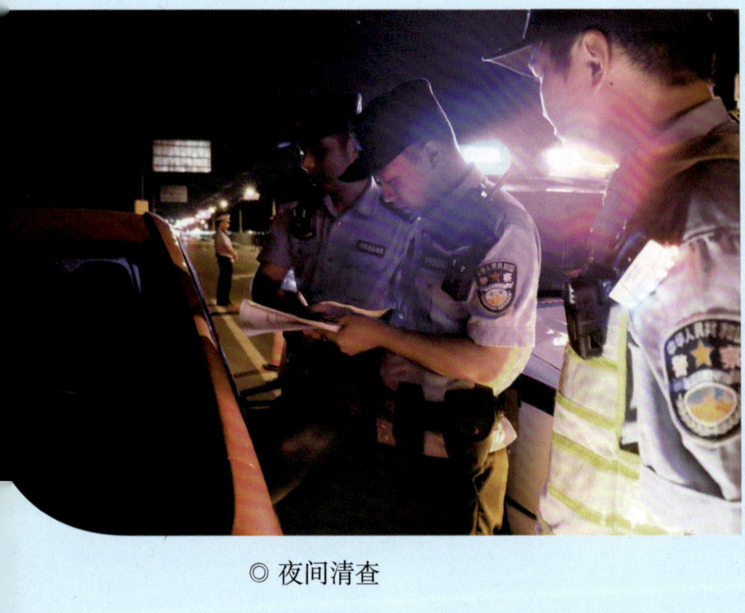

◎ 夜间清查

◎ 花车巡游安保

◎ 向居民推广“警民 e 家”微信小程序

◎ 引导群众使用出入境自助服务

◎ “从未放下的热爱”公安专场演出

★上海市公安局崇明分局

2018 年，崇明分局围绕进博会安保工作主线，立足崇明世界级生态岛建设大局，以基础工作为抓手、以队伍管理为根本，忠诚履职、创新进取，确保各项业务工作及队伍建设不断发展进步。

◎ 道口查控

◎ 查看江边地势

上海市公安局崇明分局

◎ 防范宣传

◎ 自行车赛安保

◎ 疏导交通

◎ 最美崇明人评选

★长江航运公安局上海分局

2018 年，长江航运公安局上海分局深入践行新发展理念，不断深化公安管理职能，进一步提升服务能力水平，严厉打击违法犯罪活动，维护辖区稳定，为长江上海段沿江经济发展作出贡献。

◎ 邮轮港旅游节安保

◎ 江面联合执法

长江航运公安局上海分局

◎ 执法检查

◎ 现场勘查

◎ 反恐演练

◎ 邮轮港消防演习

★上海出入境边防检查总站

2018 年，上海边检总站以新发展理念为指引、以改革创新为动力、以国家移民管理体制改革为契机，为维护国家出入境口岸安全稳定，服务上海社会经济发展做出新贡献。

◎ 进博会边检安保誓师大会

◎ 执行边检任务

上海出入境边防检查总站

◎ 智慧边检建设

◎ 口岸处突演练

◎ 旅客自助通关演示

◎ 参观红色教育基地

★上海市刑事科学技术协会

2018 年，上海市刑事科学技术协会协助市局刑技中心（市局物证鉴定中心）、刑侦总队警犬支队、刑科院和市、部重点实验室开展学术活动；助力智慧公安建设、进博会安保和食品安保专项任务；全力支持现场勘查及检验鉴定工作；助力完成各类学术与技术交流活动；助力推进“质量体系”和基层专业实验室建设。

◎ 举办学术交流会

◎ 智能安检

◎ 参观实验室

◎ 车辆搜爆演示

◎ 警犬搜毒训练演示

◎ 警犬专业训练营地